Adam Smith
A RIQUEZA DAS NAÇÕES

VERSÃO CONDENSADA

TRADUÇÃO E SELEÇÃO
Norberto de Paula Lima

INTRODUÇÃO E SUPERVISÃO
Maxim Behar e Norberto de Paula Lima

5ª EDIÇÃO

EDITORA
NOVA
FRONTEIRA

Título original: *The Wealth of Nations*

Direitos de edição da obra em língua portuguesa no Brasil adquiridos pela Editora Nova Fronteira Participações S.A. Todos os direitos reservados. Nenhuma parte desta obra pode ser apropriada e estocada em sistema de banco de dados ou processo similar, em qualquer forma ou meio, seja eletrônico, de fotocópia, gravação etc., sem a permissão do detentor do copirraite.

Editora Nova Fronteira Participações S.A.
Av. Rio Branco, 115 – Salas 1201 a 1205 – Centro – 20040-004
Rio de Janeiro – RJ – Brasil
Tel.: (21) 3882-8200

Imagem de capa: Joseph Vernet: Intérieur du port de Marseille, 1754. Musée de la Marine, Paris.
Medalhão da capa: James Tassie, 1787. National Portrait Gallery, Edimburgo.
Verso da capa: Folha de rosto da primeira edição. W. Strahan, Londres, 1776.

CIP-Brasil. Catalogação na fonte
Sindicato Nacional dos Editores de Livros, RJ

S646r	Smith, Adam, 1723-1790
	    A riqueza das nações: uma investigação sobre a natureza e as causas da riqueza das nações/ Adam Smith; tradução Norberto de Paula Lima. — 5. ed. — Rio de Janeiro: Nova Fronteira, 2023. (Clássicos de ouro)
	    672 p.
	
	    Tradução de: *The Wealth of Nations*
	
	    ISBN: 978-65-5640-707-4
	
	    1. Economia. 2. Filosofia. I. Lima, Norberto de Paula. II. Título. III. Série.
	
	    CDD: 330
	    CDU: 330

Conheça outros livros da editora

Sumário

Introdução..7
Introdução e plano da obra...................................21

Livro I
Das causas do aumento das forças produtivas do trabalho e da ordem segundo a qual seu produto é naturalmente distribuído entre as diversas categorias do povo 25

Livro II
Da natureza, acumulação e emprego do capital.......................213

Livro III
Do diferente progresso da opulência em diferentes nações.......233

Livro IV
Dos sistemas de economia política..........................253

Livro V
Da renda do soberano ou comunidade..................473

INTRODUÇÃO

1. Adam Smith e o seu tempo

No decorrer do século XVIII houve um salto quântico na relação entre humanidade e ecossistema: foi o ponto em que começamos a deixar de ser passivos em relação à natureza. Numa era de relativa abundância devido à expansão colonial europeia, o aumento da população e, consequentemente, dos meios de produção, e do sistema comercial e bancário, e mesmo o surgimento dos grandes exércitos regulares ao estilo moderno, surge a divisão do trabalho como resposta à complexidade e mecanização industrial e militar. Convergiu de maneira importante com o começo da mecanização da indústria a física newtoniana, que inaugurou o fundamento teórico da técnica moderna e do motor a vapor.

Assim, sob um enfoque mais globalizante, o termo "Revolução Industrial" parece-nos gasto e enfraquecido para descrever uma alteração tão radical da posição do homem em seu mundo. Pode-se falar mais numa "Revolução Técnica" num sentido mais amplo: a "Teknê" como manipulação de elementos do ecossistema pela humanidade.

A grande mudança introduzida pela Revolução Técnica foi a inversão da "flecha" da relação homem-ambiente: antes ficávamos limitados a nosso nicho ecológico pelas forças naturais, incontroláveis; depois ocorreu uma "revolução" na melhor acepção do termo: uma inversão radical daquela dependência, pela aplicação de um conhecimento científico historicamente acumulado. Foi também uma revolução social causada pelo conhecimento de novos meios de produção. Este amplo processo deu-se gradativamente a partir do século XVIII, mas já por volta de 1870 propagara-se por todo o mundo ocidental. A partir da Revolução Técnica, o Ocidente passou a estender o seu domínio devido a esse grande poder conferido por um controle cada vez mais eficaz das forças da natureza.

Esta revolução teve seu cenário histórico preparado lentamente: o mundo de Adam Smith originou-se da expansão colonial das monarquias autocráticas do século XVI, que logo levou ao entrechoque de suas fronteiras e interesses. A esta altura pode-se indicar como origem do parlamentarismo europeu a crescente resistência da burguesia em ascensão contra as taxas sempre maiores para a manutenção destes impérios, o privilégio comprado contra o hereditário, o parlamento como um amortecedor entre o interesse geral e o individual. Na América do Norte, onde as colônias não obtiveram representação no parlamento inglês, a situação culminou no que Adam Smith chama de "atuais distúrbios": *A riqueza das nações* teve sua última edição exatamente em 1776. Na França, uma situação mais grave culminaria na Revolução Francesa, ainda nos dias de Adam Smith.

O ambiente intelectual era o das academias e do mecenato dos monarcas, ambiente elitista que, mesmo quando simpatizante da plebe, idealizava utopias parnasianas de gentis-homens e com um mal dirigido ressentimento contra a religião como base ideológica das injustiças sociais. Aquele mecenato compensava o desleixo e a mediocridade em que a universidade caíra, isto pela tutela das Igrejas nacionais e universidades pelos príncipes protestantes, que se valeram da Reforma para se livrarem do controle de Roma. Tal situação durou até os tempos de Adam Smith, que nesta obra acusa o desinteresse geral de mestres e alunos.

A economia servia ao interesse expansionista e conspiratório das potências; mais que uma teoria econômica, o mercantilismo representou esta situação *de facto*. Vence a guerra comercial quem tem uma balança comercial positiva, a qualquer custo, e o que alguém ganha, um país comercialmente "inimigo" perde. Já no século XVII, William Petty denunciara a ilusão do mercantilismo de que a posse de moeda é a riqueza e não o trabalho. Adam Smith retoma melhor esta argumentação.

A indústria da época nos pareceria mais um artesanato tosco; todo o continente europeu era agrícola e pouco urbanizado. O pobre morria de inanição, varíola, e a alta mortalidade infantil era mais um "fato da vida". A pouca educação dos "industriais", simples artífices e comerciantes bem-sucedidos, contrapunha-se à má vontade e desonestidade dos operários. Mesmo assim, este ambiente social representava uma época de progresso geral e de "relativa abundância" que mencionamos.

Na Inglaterra, as Leis de Navegação, o Estatuto do Aprendizado, os "Enclosure Acts" e as Leis dos Pobres arrasavam o comércio das colônias americanas, impunham taxas protecionistas, impediam o exercício livre do artesanato e impediam a migração dos trabalhadores de uma cidade para outra. Por outro lado, com a delimitação das terras não ocupadas, impossível deter o êxodo rural: as cidades se enchiam de problemas.

As altas taxas protecionistas só incentivavam o contrabando, levando a corrupção aos funcionários do governo e à aristocracia.

A Glasgow de 1751 sumariava bem esta situação com uma efervescência mercantilista típica do século XVIII. Porto bem situado para receber o produto da América, desenvolvia-se para a Escócia, antes pobre, uma riqueza avarenta e puritana, diversa da latina, baseada nos gastos e na ostentação. A sede daquele país pobre em participar dos novos ventos que moviam a Europa, ofuscava o senso crítico quanto aos desequilíbrios político-econômicos.

Nesse mesmo ano lá chegava Adam Smith, 28 anos, para lecionar lógica na Universidade de Glasgow. Logo interessou-se em conhecer em primeira mão a atividade daquela cidade, onde se concentravam as indústrias que enviavam suas manufaturas em troca do tabaco americano. Visitando os industriais do local, por vezes em companhia de seu amigo Carlos Townshend, acabou amigo deles, e proferiu conferências em seu clube, a "Glasgow Economic Society", em 1754. Estão sempre imersos em sua operosidade, e os escoceses só podem acolher com otimismo um tal progresso.

O jovem professor de lógica, bem sucedido a ponto de pouco depois também receber a cadeira de moral, era oriundo da aldeia escocesa de Kirkcaldy, filho póstumo de um funcionário da alfândega. Formou-se na própria Universidade de Glasgow, onde, assim como Hume, foi discípulo de Hutcheson, que muito o influenciaria (o maior bem para o maior número; liberdade religiosa e política; teoria do valor). Sua estada no Balliol College (Oxford) desagradou-o, devido ao desleixo em que se encontrava a escola; não deixou de aproveitar o tempo para completar suas leituras clássicas. Voltou para sua aldeia natal em 1756, e dois anos depois vamos encontrá-lo ensinando retórica e literatura em Edimburgo; foi quando tornou-se amigo de Hume. Foram as aulas dadas nesta cidade que lhe valeriam o cargo em Glasgow. Seu círculo intelectual incluía, além de Hume, Reynolds, Burke, Gibbon, Robert Simson e James Watt, o inventor do motor a vapor. Os apontamentos das conferências de Glasgow resultaram na *Teoria dos sentimentos morais* (1759), e aqui, sob o título "Jurisprudência", já identificamos o esboço de *A riqueza das nações*. Apesar de não ser uma obra muito brilhante, agradou tanto a Carlos Townshend a ponto de ele indicar Smith como preceptor do jovem duque de Buccleugh e seu irmão mais jovem, em meados de

1763. Adam Smith abandonou sua cátedra, e no ano seguinte estava em Toulouse com seus pupilos e começando um exercício de beletrística que redundaria na *A riqueza das nações*.

Nesta viagem, não só teve contato com Voltaire, na Suíça, como com os fisiocratas franceses, os primeiros teóricos reais da economia, e os primeiros a se denominarem *Économistes*. Já estava familiarizado com as suas teses, e Hume abrira-lhe as portas dos círculos letrados, praticando com o próprio Quesnay, Necker, d'Alembert, Helvetius, Marmontel, e mesmo Turgot.

Depois do assassinato do irmão nas ruas de Paris, o duque dispensou-o e concedeu-lhe uma pensão vitalícia para terminar sua obra máxima. Assim, voltou a Londres em 1766 e depois à sua aldeia, para redigir definitivamente seu livro. *A riqueza das nações*, uma vez vinda a público, aumentou consideravelmente sua fama e recebeu a sinecura do Comissariado da Alfândega (1778); foi também agraciado honorificamente com o título de lord reitor de sua antiga universidade, em Glasgow (1787).

Após testemunhar algumas das grandes etapas da história de seu tempo: a expansão do império britânico, a independência norte-americana e a Revolução Francesa, com a saúde declinando já desde a morte de sua mãe (1784), teve oportunidade de demonstrar suas convicções estoicas com sua dolorosa morte por problemas intestinais, em 1790.

2. As ideias de Adam Smith

O mercantilismo não teve previamente os seus teóricos, mas antes analistas pragmáticos, como Petty (*Tratado das taxas e contribuições* — 1662); Misselden (1608-1654); Thomas Mun (1571-1641 — *England's Treasure by Foreign Trade*); Richard Cantillon (1685-1734 — *Essai sur la nature du commerce en général*); e o próprio Hutcheson. No âmbito da filosofia, o problema da economia foi estudado, por exemplo, por Hume, Locke, Condillac. De início, pois, achava-se que a riqueza de uma nação depende de seu comércio exterior (a euforia da expansão marítima), e é medida pela quantidade de moeda de que dispõe. Como os países da Europa não produziam metais preciosos em quantidade, tinham de obtê-lo por uma balança comercial favorável. A política "certa" seria forçar a exportação, formando companhias com privilégios reais, monopólios, "adquirir" colônias e restringir ao máximo as importações. Neste ponto, aliás, a Inglaterra se beneficiou, passando a importar apenas matéria-prima e a exportar apenas manufaturados. Outra falha do sistema, origem em boa parte da opressão do trabalhador no século XIX, foi que a "riqueza" da nação era pelo total disponível e não pela renda. Como a grande potência naval que mais intensificou o comércio com as colônias foi a Inglaterra, pode-se dizer que o mercantilismo foi uma "práxis" eminentemente britânica.

A França, a outra potência europeia da época (não marítima) com um sistema agrícola derivado do feudalismo, evidenciava aos seus filósofos a economia que se baseava na agricultura e recursos naturais. Aqui surgiu a primeira escola econômica propriamente dita: a fisiocracia, ou a riqueza efetiva derivada diretamente da natureza; a terra é o único meio de produção que dá mais que o que se lhe aplica. Assim como se presenciava o surgimento da indústria, a pressão populacional forçou uma racionalização e sistematização da agricultura tal como a conhecemos hoje.

Adam Smith conheceu sobejamente os sistemas mercantilista e fisiocrático. Defendeu de modo geral um liberalismo econômico que o deixava mais do lado do *laissez-faire* e dos franceses. Foi muito marcado por seu contato com os fisiocratas, mesmo não chegando a concordar inteiramente com eles nem formulando bem sua discordância.

Os fisiocratas tiveram uma carreira meteórica (aprox. 1756-1778), mas, por sua coerência e estreita cooperação sob aquele que veio a ser o seu "líder", François Quesnay, seu legado tornou-se permanente. Quesnay era um médico da corte, favorito de *Mme.* de Pompadour. Com esta posição estrategicamente influente, foi-lhe fácil arrebanhar discípulos (sinceros ou não) também influentes, como o marquês de Mirabeau, Mercier de la Rivière e Dupont de Nemours. Teve também simpatizantes eminentes, dentro e fora da França: Voltaire, Necker, Turgot, o margrave de Baden, Catarina da Rússia.

A fisiocracia começava com um conceito de "ordem natural", não à moda de um "naturalismo" como o de Rousseau, mas uma ordem científica para o comportamento humano; leis que são a obra de Deus, e portanto inelutáveis (daí a importância da moral para que começassem a discutir economia também em Hutcheson e Smith, mestre e discípulo tendo ensinado filosofia moral). Como procurou explicar Mercier de la

Rivière a Catarina da Rússia, Deus gravou profundamente estas leis na natureza humana, e estudar corretamente o homem é buscar o que nele já se encontra: os princípios divinos da organização humana (a mesma busca do autoconhecimento, entre os gregos).

Os fisiocratas anteciparam não só o conceito moderno de renda nacional, como também sua avaliação. Seu famoso *Tableau Économique* era um fluxograma grosseiro da renda através das classes sociais que reconheciam: a classe produtiva dos agricultores; os proprietários de terras e a classe estéril: negociantes, manufatureiros, empregados domésticos, profissionais liberais.

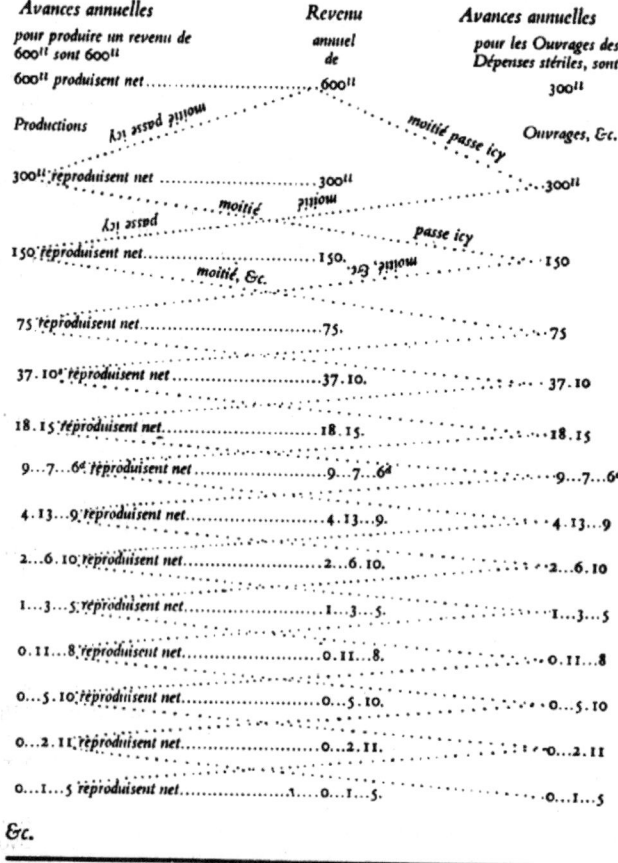

Toda riqueza origina-se na agricultura. Com uma produção agrícola hipotética de cinco milhões de francos, dois milhões seriam destinados à manutenção da classe produtiva. A classe produtora compra manufaturas à classe estéril por um milhão. Os dois milhões restantes passam aos proprietários e ao governo, gastando um milhão em alimento e manufaturas. A classe estéril recebe dois milhões das classes produtoras e dos proprietários, em troca de manufaturas para comprar matéria-prima e para as necessidades básicas. Consideravam que os proprietários nada faziam, e que os artífices trabalhavam mais que podiam. Consideravam também que os proprietários não eram estéreis, por terem desbravado a terra. Achavam ingenuamente que o melhor aglutinante da sociedade era a propriedade privada, acreditando na responsabilidade social do proprietário e no eventual equilíbrio entre as obrigações para com os rendeiros e os impostos a pagar. Segundo eles, o excedente da produção derivaria para a sociedade (Adam Smith estudou melhor este fluxo da produção e do dinheiro).

Desde 1759 já existia o embrião de *A riqueza das nações* na *Teoria dos sentimentos morais*: ao passo que Francis Hutcheson (*System of Moral Philosophy* — 1755) falava primeiro sobre ética, a "lei natural" e a organização do estado civil, que deve ser a sua consequência, sendo neste ponto onde entra a economia (sequência seguida também por Adam Smith), o mestre era um daqueles gentis-homens intelectuais que acreditavam ser o homem movido pela bondade. O discípulo, um pouco mais cético, e seguindo os estoicos, em que deve ser deixado ao homem seguir seu caminho, e que só se procuram as ações que agradem a uma opinião alheia que represente a autoridade para nós. Via a bondade natural como resultado de cada um seguir suas tendências. Daqui a crença no liberalismo e a oposição aos privilégios de qualquer natureza.

Segundo o sistema formulado por Adam Smith, o maior progresso observável então na economia era a divisão do trabalho. Os especialistas assim formados, apesar de se transformarem em pessoas embrutecidas, aumentarão a produtividade e farão melhores ferramentas. A riqueza da nação será o seu trabalho anual. Para não limitar esta produção pelo mercado, este deve ser ampliado ao máximo pelos transportes, entrepostos e bancos. O dinheiro facilitará a divisão do resultado do trabalho e a sua troca. Sua teoria do valor não é apresentada claramente: diz que o valor é convencionado pela sociedade e se divide em salário, lucro e renda, passíveis de flutuação. O valor destes componentes é determinado pela quantidade de trabalho sob o controle de cada um. Diz também que o trabalho é medido por seu valor moral, esforço e dificuldade. Fala também da troca na sociedade primitiva, mas trata dessas três teorias de maneira estanque e não decisiva.

A posse do dinheiro não é riqueza, mas sua circulação, em função de bens de consumo. Do dinheiro, Adam Smith passa a considerar o sistema bancário e a acumulação do capital, causa e efeito da acumulação do trabalho produtivo. O capital acumulado pode ser aplicado de outras maneiras, e seus juros também terão sua flutuação.

Numa teoria sobre o desenvolvimento, e que hoje ainda é válida para os países em desenvolvimento, e que evidencia todos os seus erros, Smith acerta em dizer que a progressão natural do capital é: agricultura (quanto à terra, diz mais acertadamente que os fisiocratas que sua renda vem da apropriação prévia); manufaturas; e, ao fim, comércio exterior: o mercantilismo inverte o processo.

Tendo explicitado o valor da agricultura e localizado o mercantilismo, passa a denunciar os seus males: protecionismo, subsídios, incentivos para produtos não essenciais e tratados de comércio puramente políticos. As colônias, neste contexto, só servem para a criação artificial de comércio dirigido e monopólios. Faz digressões históricas sobre as colônias que não deixam de servir de subsídios ao estudo do colonialismo. Apesar de considerar a economia parte da "politeia", ou a minúcia do governo civil, seu liberalismo força-o a não aceitar qualquer intervenção reguladora do Estado no comércio e na indústria.

No comércio, concentrou-se nos problemas de sua época, como se fossem os únicos possíveis; por exemplo, não considerou que uma sociedade em desenvolvimento pode ter sua divisão de trabalho truncada pela ausência de mais capital, mas fala bastante do que acha serem legislações opressoras do governo. Defende os aspectos positivos do comércio, como induzindo à civilidade, pois as pessoas são forçadas ao cumprimento exato de grande número de compromissos. Como os políticos não estabelecem este grande número de vínculos entre as nações, tornam os conflitos internacionais mais prováveis. Não deixou também de acusar o risco de embotamento mental que a especialização no comércio pode causar.

Em *A riqueza das nações*, Smith, como bom representante da burguesia em ascensão, achava os impostos um obstáculo ao crescimento da economia, e deixou este tópico desagradável para o último livro. Reconhece, quiçá, a contragosto, que civilização e governo crescem em paralelo, mas se o Estado deve garantir a burguesia, a um preço camarada, qual a melhor maneira de cobrar os impostos para tal? Defendia o *laissez-faire* exceto nos serviços essenciais, que jamais atrairiam quem quisesse obter lucros — o exército, os tribunais, obras públicas —, e também enfoca de maneira curiosa e totalmente ingênua, à moda do tempo, uma ditatorial intervenção do Leviatã coroado nas instituições educacionais e religiosas. Com efeito, suas considerações de natureza mais prática sobre taxação foram ouvidas e até aplicadas, na época. Além de fazer questão de que o governo tivesse a mesma honestidade e pontualidade que a burguesia na taxação, sugeriu o imposto proporcional e o progressivo (predominavam então as taxas regressivas), o imposto sobre a renda. Sobre as taxas em si, identificou aquela sobre a terra como a mais fácil de ser instituída; aquela sobre o consumo, como devendo se imiscuir imperceptivelmente no preço final; nas importações, achava que desviavam os capitais de atividades que poderiam ser mais lucrativas em direção aos produtos favorecidos pelo aumento do imposto sobre outros produtos; seriam mercantilistas os impostos sobre a importação, por implicarem que o dinheiro é a riqueza.

Sob o aspecto literário, algumas observações: a *A riqueza das nações* é bem um exercício de beletrismo aplicado à formulação de uma teoria, característico do século XVIII. Apesar de o autor ter sido professor de lógica, falta-lhe definição e imparcialidade em muitos pontos. Ele mesmo considera sua obra sinônima de "economia política", mas não usou o título que *sir* James Stewart já utilizara em sua *Investigação sobre os princípios da economia política*, para não repeti-lo. Teve também um antecedente na *Fábula das abelhas* (Fable of the Bees), de Mandeville, a divisão do trabalho mostrada entre as abelhas, mas com uma base moral narcisista e um tanto maquiavélica: toda iniciativa segue o vício, a vaidade e a aprovação social, a qualquer custo.

3. Influência de Adam Smith e crítica

Sem dúvida alguma, Adam Smith teve o mérito do pioneirismo da sistematização do que hoje chamamos "economia"; notemos que foi a primeira das ciências humanas a se separar da filosofia. Estabeleceu as principais definições da então incipiente sociedade capitalista: a divisão do trabalho, as classes sociais, a relação entre o valor e o trabalho para uma mercadoria, considerações sobre tributação etc. Retomou a divisão em classes sociais dos fisiocratas com uma visão mais clara: os trabalhadores produtivos ganham seu sustento e dão um produto líquido; os capitalistas e proprietários repartem aquele produto líquido entre lucro e renda; e os improdutivos, que são pagos não com capital, mas com renda, e que são os prestadores de serviços. Sobre este pano de fundo, foi também o primeiro a usar o termo "burguesia", ainda na forma germânica: *burgher*, uma categoria socioeconômica (e que veio mesmo a ter características culturais próprias!), por meio do que, sem dúvida, viria a marcar os estudos de Marx. Esta burguesia, ao exigir coisas da aristocracia hereditária, por meio dos parlamentos, exige que os nobres passem a ser trabalhadores produtivos, em vez de viverem de renda. Tais ideias terão desenvolvimento também em Marx, com a mais-valia.

Não adotou totalmente as ideias fisiocráticas sobre produto nacional, nem reformulou o conceito com precisão. O mesmo vale para "trabalho produtivo", por exemplo, ao supor sempre uma associação biunívoca entre o emprego do trabalho produtivo e o emprego do capital. Na divisão do preço em salário, lucro e renda, eixo de sua teoria do valor, todo produto nacional é dividido exclusivamente entre trabalhadores, capitalistas e proprietários. Isto não deixou também de ter sua influência no pensamento marxista, mas foi muito criticado ao longo da história da economia, por se basear na euforia da expansão econômica de sua época, e não tendo valor científico geral.

As crenças otimistas de Adam Smith poderiam causar verdadeiras catástrofes, se levadas a sério: o jogo da "mão invisível", de que comércio, indústria e consumo são sempre autorreguladores (perante a ecologia, a "ordem natural" seria exatamente destruída se o governo não interferisse no *laissez-faire*); a crença de que as pessoas são todas criadas basicamente iguais e com tendências "naturais" ao comércio e ao progresso. Ou ainda: se uns enriquecem demasiado, é somente pelo mérito de seu trabalho, e mesmo os pobres enriquecerão, ou ficarão menos pobres, gradativamente. "O maior bem para o maior número", tudo rumo ao melhor dos mundos, em franca oposição com o cinismo voltairiano, por exemplo.

As causas do crescimento econômico continuam válidas, e podem plenamente ser aplicadas aos países subdesenvolvidos de hoje. As discussões de outros contemporâneos de Adam Smith versavam mais sobre os preços, distribuição da renda e fixação de salários.

As teses do modesto professor escocês não tiveram forte impacto prático e imediato sobre uma sociedade que reagia muito lentamente, apesar de terem tido repercussões até na América, na pessoa de Ben Franklin, mas deram a base teórica aos empresários que amadureceriam a Revolução Industrial. De fato, ao longo do século XIX os obstáculos ao comércio interno, tanto na Grã-Bretanha como no continente europeu, foram gradualmente eliminados, e até nossos dias, só têm crescido a liberdade e intensidade do comércio internacional. Com efeito, ao longo de todo o século XIX a Inglaterra, especialmente, foi um exemplo vivo do conteúdo de *A riqueza das nações*. Criou escola, ofereceu um *método* para a nova ciência e teve seu séquito de críticos. Pode-se dizer, por exemplo, que os *Princípios da economia política*, de Ricardo, foram uma longa crítica da tese de Smith.

No hiato convulsionado causado pela Revolução Francesa e pelas guerras napoleônicas, houve uma recessão, dando origem a pensadores mais pessimistas, como Malthus (1766-1831).

As tendências de crescimento ilimitado da economia, à maneira indicada por Smith, tiveram um máximo até o reinado de Vitória e Alberto. Aqui começa uma saturação, um esgotamento das possibilidades de um sistema que se fixara, começando a exploração excessiva dos operários, que Ricardo e seus seguidores já apontavam, e finalmente bem evidenciada por Marx.

Adam Smith não deixou de mostrar a origem do excedente no trabalho (que resultaria na teoria da mais-valia, em Marx), e mostrou sua apropriação. Indo além dos fisiocratas, mostrou que todas as atividades que produzem mercadoria, produzem valor. Este valor pertence ao trabalhador, caso possua os próprios meios de subsistência e produção.

Disse ainda que se nem a terra nem o capital por si sós criam valor, o lucro e a renda são seus componentes, junto com o trabalho. Como não formulou uma teoria totalmente conexa sobre o valor, o trabalho ora é representado por seu custo (ou salário), ora pelo valor que produz; por outro lado, afirmou que o valor seria idêntico aos custos de produção. Apesar de Ricardo ter revisto sua teoria, Marx, vivendo numa época em que as falhas do sistema da Revolução Industrial estavam emergindo de forma mais aguda, teve mais facilidade em apontá-las. É curioso assinalar, sobre a teoria do valor, que Smith, sendo amigo de Watt, não tivesse adquirido conhecimento suficiente sobre a física da época, para associar o valor de um objeto à energia consumida para produzi-lo, conforme os conceitos da mecânica newtoniana. Ainda hoje está em aberto uma discussão sobre os preços baseados na medida da energia, ou em quilowatts-hora; enfim, o começo de uma fundamentação física rigorosamente científica da economia.

Smith achava que o desenvolvimento das indústrias aumentaria constantemente os ganhos dos empregados, pela crescente procura de mão de obra, mas a mecanização maciça desvalorizou o elemento humano, e foi isto o que Marx viu em seu tempo; em desespero de causa, só via saída na luta de classes e na revolução, em vez das reformas trabalhistas graduais que têm sido implantadas desde Bismarck. Enquanto Smith via o comunismo da sociedade primitiva como equalitário, mas improdutivo, reconhecia no capitalismo (termo, aliás, que não existia em sua época) a luta e a desigualdade.

É verdade que muitas das ideias de Smith foram antecipadas: o "produto nacional", por Davenant e Petty, a "divisão do trabalho", por Mandeville, os fisiocratas, por Hume, mas é inegável o valor de sua elaboração sistemática. Depois de Adam Smith, pode-se dizer que não houve teórico da economia, até nossos dias, que não tivesse suas raízes no estudo de suas ideias.

4. Nota bibliográfica

A primeira edição de *A riqueza das nações* data de 9 de março de 1776, e foi publicada em dois volumes "in-quarto", dos quais o primeiro contém os Livros I, II e III, com 510 páginas, e o segundo volume, contendo os Livros IV e V, apresenta-se com 587 páginas. A página de rosto identifica Adam Smith como *legum doctor* (LLD) e *fellow* da Royal Scientific Society (FRS), professor de filosofia moral na Universidade de Glasgow.

A segunda edição aparece no início de 1778, praticamente sem diferenças em relação à primeira. A única minúcia que difere de maneira notável é que se refere às "atuais" desordens nas colônias norte-americanas, em vez das "recentes" desordens, devido à sincronia da publicação com as guerras da independência norte-americana. Há pequenas correções de dados objetivos e numéricos, bem como de estilo, mas sem a menor alteração do conjunto.

Ao fim de 1784, temos a terceira edição, que pode ser considerada a definitiva, agora em três tomos in-octavo, sendo que o primeiro volume vai até o Livro II, cap. 2, e o segundo vai até o Livro IV, cap. 8. Nessa edição encontra-se um índice alfabético com adições por Edwin Cannan. A seus títulos já se acresceu na folha de rosto seu cargo de "funcionário da aduana de S.M. na Escócia". Foi editada em Londres, por A. Strahan e T. Cadell, do Strand. Encontra-se uma "Nota à terceira edição". Aqui, encontramos acréscimos e correções importantes nos Livros I, II e IV.

No ano de 1786, temos a quarta edição, com o mesmo tipo e composição da terceira, com uma "nota à quarta edição", onde diz não ter feito alterações de monta. Ao longo da vida de Smith, foram feitas cinco edições de sua obra, e a última é de 1789, ano de outra revolução fundamental para a história moderna além da Revolução Industrial: a Revolução Francesa, esta só com correções mais de tipografia que de estilo. Foi nessa edição que baseamos a presente tradução.

INTRODUÇÃO E PLANO DA OBRA

O trabalho anual de toda nação é o fundo que originalmente lhe fornece todas as necessidades e utilidades da vida que anualmente consome, que consiste sempre ou no produto imediato desse trabalho, ou naquilo que é comprado com esse produto, das outras nações.

De acordo, portanto, com que esse produto, ou o que é com ele comprado, tenha maior ou menor proporção com o número daqueles que o consumirão, a nação estará melhor ou pior suprida com todas as necessidades e utilidades ocasionais.

Mas esta proporção deve, em cada nação, ser regulada por duas circunstâncias diversas: primeiro, pelo engenho, a destreza e o discernimento com que esse trabalho é geralmente aplicado e, segundo, pela proporção entre o número daqueles que estão empregados num trabalho útil e o daqueles que assim não estão empregados. Qualquer que seja o solo, clima ou extensão territorial de qualquer nação particular, a abundância ou carestia de seu suprimento anual deve, numa situação particular, depender destas duas circunstâncias.

A abundância ou carestia deste suprimento também parece depender mais da primeira destas duas circunstâncias que da última. Entre as nações selvagens de caçadores e pescadores, cada indivíduo apto a trabalhar está mais ou menos empregado em trabalho útil, e esforça-se por proporcionar, tão bem quanto pode, as necessidades e utilidades da vida, para si mesmo, ou para aqueles de sua família ou tribo que são muito velhos, ou muito jovens, ou muito enfermos para caçar e pescar. Tais nações, entretanto, são tão miseravelmente pobres que, por simples necessidade, são frequentemente reduzidas, ou pelo menos julgam-se reduzidas, à necessidade de, por vezes, destruir diretamente e abandonar seus infantes, seus velhos e aqueles afligidos por doenças crônicas, para perecerem de fome ou para serem devorados pelas bestas selvagens. Entre as nações prósperas e civilizadas, pelo contrário, embora grande número de pessoas de modo algum trabalhe, muitas das quais consomem o produto de dez vezes, frequentemente de cem vezes mais trabalho que a maioria daqueles que trabalham; e ainda o produto de todo o lavor da sociedade é tão grande que todos são usualmente supridos em abundância, e um trabalhador, mesmo da mais baixa e pobre classe, se frugal e industrioso, pode gozar uma maior cota das necessidades e utilidades da vida do que é possível a qualquer selvagem adquirir.

As causas deste aperfeiçoamento nas forças produtivas do trabalho, e a ordem de acordo com a qual seu produto é naturalmente distribuído entre as diferentes categorias e condições de homens na sociedade, constituem o assunto do primeiro livro desta investigação.

Qualquer que seja o atual estado da habilidade, destreza e discernimento com que o trabalho é aplicado em qualquer nação, a abundância ou carência de seu suprimento anual deve depender, durante a continuação daquele estado, da proporção entre o número daqueles que estão anualmente empregados em trabalho útil e daqueles que assim não estão empregados. O número de trabalhadores úteis e produtivos, veremos mais adiante, em todo lugar é proporcional à quantidade de reserva de capital que é empregada para pô-los a trabalhar e ao modo particular pelo qual é assim empregada. O segundo livro, portanto, trata da natureza da reserva de capital, da maneira pela qual é gradualmente acumulada, e das diferentes quantidades de trabalho que põe em movimento, consoante os diversos modos de seu emprego.

Nações toleravelmente adiantadas quanto a engenho, destreza e discernimento na aplicação do trabalho seguiram planos mui distintos na sua condução ou direção geral, e esses planos não foram todos igualmente favoráveis à grandeza de sua produção. A política de algumas nações deu extraordinário encorajamento à indústria campesina; a de outras, à indústria citadina. Raramente alguma nação lidou igual e imparcialmente com toda sorte de indústrias. Desde a queda do império romano, a política europeia tem sido mais favorável às artes, manufaturas, comércio, à indústria das cidades que à agricultura, à indústria do campo. As circunstâncias que parecem ter introduzido e estabelecido esta política são explicadas no terceiro livro.

Se bem que esses diferentes planos foram, talvez, introduzidos primeiramente pelos interesses e opiniões privadas de categorias especiais de homens, sem qualquer consideração ou previsão de suas consequências sobre o bem-estar geral da sociedade, mesmo assim deram ocasião a bem diferentes teorias de economia política, das quais algumas magnificam a importância da indústria exercida nas cidades, outras, daquela que é exercida no campo. Essas teorias tiveram considerável influência não só nas opiniões dos homens instruídos, mas também na conduta pública de príncipes e Estados soberanos. Procurei, no quarto livro, explicar tão completa e distintamente quanto posso, essas distintas teorias e os principais efeitos que produziram em diferentes eras e nações.

Explicar em que tem consistido o rendimento da maioria da população, ou qual tem sido a natureza daqueles fundos que, em diferentes eras e nações, supriram seu consumo anual, é o objeto destes quatro primeiros livros. O quinto e último livro trata do rendimento do soberano, ou comunidade; qual dessas despesas deveriam ser custeadas pela contribuição geral de toda a sociedade e qual delas somente, por uma determinada parte, ou por alguns de seus membros, em particular; secundariamente, quais são os vários métodos pelos quais toda a sociedade pode ser levada a contribuir para custear as despesas que recaem sobre toda a sociedade, e quais são as principais vantagens e inconveniências de cada um destes métodos; por último, em terceiro lugar, quais são as razões e causas que induziram quase todos os governos modernos a hipotecar parte deste rendimento, ou contrair débitos, e quais foram os efeitos destas dívidas sobre a riqueza real, o produto anual da terra e no trabalho da sociedade.

Livro I
DAS CAUSAS DO AUMENTO DAS FORÇAS PRODUTIVAS DO TRABALHO E DA ORDEM SEGUNDO A QUAL SEU PRODUTO É NATURALMENTE DISTRIBUÍDO ENTRE AS DIVERSAS CATEGORIAS DO POVO

CAPÍTULO 1
Da divisão do trabalho

Um maior aperfeiçoamento nas forças produtivas do trabalho, e a maior parte do engenho, destreza e discernimento com que é dirigido em qualquer lugar, ou aplicado, parecem ter sido os efeitos da divisão do trabalho.

Os efeitos da divisão do trabalho, nos negócios gerais da sociedade, serão mais facilmente entendidos considerando de que modo ela opera em algumas manufaturas, em particular. Comumente supõe-se que ela ocorre mais nas mais insignificantes; talvez não seja aplicada mais nelas que em outras, de maior importância, mas naquelas manufaturas pequenas, que se destinam a suprir as pequenas necessidades de apenas pequeno número de pessoas, o número total de trabalhadores deve necessariamente ser pequeno, e aqueles empregados em cada ramo diferente do trabalho podem amiúde ser reunidos na mesma oficina e colocados simultaneamente sob a vista do espectador. Nas grandes manufaturas, ao contrário, que estão destinadas a suprir as grandes necessidades da grande maioria do povo, cada ramo do trabalho emprega tamanho número de trabalhadores que é impossível reuni-los todos na mesma oficina. Raramente podemos ver mais, simultaneamente, do que aqueles empregados num só ramo. Embora em tais manufaturas o trabalho possa realmente ser dividido num número muito maior de partes que naquelas de natureza menor, a divisão não é tão óbvia, e, concomitantemente, tem sido muito menos observada.

Para tomar um exemplo, pois, de uma manufatura pouco significante, mas uma em que a divisão do trabalho tem sido muito notada: o ofício do alfineteiro; um operário não educado para esta ocupação (que a divisão do trabalho transformou numa atividade específica) nem familiarizado com o uso da maquinaria nela empregada (para cuja invenção essa mesma divisão do trabalho provavelmente deu ocasião), dificilmente poderia, talvez com seu máximo empenho, fazer um alfinete por dia, e certamente não conseguiria fazer vinte. Mas do modo em que este ofício é agora exercido, não só todo o trabalho é uma atividade especial, mas está dividido em um número de ramos, dos quais a maioria pode ser outras tantas indústrias. Um homem estica o arame, outro o endireita, um terceiro corta-o, um quarto o aponta, um quinto esmerilha o topo para receber a cabeça; fazer a cabeça exige duas ou três operações distintas, colocá-la é uma tarefa à parte; branquear os alfinetes, é outra; é mesmo outra indústria; colocá-los no papel e o importante negócio de fazer um alfinete é, destarte, dividido em cerca de 18 operações distintas, que em algumas manufatureiras são todas executadas por mãos distintas, se bem que em outras o mesmo homem às vezes fará duas ou três delas. Vi uma pequena manufatura desta espécie onde apenas dez homens eram empregados, e onde alguns deles, consequentemente, executavam duas ou três operações diferentes. Não obstante sendo eles muito pobres, e portanto mal acomodados tão somente com a maquinaria estritamente necessária, podiam, quando se esforçavam, produzir, entre eles, cerca de 12 libras de alfinetes por dia. Há numa libra mais de quatro mil alfinetes de tamanho médio. Estas dez pessoas, portanto, conseguiam fazer um total de mais de 48 mil alfinetes por dia. Cada pessoa, portanto, fazendo uma décima parte de 48 mil alfinetes, deve produzir 4800 alfinetes por dia. Mas trabalhando todos separados, independentes, e sem nenhum deles ter sido educado neste ofício, certamente cada um deles não conseguiria fazer vinte, nem mesmo um alfinete por dia, que, por certo, não é 240 vezes, nem 4800 vezes menos do que atualmente são capazes de perfazer em consequência de uma divisão e combinação adequada de suas diferentes operações.

Em todo outro ofício e manufatura, os efeitos da divisão do trabalho são similares aos desta, bem pouco importante; entretanto, em muitas, o trabalho não pode ser tão subdividido nem reduzido a tão grande simplicidade de operação. A divisão do trabalho, porém, tanto quanto possa ser introduzida, ocasiona em toda técnica um proporcional aumento das forças produtivas do trabalho. A separação de atividades e empregos parece ter tido lugar em consequência desta vantagem. Esta separação, também, é geralmente levada ao extremo nos países que gozam do mais elevado grau de indústria e aperfeiçoamento; o que é o trabalho de um homem num estado rústico da sociedade, é geralmente o de vários numa aperfeiçoada. Em toda sociedade aperfeiçoada, o lavrador geralmente nada mais é senão um lavrador; o artífice, nada mais que um artífice. O trabalho também, que é necessário para produzir qualquer manufatura completa, é quase sempre dividido por um grande número de mãos. Quantos ofícios diferentes não estão empregados em cada ramo das manufaturas do linho e da lã, dos cultivadores aos branqueadores e penteadores, ou tintureiros e alfaiates! A natureza da agricultura, de fato, não admite tantas divisões do trabalho, nem uma separação tão completa de uma atividade da outra, quanto nas manufaturas. É impossível separar tão inteiramente o trabalho do pecuarista do trabalho do cultivador de cereais, como a indústria do carpinteiro é comumente separada da do ferreiro. O fiador é quase sempre uma pessoa distinta do tecelão; mas o arador, o gradeador, o semeador e o segador são costumeiramente o mesmo homem. As ocasiões para estas diferentes espécies de trabalho, retornando com as diferentes estações do ano, impedem que um homem esteja constantemente empregado em qualquer uma delas. Esta impossibilidade de se fazer uma separação tão inteira e completa de todos os vários ramos do trabalho empregado na agricultura seja talvez a razão por que o aumento das forças produtivas do trabalho neste mister nem sempre mantenha o passo com sua melhoria nas manufaturas. As nações mais opulentas, deveras, geralmente superam todas as suas vizinhas na agricultura, bem como nas manufaturas, mas comumente distinguem-se mais por sua superioridade nestas que naquela. Suas terras são, em geral, mais bem cultivadas e têm mais trabalho e despesa investidos nelas, produzem mais em proporção à extensão e fertilidade natural do solo. Mas esta superioridade de produção raramente supera, proporcionalmente, o trabalho e a despesa. Na agricultura, o lavor do campo rico nem sempre é muito mais produtivo que o do pobre; ou, pelo menos, nunca é tão produtivo quanto é comum em manufaturas. O cereal do país rico, portanto, nem sempre, no mesmo grau de excelência, chegará mais barato ao mercado do que o do pobre. O trigo da Polônia, no mesmo grau de excelência, é tão barato quanto o da França, apesar da superior opulência e desenvolvimento deste último país. O trigo da França, nas províncias em que é produzido, é tão bom e na maioria dos anos quase do mesmo preço que o cereal inglês, no entanto, em opulência e desenvolvimento, a França seja talvez inferior à Inglaterra. As terras cerealíferas inglesas, porém, são mais bem cultivadas que as da França, e as da França são ditas melhor cultivadas que as da Polônia. Mas se o país pobre, apesar da inferioridade de seu cultivo, pode, em certa medida, rivalizar com o rico no preço e na qualidade de seus cereais, não pode ter pretensões a tal competição quanto a suas manufaturas, pelo menos se as manufaturas adaptam-se ao solo, clima e localização do país rico. As sedas francesas são melhores e mais baratas que aquelas da Inglaterra, porque a manufatura da seda, além de suportar os pesados encargos de sua importação em bruto, não se adaptam tão bem ao clima da Inglaterra como ao da França. Mas as ferragens e as lãs grossas produzidas na Inglaterra estão além de qualquer comparação com as da França, e também são muito mais baratas, no mesmo grau de qualidade. Na Polônia, diz-se que há poucas manufaturas de qualquer espécie, exceção feita às mais grosseiras manufaturas caseiras, sem as quais nenhum país pode subsistir direito.

Este grande aumento da quantidade de trabalho que, em consequência da divisão do trabalho, o mesmo número de pessoas é capaz de executar, deve-se a três circunstâncias: primeira, ao aumento de destreza em cada operário; segunda, à economia de tempo que é comumente perdido ao passar de uma espécie de trabalho para outra; finalmente, à invenção de grande número de máquinas, que facilitam e abreviam o trabalho e permitem a um homem fazer o trabalho de muitos.

Primeiro, a melhora da destreza do operário necessariamente aumenta a quantidade de trabalho que ele pode fazer; e a divisão do trabalho, reduzindo a ocupação de cada homem a alguma operação simples, e tornando esta operação o único emprego de sua vida, necessariamente aumenta em muito a destreza do operário. Um ferreiro comum que, se bem que acostumado ao malho, nunca teve de fazer pregos, se em alguma ocasião for obrigado a tentar fazê-los, dificilmente, estou certo, conseguirá fazer mais que duzentos ou trezentos pregos num dia, e estes, muito ruins. Um ferreiro acostumado a fazer pregos, que não tenha tido isto como única ou principal ocupação, dificilmente poderia fazer, com sua máxima diligência, mais de oitocentos ou mil pregos por dia. Já vi vários rapazes com menos de vinte anos, que nunca exerceram outro ofício senão fazer pregos, e que, ao esforçar-se, podiam fazer, cada um, mais de 2300 pregos por dia. A confecção de um prego, porém, de modo algum é operação das mais simples. A mesma pessoa aciona o fole, atiça ou controla o fogo se necessário, aquece o ferro e forja todas as partes do prego: ao forjar a cabeça, ele também é obrigado a trocar de ferramentas. As várias operações em que a feitura de um alfinete, ou de um botão de metal, é subdividida, são todas elas muito mais simples, e a habilidade da pessoa, cuja vida tenha sido a única ocupação de executá-las, é usualmente muito maior. A rapidez com que algumas das operações desses fabricantes é executada excede o que se é possível imaginar, uma vez que a mão humana é capaz de adquirir habilidades e velocidades extraordinárias.

Ganha-se vantagem economizando o tempo comumente perdido ao passar de uma espécie de trabalho para outra. É impossível passar muito rapidamente de um tipo de trabalho para outro feito num lugar diferente, e com ferramentas bem diferentes. Um tecelão rural, que cultiva uma pequena propriedade, deve perder uma boa parte do tempo passando de seu tear para o campo e do campo para seu tear. Quando os dois afazeres podem ser exercidos numa mesma oficina, a perda de tempo é, sem dúvida, muito menor. Mesmo neste caso, ainda é considerável. Um homem comumente se distrai um pouco ao passar de uma ocupação para outra. Ao começar o novo trabalho, ele é raramente atento e aplicado; sua mente, como dizem, está distante, e por algum tempo ele mais divaga do que se aplica. O hábito de distrair-se e aplicar-se descuidada e indolentemente, que é natural, ou necessariamente adquirido por todo trabalhador do campo que é obrigado a mudar de trabalho e ferramentas a cada meia hora e a aplicar o braço em vinte diferentes maneiras quase todo dia de sua vida, torna-o quase sempre indolente e descuidado, e incapaz de qualquer aplicação vigorosa, mesmo nas ocasiões mais prementes. Independentemente, portanto, de sua deficiência em matéria de destreza, somente esta causa deve sempre reduzir consideravelmente a quantidade de trabalho que ele é capaz de executar.

Terceiro e último, todos devem perceber quanto o trabalho é facilitado e abreviado pela aplicação da maquinaria adequada. É desnecessário dar exemplo. Apenas observarei que a invenção de todas aquelas máquinas pelas quais o trabalho é tão facilitado e abreviado parece ter sido originalmente devida à divisão do trabalho. Os homens tendem sempre a descobrir métodos mais fáceis e prontos de atingir qualquer objetivo, quando toda a atenção de suas mentes é dirigida para aquele único objetivo, do que quando está dissipada em meio a grande variedade de coisas. Mas, em consequência da divisão do trabalho, toda a atenção do homem vem a ser naturalmente dirigida para algum objeto muito simples. É de esperar naturalmente, portanto, que este ou aquele dos que estão empregados em cada ramo particular do trabalho achem métodos mais fáceis e prontos de fazer seu próprio trabalho, sempre que a natureza deste admitir um tal aperfeiçoamento. Grande parte das máquinas utilizadas nas manufaturas em que o trabalho é grandemente subdividido, foi originalmente invenção de simples operários que, cada um deles ocupado em alguma operação bem simples, naturalmente voltavam seus pensamentos para descobrir métodos mais fáceis e rápidos para executá-la. A quem quer que tenha se acostumado a visitar tais manufaturas, devem ter sido mostradas amiudadamente ótimas máquinas, invenções de tais operários para facilitar e acelerar sua parte do trabalho. Nas primeiras máquinas a vapor, um menino era sempre usado para abrir e fechar alternadamente a comunicação entre a caldeira e o cilindro, conforme o pistão subisse ou descesse. Um destes meninos, que gostava de brincar com seus companheiros, notou que, atando um cordão da alavanca da válvula que abria essa comunicação a outra parte da máquina, a válvula se abriria e fecharia sem sua assistência, deixando-o livre para divertir-se com colegas de brincadeira. Um dos maiores aperfeiçoamentos feitos nesta máquina foi, assim, descoberta de um menino que queria poupar-se trabalho.

Toda melhoria de máquinas, porém, de modo algum foi invenção só daqueles que tiveram ocasião de usá-las. Muitas vezes deveu-se à engenhosidade dos fabricantes das máquinas, quando construí-las tornou-se uma indústria à parte, e outras vezes deveu-se àqueles chamados filósofos, ou homens especulativos, cujo negócio não é fazer algo, mas observar tudo, e que, por esta razão, são amiúde capazes de combinar o poder dos mais distantes e dissimilares objetos. No progresso da sociedade, a filosofia ou especulação torna-se, como qualquer outro emprego, a principal ou única ocupação e negócio de uma classe particular de cidadãos. Tal como toda outra ocupação, também está subdividida num grande número de ramos diferentes, cada um permitindo o trabalho de uma peculiar tribo ou classe de filósofos, e esta subdivisão do emprego em filosofia, bem como em todo outro negócio, melhora a destreza e poupa tempo. Cada indivíduo torna-se mais experto em seu ramo particular, mais trabalho é feito pelo todo, e a quantidade de ciência é consideravelmente, por isso, elevada.

É a grande multiplicação da produção de todas as diferentes técnicas, em consequência da divisão do trabalho, que ocasiona, numa sociedade bem governada, aquela opulência universal que se estende às classes mais baixas do povo. Todo operário tem uma grande quantidade do próprio trabalho disponível, além de suas necessidades, e todo outro operário, estando exatamente na mesma situação, fica capacitado a trocar grande quantidade dos próprios bens por uma grande quantidade, ou o que dá no mesmo, pelo preço de uma grande quantidade dos bens dos outros. Fornece-lhes abundantemente o que eles precisam e estes o abastecem com o que precisar, e uma abundância geral difunde-se por todas as classes sociais.

Observai as comodidades do mais simples artífice ou jornaleiro num país civilizado e desenvolvido, e percebereis que o número de pessoas cuja indústria uma parte, mesmo que mínima, foi empregada em proporcionar-lhe tal conforto, excede todo cálculo. O casaco de lã, por exemplo, que cobre o jornaleiro, grosseiro e áspero que possa parecer, é produto do labor combinado de grande multidão de operários. O pastor, o tosador de lã, o penteador, o cardador, o tintureiro, o fiador, o tecelão, o pisoeiro, o alfaiate, como muitos outros, devem todos reunir suas técnicas para perfazer mesmo esta produção caseira. Quantos mercadores e transportadores também devem ser empregados para transportar os materiais de alguns destes trabalhadores para outros, que frequentemente vivem numa região muito distante do país! Quanto comércio e navegação em particular, quantos armadores, marujos, fabricantes de velas, cardoeiros, devem ser empregados para reunir as diversas drogas usadas pelo tintureiro, que muitas vezes vêm dos cantos mais remotos do mundo! Que variedade de trabalho, também, é necessária para produzir as ferramentas do mínimo destes operários! Para não falar das complicadas máquinas como o navio, do marujo, a mó do pisoeiro, ou mesmo o tear do tecelão; consideremos apenas que diversidade de trabalho é necessária para formar aquela máquina simplíssima, a tesoura com que o pastor tosa a lã. O mineiro, o construtor da fornalha para derreter o minério, o madeireiro, o carvoeiro que fornece o carvão para a fundição, o tijoleiro, o pedreiro, os operários da fornalha, o mestre do forno, o mestre da forja, o ferreiro, todos devem reunir suas técnicas para fabricar a tesoura. Fôssemos examinar, do mesmo modo, todas as diversas partes de sua vestimenta e mobília doméstica, a camisa de linho grosso que veste sobre a pele, os sapatos que cobrem seus pés, a cama em que se deita, e todas as peças que a compõem, a grelha da cozinha onde prepara suas vitualhas, os carvões de que se utiliza para tanto, escavado das entranhas da terra e trazido a ele talvez por um extenso oceano e um longo transporte terrestre; todos os outros utensílios de sua cozinha, tudo o que cobre sua mesa, as facas e os garfos, os pratos de barro ou de estanho em que ele serve e reparte suas vitualhas, as diversas pessoas empenhadas em preparar seu pão e sua cerveja, a janela de vidro, que deixa entrar o calor e a luz e deixa de fora o vento e a chuva, com todo o conhecimento e arte necessários para preparar aquela linda e feliz invenção, sem o que estas regiões setentrionais do mundo dificilmente poderiam ter conseguido habitação confortável, bem como as ferramentas de todos os operários empregados na produção dessas várias comodidades; se examinarmos, repito, todas essas coisas, e considerarmos que variedade de trabalho é empregada em cada uma delas, perceberemos que, sem a assistência e a cooperação de muitos milhares, a mais simples pessoa num país civilizado não poderia ser dotada nem mesmo de acordo com o que falsamente imaginamos, da maneira mais fácil e simples pela qual comumente está acomodada. Comparada, de fato, com o mais extravagante luxo dos grandes, sua acomodação sem dúvida deve parecer muito simples, e, ainda assim, pode ser verdade que as acomodações de um príncipe europeu nem sempre excedam tanto a de um frugal e industrioso camponês quanto a acomodação deste excede a de muito rei africano, mestre absoluto das vidas e liberdade de dez mil selvagens nus.

CAPÍTULO 2
Do princípio que dá ocasião à divisão do trabalho

Essa divisão do trabalho, da qual tantas vantagens derivam, não é originalmente efeito de qualquer sabedoria humana, que prevê e provê aquela opulência geral a que dá ocasião. É a necessária, se bem que muito lenta e gradual consequência de uma certa propensão da natureza humana que não tem em vista uma utilidade tão extensa: a tendência para comerciar, barganhar e trocar uma coisa por outra.

Se esta propensão é um dos princípios originais da natureza humana, de que não se pode falar mais, ou se, como parece mais provável, é a consequência necessária das faculdades da razão e da fala, não pertence à investigação de nosso presente assunto. É comum a todos os homens, não sendo encontrada em nenhuma outra raça de animais, que parecem não conhecer esta nem nenhuma outra forma de contratos. Dois galgos, perseguindo a mesma lebre, por vezes têm a aparência de agirem em alguma espécie de concerto. Cada um dirige-a para seu companheiro, ou procura interceptá-la quando seu companheiro a dirige para si. Isto, no entanto, não é o efeito de contrato, mas da concorrência acidental de suas paixões pelo mesmo objeto, num dado momento. Ninguém jamais viu um cão fazer uma troca justa e deliberada de um osso por outro, com outro cão. Ninguém jamais viu um animal, por seus gestos e gritos naturais, dizer a outro: isto é meu, aquilo, seu; estou querendo trocar isto por aquilo. Quando um animal deseja obter algo de um homem, não tem outros meios de persuasão senão ganhar o favor daqueles cujo serviço requer. Um cãozinho acaricia sua mãe, e um perdigueiro procura, por mil atrações, chamar a atenção de seu dono que está jantando, quando quer ser alimentado por ele. O homem usa, às vezes, a mesma arte com seus semelhantes, e quando não tem outro meio de levá-los a agir de acordo com suas inclinações, procura, por toda servil e bajuladora atenção, obter sua boa vontade. Não tem tempo, porém, de assim fazer em toda ocasião. Na sociedade civilizada ele está precisando a toda hora de cooperação e assistência de grandes multidões, sendo sua vida inteira mal o suficiente para ganhar a amizade de umas poucas pessoas. Em quase toda outra raça de animais cada indivíduo, quando chega à maturidade, é inteiramente independente, e em seu estado natural, não tem ocasião para a assistência de qualquer outra criatura viva. Mas o homem tem quase constantemente ocasião para o auxílio de seus semelhantes, e é vão que ele o espere apenas por benevolência. Ele poderá prevalecer, mais provavelmente, se puder interessar o amor-próprio deles em seu favor, e mostrar-lhes que é para sua própria vantagem fazer para ele aquilo que está lhes exigindo. Quem quer que ofereça a outrem uma barganha de qualquer tipo, está propondo isto. Dá-me aquilo que desejo e terás isto que desejas é o significado de toda oferta assim, e é destarte que obtemos uns dos outros a franca maioria dos bons ofícios que necessitamos. Não é da benevolência do açougueiro, cervejeiro ou padeiro que esperamos nosso jantar, mas da preocupação por seu interesse. Dirigimo-nos não à sua humanidade, mas ao seu amor-próprio, e nunca lhes falamos de nossas necessidades, mas das vantagens deles. Ninguém, senão um pedinte, escolhe depender principalmente da generosidade de seus concidadãos, e nem mesmo o mendigo depende dela inteiramente. A caridade das pessoas de boa vontade, realmente, fornece-lhe todo o fundo de sua subsistência. Mas se bem que este princípio lhe proporcione todas as necessidades da vida de que ele tem precisão, não lhe proporciona no momento em que ele as necessita. A maior parte das suas necessidades esporádicas é suprida da mesma maneira que as das outras pessoas, por acordo, barganha e compra. Com o dinheiro que um homem lhe dá, ele compra comida. As velhas roupas que um outro lhe dá, ele troca por outras roupas velhas, que lhe servem melhor ou usa para ter alojamento ou comida ou dinheiro, com que ele pode comprar comida, roupas ou alojamento, conforme precisar.

Como é por acordo, barganha ou compra que obtemos uns dos outros a maior parte daqueles mútuos bons ofícios de que carecemos, assim é esta mesma disposição comercial que originalmente dá ocasião à divisão do trabalho. Numa tribo de caçadores ou pastores, uma determinada pessoa faz arcos e flechas, por exemplo, com mais prontidão e destreza que qualquer outra. Frequentemente troca-os por gado ou caça, em vez de ela mesma ir ao campo atrás deles. Ocupando-se de seu próprio interesse, portanto, a confecção de arcos e flechas passa a ser sua principal ocupação, e ela se transforma numa espécie de armeiro. Outra é excelente em fazer as armações e coberturas de suas cabanas, ou casas móveis. Está acostumada a ser desta maneira útil a seus vizinhos, que igualmente a recompensam com gado e caça, até que ela descobre ser de seu interesse dedicar-se inteiramente a este afazer, tornando-se uma espécie de carpinteiro de casas. Do mesmo modo, uma terceira se torna ferreiro ou caldeireiro, uma quarta, tanoeiro ou preparador de couros ou peles, a principal parte da vestimenta dos selvagens. E assim, a certeza de ser capaz de trocar todo aquele excesso do produto do trabalho de outros homens quando tiver ocasião, encoraja todo homem a aplicar-se a uma ocupação em especial, cultivar e levar à perfeição o talento ou gênio que ele possa possuir para aquela particular espécie de negócio.

A diferença dos talentos naturais em diferentes homens é, de fato, muito menor do que temos consciência, e o gênio muito diverso que parece distinguir homens de distintas profissões, quando crescem à maturidade, não é, em muitas ocasiões, a causa, mas sim o efeito da divisão do trabalho. A diferença entre os caracteres mais dissemelhantes, entre um filósofo e um simples carregador, por exemplo, parece surgir não tanto da natureza como do hábito, costume e educação. Quando vieram ao mundo, e pelos primeiros seis ou oito anos de suas existências, eram quiçá muito semelhantes, e nem seus pais ou companheiros perceberiam qualquer diferença notável. Por volta daquela idade, ou pouco depois, passam a empregar-se em várias ocupações. A diferença de talentos vem então a ser notada, e cresce gradativamente, até que, por fim, a vaidade do filósofo não deseja reconhecer quase qualquer semelhança. Mas, sem a disposição de comerciar, trocar e barganhar, todo homem deveria produzir para si mesmo toda necessidade e utilidade que quisesse ter. Todos deveriam ter as mesmas obrigações a cumprir, e o mesmo trabalho a fazer, e não poderia haver tal diferença de emprego que pudesse dar ocasião a qualquer grande diferença de talentos.

Assim como é com esta disposição que forma aquela diferença de talentos, tão notável entre homens de diferentes profissões, assim é aquela mesma disposição que torna aquela diferença útil. Muitas tribos de animais reconhecidas como sendo todas da mesma espécie, derivam da natureza uma distinção muito mais notável de gênio que aquela, antecedendo o costume e a educação, vem ter lugar entre os homens. Por natureza, um filósofo não é, em gênio e disposição, muito diferente de um carregador, como um mastim de um galgo, ou um galgo de um perdigueiro, ou este de um cão pastor. Essas diferentes tribos de animais, no entanto, sendo da mesma espécie, raramente são de alguma utilidade umas para as outras. A força do mastim não é minimamente suportada pela agilidade do galgo, pela sagacidade do perdigueiro ou pela docilidade do cão pastor. Os efeitos desses diferentes gênios e talentos, por falta do poder ou disposição de comerciar e trocar, não podem ser combinados, e não contribuem minimamente para a melhor comodidade e utilidade da espécie. Cada animal ainda é obrigado a sustentar e defender a si mesmo, separada e independentemente, não derivando vantagem alguma daquela variedade de talentos com que a natureza distinguiu seus companheiros. Entre os homens, ao contrário, os gênios mais dissímiles são de utilidade uns para os outros; os diferentes produtos de seus talentos, pela disposição geral para comerciar, barganhar e trocar, são reunidos como que a um patrimônio comum, onde qualquer homem pode adquirir a parte do produto do talento de outros homens de que ele necessitar.

CAPÍTULO 3
Que a divisão do trabalho é limitada pela extensão do mercado

Como é o poder de troca que dá ocasião à divisão do trabalho, assim, a extensão desta divisão deve sempre ser limitada pela extensão desse poder, ou, em outras palavras, pela extensão do mercado. Quando o mercado é muito pequeno, ninguém pode ter nenhum encorajamento para dedicar-se inteiramente a um emprego, por falta de poder de trocar todo o excesso do produto de seu próprio trabalho, que está muito acima de seu próprio consumo, pelo correspondente do trabalho dos outros homens, conforme necessitar.

Há algumas espécies de indústria, mesmo do tipo mais inferior, que só podem ser exercidas numa grande cidade. Um carregador, por exemplo, pode achar emprego e subsistência em nenhum outro lugar que não seja uma cidade grande. Um vilarejo é uma esfera demasiado estreita para ele; mesmo uma cidade com um mercado mediano mal é grande o suficiente para lhe garantir ocupação constante. Nas casas isoladas e em vilarejos espalhados numa região deserta, assim como nas montanhas escocesas, todo lavrador deve ser açougueiro, padeiro e cervejeiro da própria família. Em tais situações, mal podemos esperar encontrar mesmo um ferreiro, um carpinteiro, ou um pedreiro, a menos de vinte milhas de outro do mesmo ofício. As famílias dispersas que vivem a oito ou dez milhas de distância do mais próximo deles, devem aprender a fazer sozinhas um grande número de pequenos trabalhos, para os quais, numa região mais populosa, chamariam pela assistência daqueles artífices. Os artífices do campo são quase sempre obrigados a se aplicarem a todos os diversos ramos da indústria que têm afinidade uns com os outros, empregando a mesma espécie de materiais. Um carpinteiro do campo lida com todo trabalho em madeira; um ferreiro do campo, com todo trabalho em ferro. O primeiro não é só um carpinteiro, mas marceneiro, entalhador, fabricante de rodas, arados, carroças e carruagens. As atividades do último são ainda mais variadas. É impossível haver um comércio como o do fabricante de pregos nas regiões remotas do interior das montanhas de Escócia. Tal trabalhador, a uma taxa de mil pregos por dia e trezentos dias de trabalho por ano, fará trezentos mil pregos por ano. Mas em tal situação, seria impossível comerciar mil, isto é, o trabalho de um dia, em todo um ano.

O transporte por água apresenta um mercado mais extenso, aberto a toda espécie de indústria, mais extenso que o transporte terrestre, pois pelo litoral e pelos rios navegáveis a indústria de toda espécie começa a se subdividir e aperfeiçoar-se, e frequentemente, só muito tempo depois estes aperfeiçoamentos se estendem às regiões interiores do país. Uma carroça, de duas grandes rodas, conduzida por dois homens e puxada por oito cavalos, num tempo de seis semanas, carrega, entre Londres e Edimburgo, cerca de quatro toneladas de mercadorias. Em cerca do mesmo tempo, um navio, tripulado por seis ou oito homens, navegando entre os portos de Londres e Leith, frequentemente transporta duzentas toneladas de mercadorias. Seis ou oito homens, portanto, com o transporte por água, podem transportar, no mesmo tempo, a mesma quantidade de mercadorias entre Londres e Edimburgo que cinquenta carroças de duas rodas, conduzidas por cem homens e puxadas por quatrocentos cavalos. Sobre as duzentas toneladas de mercadorias, portanto, com o mais barato transporte terrestre de Londres a Edimburgo, incide a manutenção de duzentos homens durante três semanas e também a manutenção e, o que é quase igual à manutenção, o desgaste de quatrocentos cavalos, bem como o de cinquenta carroções. Entrementes, sobre a mesma quantidade de mercadorias transportadas pela água, incide apenas a manutenção de seis ou oito homens e o desgaste de um navio de duzentas toneladas de carga, bem como o valor de um maior risco, ou a diferença do seguro entre o transporte terrestre e por água. Se não houvesse comunicação entre esses dois lugares, senão por terra, como só poderiam ser transportadas as mercadorias cujo preço fosse considerável em proporção a seu peso, poderiam transportar apenas pequena parte daquele comércio que atualmente subsiste entre eles, e consequentemente poderia dar só pequena parte daquele encorajamento que atualmente podem proporcionar mutuamente às respectivas indústrias. Haveria pouco ou nenhum comércio de qualquer espécie entre as distantes regiões do mundo. Que mercadorias poderiam compensar a despesa do transporte terrestre entre Londres e Calcutá? Ou, se houvesse alguma preciosidade que compensasse esta despesa, com que segurança poderia ser transportada através dos territórios de tantas nações bárbaras? Aquelas duas cidades, atualmente, não obstante, praticam um mui considerável negócio entre si, sustentando um comércio mútuo, dando muito encorajamento à indústria uma da outra.

Desde que estas, pois, são as vantagens do transporte por água, é natural que os primeiros aperfeiçoamentos das técnicas e da indústria sejam feitos onde esta conveniência abre todo o mundo a um mercado do produto de toda espécie de trabalho, e que sempre seja mais retardada a extensão para o interior do país. As regiões interioranas de um país podem, por muito tempo, não ter outro mercado senão sua região circunvizinha, que as separam do litoral e dos grandes rios navegáveis. A extensão de seu mercado, portanto, deve, por um longo período, ser proporcional às riquezas e população daquela região, e consequentemente seu aumento deve sempre ser posterior ao desenvolvimento do país. Em nossas colônias norte-americanas as plantações seguiram constantemente o litoral ou as margens dos rios navegáveis, e muito pouco se estenderam a qualquer distância considerável de ambos.

As nações que, de acordo com a melhor história autêntica, parecem ter sido as primeiras civilizadas, foram aquelas à volta do litoral do mar Mediterrâneo. Este mar, o maior mar interior conhecido no mundo, não tendo marés, nem consequentemente quaisquer ondas, exceto as que são causadas apenas pelo vento, foi, pela suavidade de sua superfície, bem como pela multidão de suas ilhas e a proximidade das suas costas, extremamente favorável à infância da navegação no mundo; quando, por sua ignorância da bússola, os homens temiam deixar a vista da costa e pela imperfeição da arte da construção naval abandonarem-se às tormentosas ondas do oceano. Passar além das colunas de Hércules, ou seja, navegar além do estreito de Gibraltar, era, no mundo antigo, considerado um feito maravilhoso e perigoso. Demorou muito até que mesmo os fenícios e cartagineses, os mais hábeis navegadores e construtores de navios daqueles velhos tempos, o tentassem, e por muito tempo foram as únicas nações a fazê-lo.

De todos os países na costa do mar Mediterrâneo, o Egito parece ter sido o primeiro em que a agricultura ou manufaturas foram cultivadas e aperfeiçoadas a qualquer grau considerável. O Egito Superior estende-se apenas algumas milhas Nilo acima, e no Egito Inferior, aquele grande rio se divide em muitos canais, que, com a assistência de alguma técnica, parecem ter permitido uma comunicação por água, não só entre todas as grandes cidades, mas entre todas as vilas consideráveis, e mesmo a muitas moradias dos campos, quase do mesmo modo que se faz com o Reno e o Maas na Holanda, atualmente. A extensão e a facilidade desta navegação interior foram provavelmente as principais causas do primitivo desenvolvimento do Egito.

O desenvolvimento agrícola e manufatureiro parece, igualmente, ter sido da mais alta antiguidade nas províncias de Bengala, nas Índias Orientais, e em algumas das províncias orientais da China, se bem que a grande extensão desta antiguidade não seja autenticada por quaisquer histórias de cuja autoridade nós, desta parte do mundo, tenhamos certeza. Em Bengala, o Ganges e vários outros rios formam um grande número de canais navegáveis, do mesmo modo que o Nilo o faz no Egito. Nas províncias orientais da China também vários grandes rios formam, por suas diferentes ramificações, multidão de canais, e sua intercomunicação permite uma navegação interior muito mais extensa que a do Nilo ou do Ganges, ou, talvez, do que ambos juntos. É notável que nem os antigos egípcios, nem os hindus, nem os chineses, encorajaram o comércio exterior, mas parecem ter derivado toda sua opulência desta navegação interna.

Todo o interior da África, e toda aquela parte da Ásia que está a qualquer distância considerável ao norte dos mares Euxino e Cáspio, a antiga Cítia, as modernas Tartária e Sibéria, parecem, em todas as eras do mundo, ter estado no mesmo estado bárbaro e incivilizado em que atualmente as encontramos. O mar da Tartária é o oceano gelado que não admite navegação, e, se bem que alguns dos maiores rios do mundo corram por aquele país, estão a uma distância muito grande entre si para levar comércio e comunicação por sua maior parte. Na África não há grandes mares interiores, como o Báltico e o Adriático na Europa, o Mediterrâneo e o Euxino, tanto na Europa como na Ásia, e os golfos da Arábia, da Pérsia, da Índia, de Bengala e do Sião, na Ásia, para levar o comércio marítimo às regiões interiores daquele grande continente, e os grandes rios da África estão muito distanciados entre si para dar ocasião a qualquer navegação interna. O comércio que qualquer nação pode levar a cabo por meio de um rio que não se reparte em grande número de afluentes ou canais e atravesse outro território antes de dar no mar, nunca pode ser muito considerável; pois está sempre no poder das nações que possuem aquele outro território obstruir a comunicação entre o país superior e o mar. A navegação do Danúbio é de muito pouco uso para os vários Estados da Bavária, da Áustria e da Hungria, em comparação com o que seria se qualquer deles possuísse todo seu curso, até desaguar no mar Negro.

CAPÍTULO 4
Da origem e do uso do dinheiro

Estando a divisão do trabalho bem estabelecida, é apenas pequeníssima parte das necessidades de um homem que é suprida pelo produto do próprio trabalho. Ela satisfaz à maioria delas trocando aquela parte em excesso do produto do próprio trabalho que está muito acima de seu consumo, pelas partes do produto do trabalho dos outros de que necessitar. Todo homem, assim, vive pela troca, ou se torna, até certa medida, mercador, e a sociedade cresce até ser uma sociedade comercial propriamente dita.

Mas quando a divisão do trabalho começou ter lugar, este poder de troca frequentemente deve ter sido obstruído ou embaraçado em suas operações. Um homem, suponhamos, tem mais de uma certa utilidade do que ele precisa, ao passo que outro tem menos. O primeiro, consequentemente, gostaria de se livrar dela, e o outro, de adquirir parte deste supérfluo. Mas se este porventura não tiver nada de que o primeiro precisa, nenhuma troca pode se dar entre eles. O açougueiro tem mais carne em sua loja do que ele mesmo pode consumir, e o cervejeiro e o padeiro desejariam, cada um deles, comprar uma parte. Mas eles nada têm a oferecer em troca, exceto os diferentes produtos de seus respectivos negócios, e o açougueiro já está provido com todo o pão e cerveja de que necessita imediatamente. Nenhuma troca, neste caso, pode ser feita entre eles. Não pode ser seu mercador nem ele seus clientes, e todos são, assim, menos úteis uns aos outros. Para se evitar a inconveniência de tais situações, todo homem prudente, em toda era da sociedade, depois do primeiro estabelecimento da divisão do trabalho, deve naturalmente ter se esforçado para regular seus negócios de tal modo a ter todo o tempo consigo, além da produção peculiar à sua indústria, uma certa quantidade ou uma ou outra utilidade que ele pensava que poucas pessoas recusariam em troca pelo produto de sua indústria.

Diversas utilidades foram sucessivamente consideradas e empregadas para este fim. Nas eras rudes da sociedade, diz-se que o gado foi o instrumento comum de comércio, e se bem que deva ter sido um instrumento bastante inconveniente, no entanto, nos tempos antigos, achamos coisas que eram comumente avaliadas de acordo com o número de cabeças de gado que foram dadas em troca por elas. A armadura de Diomedes, diz Homero, custou apenas nove bois; mas a de Glauco custou cem bois. Diz-se que o sal é o instrumento comum do comércio e das trocas, na Abissínia; uma espécie de concha, em algumas partes do litoral da Índia; bacalhau seco, na Terra Nova; tabaco, na Virgínia; açúcar, em algumas de nossas colônias das Índias Ocidentais; peles ou couro curtido, em alguns outros países; e ainda hoje há uma vila na Escócia onde não é raro, segundo me disseram, que um trabalhador carregue pregos em vez de dinheiro, para jogar ao padeiro ou à cervejaria.

Em todo país, porém, os homens parecem todos determinados, por razões irresistíveis, a dar preferência, para esta aplicação, aos metais acima de toda outra utilidade. Os metais não só podem ser conservados com um mínimo de perdas, sendo pouquíssimo perecíveis, mas igualmente, sem nenhuma perda, podem ser divididos em qualquer número de partes, bem como por fusão estas partes podem ser facilmente reunidas de novo; uma qualidade que nenhuma outra utilidade igualmente durável possui, e que, mais do que qualquer outra coisa, torna-os aptos a serem instrumento do comércio e da circulação. O homem que quisesse comprar sal, por exemplo, e só tivesse gado para dar em troca, deveria ser obrigado a comprar sal no valor de todo um boi, ou de todo um cordeiro, de uma vez. Seria improvável comprar menos que isto, porque o que teria de dar em troca dificilmente poderia ser dividido sem perdas, e se tivesse em mente comprar mais, pela mesma razão, deveria comprar o dobro ou o triplo da quantidade, para compensar o valor de dois ou três bois, ou carneiros. Se, pelo contrário, em vez de carneiros ou bois, tivesse metais para dar em troca, poderia facilmente proporcionar a quantidade do metal à exata quantidade da utilidade que necessitasse imediatamente.

Diferentes metais foram utilizados por nações distintas para este fim. O ferro foi o instrumento comum de comércio entre os antigos espartanos; o cobre, entre os antigos romanos; e o ouro e a prata, entre todas as nações ricas e comerciantes.

Esses metais parecem ter sido utilizados originalmente em barras rústicas, sem selo ou cunhagem. Assim nos é contado por Plínio[1], pela

---

[1] Plínio, *Historia Naturalis*, XXXIII, 3.

autoridade de Timeu, antigo historiador, que até o tempo de Servius Tullius, os romanos não tinham dinheiro cunhado, mas faziam uso de barras de cobre não estampadas para comprar aquilo de que precisavam. Estas barras brutas, portanto, faziam, naquele tempo, o papel de dinheiro.

O uso de metais neste estado bruto era afetado por duas grandes inconveniências: primeira, o trabalho da pesagem; segunda, onde ensaiá-los. Nos metais preciosos, em que pequena diferença na quantidade faz grande diferença no valor, mesmo o trabalho de pesar, com a precisão adequada, requer pelo menos pesos e balanças muito precisos. A pesagem de ouro, em particular, é uma operação de alguma delicadeza. Nos metais mais grosseiros, onde um pequeno erro seria de pequena consequência, menos precisão seria, sem dúvida, necessária. Contudo, acharíamos muito trabalhoso se cada vez que um homem pobre tivesse de comprar ou vender um tostão em bens fosse obrigado a pesar o tostão. A operação do ensaio é ainda mais difícil, mais tediosa, e a menos que parte do metal seja bem derretida no cadinho, com os solventes adequados, nenhuma conclusão se pode tirar que seja precisa. Antes da instituição da moeda cunhada, a menos que passassem por esta tediosa e difícil operação, as pessoas estavam sempre sujeitas às maiores fraudes e imposturas, e em vez de o peso de uma libra de prata, ou de cobre puro, podiam receber, em troca de seus bens, uma composição adulterada dos materiais mais grosseiros e baratos que, no entanto, por seu aspecto exterior, eram feitos à semelhança daqueles metais. Para prevenir tais abusos, para facilitar as trocas, e assim encorajar toda sorte de indústria e comércio, achou-se necessário, em todos os países que fizeram qualquer esforço considerável de desenvolvimento, apor selo público sobre certas quantidades de certos metais, que eram usuais naqueles países, para a compra de bens. Daí a origem do dinheiro cunhado e das oficinas públicas de cunhagem; instituições exatamente da mesma natureza das de chancela de tecido de linho e lã. Todas elas devem certificar, por meio de um selo público, a quantidade e a qualidade uniforme daquelas diversas utilidades, quando comercializadas.

Os primeiros selos públicos desta espécie que foram apostos aos metais correntes parecem, em muitos casos, ter se destinado a certificar, o que era tão difícil quanto importante, a qualidade ou pureza do metal, assemelhando-se à marca esterlina que atualmente é aposta às chapas e barras de prata, ou a marca espanhola, que por vezes é aposta aos lingotes de ouro, que, sendo marcada só de um lado da peça, sem cobrir toda a superfície, garante a pureza, mas não o peso do metal. Abraão pesou para Efrom os quatrocentos *shekels* de prata que concordara pagar pelo campo de Machpelah. O siclo, porém, era a moeda corrente do mercador, por peso, e não de contado, assim como os lingotes de ouro e as barras de prata, atualmente. Os impostos dos antigos reis da Inglaterra eram pagos não em dinheiro, mas em espécie, isto é, em vitualhas e provisões de todos os tipos. Guilherme, o Conquistador, introduziu o costume de pagá-los em dinheiro. Este dinheiro, porém, era recebido pelo erário por peso, e não de contado.

A inconveniência e a dificuldade de pesar esses metais com exatidão deu ocasião à instituição das moedas, onde a estampa, cobrindo inteiramente ambos os lados da peça, e por vezes também as bordas, supunha-se garantir não só a pureza, mas também o peso do metal. Tais moedas, portanto, foram recebidas de contado, como agora, sem o trabalho da pesagem.

As denominações destas moedas parecem originalmente ter expresso o peso ou a quantidade de metal contidos nela. No tempo de Sérvio Túlio, que primeiro cunhou dinheiro em Roma, o asse romano, ou pondo, continha uma libra romana de cobre puro. Estava dividida da mesma maneira que a nossa libra de Troyes, em 12 onças, cada uma contendo uma onça real de cobre puro. A libra esterlina inglesa, no tempo de Eduardo I, continha uma libra, peso Tower, de prata de pureza conhecida. A libra Tower parece ter sido pouco superior à libra romana, e por vezes menos que a libra Troyes. Esta última só foi introduzida na cunhagem inglesa no 18º ano de Henrique VIII. A libra francesa continha, no tempo de Carlos Magno, uma libra de Troyes de prata de pureza conhecida. A feira de Troyes, em Champagne, naquela época, era frequentada por todas as nações da Europa, e os pesos e medidas de uma feira tão famosa eram por todos conhecidos e apreciados. A libra escocesa de dinheiro continha, do tempo de Alexandre I ao de Robert Bruce, uma libra de prata do mesmo peso e pureza que a libra esterlina inglesa. Os *pennies* ingleses, franceses e escoceses também, todos eles continham, originalmente, o peso de um *penny* de prata, a vigésima parte de uma onça e a 240ª parte de uma libra. O *shilling* também parece ter sido originalmente denominação de um peso. "Estando o *quarter* de trigo a 12 *shillings*", diz um antigo estatuto de Henrique III, "então o pão de um *farthing* deve pesar 11 *shillings* e quatro pence". A proporção, entretanto, entre o *shilling* e o *penny*, de um lado, ou a libra, de outro, parece não ter sido tão constante e uniforme quanto aquela entre o *penny* e a libra. Durante a primeira linhagem dos reis da França, o "sou" francês, ou *shillings*, parece em diferentes ocasiões ter contido cinco, 12, vinte e quarenta *pennies*. Entre os antigos saxões, um *shilling* aparece, em determinada ocasião, como contendo apenas cinco *pennies*, e não é improvável que tenha sido tão variável entre eles quanto entre seus vizinhos, os antigos francos. Desde o tempo de Carlos Magno entre os franceses, e de Guilherme, o Conquistador entre os ingleses, a proporção entre a libra, o *shilling* e o *penny* parece ter sido uniformemente a mesma que atualmente, se bem que o valor de cada um tenha sido diferente. Pois em todo país, creio, a avareza e a injustiça de príncipes e Estados soberanos, abusando da confiança de seus súditos, gradativamente diminuíram a real quantidade de metal originalmente contida em suas moedas. O asse romano, como nos últimos tempos da república, estava reduzido à 24ª parte de seu valor original, e, em vez de pesar uma libra, veio a pesar apenas meia onça. A libra e o *penny* inglês contêm, atualmente, só cerca de um terço; a libra e o *penny* escoceses, apenas cerca de 36 avos; e a libra e o *penny* franceses, 66 avos de seu valor original. Por meio destas operações, os príncipes e Estados soberanos que as executavam conseguiam, em aparência, pagar seus débitos e encerrar seus compromissos com uma menor quantidade de prata do que de outro modo seria necessária. Isto, de fato, era só aparência, pois seus credores eram defraudados de uma parte do que lhes era devido. Todos os outros devedores, no Estado, tinham o mesmo privilégio, e poderiam pagar com a mesma soma nominal da nova e aviltada moeda o que quer que tivessem comprado com a antiga. Tais operações, portanto, sempre se mostraram favoráveis ao devedor, e ruinosas para o credor, e por vezes causaram uma revolução maior e mais universal nas fortunas dos particulares do que seria ocasionada por uma grande calamidade pública.

Foi destarte que o dinheiro tornou-se, em todas as nações civilizadas, o instrumento universal do comércio, pela intervenção do que mercadorias de todos os tipos são compradas e vendidas, ou trocadas umas pelas outras.

Quais são as regras que os homens naturalmente observam ao trocá--las por dinheiro ou umas pelas outras, agora passarei a examinar. Estas regras determinam o que pode ser chamado valor relativo ou de troca das mercadorias.

A palavra valor, deve ser observado, tem dois significados diversos e, por vezes, expressa a utilidade de algum objeto particular e, por vezes, o poder de adquirir outros bens, que a posse daquele objeto proporciona. Um pode ser chamado "valor de uso", o segundo, "valor de troca". As coisas com maior valor de uso frequentemente têm pouco ou nenhum valor de troca; e, pelo contrário, aquelas que têm o maior valor de troca, frequentemente têm pouco ou nenhum valor de uso. Nada é mais útil que a água, mas dificilmente com ela se comprará algo. Um diamante, pelo contrário, dificilmente tem utilidade, mas uma grande quantidade de coisas pode amiúde ser trocada por ele.

Para que possamos investigar os princípios que regulam o valor de troca das mercadorias, tentarei mostrar:

Primeiro, qual é a real medida deste valor trocável, ou em que consiste o preço real de todas as mercadorias.

Segundo, quais são as diferentes partes de que esse preço real se compõe.

E, finalmente, quais são as diferentes circunstâncias que por vezes elevam algumas ou todas estas várias partes do preço acima e por vezes as rebaixam de sua cotação natural ou ordinária; ou, quais são as causas que por vezes obstaculizam o preço de mercado, isto é, o preço real da mercadoria, de que coincida exatamente com o que pode ser chamado seu preço natural.

Procurarei explicar, tão completa e distintamente quanto puder, estes três assuntos nos três seguintes capítulos, pelo que devo encarecidamente pedir a paciência e a atenção do leitor: sua paciência, para examinar um pormenor que talvez em alguns pontos pareça desnecessariamente tedioso; e sua atenção para compreender o que possa, talvez, depois da mais completa explicação de que sou capaz, ainda parecer, em certo grau, obscuro. Prefiro sempre correr o risco de ser tedioso, para que possa certificar-me de ser claro, e depois de tomar o máximo cuidado para tanto, alguma obscuridade ainda pode parecer restar sobre um assunto por natureza extremamente abstrato.

CAPÍTULO 5
DO PREÇO REAL E NOMINAL DAS MERCADORIAS, DE SEU PREÇO EM TRABALHO E SEU PREÇO EM DINHEIRO

Cada homem é rico ou pobre, segundo o grau em que pode adquirir as necessidades, conveniências e diversões da vida humana. Mas depois que a divisão do trabalho foi bem implantada, é a uma bem pequena parte dessas que o trabalho do homem proporciona. A maioria delas, ele deve derivar do trabalho de outras pessoas, e será rico ou pobre, de acordo com a quantidade daquele trabalho que pode comandar, ou que ele pode adquirir. O valor de qualquer mercadoria, portanto, para a pessoa que a possui, e que não pretende usá-la, ou consumi-la, mas trocá-la por outras mercadorias, é igual à quantidade de trabalho que o capacita a comprar ou comandar. O trabalho, portanto, é a medida real do valor de troca de todas as mercadorias.

O preço real de tudo, o que tudo realmente custa para o homem que deseja adquirir, é o labor e o incômodo de adquiri-lo. O que tudo realmente vale para o homem que adquiriu, e que quer dispor disto ou trocar por algo, é o incômodo e o labor que pode poupar a si mesmo, e que pode impor a outrem. O que é comprado com dinheiro ou bens é comprado pelo trabalho na mesma medida do que adquirirmos com o esforço de nosso corpo. Esse dinheiro, ou esses bens, de fato poupam-nos este esforço. Contêm o valor de uma certa quantidade de trabalho, que trocamos pelo que se supõe, no momento, que contenha o valor de mesma quantidade. O trabalho foi o primeiro preço, a moeda de troca original, que pagava todas as coisas. Não era com ouro ou prata, mas pelo trabalho, que toda a riqueza do mundo foi originalmente adquirida; e este valor, para aqueles que o possuem e querem trocá-lo por alguma nova produção, é precisamente igual à quantidade de trabalho que lhes permite comprar ou comandar.

A riqueza, como diz o sr. Hobbes, é o poder. Mas a pessoa que adquire, ou herda uma grande fortuna, não adquire nem herda necessariamente nenhum poder político, civil ou militar. Sua fortuna pode, talvez, proporcionar-lhe os meios de adquirir ambos, mas a mera posse daquela fortuna não os traz necessariamente. O poder que aquela posse traz imediata e diretamente é o poder de compra; um certo comando sobre todo o trabalho, ou sobre todo o produto do trabalho, que então esteja no mercado. Sua fortuna é maior ou menor precisamente na proporção da extensão deste poder, ou à quantidade do trabalho de outrem, ou, o que dá no mesmo, do produto do trabalho de outrem, que lhe permite adquirir ou comandar. O valor de troca de tudo deve ser sempre precisamente igual à extensão deste poder que traz a seu possuidor.

Mas, se bem que o trabalho seja a medida real do valor de troca de todas as mercadorias, não é por ele que seu valor é usualmente avaliado. Frequentemente é difícil precisar a proporção entre duas quantidades diferentes de trabalho. O tempo gasto em duas espécies diferentes de trabalho nem sempre determinará sua proporção. Os diferentes graus de dificuldade suportada, e da engenhosidade exercida, devem semelhantemente ser levados em consideração. Pode haver mais trabalho numa hora de trabalho duro do que em duas horas de negócios fáceis, ou numa hora de aplicação a um ofício que levou dez anos de trabalho para aprender do que a indústria de um mês num emprego ordinário e óbvio. Mas não é fácil achar nenhuma medida precisa, de dificuldade ou engenhosidade. Ao trocar, com efeito, as diversas produções das diversas naturezas de trabalho umas pelas outras, comumente se fazem algumas concessões mútuas. O ajuste se dá, entretanto, não por uma medida acurada, mas pelo regatear e barganhar do mercado, de acordo com uma espécie de igualdade grosseira que, mesmo inexata, é suficiente para efetivar os negócios da vida cotidiana.

Toda mercadoria, além do mais, é mais costumeiramente trocada, e portanto comparada, com outras mercadorias do que com trabalho. É mais natural, portanto, estimar seu valor de troca pela quantidade de alguma outra mercadoria do que pelo trabalho que pode comprar. A maioria das pessoas, também, entende melhor o que se entende por uma quantidade de uma dada mercadoria do que por uma quantidade de trabalho. Uma é um objeto simples e palpável; a outra é uma noção abstrata, que, se bem que possa ser tornada suficientemente inteligível, não é tão natural e óbvia.

Mas quando cessa a troca, e o dinheiro torna-se o instrumento comum do comércio, cada mercadoria é mais frequentemente trocada por dinheiro do que por qualquer outra mercadoria. O açougueiro dificilmente carrega bifes ou um carneiro ao padeiro, ou ao cervejeiro, para trocá-los por pão ou cerveja. A quantidade de dinheiro que ele recebe pela carne regula também a quantidade de pão e cerveja que depois ele pode comprar. É mais natural e óbvio para ele, portanto, avaliá-los pela quantidade de dinheiro, a mercadoria pela qual ele imediatamente as troca, do que pela quantidade de pão e cerveja, mercadorias que só pode trocar pela intervenção de uma outra; será preferível dizer que a carne do açougueiro vale três ou quatro pence a libra, do que três ou quatro libras de pão, ou três ou quatro quartos de cerveja. Donde o valor de troca de cada mercadoria vem a ser mais frequentemente avaliado pela quantidade de dinheiro que pela quantidade de trabalho ou por qualquer outra mercadoria que pode ser obtida em troca dele.

O ouro e a prata, no entanto, como qualquer outra comodidade, variam em seu valor, sendo por vezes mais caros, por vezes mais baratos, às vezes mais difíceis, às vezes mais fáceis de comprar. A quantidade de trabalho que qualquer quantidade particular deles pode comprar ou ordenar, ou a quantidade de outros bens que trocará, depende sempre da fertilidade ou não das minas conhecidas na época em que tais trocas são feitas. A descoberta das abundantes minas da América reduziu, no século XVI, o valor do ouro e da prata na Europa para cerca de um terço do que havia sido antes. Como custa menos trabalho trazer estes metais da mina ao mercado, quando aqui eram comprados, comprariam ou ordenariam menos trabalho, e esta revolução em seu valor, talvez a maior, de modo algum é a única de que a história dá conta. Mas assim como a medida natural de uma quantidade, como o pé, a braça, a mancheia, que variam continuamente, nunca pode ser medida precisa da quantidade de outras coisas, assim, uma mercadoria que está continuamente variando o próprio valor, nunca pode ser medida precisa do valor de outras mercadorias. Quantidades iguais de valor, em qualquer tempo ou lugar, são ditas de mesmo valor para o trabalhador. Em seu estado ordinário de saúde, força e consciência, no grau ordinário de capacidade e destreza, ele deve sempre renunciar à mesma porção de sua folga, sua liberdade e sua felicidade. O preço que ele paga deve sempre ser o mesmo, qualquer que seja a quantidade de bens que ele receba em retorno. Destes, com efeito, ele pode por vezes comprar uma quantidade ora maior, ora menor; mas é seu valor que varia, não o do valor que os compra. Em todo o tempo e lugar, é caro aquilo que é difícil de conseguir, ou que custa muito trabalho para adquirir, e barato o que é conseguido facilmente, ou com muito pouco trabalho. O trabalho sozinho, portanto, nunca variando no próprio valor, é unicamente o final e real padrão pelo que o valor de todas as mercadorias pode, em qualquer tempo e lugar, ser estimado e comprado. É seu preço real; o dinheiro é apenas seu preço nominal.

Mas, se bem que iguais quantidades de trabalho sejam sempre de mesmo valor para o trabalhador, para a pessoa que o emprega elas podem parecer por vezes de maior por vezes de menor valor. Ela as compra ora com uma maior, ora com uma menor quantidade de bens, e para ela o preço do trabalho parece variar, como o de todas as outras coisas. Parece-lhe caro num caso e barato no outro. Na realidade, porém, os bens é que são baratos num caso e caros no outro.

Neste sentido popular, portanto, o trabalho, como as mercadorias, pode ser tido com um preço real e um nominal. Seu preço real pode ser tido como a quantidade das necessidades e conveniências da vida que são dadas por ele; seu preço nominal, na quantidade de dinheiro. O trabalhador é rico ou pobre, é bem ou mal recompensado, em proporção ao preço real, e não ao nominal, de seu labor.

A distinção entre o preço real e o nominal das mercadorias e do trabalho não é matéria de simples especulação, mas por vezes pode ser de considerável uso prático. O mesmo preço real é sempre do mesmo valor, mas por conta das variações do valor do ouro e da prata, o mesmo preço nominal é por vezes de valores diversos. Quando uma propriedade fundiária, portanto, é vendida com uma reserva de pagamento de uma renda perpétua, se se quiser que esta renda seja sempre do mesmo valor, é importante, para a família em cujo favor se faz a reserva, que nunca consista numa certa soma em dinheiro. Seu valor, neste caso, estaria submetido a variações de duas origens: primeira, àquelas que surgem das diferentes quantidades de ouro e prata que estão contidas, em épocas diferentes, nas moedas de mesma denominação; segunda, àquelas que surgem dos diferentes valores das mesmas quantidades de ouro e prata em épocas diferentes.

Príncipes e Estados soberanos têm interesses temporários em diminuir a quantidade de metal puro contida em suas moedas; raramente se interessaram em aumentá-la. A quantidade de metal contida nas moedas, creio, em todas as nações, tem diminuído quase que continuamente, e muito raramente aumentado. Tais variações, portanto, tendem quase sempre a diminuir o valor de uma renda a dinheiro.

A descoberta das minas da América diminuiu o valor do ouro e da prata na Europa. Esta diminuição, supõe-se comumente, se bem que não se tenha disto nenhuma prova certa, ainda continua gradualmente, e tende a continuar assim por um longo tempo. Por esta suposição, portanto, tais variações tendem a diminuir, e não a aumentar o valor de uma renda em dinheiro, mesmo que seja estipulado seu pagamento, não numa quantidade em dinheiro de certa denominação (em tantas libras esterlinas, por exemplo), mas em tantas onças ou de prata pura, ou de prata de um certo padrão.

As rendas que são reservadas em cereal preservaram seu valor muito melhor que aquelas que foram reservadas em dinheiro, mesmo onde a denominação da moeda não foi alterada. Pelo 18º ano de Elizabeth foi decretado que um terço de todas as rendas de corporações fosse deduzido em cereal, a pagar em espécie, ou de acordo com os preços correntes no mercado público mais próximo. O dinheiro originário desta renda de cereais, se bem que inicialmente um terço do todo, é atualmente, de acordo com o dr. Blackstone, comumente quase o dobro do que se origina dos outros dois terços. As antigas rendas das corporações, de acordo com esta avaliação, devem ter caído quase a um quarto de seu antigo valor; ou valem pouco mais que um quarto do cereal que antigamente valiam. Mas desde o reinado de Philip e Mary, a denominação da moeda inglesa sofreu pouca ou nenhuma alteração, e o mesmo número de libras, *shillings* e pence tem contido muito aproximadamente a mesma quantidade de prata pura. Esta degradação, portanto, no valor das rendas em dinheiro das corporações, decorreu totalmente da degradação do valor da prata.

Quando a degradação no valor da prata combina com a diminuição de sua quantidade contida na moeda da mesma denominação, a perda é frequentemente ainda maior. Na Escócia, onde a denominação da moeda sofreu alterações muito maiores que jamais o fez na Inglaterra, e na França, onde foi ainda mais alterada que na Escócia, algumas antigas rendas, originalmente de considerável valor, destarte a quase nada foram reduzidas.

Iguais quantidades de trabalho, a longos intervalos, serão compradas quase com as mesmas quantidades de cereal, a subsistência do trabalhador, do que com iguais quantidades de ouro e prata, ou talvez de alguma outra mercadoria. Iguais quantidades de cereal, portanto, a longos intervalos, serão quase sempre do mesmo valor real, ou permitem ao possuidor comprar ou comandar aproximadamente sempre a mesma quantidade de trabalho de outras pessoas. Farão isto, digo, mais precisamente do que quantidades iguais de quase qualquer outra mercadoria; pois mesmo iguais quantidades de cereal não o farão exatamente. A subsistência do trabalhador, ou o preço real do trabalho, como adiante tentarei mostrar, é muito diferente em diversas ocasiões; mais liberal numa sociedade que avança para a opulência do que numa que retroage. Qualquer outra mercadoria, porém, a qualquer tempo comprará maior ou menor quantidade de trabalho em proporção à quantidade de subsistência que poderá então comprar. Mas uma renda a ser paga em qualquer outra mercadoria está sujeita não só às variações na quantidade de trabalho que qualquer quantidade particular de cereal possa comprar, mas às variações na quantidade de cereal que possa ser comprada por qualquer quantidade particular daquela mercadoria.

Muito embora o valor real de uma renda em cereal, deve-se observar, varie muito menos de século para século do que uma renda em dinheiro, varia muito mais de ano para ano. O preço em dinheiro do trabalho, como procurarei demonstrar, não flutua de ano para ano com o preço em dinheiro do cereal, mas parece sempre se acomodar, não ao preço temporário ou ocasional, mas ao preço médio ou ordinário das necessidades da vida. O preço médio ou comum do cereal de novo é regulado, como também procurarei demonstrar, pelo valor da prata, pela riqueza ou esterilidade das minas que suprem o mercado com esse metal, ou pela quantidade de trabalho que deve ser empregada, e consequentemente, de cereal que deve ser consumido, para trazer qualquer quantidade de prata da mina ao mercado. Mas o valor da prata, se bem que por vezes varie grandemente de século para século, raramente varia muito de ano para ano, mas quase sempre continua o mesmo, ou quase, por meio século, ou todo um século. O preço médio ou ordinário do cereal, portanto, durante um período tão longo, continuará o mesmo, ou quase, também, e junto com ele o preço do trabalho, desde que pelo menos a sociedade continue, sob outros aspectos, nas mesmas condições, ou quase. Entrementes, o preço temporário e ocasional do cereal pode frequentemente dobrar num ano, em relação ao ano anterior, ou flutuar, por exemplo, de 5,20 a cinquenta *shillings* o quarto. Mas quando o cereal está a este último preço, não só o valor nominal, mas o valor real de uma renda em cereal será o dobro do que era pelo anterior, ou comandará o dobro da quantidade de trabalho, ou da maior parte das outras mercadorias; o preço em dinheiro do trabalho, e com ele o da maioria das outras coisas, sendo o mesmo durante todas estas flutuações.

O trabalho, parece evidente, é a única medida universal e precisa do valor, ou o único padrão pelo qual podemos comparar os valores de diferentes mercadorias em qualquer tempo e lugar. Admitimos não poder estimar o valor real de diferentes mercadorias de século para século pelas quantidades de prata dadas por elas. Não podemos estimá-la de ano para ano pelas quantidades de cereal. Pelas quantidades de trabalho podemos, com a maior precisão, estimá-la de um século para outro, como de ano para ano. De século para século, o cereal é melhor medida que a prata, visto que iguais quantidades de cereal comandarão a mesma quantidade de trabalho mais precisamente do que iguais quantidades de prata. De ano para ano, pelo contrário, a prata é mais bem medida que o cereal, pois iguais quantidades dela comandarão mais aproximadamente a mesma quantidade de trabalho.

Se bem que ao estabelecer rendas perpétuas, ou mesmo ajustando longos arrendamentos, pode ser útil distinguir entre o preço real o e nominal; mas não tem utilidade ao comprar e vender, as transações mais comuns e ordinárias da vida humana.

Num mesmo tempo e lugar, o preço real e o nominal das mercadorias estão exatamente em proporção uns com os outros. Quanto mais ou menos dinheiro se consegue por qualquer mercadoria, no mercado de Londres, por exemplo, mais ou menos trabalho, naquele tempo e lugar, lhe será permitido comprar ou comandar. Num mesmo tempo e lugar, portanto, o dinheiro é a exata medida do real valor de troca de todas as mercadorias. No entanto, assim é apenas num mesmo tempo e lugar.

Se bem que em lugares distantes não haja proporção regular entre o preço real e o preço em dinheiro das mercadorias, ainda assim o mercador que leva bens de um lugar para outro nada tem a considerar senão seu preço em dinheiro, ou a diferença entre a quantidade de prata pela qual ele os compra e aquela pela qual ele provavelmente as venderá. Meia onça de prata em Cantão, na China, comanda uma grande quantidade tanto de trabalho e de necessidades e conveniências da vida do que uma libra em Londres. Uma mercadoria, portanto, que seja vendida por meia onça de prata em Cantão, pode lá ser realmente cara, ou de maior importância real para o homem que a possui lá do que uma mercadoria que seja vendida por uma onça em Londres, para o homem que a possua em Londres. Se um comerciante londrino, porém, pode comprá-la por meia onça de prata, uma mercadoria que depois poderá vender em Londres por uma onça, ganha 100% na barganha, tanto quanto se uma onça de prata tivesse em Londres o mesmo preço que em Cantão. Não é importante para ele que meia onça de prata em Cantão lhe daria o comando de mais trabalho e maior quantidade das necessidades e conveniências da vida do que pode uma onça em Londres. Uma onça em Londres lhe dará sempre o comando do dobro da quantidade de tudo que meia onça poderia dar lá, e é isto precisamente o que ele almeja.

Como é o preço nominal ou em dinheiro dos bens que afinal determina a prudência ou imprudência de todas as compras e vendas, e portanto regula quase todos os negócios da vida comum no que concerne aos preços, não é de admirar que seja muito mais considerado do que o preço real.

Mas, numa obra como esta, por vezes pode ser útil comparar os diferentes valores reais de uma mercadoria em particular em diferentes épocas e lugares, ou os diferentes graus de poder sobre o trabalho das pessoas que pode dar, em diferentes ocasiões, àqueles que o possuem. Neste caso devemos comparar não tanto as várias quantidades de prata pela qual foi comumente vendida quanto as diferentes quantidades de trabalho que aquelas várias quantidades de prata teriam comprado. Contudo os preços correntes do trabalho em épocas e lugares distantes dificilmente podem ser conhecidos com algum grau de precisão. Os do cereal, se bem que nuns poucos lugares foi registrado regularmente, são em geral mais bem conhecidos e mais frequentemente anotados por historiadores e outros escritores. Em geral, devemos nos contentar com eles, não como sendo sempre exatamente na mesma proporção que os preços correntes do trabalho, mas como sendo a melhor aproximação que comumente pode ter. Depois, terei oportunidade de fazer numerosas comparações desta espécie.

Progredindo a indústria, as nações comerciais acharam conveniente cunhar vários metais diferentes como dinheiro; o ouro para os pagamentos maiores, a prata para compras de valor moderado e o cobre, ou algum outro metal grosseiro, para aquelas de ainda menor consideração. Mas sempre consideraram um destes metais como sendo mais peculiarmente a medida do valor que qualquer um dos dois outros; e esta preferência parece geralmente ter sido dada ao metal que primeiro usaram como instrumento de comércio. Uma vez tendo-o utilizado como padrão, o que devem ter feito quando não tinham outro dinheiro, geralmente continuaram a fazê-lo mesmo quando a necessidade não era a mesma.

Diz-se que os romanos só tinham dinheiro de cobre, até os cinco primeiros anos antes da primeira guerra púnica[1] quando começaram a cunhar prata pela primeira vez. O cobre, portanto, parece ter continuado sempre a medida do valor naquela república. Em Roma, todas as contas parecem ter sido mantidas, e o valor de todas as terras teria sido computado em asses ou sestércios. O asse era sempre a denominação da moeda de cobre. A palavra sestércio significa dois asses e meio. Embora o sestércio tenha sido originalmente moeda de prata, seu valor era estimado em cobre. Em Roma, quem possuísse grande quantidade de dinheiro era tido como possuidor de grande parte do cobre alheio.

As nações nórdicas que se estabeleceram sobre as ruínas do império romano, parecem ter tido dinheiro de prata já desde o começo de seu estabelecimento, e não conheceram moedas de ouro ou cobre por um longo período posterior. Havia moedas de prata na Inglaterra, no tempo dos saxões; mas havia pouco ouro cunhado até o tempo de Eduardo III e nenhum cobre até o de Jaime I da Grã-Bretanha. Na Inglaterra, portanto, e pela mesma razão, creio, em todas as outras nações modernas da Europa, todas as contadas são mantidas, e o valor de todos os bens e terras é geralmente computado em prata; e quando queremos exprimir a grandeza da fortuna de uma pessoa, raramente mencionamos o número de guinéus, mas sim o número de libras esterlinas que supomos seria dado por ela.

Originalmente, em todos os países, creio, uma prova legal de pagamento só poderia ser feita na moeda daquele metal que era considerado especialmente como a referência ou medida do valor. Na Inglaterra, o ouro não era considerado prova legal por longo tempo depois de ter sido cunhado em dinheiro. A proporção entre os valores de dinheiro de ouro e prata não era fixada por nenhuma lei pública, ou proclamação, mas era deixada para ser fixada pelo mercado. Se um devedor oferecesse pagamento em ouro, o credor poderia rejeitar completamente tal

---

[1] Plínio, ob. cit., XXXIII, 3.

pagamento, ou aceitá-lo a uma tal cotação sobre a qual ele e seu devedor pudessem concordar. O cobre atualmente não é prova legal, exceto na troca de moedas de prata pequenas. Neste estado de coisas, a distinção entre o metal que era a referência, e aquele que não era, era algo mais que uma distinção nominal.

Com o passar do tempo, as pessoas, tornando-se gradualmente mais familiarizadas com o uso dos diversos metais cunhados, e consequentemente mais bem familiarizadas com a proporção entre seus valores respectivos, na maioria dos países, creio, foi achado conveniente determinar esta proporção e declarar, por lei pública, que um guinéu, por exemplo, de tal peso e pureza deveria ser trocado por 21 *shillings*, ou ser prova legal para um débito daquela soma. Neste estado de coisas, e durante a continuação de qualquer proporção regulada deste tipo, a distinção entre o metal que é a referência, e aquele que não é, torna-se pouco mais que uma distinção nominal.

Em consequência de qualquer mudança, porém, nesta proporção regulada, esta distinção se torna, ou ao menos parece tornar-se, algo mais que nominal, novamente. Se o valor regulamentado de um guinéu, por exemplo, fosse reduzido a vinte, ou elevado a 22 *shillings*, todas as contas sendo mantidas e quase todas as obrigações de débito expressas em dinheiro de prata, a maior parte dos pagamentos poderia, em qualquer caso, ser feita com a mesma quantidade de dinheiro que antes, mas requereria muito diferentes quantidades em ouro; maior num caso, menor no outro. A prata pareceria ser mais invariável em seu valor que o ouro. A prata pareceria medir o valor do ouro, e o ouro não pareceria medir o valor da prata. O valor do ouro pareceria depender da quantidade de prata que poderia trocar, e o valor da prata não pareceria depender da quantidade de ouro que poderia trocar. Esta diferença, porém, se deveria totalmente ao costume de manter as contas, e exprimir a quantidade de todas as somas, grandes e pequenas, mais em prata que em ouro. Uma das notas do sr. Drummond de 25 ou cinquenta guinéus após uma alteração desta espécie, ainda seria pagável com 25 ou cinquenta guinéus, do mesmo modo que antes. Após uma tal alteração, seria pagável com a mesma quantidade de ouro que antes, mas com muito diferentes quantidades de prata. No pagamento de tal nota, o ouro pareceria ser mais invariável em seu valor que a prata. O ouro pareceria medir o valor da prata e a prata pareceria não medir o valor do ouro. Se o costume de manter as contas e de exprimir notas promissórias e outras obrigações em dinheiro desta maneira se generalizasse, o ouro, e não a prata, seria considerado o metal especial de referência ou medida do valor.

Na realidade, durante a continuação de qualquer proporção regulamentada entre os valores respectivos dos diferentes metais cunhados, o valor do metal mais precioso regula o valor de toda a moeda. Doze pence de cobre contêm meia libra *avoirdupois,* de cobre não da melhor qualidade, que, antes da cunhagem, raramente vale sete pence de prata. Mas, como pela regulamentação, 12 de tais pence devem ser trocados por um *shilling*, no mercado, são considerados como valendo um *shilling*, e pode-se ter um *shilling* por eles, a qualquer momento. Mesmo antes da última reforma da moeda de ouro na Grã-Bretanha, o ouro, ou ao menos sua parte que circulava em Londres e suas vizinhanças, em geral estava menos desvalorizada em relação a seu peso-padrão que a maior parte da prata. Vinte e um gastos e desvalorizados *shillings*, porém, eram equivalentes a um guinéu, que talvez também estivesse gasto e desvalorizado, se bem que mais raramente. Os últimos regulamentos trouxeram a moeda de ouro tão próxima de seu peso-padrão quanto se poderia levar a moeda corrente de qualquer nação; e a ordem para só receber ouro, nos escritórios públicos, somente a peso, tende a preservar esta situação, enquanto aquela ordem for mantida. A moeda de prata ainda continua no mesmo estado desgastado e desvalorizado que antes da reforma da moeda de ouro. No mercado, porém, 21 *shillings* desta moeda desvalorizada de prata ainda são considerados como um guinéu daquela excelente moeda de ouro.

A reforma da moeda de ouro evidentemente elevou o valor da moeda de prata, que pode ser trocado por ela.

Na cunhagem inglesa, o peso de uma libra de ouro é cunhado em 44,5 guinéus, que, a 21 *shillings* ou guinéu, é igual a 46 libras, 14 *shillings* e seis pence. Uma onça de tal moeda de ouro, portanto, vale £3 17s. 10 1/2d. em prata. Na Inglaterra, não se paga qualquer imposto ou taxa sobre a cunhagem, e quem carrega o peso de uma libra ou uma onça de lingotes-padrão de ouro à cunhagem recebe uma libra ou uma onça em peso de moedas de ouro, sem nenhuma dedução. Três libras, 17 *shillings* e 10,5 pence por onça, portanto, é dito ser o preço do ouro cunhado na Inglaterra, ou a quantidade de moedas de ouro que a casa da moeda dá em troca do lingote-padrão de ouro.

Antes da reforma da moeda de ouro, o preço do lingote-padrão de ouro no mercado por muitos anos estivera acima de £3 18s. ou, por vezes, £3 19s. e, muito frequentemente, £4 por onça; esta soma, provavelmente, na moeda de ouro, gasta e desvalorizada, raramente contendo mais que uma onça de ouro-padrão. Desde a reforma da moeda de ouro, o preço de mercado do lingote-padrão de ouro raramente excede £3 17s. por onça. Antes dessa reforma, o preço de mercado estava sempre abaixo do preço de cunhagem. Mas esse preço de mercado é o mesmo, pago em moeda de ouro ou de prata. Esta última reforma, portanto, elevou não só o valor da moeda de ouro, mas igualmente o da de prata, em proporção ao lingote de ouro, e provavelmente também em proporção a todas as outras mercadorias; se bem que o preço da maioria das outras mercadorias seja influenciado por tantas outras causas, a elevação no valor, quer da moeda de ouro ou de prata em proporção a elas, pode não ser tão distinto e sensível.

Na casa da moeda inglesa, o peso de uma libra de lingote-padrão de prata é cunhado em 62 *shillings*, contendo, do mesmo modo, o peso de uma libra de prata-padrão. Cinco *shillings* e dois pence a onça, portanto, é dito o preço da prata cunhada na Inglaterra, ou a quantidade de moedas de prata que a casa da moeda dá em troca pelo lingote-padrão de prata. Antes da reforma da moeda de ouro, o preço de mercado do lingote-padrão de prata era, em diferentes ocasiões, cinco *shillings*, quatro pence, cinco *shillings* e sete pence, e, muito frequentemente, cinco *shillings* e oito pence a onça. Cinco *shillings* e sete pence, no entanto, parece ter sido o preço mais comum. Desde a reforma da moeda de ouro, o preço de mercado do lingote-padrão de prata caiu, ocasionalmente, a cinco *shillings* e três pence, cinco *shillings* e quatro pence, e cinco *shillings* e cinco pence por onça, tendo sido raramente excedido este último preço. Se bem que o preço de mercado do lingote de prata tenha caído consideravelmente desde a reforma da moeda de ouro, não caiu tão baixo quanto o preço da cunhagem.

Na proporção entre os diferentes metais na moeda da Inglaterra, como o cobre é cotado muito acima de seu real valor, a prata também é cotada um pouco abaixo. No mercado europeu, nas moedas francesas e holandesas, uma onça de ouro fino é trocada por cerca de 14 onças de prata fina. Na moeda inglesa, é trocada por cerca de 15 onças, isto é, por mais prata do que vale, de acordo com a avaliação comum na Europa.

Mas como o preço do cobre em barras não é elevado, nem mesmo na Inglaterra, pelo alto preço do cobre na moeda inglesa, o preço da prata em lingotes não é reduzido pela baixa cotação da prata na moeda inglesa. A prata em lingotes ainda preserva sua proporção própria para o ouro; pela mesma razão que o cobre em barras preserva sua proporção adequada para com a prata.

Com a reforma da moeda de prata no reinado de Guilherme III, o preço do lingote de prata ainda continuava um pouco acima do preço da cunhagem. O sr. Locke imputou este alto preço à permissão de exportar lingotes de prata e à proibição de exportar moeda de prata. Esta permissão de exportação, disse ele, tornou a demanda de lingote de prata maior que a demanda da moeda de prata. Mas o número de pessoas que desejava moedas de prata para os usos comuns de comprar e vender no próprio país é certamente muito maior que aqueles que querem lingotes de prata para fins de exportação ou qualquer outro uso. Subsiste, hoje em dia, uma permissão semelhante para exportação de lingotes de ouro e uma proibição semelhante para exportar moedas de ouro, mesmo assim o preço do lingote de ouro caiu abaixo do preço da cunhagem. Mas na Inglaterra a moeda de prata estava, tal como agora, desvalorizada em proporção ao ouro, e a moeda de ouro (que naquela época não se supunha requeresse qualquer reforma) regulava então, como agora, o valor real de toda a moeda. Como a reforma da moeda de prata então não reduziu o preço do lingote de prata ao preço de cunhagem, não é muito provável que uma tal reforma o faça agora.

Se a moeda de prata fosse de novo trazida para perto do seu peso-padrão como o ouro, um guinéu, provavelmente, de acordo com a presente proporção, trocaria mais moeda de prata do que compraria em lingotes. A moeda de prata, contendo todo seu peso-padrão, neste caso seria lucrativo fundi-la, primeiro, para trocar o lingote por moeda de ouro, e depois trocar esta moeda de ouro por moeda de prata, para ser, do mesmo modo, fundida. Alguma alteração na atual proporção parece ser o único método de prevenir esta inconveniência.

A inconveniência talvez pudesse ser menor se a prata fosse cotada na moeda como muito acima de sua proporção correta para o ouro, como atualmente é cotada abaixo dele; desde que ao mesmo tempo fosse publicado que a prata não seria prova legal para mais que o troco de um guinéu, do mesmo modo que o cobre não é prova legal para a troca de mais de um *shilling*. Nenhum credor, neste caso, seria trapaceado em consequência da grande cotação da moeda de prata, como nenhum credor atualmente pode ser enganado pela alta cotação do cobre. Somente os banqueiros sofreriam com esta regulamentação. Quando há uma corrida aos bancos, por vezes eles tentam ganhar tempo pagando em moedas de seis pence, e seriam impedidos, por esta regulamentação, do método, desacreditado, de evitar pagamentos imediatos. Seriam obrigados, por conseguinte, a manter maior quantidade de dinheiro que atualmente; e se bem que isto sem dúvida seria uma grande inconveniência para eles, seria, ao mesmo tempo, uma considerável segurança para seus credores.

Três libras, 17 *shillings*, 10,5 pence (o preço do ouro cunhado) certamente não contêm, mesmo em nossa boa moeda de ouro, mais de uma onça de ouro-padrão, e pode-se pensar, portanto, que não deveria comprar mais em lingote-padrão. Mas o ouro em moeda é mais conveniente que o ouro em lingote, e se bem que na Inglaterra a cunhagem seja grátis, o ouro carregado em lingotes à cunhagem raramente pode ser devolvido em moedas ao seu possuidor, senão com um prazo de várias semanas. Com a atividade atual da casa da moeda, só poderia ser devolvido depois de vários meses. Este retardo é semelhante a uma pequena taxa, e torna o ouro em moeda um pouco mais valioso que uma igual quantidade de ouro em lingotes. Se, na moeda inglesa, a prata fosse taxada de acordo com sua proporção correta com o ouro, o preço do lingote de prata provavelmente cairia abaixo do preço da moeda, mesmo sem reforma da moeda de prata; o valor mesmo da atual moeda de prata, gasta e desvalorizada, seria regulado pelo valor da boa moeda de ouro pela qual pode ser trocada.

Uma pequena taxa ou imposto sobre a cunhagem, tanto do ouro como da prata, provavelmente aumentaria ainda mais a superioridade daqueles metais cunhados acima de uma igual quantidade de qualquer um deles em lingote. A cunhagem, neste caso, aumentaria o valor do metal cunhado, em proporção à quantia desta pequena taxa; pela mesma razão a modelagem aumenta o valor de uma chapa, na mesma proporção do preço de seu trabalho. A superioridade da moeda sobre o lingote evitaria a fundição da moeda, e desencorajaria sua exportação. Se, a qualquer exigência pública, fosse necessário exportar a moeda, sua maior parte logo retornaria naturalmente. No estrangeiro, poderia ser vendida apenas por seu peso em lingotes. No país de origem, compraria mais que aquele peso. Haveria lucro, portanto, em trazê-la de volta. Na França, uma taxa de cerca de 8% é imposta sobre a cunhagem, e a moeda francesa, quando exportada, diz-se que volta para casa naturalmente.

As flutuações ocasionais no preço do mercado do lingote de ouro e prata surgem das mesmas causas que as flutuações semelhantes das outras mercadorias. A perda frequente destes metais, por vários acidentes, no mar e em terra, a sua perda contínua em douração e chapeamento, em rendas e bordados, no desgaste da moeda e no do chapeado, requerem, em todos os países que não possuem minas próprias, uma contínua importação, para compensar estas perdas e desgastes. Os importadores comerciais, como todos os outros comerciantes, acredito, procuram tanto quanto podem adequar suas importações ocasionadas ao que julgam ser a demanda imediata. Com toda sua atenção, porém, por vezes se excedem, e por vezes, faltam para com os negócios. Quando importam mais lingotes do que o necessário, ao invés de incorrer no risco e no trabalho de exportá-los de novo, às vezes vendem parte deles por um pouco menos do preço médio ordinário. Quando, por outro lado, importam menos que o necessário, conseguem um pouco mais que o seu preço. Mas, quando sob todas estas flutuações ocasionais, o preço de mercado do lingote de ouro ou prata continua por vários anos constante e inalterado, pouco acima ou abaixo do preço da cunhagem, podemos estar certos de que esta superioridade ou inferioridade do preço, constante e inalterada, é o efeito de algo na condição da moeda, que, na época, troca uma certa quantidade de moeda de maior ou menor valor que a quantidade precisa de lingotes que deveria conter. A constância e inalterabilidade do efeito supõe uma constância proporcional na causa.

O dinheiro de qualquer país, em qualquer momento ou lugar, é uma medida mais ou menos precisa do valor, conforme a moeda corrente seja mais ou menos exatamente conforme a seu padrão, ou contenha mais ou menos exatamente a precisa quantidade de ouro ou prata puros que deveria conter. Se na Inglaterra, por exemplo, 44,5 guinéus contêm exatamente o peso de uma libra de ouro-padrão, ou 11 onças de ouro fino, e uma onça de liga, a moeda de ouro inglesa seria uma medida tão precisa do valor real dos bens em qualquer tempo ou lugar quanto a natureza da coisa admitiria. Mas se, pelo desgaste, 44,5 guinéus contêm menos que o peso de uma libra de ouro-padrão, a diminuição sendo maior em algumas peças que em outras, a medida do valor torna-se sujeita à mesma espécie de incerteza a que todos os outros pesos e medidas estão expostos usualmente. Como raramente acontece que estes concordem exatamente com seus padrões, o comerciante ajusta o preço de suas mercadorias tão bem quanto pode, não ao que aqueles pesos e medidas deveriam ser, mas ao que, em média, ele acha, por experiência, o que de fato são. Em consequência de uma semelhante desordem na moeda, o preço dos bens vem, do mesmo modo, a ser ajustado não na quantidade de ouro ou prata puros que a moeda deveria conter, mas àquilo que, em média, é encontrado por experiência.

Pelo preço em dinheiro dos bens, deve-se observar, entendo sempre a quantidade de ouro ou prata puros pela qual são vendidos, sem nenhuma consideração da denominação da moeda. Seis *shillings* e oito pence, por exemplo, no tempo de Eduardo I, considero o mesmo preço em dinheiro de uma libra esterlina dos tempos atuais, porque continua, tanto quanto podemos avaliar, a mesma quantidade de prata pura.

CAPÍTULO 6
DAS PARTES COMPONENTES DO PREÇO DAS MERCADORIAS

Naquele primitivo e rude estado da sociedade que precede tanto a acumulação de estoque e a apropriação da terra, a proporção entre as quantidades de trabalho necessárias à aquisição de diferentes objetos parece ser a única circunstância que pode fornecer qualquer regra para trocá-las umas pelas outras. Se numa nação de caçadores, por exemplo, custa usualmente o dobro do trabalho matar um castor do que um veado, um castor naturalmente deveria ser trocado ou valer dois veados. É natural que o que é usualmente o produto do trabalho de dois dias ou duas horas, valha o dobro do que usualmente é produto do trabalho de um dia ou uma hora.

Se uma espécie de trabalho fosse mais severa que a outra, alguma margem naturalmente será dada para esta dificuldade superior; e o produto de uma hora de trabalho de um modo pode ser frequentemente trocado pelo de duas horas de trabalho de outro.

Ora, se uma espécie de trabalho requer um grau incomum de destreza e engenhosidade, a estima que os homens têm por tais talentos naturalmente dará um valor ao seu produto, superior ao que seria devido ao tempo nele empregado. Tais talentos raramente podem ser adquiridos, mas só em consequência de longa aplicação, e o valor superior de seu produto frequentemente pode ser apenas uma compensação razoável pelo tempo e o trabalho que devem ser gastos ao adquiri-los. No estado avançado da sociedade, margens desta natureza, por dificuldade superior e habilidade, são comumente feitas no pagamento do trabalho, e algo da mesma espécie deve provavelmente ter tomado lugar em seu período mais primitivo e rude.

Neste estado de coisas, todo o produto do trabalho pertence ao trabalhador, e a quantidade de trabalho comumente empregada ao adquirir ou produzir qualquer mercadoria é a única circunstância que pode regular a quantidade de trabalho que comumente deveria comprar, ordenar ou trocar.

Assim que há um acúmulo de capital nas mãos de particulares, alguns deles naturalmente o empregarão com o intuito de pôr para trabalhar pessoas industriosas, a quem eles suprirão com materiais e subsistência, para ter um lucro com a venda de seu trabalho, ou pelo que seu trabalho acrescenta ao valor dos materiais. Ao trocar a manufatura toda por dinheiro, trabalho, ou por outros bens, muito acima do que pode ser suficiente para pagar o preço dos materiais e os salários dos trabalhadores, algo deve ser dado pelos lucros do empreendedor do trabalho, que arrisca seus estoques nesta aventura. O valor que os trabalhadores acrescem aos materiais, portanto, resolve-se, neste caso, em duas partes, das quais uma paga seus salários a outra, os lucros de seu empregador sobre todo o estoque de materiais e salários que adiantou. Poderia não ter interesse em empregá-los, a menos que esperasse da venda de seu trabalho algo mais do que o que foi suficiente para substituir-lhe o capital; e ele poderia não ter interesse em empregar um grande estoque em vez de um pequeno, a menos que seus lucros devessem ter alguma proporção com a extensão de seu estoque.

Os lucros do capital, talvez se pense, são apenas um nome diferente para o salário de uma espécie particular de trabalho, o trabalho de inspeção e direção. São, entretanto, bastante diferentes; são regulados por princípios bem diversos, e não têm proporção com a quantidade, a dificuldade, ou a engenhosidade deste suposto trabalho de inspeção e direção. São totalmente regulados pelo valor do estoque empregado e são maiores ou menores em proporção a este estoque. Suponhamos, por exemplo, que em determinado lugar, onde os lucros anuais comuns do capital das manufaturas são 10%, há duas manufaturas distintas, em cada qual vinte trabalhadores estão empregado, a 15 libras por ano cada um, ou, com uma despesa de trezentas por ano em cada manufatura. Suponhamos também, que os materiais grosseiros anualmente fabricados numa custem apenas setecentas libras, ao passo que os materiais mais finos da outra, custem trezentas libras. À taxa de 10%, portanto, o empreendedor de uma esperará um lucro anual de cerca de cem libras apenas, ao passo que o da outra esperará cerca de 730 libras. Mas, mesmo sendo seus lucros tão distintos, seu trabalho de inspeção e direção pode ser exatamente, ou quase, o mesmo. Em muitas grandes obras, quase todo o trabalho desta espécie é delegado a algum funcionário principal. Seus salários expressam precisamente o valor deste trabalho de inspeção e direção. Muito embora ao determiná-los tem-se alguma consideração, comumente, não só a seu trabalho e habilidade, mas à confiança depositada nele, nunca apresentam qualquer proporção regular ao capital cuja aplicação supervisiona; e o proprietário deste capital, sendo assim dispensado de todo o trabalho, ainda espera que seus lucros tenham uma proporção regular para com seu capital. No preço das mercadorias, portanto, os lucros do estoque constituem uma parte componente totalmente diversa dos salários do trabalho e regulada por princípios bem diferentes.

Neste estado de coisas, todo o produto do trabalho nem sempre pertence ao trabalhador. Ele deve, na maioria dos casos, dividi-lo com o proprietário do estoque, que o emprega. Nem a quantidade de trabalho comumente empregada ao adquirir ou produzir qualquer mercadoria, a única circunstância que pode regular a quantidade que deveria comumente comprar, ordenar ou trocar. Uma quantidade adicional, é evidente, deve ser devida para os lucros do estoque que adiantou os salários e forneceu os materiais do trabalho.

Assim que a terra de qualquer país tornou-se toda propriedade privada, os senhores da terra, como todos os outros homens, gostam de colher onde nunca araram, e exigem uma renda mesmo por este produto natural. A madeira da floresta, a grama do campo e todos os frutos naturais da terra que, quando a terra era comum, custavam ao trabalhador apenas o trabalho de colhê-los, vêm, mesmo para ele, a ter um preço adicional fixado sobre eles. Ele deve então pagar pela licença de colhê-los, e deve dar para o senhor da terra uma porção do que o seu trabalho coleta ou produz. Esta porção, ou o que dá na mesma, o preço desta porção, constitui a renda da terra, e no preço da maioria das mercadorias constitui uma terceira parte componente.

O valor real de todas as partes componentes do preço, deve-se observar, é medido pela quantidade de trabalho que podem, cada uma delas, comprar ou ordenar. O trabalho mede o valor não só da parte do preço que se resolve em trabalho, mas aquela que se resolve em renda e daquela que se resolve em lucro.

Em toda sociedade o preço de cada mercadoria finalmente se resolve em uma ou outra, ou todas aquelas três partes; e em toda sociedade adiantada, todas três entram, mais ou menos, como partes componentes, no preço da franca maioria das mercadorias.

No preço do cereal, por exemplo, uma parte paga a renda do dono da terra, outra paga os salários ou manutenção dos trabalhadores e do gado de tração empregados na sua produção e a terceira paga o lucro do lavrador. Estas três partes parecem, imediata ou ultimamente, compor todo o preço do cereal. Uma quarta parte, poder-se-ia pensar, é necessária para substituir o estoque do lavrador, ou para compensar o desgaste de seu gado, e outros instrumentos agrícolas. Mas deve-se considerar que o preço de qualquer instrumento agrícola, como um cavalo de tração, é ele mesmo composto de três partes: a renda da terra onde o animal é criado, o trabalho de cuidar dele e os lucros do lavrador que adiantou tanto a renda desta terra como o salário deste trabalho. Muito embora o preço do cereal, portanto, possa pagar o preço, bem como a manutenção do cavalo, o preço todo ainda se resolve imediata ou ultimamente nas mesmas três partes da renda, trabalho e lucro.

No preço da farinha, devemos acrescentar ao preço do cereal o lucro do moleiro e os salários de seus servos; no preço do pão, os lucros do padeiro e os salários de seus servos; e no preço de ambos, o trabalho de transportar o cereal da casa do lavrador à do moleiro e da do moleiro à do padeiro, bem como os lucros daqueles que adiantam os salários daquele trabalho.

O preço do linho se resolve naquelas mesmas três partes do cereal. No preço do pano de linho, devemos acrescentar a este preço os salários do apanhador do linho, do fiandeiro, do tecelão, do tintureiro, etc., junto com os lucros dos respectivos empregados.

À medida que qualquer mercadoria vem a ser mais manufaturada, aquela parte do preço que se resolve em salários e lucro vem a ser em maior proporção em relação àquela que se resolve em renda. No progresso da manufatura, não só o número dos lucros aumenta, mas todo lucro subsequente é maior que o precedente, porque o capital do qual é derivado deve sempre ser maior. O capital que emprega os tecelões, por exemplo, deve ser maior que aquele que emprega os fiandeiros, porque não só substitui aquele capital com seus lucros, mas também paga os salários dos tecelões; e os lucros devem sempre manter alguma proporção para com o capital.

Nas sociedades mais avançadas, no entanto, há sempre umas poucas mercadorias cujo preço se resolve apenas em duas partes: os salários do trabalho e os lucros do estoque; e um número ainda menor, em que consiste inteiramente dos salários do trabalho. No preço dos frutos do mar, por exemplo, uma parte paga o trabalho dos pescadores e a outra, os lucros do capital empregado na empresa pesqueira. A renda *mui* raramente faz parte dele, se bem que o faça, por vezes, como depois demonstrarei. Por outro lado, isto ocorre, ao menos na maior parte da Europa, na pesca fluvial. Uma pesqueira de salmões paga uma renda, e a renda, se bem que não possa bem ser chamada a renda da terra, faz parte do preço do salmão, assim como os salários e o lucro. Em algumas partes da Escócia, umas poucas pessoas pobres fazem comércio de coletar, ao longo da praia, aqueles calhaus variegados comumente conhecidos pelo nome de "calhaus de Escócia", *Scotch Pebbles*. O preço que lhes é pago pelo lapidador corresponde inteiramente ao salário do trabalho deles; nem renda nem lucro fazem qualquer parte dele.

Mas o preço total de qualquer mercadoria deve finalmente resolver-se numa ou noutra, ou em todas estas três partes; e qualquer parte dele que restar depois de pagar a renda da terra e o preço de todo o trabalho empregado no cultivo, manufatura e transporte ao mercado, deve necessariamente servir de lucro para alguém.

Como o preço ou valor de troca de cada mercadoria tomado separadamente se resolve numa ou noutra dessas três partes, o de todas as mercadorias que compõem toda a produção anual do trabalho de qualquer país, tomado complexamente, deve ser resolvido nas mesmas três partes e ser parcelado entre os vários habitantes do país, quer como os salários de seu trabalho, os lucros de seu estoque, ou a renda de sua terra. O total do que é anualmente colhido, ou produzido pelo trabalho de toda sociedade, ou o que vem a ser o mesmo, seu preço total, é desta maneira originalmente distribuído entre alguns de seus vários membros. Salários, lucro e renda são as três fontes originais de todo rendimento, bem como o de todo valor de troca. Qualquer outro rendimento acaba derivando de um ou outro destes.

Quem quer que derive suas rendas de seus próprios fundos, deve derivá-la de seu trabalho, de seu capital ou de sua terra. O rendimento derivado do trabalho é chamado salário. O derivado do capital, pela pessoa que o gerencia ou o utiliza, é chamado lucro. O que é derivado deste pela pessoa que não o emprega ela mesma, mas o empresta a outrem, é chamado interesse ou uso do dinheiro. É a compensação que o devedor paga ao credor pelo lucro que ele tem oportunidade de fazer ao utilizar o dinheiro. Parte daquele lucro naturalmente pertence ao devedor, que corre o risco e assume o trabalho de empregá-lo; e parte ao credor, que lhe proporciona a oportunidade de fazer este lucro. O interesse do dinheiro é sempre um rendimento derivado, que se não é pago com o lucro feito pelo uso do dinheiro, deve ser pago por alguma outra fonte de rendimento, a menos, talvez, que o devedor seja um pródigo que contrate um segundo débito para pagar o interesse do primeiro. O rendimento que deriva inteiramente da terra é chamado renda, e pertence ao senhor das terras. O rendimento do lavrador é derivado parcialmente de seu trabalho e parcialmente de seu capital. Para ele, a terra é apenas o instrumento que lhe permite ganhar o salário deste trabalho, a fazer os lucros deste capital. Todas as taxas, e todo o rendimento fundado sobre eles; todos os salários, pensões e anuidades, derivam ultimamente de uma ou outra destas três fontes originais de rendimento, e são pagas imediata ou mediatamente pelos salários do trabalho, os lucros do capital ou pela renda da terra.

Quando essas três espécies diversas de rendimento pertencem a pessoas diferentes, são prontamente distinguidas, mas quando pertencem à mesma, são por vezes confundidas umas com as outras, pelo menos no linguajar comum.

Um cavalheiro que cultiva parte de suas próprias terras, depois de pagar a despesa do cultivo, deve ganhar a renda *fio* proprietário e o lucro do lavrador. Ele pode denominar lucro, porém, seu ganho total, e assim confundir renda com lucro, ao menos na linguagem comum. A maior parte de nossos plantadores norte-americanos e das Índias Ocidentais está nesta situação. Cultivam, a maioria deles, suas próprias terras, e correspondentemente, raramente ouvimos do arrendamento de uma plantação, mas frequentemente, de seu lucro.

Os agricultores comuns raramente empregam qualquer supervisor para dirigir as operações gerais das terras. Geralmente, eles também trabalham bastante com suas próprias mãos, como aradores, semeadores, etc. O que resta da colheita depois de pagar a renda; não só lhes deve substituir o capital empregado no cultivo, bem como seus lucros ordinários, mas pagar-lhes os salários que lhes são devidos, como lavradores e supervisores. O que restar, porém, depois de pagar a renda e manter o capital, é chamado lucro. Mas os salários evidentemente fazem parte disto. O lavrador, economizando estes salários, necessariamente deve ganhá-los. Salários, portanto, são, neste caso, confundidos com lucro.

Um manufatureiro independente, que tem capital suficiente para comprar seus materiais e manter-se até levar seu trabalho ao mercado, deveria ganhar o salário de um jornaleiro que trabalha sob um mestre, e o lucro que aquele mestre faz com a venda do trabalho do jornaleiro. Seu ganho total, porém, é comumente chamado lucro, e os salários são, também neste caso, confundidos com lucro.

Como num país civilizado há poucas mercadorias das quais o valor de troca surge apenas do trabalho, a renda e o lucro contribuem amplamente na maior parte delas, de modo que o produto anual de seu trabalho será sempre suficiente para comprar ou ordenar uma quantidade de trabalho muito maior do que o empregado no cultivo, na preparação e no transporte daquele produto ao mercado. Se a sociedade devesse empregar anualmente todo o trabalho que pode anualmente comprar, como a quantidade de trabalho cresceria grandemente todo ano, o produto de cada ano sucessivo seria de valor vastamente maior que o do antecedente. Mas não há país em que todo o produto anual seja empregado em manter os industriosos. Os ociosos, em todo lugar, consomem grande parte dele; e de acordo com as diferentes proporções em que é anualmente dividido entre essas diferentes ordens de pessoas, seu valor médio ou ordinário deve aumentar ou diminuir anualmente, ou ser o mesmo, de ano para ano.

CAPÍTULO 7
Do preço natural e do preço de mercado das mercadorias

Em toda sociedade, ou freguesia, há uma cotação média ou ordinária de salários e lucro em cada emprego de trabalho e estoque. Esta cotação é naturalmente regulada, como adiante mostrarei, parcialmente pelas circunstâncias gerais da sociedade, suas riquezas ou pobreza, sua condição progressista, estacionária ou declinante, e em parte pela natureza particular de cada emprego.

Há, semelhantemente, em cada sociedade ou freguesia, uma cotação média ou ordinária de renda, que é regulada também, como mostrarei adiante, parcialmente pelas circunstâncias gerais da sociedade ou freguesia em que a terra está situada e parcialmente pela fertilidade natural ou aperfeiçoada da terra.

Estas cotações médias ou ordinárias podem ser chamadas as cotações naturais dos salários, lucros e rendas, no tempo e lugar em que usualmente prevalecem.

Quando o preço de qualquer mercadoria não é maior nem menor do que é suficiente para pagar a renda da terra, os salários do trabalho, os lucros do estoque empregados em cultivar, preparar e transportá-lo ao mercado, de acordo com suas cotações naturais, a mercadoria é então vendida pelo que pode ser chamado seu preço natural.

A mercadoria é então vendida precisamente pelo que vale, ou pelo que realmente custa à pessoa que a leva ao mercado; pois, se bem que o que é chamado na linguagem comum o preço primário de qualquer mercadoria, não compreende o lucro da pessoa que deverá vendê-la de novo, mesmo que venda a um preço que não lhe permite a cota ordinária de lucro em sua freguesia, ela evidentemente estará perdendo no negócio; como, empregando seu capital, ela poderia ter feito aquele lucro. Seu lucro, além do mais, é seu rendimento, propriamente o fundo de sua subsistência. Assim como, enquanto prepara e leva os bens ao mercado, adianta a seus trabalhadores seus salários, ou sua subsistência, adianta para si mesmo, do mesmo modo, sua própria subsistência, que geralmente se ajusta ao lucro que ele pode razoavelmente esperar da venda de seus bens. A menos que eles lhe devolvam este lucro, portanto, não pagam o que muito propriamente pode-se dizer, lhe custaram.

Se bem que o preço, portanto, que lhe deixa este lucro nem sempre é o mais baixo pelo qual um comerciante pode às vezes vender seus bens, será o mais baixo pelo qual ele os venderá por um tempo considerável; pelo menos onde há perfeita liberdade, ou onde ele pode trocar suas mercadorias tanto quanto quiser.

O preço real pelo qual qualquer mercadoria é usualmente vendida é chamado seu preço de mercado. Pode estar acima ou abaixo, ou ser exatamente igual a seu preço natural.

O preço de mercado de toda mercadoria é regulado pela proporção entre a quantidade que é realmente trazida ao mercado e a demanda daqueles que desejam pagar o preço natural da mercadoria, ou todo o valor da renda, trabalho e lucro, que deve ser pago de modo a poder trazê-la. Tais pessoas podem ser chamadas a demanda efetiva, pois esta pode ser suficiente para efetuar o transporte da mercadoria ao mercado. É diferente da demanda absoluta. Um homem muito pobre, de certo modo, pode-se dizer ter necessidade de um coche de seis cavalos; poderia desejar ter um, mas sua demanda não é efetiva, pois esta mercadoria jamais poderia ser trazida ao mercado de modo a satisfazê-lo.

Quando a quantidade de qualquer mercadoria que é trazida ao mercado está aquém da demanda efetiva, todos os que estão dispostos a pagar todo o valor da renda, salários e lucro, que devem ser pagos para que elas sejam trazidas, não poderão ser supridos com a quantidade que desejam. Além de apenas desejá-la, alguns estarão dispostos a dar mais por elas. Uma competição imediatamente começará entre eles, e o preço de mercado subirá mais ou menos, acima do preço natural, de acordo com a magnitude da deficiência, ou com a riqueza e capricho dos competidores, que anime mais ou menos a cobiça da competição. Entre competidores de mesma riqueza e luxo, a mesma deficiência dará ocasião para uma competição mais ou menos cobiçosa, conforme a aquisição da mercadoria seja de mais ou menos importância para eles. Daí o preço exorbitante das necessidades da vida durante o bloqueio de uma cidade, ou a fome.

Quando a quantidade trazida ao mercado excede a demanda efetiva, ela não pode ser toda vendida àqueles que estão dispostos a pagar todo o valor da renda, salários e lucro, que devem ser pagos para trazê-las. Uma parte deve ser vendida àqueles que desejam pagar menos, e o baixo preço que eles dão por ela deve reduzir o preço do todo. O preço de mercado cairá mais ou menos abaixo do preço natural, conforme a magnitude do excesso aumente mais ou menos a competição dos vendedores, ou conforme seja mais ou menos importante para eles disporem imediatamente da mercadoria. O mesmo excesso por ocasião da importação de perecíveis ocasionará uma competição muito maior do que na de mercadorias duráveis; na importação de laranjas, por exemplo, do que na de ferro.

Quando a quantidade trazida ao mercado é apenas suficiente para suprir a demanda efetiva, e não mais, o preço naturalmente vem a ser exatamente, ou tão próximo quanto se possa avaliar, do preço natural. Toda a quantidade à mão pode ser passada por este preço, e não pode ser passada por mais. A competição dos diferentes comerciantes obriga-os todos a aceitar este preço, mas não os obriga a aceitar menos.

A quantidade de toda mercadoria trazida ao mercado naturalmente ajusta-se à demanda efetiva. É de interesse de todos os que empregam sua terra, trabalho ou estoque, e que levam qualquer mercadoria ao mercado, que sua quantidade nunca exceda a demanda efetiva; e é o interesse de todas as outras pessoas que ela não caia nunca aquém dessa demanda.

Se a qualquer momento exceder a demanda efetiva, algumas das partes componentes de seu preço devem ser pagas abaixo de sua cotação natural. Se for a renda, o interesse dos proprietários das terras imediatamente cortará delas uma parte dessa produção, e se for salário ou lucro, o interesse dos trabalhadores num caso, e de seus empregadores no outro, fará com que retirem parte de seu trabalho ou capital desta aplicação. A quantidade trazida ao mercado logo será apenas suficiente para suprir a demanda efetiva. Todas as partes distintas de seu preço subirão à sua cota natural, bem como todo o preço.

Se, pelo contrário, a quantidade trazida ao mercado num dado momento cair aquém da demanda efetiva, algumas das partes componentes de seu preço devem subir acima de sua cotação natural. Se for a renda, o interesse de todos os outros senhores das terras naturalmente os disporá a preparar mais terra para o cultivo desta mercadoria; se for salário, ou lucro, o interesse de todos os outros operários e comerciantes logo os disporá a empregar mais trabalho e capital em preparar e trazer ao mercado. A quantidade para este trazida será suficiente para suprir a demanda efetiva. Todas as partes diferentes de seu preço cairão à sua cotação natural, bem como todo o preço.

O preço natural é como se fosse o preço central, em torno do qual os preços de todas as mercadorias estão continuamente gravitando. Acidentes diversos, por vezes, podem mantê-los suspensos muito acima dele, e por vezes os forçam um tanto abaixo. Mas quaisquer que sejam os obstáculos que os impedem a se estabelecer neste centro de repouso e continuidade, estão sempre tendendo para ele.

Toda a quantidade da indústria anualmente empregada para trazer qualquer mercadoria ao mercado naturalmente ajusta-se destarte à demanda efetiva. Naturalmente, visa trazer sempre aquela precisa quantidade que possa ser suficiente para suprir, e não mais, aquela demanda.

Mas, em algumas aplicações, a mesma quantidade de indústria, em anos diferentes, produzirá muito diversas quantidades de mercadorias; ao passo que em outros produzirá sempre a mesma, ou quase. O mesmo número de trabalhadores agrícolas, em diferentes anos, produzirá quantidades muito distintas de cereal, vinho, óleo, lúpulo etc. Mas o mesmo número de fiandeiros e tecelões a cada ano produzirá a mesma, ou quase a mesma, quantidade de tecido de linho e lã. Apenas o produto médio de uma espécie de indústria é que se pode adaptar de alguma maneira à demanda efetiva, e como sua produção real é frequentemente muito maior e frequentemente muito menor que sua produção média, a quantidade de mercadorias trazidas ao mercado por vezes excederá bastante, e por vezes faltará bastante, em relação à demanda efetiva. Mesmo que aquela demanda passasse a ser sempre a mesma, o preço de mercado tenderia a flutuar grandemente, às vezes caindo muito abaixo e às vezes subindo bem acima de seu preço natural. Na outra espécie de indústria, o produto de iguais quantidades de trabalho sendo sempre o mesmo, ou quase, ele pode ser mais exatamente adequado à demanda efetiva. Mesmo que essa demanda seja a mesma, portanto, os preços de mercado das mercadorias tende a fazer o mesmo também, aproximando-se, tanto quanto se possa julgar, do preço natural. Na outra espécie de indústria, o produto de quantidades iguais de trabalho sendo sempre o mesmo, ou quase, pode adequar-se mais exatamente à demanda efetiva. Enquanto essa demanda for a mesma, o preço de mercado das mercadorias provavelmente se manterá, sendo o mesmo, ou tanto quanto se possa julgar, o preço natural. Que o preço do linho e da lã não é passível de variações tão grandes nem tão frequentes quanto o preço do cereal, qualquer um pode constatar. O preço de uma espécie de comodidades varia apenas com a demanda; o da outra varia não só com a variação da demanda, mas com as variações muito maiores e mais frequentes da quantidade que é levada ao mercado para suprir aquela demanda.

As flutuações ocasionais e temporárias no preço de mercado de qualquer mercadoria recaem principalmente naquelas partes de seu preço que se resolvem em salários e lucro. Aquela parte que se resolve em renda é menos afetada por elas. Uma certa renda em dinheiro não é minimamente afetada por elas em sua cotação ou em seu valor. Uma renda que consiste numa certa proporção, ou numa certa quantidade do produto bruto, sem dúvida é afetada em seu valor anual por todas as flutuações ocasionais e temporárias no preço de mercado daquele produto bruto, mas é raramente afetada por elas em sua cotação anual. Ao estabelecer os termos de um arrendamento, o proprietário e o lavrador procuram, de acordo com seu melhor julgamento, acertar aquela taxa, não ao preço temporário e ocasional, mas ao preço médio e ordinário do produto.

Tais flutuações afetam tanto o valor quanto a cotação, quer de salários quer do lucro, de acordo com o mercado, com excesso ou falta de estoque em mercadorias ou em capacidade de trabalho; com o trabalho feito ou com trabalho a fazer. Um luto oficial eleva o preço do pano preto (com que o mercado está quase sempre desprovido, em tais ocasiões) e aumenta os lucros dos comerciantes que têm qualquer quantidade considerável dele. Não tem efeito sobre os salários dos tecelões. O mercado está desprovido de mercadorias, não de trabalho, ou seja, com trabalho feito, e não com trabalho a fazer. Eleva os ganhos dos alfaiates jornaleiros. Há uma demanda efetiva de mais trabalho, mais trabalho a fazer do que o que pode ser absorvido. Abaixa o preço das sedas e dos panos coloridos, reduzindo portanto os lucros dos comerciantes que têm qualquer quantidade considerável deles à mão. Abaixa, também, os ganhos dos operários empregados na preparação de tais coisas, cuja demanda pode cessar por seis meses, ou mesmo um ano. O mercado aqui está superabastecido de mercadoria e trabalho.

Se bem que o preço de mercado de qualquer mercadoria gravita continuamente deste modo, por assim dizer, rumo ao preço natural, apesar de que às vezes por acidentes particulares, às vezes por causas naturais e por vezes regulamentos especiais da política, podem manter o preço de comércio, por muito tempo, bem acima de seu preço natural.

Quando, por um aumento na demanda efetiva, o preço de comércio de alguma mercadoria sobe bastante acima do preço natural, aqueles que empregam seus capitais para suprir aquele mercado tomam cuidado para ocultar esta mudança. Se fosse de conhecimento geral, seus grandes lucros tentariam outros tantos rivais a empregar seus estoques do mesmo modo, e a demanda efetiva sendo totalmente suprida, o preço do mercado seria logo reduzido ao natural e por algum tempo, mesmo abaixo dele. Se o mercado está a uma grande distância da residência daqueles que o suprem, por vezes estarão aptos a manterem o segredo por muitos anos, fruindo longamente seus lucros extraordinários sem novos rivais. Segredos desta natureza, porém, deve-se reconhecer, raramente podem ser mantidos demoradamente, e o lucro extraordinário pode durar só muito pouco além do segredo.

Os segredos em manufaturas são capazes de ser mantidos mais longamente do que segredos comerciais. Um tintureiro que encontre meios de produzir uma determinada cor com materiais que custem apenas a metade daqueles comumente usados pode, com uma boa administração, beneficiar-se da vantagem de sua descoberta por toda a vida, e mesmo deixá-la como legado à sua posteridade. Seus ganhos extraordinários surgem do alto preço que é pago por seu trabalho particular. Consistem propriamente nos altos ganhos daquele trabalho. Mas, como estes se repetem para cada parte de seu estoque, e como seu total tem uma proporção regular para com ele, são comumente considerados lucros extraordinários de estoque.

Tais encarecimentos do preço de mercado são evidentemente efeitos de acidentes particulares, cujo efeito pode durar mesmo por vários anos.

Algumas produções naturais requerem uma tal singularidade de solo e situação, que toda a terra num grande país, apta a produzi-las, pode não ser suficiente para suprir a demanda efetiva. Toda a quantidade trazida ao mercado, portanto, pode ser passada àqueles dispostos a dar mais do que é suficiente para pagar a renda da terra que as produziu, bem como os salários do trabalho e os lucros do capital que foram empregados em prepará-las e trazê-las ao mercado, de acordo com suas cotações naturais. Tais mercadorias podem continuar, mesmo por séculos, a ser vendidas por este alto preço, e aquela parte delas que se resolve em renda da terra, neste caso é a parte que é geralmente paga acima de sua cotação natural. A renda da terra que proporciona produtos tão singulares e estimados, como a renda de alguns vinhedos na França, de solo e situação particularmente felizes, não tem proporção regular com a renda de outras terras igualmente férteis e bem cultivadas de suas cercanias. Os salários do trabalho e os lucros do capital empregados para levar tais mercadorias ao mercado, ao contrário, raramente estão fora de sua proporção natural para com as outras aplicações de trabalho e capital em suas vizinhanças.

Tais elevações do preço de mercado são evidentemente efeito das causas naturais que podem obstaculizar a demanda efetiva de ser satisfeita, e que pode continuar, portanto, a operar para sempre.

Um monopólio garantido a um indivíduo ou a uma companhia de comércio tem o mesmo efeito que um segredo no comércio ou nas manufaturas. Os monopolistas, mantendo o mercado constantemente desprovido, nunca fornecendo a demanda efetiva, vendem suas mercadorias muito acima do preço natural, e elevam seus emolumentos, consistam eles em salários ou lucro, grandemente acima de sua cotação natural.

O preço do monopólio, numa dada ocasião, é o mais alto que pode ser atingido. O preço natural, ou o preço da livre competição, ao contrário, é o mais baixo que pode ser tomado, não em qualquer ocasião, é verdade, mas para qualquer intervalo de tempo considerável. Um é, em qualquer ocasião, o mais alto que pode ser espremido dos compradores ou, supõe-se, que consentirão a dar; o outro é o mais baixo que os vendedores podem comumente tolerar e, ao mesmo tempo, continuar seu negócio.

Os privilégios exclusivos das corporações, estatutos de aprendizado e todas aquelas leis que restringem, em empregos particulares, a competição a um número menor que de outro modo poderia ocorrer, têm a mesma tendência, se bem que em menor grau. São uma espécie de monopólios ampliados, e podem frequentemente, durante eras, e em classes inteiras de empregos, manter o preço de mercado de certas mercadorias acima do preço natural e os salários do trabalho e os lucros do capital empregado neles um pouco acima de sua cotação natural.

Tais elevações do preço de mercado podem durar tanto quanto a política que deu origem a eles.

O preço de mercado de qualquer mercadoria, se bem que possa continuar muito tempo acima, raramente pode continuar abaixo de seu preço natural. Qualquer que tenha sido a parte paga abaixo da cotação natural, as pessoas cujo interesse afetava imediatamente sentiriam a perda e imediatamente retirariam tanta terra, trabalho, ou capital, de seu emprego, de modo que a quantidade levada ao mercado logo seria apenas o suficiente para suprir a demanda efetiva. Seu preço de mercado, portanto, logo subiria ao natural. Este pelo menos seria o caso em que houvesse perfeita liberdade.

Mesmo os estatutos de aprendizagem e outras leis das corporações que, quando uma manufatura está prosperando, permitem que o trabalhador eleve seus ganhos bem acima de sua cotação natural, e às vezes o obrigam, quando decai, que os abaixe bastante. Como num caso, excluem muitas pessoas de seu emprego, no outro, excluem dele muitos empregos. O efeito de tais regulações, porém, não é tão durável para abaixar os salários dos trabalhadores quanto para elevá-los acima de sua cotação natural. Sua operação num sentido pode durar muitos séculos, mas, no outro, não vai durar mais que as vidas de alguns dos trabalhadores que foram criados para esse negócio no tempo de sua prosperidade. Quando se vão, o número daqueles que forem depois educados para o ofício, naturalmente se adequará à demanda efetiva. A política deve ser tão violenta quanto a do Indostão, ou do antigo Egito (onde todo homem estava ligado a um princípio religioso para seguir a ocupação de seu pai, e supunha-se que cometia o mais horrendo sacrilégio se trocasse por outra), que para qualquer emprego, e por várias gerações, pode reduzir os salários do trabalho ou os lucros do capital abaixo de sua cotação natural.

Isto é tudo o que creio necessário para ser observado agora, no que concerne aos desvios, ocasionais ou permanentes, do preço de mercado das mercadorias, a partir do preço natural.

O próprio preço natural varia com a cotação natural de cada uma de suas partes componentes, dos salários, do lucro e da renda, e em toda sociedade esta cotação varia de acordo com suas circunstâncias; de acordo com sua riqueza ou pobreza e sua condição de progresso, ou estacionária ou declinante. Nos quatro capítulos seguintes procurarei explicar, tão completa e distintamente que puder, as causas dessas distintas variações.

Primeiro, procurarei explicar quais são as circunstâncias que naturalmente determinam a cotação dos salários, e de que maneira essas circunstâncias são afetadas pelas riquezas ou pobreza e pelo estado da sociedade: progressista, estacionário ou declinante.

Segundo, procurarei mostrar quais são as circunstâncias que determinam naturalmente a cotação do lucro, e de que maneira, também, essas circunstâncias são afetadas por semelhantes variações no estado da sociedade.

Muito embora os ganhos pecuniários e o lucro sejam muito diversos nas diversas aplicações de trabalho e capital, ainda assim, uma certa proporção parece usualmente ter lugar entre ambos os ganhos pecuniários em todas as várias aplicações do trabalho, e os lucros pecuniários em todas as várias aplicações do capital. Esta proporção, ficará evidenciado, depende parcialmente da natureza dos diferentes empregos e parcialmente das diferentes leis e política da sociedade em que se dão. Mas, essa proporção depende das leis da política, embora ela pareça ser pouco afetada pela riqueza ou pobreza da sociedade, por sua condição progressista, estacionária ou declinante, permanecendo a mesma, ou quase, em todos aqueles estados diferentes. Em terceiro lugar, procurarei explicar todas as diferentes circunstâncias que regulam esta proporção.

Em quarto e último lugar, procurarei mostrar quais são as circunstâncias que regulam a renda da terra e elevam ou abaixam o preço real de todas as muitas substâncias que produz.

CAPÍTULO 8
Dos ganhos do trabalho

O produto do trabalho constitui a recompensa natural, ou ganhos do trabalho.

Naquele estado original de coisas, que precede tanto a apropriação da terra e a acumulação do capital, todo o produto do trabalho pertence ao trabalhador. Ele não tem senhor ou patrão com quem dividi-lo.

Se este estado continuasse, os ganhos do trabalho teriam aumentado com todos os aperfeiçoamentos na força produtiva, a que a divisão do trabalho dá ocasião. Todas as coisas gradativamente se tornariam mais baratas. Seriam produzidas por uma menor quantidade de trabalho, e como as mercadorias produzidas por iguais quantidades de trabalho, neste estado de coisas, naturalmente seriam trocadas umas pelas outras, igualmente seriam compradas com o produto de uma menor quantidade.

Mas se todas as coisas se tornariam mais baratas na realidade, na aparência muitas coisas poderiam se tornar mais caras do que antes, ou seriam trocadas por uma maior quantidade de outros bens. Suponhamos, por exemplo, que na maioria dos empregos as forças produtivas do trabalho fossem melhoradas dez vezes, ou que um dia de trabalho produzisse dez vezes a quantidade de trabalho que fazia originalmente, mas que num emprego em particular produzisse apenas o dobro da quantidade de trabalho de antes. Ao trocar o produto de um dia de trabalho na maior parte dos empregos pelo de um dia de trabalho deste, dez vezes a quantidade de trabalho deles compraria apenas o dobro da quantidade original nele. Qualquer quantidade determinada, por exemplo, o peso de uma libra, pareceria ser cinco vezes mais cara que antes. Na realidade, porém, seria duas vezes mais barata. Muito embora requeresse cinco vezes a quantidade de outros bens para comprá-la, requereria apenas metade da quantidade do trabalho para comprá-la ou produzi-la. A aquisição, portanto, seria duas vezes mais fácil que antes.

Mas este estado original de coisas, em que o trabalhador usufruía todo o produto de seu próprio trabalho, não poderia sobreviver à primeira introdução da apropriação da terra e à acumulação do capital. Terminou, portanto, muito antes que os aperfeiçoamentos mais consideráveis fossem feitos nas forças produtivas do trabalho, e não teria propósito examinar mais ainda o que poderiam ter sido seus efeitos na recompensa, ou ganhos do trabalho.

Assim que a terra tornou-se propriedade privada, o proprietário passou a exigir uma fração de quase todo o produto que o lavrador pode criar ou coletar nela. Seu arrendamento é a primeira dedução do produto do trabalho que é empregado na terra.

Raramente acontece que a pessoa que ara a terra tenha com que se manter até a colheita. Sua manutenção lhe é geralmente adiantada do estoque de um patrão, o proprietário que o emprega, e que não teria interesse em empregá-lo a menos que viesse a compartilhar o produto de seu trabalho ou a menos que seu estoque lhe fosse substituído com lucro. Este lucro faz uma segunda dedução do produto do trabalho que é empregado na terra.

O produto de quase todo outro trabalho é passível de uma dedução semelhante do lucro. Em todos os ofícios e manufaturas, a maior parte dos trabalhadores fica necessitada de um patrão que lhes adiante os materiais de seu trabalho, e seus salários e manutenção, até que seja completado. Ele divide isto pelo produto de seus trabalhos ou pelo valor do total dos materiais usados, e nesta divisão consiste seu lucro.

Por vezes ocorre, de fato, que um trabalhador isolado tenha capital suficiente para comprar os materiais de seu trabalho e para se manter até que esteja completado. Ele é tanto patrão quanto trabalhador, e goza de todo o produto de seu trabalho, ou todo o valor que ele acresce aos materiais sobre os quais se aplica. Inclui o que são usualmente dois rendimentos distintos, pertencendo a duas pessoas distintas: os lucros do capital e os salários do trabalho.

Tais casos, porém, não são muito frequentes, e em qualquer lugar da Europa vinte trabalhadores servem sob um patrão, para um, que é independente, e os salários do trabalho são sempre entendidos pelo que são usualmente, quando o trabalhador é uma pessoa e o proprietário do capital que o emprega, uma outra.

O que são os salários comuns do trabalho depende sempre do contrato usualmente feito entre essas duas partes, cujos interesses de modo algum são os mesmos. Os trabalhadores desejam conseguir o máximo e os patrões, dar o mínimo possível. Os primeiros estão dispostos a combinar para subir, os outros, para descer os salários do trabalho.

Não é, entretanto, difícil prever qual dos dois partidos deve, em todas as ocasiões ordinárias, levar a vantagem na disputa e forçar o outro a aquiescer com seus termos. Os patrões, sendo em menor número, podem se combinar muito mais facilmente, e a lei, além do mais, autoriza, ou pelo menos não proíbe, suas combinações, ao passo que proíbe as dos trabalhadores. Não temos atos do parlamento contra combinar abaixar o preço do trabalho; mas muitos contra combinar elevá-lo. Em todas estas disputas, os patrões podem resistir muito mais. Um proprietário de terras, um lavrador, um mestre manufatureiro, um comerciante, mesmo não empregando um só trabalhador, poderiam, geralmente, viver um ano ou dois com o estoque que já adquiriram. Muitos trabalhadores não conseguiriam subsistir por uma semana; poucos subsistiriam por um mês e dificilmente algum o ano inteiro, sem emprego. A longo termo, o trabalhador pode ser tão necessário para seu patrão quanto o patrão para ele, mas a necessidade não é tão imediata.

Raramente ouvimos dizer das combinações dos patrões, mas frequentemente das dos empregados. Mas quem quer que imagine, por isso, que os patrões raramente se combinam, ignora tanto o mundo quanto este assunto. Os patrões, em todo o tempo e lugar, estão numa espécie de acordo tácito, mas constante e uniforme, para não elevar os salários do trabalho acima de sua cotação real. Violar este acordo é sempre uma ação extremamente impopular, e uma espécie de reproche para um patrão, entre seus vizinhos e pares. Raramente, de fato, ouvimos falar desta combinação, por ser o estado comum, e seria possível dizer, natural, das coisas, do que ninguém jamais ouve falar. Os patrões também por vezes entram em combinações particulares para reduzir os salários ainda abaixo da cotação. Elas são conduzidas com o máximo segredo e silêncio, até o momento da execução, e quando os operários cedem, como fazem às vezes, sem resistência, se bem que se ressintam severamente, outras pessoas nunca ouvem dizer disso. Tais combinações são, porém, frequentemente enfrentadas por uma combinação defensiva contrária dos trabalhadores, que por vezes também, sem nenhuma provocação desta espécie, combinam os próprios acordos para elevar o preço de seu trabalho. Suas alegações são, por vezes, o alto preço das vitualhas; por vezes, o grande lucro que seus patrões ganham com seu trabalho. Mas, sejam suas combinações ofensivas ou defensivas, sempre se ouve falar delas, abundantemente.

Para apressar uma decisão, sempre recorreram ao mais ruidoso clamor, e por vezes à mais chocante violência e a ultrajes. Ficam desesperados, e agem com a loucura e extravagância de homens desesperados, que devem perecer à míngua ou amedrontar seus patrões para que concordem imediatamente com suas exigências. Os patrões, nestas ocasiões, ficam tão clamorosos quanto a outra parte, e nunca cessam de bradar pela assistência do magistrado civil e pela rigorosa execução daquelas leis que foram publicadas, com tanta severidade contra as combinações de servos, trabalhadores e jornaleiros. Os trabalhadores, por sua vez, raramente derivam qualquer vantagem da violência dessas tumultuosas combinações, que, parte pela intermediação do magistrado civil, parte pela superior perseverança dos patrões, parte da necessidade a que a maioria dos trabalhadores está submetida, pela sua subsistência, e geralmente resultam em nada, senão pela punição ou ruína dos cabecilhas.

Mas se, nas disputas com seus operários, os patrões devem, em geral, levar vantagem, existe uma certa cotação abaixo da qual parece impossível reduzir, por qualquer tempo considerável, os salários ordinários mesmo da espécie de trabalho mais inferior.

Um homem deve sempre viver por seu trabalho, e seus ganhos devem pelo menos, ser suficientes para sua manutenção. Devem, mesmo, na maioria das ocasiões, ser um pouco mais; do contrário, seria impossível para ele manter a família, e a raça de tais trabalhadores não poderia durar além da primeira geração. O sr. Cantillon parece supor, por causa disto, que a espécie mais inferior de trabalhadores comuns deveria sempre ganhar pelo menos o dobro da própria manutenção, de modo que, uns com os outros, possam sustentar duas crianças; e o trabalho da esposa, por ter de atender necessariamente às crianças, é suposto não mais que o suficiente para ela mesma. Mas metade das crianças, está computado, morre antes da idade adulta. Os trabalhadores mais pobres, de acordo com isto, devem criar pelo menos quatro crianças, para que duas tenham igual oportunidade de atingir aquela idade. Mas a manutenção necessária para quatro crianças, supõe-se que seja quase igual à de um homem. O trabalho de um escravo válido, acrescenta o mesmo autor, calcula-se ser o dobro de sua manutenção, e aquele do mínimo dos operários, pensa ele, não pode valer menos que o de um escravo válido. Até aqui, parece certo que, para sustentar uma família, o trabalho do marido e da esposa juntos deve, mesmo nas espécies mais inferiores do trabalhador comum, poder ganhar algo mais do que é precisamente o necessário para a própria manutenção; mas em que proporção, se naquela acima mencionada, ou em qualquer outra, não pretenderei determinar.

Há certas circunstâncias, porém, que por vezes dão aos trabalhadores uma vantagem, e permitem-lhes elevar seus salários consideravelmente acima desta cotação, evidente a mais baixa consistente com a humanidade comum.

Quando em qualquer país a demanda daqueles que vivem de salários — operários; jornaleiros; servos de toda espécie — está continuamente aumentando; quando cada ano fornece emprego a um número maior do que o que estava empregado no ano anterior, os trabalhadores não têm ocasião para combinar a elevação de seus salários. A escassez de mãos ocasiona uma competição entre os patrões, que assim procuram conseguir trabalhadores, e isto quebra voluntariamente a combinação natural dos patrões para não elevar os salários.

A demanda daqueles que vivem de salários, é evidente, só pode aumentar em proporção ao aumento dos fundos destinados ao pagamento dos salários. Estes fundos são de dois tipos: primeiro, a renda que está muito acima do necessário para a manutenção; e, segundo, o capital muito acima do necessário para o emprego de seus patrões.

Quando o proprietário, um arrendador ou um homem rico têm uma renda maior do que o que eles julgam suficientes para manter a própria família, eles empregam todo ou uma parte do excesso ao manter um ou mais servos domésticos. Aumentando-se este excesso, ele naturalmente aumentará o número desses servos.

Quando um trabalhador independente, como um tecelão ou sapateiro, tem mais capital do que o necessário para comprar os materiais de próprio trabalho, e manter-se até que possa passá-lo adiante, ele naturalmente emprega um ou mais jornaleiros com o excesso, e naturalmente, aumentará o número de seus jornaleiros.

A demanda de assalariados, portanto, necessariamente aumenta juntamente com a renda, e com o capital, em todo o país, e possivelmente não poderia aumentar sem este. O aumento do rendimento e do capital é o aumento da riqueza nacional. A demanda de assalariados, portanto, aumenta juntamente com a riqueza nacional, e possivelmente não pode aumentar sem ela.

Não é a grandeza atual da riqueza nacional, mas seu aumento contínuo que ocasiona um aumento nos salários do trabalho. Não é, correspondentemente, nos países mais ricos, mas nos mais prósperos, ou naqueles que estão enriquecendo mais depressa, que os salários são mais altos. A Inglaterra, nos tempos atuais, é, certamente, um país muito mais rico do que qualquer parte da América do Norte. Os salários do trabalho, porém, são muito mais altos na América do Norte do que em qualquer parte da Inglaterra. Na província de Nova York, os operários comuns ganham[1] três *shillings* e seis pence em dinheiro, equivalentes a dois *shillings* esterlinos por dia; um carpinteiro naval, dez *shillings* e seis pence, em dinheiro; com uma pinta de rum valendo seis pence esterlinos, num total de seis *shillings* e seis pence esterlinos; carpinteiros de casas e pedreiros, oito *shillings* em dinheiro, equivalendo a quatro *shillings* e seis pence esterlinos; alfaiates jornaleiros, cinco *shillings* em dinheiro, equivalendo a cerca de dois *shillings*, dez pence esterlinos. Estes preços estão todos acima dos de Londres, e diz-se que os salários são tão altos nas outras colônias quanto em Nova York. O preço das provisões é, em todo lugar da América do Norte, muito mais baixo que na Inglaterra. Nunca se conheceu uma carestia lá. Nas piores estações, sempre tiveram o bastante para si mesmos, mas menos para exportação. Se o preço em dinheiro do trabalho, portanto, é mais alto que em qualquer lugar da terra-mãe, seu preço real, o comando real das necessidades e conveniências que proporciona ao trabalhador deve ser maior ainda em uma proporção mais elevada.

Mas se a América do Norte ainda não é tão rica quanto a Inglaterra, é muito mais progressista, e avança com muito maior rapidez para uma maior aquisição de riquezas. O sinal mais decisivo da prosperidade de qualquer país é o aumento do número de seus habitantes. Na Grã--Bretanha, e na maioria dos países europeus, supõe-se que dobre em não menos de quinhentos anos. Nas colônias britânicas da América do Norte, descobriu-se que dobra a cada vinte ou 25 anos. Nem atualmente este aumento deve-se principalmente à contínua importação de novos habitantes, mas à grande multiplicação das espécies. Os que atingem idade avançada, diz-se, frequentemente vêm, lá, de cinquenta e cem descendentes de seu próprio corpo. O trabalho lá é tão bem recompensado

---

[1] Isto foi escrito em 1773, antes do começo dos atuais distúrbios.

que uma família com muitas crianças, em vez de ser um fardo, é fonte de opulência e prosperidade para os pais. O trabalho de cada criança, antes que possa deixar sua casa, é calculado como valendo cem libras de ganho líquido para eles. Uma jovem viúva com quatro ou cinco crianças pequenas, que, entre as classes médias ou inferiores na Europa, teria uma chance mínima de um segundo casamento, lá é cortejada como se tivesse uma fortuna. O valor das crianças é o maior de todos os encorajamentos ao casamento. Não é de surpreender, portanto, que as pessoas, na América do Norte, se casem muito cedo. Não obstante o grande aumento ocasionado por tais casamentos precoces, há uma queixa contínua da escassez de mãos na América do Norte. A demanda de trabalhadores, os fundos destinados a mantê-los aumentam, ao que parece, ainda mais depressa do que eles podem encontrar trabalhadores a empregar.

Mesmo que a riqueza de um país seja muito grande, se esteve estacionário por muito tempo, não devemos esperar que os salários lá sejam muito altos. Os fundos destinados para o pagamento de salários, o rendimento e o capital de seus habitantes podem ser da maior extensão, mas se continuaram os mesmos por vários séculos, da mesma extensão, ou quase, o número de trabalhadores empregados a cada ano poderia facilmente suprir, e mesmo mais que suprir o número desejado no ano seguinte. Dificilmente poderia haver qualquer escassez de mãos, nem os patrões teriam de competir por elas. Se em tal país os salários tivessem sido mais que suficiente para manter o trabalhador, e permitir-lhe criar família, a competição dos trabalhadores e o interesse dos patrões logo os reduziriam ao mais baixo nível consistente com a humanidade comum. A China há muito que tem sido um dos países mais ricos, isto é, um dos mais férteis, melhor cultivados, mais industriosos e mais populosos do mundo. Parece, porém, estar há muito estacionária. Marco Polo, que a visitou mais de quinhentos anos atrás, descreve seu cultivo, indústria e população quase nos mesmos termos em que são descritos pelos viajantes nos tempos atuais. Talvez mesmo muito antes de seu tempo, tivesse adquirido aquela abundância de riquezas que a natureza de suas leis e instituições lhe permite adquirir. Os relatos de todos os viajores, inconsistentes em muitos outros aspectos, concordam nos baixos salários e na dificuldade que um trabalhador encontra para criar uma família na China. Se, cavando o solo todo dia, ele pode conseguir com que comprar uma pequena quantidade de arroz ao entardecer, ele está contente.

A condição dos artífices é, se possível, ainda pior. Em vez de esperar, indolentemente, em suas oficinas, pelas visitas de seus fregueses, como na Europa, estão continuamente correndo pelas ruas, com as ferramentas dos respectivos ofícios, oferecendo seus serviços, como se estivessem esmolando. A pobreza das classes inferiores na China ultrapassa em muito a das nações mais pobres da Europa. Nas vizinhanças de Cantão, muitas centenas, diz-se, muitos milhares de famílias não têm habitação em terra, mas vivem constantemente em pequenos barcos de pesca, nos rios e canais. A subsistência que ali encontram é tão escassa que avidamente pescam o lixo mais repulsivo lançado de qualquer navio europeu. Qualquer carniça, a carcaça de um cão ou gato morto, por exemplo, mesmo que meio podre e fétida, é tão bem-vinda por eles quanto o mais atraente pitéu para o povo de outros países. O casamento é encorajado na China, não por serem as crianças lucrativas, mas pela liberdade de destruí-las. Em todas as grandes cidades, muitas são expostas todas as noites, na rua, ou afogadas, como cãezinhos, na água. O desempenho deste horrendo ofício, diz-se mesmo ser o ofício confessado, pelo qual algumas pessoas ganham sua subsistência.

A China, porém, se bem que às vezes pareça parar, não parece retroagir. Suas cidades nunca são desertadas por seus habitantes. As terras que uma vez foram cultivadas, nunca são negligenciadas. O mesmo, ou quase o mesmo trabalho anual deve continuar a ser feito, e os fundos destinados à sua manutenção não devem, por conseguinte, ser sensivelmente diminuídos. A classe mais baixa de operários, apesar de sua magra subsistência, deve, de algum modo, se arranjar para continuar sua raça, bem como manter seu número usual.

Mas seria diferente num país onde os fundos destinados à manutenção do trabalho estivessem decaindo sensivelmente. A cada ano, a demanda de servos e trabalhadores seria, em todas as várias classes de empregos, menor que no ano anterior. Muitos nascidos nas classes superiores, incapazes de encontrar emprego nas próprias ocupações, ficariam contentes em poder encontrá-lo nas inferiores. A classe inferior, estando não só superabastecida com os próprios trabalhadores, mas também com o transbordo de todas as outras classes, a competição por emprego seria aqui tão grande, que reduziria os salários à mais miserável e difícil subsistência do trabalhador. Muitos não conseguiriam achar emprego mesmo nestes duros termos, e morreriam de fome, ou seriam levados a procurar subsistência esmolando, ou pela perpetração, quiçá, das maiores enormidades. A carestia, a fome e a mortalidade, imediatamente prevaleceriam naquela classe, e dela se estenderiam a todas as classes superiores, até que o número de habitantes no país ficasse reduzido ao que poderia ser facilmente mantido pela renda e capital que restassem, e que tivessem escapado ou à tirania ou calamidade que destruiu o restante. Isto talvez seja o presente estado de Bengala, e de alguns outros dos estabelecimentos ingleses nas Índias Orientais. Num país fértil que antes foi muito despovoado, e onde a subsistência, portanto, não deveria ser muito difícil, e onde, no entretanto, três ou quatro mil pessoas morrem de fome por ano, podemos estar certos de que os fundos destinados à manutenção dos trabalhadores pobres estão decaindo rapidamente. A diferença entre o gênio da Constituição britânica, que protege e governa a América do Norte, e aquela da companhia mercantil, que oprime e domina as Índias Orientais, talvez não possa ser mais bem ilustrada do que pelo diferente estado desses países.

A recompensa liberal do trabalho, portanto, é o efeito necessário e o sintoma natural do aumento da riqueza nacional. A pouca manutenção do trabalhador pobre, por outro lado, é o sintoma natural de que as coisas estão num impasse, e sua condição faminta, de que estão indo rápido para trás.

Na Grã-Bretanha, os salários do trabalho parecem, na atualidade, ser evidentemente mais do que o precisamente necessário para permitir ao trabalhador criar família. Para nos satisfazermos quanto a este ponto, não será necessário entrar em nenhum cálculo tedioso ou duvidoso do que possa ser a menor soma com que seja possível isto. Há muitos sintomas simples de que os salários em nenhum lugar deste país são regulados por sua cotação mínima consistente com a comum humanidade.

Primeiro, em quase todo lugar da Grã-Bretanha há uma distinção, mesmo nas espécies mais inferiores de trabalho, entre salários de verão e de inverno. Os do verão são sempre os mais altos. Mas por conta da despesa extraordinária de combustível, a manutenção de uma família é mais cara no inverno. Os salários, portanto, sendo mais altos quando esta despesa é mais baixa, parece evidente que eles não são regulados pelo que é necessário a esta despesa, mas pela quantidade e o suposto valor do trabalho. Um trabalhador, pode-se dizer, de fato deveria economizar parte do seu salário de verão para custear sua despesa de inverno, e através de todo ano, não excedendo o que é necessário para a manutenção de sua família. Um escravo, porém, ou alguém absolutamente dependente de nós para imediata subsistência, não seria tratado deste modo. Sua subsistência diária seria proporcionada às suas necessidades diárias.

Segundo, os salários não flutuam, na Grã-Bretanha, com o preço das provisões. Estes variam em todo lugar, de ano para ano e, frequentemente, de mês para mês. Mas em muitos sítios, o preço em dinheiro do trabalho, permanece uniformemente o mesmo, por vezes, até por meio século. Se nestes lugares, assim sendo, os trabalhadores pobres podem manter suas famílias nos anos de carestia, devem viver folgadamente nos tempos de abundância moderada, e com abundância nos de barateamento extraordinário. O alto preço das provisões durante estes últimos dez anos, em muitas partes do reino, não foi acompanhado com qualquer elevação sensível do preço em dinheiro do trabalho. De fato, em algumas elevou-se, provavelmente mais devido ao aumento da demanda do trabalho do que ao preço das provisões.

Terceiro como o preço das provisões varia de ano para ano mais do que os salários, por outro lado, os salários variam mais de lugar para lugar do que o preço das provisões. Os preços do pão e da carne, no açougueiro, são geralmente os mesmos, ou quase, na maior parte do Reino Unido. Estas, e a maioria das outras coisas que são vendidas a varejo, do jeito que o trabalhador pobre compra de tudo, são geralmente tão baratas ou mais baratas nas grandes cidades que nas partes mais remotas do país, por razões que terei ocasião de explicar depois. Mas os salários numa grande cidade e suas cercanias são frequentemente um quarto ou um quinto, 20% ou 25% mais altos que a algumas milhas de distância. Dezoito pence por dia pode ser tido como o preço usual do trabalho em Londres e cercanias. A algumas milhas de distância, cai para 14 e 15 pence. Dez pence pode ser tido como seu preço em Edimburgo e cercanias. A algumas milhas de distância, cai para oito pence, que é o preço comum do trabalho na maior parte das terras baixas da Escócia, onde varia muito menos que na Inglaterra. Tal diferença de preços, que parece não ser sempre o suficiente para transportar um homem de uma paróquia para outra, necessariamente ocasionaria tamanho transporte das mercadorias mais volumosas não só de uma paróquia para outra, mas de um extremo a outro do reino, quase de um extremo do mundo para outro, que as reduziria quase ao mesmo nível. Depois de tudo o que foi dito da leviandade e inconstância da natureza humana, evidencia-se, da experiência, que um homem, de todas as espécies de bagagem, é a mais difícil de ser transportada. Se os trabalhadores pobres, portanto, podem manter suas famílias naquelas partes do reino onde o preço do trabalho é o mais inferior, devem estar na fartura onde ele é mais alto.

Quarto, as variações no preço do trabalho não só não correspondem em lugar ou tempo com as do preço das provisões, mas frequentemente são opostas.

Os cereais, a comida do povo simples, são mais caros na Escócia do que na Inglaterra, recebendo a Escócia, quase todo ano, suprimentos muito grandes. O cereal inglês deve ser vendido mais caro na Escócia, o país até onde é levado, do que na Inglaterra, o país de onde vem; e em proporção à sua qualidade, não pode ser vendido mais caro na Escócia do que o cereal escocês que chega ao mesmo mercado, em termos competitivos com aquele. A qualidade do grão depende principalmente da qualidade de farinha de trigo ou outra que fornece no moinho, e quanto a este aspecto, o grão inglês é tão superior ao escocês que, se bem que aparentemente mais caro, com frequência, ou em proporção à medida de seu volume, geralmente, na realidade, fica mais barato, ou em proporção à sua qualidade, ou mesmo à medida de seu peso. O preço do trabalho, pelo contrário, é mais caro na Inglaterra do que na Escócia. Se os trabalhadores pobres, portanto, podem manter suas famílias numa parte do Reino Unido, devem ter fartura na outra. A farinha de aveia supre o povo comum na Escócia com a maior e melhor parte de sua comida, que é, em geral, muito inferior à de seus vizinhos de mesma classe da Inglaterra. A diferença, porém, no modo de sua subsistência não é a causa, mas o efeito da diferença em seus salários, se bem que, por um estranho mal-entendido, frequentemente ouvi dizer ser a causa. Não é porque um homem mantém um coche, ao passo que seu vizinho anda a pé, que um é rico e o outro, pobre; mas porque um deles é rico, mantém um coche, e porque o outro é pobre, anda a pé.

No decurso do último século, comparando ano por ano, o grão foi mais caro em ambas as partes do Reino Unido que atualmente. Isto é um fato que agora não pode admitir dúvida razoável, e a prova disto é, se possível, ainda mais decisiva em relação à Escócia do que em relação à Inglaterra. Na Escócia, é suportada pela evidência das feiras públicas, avaliações anuais juramentadas, de acordo com o estado real dos mercados, de todas as espécies de grão em cada condado da Escócia. Se tal prova direta requeresse qualquer evidência colateral para confirmá-la, eu observaria que este tem sido analogamente o caso da França e, provavelmente, da maioria das regiões da Europa. Em relação à França, há a prova mais clara. Mas, se bem que é certo que em ambas as partes do Reino Unido o grão foi um pouco mais caro no século passado que no atual, é igualmente certo que o trabalho foi muito mais barato. Se os trabalhadores pobres então podiam sustentar suas famílias, devem estar muito mais à vontade, agora. No último século, os salários diários mais comuns do trabalho mais simples na maior parte da Escócia eram seis pence no verão e cinco no inverno. Três *shillings* por semana, aproximadamente ainda o mesmo preço, continua a ser pago em algumas regiões das terras altas e nas ilhas ocidentais. Na maior parte das terras baixas, os salários usuais do trabalho mais simples são agora oito pence por dia; dez pence, e por vezes um *shilling*, perto de Edimburgo, nos condados que bordejam a Inglaterra, provavelmente por conta desta vizinhança, e em alguns poucos outros lugares, onde ultimamente tem havido um aumento considerável na demanda de trabalho, perto de Glasgow, Carron, Ayrishire etc. Na Inglaterra, os aperfeiçoamentos da agricultura, manufaturas e comércio começaram muito mais cedo que na Escócia. A demanda pelo trabalho, e consequentemente seu preço, deve necessariamente ter aumentado com esses aperfeiçoamentos. No último século, correspondentemente, bem como no presente, os salários eram mais altos na Inglaterra do que na Escócia. Subiram, também, consideravelmente, desde aquele tempo, por conta da maior variedade dos salários pagos em diferentes lugares, o que é difícil de determinar quanto. Em 1614 o pagamento de um soldado a pé era o mesmo que nos tempos atuais: oito pence por dia. Quando foi estabelecido pela primeira vez, naturalmente deve ter sido regulado pelos ganhos usuais dos trabalhadores comuns, a classe do povo de que os soldados da infantaria são comumente tirados. O lord juiz chefe Hales, que escreveu no tempo de Carlos II, computa o gasto necessário da família de um trabalhador, consistindo de seis pessoas: pai, mãe, duas crianças aptas para algum trabalho e duas inaptas como sendo de dez *shillings* por semana, ou 26 libras por ano. Se eles não podem ganhar isto por seu trabalho, devem ganhar, ele supõe, esmolando ou furtando. Ele parece ter pesquisado cuidadosamente este assunto.² Em 1688, o sr. Gregory King, cuja habilidade em aritmética política é tão exaltada pelo Dr. Davenant, computou o rendimento ordinário de trabalhadores e criados como sendo 15 libras por ano, para uma família que ele supôs consistir, em média, de três e meia pessoas. Seu cálculo, portanto, se bem que na aparência diferente, corresponde muito aproximadamente, no fundo, com o do juiz Hales. Ambos supõem a despesa semanal de tais famílias como sendo de cerca de vinte pence por cabeça. Tanto o rendimento pecuniário e a despesa de tais famílias subiram consideravelmente desde aquele tempo na maior parte do reino; em alguns lugares é maior e em outros, menor, se bem que dificilmente em algum lugar tanto quanto alguns cálculos exagerados dos salários atuais foram ultimamente apresentados para o público. O preço do trabalho, deve ser observado, não pode ser determinado muito acuradamente em lugar algum, sendo que preços diferentes frequentemente são pagos no mesmo lugar para a mesma espécie de trabalho, não só de acordo com as diferentes capacidades dos trabalhadores, mas de acordo com a benevolência ou a dureza dos patrões. Onde os salários não são regulamentados por lei, tudo o que podemos pretender determinar é qual é o mais usual; e a experiência parece mostrar que a lei nunca pode regulá-los adequadamente, muito embora muitas vezes o tenha pretendido.

A real recompensa do trabalho, a real quantidade das necessidades e conveniências da vida que pode proporcionar ao trabalhador, no decurso deste século, aumentou talvez numa proporção ainda maior que seu preço em dinheiro. Não só o grão ficou um pouco mais barato, mas muitas outras coisas das quais os pobres derivam uma agradável e salutar variedade de comidas, tornaram-se bem mais baratas. Batatas, por exemplo, atualmente, na maior parte do reino, não custam metade do preço que tinham há trinta ou quarenta anos. O mesmo pode ser dito de nabos, cenouras, alfaces; coisas que antes eram cultivadas somente pela pá, mas que agora são comumente cultivadas pela charrua. Toda espécie de hortícola também barateou. A maior parte das maçãs, e mesmo das cebolas consumidas na Grã-Bretanha, no último século foi importada de Flandres. Os grandes aperfeiçoamentos nas manufaturas mais grosseiras

---

² Consultar seu esquema da manutenção dos pobres em *History of the Poor Laws,* de Burn.

do linho e da lã fornecem aos trabalhadores roupas melhores e mais baratas; e as da manufatura dos metais mais grosseiros, como ferramentas de trabalho mais baratas e melhores, bem como com muitas peças da mobília doméstica, agradáveis e cômodas. Sabão, sal, couro e licores fermentados, de fato, tornaram-se bem mais caros; principalmente pelas taxas que foram impostas sobre eles. A quantidade destes, que os trabalhadores pobres têm necessidade de consumir, é tão pequena que o aumento em seu preço não compensa a diminuição no de tantas outras coisas. A queixa comum de que o luxo se estende até as classes mais baixas do povo, e que o trabalhador pobre não mais se contentará agora com a mesma comida, vestimenta e alojamento que o satisfazia outrora, pode convencer-nos que não é apenas o preço em dinheiro do trabalho, mas sua real recompensa, que tem aumentado.

Este aperfeiçoamento das condições das classes inferiores do povo deve ser visto como vantagem ou inconveniência para a sociedade? A resposta, à primeira vista, parece abundantemente simples. Servos, trabalhadores e operários de vários tipos formam a grande maioria de toda grande sociedade política. Mas o que melhora as circunstâncias da maioria, nunca pode ser visto como inconveniência para o todo. Nenhuma sociedade pode, seguramente, estar florescendo e feliz na qual a maioria de seus membros está infeliz e miserável. É apenas equidade, além do mais, que aqueles que alimentam, vestem e alojam todo o corpo do povo tenham tal fração do produto do próprio trabalho de modo que eles mesmos fiquem toleravelmente bem alimentados, vestidos e alojados.

A pobreza, se bem que, sem dúvida, desencoraje, nem sempre evita o casamento. Parece mesmo ser favorável à geração. Uma mulher meio faminta das terras altas frequentemente dá à luz mais de vinte crianças, ao passo que uma dama mimada frequentemente é incapaz de gerar nenhuma, e geralmente fica exausta com duas ou três. A esterilidade, tão frequente entre nossas elegantes, é muito rara entre as mulheres de classe inferior. A luxúria, no belo sexo, ao passo que talvez inflame a paixão pelo prazer, parece sempre enfraquecer, e frequentemente destruir completamente, os poderes da geração.

Mas a pobreza, se não previne a geração, é exatamente desfavorável à criação dos filhos. A frágil planta é produzida, mas num solo tão frio e clima tão severo, que logo fenece e morre. Não é incomum, como frequentemente me é contado, nas terras altas da Escócia, que uma mãe que deu à luz vinte crianças não tenha duas vivas. Vários oficiais de grande experiência me asseveraram que no recrutar seus regimentos nunca conseguiram equipá-lo com tambores e gaitas com todos os filhos que nasciam para os soldados de seus regimentos. No entanto, onde se costuma ver um grande número de belas crianças, é exatamente nos acampamentos militares. Muito poucas delas, parece, chegam à idade de 13 ou 14 anos. Em alguns lugares, metade das crianças que nascem, morrem antes dos quatro anos; em muitos outros, antes dos sete; e em quase todos os lugares, antes dos nove ou dez anos. Esta grande mortalidade, porém, em qualquer lugar será encontrada principalmente entre os filhos do povo comum, que não pode cuidar deles com as mesmas atenções que aqueles de melhor posição. Se bem que seus casamentos sejam geralmente mais férteis que os das pessoas bem-postas, uma menor proporção de seus filhos chega à maturidade. Em orfanatos, e entre as crianças criadas pela caridade das paróquias, a mortalidade é ainda maior que entre as pessoas pobres.

Toda espécie animal naturalmente se multiplica em proporção a seus meios de subsistência, e nenhuma espécie pode se multiplicar além disto. Mas, na sociedade civilizada, só entre as classes sociais inferiores é que a rarefação da subsistência pode impor limites à maior multiplicação da espécie humana, e isto só pode se dar pela destruição da maior parte das crianças produzidas por seus férteis casamentos.

A recompensa liberal do trabalho, permitindo-lhes atender melhor às suas crianças, e consequentemente criá-las em maior número, naturalmente tende a ampliar e estender esses limites. É digno de observação, também, que isto acontece tanto quanto possível na proporção em que o requer a demanda de trabalho. Se esta demanda está continuamente aumentando, a recompensa do trabalho deve necessariamente encorajar de tal maneira o casamento e a multiplicação dos trabalhadores, de modo a permitir-lhes suprir aquela demanda continuamente crescente por uma população continuamente crescente. Se a recompensa, a um dado momento, for menor que a requerida para este propósito, a deficiência de mãos logo a aumentaria, e se a qualquer momento fosse maior, sua excessiva multiplicação logo a levaria a seu nível necessário. O mercado estaria tão deficiente de trabalho, num caso, e tão superabastecido no outro, que logo forçaria seu preço de volta àquela cotação adequada que as circunstâncias da sociedade requeriam. É destarte que a demanda de homens, como a de qualquer outra mercadoria, necessariamente regula a produção de homens: acelera-a quando vai muito devagar e detém-na quando avança demais. É esta demanda que regula e determina o estado da propagação em todos os vários países do mundo, seja na América do Norte, na Europa, ou na China, que a torna rapidamente progressiva no primeiro; lenta e gradual no segundo; e totalmente estacionária no último.

O desgaste de um escravo, diz-se, vai por conta de seu patrão, mas o de um servo livre vai por sua própria conta. O desgaste deste, entretanto, na realidade, é tanto a expensas de seu patrão quanto o primeiro. Os salários pagos aos jornaleiros e servos, de acordo com aumento, diminuição ou estacionamento da demanda que a sociedade requeira. Se bem que o desgaste de um servo livre seja igualmente à custa de seu patrão, geralmente custa-lhe muito menos que um escravo. O fundo destinado a substituir ou reparar, se assim posso dizê-lo, o desgaste de um escravo, comumente dirigido por um mestre negligente ou um feitor descuidado. Aquele destinado ao mesmo ofício em relação ao homem livre é dirigido pelo próprio homem livre. As desordens que geralmente prevalecem na economia dos ricos, naturalmente se introduzem na administração daquele fundo: a estrita frugalidade e a parcimoniosa atenção do pobre o levam naturalmente a economizar. Sob tão diferentes administrações, o mesmo propósito deve requerer graus muito diferentes de despesas para executá-lo. Parece, concomitantemente, da experiência de todas as eras e nações, creio, que o trabalho feito por homens livres ao final das contas, é mais barato que aquele feito por escravos. Isto se dá mesmo em Boston, Nova York e Filadélfia, onde os salários do trabalhador comum são tão altos.

A recompensa liberal do trabalho, portanto, como é o efeito da riqueza crescente, também é a causa do aumento da população. Reclamar disto é lamentar o efeito necessário, e causa da maior prosperidade pública.

Mereceria talvez ser observado que é no estado progressista, enquanto a sociedade avança para maiores aquisições, mais do que quando adquiriu todo seu complemento de riquezas, que a condição do trabalhador pobre, do grande corpo do povo, parece ser a mais feliz e a mais confortável. É dura na estacionária e miserável na condição declinante. A condição progressista, na realidade, é o estado alegre e cordial para todas as diferentes ordens da sociedade. A estacionária é monótona; a declinante, melancólica.

A recompensa liberal do lavor, ao encorajar a propagação, também aumenta a indústria do povo comum. Os ganhos do trabalho são o encorajamento da indústria, que, como qualquer outra qualidade humana, aperfeiçoa-se na proporção do encorajamento que recebe. Uma subsistência farta aumenta a resistência corporal do trabalhador e a confortável esperança de melhorar sua condição, e terminar seus dias, talvez no ócio e na abundância, anima-o a exercer seu esforço ao máximo. Onde os salários são altos, correspondentemente, sempre acharemos os trabalhadores mais ativos, diligentes e expeditos do que onde são baixos: mais na Inglaterra, por exemplo, do que na Escócia; nas vizinhanças das grandes cidades do que nos lugares remotos do campo. Alguns trabalhadores, de fato, quando podem ganhar em quatro dias o que os manterá por toda a semana, ficarão ociosos os outros três. Isto, porém, de modo algum é o caso da maioria. Os trabalhadores, pelo contrário, quando são pagos pela peça, estão dispostos a se esgotarem, e arruinar sua saúde e constituição em poucos anos. De um carpinteiro em Londres, e em alguns outros lugares, não se espera que mantenha seu máximo vigor acima de oito anos. Algo da mesma espécie acontece em muitos outros ofícios em que os trabalhadores são pagos por peça, como geralmente se dá nas manufaturas, e mesmo no lavor do campo, onde os salários são mais altos que o ordinário. Quase toda classe de artífice está sujeita a alguma enfermidade particular ocasionada por excessiva aplicação à sua espécie de trabalho. Ramuzzini, eminente médico italiano, escreveu certo livro que trata de tais doenças. Não reconhecemos nossos soldados como as pessoas mais industriosas dentre nós, mas quando eles são empregados em alguma espécie de trabalho, e liberalmente pagos por peça, seus oficiais são frequentemente obrigados a estipular com o empreiteiro, que não devem ganhar acima de uma certa soma diária, de acordo com a cotação pela qual forem pagos. Até que fosse feita esta estipulação, a emulação mútua e o desejo de um maior ganho sempre os fazia trabalhar em demasia, danificando sua saúde por trabalho excessivo. A aplicação excessiva durante quatro dias da semana é frequentemente a causa real da ociosidade dos outros três, tanto e tão clamorosamente lamentada. O trabalho excessivo, continuado por vários dias em seguida, quer do corpo, quer da mente, na maioria dos homens é naturalmente seguido por um grande desejo de relaxamento, que, se não for restringido pela força ou por alguma forte necessidade, é quase irresistível. É o chamado da natureza, que requer ser aliviada por alguma indulgência, por vezes só com descanso, mas, às vezes, também pela dissipação e diversão. Se não for satisfeita, as consequências são frequentemente perigosas, e por vezes, fatais, e de modo a quase sempre, mais cedo ou mais tarde, trazer a enfermidade peculiar daquele ofício. Se os patrões sempre ouvissem os ditames da razão e da humanidade, teriam amiudadas ocasiões de moderar, mais que animar, a aplicação de muitos de seus trabalhadores. Descobrir-se-á, creio, em toda sorte de ofício, que o homem que trabalha moderadamente, de modo a estar apto a trabalhar constantemente, não só preserva mais longamente sua saúde, mas, no decurso do ano, executa a maior quantidade de trabalho.

Nos anos mais baratos, acredita-se, os trabalhadores são, geralmente, mais ociosos, e nos anos caros, mais industriosos que comumente. Uma subsistência abundante, portanto, concluiu-se, relaxa, e uma carente acelera sua indústria. Que um pouco mais de abundância que o comum pode tornar os trabalhadores preguiçosos, não se pode duvidar, mas que tenha seu efeito sobre a maioria, ou que os homens em geral devam trabalhar melhor mal alimentados do que quando estão bem alimentados, quando estão abatidos do que quando estão de bom humor, quando estão costumeiramente doentes do que quando estão geralmente de boa saúde, não parece muito provável. Os anos de carestia, deve-se observar, são, geralmente, entre o povo comum, anos de doença e mortandade, que não pode deixar de diminuir a produção de seu trabalho.

Nos anos de abundância, os servos usualmente abandonam seus patrões, e confiam suas subsistências ao que podem fazer por seus próprios esforços. Mas o mesmo preço baixo das provisões, aumentando o fundo destinado à manutenção dos servos, encoraja os patrões, especialmente lavradores, a empregá-los em grande número. Os lavradores, em tais ocasiões, esperam mais lucro de seu cereal, mantendo mais uns poucos operários, do que vendendo-o a baixo preço no mercado. A demanda de servos aumenta, ao passo que o número daqueles que se oferecem para suprir aquela demanda, diminui. O preço do trabalho, portanto, frequentemente se eleva nos anos baratos.

Nos anos de escassez, a dificuldade e incerteza da subsistência faz toda essa gente ansiosa para retornar ao serviço. Mas o alto preço das provisões, diminuindo os fundos destinados à manutenção dos operários, dispõe os patrões mais a diminuir que aumentar o número daqueles que já têm. Nos anos mais caros, também, os trabalhadores pobres independentes frequentemente consomem os pequenos estoques que usaram para o próprio suprimento, com os materiais de seu trabalho, e são obrigados a se tornar jornaleiros para a própria subsistência. Mais pessoas querem emprego do que os que podem consegui-lo facilmente; muitas estão dispostas a aceitá-lo em termos inferiores aos comuns, e os salários de servos e jornaleiros frequentemente caem nos anos caros.

Os patrões de todas as espécies, portanto, frequentemente fazem melhores barganhas com seus trabalhadores nos anos caros do que nos anos baratos, e encontra-os mais humildes e dependentes naqueles do que nestes. Eles naturalmente, portanto, recomendam aqueles como mais favoráveis à indústria. Os proprietários e os lavradores, inclusive, duas das maiores classes patronais, têm outra razão para gostarem dos anos de carestia. As rendas de um e os lucros do outro dependem muito do preço das vitualhas. Nada pode ser mais absurdo, porém, do que imaginar que os homens, em geral, devam trabalhar menos quando trabalham para si mesmos do que quando trabalham para outrem. Um trabalhador pobre, independente, geralmente será mais industrioso que um jornaleiro que trabalha por peça. Um usufrui todo o produto da própria indústria; o outro o compartilha com seu patrão. Um, em seu estado separado independente, é menos passível das tentações da má companhia, que nas grandes manufaturas tão frequentemente arruínam a moral do outro. A superioridade do trabalhador independente sobre aqueles servos que são contratados por mês ou por ano, e aqueles salários e manutenção são os mesmos, quer façam muito ou pouco, provavelmente serão maiores. Os anos baratos tendem a aumentar a proporção entre trabalhadores independentes e jornaleiros e servos de todo tipo, e os anos caros, a diminuí-la.

Um autor francês de grande erudição e engenhosidade, o sr. Messance, curador do eleitorado de St.-Étienne, procura mostrar que os pobres trabalham mais nos anos caros que nos baratos, comparando a quantidade e o valor dos bens produzidos naquelas diversas ocasiões em três manufaturas diversas: uma, de lã grossa, em Elbeuf, uma de linho e outra de seda, ambas se estendendo pela região de Rouen. Parece, por seu relato, copiado dos registros dos escritórios públicos, que a quantidade e o valor dos produtos de todas essas três manufaturas foi geralmente maior nos anos baratos que nos caros; e quase que foi o maior no ano mais barato e menor no mais caro. Todas três parecem ser manufaturas estacionárias, ou que, se bem que sua produção possa variar um pouco de ano para ano, globalmente, não progridem nem regridem.

A manufatura de linho, na Escócia, e a de lã grossa, no *riding3* oeste de Yorkshire, são manufaturas florescentes, cuja produção, em geral, se bem que com algumas variações, está aumentando, tanto em quantidade como em valor. Examinando, porém, as contas que foram publicadas, de sua produção anual, não consegui depreender que suas variações tenham tido qualquer conexão sensível com a abundância ou a carestia das estações. Em 1740, um ano de grande escassez, ambas as manufaturas, de fato, parecem ter declinado mui consideravelmente. Mas em 1756, outro ano de grande escassez, a manufatura escocesa fez mais do que progressos ordinários. A manufatura de Yorkshire, em verdade, declinou, e sua produção não aumentou ao que fora em 1755 até 1766, após a revogação do *American Stamp Act*. Naquele ano, e no seguinte, excedeu grandemente o que tinha sido antes e tem continuado a avançar cada vez mais.

O produto de todas as grandes manufaturas para venda a distância deve necessariamente depender não tanto das estações carentes ou abundantes, nos países onde se desenvolvem, mas das circunstâncias que afetam a demanda nos países onde são consumidas; da paz ou da guerra, com a prosperidade ou derrocada das manufaturas rivais, e do bom ou mau humor de seus principais fregueses. Além do mais, grande parte do trabalho extraordinário, provavelmente feito nos anos baratos, nunca entra nos registros públicos das manufaturas. Os operários que abandonam seus patrões tornam-se trabalhadores independentes. As operárias retornam para seus pais, e comumente fiam para fazer roupas para si mesmas e para suas famílias. Mesmo os trabalhadores independentes nem sempre trabalham para vender ao público, mas são empregados por alguns de seus vizinhos em manufaturas para uso familiar. O produto de seu trabalho, portanto, frequentemente não aparece naqueles registros públicos que por vezes são publicados com tanto aparato, e com que nossos mercadores e manufatureiros tão vã e frequentemente pretenderiam anunciar a prosperidade ou o declínio dos maiores impérios.

---

[3] Uma das três divisões administrativas de Yorkshire. (N.T.)

Muito embora as variações no preço do trabalho nem sempre correspondam às do preço das provisões, mas são frequentemente bastante opostas, por causa disto não devemos imaginar que o preço das provisões não tenha influência no do trabalho. O preço em dinheiro do trabalho é necessariamente regulado por duas circunstâncias: a demanda do trabalho e o preço das necessidades e conveniências da vida. A demanda pelo trabalho, de acordo com que seja a população crescente, estacionária ou declinante, determina a quantidade daquelas necessidades e conveniências que deve ser dada ao trabalhador, e o preço em dinheiro do trabalho é determinado pelo que é necessário para comprar esta quantidade. Se bem que o preço em dinheiro do trabalho possa ser alto onde o preço das provisões é baixo, seria ainda mais alto, continuando a demanda constante, se o preço das provisões fosse alto.

É porque a demanda de trabalho aumenta nos anos de súbita e extraordinária abundância, e diminui naqueles de súbita e extraordinária escassez, que o preço em dinheiro do trabalho por vezes sobe num e diminui noutro.

Num ano de súbita e extraordinária abundância, há fundos nas mãos de muitos dos empregados da indústria suficientes para manter e empregar maior número de pessoas industriosas do que as que tinham sido empregadas no ano seguinte; e este número extraordinário nem sempre pode ser mantido. Aqueles patrões, portanto, que querem mais trabalhadores, competem entre si para consegui-los, o que por vezes eleva o preço real e em dinheiro de seu trabalho.

O contrário disto acontece num ano de súbita e extraordinária escassez. Os fundos destinados ao emprego são menores do que no ano anterior. Um considerável número de pessoas é despedido, que competem entre si para consegui-lo, o que, por vezes, abaixa o preço real e em dinheiro do trabalho. Em 1740, ano de grande escassez, muitas pessoas estavam dispostas a trabalhar pela simples subsistência. Nos anos posteriores, de abundância, era mais difícil conseguir trabalhadores e criados.

A escassez de um ano caro, diminuindo a demanda de trabalho, tende a reduzir seu preço, com o alto preço das provisões tendendo a elevá-lo. A abundância de um ano barato, pelo contrário, aumentando a demanda, tende a elevar o preço do trabalho, com as previsões baratas tendendo a baixá-lo. Nas variações ordinárias do preço das provisões, essas duas causas opostas parecem contrabalançar uma à outra, o que é provavelmente em parte a razão pela qual os ganhos do trabalho são sempre muito mais constantes e permanentes que o preço das provisões.

O aumento dos salários necessariamente aumenta o preço de muitas mercadorias, aumentando-lhes aquela parte que se resolve em salários, e assim tende a diminuir seu consumo, no país e no estrangeiro. A mesma causa, porém, que eleva os salários, o aumento do capital, tende a aumentar sua força produtiva, e fazer uma menor quantidade de trabalho produzir maior quantidade de trabalho. O proprietário do capital que emprega grande número de trabalhadores, necessariamente se esforça, para sua própria vantagem, a fazer uma tal divisão adequada e distribuição do emprego, de modo a poder produzir a maior quantidade possível de trabalho. Pela mesma razão, ele procura supri-los com a melhor maquinaria que ele ou eles possam imaginar. O que ocorre entre os trabalhadores numa dada oficina ocorre, pela mesma razão, entre os de uma grande sociedade. Quanto maior seu número, mais se dividem em diferentes classes e subdivisões de emprego. Mais cabeças estão ocupadas em inventar a maquinaria mais adequada para executar o trabalho de cada um, e, portanto, esta tem maior probabilidade de ser inventada. Há muitas mercadorias, portanto, que, em consequência destes aperfeiçoamentos, vêm a ser produzidas por muito menos trabalho que antes do aumento de seu preço ser compensado pela diminuição de sua quantidade.

CAPÍTULO 9
Dos lucros dos fundos

A ascensão ou a queda dos lucros dos fundos dependem das mesmas causas da ascensão ou da queda dos salários, o estado progressista ou declinante da riqueza da sociedade, mas essas causas afetam um e outro diversamente.

O aumento do capital, que eleva os salários, tende a diminuir o lucro. Quando os fundos de muitos comerciantes ricos são voltados para o mesmo comércio, sua competição mútua naturalmente tende a reduzir o lucro, e quando há um aumento semelhante do capital em todas as atividades de uma mesma sociedade, a mesma competição deve produzir o mesmo efeito nelas todas.

Não é fácil, já foi observado, determinar quais são os salários médios num determinado lugar, num dado momento. Podemos, mesmo neste caso, raramente determinar mais do que são os salários mais usuais. Mas mesmo isto raramente pode ser feito em relação aos lucros do capital. O lucro é tão flutuante que a pessoa que exerce um dado comércio nem sempre nos pode dizer qual é a média de seu lucro anual. É afetado não só pela variação do preço em cada mercadoria que negocia, mas pela boa ou má fortuna de seus rivais e seus fregueses, e por mil outros acidentes a que estão sujeitos os bens transportados por terra ou por mar, ou mesmo estocados num armazém. Varia, portanto, não só de ano para ano, mas de dia para dia e quase de hora para hora. Para determinar qual é o lucro médio de todos os diferentes ofícios exercidos num grande reino, deve ser muito mais difícil; e julgar o que deve ter sido anteriormente, ou em períodos remotos de tempo, com qualquer grau de precisão, deve ser totalmente impossível.

Mas, se bem que possa ser impossível determinar, com qualquer grau de precisão, quais são, ou foram, os lucros do capital, nos tempos atuais ou antigos, pode-se formar alguma noção deles pelos juros. Pode-se estabelecer como máxima que sempre que se pode ganhar muito pelo uso do dinheiro, muito, usualmente, será dado por ele, e quanto menos se fizer por ele, menos, usualmente, será dado por ele. Logo, concomitantemente, como a taxa usual de juros, no mercado, varia em qualquer país, podemos ter certeza de que os lucros ordinários do capital devem variar com ele, baixando quando ele baixa e subindo quando também sobe. O progresso do juro, portanto, pode levar-nos a formar alguma noção do progresso do lucro.

Com o 37º decreto de Henrique VIII, todo juro acima de 10% era declarado ilegal. E mais parece ter sido tomado anteriormente. No reinado de Eduardo VI, o zelo religioso proibiu todo juro. Esta proibição, porém, como todas as outras da mesma espécie, diz-se ter produzido nenhum efeito, e provavelmente aumentou, ao invés de diminuir o mal da usura. O estatuto de Henrique VIII foi revivido no 13º decreto de Elizabeth, cap. 8, e 10% continuou sendo a cotação legal do juro até o 21º de Jaime I, quando foi restringido a 8%. Foi reduzido a 6% logo depois da Restauração, e no 12º decreto da rainha Ana, a 5%. Todas estas regulamentações estatutárias parecem ter sido feitas com grande propriedade. Parecem ter seguido, e não precedido, a cotação de mercado dos juros, ou a taxa à qual a gente de bom crédito usualmente emprestava. Desde o tempo da Rainha Ana, 5% parece ter sido mais acima do que abaixo da taxa de mercado. Antes da última guerra, o governo emprestava a 3%, e as pessoas de bom crédito na capital, e em muitas outras partes do reino, a 3,5%, 4% e 4,5%.

Desde o tempo de Henrique VIII, a riqueza e o rendimento do país têm avançado continuamente, e no decurso de seu progresso, seu passo parece mais ter gradualmente acelerado do que retardado. Parece não só terem continuado, mas cada vez mais aceleradamente. Os salários têm aumentado continuamente durante o mesmo período, e na maior parte dos diversos ramos do comércio e das manufaturas, os lucros do capital têm diminuído.

Geralmente é necessário um capital maior para fazer qualquer espécie de negócio numa grande cidade do que numa vila. Os grandes capitais empregados em cada ramo de comércio, e o número de competidores ricos, geralmente reduzem mais a taxa de lucro no primeiro caso do que no segundo. Mas os salários são geralmente maiores numa grande cidade que numa vila. Numa cidade progressista, as pessoas que têm grandes capitais para empregar frequentemente não conseguem o número de trabalhadores que desejam, e portanto, competem entre si para conseguir o máximo que puderem, o que eleva os salários e abaixa os lucros do capital. Nas partes remotas do país, frequentemente não há capital suficiente para empregar todas as pessoas, que, portanto, competem umas contra as outras para conseguir emprego, o que reduz os salários do trabalho e sobe os lucros do capital.

Na Escócia, se bem que a cotação legal do juro seja a mesma que na Inglaterra, a taxa do mercado é maior. As pessoas de melhor crédito lá raramente emprestam abaixo de 5%. Mesmo os banqueiros particulares em Edimburgo dão 4% por suas notas promissórias, das quais o pagamento total ou parcial pode ser cobrado à vontade. Os banqueiros particulares da Inglaterra não dão juros pelo dinheiro depositado com eles. Há uns poucos negócios que não podem ser feitos com um pequeno capital na Escócia, e não na Inglaterra. A taxa comum de lucros, portanto, deve ser um pouco maior. Os salários, já foi observado, são menores na Escócia que na Inglaterra. O campo, também, não só é muito mais pobre, mas os passos pelos quais avança para uma melhor condição, pois evidentemente está avançando, parecem muito mais lentos e tardios.

A taxa legal de juros na França, durante este século, nem sempre foi regulada pela cotação do mercado.[1] Em 1720, os juros foram reduzidos do vigésimo para o quingentésimo penny, ou, de 5% para 2%. Em 1724, foram elevados para o trigésimo penny, ou a 3,5%. Em 1766, durante a administração do sr. Laverdy, foram reduzidos ao 25º penny, ou a 4%. O abade Terray elevou-a depois à velha taxa de 5%. O suposto propósito de muitas daquelas violentas reduções dos juros era preparar o caminho para reduzir os débitos públicos; propósito este que por vezes foi executado. A França, talvez, nos dias atuais, não seja um país tão rico quanto a Inglaterra; e se bem que a taxa legal de juros na França tenha sido frequentemente inferior à da Inglaterra, a taxa de mercado geralmente tem sido maior; pois lá, como em outros países, têm vários métodos seguros e fáceis para se evadir à lei. Os lucros do comércio foi-me assegurado por comerciantes ingleses, que comerciaram em ambos os países, são mais altos na França que na Inglaterra; e sem dúvida é por isto que muitos súditos britânicos escolhem empregar seus capitais num país onde o comércio está em desgraça do que num onde é altamente respeitado. Os salários são mais baixos na França do que na Inglaterra. Quando se vai da Escócia para a Inglaterra, a diferença que se pode observar entre as vestes e o aspecto do povo num país e no outro bastam para indicar

---

[1] Ver Denisart, *Article Taux des Intérêts,* vol. III, p. 18.

suficientemente a diferença de sua condição. O contraste é ainda maior se se retorna da França. A França, se bem que sem dúvida, país mais rico do que a Escócia, não parece estar progredindo tão depressa. É opinião comum, e mesmo popular, no campo, que esteja regredindo; opinião que, segundo creio, é mal fundada mesmo em relação à França, mas que ninguém poderia possivelmente entreter em relação à Escócia, que tenha visto o campo agora, e o viu vinte ou trinta anos atrás.

A província da Holanda, por outro lado, em proporção à extensão de seu território e número de seus habitantes, é um país mais rico que a Inglaterra. O governo lá empresta a 2%, e os particulares de bom crédito, a 3%. Dizem que os salários são maiores na Holanda que na Inglaterra, e os holandeses, é bem sabido, comerciam com lucros mais baixos que qualquer povo europeu. O comércio holandês, alguns pretendem, está decaindo, e talvez seja verdade que assim é com alguns de seus ramos, mas estes sintomas parecem indicar suficientemente que não há decadência. Quando o lucro diminui, os comerciantes estão prontos a reclamar que o comércio decai; se bem que a redução do lucro é o efeito de sua prosperidade, ou de mais capital sendo empregado do que antes. Durante a última guerra, os holandeses ganharam todo o comércio de transporte da França, do qual eles ainda retêm uma boa parte. A grande propriedade que possuem em fundos franceses e ingleses, cerca de quarenta milhões, no segundo caso (no que, suspeito, possa haver um considerável exagero); as grandes somas que emprestam a particulares em países onde a taxa de juros é maior que no deles são circunstâncias que sem dúvida demonstram a redundância de seus fundos, ou que eles aumentaram além do que podem empregar com lucro tolerável nos negócios de seu próprio país, mas não demonstram que estes negócios decaíram. Como o capital de um particular, se bem que adquirido por um determinado comércio, pode crescer além do que ele pode empregar, e mesmo assim aquele comércio continua a crescer, assim também pode ser com o capital de uma grande nação.

Em nossas colônias norte-americanas e das Índias Ocidentais, não só os salários, mas os juros, e consequentemente os lucros do capital, são mais altos que na Inglaterra. Nas várias colônias, tanto a taxa legal como a taxa de juros do mercado variam de 6% a 8%. Os altos pagamentos do trabalho, e altos lucros do capital, porém, são coisas que dificilmente andam juntas, exceto nas circunstâncias peculiares das novas colônias.

Uma nova colônia deve sempre, por algum tempo, subdotada em relação à extensão de seu território, e mais subpovoada em proporção à extensão de sua provisão, do que a maioria dos outros países. Tem mais terra do que capital para cultivar. O que têm, portanto, é aplicado ao cultivo apenas do que é mais fértil e mais favoravelmente situado, a terra perto do litoral e ao longo das margens dos rios navegáveis. Tal terra, também, é frequentemente comprada a um preço abaixo do valor de sua produção natural. O capital empregado na compra e melhoria de tais terras deve dar um grande lucro, e, consequentemente, poder pagar um alto juro. Sua rápida acumulação em emprego tão lucrativo permite que o plantador aumente o número de mão de obra mais depressa do que ele pode encontrá-las no novo estabelecimento. Aqueles que pode encontrar, portanto, são muito liberalmente recompensados. Crescendo a colônia, os lucros do capital gradualmente diminuem. Quando as terras mais férteis e mais bem situadas foram totalmente ocupadas, pôde-se fazer menos lucro com o cultivo do que é inferior no solo e na situação, e menos juros podem ser suportados para o capital assim empregado. Na maioria de nossas colônias, tanto a taxa de juros legal quanto a de mercado foram consideravelmente reduzidas no decurso deste século. Aumentando as riquezas, o aperfeiçoamento e a população, o juro decaiu. Os salários não caem com os lucros do capital. A demanda do trabalho aumenta juntamente com o aumento do capital, quaisquer que sejam seus lucros; e depois de estes diminuírem, o capital não só pode continuar a crescer, mas a crescer muito mais depressa que antes. Tal como acontece com nações industriosas que progridem na aquisição de riquezas, acontece com indivíduos industriosos. Um grande capital, se bem que com pequenos lucros, geralmente aumenta mais depressa do que um pequeno capital com grandes lucros. O dinheiro, diz o provérbio, faz dinheiro. Quando se consegue um pouco, é fácil conseguir mais. A grande dificuldade é conseguir aquele pouco. A conexão entre o aumento do capital e o da indústria, ou da demanda de trabalho útil, parcialmente já foi explicada, mas será explicada mais completamente mais tarde, ao tratarmos da acumulação do capital.

A aquisição de novo território ou de novos ramos de comércio, por vezes pode elevar os lucros do capital, e com eles os juros do dinheiro, mesmo num país que esteja progredindo depressa na aquisição de riquezas. O capital do país, não sendo suficiente para a plena aplicação em negócios, que tais aquisições apresentam a diferentes pessoas entre as quais é dividido, aplica-se àqueles ramos que toleram o maior lucro. Parte do que antes foi empregado em outros comércios é necessariamente retirada deles e voltada para alguns dos novos, é mais lucrativos. Em todos aqueles velhos negócios, portanto, a competição vem a ser menor que antes. O mercado vem a ser menos plenamente suprido com grande variedade de bens. Seu preço necessariamente sobe mais ou menos, e proporciona o maior lucro àqueles que tratam com eles, que podem emprestar a juros maiores. Por algum tempo depois da conclusão da última guerra, não só particulares de bom crédito, mas algumas das maiores companhias de Londres, comumente emprestavam a 5% e que antes não pagavam mais que 4% e 4,5%. A grande aquisição, tanto de território como de comércio, na América do Norte e nas Índias Ocidentais, responde suficientemente por isto, sem se supor nenhuma diminuição no capital da sociedade. Tamanho aumento de novos negócios a serem efetuados pelo velho capital deve necessariamente ter diminuído a quantidade empregada num grande número de ramos particulares, em que a competição, sendo menor, os lucros devem ser maiores. Depois terei ocasião de mencionar as razões que me dispõem a acreditar que as reservas de capital da Grã-Bretanha não diminuíram nem mesmo com as enormes despesas da última guerra.

A diminuição das reservas de capital da sociedade, ou os fundos destinados à manutenção da indústria, ao reduzir os salários, aumenta os lucros do capital e, consequentemente, os juros do dinheiro. Abaixando os salários, os proprietários do capital remanescente na sociedade podem trazer seus bens ao mercado com menor despesa que antes, e menos capital sendo empregado em suprir o mercado que antes, eles podem vender mais caro. Seus bens custam-lhes menos, e conseguem mais por eles. Seus lucros, portanto, sendo aumentados em ambos os extremos, podem muito bem pagar juros maiores. As grandes fortunas tão súbita e facilmente adquiridas em Bengala e nos outros estabelecimentos britânicos nas Índias Orientais evidenciam-nos que, sendo os salários muito baixos, os lucros do capital são muito altos naqueles países arruinados. Os juros do dinheiro são proporcionais a isto. Em Bengala, o dinheiro é costumeiramente emprestado aos lavradores a 40%, 50% e 60% e a próxima colheita é hipotecada para o pagamento. Como os lucros que podem pagar tais juros devem devorar quase toda a renda do proprietário, uma usura tão imensa deve, por sua vez, consumir a maior parte daqueles lucros. Antes da queda da república romana, uma usura da mesma espécie parece ter sido comum nas províncias, sob a ruinosa administração de seus procônsules. O virtuoso Brutus emprestava dinheiro em Chipre a 48%, como sabemos pelas cartas de Cícero.

Num país que adquiriu tamanho complemento de riquezas que a natureza de seu solo e clima e sua situação em relação a outros países lhe permitiu adquirir, e que portanto não pode avançar mais, e que não regrida, os salários e os lucros seriam provavelmente muito baixos. Num país totalmente povoado em proporção ao que seu território pode manter, ou seu capital empregar, a competição pelo emprego necessariamente seria grande a ponto de reduzir os salários ao mínimo suficiente para manter o número de trabalhadores, e estando o país totalmente habitado, esse número não poderia ser aumentado. Num país totalmente dotado proporcionalmente a todos os negócios a transacionar, haveria tanto capital a ser empregado em cada ramo particular quanto a natureza e a extensão do comércio admitiria. A competição, portanto, sempre seria maior e, consequentemente, o lucro ordinário tão baixo quanto possível.

Mas talvez nenhum país ainda tenha chegado a este grau de opulência. A China parece há muito estar estacionária, e provavelmente há muito tempo adquiriu aquele complemento total de riquezas que é consistente com a natureza de suas leis e instituições. Mas este complemento pode ser muito inferior ao que, com outras leis e instituições, a natureza de seu solo, clima e situação poderia admitir. Um país que negligencia ou despreza o comércio exterior, e que admite navios das nações estrangeiras em um ou dois de seus portos, não pode transacionar a mesma quantidade de negócios que poderia com diferentes leis e instituições. Num país, também, onde se bem que os ricos ou proprietários de grandes capitais gozam de uma boa dose de segurança, os pobres, ou possuidores de pequenos capitais, gozam de quase nenhuma, mas são passíveis, sob a pretensão de justiça, de serem pilhados e saqueados a qualquer momento pelos mandarins inferiores, a quantidade de capital empregada em todos os diferentes ramos dos negócios feitos nunca pode ser igual ao que a natureza e a extensão daquele negócio poderia admitir. Em cada ramo, a opressão dos pobres deve estabelecer o monopólio dos ricos, que, aumentando todo o comércio para si mesmos, poderão fazer lucros muito grandes. Correspondentemente, diz-se que 12% é o juro comum na China, e os lucros ordinários do capital devem ser suficientes para tolerar este grande juro.

Um defeito na lei pode, por vezes, erguer a taxa de juros consideravelmente acima do que a condição do país, quanto à riqueza ou pobreza, requereria. Quando a lei não reforça a execução de contratos, põe todos os devedores quase no mesmo pé com falidos ou pessoas de crédito duvidoso em países mais bem legislados. A incerteza de recuperar o dinheiro faz o credor tomar o mesmo juro usurário que é usualmente requerido dos falidos. Dentre as nações bárbaras que assolaram as províncias ocidentais do império romano, o cumprimento dos contratos foi deixado por muitas eras à fé das partes contratantes. As cortes de justiça de seus reinos raramente intervinham. A alta taxa de juros que tomava lugar naqueles tempos antigos talvez se deva a esta causa.

Quando a lei proíbe qualquer espécie de interesse, não o elimina. Muitas pessoas emprestam, e ninguém dará emprestado sem considerar se o uso do dinheiro será adequado ou não, mas também a dificuldade e o perigo de evadir-se à lei. A alta taxa de juros entre as nações maometanas é atribuída pelo sr. Montesquieu não por sua pobreza, mas pela dificuldade de recuperar o dinheiro.

A taxa ordinária de lucro mais baixa deve ser sempre um pouco mais do que é suficiente para compensar as perdas ocasionais a que se expõe cada aplicação do capital. É este excesso apenas que é o lucro líquido. O chamado lucro bruto compreende, de hábito, não só este excesso, mas o que é retido para compensar tais perdas extraordinárias. O interesse que o devedor pode tolerar pagar é proporcional apenas ao lucro líquido.

A taxa de juro ordinária mais baixa deve, do mesmo modo, ser um pouco mais que o suficiente para compensar as perdas ocasionais a que o empréstimo, mesmo com tolerável prudência, está exposto. Se assim não fosse, a caridade ou a amizade seriam o único motivo para emprestar.

Num país que tivesse adquirido todo seu complemento de riquezas, onde em cada ramo em particular dos negócios houvesse a maior quantidade de capital que pudesse nele ser empregada, como a taxa ordinária do lucro líquido seria muito pequena, a taxa de mercado usual que poderia ser tolerada seria tão baixa a ponto de impossibilitar a todos, exceto pelos muito ricos, viver só com os juros de seu dinheiro. Todas as pessoas de fortuna pequena ou mediana seriam obrigadas a supervisionar elas mesmas a aplicação de seus capitais. Seria necessário que quase todo homem fosse um homem de negócios, ou se engajasse em alguma espécie de comércio. A província da Holanda parece estar chegando a este estado. Lá, não é considerado de bom-tom não ser negociante. A necessidade torna comum para quase todo homem sê-lo, e o costume em todo lugar regula o bom-tom. Como é ridículo não se vestir, assim é, de certa forma, não ser empregado, como os outros. Como um homem de profissão civil parece desambientado num acampamento ou quartel, e correndo mesmo o risco de lá ser desprezado, assim é um homem ocioso em meio a negociantes.

A taxa mais alta de lucro ordinário pode ser tal que, no preço da maior parte das mercadorias, consuma tudo o que deveria ir para o arrendamento da terra e deixe apenas o que é suficiente para pagar o trabalho de prepará-las e levá-las ao mercado, segundo a taxa mais baixa pela qual o trabalho possa ser pago, a simples subsistência do trabalhador. O operário deve sempre se alimentar, de algum modo, enquanto trabalha, mas o proprietário nem sempre pode ter sido pago. Os lucros do comércio que os servidores da Companhia das Índias Orientais exercem em Bengala podem, talvez, não estar muito longe desta taxa.

A proporção que a cotação usual de juros do mercado deveria tolerar para a cotação ordinária do lucro líquido necessariamente varia conforme o lucro suba ou desça. O dobro dos juros, na Grã-Bretanha, é tido pelos comerciantes como um lucro bom, moderado e razoável. Num país onde a taxa ordinária de lucro líquido é 8% ou 10%, pode ser razoável que metade dele surja de juros, sempre que o negócio seja exercido com dinheiro emprestado. O capital é risco do devedor, que, por assim dizer, garante-o ao credor; e 4% ou 5% podem, na maioria dos negócios, ser tanto um lucro suficiente sobre o risco desta garantia quanto recompensa suficiente pelo trabalho de empregar o capital. Mas a proporção entre o juro e o lucro líquido poderia não ser a mesma em países em que a taxa ordinária de lucro fosse muito mais baixa, ou muito mais alta. Se fosse muito mais baixa, metade dela talvez não pudesse ser tolerada como interesse; e mais poderia ser tolerada, se ela fosse muito mais alta.

Nos países que estão se adiantando muito depressa para a riqueza, a baixa taxa de juros pode, no preço de muitas mercadorias, compensar os altos salários e permitir a esses países vender tão barato quanto seus vizinhos menos progressistas, entre os quais os salários podem ser mais baixos.

Na realidade, altos lucros tendem muito mais a elevar o preço do trabalho do que altos salários. Na manufatura de linho, por exemplo, os salários dos diversos trabalhadores, os cardadores, fiandeiros, tecelões etc., deveriam todos eles ser adiantados a dois pence por dia; seria necessário elevar o preço da peça de linho apenas de um número de dois pence igual ao número de pessoas que estivesse empregado, multiplicado pelo número de dias durante os quais trabalhassem. Aquela parte do preço da mercadoria que se resolvesse em salários subiria, em todos os vários estágios da manufatura, apenas numa proporção aritmética a esta elevação de salários. Mas se o lucro de todos os diferentes empregadores daquelas pessoas fosse elevado de 5%, aquela parte do preço da mercadoria que se resolvesse em lucro subiria, por todos os diferentes estágios da manufatura, em proporção geométrica a esta elevação do lucro. O empregador dos cardadores de linho, ao vender seu linho, requereria um adicional de 5% sobre todo o valor dos materiais e salários que adiantasse a seus trabalhadores. O empregador dos fiandeiros, ao vender seu linho, requereria um adicional de 5% sobre o preço adiantado do linho e sobre os salários dos fiandeiros. E o empregador dos tecelões requereria os mesmos 5% tanto sobre o preço adiantado pelo fio de linho quanto sobre os salários dos tecelões. Ao aumentar o preço das mercadorias, a elevação de salários opera do mesmo modo que os juros simples na acumulação do débito. A elevação do lucro opera como os juros compostos. Nossos comerciantes e mestres manufatureiros reclamam muito dos maus efeitos dos altos salários na elevação do preço, portanto reduzindo a venda de seus bens, tanto no país como no estrangeiro. Nada dizem quanto aos maus efeitos dos altos lucros. Silenciam em relação aos efeitos perniciosos dos próprios ganhos. Reclamam apenas dos das outras pessoas.

CAPÍTULO 10
Dos salários e do lucro nos diferentes empregos do trabalho e do capital

O conjunto das vantagens e das desvantagens dos vários empregos do trabalho e do capital devem, numa mesma vizinhança, ser perfeitamente iguais ou continuamente tender à igualdade. Se, numa mesma vizinhança, houvesse qualquer emprego evidentemente mais ou menos vantajoso que o resto, então muitas pessoas se acumulariam num caso e outras tantas desertariam no outro, de modo que suas vantagens logo retornariam ao nível dos outros empregos. Este, pelo menos, seria o caso numa sociedade onde as coisas fossem deixadas a seguir seu curso natural, onde houvesse perfeita liberdade, e onde todo homem fosse perfeitamente livre para escolher que ocupação achasse adequada e mudá-la tanto quanto ele achasse conveniente. O interesse de cada homem o disporia a procurar o emprego vantajoso, e afastar o desvantajoso.

Os salários pecuniários e o lucro, de fato, em cada lugar da Europa são muito distintos, de acordo com os vários empregos de trabalho e capital. Mas esta diferença origina-se parcialmente de certas circunstâncias dos próprios empregos, que, realmente, ou ao menos na imaginação dos homens, só levam a um pequeno ganho pecuniário em alguns e contrabalançam um grande ganho em outros; e parcialmente da política europeia, que nunca deixa as coisas em perfeita liberdade.

A consideração particular daquelas circunstâncias e daquela política dividirão este capítulo em duas partes.

PARTE 1
Desigualdades oriundas da natureza dos próprios empregos

As cinco seguintes são as principais circunstâncias que, tanto quanto pude observar, levam a um pequeno ganho pecuniário em alguns empregos e contrabalançam um grande ganho em outros: primeiro, os próprios empregos serem agradáveis ou desagradáveis; segundo, a facilidade e pouca despesa, ou a dificuldade e a despesa para aprendê-los;

terceiro, a constância ou inconstância do emprego; quarto, a pequena ou grande confiança que deve repousar naqueles que os exercem; e, quinto, a probabilidade ou improbabilidade de sucesso neles.

Primeiro, os salários do trabalho variam com a facilidade ou dificuldade, a limpeza ou imundície, a honradez ou desonorabilidade do emprego. Assim, na maioria dos lugares, ao longo do ano, um jornaleiro ganha menos que um tecelão jornaleiro. Seu trabalho é muito mais fácil. Um tecelão jornaleiro ganha menos que um ferreiro jornaleiro. Seu trabalho nem sempre é fácil, mas é muito mais limpo. Um ferreiro jornaleiro, se bem que um artífice, raramente ganha, em 12 horas, o mesmo que um mineiro de carvão, que é apenas um peão, ganharia em oito. Seu trabalho não é tão sujo, é menos perigoso e é feito à luz do dia, no nível do solo. A honorabilidade faz grande parte da recompensa de todas as profissões honradas. No ponto do ganho pecuniário, considerando tudo, são geralmente mal recompensadas, como virei a tentar demonstrar. A desgraça tem o efeito contrário. O comércio de um açougueiro é um negócio brutal e odioso; mas, na maioria dos lugares, é mais lucrativo que a maioria dos comércios comuns. O mais detestável de todos os empregos, o do carrasco, é, em proporção à quantidade do trabalho feito, melhor pago do que qualquer outra ocupação.

A caça e a pesca, os empregos mais importantes da humanidade no estado rude da sociedade, tornam-se, em seu estado avançado, seus entretenimentos mais agradáveis, e perseguem por prazer aquilo que antes demandavam por necessidade. No estágio adiantado da sociedade, portanto, são paupérrimas as pessoas que fazem comércio daquilo que outros buscam como passatempo. Os pescadores têm sido os mesmos desde os tempos de Teócrito.[1] Um caçador furtivo, em qualquer lugar da Grã-Bretanha, é pessoa muito pobre. Nos países em que o rigor da lei não tolera caçadores furtivos, o caçador licenciado não está em melhor condição. O gosto natural por aqueles empregos faz com que mais pessoas o adotem do que as que podem viver confortavelmente com eles, e o produto de seu trabalho, em proporção à sua quantidade, vem sempre demasiado barato ao mercado para permitir algo além da mais parcimoniosa subsistência aos trabalhadores.

---

[1] Ver *Idílio*, XXI.

O desagrado e a desgraça afetam os lucros do capital do mesmo modo que os salários. O estalajadeiro, ou o taverneiro, que nunca é o dono de sua própria casa, e que está exposto à brutalidade de todo bêbado, não exerce negócio muito agradável nem confiável. Mas dificilmente há algum negócio em que um capital pequeno renda tão grande lucro.

Segundo, os salários variam com a facilidade e o custo baixo, ou a dificuldade e o alto custo de aprender o ofício.

Quando qualquer máquina cara é construída, o trabalho extraordinário a ser executado por ela antes de se gastar, é de esperar, substituirá o capital depositado nela, com, pelo menos, os lucros ordinários. Um homem educado a expensas de muito trabalho e tempo, para qualquer daqueles empregos que requerem extraordinária destreza e habilidade, pode ser comparado a uma dessas máquinas dispendiosas. O trabalho que ele aprende a executar, deve-se esperar, muito acima dos ganhos do trabalho comum, vai repor-lhe toda a despesa de sua educação com, pelo menos, os lucros ordinários de um capital igualmente valioso. Deve fazer isto, também, num tempo razoável, tendo-se em vista a duração muito incerta da vida humana, do mesmo modo que a duração da máquina é mais certa.

A diferença entre os salários do trabalho qualificado e os do trabalho comum é fundada neste princípio.

A política da Europa considera o trabalho de todos os mecânicos, artífices e manufatureiros qualificado; e o de todos os trabalhadores do campo, trabalho comum. Parece supor que o dos primeiros seja de natureza melhor e mais delicada do que os dos outros. Talvez assim seja, em alguns casos, mas, na maioria, é bem ao contrário, como tentarei aos poucos demonstrar. As leis e os costumes da Europa, portanto, para qualificar qualquer pessoa para exercer aquela espécie de trabalho, impõem a necessidade de um aprendizado, se bem que com diferentes graus de rigor, em diferentes lugares. Deixam o outro livre e aberto a todos. Durante a continuidade do aprendizado, todo o trabalho do aprendiz pertence a seu mestre. Entrementes ele deve, em muitos casos, ser mantido por seus pais ou parentes, e em quase todos os casos, ser vestido por eles. Algum dinheiro, também, é comumente dado ao mestre para lhe ensinar o ofício. Aqueles que não podem dar dinheiro, dão seu tempo, ou servem por mais que o número usual de anos; uma consideração que, se bem que nem sempre vantajosa para o mestre, por conta da preguiça usual dos aprendizes, é sempre desvantajosa para o aprendiz. No trabalho camponês, pelo contrário, o operário, enquanto está empregado na mais fácil, aprende as partes mais difíceis de seu ofício, e o próprio trabalho o mantém através de todos os vários estágios de seu emprego. É razoável, portanto, que, na Europa, os salários de mecânicos, artífices e manufatureiros seja um pouco mais alto que os dos trabalhadores comuns. Assim acontece, e seus ganhos superiores fazem-nos, na maioria dos lugares, ser considerados agente de classe superior. Esta superioridade, porém, é geralmente mínima; os ganhos diários ou semanais de jornaleiros nas manufaturas mais comuns, como as do linho simples e do tecido de lã, computados em média, são, na maioria dos sítios, pouquíssimo superiores aos ganhos diários de trabalhadores comuns. Seu emprego, de fato, é mais constante e uniforme, e a superioridade de seu salário, considerando o ano todo, pode ser um pouco maior. Parece evidente, no entanto, não ser maior do que é suficiente para compensar a maior despesa de sua educação.

A educação nas artes de engenho e nas profissões liberais é ainda mais tediosa e dispendiosa. A recompensa pecuniária, portanto, de pintores e escultores, de advogados e médicos, deveria ser muito mais liberal, e assim é.

Os lucros do capital parecem ser pouquíssimo afetados pela facilidade ou dificuldade do aprendizado do ofício em que é empregado. Todas as maneiras diferentes pelas quais o capital é comumente empregado nas grandes cidades parece, na realidade, ser quase igualmente fácil e igualmente difícil de aprender. Um ramo, quer do comércio doméstico ou estrangeiro, não pode ser um negócio muito mais complicado que o outro.

Terceiro, os salários em diferentes ocupações variam com a constância ou inconstância do emprego.

O emprego é muito mais constante em alguns ofícios que em outros. Na maior parte dos manufatureiros, um jornaleiro pode estar bem seguro de emprego quase todo dia do ano em que estiver apto a trabalhar. Um pedreiro ou canteiro, pelo contrário, não pode trabalhar com frio intenso ou mau tempo, e seu emprego em todas as outras épocas depende das chamadas ocasionais de seus fregueses. Ele está apto, por conseguinte, a ficar sem trabalho. O que ele ganha, portanto, enquanto está empregado, não só deverá mantê-lo enquanto estiver ocioso, mas dar-lhe alguma compensação por aqueles momentos ansiosos e desesperados que a ideia de situação tão precária deve por vezes ocasionar. Onde os ganhos computados da maioria dos manufatureiros está quase no mesmo nível dos trabalhadores comuns, os dos canteiros e pedreiros são geralmente de uma vez e meia ao dobro daqueles salários. Onde os trabalhadores comuns ganham quatro ou cinco *shillings* por semana, pedreiros e canteiros ganham amiudadamente sete ou oito; onde aqueles ganham seis, estes, é comum ganharem nove ou dez; e onde aqueles ganham nove ou dez, como em Londres, estes comumente ganham 15 ou 18. Nenhuma espécie de trabalho qualificado, porém, parece mais fácil de apreender que o dos pedreiros e canteiros. Os altos ganhos destes homens, portanto, não são tanto a recompensa de sua capacidade, como a compensação pela inconstância de seu emprego.

Um carpinteiro parece exercer um ofício melhor e mais engenhoso que um pedreiro. Na maioria dos lugares, no entanto, pois não é universalmente, seus ganhos diários são um tanto inferiores. Seu emprego, se bem que dependa muito, não depende tão inteiramente das chamadas ocasionais de seus fregueses, e não pode ser interrompida pelo clima.

Quando os ofícios que geralmente permitem emprego constante, num local em particular, não o fazem, os ganhos dos operários sempre sobem bastante acima de sua proporção ordinária, em relação aos do trabalho comum. Em Londres, quase todos os artífices jornaleiros podem ser chamados e dispensados por seus patrões de dia para dia, e de semana para semana, do mesmo modo que trabalhadores diários em outros lugares. A ordem mais baixa dos artífices, a dos alfaiates jornaleiros, correspondentemente, ganha lá meia coroa por dia, se bem que 18 pence podem ser admitidos como o salário do trabalho comum. Nas cidades pequenas e vilas do campo, os ganhos dos alfaiates jornaleiros raramente se igualam aos do trabalho comum, mas em Londres ficam muitas vezes semanas sem emprego, particularmente no verão.

Quando a inconstância de emprego se combina com a dificuldade, a repulsa e imundície do trabalho por vezes eleva os ganhos do trabalho mais comum acima dos artífices mais hábeis. Um mineiro que trabalhe por peça, em Newcastle, supõe-se que ganhe comumente o dobro, e em muitos sítios da Escócia, cerca de três vezes os salários do trabalho comum. Seus altos ganhos originam-se totalmente da dificuldade, repugnância e sujeira de seu trabalho. Seu emprego pode, em muitas ocasiões, ser tão constante quanto queira. Os transportadores de carvão em Londres exercem um ofício em que a dificuldade, a sujeira e a repugnância quase igualam as dos mineiros, e pela inevitável irregularidade das chegadas dos navios de carvão, o emprego da maioria deles é necessariamente muito inconstante. Se os mineiros, portanto, comumente ganham o dobro e o triplo do trabalho comum, não deveria parecer desarrazoado que os carregadores de carvão devessem ganhar por vezes, quatro ou cinco vezes aqueles salários. Na investigação feita sobre sua condição, há alguns anos, descobriu-se que a taxa com que eram então pagos poderiam ganhar de seis a dez *shillings* por dia. Seis *shillings* são cerca de quatro vezes os ganhos do trabalho comum em Londres, e em cada comércio em particular, os ganhos comuns mais baixos podem ser sempre considerados aqueles do maior número. Por mais extravagantes que essas cifras possam parecer, se fossem mais que o suficiente para compensar todas as circunstâncias desagradáveis da ocupação, logo haveria grande número de competidores como num negócio sem privilégio exclusivo, que logo os reduziria a uma baixa cotação.

A constância ou inconstância do emprego não pode afetar os lucros ordinários do capital em nenhum comércio em particular. Seja ou não o capital constantemente empregado, depende não do negócio, mas do negociante.

Quarto, os salários variam de acordo com a pequena ou grande responsabilidade que repousa nos trabalhadores.

Os salários de ourives e joalheiros são sempre superiores aos de muitos outros trabalhadores, não só de igual, mas de engenho muito superior, por conta dos materiais preciosos que lhes são confiados.

Confiamos nossa saúde ao médico; nossa fortuna, e por vezes nossa vida e reputação, ao advogado ou ao promotor. Tal confiança não poderia ser seguramente depositada nas pessoas de condição vulgar, ou baixa. Sua recompensa deve ser tal que possa lhes dar aquele nível na sociedade que uma tão grande confiança requer. O longo tempo e a grande despesa que deve ser depositada em sua educação, quando combinados com esta circunstância, necessariamente ressalta ainda mais o preço de seu trabalho.

Quando uma pessoa emprega apenas o próprio capital no comércio, não há obrigação; e o crédito que pode ter de outras pessoas depende não da natureza de seu comércio, mas das suas opiniões sobre sua fortuna, probidade e prudência. As diferentes taxas de lucro, portanto, nos diversos ramos do comércio, não pode se originar dos diferentes graus de crédito depositado nos negociantes.

Quinto, os salários, em diferentes empregos, variam de acordo com a probabilidade ou improbabilidade de sucesso neles.

A probabilidade de que qualquer pessoa em particular esteja qualificada para o emprego para o qual é educada é muito diferente nas várias ocupações. Na maioria dos ofícios mecânicos, o sucesso é quase certo, mas muito incerto nas profissões liberais. Ponha seu filho como aprendiz de sapateiro, e há pouca dúvida que aprenderá a fazer um par de sapatos; mas mande-o estudar as leis, e há vinte chances contra uma de que ele terá tal proficiência de modo a poder viver deste negócio. Numa loteria perfeitamente justa, aqueles que levam os prêmios devem ganhar tudo o que é perdido pelos que tiram em branco. Numa profissão onde vinte falham onde um tem sucesso, aquele um deve ganhar tudo o que deveria ter sido ganho pelos vinte fracassados. O jurisconsulto que, talvez, aos quarenta anos começa a ganhar algo com sua profissão, deveria receber a retribuição não só de uma educação tão tediosa e cara, mas a de mais outros vinte que provavelmente nunca vão ganhar nada com ela. Por mais extravagantes que as taxas dos jurisconsultos por vezes possam parecer, sua real retribuição nunca será compensadora. Compute-se em qualquer lugar o que provavelmente se ganhará ao longo do ano, e o que provavelmente será gasto, por todos os vários trabalhadores dos ofícios comuns, como o dos tecelões ou sapateiros, e achar-se-á que a primeira soma geralmente superará a segunda. Mas faça-se o mesmo cômputo em relação a todos os jurisconsultos e estudantes de advocacia, em todas as muitas repartições da corte, e achar-se-á que seus ganhos anuais têm apenas pequena proporção com suas despesas anuais, mesmo cotando-se a primeira como alta e a segunda como baixa, como poderia ser feito. A loteria da advocacia, portanto, está muito longe de ser perfeitamente justa, e está, bem como muitas outras profissões liberais e honradas, no ponto do ganho pecuniário, evidentemente mal remunerada.

Essas profissões, porém, mantêm seu nível com outras ocupações, e apesar destes desencorajamentos, todas as mentes mais generosas e liberais anseiam acumular-se nelas. Duas diferentes causas contribuem para recomendá-las: primeira, o desejo de reputação associado à excelência superior em qualquer delas; e, segunda, a confiança natural que todo homem tem, mais ou menos, não só em suas aptidões, mas na própria boa fortuna.

Para se distinguir em qualquer profissão, em que só poucos chegam à mediocridade, é a marca mais decisiva do que é chamado gênio ou talento superior. A admiração pública que se volta para tão distinta capacidade é sempre parte de sua remuneração; maior ou menor, na proporção de seu grau, mais alto ou inferior. Faz parte considerável daquela recompensa na profissão médica; ainda maior, talvez, na das leis; na poesia e na filosofia, é quase tudo.

Há alguns talentos muito agradáveis e belos, cuja posse comanda uma certa espécie de admiração, mas cujo exercício pelo ganho é considerado, quer razoavelmente, quer por preconceito, uma espécie de prostituição pública. A recompensa pecuniária, portanto, daqueles que os exercem deste modo, deve ser suficiente não só para pagar-lhes pelo tempo, trabalho e despesa de adquirir os talentos, mas pelo descrédito que espera pelo emprego deles como meio de subsistência. As recompensas exorbitantes de músicos, cantores de ópera, dançarinos etc. são fundamentadas nesses dois princípios: a raridade e a beleza dos talentos, e o descrédito ao empregá-los destarte. Parece absurdo, à primeira vista, que devamos desprezar tais pessoas e, no entanto, compensar seus talentos com a mais profusa liberalidade. Enquanto fazemos uma coisa, necessariamente fazemos a outra. Se a opinião pública ou preconceito se alterasse em relação a tais ocupações, sua recompensa pecuniária rapidamente diminuiria. Mais pessoas se aplicariam a elas, e a competição rapidamente reduziria o preço de seu trabalho. Tais talentos, se bem que longe de serem comuns, de modo algum são tão raros quanto imaginados. Muitas pessoas os possuem com grande perfeição, que desdenham fazer esse uso deles, e muitas outras são capazes de adquiri-los, se algo pudesse ser feito honradamente por eles.

O orgulho jactancioso que a maioria dos homens tem das próprias capacidades é um antigo mal observado pelos filósofos e moralistas de todas as eras. Sua presunção absurda sobre sua boa fortuna tem sido menos notada. É, porém, se possível, ainda mais universal. Não há homem vivo que, quando em tolerável saúde e humor, não tenha parte nela. A chance de ganho é por todo homem mais ou menos superestimada, e a chance de perda é subestimada pela maioria, e raramente por qualquer homem, em tolerável saúde e humor, avaliada mais do que valha.

Que a chance de ganho é naturalmente superestimada, podemos aprender pelo sucesso universal das loterias. O mundo nunca viu, ou jamais verá, uma loteria perfeitamente justa; ou uma em que todo o ganho compensasse toda perda; porque o empresário não poderia ganhar nada, então. Nas loterias do Estado, os bilhetes de fato não valem o preço que é pago pelos subscritores, e, no entanto, são vendidos no mercado por 20%, 30% e mesmo 40% a mais. A vã esperança de ganhar algum dos grandes prêmios é a única causa desta demanda. As pessoas mais sóbrias dificilmente consideram sandice pagar pequena soma pela chance de ganhar dez ou vinte libras; se bem que sabem que mesmo aquela pequena soma é talvez 20% ou 30% mais do que a chance vale. Numa loteria em que nenhum prêmio excedesse vinte libras, mesmo que sob outros aspectos se aproximasse muito mais de uma loteria perfeitamente justa do que as loterias comuns do Estado, não haveria a mesma demanda pelos bilhetes. Para se ter mais chance para alguns dos prêmios maiores, algumas pessoas compram vários bilhetes, e outras, uma pequena fração num número ainda maior. Não há, não obstante, uma proposição mais certa, em matemática, que quanto mais bilhetes são arriscados, mais provavelmente se perderá. Arrisque-se todos os bilhetes da loteria, e, por certo, se perderá; e quanto maior o seu número de bilhetes, tanto mais se aproximará desta certeza.

Que o risco de perda é repetidamente subestimada, raramente sendo avaliada mais do que vale, podemos depreender de um lucro muito moderado de seguradores. Para se fazer um seguro, quer de incêndio, quer marítimo, ou de qualquer negócio, o prêmio comum deve ser suficiente para compensar as perdas comuns, pagar as despesas administrativas e permitir um lucro que poderia ser retirado de um igual capital empregado em qualquer comércio comum. A pessoa que não paga mais que isto, não paga mais que o valor real do risco, ou o preço mais baixo pelo qual pode esperar razoavelmente fazer o seguro. Mas se muitas pessoas fizerem algum dinheiro com seguros, muito poucas fizeram uma grande fortuna, e apenas por esta consideração, parece bem evidente que o balanço comum de lucros e perdas não é mais vantajoso nesta que em outras atividades comuns, com as quais tantas pessoas fazem fortuna. Moderado que seja o prêmio do seguro, muitas pessoas desprezam o risco, não o pagando. Tomando todo o reino como média, dezenove casas em vinte, ou talvez 99 em cem, não têm seguro contra fogo. O risco marítimo é ainda mais alarmante para a maioria das pessoas, e a proporção de navios segurados para os não segurados é muito maior. Muitos falham, porém, em todas as estações, e mesmo em tempo de guerra, sem nenhum seguro. Isto talvez seja feito, às vezes, sem imprudência alguma. Quando uma grande companhia, ou mesmo um grande comerciante, tem vinte ou trinta navios no mar, por assim dizer, eles seguram uns aos outros. O prêmio economizado com todos eles pode mais que compensar tais perdas como as que poderiam encontrar no curso habitual das chances. A negligência do seguro marítimo, porém, do mesmo modo que com as casas, na maioria dos casos, não é efeito de tão belo cálculo, mas de inconsciência vulgar e desprezo presunçoso do risco.

O desprezo do risco e a esperança presunçosa do sucesso em nenhum período da vida são mais ativos que quando na idade em que as pessoas escolhem suas profissões. Quão pouco o temor de infortúnio é então capaz de equilibrar a esperança de boa sorte parece ainda mais evidente na presteza do povo comum a alistar-se como soldados, ou lançar-se ao mar, do que na ansiedade daqueles de melhor condição para entrar para o que chamamos de profissões liberais.

O que um soldado comum pode perder é bastante óbvio. Sem olhar para o perigo, porém, jovens voluntários nunca se alistam tanto quanto ao começar de nova guerra; e mesmo tendo pouquíssima chance de promoção, figuram para si mesmos, em suas fantasias juvenis, mil ocasiões para adquirir honra e distinção, o que nunca ocorre. Estas esperanças românticas são todo o preço de seu sangue. Sua paga é inferior à dos trabalhadores comuns, e no serviço real suas fadigas são muito maiores.

A loteria do mar não é tão desvantajosa quanto a do exército. O filho de um trabalhador ou artífice credenciado pode frequentemente ir ao mar, com o consentimento de seu pai; mas se se alista como soldado, é sempre sem este. Outras pessoas veem alguma chance de fazer algo por este comércio, mas só este vê alguma chance com o outro. O grande almirante é menos alvo de admiração pública do que o grande general, e o máximo sucesso no serviço do mar promete uma fortuna e reputação menos brilhante do que igual sucesso em terra. A mesma diferença corre por todos os graus inferiores de promoção, em ambos. Pelas regras de precedência, um capitão da marinha se equipara a um coronel do exército, mas não se equipara com ele na estima comum. Como os grandes prêmios da loteria são menos, os pequenos devem ser mais numerosos.

Os marujos comuns, então, conseguem mais alguma fortuna e promoção que os soldados comuns; e a esperança daqueles prêmios é o que mais recomenda o ofício. Muito embora sua aptidão e destreza sejam muito superiores às de quase qualquer artífice, e muito embora toda sua vida seja uma cena contínua de dificuldades e perigos, enquanto permanecem na condição de marujos comuns, dificilmente recebem outra recompensa senão o prazer de se exercitar nas dificuldades e sobrepujar os perigos. Seus salários não superam os dos trabalhadores comuns do porto, o que regula os salários dos marujos. Como estão indo continuamente de porto para porto, o pagamento mensal daqueles que velejam a partir de todos os vários portos da Grã-Bretanha é mais nivelado que o de qualquer outro trabalhador naqueles vários lugares; e a cotação do porto do qual e para o qual a maioria navega, regula a de todo o resto. Em Londres, o salário da maioria das classes de trabalhadores é o dobro das mesmas classes em Edimburgo. Mas os marujos que zarpam do porto de Londres poucas vezes ganham acima de três ou quatro *shillings* por mês a mais do que aqueles que zarpam do porto de Leith, e a diferença, normalmente, não é tão grande. Em tempo de paz, e no serviço mercante, o preço de Londres vai de um guinéu a cerca de 27 *shillings* por mês do calendário. Um trabalhador comum em Londres, à taxa de nove ou dez *shillings* por semana, pode ganhar, no mês do calendário, de quarenta a 45 *shillings*. O marujo, com efeito, bem além de seu pagamento, é suprido com vitualhas. Seu valor, porém, talvez nem sempre exceda a diferença entre seu pagamento e o do trabalhador comum, e mesmo que, por vezes, possa, o excesso não será ganho líquido para o marinheiro, porque ele não pode dividi-la com sua mulher e família, a quem ele precisa manter em casa, com seu salário.

Os perigos e escapadas por pouco de uma vida aventureira, em vez de desanimar os jovens, parecem, normalmente, recomendar-lhes o ofício. Uma mão cuidadosa, dentre as classes inferiores do povo, geralmente receia mandar seu filho à escola num porto de mar, para que a visão dos navios e a conversação e aventuras dos marinheiros não o seduza para o mar. O distante prospecto de riscos, dos quais podemos esperar nos desembaraçar por coragem e aplicação, não é desagradável para nós, e não eleva os salários do trabalho em qualquer emprego. É bem outra coisa com aqueles em que a coragem e a aplicação não podem ser de valia. Nos comércios conhecidos como insalubres, os salários são sempre notavelmente altos. A insalubridade é uma espécie de repulsa, e seus efeitos sobre os salários devem ser classificados sob este título.

Em todos os muitos empregos do capital, a taxa ordinária de lucro varia mais ou menos com a certeza ou incerteza do retorno. Este é, em geral, menos incerto em alguns ramos do comércio estrangeiro do que em outros; no comércio norte-americano, por exemplo, mais do que no da Jamaica. A taxa ordinária de lucro sempre sobe mais ou menos com o risco. Não parece, no entanto, subir em proporção a ele, ou de modo a compensá-lo completamente. A bancarrota é mais frequente nos negócios mais arriscados. O mais arriscado de todos os negócios, o contrabando, mesmo com a aventura bem-sucedida, quando é a mais lucrativa, é o caminho infalível para a bancarrota. A esperança presunçosa de sucesso parece agir aqui como em todas as outras ocasiões, e atrair tantos aventureiros para estes comércios arriscados, que sua competição reduz seu lucro abaixo do que é suficiente para compensar o risco. Para compensá-lo completamente o retorno deveria, muito acima dos lucros comuns do capital, não só suprir todas as perdas ocasionais, mas permitir um lucro adicional aos aventureiros, da mesma natureza do lucro dos seguradores. Mas se os retornos comuns fossem suficientes para tudo isso, as falências não seriam mais frequentes nestes do que em outros negócios.

Das cinco circunstâncias, portanto, que variam os salários, apenas duas afetam os lucros do capital: o negócio ser agradável ou não e o risco ou segurança com que é cumprido. No ponto de ser agradável, há pouca ou nenhuma diferença na grande maioria dos vários empregos do capital; mas bastante naqueles do trabalho; e o lucro ordinário do capital, se bem que se eleve com o risco, nem sempre parece elevar-se em proporção a ele. Seguir-se-ia de tudo isso que, na mesma sociedade ou vizinhança, as taxas médias e ordinárias do lucro nos diferentes empregos do capital deveriam estar mais niveladas que os ganhos pecuniários das várias espécies de trabalho. E assim acontece. A diferença entre os ganhos de um trabalhador comum e os de um advogado bem empregado ou médico é evidentemente muito maior que entre os lucros ordinários de comércios diferentes. A diferença aparente, ademais, nos lucros de comércios distintos, é geralmente uma ilusão oriunda de nem sempre distinguirmos o que deveria ser considerado salário do que deveria ser considerado lucro.

O lucro dos boticários tornou-se proverbial, denotando algo incomumente extravagante. Este grande lucro aparente, porém, é frequentemente não mais que os razoáveis salários do trabalho. A habilidade do boticário é questão melhor e mais delicada que a de qualquer artífice, e a confiança que lhe é depositada é de muito maior importância. Ele é o médico do pobre, em qualquer caso, e do rico, quando a desgraça ou perigo não é muito grande. Sua recompensa, então, deveria se adequar à sua habilidade e confiabilidade, e deriva geralmente do preço pelo qual vende suas drogas. Mas o total das drogas que o boticário mais bem empregado, numa cidade de grande mercado, venderá em um ano, talvez não lhe custe acima de trinta ou quarenta libras. Não obstante poder vendê-las por 300% ou 400%, ou a 1000% de lucro, isto bem pode não ser mais que o salário razoável cobrado, do único modo possível, sobre o preço de suas drogas. A maioria do lucro aparente é o salário real disfarçado de lucro.

Numa pequena cidade portuária, um pequeno vendeiro fará 40 ou 50% sobre um capital de apenas cem libras, ao passo que um atacadista considerável no mesmo lugar dificilmente conseguirá 8% ou 10% sobre um capital de dez mil. O comércio do merceeiro pode ser necessário para a comodidade dos habitantes, e a pequenez do mercado pode não admitir o emprego de um maior capital no negócio. O homem, porém, não só deve viver de seu comércio, mas também pelas qualificações que ele requer. Além de possuir um pequeno capital, deve poder ler, escrever, calcular e deve ser juiz tolerável, também, de talvez cinquenta ou sessenta diferentes espécies de bens, seus preços, qualidades, e os mercados onde eles podem ser obtidos mais barato. Deve ter todo o conhecimento, em suma, que é necessário a um grande mercador, que nada lhe impede ser senão a falta de capital suficiente. Trinta ou quarenta libras por ano não podem ser consideradas recompensa demasiada para o trabalho de pessoa tão preparada. Deduza-se isto dos lucros aparentemente grandes de seu capital, e um pouco mais restará, talvez, que os lucros ordinários do capital. A maior parte do lucro aparente é, neste caso também, o salário real.

A diferença entre o lucro aparente do varejo e do atacado está muito menos na capital que em cidades pequenas e vilarejos. Onde dez mil libras podem ser empregadas no comércio de mercearia, o salário do trabalho do merceeiro faz uma adição bem insignificante aos lucros reais de tamanho capital. Os lucros aparentes do varejista próspero, portanto, estão mais próximos do nível do comerciante atacadista. É por conta disto que os bens vendidos a varejo são geralmente tão baratos, e muitas vezes mais baratos; o pão e a carne no açougueiro frequentemente igualmente baratos. Custa mais trazer as mercadorias da mercearia à cidade grande do que ao vilarejo; mas custa muito mais trazer o cereal e o gado, pois a maior parte deles deve ser trazida de uma distância muito maior. O custo básico das mercadorias de mercearia, portanto, sendo o mesmo em ambos os lugares, são mais baratos onde o lucro mínimo é cobrado sobre eles. O custo básico do pão e da carne do açougueiro é maior na cidade grande que no vilarejo, e mesmo com menor lucro, nem sempre são aqui mais baratos, mas geralmente do mesmo preço. Em artigos como pão e carne, a mesma causa que diminui o lucro aparente aumenta o custo primário. A extensão do mercado, dando emprego a capitais maiores, diminui o lucro aparente; mas requerendo suprimentos de maiores distâncias, aumenta o custo inicial. Esta diminuição de um e aumento do outro parece, na maioria dos casos, quase contrabalançar um ao outro, o que provavelmente é a razão pela qual, sendo os preços do cereal e do gado bem diferentes nas várias partes do reino, os do pão e da carne, no açougueiro, serem geralmente quase os mesmos na maioria dele.

Sendo os lucros do estoque, tanto no comércio por atacado como no varejo, geralmente menores na capital que nas cidades pequenas, e nos vilarejos do campo, mesmo assim grandes fortunas são adquiridas de pequenos começos nas capitais, e quase nunca nas outras cidades. Nas cidades pequenas e nos vilarejos, por causa do pequeno mercado, o comércio não pode ser sempre estendido como o capital. Em tais lugares, portanto, se bem que a taxa dos lucros de uma pessoa possa ser muito alta, a sua soma, ou total, nunca poderá sê-lo, nem, consequentemente, o de seu acúmulo anual. Nas grandes cidades, pelo contrário, o comércio pode ser estendido com o capital, e o crédito de um homem frugal e próspero aumenta muito mais depressa que seu capital. Seu comércio se estende na proporção da quantidade de ambos, e a soma, ou total, de seus lucros é proporcional à extensão de seu comércio, e seu acúmulo anual, em proporção à quantidade de seus lucros. Raramente ocorre, porém, que grandes fortunas sejam feitas mesmo em grandes cidades por qualquer ramo dos negócios, regular, estabelecido e bem conhecido, senão em consequência de uma longa vida de indústria, frugalidade e atenção. Fortunas súbitas, de fato, são por vezes feitas em tais lugares, pelo que é chamado comércio de especulação. O negociante especulativo não exerce nenhum ramo regular, estabelecido e renomado dos negócios. Comercia cereal este ano, vinho no seguinte e açúcar, tabaco ou chá no ano posterior. Entra em todo negócio quando prevê que será mais rentável que o comum, e deixa-o quando prevê que seus lucros provavelmente retornarão ao nível dos outros. Seus ganhos e perdas, portanto, não podem ter proporção regular com nenhum ramo conhecido e estabelecido dos negócios. Um ousado aventureiro, por vezes pode adquirir considerável fortuna com duas ou três especulações bem-sucedidas, mas igualmente pode perder a reputação com duas ou três mal-sucedidas. Este negócio só pode ser levado a cabo nas grandes cidades. Só em sítios do mais intenso comércio e correspondência que se pode encontrar a inteligência necessária para tal.

As cinco circunstâncias acima mencionadas, se bem que ocasionem consideráveis desigualdades nos salários e nos lucros do capital, ocasionam nenhuma no total das vantagens e desvantagens, reais ou imaginárias, dos diversos empregos de cada um. A natureza destas circunstâncias é tal que leva a um pequeno ganho pecuniário em algumas, e contrabalançam um grande em outras.

No entanto, para que esta igualdade possa ter lugar no total de suas vantagens, ou desvantagens, três requisitos há onde se tem a mais perfeita liberdade. Primeiro, os empregos devem ser bem conhecidos e há muito estabelecidos nas vizinhanças; segundo, devem estar em seu estado ordinário, ou o que pode ser chamado seu estado natural; e, terceiro, devem ser o único ou principal emprego dos que os ocupam.

Primeiro, esta igualdade pode tomar lugar apenas naqueles empregos que são bem conhecidos e há muito estiverem estabelecidos nas vizinhanças.

Onde todas as outras circunstâncias são iguais, os salários são em geral maiores em negócios novos do que em velhos. Quando alguém planeja estabelecer uma nova manufatura, deve, de início, atrair seus trabalhadores dos outros empregos, com salários maiores do que podem ganhar seus próprios ofícios, ou do que a natureza de seus trabalhos requereria, e um tempo considerável deve passar antes que ele possa se arriscar a reduzi-los ao nível comum. As manufaturas para as quais a demanda se origina totalmente da moda estão continuamente mudando, e raramente duram o bastante para serem consideradas manufaturas há muito estabelecidas. Aquelas, pelo contrário, para as quais a demanda surge principalmente do uso ou da necessidade, tendem a mudar menos, e a mesma forma ou fabricação pode continuar em demanda por séculos inteiros. Os salários, então, tendem a ser maiores nas manufaturas do primeiro tipo do que nas deste. Birmingham lida principalmente em manufaturas do primeiro tipo; Sheffield naquelas do último; e os salários naqueles lugares, diz-se serem adequados a esta diferença na natureza de suas manufaturas.

O estabelecimento de qualquer nova manufatura, de qualquer novo ramo do comércio, ou de qualquer nova prática na agricultura, é sempre uma especulação, pela qual o planejador promete a si mesmo lucros extraordinários. Estes lucros, por vezes, são muito grandes, e por vezes, mais amiudadamente, quiçá, bem ao contrário; mas em geral não têm proporção regular àqueles dos negócios mais antigos nas vizinhanças. Se o projeto tem sucesso, de início costumam ser muito altos. Quando o ofício, ou comércio, torna-se bem estabelecido e conhecido, a competição o reduz ao nível dos outros negócios.

Segundo, esta igualdade no total das vantagens e desvantagens dos diversos empregos do trabalho e do capital podem tomar lugar apenas no estado ordinário, ou no que pode ser chamado estado natural dessas ocupações.

A demanda para quase toda espécie diferente de trabalho por vezes é maior, ou menor, que o usual. Num caso, as vantagens do emprego sobem acima, na outra, caem abaixo do nível comum. A demanda pelo trabalho camponês é maior no tempo do feno ou da colheita do que durante a maior parte do ano, e os salários sobem com a demanda. Em tempo de guerra, quando quarenta ou cinquenta mil marujos são forçados do serviço mercante para o do rei, a demanda de marinheiros para os navios mercantes necessariamente sobe com sua escassez, e seus salários, em tais ocasiões, costumam subir de um guinéu e 27 *shillings*, para 40 *shillings* e três libras por mês. Numa manufatura decadente, pelo contrário, muitos trabalhadores, em vez de deixarem seu antigo ofício, ficam contentes com menores salários do que de outro modo seriam adequados à natureza de seus empregos.

Os lucros do capital variam com o preço das mercadorias em que é empregado. Com o preço de uma qualquer mercadoria subindo acima da cotação ordinária, ou média, os lucros de pelo menos alguma parte do capital empregado em trazê-la ao comércio sobem acima de seu nível apropriado, e quando caem, vão abaixo dele. Todas as mercadorias são mais ou menos passíveis de variações de preço, mas algumas o são muito mais que outras. Em todas as mercadorias produzidas pela indústria humana, a quantidade de indústria anualmente empregada é necessariamente regulada pela demanda anual, de tal modo que o produto médio anual pode, tanto quanto possível, se igualar ao consumo médio anual. Em algumas aplicações, já foi observado, a mesma quantidade de indústria sempre produzirá ou muito aproximadamente, uma quantidade de mercadorias iguais. Nas manufaturas do linho ou da lã, por exemplo, o mesmo número de mãos anualmente produzirão muito aproximadamente a mesma quantidade de pano de linho e de lã. As variações no preço de mercado de tais artigos só pode surgir de alguma variação acidental na demanda. Um luto oficial eleva o preço do pano negro. Mas como a demanda da maior parte das espécies de linho e lã simples é bem uniforme, assim é também o preço. Mas há outras aplicações em que a mesma quantidade de indústria nem sempre produzirá a mesma quantidade de mercadorias. A mesma quantidade de indústria, por exemplo, em anos diferentes, produzirá quantidades muito diversas de cereal, vinho, lúpulo, açúcar, tabaco etc. O preço de tais mercadorias varia então não só com as variações da demanda, mas com as variações muito maiores e mais frequentes da quantidade, e, por conseguinte, é extremamente flutuante. Mas o lucro de alguns vendedores deve necessariamente flutuar com o preço das mercadorias. As operações do negociante especulador são principalmente empregadas em tais mercadorias. Ele procura comprá-las quando prevê que seu preço provavelmente vai subir e vendê-las quando provavelmente cairá.

Terceiro, esta igualdade no total das vantagens e desvantagens dos diferentes empregos do trabalho e do capital pode ocorrer somente quando são os únicos ou o principal emprego de quem os ocupa.

Quando uma pessoa deriva sua subsistência de um emprego que não ocupe a maior parte de seu tempo, nos intervalos de seu lazer ela está sempre disposta a trabalhar por outra, por salário inferior ao que se adequaria à natureza do emprego.

Ainda subsiste, em muitas regiões da Escócia, uma gente chamada *cotters*, ou *cottagers*, muito embora fossem mais comuns há alguns anos do que agora. São uma espécie de servos dos proprietários e lavradores. A recompensa que usualmente recebem de seus patrões é uma cabana, um pequeno jardim de ervas, pasto suficiente para uma vaca e, quiçá um acre ou dois de má terra arável. Quando seus patrões têm ocasião para seu trabalho, dá-lhes, por acréscimo, dois celamins de cevada por semana, valendo cerca de 16 pence esterlinos. Durante uma boa parte do ano, eles não têm quase nenhuma ocasião para trabalhar, e o cultivo das próprias pequenas propriedades não é suficiente para ocupar o tempo que é deixado à sua disposição. Quando tais ocupantes eram mais numerosos do que atualmente, diz-se que estiveram dispostos a dar seu tempo livre por uma recompensa mínima a qualquer um, e trabalharam por salários inferiores aos de quaisquer outros trabalhadores. Nos tempos antigos, parece que foram comuns em toda a Europa. Nas regiões mal cultivadas e menos habitadas, a maioria dos proprietários e lavradores não poderia, de outro modo, prover-se com o número extraordinário de mãos que o trabalho camponês requer em certas estações. A recompensa diária ou semanal que tais trabalhadores ocasionalmente recebiam de seus patrões, evidentemente não era o preço todo de seu trabalho. Seu pequeno imóvel fazia parte considerável dele. Essa recompensa diária ou semanal, porém, parece ter sido considerada tudo por muitos autores que coletaram os preços do trabalho e provisões nos tempos de outrora e tiveram agrado em representá-los maravilhosamente baixos.

O produto de tal trabalho vem habitualmente ao mercado mais barato do que de outro modo seria adequado à sua natureza. As meias, em muitas regiões da Escócia, podem ser tricotadas muito mais barato do que poderiam ser tecidas ao tear alhures. São o trabalho de criados e trabalhadores, que derivam a parte principal de sua subsistência de algum outro emprego. Mais que mil pares de meias de Shetland são anualmente importadas por Leith, cujo preço é de cinco a sete pence o par. Em Lerwick, a pequena capital das ilhas Shetland, dez pence por dia, foi-me assegurado, é o preço usual do trabalho comum. Nas mesmas ilhas, eles tecem meias de lã no valor de um guinéu o par, ou mais.

A fiação do linho é feita na Escócia quase da mesma maneira que a tecelagem de lã pelas servas, que são empregadas principalmente para outros propósitos. Ganham uma subsistência muito parca as que procuram ganhar a vida unicamente por essas duas ocupações. Na maioria das regiões da Escócia, é uma boa fiandeira a que pode ganhar vinte pence por semana.

    Nos países opulentos, o mercado é geralmente tão extenso que qualquer ofício é suficiente para empregar todo o trabalho e capital dos que os ocupam. Exemplos de pessoas vivendo com um emprego, e ao mesmo tempo derivando alguma pequena vantagem de outro, ocorrem principalmente nos países pobres. O exemplo seguinte, no entanto, de algo da mesma espécie, encontra-se na capital de um país muito rico. Não há cidade na Europa, creio, em que o aluguel de casas seja mais caro que em Londres, e ainda assim não conheço capital em que um apartamento mobiliado possa ser alugado tão barato. O alojamento não só é muito mais barato em Londres do que em Paris; é muito mais barato que em Edimburgo, no mesmo grau de excelência; e o que pode parecer extraordinário, o alto preço do aluguel é a causa do baixo preço do alojamento. O alto preço do aluguel de casas em Londres origina-se não só das causas que o encarecem em todas as grandes capitais, o alto preço do trabalho e de todos os materiais de construção, que geralmente devem ser trazidos de grande distância, e acima de tudo o alto preço da terra, todo proprietário fazendo o papel de um monopolista, e frequentemente exigindo uma renda mais alta de um só acre de terra ruim numa cidade do que o que pode ser conseguido por cem acres da melhor no campo; mas se origina em parte das maneiras e costumes do povo, que obriga cada chefe de família a alugar uma casa inteira, de alto a baixo. Uma casa de moradia na Inglaterra significa tudo o que está contido sob o mesmo teto. Na França, na Escócia e em muitas outras partes da Europa, frequentemente não significa mais que um só andar. Um comerciante em Londres é obrigado a alugar toda uma casa naquela parte da cidade onde moram seus fregueses. Sua loja é no térreo e ele e sua família dormem no sótão; e ele procura pagar parte do aluguel de sua casa alugando os dois andares intermediários. Ele espera destarte manter sua família por seu negócio, mas não por seus locatários. Ao passo que, em Paris e Edimburgo, o povo que aluga quartos comumente não tem outro meio de subsistência e o preço do alojamento deve pagar não só o aluguel da casa, mas toda a despesa da família.

PARTE 2

DESIGUALDADES PELA POLÍTICA DA EUROPA

Tais são as desigualdades no total das vantagens e desvantagens dos diversos empregos do trabalho e do capital, que a falta de qualquer um dos três requisitos acima mencionados deve ocasionar mesmo onde haja a mais perfeita liberdade. Mas a política da Europa, não deixando as coisas perfeitamente livres, ocasiona outras desigualdades de muito maior importância.

Isto acontece principalmente das três seguintes maneiras. Primeira, restringindo a competição em alguns empregos a um menor número do que de outro modo estaria disposto a entrar para eles; segunda, aumentando-a em outros além do que seria o natural; e terceira, obstruindo a livre circulação do trabalho e do capital, de emprego para emprego e de lugar para lugar.

Primeira, a política europeia ocasiona uma importantíssima desigualdade no total das vantagens e desvantagens das diferentes aplicações de trabalho e capital, restringindo a competição em alguns empregos a um número menor do que de outro modo poderia se dispor a dedicar-se a eles.

Os privilégios exclusivos das corporações são o principal meio que usa para este fim.

O privilégio exclusivo de um comércio de corporação necessariamente restringe a competição, na cidade onde está estabelecido, àqueles que estão livres para negociar. Ter servido como aprendiz na cidade, sob um mestre devidamente qualificado, é comumente o requisito necessário para obter esta liberdade. Os regimentos da corporação regulam por vezes o número de aprendizes que é permitido que um mestre tenha, e quase sempre o número de anos que cada aprendiz é obrigado a servir. A intenção de ambos os regulamentos é restringir a competição a um número muito menor do que de outro modo poderia entrar para o ofício. A limitação do número de aprendizes restringe-o diretamente. Um longo prazo de aprendizado restringe-o mais indiretamente, mas tão eficazmente, elevando a despesa com a educação.

Em Sheffield, nenhum mestre cuteleiro pode ter mais de um aprendiz de cada vez, por um regulamento da corporação. Em Norfolk e Norwich nenhum mestre tecelão pode ter mais de dois aprendizes, sob pena de multa de cinco libras por mês para o rei. Nenhum mestre chapeleiro pode ter mais de dois aprendizes em qualquer local da Inglaterra, ou nas plantações inglesas, sob pena de multa de cinco libras por mês, metade para o rei, metade para aquele que registre a demanda em qualquer corte. Ambos estes regulamentos, se bem que tenham sido confirmados por uma lei pública do reino, são evidentemente ditados pelo mesmo espírito de corporação que promulgou o regulamento de Sheffield. Os tecelões de seda em Londres mal estavam incorporados havia um ano, quando promulgaram um regulamento restringindo qualquer mestre de ter mais de dois aprendizes de cada vez. Foi preciso uma lei especial do parlamento para rescindir este regulamento.

Sete anos parece ter sido antigamente o termo estabelecido em toda a Europa para a duração dos aprendizados na maioria dos ofícios incorporados. Todas essas incorporações eram antigamente chamadas universidades, que, com efeito, é o nome latino apropriado para qualquer incorporação. A universidade dos ferreiros, a universidade dos alfaiates etc. são expressões que encontramos comumente nos velhos alvarás das antigas cidades. Quando aquelas incorporações particulares que são agora particularmente chamadas universidades foram primeiro estabelecidas, o número de anos que era preciso estudar para obter o grau de mestre em artes parece evidentemente ter sido copiado dos períodos de aprendizado nos ofícios comuns, cujas incorporações eram muito mais antigas. Como ter trabalhado sete anos sob um mestre adequadamente qualificado era o necessário para permitir que qualquer pessoa se tornasse mestre, e ter aprendido um ofício comum, então ter estudado sete anos com um mestre devidamente qualificado era-lhe necessário para que se tornasse um mestre, professor ou doutor (palavras outrora sinônimas) nas artes liberais, e ter alunos, ou aprendizes (palavras igualmente sinônimas, originalmente), para estudar com ele.

No 5º edito de Elizabeth, comumente chamado Estatuto do Aprendizado, foi decretado que ninguém, para o futuro, exerceria qualquer arte, ofício ou mister naquela época exercidos na Inglaterra, a menos que tivesse previamente servido a um aprendizado de sete anos, pelo menos; e o que antes tinha sido o regulamento de muitas corporações particulares, tornou-se, na Inglaterra, a lei geral e pública de todos os ofícios exercidos nas cidades de mercado. Pois se bem que os termos do estatuto sejam muito genéricos, e pareçam claramente incluir todo o reino, por interpretação, sua operação foi limitada às cidades de mercado, sendo mantido que nas vilas do campo uma pessoa podia exercer vários ofícios diferentes, mesmo não tendo servido sete anos de aprendizado para cada, sendo necessários à comodidade dos habitantes, seu número habitualmente não sendo suficiente para suprir cada um com um conjunto determinado de mãos.

Por uma estrita interpretação dos termos, também, a operação deste estatuto foi limitada àqueles ofícios que estavam estabelecidos na Inglaterra antes do 5° de Elizabeth, e nunca foi estendido àqueles que foram introduzidos depois daquela época. Esta limitação deu ocasião a diversas distinções que, consideradas normas políticas, parecem insensatas, como se pode bem imaginar. Foi adjudicado, por exemplo, que um fabricante de coches não pode fazer nem empregar jornaleiros para fazer as rodas de seus coches, mas deve comprá-las de um mestre carpinteiro de rodas; este ofício tendo sido exercido na Inglaterra antes do 5° de Elizabeth. Mas um carpinteiro de rodas, se bem que nunca tenha servido aprendizado com o fabricante de coches, pode, por sua vez, fazer ou empregar jornaleiros para fazer coches; o ofício dos coches, não estando incluído no estatuto, por não ser exercido na Inglaterra na época em que foi redigido. As manufaturas de Manchester, Birmingham e Wolverhampton, por isto, não estão dentro do estatuto, não tendo sido exercidas na Inglaterra antes do 5° de Elizabeth.

Na França, a duração dos aprendizados é diferente nas diferentes cidades e em diferentes ofícios. Em Paris, cinco anos é o período requerido em grande número; mas antes de uma pessoa estar qualificada para exercer o ofício como mestre, deve, em muitos deles, servir mais cinco anos como jornaleiro. Durante este período, é chamado companheiro de seu mestre, e o próprio termo é chamado *compagnonnage*.

Na Escócia, não há lei geral que regule universalmente a duração dos aprendizados. O período varia em cada corporação. Onde é longo, parte dele pode ser remida pagando-se pequena taxa. Na maioria das cidades também uma pequeníssima taxa é suficiente para comprar a liberdade de qualquer corporação. Os tecelões de linho e pano de cânhamo, as principais manufaturas do campo, bem como outros artífices subservientes a eles, carpinteiros de rodas, fabricantes de carretéis etc., podem exercer seus ofícios em qualquer cidade corporada sem pagar qualquer taxa. Em todas as cidades corporadas, as pessoas podem vender carne no varejo em qualquer dia útil da semana. Três anos, na Escócia, é um tempo comum de aprendizado, mesmo em alguns excelentes ofícios; e, em geral, não sei de nenhum país da Europa em que as leis das corporações sejam tão pouco opressivas.

A propriedade que todo homem tem em seu próprio trabalho, como é o fundamento original de toda outra propriedade, é a mais sagrada e inviolável. O patrimônio de um homem pobre está na força e destreza de suas mãos; impedi-lo de empregar esta força e destreza de suas mãos, e impedi-lo de empregar esta força e destreza da maneira que ele julgar adequada sem prejudicar seu próximo, é uma clara violação desta mais sagrada propriedade. É uma manifesta usurpação, tanto do trabalhador como daqueles que poderiam estar dispostos a empregá-lo. Enquanto isto obstaculiza um de trabalhar no que ele acha adequado, obstaculiza outros de empregar a quem eles acham adequado. Julgar se ele está apto para ser empregado deve ser confiado à discrição dos empregadores, cujo interesse é mais tocado. A afetada ansiedade do legislador para que não empreguem uma pessoa inadequada é, evidentemente, tão impertinente quão opressiva.

A instituição de longos aprendizados não pode assegurar que trabalhadores despreparados não sejam frequentemente expostos ao mercado. Quando isto é feito, é geralmente efeito de fraude, e não de incapacidade; e o aprendizado mais longo não pode dar segurança contra fraude. Regulamentos bem diferentes são necessários para prevenir este abuso. A chapa com a marca esterlina e os selos do pano de linho e lã dão ao comprador muito maior segurança do que qualquer estatuto de aprendizado. Ele geralmente olha para essas, mas nunca pensa que vale a pena interrogar se o trabalhador serviu a um aprendizado de sete anos.

A instituição de longos aprendizados não tem tendência a formar gente jovem para a indústria. Um jornaleiro que trabalha por peça deverá ser industrioso, pois deriva benefício de todo esforço de sua indústria. Um aprendiz poderá ser preguiçoso, e quase sempre o é, porque não tem interesse imediato de ser diferente. Nos empregos inferiores, as doçuras do trabalho consistem inteiramente de seu pagamento. Aqueles que mais cedo estão em condição de fruir sua compensação, mais cedo terão gosto pelo trabalho e mais cedo adquirirão o hábito da indústria. Um rapaz naturalmente concebe uma aversão ao trabalho quando por longo tempo recebe benefício nenhum dele. Os meninos que são colocados como aprendizes por caridades públicas, geralmente servem por maior número de anos e geralmente saem muito preguiçosos e sem valor.

Os aprendizados eram totalmente desconhecidos dos antigos. As obrigações recíprocas do mestre e do aprendiz perfazem um artigo considerável de qualquer código moderno. A lei romana é perfeitamente silenciosa em relação a eles. Não conheço termo latino ou grego (poderia me aventurar, creio, a asseverar que não há) que expresse a ideia que agora anexamos à palavra aprendiz, um servo que deverá trabalhar num ofício particular em benefício de um mestre, durante um período de anos, na condição de que o mestre lhe ensine aquele ofício.

Os longos aprendizados são totalmente desnecessários. As artes, que são muito superiores aos ofícios comuns, assim como as de fazer relógios, não contêm tanto mistério de modo a requerer um longo curso de instrução. A primeira invenção de tais belas máquinas, de fato, e mesmo a de alguns dos instrumentos empregados em sua confecção, devem, sem dúvida, ter sido o trabalho de profundo pensar e longo tempo, e pode ser justamente considerado um dos mais felizes esforços da engenhosidade humana. Mas estando ambos bem inventados e compreendidos, explicar a qualquer jovem, da maneira mais completa, como aplicar os instrumentos e como construir as máquinas, não poderá requerer mais que as lições de umas poucas semanas; talvez as de alguns dias possa ser suficiente. Nos ofícios mecânicos comuns, as de uns poucos dias poderiam com certeza ser suficientes. A destreza manual, de fato, mesmo nos ofícios comuns, não pode ser adquirida sem muita prática e experiência. Mas um rapaz praticaria com muito mais diligência e atenção, se desde o começo ele trabalhasse como jornaleiro, sendo pago em proporção ao pouco trabalho que poderia executar, e pagando, por sua vez, pelo material que ele poderia às vezes estragar por canhestrice e inexperiência. Sua educação geralmente, deste modo, seria mais efetiva, e sempre menos tediosa ou dispendiosa. O mestre, na verdade, perderia. Ele perderia todos os ganhos do aprendiz, que atualmente ele economiza, por todos os sete anos. Ao fim, talvez, o próprio aprendiz poderia perder. Num ofício tão facilmente aprendido, ele teria mais competidores, e seu salário, quando vier a ser um trabalhador formado, seria muito menos que atualmente. O mesmo aumento de competição reduziria os lucros dos mestres, bem como os ganhos dos operários. Os ofícios, as artes, os misteres, todos perderiam. Mas o público ganharia, o trabalho de todos os artífices vindo, desta maneira, muito mais barato ao mercado.

É para prevenir esta redução do preço, e consequentemente dos salários e lucros, restringindo aquela livre competição que quase certamente a ocasionaria, é que todas as corporações, e a maioria das leis das corporações, foram estabelecidas. Para erigir uma corporação, nenhuma outra autoridade, nos tempos de outrora, era requerida, em muitas partes da Europa, se não a da cidade corporada em que estava estabelecida. Na Inglaterra, de fato, um alvará do rei era similarmente necessário. Mas esta prerrogativa da Coroa parece ter sido reservada mais para extorquir dinheiro do súdito do que para a defesa da liberdade comum contra tais monopólios opressivos. Ao pagar uma taxa para o rei, o alvará parece que era prontamente garantido; e quando qualquer classe particular de artífices ou comerciantes achava conveniente agir como corporação sem carta, tais guildas adulterinas, como foram chamadas, nem sempre eram desautorizadas por isto, mas obrigadas a pagar anualmente para o rei pela permissão de exercerem seus privilégios usurpados.[2] A inspeção imediata de todas as corporações, e dos regulamentos que pudessem ter achado próprios para editar para seu próprio governo, cabia à cidade corporada em que estavam estabelecidas; e qualquer disciplina que era exercida sobre elas, procedia comumente não do rei, mas da incorporação maior da qual aquelas subordinadas eram apenas partes, ou membros.

O governo das cidades corporadas estava totalmente nas mãos de negociantes e artífices, e era o interesse manifesto de cada classe particular deles evitar que o mercado ficasse superabastecido, como dizem comumente, com sua espécie particular de indústria, pois lhes interessava exatamente mantê-lo sempre carente. Cada classe estava ansiosa para estabelecer regulamentos próprios para este fim, e desde que isto lhe fosse permitido, permitia que qualquer outra classe fizesse o mesmo. Em consequência de tais regulamentos, de fato, cada classe era obrigada a comprar os bens que tivessem ocasião de qualquer outra na cidade, um pouco mais caros do que poderiam de outro modo. Mas em recompensa era-lhes permitido vender os deles muito mais caro; de modo que, enquanto fosse tão largo quanto comprido, como diziam, o comércio das diferentes classes dentro da cidade umas com as outras, nenhum deles

---

[2] V. Madox, *Firma Burgi*, p. 26 e seguintes.

perderia, por estes regulamentos. Mas em seu comércio com o campo, todos seriam grandes ganhadores; e nestes negócios consiste todo o comércio que sustenta e enriquece toda cidade.

Toda cidade retira toda sua subsistência, e todos os materiais de sua indústria, do campo. Compensa para elas, principalmente de dois modos: primeiro, devolvendo para o campo parte daqueles materiais trabalhados e manufaturados, em cujo caso seu preço é aumentado pelos salários dos trabalhadores e os lucros de seus mestres ou empregadores imediatos; segundo, enviando para lá uma parte do produto tanto em bruto quanto manufaturado, de outros países ou de partes distantes do mesmo país, importado para a cidade; neste caso, também, o preço original destes bens é aumentado pelos salários dos transportadores ou marujos e pelos lucros dos mercadores que os empregam. No que é ganho no primeiro daqueles dois ramos do comércio consiste a vantagem que a cidade ganha por suas manufaturas; no que é ganho no segundo, a vantagem de seu comércio interno e estrangeiro. Os ganhos dos trabalhadores, e os lucros de seus vários empregadores, compõem o que é ganho em ambos. Quaisquer regulamentos, portanto, que tendem a aumentar os salários e lucros além do que poderiam ser de outra maneira, tendem a permitir a cidade a comprar, com menor quantidade de seu trabalho, o produto de maior quantidade do trabalho do campo. Dão aos comerciantes e artífices da cidade uma vantagem sobre os proprietários, lavradores e operários do campo, e quebram aquela equidade natural que poderia ter lugar no comércio que é exercido entre eles. Todo o produto anual do trabalho da sociedade é anualmente dividido entre aqueles dois diferentes conjuntos de pessoas. Por meio desses regulamentos, uma maior fração é dada aos habitantes da cidade do que lhes deveria caber; e uma menor para os do campo.

O preço que a cidade realmente paga pelas provisões e materiais anualmente importados para ela é a quantidade de manufaturas e outros bens anualmente dela exportados. Quanto mais caros estes são vendidos, mais baratos os primeiros são comprados. A indústria da cidade torna-se mais e a do campo, menos vantajosa.

Que a indústria exercida nas cidades é, em todo lugar da Europa, mais vantajosa que a que é exercida no campo, sem entrar em muito boas computações, podemos verificar por uma observação muito simples e óbvia. Em todo país da Europa encontramos pelo menos cem pessoas que adquiriram grandes fortunas a partir de pequenos começos, pelo comércio e manufaturas, a indústria que propriamente pertence às cidades, para uma que o fez pelo que propriamente pertence ao campo, a criação de produto bruto pelo aperfeiçoamento e cultivo da terra. A indústria, portanto, deve ser mais bem recompensada, os salários e lucros do capital evidentemente devendo ser maiores numa situação que na outra. Mas o capital e o trabalho procuram, naturalmente, a aplicação mais vantajosa. Eles naturalmente dirigem-se tanto quanto possível para a cidade, e desertam o campo.

Os habitantes de uma cidade, estando reunidos num só lugar, podem facilmente se combinar. Os ofícios mais insignificantes exercidos numa cidade se incorporaram em algum lugar, e mesmo onde nunca foram incorporados, o espírito de corporação, a inveja dos estranhos, a aversão a tomar aprendizes, ou comunicar o segredo de seu ofício, geralmente prevalecem neles, e ensinam-lhes, por associações e acordos voluntários, a prevenir a livre competição que não podem proibir por regulamentos. Os ofícios que só ocupam pequeno número de mãos funcionam muito facilmente segundo tais combinações. Meia dúzia de penteadores de lã, talvez, é necessário para manter ocupados mil fiadores e tecelões. Combinando não tomar aprendizes, eles podem não só aumentar sua demanda, mas reduzir toda a manufatura a uma espécie de servidão a eles, e elevar o preço de seu trabalho muito acima do que é devido à natureza de seu trabalho.

Os habitantes do campo, pelo contrário, dispersos em lugares distantes, não podem se combinar facilmente. Não só nunca se incorporaram, mas o espírito de corporação nunca prevaleceu entre eles. Nunca se pensou que algum aprendizado fosse necessário para se qualificar para a lavoura, o grande ofício do campo. Depois das chamadas belas-artes e das profissões liberais, no entanto, talvez não haja ofício que requeira tamanha variedade de conhecimento e experiência. Os inumeráveis volumes que foram escritos sobre isto em todas as línguas podem nos informar de que, entre as mais sábias e cultas nações, nunca foi vista como matéria facilmente compreendida. E de todos aqueles volumes que em vão coletar o conhecimento de suas várias e complicadas operações, comumente possuído pelo lavrador comum, mesmo; e com quanto desprezo os soberbos autores de algumas daquelas obras fingem falar delas. Dificilmente há algum ofício mecânico, pelo contrário, cujas operações todas podem não ser tão completa e distintamente explicadas num panfleto de umas poucas páginas, como seria possível por palavras ilustradas por figuras para explicá-las. Na história das artes, agora publicada pela Academia Francesa de Ciências, vários deles são explicados, de fato, desta maneira. A direção das operações, além do mais, que deve variar com a mudança do clima, bem como muitos outros acidentes, requer muito mais julgamento e discrição do que a daquelas que são sempre as mesmas, ou quase.

Não só a arte do lavrador, a direção geral das operações da lavoura, mas muitos ramos inferiores do trabalho camponês requerem muito mais habilidade e experiência do que a maioria dos ofícios mecânicos. O homem que trabalha em latão e ferro, trabalha com instrumentos e materiais cuja têmpera é sempre a mesma, ou quase .a mesma. Mas o homem que ara o solo com uma parelha de cavalos ou bois, trabalha com instrumentos cujos saúde, força e temperamento são muito diferentes, conforme a ocasião. A condição dos materiais que ele trabalha, também, é tão variável quanto a dos instrumentos que possui, e ambos exigem ser administrados com muito discernimento e discrição. O arador comum, se bem que geralmente visto como o paradigma da estupidez e ignorância, raramente falha neste discernimento e discrição. Está menos acostumado, de fato, ao intercâmbio social do que o mecânico, que vive numa cidade. Sua voz e linguagem são mais toscas e difíceis de entender por aqueles que não estão acostumados a elas. Sua compreensão, porém, estando acostumada a considerar uma grande variedade de objetos, geralmente é muito superior à do outro, cuja atenção toda da manhã à noite está comumente ocupada em executar uma ou duas operações muito simples. O quanto as classes inferiores da gente do campo é realmente superior às da cidade é bem conhecido de todo homem cujos negócios ou curiosidade levou-o a conversar com ambos. Na China e no Indostão, conforme a classe e salários, os trabalhadores do campo são ditos superiores aos da maioria dos artífices e manufatureiros. Eles provavelmente o seriam em qualquer lugar, se as leis das corporações e o espírito de corporação não o evitasse.

A superioridade que a indústria das cidades tem em todo lugar da Europa, sobre a do campo, não se deve totalmente às corporações e às suas leis. É sustentada por muitos outros regulamentos. As elevadas taxas sobre as manufaturas estrangeiras e sobre todos os bens importados por mercadores estrangeiros, todas tendem ao mesmo fim. As leis de corporação permitem que os habitantes das cidades elevem seus preços, sem temer a concorrência dos preços baixos pela competição dos próprios campônios. Outras tantas regras os asseguram igualmente contra os estrangeiros. A elevação dos preços causada por estas duas medidas é em todo lugar finalmente paga pelos proprietários, lavradores e trabalhadores do campo, que raramente se opuseram ao estabelecimento de tais monopólios. Comumente, não têm inclinação nem aptidão para entrarem em combinações; e o clamor e sofisticação dos mercadores e manufatureiros facilmente os persuade que o interesse privado de uma parte, e de parte subordinada da sociedade, é o interesse geral do todo.

Na Grã-Bretanha, a superioridade da indústria das cidades sobre a do campo parece ter sido maior antigamente do que na atualidade. Os salários do trabalho do campo aproximam-se mais dos das manufaturas e os lucros do capital empregado na agricultura aos do capital do comércio e manufatura do que o foram no século passado, ou no começo deste. Esta mudança pode ser vista como a consequência necessária, se bem que tardia, do extraordinário encorajamento dado à indústria das cidades. O capital acumulado nelas com o tempo vem a ser tão grande que não pode ser empregado com o antigo lucro naquela espécie de indústria que lhes é peculiar. Aquela indústria tem seus limites, como toda outra, e o aumento do capital, pelo aumento da competição, necessariamente reduz o lucro. A redução do lucro na cidade força o capital a ir para o campo, onde, criando uma nova demanda para o trabalho do campo, necessariamente eleva seus salários. Então espalha-se, por assim dizer, sobre a face da Terra, e sendo empregado na agricultura é em parte restaurado ao campo, a expensas do qual, em grande medida, foi originalmente acumulado na cidade. Procurarei demonstrar, mais adiante, que em toda a Europa os maiores aperfeiçoamentos do campo deveram-se a tais transbordos do capital originalmente acumulado nas cidades; e ao mesmo tempo, demonstrarei que, se bem que alguns países, por este curso, atingiram um considerável grau de opulência, é por si mesmo necessariamente lento, incerto, passível de ser perturbado e interrompido por inúmeros acidentes, e em todos os aspectos contrário à ordem da natureza e da razão. Os interesses, preconceitos, leis e costumes que deram ocasião a isto, procurarei explicar tão distinta e completamente quanto puder no terceiro e quarto livros desta investigação.

As pessoas do mesmo ofício raramente se encontram, mesmo para festas e diversão, mas a conversação sempre termina numa conspiração contra o público, ou em alguma maquinação para elevar os preços. É impossível, com efeito, evitar tais reuniões, por qualquer lei que poderia ser executada ou que fosse consistente com a liberdade e a justiça. Mas se a lei não pode impedir que pessoas do mesmo ofício se reúnam por vezes, nada deveria fazer para facilitar tais reuniões, ou torná-las necessárias.

Uma regulação que obriga todos de um mesmo ofício, numa cidade, a dar entrada de seus nomes e locais de residência num registro público facilita tais assembleias. Conecta indivíduos que de outro modo nunca se conheceriam e dá a cada homem de ofício uma orientação de onde encontrar todo homem do mesmo ofício.

Um regulamento que permita aos de mesmo ofício taxarem a si mesmos, para amparar seus pobres, suas viúvas e órfãos, dando-lhes um interesse comum para administrar, torna tais assembleias necessárias.

Uma incorporação não só torna-as necessárias, mas torna o ato da maioria obrigatório sobre o todo. Num comércio livre, uma combinação efetiva não pode ser estabelecida senão pelo consentimento unânime de cada comerciante, e não pode durar mais do que enquanto cada comerciante continue com a mesma ideia. A maioria de uma corporação pode editar um regulamento com penalidades adequadas, que limitarão as competições mais efetiva e duravelmente do que seria possível com qualquer combinação.

A pretensão de que as corporações são necessárias para o melhor governo do ofício não tem nenhum fundamento. A disciplina real e efetiva que é exercida sobre um trabalhador não é a de sua corporação, mas a de seus fregueses. É o medo de perder o emprego que restringe suas fraudes e corrige sua negligência. Uma corporação exclusiva necessariamente enfraquece a força desta disciplina. Um conjunto particular de trabalhadores deve então ser empregado, comportem-se bem ou mal. É por causa disto que em muitas grandes cidades incorporadas não se encontram trabalhadores sofríveis, mesmo em alguns dos ofícios mais necessários. Se quiser ter seu trabalho toleravelmente executado, deve ser feito nos subúrbios, onde os trabalhadores, não tendo privilégio exclusivo, nada têm para depender senão seu caráter, e então contrabandeie o trabalho para a cidade, o melhor que puder. É deste modo que a política da Europa, restringindo a competição em alguns empregos a um número menor do que o que de outro modo estaria disposto a entrar para ele, ocasiona uma desigualdade muito importante no total das vantagens e desvantagens das diversas aplicações do capital e do trabalho.

Segunda, a política europeia, aumentando a competição em alguns empregos além do que naturalmente ocorreria, ocasiona outra desigualdade de espécie oposta no total das vantagens e desvantagens dos diversos empregos do capital e do trabalho.

Já foi considerado de tamanha importância que um número adequado de jovens fosse educado para certas profissões, que a caridade pública e, por vezes, a de fundações particulares estabeleceram muitas pensões, bolsas de estudos, exposições etc. para este fim, que levam mais pessoas para aqueles ofícios do que de outra maneira pretenderiam entrar para eles. Em todos os países cristãos, creio, a educação da maioria dos religiosos é paga destarte. Pouquíssimos deles são totalmente educados às próprias custas. A longa, tediosa e dispendiosa educação, portanto, daqueles que assim o fazem nem sempre lhe proporcionará recompensa adequada, as igrejas estando lotadas de pessoas que, para conseguir um emprego, estão dispostas a aceitar uma recompensa muito menor do que a que uma tal educação poderia assegurar-lhes; e assim a competição dos pobres leva embora a recompensa dos ricos. Seria indecente, sem dúvida, comparar um cura ou capelão com um jornaleiro em qualquer ofício comum. A paga de um cura ou capelão, porém, pode propriamente ser considerada da mesma natureza que o salário de um jornaleiro. Todos três são pagos por seu trabalho de acordo com o contrato que possam fazer com os respectivos superiores. Até depois da metade do século XIV, cinco marcos, contendo tanta prata quanto dez libras de nosso dinheiro atual, eram, na Inglaterra, a paga usual de um cura, ou padre estipendiário de paróquia, como achamos regulamentado pelos decretos de vários concílios nacionais diferentes. Na mesma época, quatro pence por dia, contendo a mesma quantidade de prata que um *shilling* de nosso dinheiro atual, era declarado o pagamento de um mestre pedreiro, e três pence por dia, iguais a nove pence do dinheiro atual, o de um pedreiro por dia.[3] Os salários destes trabalhadores, portanto, supondo-os constantemente empregados, eram muito superiores aos do cura. Os ganhos do mestre pedreiro, supondo-o sem emprego um terço do ano, se igualariam a estes,

---

[3] V. Estatuto dos trabalhadores, 25ª ed., III.

completamente. No 12º edito da rainha Ana, fl. 12, está declarado: "Que sempre por falta de manutenção suficiente e encorajamento aos curas, os curas em vários lugares tenham sido parcamente supridos, o bispo fica com poderes para apontar, por seu escrito e selo, um estipêndio ou dotação, não excedendo cinquenta, e não menos que vinte libras por ano." Quarenta libras por ano reconhece-se atualmente como sendo muito boa paga para um cura, e apesar deste Ato do parlamento, há muitos curatos abaixo de vinte libras por ano. Há sapateiros ao dia em Londres que ganham quarenta libras por ano, e dificilmente há qualquer trabalhador industrioso de qualquer espécie naquela metrópole que não ganhe mais que vinte. Esta última soma, de fato, não excede o que é usualmente ganho por trabalhadores comuns em muitas paróquias do campo. Sempre que a lei tentou regular os salários dos trabalhadores, foi mais para baixá-los que para elevá-los. Mas a lei, em muitas ocasiões, tentou elevar os salários dos curas, e para a dignidade da igreja, obrigar os reitores das paróquias a dar-lhes mais que a miserável manutenção que eles mesmos podem estar dispostos a aceitar. E em ambos os casos a lei parece ter sido igualmente ineficiente, e nunca conseguiu elevar os salários dos curatos nem abaixar os dos trabalhadores ao grau pretendido; porque nunca conseguiu obstacularizar um de estar disposto a aceitar menos que a dotação legal, por conta da indigência de sua situação e a multidão de seus competidores; ou o outro de receber mais, por conta da competição contrária daqueles que esperavam derivar lucro ou prazer de empregá-los.

Os grandes benefícios e outras dignidades eclesiásticas sustentam a honra da Igreja, não obstante a pobre circunstância de alguns de seus membros inferiores. O respeito devido à profissão também dá alguma compensação, mesmo com a miséria de sua recompensa pecuniária. Na Inglaterra, e em todos os países católicos, a loteria da Igreja é, na verdade, muito mais vantajosa do que o necessário. O exemplo das igrejas da Escócia, de Genebra e de vários outras igrejas protestantes, pode nos satisfazer de que em tão credenciada profissão, em que a educação é tão facilmente proporcionada, as esperanças de benefícios muito mais moderados atrairão um número suficiente de homens cultos, decentes e respeitáveis para as ordens sagradas.

Nas profissões em que não há benefícios, assim como no direito e na medicina, se uma igual proporção de pessoas fosse educada a expensas públicas, a competição logo seria grande a ponto de baixar em muito sua recompensa pecuniária. Então não valeria a pena para um homem educar seu filho para uma dessas profissões às próprias custas. Eles seriam abandonados assim como os educados pelas caridades públicas, cujo número e necessidades os obrigaria, em geral, a se contentarem com miseranda recompensa, para a completa degradação das agora respeitáveis profissões do direito e da medicina.

Aquela desafortunada raça de homens, chamada comumente de homens de letras, está muito mais na situação em que os advogados e médicos estariam na suposição acima. Em toda a Europa a maioria deles foi educada para a Igreja, mas foram impedidos, por diferentes razões, de entrar nas ordens sagradas. Em geral, foram então educados a expensas públicas, e seu número em todo lugar é tão grande que geralmente reduz o preço de seu trabalho a uma torpe recompensa.

Antes da invenção da arte da imprensa, o único emprego pelo qual um homem de letras podia ganhar algo por seus talentos era como professor público ou particular, ou comunicando a outrem o conhecimento útil ou curioso que ele mesmo adquirira, e este é ainda seguramente um emprego mais honrado, útil e em geral mais lucrativo do que escrever um livro para um livreiro, para o que a arte da imprensa deu ocasião. O tempo e o estudo, o gênio, conhecimento e aplicação requeridos para qualificar um eminente professor de ciências são pelo menos iguais ao necessário para os maiores praticantes da advocacia e da medicina. Mas a recompensa usual do professor eminente não tem proporção para com a do advogado ou médico, porque o ofício de um está cumulado de indigentes que foram dirigidos para ele a expensas públicas, ao passo que os dos outros dois estão embaraçados com pouquíssimos que não foram educados às próprias custas. A recompensa usual, porém, dos professores públicos e particulares, por pequena que possa parecer, sem dúvida seria menor do que é se a competição daqueles ainda mais indigentes letrados que escrevem pelo pão não fosse retirada do mercado. Antes da invenção da imprensa, um erudito e um esmoler pareciam ser termos quase sinônimos. Os vários governadores das universidades, antes desse tempo, parece que muitas vezes concederam licenças a seus estudiosos para esmolar.

Nos tempos antigos, antes que caridades deste tipo fossem estabelecidas para a educação de indigentes para as profissões cultas, as recompensas de professores eminentes parecem ter sido muito mais consideráveis. Isócrates, no que é chamado seu discurso contra os sofistas, reprova os professores do próprio tempo inconsistentemente. "Fazem as mais magníficentes promessas a seus discípulos", diz ele, "e se propõem educá-los a serem sábios, a serem felizes e a serem justos, e em retribuição de tão importante serviço, estipulam a vil recompensa de quatro ou cinco minas. Os que ensinam a sabedoria", continua ele, "certamente eles mesmos deveriam ser sábios; mas se algum homem vendesse tamanha barganha por tal preço, seria culpado da mais evidente insensatez". Ele certamente não quer aqui exagerar a recompensa, e podemos estar certos de que não era menor do que ele a representa. Quatro minas eram iguais a 13 libras, seis *shillings* e oito pence; cinco minas, a 16 libras, 13 *shillings* e quatro pence. Algo não inferior à maior daquelas somas, portanto, naquele tempo deve ter sido pago normalmente aos mais eminentes professores de Atenas. O próprio Isócrates pedia dez minas, ou 33 libras, seis *shillings* e oito pence, de cada aluno. Quando ele ensinava em Atenas, diz-se que teve cem alunos. Creio ter sido este o número a que ele ensinou de uma só vez, ou que assistiu ao que poderíamos chamar um curso de conferências, número que não parecerá extraordinário para tão grande cidade e tão famoso professor, que ensinava também, o que era, naquela época, a ciência mais em voga, a retórica. Ele deve ter ganho, portanto, para cada curso de conferências, mil minas, ou £3.333 6s. 8d. Mil minas, correspondentemente, é dito por Plutarco em outro lugar, foi seu *Didactron*, ou preço usual para as aulas. Muitos outros professores eminentes naqueles tempos parecem ter adquirido grandes fortunas. Górgias fez um presente ao templo de Delfos da própria estátua, de ouro sólido. Não devemos supor, presumo, que fosse em tamanho natural. Seu modo de vida, bem como o de Hípias e Protágoras, dois outros eminentes professores daqueles tempos, é representado por Platão como esplêndido, até a ostentação. O próprio Platão, diz-se que viveu com bastante magnificência. Aristóteles, depois de ter sido tutor de Alexandre, e retribuído com munificência, como se aceita universalmente, tanto por ele como por seu pai, Felipe, achou compensador, não obstante retornar a Atenas, para reassumir o ensino em sua escola. Os professores das ciências provavelmente, naqueles tempos, eram menos comuns do que vieram a ser uma era ou duas depois, quando a competição provavelmente reduziu o preço de seu trabalho e a admiração por suas pessoas. O mais eminente deles, porém, parece sempre ter gozado um grau de consideração muito superior a qualquer um da mesma profissão, de nossos dias. Os atenienses enviaram Carnéades, o Acadêmico, e Diógenes, o Estoico numa embaixada solene a Roma, e mesmo que sua cidade tivesse decaído de sua antiga grandeza, ainda era uma república considerável e independente. Carnéades também era babilônio de nascimento, e como nunca houve povo mais ciumento para admitir estrangeiros em cargos públicos do que os atenienses, sua consideração para com ele deve ter sido muito grande.

Esta desigualdade, afinal, talvez seja mais vantajosa que prejudicial ao público. Talvez degrade um pouco a profissão de professor público, mas o baixo preço da educação literária é certamente uma vantagem que compensa grandemente esta inconveniência mínima. O público, também, poderia derivar ainda maior benefício dela, se a constituição dessas escolas e desses colégios, em que se dá a educação, fosse mais razoável do que agora, na maior parte da Europa.

Terceira, a política da Europa, obstruindo a livre circulação do trabalho e do capital de emprego para emprego e de lugar para lugar, ocasiona, eventualmente, uma desigualdade mui inconveniente no total das vantagens e desvantagens de suas aplicações.

O Estatuto do Aprendizado obstrui a livre circulação do trabalho de um emprego para outro, mesmo num mesmo lugar. Os privilégios exclusivos das corporações obstruem-no de um lugar para outro, até num mesmo emprego.

Frequentemente ocorre que enquanto altos ganhos são dados aos trabalhadores numa manufatura, os de outra são obrigados a se contentarem com a mera subsistência. Uma está progredindo, tendo, portanto, demanda contínua para novas mãos; a outra, está num estado declinante, e a superabundância de mãos está sempre aumentando. Aquelas duas manufaturas podem, por vezes, estar numa mesma cidade e, por vezes, na mesma vizinhança, sem poderem dar a mínima assistência uma à outra. O Estatuto do Aprendizado pode se opor a isto num caso, e também uma corporação exclusiva, no outro. Em muitas manufaturas, porém, as operações são tão similares que os trabalhadores facilmente poderiam trocar seus misteres uns com os outros, se aquelas leis absurdas não os impedissem. As artes de tecer linho simples e seda, por exemplo, são praticamente as mesmas. A de tecer lã lisa é um pouco diferente; mas a diferença é tão insignificante que um tecelão de linho ou de seda pode se tornar um operário tolerável em pouquíssimos dias. Se alguma dessas três manufaturas principais estivesse decaindo, os trabalhadores poderiam recorrer a uma das outras duas que estivesse numa condição mais próspera, e seus salários não se elevariam muito alto na manufatura progressista nem cairiam muito na decadente. A manufatura de linho, de fato, na Inglaterra, por um estatuto particular, está aberta a todos, mas como não é muito cultivada na maior parte do país, não permite ser um recurso geral aos trabalhadores de outras manufaturas decadentes, que, onde quer que o Estatuto do Aprendizado tem lugar, eles não têm outra escolha senão recorrer à paróquia, ou trabalhar como operários comuns, para o que, por seus hábitos, estão mais mal qualificados do que para qualquer espécie de manufatura que tenha qualquer semelhança com sua própria. Geralmente, portanto, escolhem a caridade da paróquia.

O que quer que obstrua a livre circulação do trabalho de um emprego para outro obstaculiza igualmente a do capital, pois a quantidade de capital que pode ser empregado em qualquer ramo do negócio depende sobremaneira da do trabalho que nele pode ser empregado. As leis das corporações, porém, dão menos obstrução à livre circulação do capital de um lugar para outro do que à do trabalho. Em qualquer lugar, é muito mais fácil para um rico comerciante obter o privilégio do comércio numa cidade corporada do que para um artífice pobre obtê-lo para trabalhar nela.

A obstrução que as leis de corporação impõem à livre circulação do trabalho é comum, creio, a todo lugar na Europa. A que é imposta pelas Leis do Pobre é, tanto quanto se saiba, peculiar à Inglaterra. Consiste na dificuldade que um homem pobre encontra em obter uma colocação, ou mesmo que lhe permitam exercer sua indústria em 'qualquer paróquia que não seja aquela à qual ele pertence. É apenas o trabalho dos artífices e manufatureiros cuja circulação é obstruída pelas leis das corporações. A dificuldade de obter colocação obstrui mesmo a do trabalho comum. Pode ser válido dar conta da ascensão, progresso e atual estado desta desordem, a maior, talvez, de todas da política da Inglaterra.

Quando, pela destruição dos mosteiros os pobres foram privados da caridade daquelas casas religiosas, depois de algumas outras tentativas ineficientes para aliviá-los, foi decretado pelo 43º de Elizabeth, fl. 2, que cada paróquia deveria prover seus pobres, e que os inspetores dos pobres deveriam ser anualmente apontados, os quais, com os curadores da igreja, levantariam, na paróquia, somas competentes para este propósito.

Por este estatuto, a necessidade de prover os próprios pobres foi imposta indispensavelmente a cada paróquia. Quem deveria ser considerado pobre em cada paróquia tornou-se, então, questão de certa importância. Esta questão, depois de alguma variação, foi finalmente determinada pelos 13º e 14º de Carlos II, quando foi decretado que quarenta dias de residência não perturbada garantiria a qualquer pessoa uma colocação em qualquer paróquia; mas que, dentro daquele prazo, seria legal para dois juízes de paz, por queixas feitas pelos inspetores ou curadores dos pobres, remover qualquer novo habitante para a paróquia onde estivera legalmente estabelecido, a menos que ele alugasse uma moradia de dez libras por ano, ou que pudesse dar tais garantias para o desencargo da paróquia onde estivesse, de modo que os juízes achassem suficiente.

Algumas fraudes, diz-se, foram cometidas em consequência deste estatuto; os oficiais das paróquias, às vezes forçando os próprios pobres para irem clandestinamente a outra paróquia, e mantendo-se escondidos por quarenta dias para ganhar residência lá, para desencargo daquela a que propriamente pertenciam. Foi decretado, portanto, pelo 1º de Jaime II que a residência não perturbada de quarenta dias para qualquer pessoa adquirir residência deveria ser contada apenas do momento em que desse notícia, por escrito, do local de sua morada e do número de seus familiares a um dos curadores ou inspetores da paróquia onde veio morar.

Mas os oficiais das paróquias, ao que parece, não eram mais honestos com as próprias do que foram em relação com outras paróquias, e, por vezes, eram coniventes com tais intrusões, recebendo a nota, sem tomar as medidas adequadas, em consequência. Como toda pessoa numa paróquia, supunha-se, estava interessada em evitar tanto quanto possível o fardo de tais intrusos, foi também decretado pelo 3º de Guilherme III, que a residência de quarenta dias deveria ser contada apenas da publicação da tal notícia por escrito no domingo, na igreja, imediatamente após o serviço religioso.

"Afinal de contas", diz o dr. Burn, "este tipo de residência continuando quarenta dias após a publicação da notícia escrita é muito dificilmente obtida, e essas leis destinam-se não tanto a ganhar residentes quanto a evitá-los, com pessoas vindo clandestinamente para uma paróquia, pois dar a notícia é apenas forçar a paróquia a removê-lo. Mas se a situação de uma pessoa é tal que é duvidoso que ela é de fato removível ou não, ela, dando a notícia, compelirá a paróquia a permitir-lhe uma residência incontestada, tolerando-o por quarenta dias, ou removendo-o, pelo direito".

Este estatuto, portanto, tornou quase impraticável para um pobre ganhar nova residência à moda antiga, por uma permanência de quarenta dias. Mas, para não parecer excluir totalmente a gente pobre de uma paróquia do estabelecimento em segurança numa outra, apontava quatro outras maneiras pelas quais uma residência poderia ser ganha sem dar ou publicar notícia. A primeira, ser taxado pela paróquia e pagar estes impostos; segunda, sendo eleito para um cargo anual da paróquia e servir por um ano; terceira, servindo como aprendiz na paróquia; quarta, sendo contratado para trabalhar lá por um ano e continuar no mesmo serviço durante toda sua execução.

Ninguém pode ganhar residência por uma das duas primeiras maneiras senão por uma ação pública em toda a paróquia, que está muito cônscia dos resultados para adotar qualquer recém-chegado que nada tem senão seu trabalho para sustentá-lo, taxando-o com os impostos da paróquia ou elegendo-o para um cargo.

Nenhum homem casado pode ganhar residência de uma das duas últimas maneiras. Um aprendiz mui dificilmente é casado, e está expressamente decretado que nenhum servo casado ganhará qualquer residência sendo contratado por um ano. O efeito principal de introduzir a residência por serviço foi excluir em grande escala o velho costume de contratar por um ano, que tinha sido tão habitual na Inglaterra, que mesmo atualmente, se nenhum termo particular é concertado, a lei pretende que todo servo está contratado por um ano. Mas os patrões nem sempre estão dispostos a dar a seus servos residência contratando-os deste modo; e os servos nem sempre estão dispostos a serem contratados porque, como a última residência cancela todas as anteriores, poderão assim perder sua residência original nos locais onde nasceram, casa de seus pais e parentes.

Nenhum trabalhador independente, é evidente, trabalhador ou artífice, provavelmente ganhará nova residência por aprendizado ou por serviço. Quando uma tal pessoa levou sua indústria a uma nova paróquia, fica sujeita a ser removida, por mais saudável e industriosa que seja, pelo capricho de qualquer curador de paróquia ou similar, a menos que alugue uma moradia de dez libras ao ano, coisa impossível para quem só tenha seu trabalho para viver, ou que poderia dar tal segurança para o desencargo da paróquia, que dois juízes de paz julguem suficiente. A segurança que devem requerer é deixada inteiramente à discrição deles; mas não podem requerer menos de trinta libras tendo sido decretado que a compra de uma propriedade de menos de trinta libras, não dá residência a uma pessoa, não sendo suficiente para o desencargo de uma paróquia. Mas isto é uma segurança que dificilmente um homem que viva de seu trabalho pode dar; e muitas vezes pede-se uma segurança muito maior.

Para restaurar até certo ponto aquela livre circulação do trabalho que aqueles vários estatutos retiraram quase inteiramente, foram criados os certificados. Pelos 8º e 9º de Guilherme III foi decretado que se qualquer pessoa trouxesse um certificado da paróquia onde morou pela última vez, subscrito pelos curadores e inspetores dos pobres e autorizado por dois juízes de paz, toda outra paróquia estava obrigada a recebê-la; e a pessoa não seria removível meramente por conta de poder vir a ser um encargo, mas só ao tornar-se realmente tal encargo, e então a paróquia que expedisse o certificado seria obrigada a pagar a despesa de sua manutenção e remoção. É para dar a mais perfeita segurança à paróquia onde este homem certificado viria a residir, era também decretado pelo mesmo estatuto que ele não ganharia residência ali por qualquer meio, exceto alugando uma morada de dez libras por ano, ou servindo por própria conta num cargo anual da paróquia por todo um ano; e consequentemente, não por serviço, nem por aprendizado, nem pagando as taxas da paróquia. Pelo 12º da rainha Ana também, estatuto 1, fl. 18, foi decretado que nem os servos nem os aprendizes de tal homem certificado ganhariam qualquer residência na paróquia enquanto residisse sob tal certificado.

O quanto esta invenção restaurou a livre circulação do trabalho que os estatutos precedentes excluíram quase inteiramente, podemos depreender da seguinte judiciosa observação do dr. Burn. "É óbvio", diz ele, "que há cópia de boas razões para requerer certificados para pessoas que venham a residir em qualquer lugar, a saber, que as pessoas residindo sob eles não possam ganhar residência, quer por aprendizado, quer por serviço, quer dando notícia, quer pagando taxas de paróquia; que não possam instalar aprendizes ou servos; que, se se tornam um encargo, é certo que as removam, e que a paróquia seja paga pela remoção e por sua manutenção, entrementes; e que se caem doentes, e não podem ser removidas, a paróquia que deu o certificado deva mantê-las; e que ninguém esteja sem certificado. Razões proporcionalmente válidas para paróquias que não dão certificados para os casos ordinários; pois é mais do que provável, que terão as pessoas certificadas de volta, e em piores condições". A moral desta observação parece ser que os certificados deveriam sempre ser requeridos pela paróquia em que um homem pobre vem a residir, e que raramente deveriam ser concedidos por aquela em que ele se propõe deixar. "Há uma certa dificuldade nesta questão dos certificados", diz o mesmo inteligente autor em sua *História das leis dos pobres*, "colocando no poder de um oficial de paróquia aprisionar um homem como que perpetuamente; por mais inconveniente que possa ser para ele continuar naquele lugar onde tenha tido o infortúnio de adquirir o que é chamado de residência, ou qualquer vantagem a que se tenha proposto, vivendo alhures".

Se bem que um certificado não carregue consigo nenhum testemunho de bom comportamento, e nada certifique senão que a pessoa pertence à paróquia a que realmente pertence, é totalmente discricionário dos oficiais da paróquia concedê-lo ou recusá-lo. Um mandado foi certa vez movido, diz o dr. Burn, para compelir os curadores e inspetores a assinar um certificado, mas a corte do tribunal superior rejeitou a moção, como uma tentativa exótica.

O preço muito desigual do trabalho, que costumeiramente encontramos na Inglaterra, em lugares a não grande distância uns dos outros, provavelmente deve-se à obstrução que a lei da residência dá a um homem pobre que queira levar sua indústria de uma paróquia a outra, sem um certificado. Um único homem, realmente, saudável e industrioso que seja, pode por vezes residir sofrivelmente sem certificado, mas um homem com mulher e família que o tentasse, na maioria das paróquias, seguramente seria removido, e se aquele homem só depois se casasse, geralmente, seria removido. A escassez de mãos numa paróquia portanto, nem sempre pode ser aliviada por sua superabundância noutra, como acontece constantemente na Escócia e, creio, em todos os outros países onde não haja dificuldade de residência. Em tais países, se bem que os salários possam por vezes elevar-se um tanto nas vizinhanças de cidades grandes, ou onde haja demanda extraordinária de trabalho, e caia gradualmente aumentando a distância destes lugares, até que caiam à cotação normal do campo, ainda assim nunca encontramos aquelas súbitas e inusitadas diferenças nos salários de locais adjacentes, que por vezes encontramos na Inglaterra, onde é bem mais difícil para um homem pobre passar a fronteira artificial de uma paróquia, que um braço de mar, ou uma cordilheira de altas montanhas, fronteiras naturais que por vezes separam muito distintamente cotações diferentes de salários em outros países.

Para remover um homem que não teve má conduta da paróquia em que ele escolheu residir, é uma evidente violação da liberdade e justiça naturais. O povo comum da Inglaterra, porém, tão zeloso de sua liberdade, mas como o povo comum da maioria dos outros países nunca entendendo direito em que ela consiste, agora, já há mais de um século, sofre ser exposto a esta opressão, sem remédio. Se bem que homens de reflexão já tenham por vezes se queixado da lei da residência como uma injustiça pública, nunca foi ela objeto de qualquer clamor público, como aquele contra os atestados públicos, prática sem dúvida abusiva, mas tal que não ocasionaria, provavelmente, nenhuma opressão geral. Dificilmente haverá um homem pobre na Inglaterra, de quarenta anos de idade, arrisco-me a dizê-lo, que em alguma altura de sua vida não se tenha sentido cruelmente oprimido por esta mal forjada lei da residência.

Concluirei este longo capítulo observando que, antigamente, era usual cotar os salários, primeiro por leis gerais estendendo-se por todo o reino, e depois por ordens particulares dos juízes de paz em cada condado, ambas estas práticas agora entraram em completo desuso. "Pela experiência de mais de quatrocentos anos", diz o dr. Burn, "parece tempo de deixar de lado todas as tentativas de trazer sob regulamentações estritas o que pela própria natureza parece incapaz de limitação minuciosa; pois se todas as pessoas na mesma espécie de trabalho devessem receber os mesmos salários, não haveria emulação, e nenhum espaço deixado para a operosidade ou engenho".

Atos particulares do parlamento, entretanto, ainda tentam, ocasionalmente, regular salários em ofícios e locais determinados. Assim, o 8º de Jorge III proíbe, sob pesadas penalidades, todos os mestres alfaiates em Londres, e cinco milhas à volta, de dar, e a seus operários de aceitar, mais de dois *shillings* e 7,5 pence por dia, exceto no caso de luto público.

Sempre que a legislatura procura regular as diferenças entre os patrões e seus trabalhadores, seus conselheiros são sempre os patrões. Quando o regulamento vem a ser a favor dos trabalhadores, é sempre justo e equitativo, mas é sempre outro o caso em favor dos patrões. Assim, a lei que obriga os patrões de diversos ofícios a pagar seus trabalhadores em dinheiro, e não em bens, é bem justa e equitativa. Não impõe reais dificuldades aos patrões. Apenas os obriga a pagar aquele valor em dinheiro, que pretendiam pagar, mas nem sempre realmente o faziam, em bens. Esta lei é em favor dos trabalhadores, mas o 8º de Jorge III favorece os patrões. Quando os patrões se reúnem para reduzir os salários de seus trabalhadores, comumente entram num pacto ou acordo particular para não dar mais que um certo pagamento, sob uma certa penalidade. Se os trabalhadores entrassem numa símile combinação contrária, de não aceitar um dado salário, sob certa penalidade, a lei os puniria severamente, e se esta agisse com imparcialidade, trataria os patrões do mesmo modo. Mas o 8º de Jorge III suporta pela lei aquela mesma regulamentação que os patrões por vezes tentam estabelecer por tais combinações. A queixa dos operários, que assim se coloca os mais aptos e industriosos no mesmo pé com um trabalhador comum, parece perfeitamente bem fundada.

Nos velhos tempos, também, era comum tentar regulamentar os lucros dos mercadores e outros negociantes cotando o preço das provisões e outros bens. O padrão do pão é, tanto quanto se saiba, o único remanescente desta antiga usança. Onde haja uma corporação exclusiva, talvez seja adequado regular o preço das primeiras necessidades da vida. Mas onde não há, a competição o regulará muito melhor do que qualquer padrão. O método de fixar o padrão do pão estabelecido pelo 31º de Jorge III não poderia ser posto em prática na Escócia, por causa de uma falha da lei; sua execução dependendo do ofício de um funcionário do mercado, que não existe lá. Este defeito não foi remediado até o 3º de Jorge III. A falta de um padrão não ocasionou inconveniência, e o estabelecimento de um, nos poucos lugares onde já teve lugar, não produziu vantagem sensível. Na maioria das cidades escocesas, porém, há uma incorporação dos padeiros que reclama privilégios exclusivos, se bem que estes não sejam muito estritamente guardados.

A proporção entre as diferentes cotações de salários e lucros nos diferentes empregos do trabalho e do capital parece não ser muito afetada, como já foi observado, pela riqueza ou pobreza, o estado progressista, estacionário ou declinante da sociedade. Tais revoluções no bem-estar público, se bem que afetem as cotações gerais, tanto dos salários como do lucro, no fim devem afetá-los igualmente em todas as diversas aplicações. A proporção entre eles, portanto, deve ser a mesma, e não pode ser propriamente alterada, pelo menos por um tempo considerável, por quaisquer de tais revoluções.

CAPÍTULO 11
Da renda da terra

A renda, considerada como o preço pago pelo uso da terra, é naturalmente o mais alto que o rendeiro pode pagar nas circunstâncias atuais da terra. Ao ajustar os termos do arrendamento, o proprietário procura deixar-lhe uma parte não superior à suficiente para manter o capital com o qual ele fornece a semente, paga o trabalho e compra e mantém o gado e outros instrumentos agrícolas, juntamente com os lucros ordinários do capital do cultivo, na região. Esta é, evidentemente, a menor fração com que o rendeiro pode se contentar sem prejuízo, e o proprietário raramente pretende deixar-lhe algo mais. Qualquer parte do produto, ou, o que dá no mesmo, qualquer parte de seu preço, que esteja muito acima desta fração, ele naturalmente procura reservar para si mesmo, como o arrendamento de sua terra, que é evidentemente o mais alto que o rendeiro pode suportar pagar nas circunstâncias atuais da terra. Por vezes, de fato, a liberalidade, e mais frequentemente a ignorância, do proprietário o faz aceitar um pouco menos que esta porção; e por vezes também, se bem que mais raramente, a ignorância do rendeiro faz com que pague um pouco mais, ou que se contente com um pouco menos que os lucros ordinários do capital agrícola de sua região. Esta porção, porém, pode ainda ser considerada a renda natural da terra, ou a renda pela qual naturalmente seria em geral arrendada.

A renda da terra, pode-se pensar, frequentemente não é mais que um lucro razoável ou interesse do capital depositado pelo proprietário sobre suas melhorias. Isto, sem dúvida, pode ser parcialmente o caso, em algumas ocasiões; pois é difícil que possa ser mais que parcialmente isto. O proprietário exige renda mesmo por terra sem melhoria, e o suposto interesse ou lucro sobre a despesa das melhorias é geralmente um adicional sobre esta renda original. Aquelas melhorias, além do mais, nem sempre se devem ao capital do proprietário, mas, por vezes, ao do rendeiro. Quando o arrendamento é renovado, porém, o proprietário comumente pede o mesmo aumento da renda, como se as melhorias fossem feitas pelo seu próprio capital.

Ele eventualmente pede renda pelo que é totalmente incapaz de melhoria humana. Há uma espécie de alga que, quando queimada, libera um sal alcalino, útil fazer vidro, sabão e várias outras aplicações. Cresce em várias regiões da Grã-Bretanha, particularmente na Escócia, nas rochas que afloram na superfície da linha d'água, e que são cobertas duas vezes ao dia pelo mar, e cuja produção, portanto, não pode ser aumentada pela indústria humana. O proprietário, porém, cuja propriedade é limitada por uma praia que apresente estas algas, pede renda por ela, tanto quanto por seus campos de cereal.

O mar, nas vizinhanças das ilhas Shetland, é mais que usualmente abundante em peixes, que faz a maior parte da subsistência de seus habitantes. Mas, para lucrar com o produto do mar, devem ter uma casa nas terras litorâneas. A renda do proprietário é proporcional não ao que o lavrador pode conseguir da terra, mas ao que consegue pela água e pela terra. É parcialmente paga em peixes, e um dos pouquíssimos casos em que a renda faz parte do preço daquela mercadoria é encontrado naquelas ilhas.

A renda da terra, então, considerada como o preço pago pelo uso da terra, é naturalmente um preço do monopólio. Não é de modo algum proporcional ao que o proprietário possa ter aplicado no aperfeiçoamento da terra, ou ao que ele pode tomar, mas ao que o lavrador pode tolerar como pagamento.

Pode-se levar ao mercado tais partes do produto da terra, de modo que seu preço ordinário seja apenas o suficiente para substituir o capital que deve ser empregado neste transporte, juntamente com seus lucros ordinários. Se o preço ordinário é superior a isto, seu excesso naturalmente irá para o arrendamento da terra. Se não é mais, mesmo com o transporte, não permite pagar a renda ao proprietário. Se o preço é excessivo ou não, depende da demanda.

Há algumas frações do produto da terra para as quais a demanda deve ser sempre tal que permita um preço superior ao que seja suficiente para levá-las ao mercado; e não há outras pelas quais se possa ou não tolerar este preço maior. A primeira deve sempre pagar a renda ao proprietário. A outra pode, ou não, de acordo com as circunstâncias.

A renda, deve-se portanto observar, entra na composição do preço das mercadorias de uma maneira distinta dos salários e do lucro. Salários e lucros altos ou baixos são as causas dos preços altos ou baixos; a renda alta ou baixa é o seu efeito. É porque altos ou baixos salários e lucros devem ser pagos, para trazer uma mercadoria ao mercado, que seu preço é alto ou baixo. Mas é por seu preço ser alto ou baixo, muito mais, ou muito pouco, ou não mais do que o suficiente para pagar aqueles salários e lucro, que permite uma renda alta, baixa ou nenhuma.

A consideração particular, primeiro, daquelas partes da produção da terra que sempre dá alguma renda; secundariamente, daquelas que ora podem, ora não podem fornecer alguma renda; e, terciariamente, das variações que, nos diversos períodos das melhorias, naturalmente têm lugar no valor relativo daquelas duas espécies de produto bruto, comparadas entre si e com as mercadorias manufaturadas, dividirão este capítulo em três partes.

PARTE 1
DO PRODUTO DA TERRA QUE SEMPRE FORNECE RENDA

Como os homens, bem como todos os outros animais, naturalmente se multiplicam em proporção aos meios de sua subsistência, a comida está sempre em demanda, maior ou menor. Pode sempre comprar ou ordenar uma maior ou menor quantidade de trabalho, e sempre pode-se encontrar alguém que esteja disposto a fazer algo para obtê-la. A quantidade de trabalho, de fato, que pode comprar nem sempre é igual ao que poderia manter, se administrada da maneira mais econômica, por conta dos altos salários que por vezes são pagos pelo trabalho. Mas sempre pode comprar uma tal quantidade de trabalho que pode manter, de acordo com a cotação que é mantida para aquela espécie de trabalho na região.

Mas a terra, em quase qualquer outra situação, produz uma maior quantidade de alimento do que é suficiente para manter todo o trabalho necessário para trazê-la ao mercado do modo mais liberal pelo qual se queira manter este trabalho. O excesso, também, é mais que suficiente para substituir o capital que empregou aquele trabalho, juntamente com seus lucros. Algo, portanto, sempre resta para a renda do proprietário.

As charnecas mais desertas da Noruega e da Escócia produzem uma espécie de pasto para o gado, cujos leite e rebanho são sempre mais do que suficientes não só para manter todo o trabalho necessário ao seu cuidado e pagar o lucro ordinário ao lavrador ou proprietário do rebanho, mas ainda permite o pagamento de pequena renda ao proprietário. A renda aumenta em proporção à qualidade do pasto. A mesma extensão de solo não só mantém mais gado, mas como é criado em menor escala, menos trabalho faz-se necessário para cuidar dele e coletar seu produto. O proprietário ganha de ambos os modos, pelo aumento da produção e pela diminuição do trabalho de manutenção.

 A renda da terra não só varia com sua fertilidade, seja qual for o seu produto, mas com sua situação, qualquer que seja sua fertilidade. A terra, na vizinhança de uma cidade, dá mais renda que terra igualmente fértil em região distante, no campo. Se bem que possa não custar mais trabalho cultivar uma que outra, deve sempre custar mais trazer o produto da terra distante ao mercado. Uma maior quantidade de trabalho, portanto, deve ser entretida; e o excesso, de onde se retira tanto o lucro do lavrador como a renda do proprietário, deve diminuir. Mas, nas regiões mais remotas a taxa de lucro, como já foi mostrado, é geralmente mais alta que na vizinhança de uma grande cidade. Uma menor proporção deste excesso diminuído, então, deve pertencer ao proprietário.

 Boas estradas, canais e rios navegáveis, diminuindo a despesa de transporte, colocam as regiões remotas de um país num nível mais próximo daquelas nas vizinhanças das cidades. Por causa disto, representam as maiores de todas as melhorias. Encorajam o cultivo dos círculos remotos, que são sempre os mais extensos do país. São vantajosas para a cidade, quebrando o monopólio do campo nas suas vizinhanças. São vantajosas mesmo para aquelas regiões. Se bem que introduzem algumas mercadorias rivais no mercado antigo, abrem muitos outros mercados para o novo produto. O monopólio, aliás, é um grande inimigo da boa administração, que nunca pode ser universalmente estabelecida, senão em consequência daquela livre e universal competição que força todos a recorrer a ela pelo bem da autodefesa. Não faz mais de cinquenta anos que alguns dos condados de Londres fizeram petição ao parlamento contra a extensão das estradas oficiais aos condados mais afastados. Estes condados, pretendiam eles, pelo baixo preço de trabalho, poderiam vender seu feno e cereal mais barato no mercado de Londres do que eles mesmos, e assim reduziriam suas rendas, arruinariam seus cultivos. Suas rendas, no entanto, subiram, e seus cultivos aperfeiçoaram-se, desde aquela época.

 Um campo de cereal de fertilidade moderada produz muito maior quantidade de comida para o homem do que um pasto de igual extensão.

Se bem que seu cultivo exija muito mais trabalho, o excesso que resta depois de substituir a semente e manter todo aquele trabalho é similarmente muito maior. Se uma libra de carne no açougueiro nunca fosse suposta valendo mais que uma libra de pão, este excesso seria sempre de maior valor, e constituiria um maior fundo tanto para o lucro do lavrador como para a renda do proprietário. Parece ter sido assim desde os mais rústicos princípios da agricultura.

Mas os valores relativos daquelas duas espécies diferentes de alimento, o pão e a carne, variam muito conforme o período da agricultura. Em seus princípios rudimentares, os campos não tratados, que então ocupavam a maior parte da região, estão totalmente abandonados ao gado. Há muito mais carne do que pão, e o pão, portanto, é a comida para a qual há a maior competição, e que, por conseguinte, acarreta o maior preço. Em Buenos Aires, nos é relatado por Ulloa, quatro reais, ou 21,5 pence e meio esterlinos, era, quarenta ou cinquenta anos atrás, o preço comum de um boi, escolhido de um rebanho de duzentos ou trezentos. Ele nada diz do preço do pão, provavelmente por não ter achado nada notável acerca dele. Lá, um boi, diz ele, custa pouco mais que o trabalho de capturá-lo. Mas o cereal não pode ser cultivado em lugar nenhum sem muito trabalho, e num país que está às margens do rio da Prata, naquela época, a estrada direta da Europa às minas de prata de Potosí, o preço em dinheiro do trabalho não devia ser muito baixo. É diferente quando o cultivo se estende pela maior parte do país. Há então mais pão do que carne. A competição muda de direção, e o preço da carne torna-se maior que o do pão.

Pela extensão, além do cultivo, os campos não tratados tornam-se insuficientes para suprir a demanda de carne. Uma boa parte das terras cultivadas deve ser empregada para alimentar e criar o gado, cujo preço, portanto, deve ser suficiente para pagar não só o trabalho necessário para cuidar dele, mas também a renda que o proprietário poderia tirar dessas terras empregadas na agricultura, bem como o lucro do lavrador. O gado alimentado nas charnecas menos cultivadas, quando trazido ao mesmo mercado, em proporção a seu peso ou excelência, é vendido ao mesmo preço que aquele criado na melhor terra. Os proprietários daquelas charnecas lucram com isso, e elevam a renda de suas terras em proporção ao preço de seu gado. Há não mais de um século, em muitas partes das terras altas da Escócia, a carne era tão barata, ou mais, do que o pão de cevada. A união abriu o mercado inglês ao gado das terras altas. Seu preço ordinário, atualmente, está umas três vezes mais alto que no começo do século, e as rendas de muitas terras naquela região triplicaram e quadruplicaram, ao mesmo tempo. Em quase toda parte da Grã-Bretanha, uma libra da melhor carne é, atualmente, mais cara que duas libras do melhor pão branco; e nos anos mais abundantes, chega a valer três ou quatro libras.

É assim que, no processo de aperfeiçoamentos, a renda e o lucro de pastos não tratados vêm a ser regulados, em certa medida, pela renda e o lucro do que já está aperfeiçoado, e isto, ainda pela renda e lucro do cereal. Os cereais são de colheita anual. A carne exige quatro ou cinco anos para crescer. Como um acre de terra, portanto, produzirá uma quantidade muito menor de uma espécie de comida que da outra, a inferioridade da quantidade deve ser compensada pela superioridade do preço. Se fosse mais que compensada, mais terra para cereal seria transformada em pasto, e se não fosse compensada, parte do que é pasto seria de novo transformada em cereal.

Esta igualdade, porém, entre a renda e o lucro do feno e do cereal, da terra cujo produto imediato é comida para o gado, e daquela cujo produto imediato é comida para os homens, deve ser entendida como tendo lugar apenas na maior parte das terras cultivadas de um grande país. Em algumas situações locais particulares, ocorre bem o contrário, e a renda e o lucro do feno são muito superiores ao que pode ser conseguido pelo cereal.

Assim, nas vizinhanças de uma grande cidade, a demanda de leite e forragem para cavalos usualmente contribui, junto com o alto preço da carne, para elevar o valor do feno acima do que pode ser chamada sua proporção natural para com o cereal. Esta vantagem local, é evidente, não pode ser comunicada às terras distantes.

Circunstâncias particulares por vezes tornaram certas regiões tão populosas que todo o território, como as terras nas vizinhanças de grandes cidades, não foram suficientes para proporcionar o feno e o cereal necessários para a subsistência de seus habitantes. Suas terras, então, foram empregadas principalmente na produção de feno, a mercadoria mais volumosa, e que não pode ser tão facilmente trazida de uma grande distância; o cereal, a comida da grande maioria do povo, veio a ser principalmente importado de países estrangeiros. A Holanda está atualmente nesta situação, e uma parte considerável da antiga Itália parece ter sido assim durante a prosperidade dos romanos. A boa alimentação, como dizia Catão, pelas palavras de Cícero, era a primeira e mais lucrativa atividade na administração de uma terra; alimentação tolerável, a segunda; e a má alimentação, a terceira. A aradura, ele colocava apenas em quarto lugar, quanto a lucros e vantagens. A aradura, de fato, naquela parte da antiga Itália que ficava nas vizinhanças de Roma, deve ter sido muito desencorajada pelas distribuições de cereal que frequentemente eram feitas ao povo, grátis ou a preço muito baixo. Este cereal era trazido das províncias conquistadas, das quais várias, em vez de impostos, eram obrigadas a fornecer o dízimo de seu produto a um preço estabelecido, cerca de seis pence o celamim, à república. O baixo preço a que este cereal era distribuído ao povo necessariamente deve ter abaixado o preço do que poderia ser levado ao mercado romano vindo do Lácio, ou o antigo território de Roma, e deve ter desencorajado seu cultivo naquela região.

Num campo aberto, também, cujo principal produto seja o cereal, um pedaço bem delimitado de grama frequentemente dará renda maior que qualquer campo de cereal seu vizinho. É conveniente para a manutenção do gado empregado no cultivo do cereal, e sua alta renda é, neste caso, paga não propriamente pelo valor de seu próprio produto, mas pelo das terras cerealíferas cultivadas por seu intermédio. A renda pode cair, se as terras vizinhas forem completamente isoladas. A atual renda elevada de terra isolada na Escócia parece dever-se à escassez deste isolamento, e não durará mais que esta escassez. A vantagem da terra cercada é maior para o pasto que para o cereal. Economiza o trabalho, também, de guardar o gado, que se alimenta melhor, também quando não pode vir a ser perturbado pelo pastor ou seu cão.

Mas onde não há vantagem local desta espécie, a renda e o lucro do cereal, ou qualquer que seja a comida vegetal comum do povo, deve naturalmente regular, conforme a terra apta à sua produção, a renda e o lucro do pasto.

O uso de pastos artificiais, nabos, cenouras, repolhos e outros expedientes que concorreram para fazer uma mesma extensão de terra alimentar um rebanho maior do que com o pasto natural, deve reduzir um tanto, deve-se esperar, a superioridade que, num campo cultivado, o preço da carne tem naturalmente sobre o do pão. Parece, concomitantemente, ter sido assim; e há alguma razão para acreditar que, pelo menos no mercado de Londres, o preço da carne no varejo, em proporção ao preço do pão, está bem menor agora do que estava no começo do século passado.

No apêndice à *Vida do Príncipe Henry*, o dr. Birch nos deu um relato dos preços da carne, como era comumente paga por aquele príncipe. Lá é dito que os quatro quartos de um boi pesando seiscentas libras usualmente lhes custavam nove libras e dez *shillings*, ou aproximadamente; isto é, 31 *shillings* e oito pence por cem libras de peso. O príncipe Henry morreu a 6 de novembro de 1612, no 19º ano de sua vida.

Em março de 1764, houve uma investigação parlamentar das causas do alto preço das vitualhas naquela época. Entre outras provas para o mesmo fim, foi evidenciado por um mercador de Virgínia que em março de 1763 ele abastecera seus navios a 24 ou 25 *shillings* por cem libras de carne, o que ele considerava o preço ordinário; ao passo que naquele ano de carestia, pagou 27 *shillings* pelo mesmo preço, aproximadamente. Este alto preço em 1764 é, porém, quatro *shillings* e oito pence mais baixo que o preço ordinário pago pelo príncipe Henry; e é o melhor bife apenas, deve-se observar, que se presta a ser salgado para aquelas longas viagens.

O preço pago pelo príncipe Henry totaliza 3 3/4d. por libra de toda a carcaça, e miúdos juntos; e àquela cotação, as melhores peças não poderiam ser vendidas a varejo a menos de 4 1/2d. ou 5d. a libra.

Na investigação parlamentar de 1764, as testemunhas afirmaram que o preço das melhores peças do melhor bife era para o consumidor, 4d. e 4 1/4d. por libra; e as peças piores em geral, de sete *farthings* a 2 1/2d. e 2 3/4d.; e isto, disseram, era em geral meio *penny* mais caro que o preço das mesmas peças do mês de março. Mas mesmo este alto preço é ainda bem mais barato que o que podemos supor ser o preço ordinário do varejo no tempo do príncipe Henry.

Durante os primeiros 12 anos do último século, o preço médio do melhor trigo no mercado de Windsor era £1 18s. 3 1/6d. o quarto de nove alqueires de Winchester.

Mas, nos 12 anos precedendo 1764, inclusive este ano, o preço médio da mesma medida do melhor trigo, no mesmo mercado, foi £2 s, 9 1/2d.

Nos 12 primeiros anos do último século, então, os preços do trigo parecem ter sido bem mais baixos, e a carne, bem mais cara, do que nos 12 anos que precederam 1764, inclusive este.

Em todos os grandes países, a maior parte das terras cultivadas é empregada para produzir comida para os homens ou para o gado. A renda e o lucro destas regulam a renda e o lucro de toda outra terra cultivada. Se qualquer outro produto desse menos, a terra logo seria dedicada ao cereal ou ao pasto; e se alguma desse mais, alguma parte das terras cerealíferas ou de pastagem logo seria utilizada para aquele produto.

Aquelas produções, com efeito, que requerem ou uma grande despesa original de melhorias, ou uma grande despesa anual de cultivo, para lhes adequar a terra, parecem mais comumente permitir uma maior renda; outra, um maior lucro que cereal ou pastagens. Esta superioridade, porém, dificilmente somará mais do que um razoável interesse ou compensação por esta despesa superior.

Num campo de lúpulo, num pomar, numa horta, a renda do proprietário e o lucro do lavrador são geralmente maiores que num campo de cereal ou num pasto. Mas trazer a terra para esta condição requer maior despesa. Donde uma maior renda passar a ser devida ao proprietário. Requer, também, uma administração mais atenta e habilidosa. Portanto, maior lucro é devido ao lavrador. A colheita também, pelo menos no caso do lúpulo e das frutas, é mais precária. Seu preço, portanto, além de compensar todas as perdas ocasionais, deve proporcionar algo como o lucro do seguro. As circunstâncias dos floricultores geralmente parcas, e sempre moderadas, podem nos mostrar que sua grande engenhosidade não é comumente supercompensada. Sua deliciosa arte é praticada por tantas pessoas ricas, por diversão, que pouca vantagem pode ser retirada por aqueles que a praticam por lucro; porque as pessoas que naturalmente deveriam ser seus melhores fregueses, suprem-se com todas as suas preciosas produções.

A vantagem que o proprietário deriva de tais melhorias nunca parece ser maior do que o que foi suficiente para compensar o risco inicial de executá-las. Na agricultura antiga, depois da vinha, uma horta bem regada parece ter sido parte da lavoura que se supõe ter fornecido a produção mais valiosa. Mas Demócrito, que escreveu sobre a agricultura, cerca de dois mil anos atrás, e que foi visto pelos antigos como um dos pais da arte, pensava que não agia sabiamente aquele que cercava uma horta. O lucro, dizia ele, não compensaria a despesa de um muro de pedra; e tijolos (ele queria dizer, suponho, tijolos cozidos ao sol) derretiam-se com a chuva e com a tempestade de inverno, e requeriam contínuos reparos.

Columella, que relata este julgamento de Demócrito, não o contradiz, mas propõe um método mui frugal para cercar, com uma sede de sarças e urzes, que, diz ele, achou, por experiência, ser uma cerca duradoura e impenetrável, mas, ao que parece, não era comumente conhecida no tempo de Demócrito. Palladius adota o parecer de Columella, que antes fora recomendado por Varrão. No alvitre daqueles cultivadores antigos, o produto de uma horta, parece, fora pouco mais que suficiente para pagar o cultivo extraordinário e despesas de irrigação; pois em países tão perto do sol, achava-se próprio, naqueles tempos como hoje, ter o controle de uma correnteza de água que poderia ser conduzida a cada canteiro da horta. Na maior parte da Europa, uma horta, atualmente, não se supõe que mereça um cercado melhor que aquele recomendado por Columella. Na Grã-Bretanha, e em alguns outros países nórdicos, os frutos mais finos não podem ser trazidos à perfeição senão com a assistência de um muro. Seu preço, portanto, nesses países, deve ser suficiente para pagar a despesa de construir e manter o que é indispensável. O muro frequentemente rodeia a horta, que assim goza do benefício de um cercado que seu próprio produto dificilmente poderia pagar.

Que o vinhedo, quando bem plantado e trazido à perfeição, era a parte mais valiosa da propriedade, parece ter sido máxima inquestionada na antiga agricultura, como na moderna, em toda região vinhateira. Mas se era vantajoso plantar nova vinha era questão de disputa entre os antigos agricultores italianos, como aprendemos com Columella. Ele decide, como verdadeiro amante de todo cultivo valioso, em favor da vinha, e procura demonstrar, por uma comparação do lucro e da despesa, que era um aperfeiçoamento dos mais vantajosos. Tais comparações, porém, entre o lucro e a despesa de novos projetos, amiúde são falazes, e mais que tudo, na agricultura. Se o ganho realmente feito por tais plantações fosse tão grande, usualmente, como ele imaginou, não haveria disputa a este respeito. O mesmo assunto é hoje muitas vezes controvertido, nos países vinhateiros. Seus autores sobre agricultura, de fato, os amantes e promotores do alto cultivo, parecem geralmente dispostos a decidir junto com Columella, em favor da vinha. Na França, a ansiedade dos produtores das antigas vinhas, para evitar a plantação de novas, parece favorecer sua opinião, e indicar a consciência, naqueles que têm experiência, que esta espécie de cultivo é atualmente, naquele país, mais lucrativa que qualquer outra. Simultaneamente, parece, para indicar outra opinião, que este lucro superior não pode durar mais que as atuais leis que restringem o livre cultivo do vinhedo. Em 1731, os cultivadores conseguiram uma ordem do conselho, proibindo a plantação de novos vinhedos e a renovação dos velhos, cujo cultivo tivesse sido interrompido por dois anos, sem uma permissão particular do rei, a ser concedida apenas por uma informação do intendente da província, certificando que examinara a terra e que esta é incapaz de qualquer outro cultivo. A pretensão desta ordem era a escassez de cereal e pastagem e a superabundância da vinha. Mas se esta superabundância fosse real, ela mesma, sem nenhuma ordem do conselho, evitaria eficazmente a plantação de novos vinhedos, reduzindo os lucros desta espécie de cultivo abaixo de sua proporção natural em relação ao cereal e às pastagens. Em relação à suposta escassez do cereal, ocasionada pela multiplicação dos vinhedos, o cereal, em toda a França, não é cultivado com mais cuidado do que na região dos vinhedos, onde a terra pode produzi-lo; como na Borgonha, em Guieno e no Alto Languedoc. Os numerosos operários empregados numa espécie de cultivo, naturalmente encorajam a outra, fornecendo rápida comercialização para seu produto. Diminuir o número daqueles capacitados a pagar por ela, é certamente um expediente pouco promissor para encorajar o cultivo do cereal. É como a política que promoveria a agricultura, desencorajando as manufaturas.

Logo, a renda e o lucro daquelas produções, que requerem uma maior despesa inicial de melhoramento para adequar-lhes a terra, ou uma maior despesa anual de cultivo, se bem que muito superior aos do cereal e dos pastos, mesmo quando não mais que compensam tais despesas extraordinárias, são na realidade regulados pela renda e o lucro dos cultivos comuns.

É verdade que às vezes acontece que a quantidade de terra que pode ser preparada para algum produto em particular é muito pequena para suprir a demanda efetiva. Toda a produção pode ser passada para aqueles que estão dispostos a dar algo mais do que o suficiente para pagar toda a renda, salários e lucro, necessários ao cultivo e ao transporte ao mercado, de acordo com suas cotações naturais ou de acordo com as taxas às quais são pagas na maioria das outras terras cultivadas. O excesso do preço que permanece depois de descontar toda a despesa do melhoramento e cultivo pode, comumente, neste caso, e apenas neste, não ter proporção regular com o excesso similar de cereal ou pastagem, mas pode excedê-lo em quase qualquer grau, e a maior parte deste excesso naturalmente vai para a renda do proprietário.

A proporção usual e a natural, por exemplo, entre a renda e o lucro da vinha e os do cereal e pastagens deve ser entendida como tendo lugar apenas em relação àqueles vinhedos que nada produzem senão a boa vinha comum, que pode ser plantada quase em todo lugar, em solo leve, arenoso, ou pedregoso, e que nada tenha para recomendá-lo senão sua resistência e salubridade. É apenas com tais vinhedos que a terra comum do campo pode ser tornada competitiva; pois com aquelas de qualidade especial, é evidente que não pode.

A vinha é mais afetada pela diferença de solos que qualquer outra árvore frutífera. De alguns deriva um saber que nenhum cultivo ou cuidado pode igualar, supõe-se, a nenhum outro. Este sabor, real ou imaginário, é por vezes peculiar ao produto de uns poucos vinhedos; por vezes, estende-se pela maior parte de um pequeno distrito, e por vezes, por parte considerável de uma grande província. Toda a quantidade de tais vinhos que é trazida ao mercado fica aquém da demanda efetiva, ou a demanda daqueles que estariam dispostos a pagar toda a renda, lucro e salários necessários para sua preparação e transporte, de acordo com a cotação ordinária ou de acordo com a cotação pela qual são pagos nos vinhedos comuns. Toda a quantidade, portanto, pode ser passada àqueles que se dispõem a pagar mais, que necessariamente eleva o preço acima do do vinho comum. A diferença é maior ou menor de acordo com a qualidade e raridade do vinho, que torna mais ou menos intensa a competição dos compradores. Seja qual for, a maior parte vai para a renda do proprietário. Pois, mesmo sendo tais vinhedos mais cuidadosamente cultivados do que a maioria dos outros, o alto preço do vinho parece não ser tanto o efeito como a causa deste cuidadoso cultivo. Num produto tão valioso, a perda ocasionada por negligência é grande a ponto de forçar mesmo os mais descuidosos à atenção. Uma pequena parte deste alto preço é então suficiente para pagar os salários do trabalho extraordinário dedicado a seu cultivo, bem como os lucros do capital extraordinário que movimenta aquele trabalho.

As colônias açucareiras possuídas pelas nações europeias nas Índias Ocidentais podem ser comparadas àqueles vinhedos preciosos. Toda sua produção fica aquém da demanda efetiva da Europa, e pode ser passada àqueles que estão dispostos a dar mais do que é o suficiente para pagar toda a renda, lucro e salários necessários à sua preparação e transporte ao mercado, de acordo com a taxa à qual são normalmente pagas por qualquer outro produto. Na Cochinchina, o mais fino açúcar branco é comumente vendido por três piastras o quintal, cerca de 13 *shillings* e seis pence "de nosso dinheiro, como nos é contado pelo sr. Poivre,[1] um mui cuidadoso observador da agricultura daquele país. O que lá é chamado quintal, pesa de 150 a 200 libras de Paris, ou 175 libras de Paris em média, o que reduz o peso do *hundredwight* inglês a cerca de oito *shillings* esterlinos, o que não é uma quarta parte do que é comumente pago pelos açúcares castanhos, ou mascavos, importados de nossas colônias, e nem um sexto do que é pago pelo mais fino açúcar branco. A maior parte das terras cultivadas na Cochinchina é empregada na produção de cereal e arroz, o alimento da grande maioria da população. Os preços respectivos de cereal, arroz e açúcar, lá, provavelmente estão na proporção natural, ou naquela que ocorre naturalmente nas várias colheitas da maioria das terras cultivadas, e que recompensa o lavrador e o proprietário tanto quanto pode ser calculado, de acordo com o que é usualmente a despesa original do melhoramento e a despesa anual do cultivo. Mas, em nossas colônias açucareiras, o preço do açúcar não tem tal proporção com a da produção de um campo de arroz ou de cereal, na Europa ou na América. Diz-se comumente que um plantador de açúcar deve amortizar toda a despesa de seu cultivo, e que seu açúcar todo deve ser lucro líquido. Se isto é verdade, pois não pretendo afirmá-lo, é como se um plantador de cereal esperasse amortizar a despesa de seu cultivo com a palha e o debulho, e que o grão todo fosse lucro líquido. Vemos frequentemente sociedades de mercadores em Londres e outras cidades mercantis comprar terra inculta em nossas colônias de açúcar, que esperam tratar e cultivar com lucro por meio de feitores e agentes, apesar da grande distância e retornos incertos da administração falha da justiça naqueles lugares. Ninguém tentará melhorar e cultivar do mesmo modo as terras mais férteis da Escócia, da Irlanda, ou das províncias cerealíferas da América do Norte, se bem que se possam esperar mais exata administração da justiça causando retornos mais regulares naquelas regiões.

Em Virgínia e Maryland, o cultivo do tabaco é preferido, como mais lucrativo, ao do cereal. O tabaco poderia ser cultivado vantajosamente

---

[1] *Voyages d'un Philosophe*.

na maior parte da Europa, mas aqui, em quase todo lugar, tornou-se particularmente sujeito a taxação, e coletar uma taxa de cada propriedade, no campo, onde esta planta poderia estar sendo cultivada, seria mais difícil, supôs-se, do que arrecadar uma sobre sua importação, na alfândega. Por causa disto, o cultivo do tabaco foi absurdamente proibido na maior parte da Europa, o que necessariamente dá uma espécie de monopólio aos países onde é permitido; e como Virgínia e Maryland produzem a maior quantidade dele, compartilham largamente, se bem que com alguns competidores, as vantagens deste monopólio. O cultivo do tabaco, porém, parece não ser tão vantajoso como o do açúcar. Nunca sequer ouvi dizer de alguma plantação de tabaco que fosse aperfeiçoada e cultivada pelo capital de comerciantes que residissem na Grã-Bretanha, e nossas colônias não nos enviam plantadores tão ricos como os que vemos habitualmente chegar de nossas colônias açucareiras. Apesar da preferência dada naquelas colônias, ao cultivo do tabaco em vez do cereal, pareceria que a demanda efetiva de tabaco, na Europa, não é completamente suprida, e é mais do que a do açúcar, provavelmente; e mesmo sendo o preço atual do tabaco provavelmente mais do que o suficiente para pagar a renda, salários e lucro necessários para prepará-lo e trazê-lo ao mercado, de acordo com a cotação a que são pagos na terra cerealífera, não deve estar muito acima do preço atual do açúcar. Nossos cultivadores de tabaco, concomitantemente, mostraram o mesmo temor da superabundância de tabaco que os proprietários das antigas vinhas da França têm da superabundância do vinho. Por uma assembleia, restringiram seu cultivo a seis mil plantas, supostamente fornecendo mil libras de tabaco, para cada negro entre 16 e sessenta anos de idade. Tal negro, bem acima desta quantidade de tabaco, pode cuidar, admite-se, de quatro acres de milho. Para evitar superabundância no mercado, nos anos abundantes, como nos é contado pelo dr. Douglas[2] (suspeito estar ele mal informado), algumas vezes queimaram uma certa quantidade de tabaco para cada negro, do mesmo modo que se diz que os holandeses fazem com as especiarias. Se tais métodos violentos são necessários para manter o preço atual do tabaco, a vantagem superior desta cultura sobre a do cereal, se ainda tem alguma, não poderá continuar por longo tempo.

---

[2] No *Summary*, de Douglas, vol. II, p. 372-373.

Destarte, a renda da terra cultivada, cujo produto é o alimento humano, regula a renda da maioria das outras terras cultivadas. Nenhum produto particular pode deixar de pagá-la, porque então a terra seria imediatamente voltada para outro uso. E se qualquer produto, em particular, comumente paga mais, é porque a quantidade de terra que pode ser preparada para ele é muito pequena para suprir a demanda efetiva.

Na Europa, o cereal é o principal produto da terra que serve imediatamente para a alimentação humana. Exceto em situações particulares, portanto, a renda da terra cerealífera regula, na Europa, a de toda outra terra cultivada. A Inglaterra não precisa invejar os vinhedos da França nem os olivais da Itália. Exceto por situações particulares, o valor destes é regulado pelo do cereal, no que a fertilidade da Inglaterra não é muito inferior à de qualquer daqueles países.

Se em qualquer país, a comida vegetal comum e preferida do povo fosse tirada de uma planta da qual a terra mais comum, com a mesma ou quase a mesma cultura, produzisse muito maior quantidade que a mais fértil dá com o cereal, a renda do proprietário, ou a quantidade de comida em excesso que lhe restaria, depois de pagar o trabalho e substituir o capital do lavrador, bem como seus lucros ordinários, necessariamente seria muito maior. Qualquer que fosse a taxa à qual o trabalho fosse comumente mantido naquele país, este excesso sempre seria mantido por si mesmo, e, por conseguinte, permitiria ao proprietário comprar ou controlar uma maior quantidade dele. O valor real de sua renda, seu verdadeiro poder e autoridade, seu controle das necessidades e comodidades da vida com que o trabalho de outras pessoas poderia suprir-lhe, necessariamente seria muito maior.

Um campo de arroz produz muito maior quantidade de alimento que o mais fértil campo de cereal. Duas colheitas ao ano, de trinta a sessenta alqueires cada, diz-se ser o produto comum de um acre. Seu cultivo, apesar de requerer mais trabalho, um excesso muito maior resta depois da aplicação de todo aquele trabalho. Nos países produtores de arroz, portanto, onde este é o alimento vegetal mais comum e preferido do povo, e onde os cultivadores se mantêm principalmente com ele, uma maior fração deste excesso pertenceria ao proprietário do que nos países cerealíferos. Na Carolina, onde os planta dores, como em outras colônias britânicas, são geralmente tanto os lavradores quanto os proprietários, e onde a renda é consequentemente confundida com o lucro, o cultivo do arroz é considerado como mais lucrativo que o do cereal, mesmo seus campos produzindo uma só colheita ao ano, e mesmo, pela prevalência dos costumes europeus, o arroz não ser lá o alimento vegetal comum e favorito do povo.

Um bom campo de arroz é um charco em todas as estações, e numa delas, um charco coberto de água. Não se presta aos cereais, ou pastagens, ou vinhedos, ou, na verdade, para qualquer outra produção vegetal que seja útil ao homem; e as terras que se prestam para estes fins, não se prestam para o arroz. Mesmo nos países do arroz, então, a renda das terras para o arroz não pode regular a renda das outras terras cultivadas, que nunca poderiam ser convertidas para aqueles outros produtos.

O alimento produzido por um campo de batatas não é inferior, em quantidade, àquele produzido por um campo de arroz, e muito superior ao que é produzido por um campo de trigo. Doze mil libras de batata de um acre de terra não é uma produção maior que duas mil libras de trigo. A comida, ou alimento sólido, com efeito, que pode ser retirada de cada uma daquelas duas plantas, não está totalmente em proporção a seu peso, por causa da natureza aquosa das batatas. Concedendo, pois, metade de peso desta raiz como sendo água, uma margem bastante grande, um tal acre de batatas ainda produzirá seis mil libras de alimento sólido, três vezes a quantidade produzida por um acre de trigo. Um acre de batatas é cultivado com menos despesa que um acre de trigo; o alqueive, que geralmente precede a semeadura do trigo, mais do que compensado o sachar e outros cuidados extraordinários que são sempre dedicados às batatas. Se esta raiz, em qualquer parte da Europa, se tornar o mesmo que o arroz, para os países que o cultivam, o alimento vegetal comum e favorito do povo, de modo a ocupar a mesma proporção das terras na aradura que o trigo e outras espécies de grão para alimentação humana na atualidade, a mesma quantidade de terra cultivada manteria número muito maior de pessoas, e os trabalhadores, sendo geralmente alimentados com batatas, um maior excesso restaria após substituir todo o capital e manter todo o trabalho empregado no cultivo. Uma maior fração deste excesso, também, caberia ao proprietário. A população aumentaria, e as rendas se elevariam muito além do que são atualmente.

A terra adequada para batatas é adequada para quase qualquer outro vegetal útil. Se ocupassem a mesma proporção de terra cultivada que o cereal ocupa atualmente, regulariam, do mesmo modo, a renda da maioria das outras terras cultivadas.

Em algumas partes do Lancashire acredita-se, segundo me foi contado, que o pão de aveia é uma comida mais substanciosa para os trabalhadores que o pão de farinha de trigo, e ouvi frequentemente a mesma doutrina sustentada na Escócia. Entretanto, tenho algumas dúvidas quanto à verdade disto. O povo comum da Escócia, alimentado com aveia, em geral não é tão forte nem tão bem aparentado quanto a gente do mesmo nível na Inglaterra, que se alimenta de pão de farinha de trigo. Tampouco trabalham tão bem, ou têm tão boa aparência; e como não há a mesma diferença entre a gente de bem entre os dois países, a experiência pareceria demonstrar que a comida da gente comum na Escócia não é tão adequada à constituição humana como a de seus vizinhos do mesmo nível na Inglaterra. Mas parece ser diferente com as batatas. Os trabalhadores braçais, carregadores, em Londres, e aquelas mulheres infelizes que vivem da prostituição, os homens mais fortes e as mulheres mais belas, talvez, dos domínios ingleses, diz-se que na maioria são das classes inferiores da Irlanda, que geralmente se alimentam com essa raiz. Nenhum alimento pode fornecer prova mais decisiva de sua qualidade nutritiva, ou de sua peculiar adequação à saúde da constituição humana.

É difícil preservar batatas ao longo do ano, e impossível armazená-las como o cereal, por dois ou três anos inteiros. O receio de não poder vendê-las antes que apodreçam desencoraja seu cultivo, e talvez seja o principal obstáculo a se tornarem, em qualquer grande país, como o pão, o principal alimento vegetal de todas as classes do povo.

PARTE 2
DO PRODUTO DA TERRA QUE POR VEZES FORNECE, E POR VEZES NÃO FORNECE RENDA

O alimento humano parece ser o único produto da terra que sempre e necessariamente fornece alguma renda ao proprietário. Outras espécies de produtos às vezes podem, às vezes não podem, de acordo com as várias circunstâncias.

Depois da alimentação, vestuário e habitação são as duas grandes necessidades da humanidade.

A terra, em seu estado original rústico, pode fornecer os materiais de vestuário e habitação a um número muito maior de pessoas do que pode alimentar. Em seu estado cultivado, por vezes pode alimentar um número muito maior de pessoas do que pode suprir aqueles materiais; pelo menos do modo como são requeridos, e como podem ser pagos. Num estado há então sempre uma superabundância daqueles materiais, que, por causa disto, são de pouco ou nenhum valor. No outro, é comum a escassez, o que necessariamente aumenta seu valor. Num estado, boa parte deles é atirada fora como inútil, e o preço do que é usado é considerado igual apenas ao trabalho e a despesa de adequá-lo ao uso, não podendo, pois, fornecer renda ao proprietário. No outro, são totalmente utilizados, e é frequente a demanda maior do que se pode conseguir. Sempre há alguém a dar mais do que o suficiente para pagar a despesa de trazê-los ao mercado. Seu preço, portanto, sempre pode proporcionar alguma renda ao proprietário.

As peles dos grandes animais eram os materiais originais da vestimenta. Nas nações de caçadores e pastores, cuja comida consiste principalmente da carne desses animais, cada homem, obtendo sua própria comida, proporciona a si mesmo o material de mais roupas do que ele pode vestir. Se não houvesse comércio exterior, a maior parte delas seria lançada fora, como coisa sem valor. Este era provavelmente o caso nas nações de caçadores da América do Norte, antes de seu país ser descoberto pelos europeus, com quem agora eles trocam seu excesso de peles por cobertores, armas de fogo e *brandy*, o que dá às peles algum valor. No atual estado comercial do mundo conhecido, as nações mais bárbaras, creio, dentre as quais se estabelece a propriedade da terra, têm algum comércio exterior deste tipo, e acham, entre seus vizinhos mais ricos, uma tal demanda por todos os materiais de vestimenta que sua terra produz, e que não pode ser processado nem consumido em sua própria nação, que eleva seu preço acima do custo de enviá-las a seus vizinhos mais ricos. Passa, pois, a fornecer renda ao proprietário. Quando a maior parte do gado das terras altas foi consumida em suas próprias colinas, a exportação de seus quartos era o item mais considerável do comércio daquele país, e aquilo pelo que eram trocados dava alguma adição à renda das propriedades das terras altas. A lã da Inglaterra, que nos velhos tempos não podia ser consumida nem manufaturada aqui mesmo, encontrou um mercado no então mais rico e industrioso país de Flandres, e seu preço proporcionava algo à renda da terra que a produzia. Nos países não mais cultivados do que era então a Inglaterra, ou do que as terras altas da Escócia agora são, e que não tinham comércio exterior, os materiais de vestimenta evidentemente seriam tão superabundantes que uma boa parte deles seria lançada fora como inútil, e nenhuma fração forneceria renda alguma ao proprietário.

Os materiais para as casas nem sempre podem ser transportados a uma distância tão grande quanto aqueles das roupas, e não se tornam tão prontamente um objeto de comércio exterior. Quando são superabundantes no país que os produz, frequentemente acontece, mesmo no atual estado comercial do mundo, que não são de valor para o proprietário. Uma boa pedreira nas cercanias de Londres daria uma renda considerável. Em muitas partes da Escócia e de Gales, não dá nenhuma. Madeira seca para construção é de grande valor num país populoso e bem cultivado, e a terra que a produz fornece renda considerável. Mas, em muitas partes da América do Norte, o proprietário agradeceria muito a alguém que levasse embora a maioria de suas grandes árvores. Em algumas partes das terras altas da Escócia, a casca é a única parte da madeira que, por falta de estradas e vias fluviais, pode ser enviada ao mercado. A madeira é deixada a apodrecer, no chão. Quando os materiais da habitação são tão superabundantes, a parte utilizada vale apenas o trabalho e a despesa de prepará-la para aquele uso. Não dá renda para o proprietário, que geralmente concede seu uso para quem quer que se dê ao trabalho de pedir-lhe. A demanda das nações mais ricas, por outro lado, por vezes lhe permite ganhar alguma renda por ela. A pavimentação das ruas de Londres permitiu aos proprietários de alguns rochedos estéreis nas costas da Escócia retirar uma renda daquilo que nunca a forneceu antes. Os bosques da Noruega e do litoral do Báltico acham mercado em muitas partes da Grã-Bretanha que não poderiam achar em seu país, permitindo alguma renda a seus proprietários.

Os países são populosos não em proporção ao número de pessoas cujo produto pode vestir e alojar, mas em proporção àqueles a que pode alimentar. Urna vez garantida a comida, é fácil achar a roupa e o alojamento necessários. Mas, mesmo com estes à mão, pode ser bem difícil achar comida. Em algumas partes mesmo dos domínios britânicos, o que é chamado de casa pode ser construído pelo trabalho de um dia de um homem. A espécie mais simples de vestimenta, as peles de animais, requerem um pouco mais de trabalho para curti-las e prepará-las para uso. Mas não requerem muito mais trabalho. Entre as nações selvagens e bárbaras, um centésimo ou pouco mais que isto, do trabalho de todo o ano, será necessário para provê-las com vestuário e alimentação que satisfaça a maioria da população. Todas as outras 99 partes são, geralmente, não mais que o suficiente para provê-las com alimento.

Mas, quando pelo aperfeiçoamento e cultivo da terra, o trabalho de uma família pode proporcionar comida para duas, o trabalho de metade da sociedade torna-se suficiente para proporcionar comida para todos. Logo, a outra metade, ou pelo menos sua maioria, pode ser empregada para fazer outras coisas, ou satisfazer as outras necessidades e gostos da humanidade. Vestimenta e habitação, mobília de casa, e o que é chamado equipagem, são os principais objetos da maior parte daquelas necessidades e gostos. O homem rico consome não mais comida que seu vizinho pobre. Na qualidade, pode ser muito diferente, e assim, selecioná-la e prepará-la pode exigir mais trabalho e arte; mas na quantidade é muito aproximadamente a mesma. Mas compare-se o espaçoso palácio e o grande guarda-roupa de um com a choupana e os poucos trapos do outro, e se poderá notar que a diferença entre suas roupas, casas e mobília doméstica é quase tão grande em quantidade como em qualidade. O desejo de comida é limitado em todo homem, pela estreita capacidade do estômago humano, mas o desejo de comodidades e ornamentos das construções, roupas, equipagem e mobília doméstica parece não ter limite ou fronteira certa. Aqueles que então têm o controle de mais comida que eles mesmos podem consumir, sempre estão desejosos de trocar o excesso, ou o que dá na mesma, seu preço, por gratificações desta ou de outra espécie. O que está muito acima de satisfazer o desejo limitado é dado para a satisfação daqueles desejos que não podem ser satisfeitos, mas parecem ser intermináveis. Os pobres, para conseguirem comida, esforçam-se para gratificar os gostos dos ricos, e para consegui-lo mais certamente, rivalizam uns com os outros no baixo preço e perfeição de seu trabalho. O número de trabalhadores aumenta juntamente com a qualidade da comida, ou com o crescente aperfeiçoamento e cultivo das terras; e como a natureza de seu negócio admite a máxima divisão do trabalho, a quantidade de materiais que podem trabalhar aumenta numa proporção muito maior que o seu número. Daí surgir uma demanda por todo tipo de material que a invenção humana pode empregar, útil ou ornamentalmente, na construção, no vestuário, ou na mobília doméstica, equipagem, pelos fósseis e minerais contidos nas entranhas da terra, pelos metais preciosos e pelas pedras preciosas.

A comida, assim sendo, não só é a fonte original de renda, mas toda outra parte do produto da terra que depois proporciona renda deriva aquela parte de seu valor do aperfeiçoamento da capacidade do trabalho de produzir comida por meio do aperfeiçoamento e cultivo da terra.

Aquelas outras partes do produto da terra, porém, que depois proporcionam renda nem sempre o fazem. Mesmo nos países adiantados e cultivados, a demanda por ela nem sempre é tal de modo a permitir um preço maior do que o suficiente para pagar o trabalho, e substituir, junto com os lucros ordinários, o capital que deve ser empregado para trazê--las ao mercado. Se é ou não assim, depende de circunstâncias diversas.

Se uma mina de carvão, por exemplo, pode fornecer alguma renda, depende parcialmente de sua fertilidade e parcialmente de sua situação.

Uma mina de qualquer espécie pode ser dita fértil ou estéril, de acordo com a quantidade de mineral que dela pode ser retirada, por uma certa quantidade de trabalho, que é maior ou menor da que pode ser retirada por uma igual quantidade da maior parte de outras minas da mesma espécie.

Algumas minas de carvão, localizadas vantajosamente, não podem ser exploradas devido à sua esterilidade. A produção não paga a despesa. Não podem dar lucro nem renda.

Há algumas cujo produto mal é suficiente para pagar o trabalho, e recolocar, junto com os lucros ordinários, o capital empregado em seu trabalho. Fornecem algum lucro ao empreendedor do trabalho, mas nenhuma renda ao proprietário. Só podem ser trabalhadas vantajosamente pelo proprietário, que, sendo ele mesmo o empreiteiro do trabalho, ganha o lucro ordinário do capital que emprega nele. Muitas minas de carvão da Escócia são assim exploradas, não podendo sê-lo de outra maneira. O proprietário não permitirá que ninguém mais trabalhe nelas sem pagar alguma renda, o que ninguém pode pagar.

Outras minas de carvão, no mesmo país, suficientemente férteis, não podem ser exploradas por causa de sua situação. Uma quantidade de mineral suficiente para amortizar a despesa do trabalho poderia ser trazida da mina pela quantidade de trabalho ordinária, ou mesmo menos, mas numa região do interior, escassamente habitada e sem boas estradas ou vias fluviais, esta quantidade não poderia ser vendida.

Os carvões são um combustível menos agradável que a lenha; diz-se que são mais insalubres também. A despesa com carvão, portanto, no local onde é consumido, deve geralmente ser um pouco inferior à da madeira.

O preço da madeira também varia com o estado da agricultura, quase da mesma maneira, e exatamente pela mesma razão, que o preço do gado. Nos seus primórdios, a maior parte de um país é coberta com madeira, que é então um simples estorvo sem valor para o proprietário, que a daria a alguém de bom grado para cortar. Com o avanço da agricultura, a floresta é parcialmente aberta pelo progresso da aradura; e em parte decai pelo aumento do gado. Este, se bem que não aumente na mesma proporção que o cereal, que é totalmente aquisição da indústria humana, ainda se multiplica sob o cuidado e a proteção do homem, que armazena na estação de abundância o que possa mantê-lo na de escassez, e que por todo o ano lhe fornece uma maior quantidade de comida do que a natureza inculta lhe poderia proporcionar, e que, destruindo e extirpando seus inimigos, garante-lhe a livre fruição de tudo que a natureza lhes provê. Numerosos rebanhos, quando deixados a vagar pelo bosque, se bem que não destruam as árvores mais velhas, impedem que as mais jovens cresçam, de modo que no decurso de um século ou dois toda a floresta é arruinada. A escassez de madeira então eleva seu preço. Proporciona boa renda, e o proprietário eventualmente acha que dificilmente teria mais vantagem do que em empregar sua terra para plantar madeira, cujo grande lucro frequentemente compensa o retardo do retorno. Isto parece ser quase o estado atual das coisas em várias partes da Grã-Bretanha, onde o lucro das plantações acha-se quase o mesmo do cereal ou das pastagens. A vantagem que o proprietário deriva da madeira nunca excede, pelo menos por um tempo considerável, a renda que as outras culturas lhe dariam; mas numa região do interior, altamente cultivada, não ficará muito aquém desta renda. No litoral de uma região bem cultivada, se o carvão pode ser obtido com comodidade, para combustível, pode ser mais barato trazer madeira seca para construção, de países estrangeiros menos cultivados, do que explorá-la no próprio país. Na nova cidade de Edimburgo, construída nestes últimos anos, não há, talvez, uma só vareta de madeira escocesa.

Qualquer que seja o preço da madeira, se o do carvão é tal que a despesa de um fogo de carvão é quase igual ao de um de madeira, podemos estar certos de que naquele lugar e circunstâncias, o preço do carvão está tão alto quanto pode ser. Assim parece ser em algumas regiões do interior da Inglaterra, particularmente em Oxfordshire, onde é comum, mesmo nas fogueiras do povo, misturar carvão e madeira, e onde a diferença na despesa com as duas espécies de combustível não pode, portanto, ser muito grande.

O carvão, nas regiões que o produzem, está sempre muito abaixo deste preço mais alto. Se não fosse assim, não poderia tolerar a despesa de um transporte a distância, por terra ou pela água. Só se poderia vender pequena quantidade, e os patrões e proprietários das minas acham mais interessante vender uma grande quantidade a um preço pouco acima do mais baixo do que pequena quantidade ao mais alto. A mina de carvão mais fértil, também, regula o preço do carvão nas outras minas da vizinhança. O proprietário e o empreiteiro acham, um, que pode conseguir maior renda, o outro, que pode conseguir maior lucro, vendendo um pouco mais barato que seus vizinhos. Seus vizinhos logo são obrigados a vender ao mesmo preço, se bem que não possam tolerá-lo tão bem, mesmo diminuindo, ou mesmo levando embora todo seu lucro e renda. Algumas minas são totalmente abandonadas, outras, não podem pagar renda, e podem ser exploradas só pelo proprietário.

O preço mais baixo pelo qual o carvão pode ser vendido por qualquer período considerável é, como o de todas as outras mercadorias, o preço que mal é suficiente para substituir, junto com seus lucros ordinários, o capital que deve ser empregado em trazê-lo ao mercado. Numa mina de carvão pela qual o proprietário não pode ter renda, mas que ele deve explorar por si mesmo, ou deixá-la, o preço do carvão deve geralmente estar perto deste preço.

A renda, sempre que o carvão permite uma, geralmente tem parte menor no seu preço do que na maioria das outras partes do produto bruto da terra. A renda de uma propriedade acima do solo comumente totaliza o que se supõe ser um terço do produto bruto; e é geralmente uma renda certa e independente das variações ocasionais de colheita. Nas minas de carvão, um quinto do produto bruto é uma renda muito grande; um décimo é a renda comum, e raramente é renda certa, mas depende das variações ocasionais da produção. Estas são tão grandes que, numa região onde trinta anos de compra é considerado um preço moderado para a terra, dez anos de lucro é visto como bom preço para a compra de uma mina de carvão.

O valor de uma mina de carvão para o proprietário frequentemente depende tanto de sua situação quanto de sua riqueza. O de uma mina de metais, depende mais de sua riqueza que de sua situação. Os metais grosseiros e, mais ainda, os metais preciosos, quando separados do minério, são tão valiosos que podem suportar geralmente a despesa de um transporte terrestre muito longo e do transporte marítimo mais distante. Seu mercado não fica confinado às regiões nas vizinhanças da mina, mas se estende a todo o mundo. O cobre japonês é artigo comercial na Europa; o ferro da Espanha, no mercado do Chile e do Peru. A prata do Peru acha comprador não só na Europa, mas da Europa à China.

O preço do carvão em Westmoreland, ou no Shropshire pode ter pouco efeito em Newcastle; e seu preço no Lionnois pode não ter efeito algum. A produção de minas tão distantes nunca pode ser competitiva uma com a outra. Mas a produção das minas de metais as mais distantes costumeiramente podem, como ocorre. O preço, portanto, dos metais vulgares, e, mais ainda, dos preciosos, nas minas mais ricas do mundo, deve afetar o preço de todas as outras. O preço do cobre no Japão deve ter alguma influência em seu preço nas minas da Europa. O preço da prata no Peru, ou a quantidade de trabalho ou de outros bens que comprará lá, deve ter alguma influência em seu preço, não só nas minas de prata da Europa, mas nas da China. Depois da descoberta das minas do Peru, as minas de prata da Europa foram, na maioria, abandonadas. O valor da prata ficou tão reduzido que sua produção não mais podia pagar a despesa de sua operação, ou recolocar com lucro, o vestuário, a comida, o alojamento e outras necessidades que eram consumidas naquela operação. Este foi o caso, também, com as minas de Cuba e Santo Domingo, e mesmo com as antigas minas do Peru, depois da descoberta das de Potosí.

O preço de cada metal em cada mina, então, sendo regulado, em alguma medida pelo seu preço na mina mais rica do mundo que esteja sendo explorada, na franca maioria das minas, pode fazer bem pouco além de pagar a despesa do trabalho, e dificilmente daria alta renda ao proprietário. A renda, consequentemente, na maioria das minas parece ser uma pequena fração do preço dos metais comuns, e menor ainda ao dos preciosos. O trabalho e o lucro fazem a maior parte de ambos.

Uma sexta parte do produto bruto pode ser tida como a renda média das minas de estanho da Cornualha, as mais ricas conhecidas no mundo, como nos é dito pelo reverendo Borlace, vice-inspetor das minas de estanho. Algumas pagam mais e algumas nem tanto. Uma sexta parte do produto bruto é a renda, também, de várias minas ricas em chumbo, da Escócia.

Nas minas de prata do Peru, dizem-nos Frezier e Ulloa, o proprietário não exige outra satisfação do empreiteiro da mina, senão de que vai moer o minério em seu moinho, pagando-lhe o preço ordinário da moagem. Até 1736, de fato, a taxa do rei da Espanha chegava a um quinto do padrão de prata, que até então podia ser considerada a renda real da maioria das minas de prata do Peru, as mais ricas conhecidas no mundo. Se não houvesse taxação, este quinto pertenceria ao proprietário das terras, e muitas minas poderiam então passar a ser exploradas, por não poderem pagar esta taxa antes. A taxa do duque da Cornualha sobre o estanho, supõe-se que chegue a mais de 5%, ou um vigésimo do valor; e seja qual for esta proporção, naturalmente pertenceria ao proprietário da mina, se o estanho estivesse livre de imposto. Mas acrescendo-se um vigésimo a um sexto, acha-se que toda a renda média das minas de prata do Peru está como 12 para 13. Mas as minas de prata do Peru não podem agora pagar nem mesmo esta baixa renda, e a taxa sobre a prata foi, em 1736, reduzida de um quinto a um décimo. Mesmo esta taxa sobre a prata também dá mais tentação de contrabandear do que um vigésimo sobre o estanho; e o contrabando deve ser mais fácil com a mercadoria preciosa do que a volumosa. A taxa do rei da Espanha, por conseguinte, diz-se ser muito mal paga, e a do duque da Cornualha, muito bem paga. A renda, portanto, é provável, perfaz uma grande parte do preço do estanho nas mais ricas minas de estanho, do que nas de prata, nas minas de prata mais ricas do mundo. Depois de substituir o capital empregado na operação dessas várias minas, junto com seus lucros ordinários, cujo resíduo para o proprietário é maior, ao que parece, no metal vulgar do que no precioso.

Tampouco são os lucros dos empreiteiros das minas de prata, em geral, muito grandes, no Peru. Os mesmos respeitáveis e bem-informados autores nos informam que, quando uma pessoa enceta a exploração de uma nova mina no Peru, é vista universalmente como alguém destinado à bancarrota e à ruína, e por causa disto é evitada por todos. A mineração, ao que parece, é considerada lá à mesma luz que aqui a loteria, em que os prêmios não compensam o risco, se bem que a magnitude de alguns prêmios tente muitos aventureiros a jogar suas fortunas em projetos tão pouco prósperos.

Como o soberano, no entanto, deriva parte considerável deste rendimento do produto das minas de prata, a lei do Peru dá todo encorajamento possível à descoberta e exploração de novas minas. Quem quer que descubra uma nova mina está autorizado a medir 246 pés de comprimento, de acordo com o que suponha ser a direção do veio, e metade de largura. Torna-se proprietário desta porção da mina, e pode explorá-la sem pagar qualquer obrigação ao proprietário da terra. O interesse do duque da Cornualha deu ocasião a um regulamento quase da mesma natureza, naquele antigo ducado. Em terras desertas e não cercadas, qualquer pessoa que descobrir uma mina de estanho pode marcar seus próprios limites até uma certa extensão, o que é chamado delimitar uma mina. O delimitador torna-se o proprietário real da mina, e pode explorá-la ele mesmo, ou arrendá-la a outrem, sem o consentimento do proprietário da terra, a quem, porém, uma obrigação mínima deve ser paga, quando da exploração. Em ambos os regulamentos, os direitos sagrados da propriedade privada são sacrificados aos supostos interesses da renda pública.

O mesmo encorajamento é dado no Peru à descoberta e exploração de novas minas de ouro; e no ouro, a taxa do rei totaliza apenas um vigésimo do metal-padrão. Já foi um quinto, e depois um décimo, como com a prata; mas descobriu-se que o trabalho não podia suportar nem mesmo a mais baixa daquelas duas taxas. Se é raro, entretanto, dizem os mesmos autores, Frezier e Ulloa, encontrar uma pessoa que tenha feito fortuna pela prata, é ainda muito mais raro encontrar alguém que a tenha feito por uma mina de ouro. Esta vigésima parte parece ser toda a renda paga pela maioria das minas de ouro no Chile e no Peru. O ouro, também, é muito mais viável de ser contrabandeado do que mesmo a prata; não só por causa do valor superior do metal em proporção ao seu volume, mas por causa da maneira peculiar que a natureza o produz. A parte é raramente encontrada nativa, mas como muitos outros metais, é geralmente mineralizada junto com algum outro corpo, do qual é impossível separá-la em quantidades tais que paguem a despesa, senão por uma laboriosa e tediosa operação, que só pode ser levada a bom termo numa oficina construída especialmente, e portanto, exposta à inspeção dos funcionários do rei. O ouro, pelo contrário, é quase sempre encontrado nativo. Por vezes é encontrado em peças de algum volume, e mesmo misturado a mínimas e quase imperceptíveis partículas de areia, terra e outros corpos estranhos, podendo ser separado deles por uma operação muito breve e simples, que pode ser feita em qualquer casa particular por qualquer um que possua uma pequena quantidade de mercúrio. Se a taxa do rei é muito mal paga com a prata, será muito mais mal paga em ouro, e a renda será uma parte muito menor do preço do ouro do que a da prata.

O preço mais baixo pelo qual os metais preciosos podem ser vendidos, ou a menor quantidade de outros bens pelos quais podem ser trocados durante qualquer período considerável, é regulado pelos mesmos princípios que fixam o preço ordinário mais baixo de todos os outros bens. O capital que habitualmente deve ser empregado, a comida, as roupas e o alojamento que devem habitualmente ser consumidos para trazê-los da mina ao mercado, determinam esse preço. Deve pelo menos ser suficiente para substituir aquele capital, com os lucros ordinários.

Seu preço mais alto, por outro lado, parece não ser determinado necessariamente por nada, senão pela escassez real ou abundância daqueles mesmos metais. Não é determinado pelo de qualquer outra mercadoria, tal como o preço do carvão o é pelo da madeira, além do qual nenhuma escassez pode elevá-lo. Aumente-se a escassez do ouro a um certo grau, e seu menor pedaço pode se tornar mais precioso que um diamante, e ser trocado por uma maior quantidade de outros bens.

A demanda por aqueles metais origina-se parcialmente de sua utilidade e parcialmente de sua beleza. Excetuando-se ferro, são mais úteis, talvez, que quaisquer outros metais. Como são menos prováveis de oxidar e sujar, podem ser mantidos limpos mais facilmente, e os utensílios da mesa ou da cozinha são, por isso, muito mais agradáveis quando feitos deles. Uma chaleira de prata é mais limpa que uma de chumbo, cobre ou de estanho; e a mesma qualidade tornaria uma chaleira de ouro ainda melhor que uma de prata. Seu principal mérito, não obstante, surge de sua beleza, que os torna peculiarmente próprios para os ornamentos do vestido e da mobília. Nenhuma pintura ou tintura pode dar uma cor tão esplêndida quanto a douração. O mérito de sua beleza é grandemente aumentado por sua escassez. Para a maioria das pessoas ricas, a principal fruição das riquezas consiste na ostentação das riquezas, que a seus olhos nunca é tão completa quanto aparentam possuir aqueles sinais decisivos de opulência que ninguém, senão elas, podem possuir. A seus olhos, o mérito de um objeto que em algum grau seja útil ou belo é grandemente aumentado por sua raridade, ou pelo grande trabalho que é preciso para coletar qualquer quantidade considerável dele, um trabalho que ninguém pode pagar, senão elas. Tais objetos, elas estão dispostas a comprar a um preço mais alto do que coisas muito mais belas e úteis, mas mais comuns. Estas qualidades de utilidade, beleza e raridade são o fundamento original do alto preço daqueles metais, ou da grande quantidade de outros bens pelos quais eles podem ser trocados, em qualquer lugar. Este valor antecedeu e foi independente de serem empregados como moeda, e foi a qualidade que os adequou para aquele emprego. Esse emprego, ocasionando uma nova demanda, e diminuindo a quantidade que poderia ser empregada de qualquer outro modo, pode ter depois contribuído para manter ou aumentar seu valor.

A demanda pelas pedras preciosas origina-se totalmente por sua beleza. Não têm utilidade, senão como ornamentos, e o mérito de sua beleza é grandemente aumentado por sua raridade, ou pela dificuldade e despesa de tirá-las da mina. Os salários e os lucros compõem, na maioria dos casos, quase o total de seu alto preço. A renda entra como pequena fração; e só as minas mais ricas permitem alguma renda considerável. Quando Tavernier, um joalheiro, visitou as minas de diamantes de Golconda e Visiapur, foi informado que o soberano do país, em cujo benefício eram exploradas, ordenou que todas fossem fechadas, exceto aquelas que davam as maiores e mais finas pedras. As outras, ao que parece, para o proprietário, não valiam o trabalho.

Como o preço tanto dos metais e das pedras preciosas é regulado em todo o mundo por seu preço na mina mais rica que houver, a renda que uma mina deles pode pagar ao proprietário está em proporção não à sua riqueza absoluta, mas ao que pode ser chamado riqueza relativa, ou à sua superioridade a outras minas da mesma espécie. Se novas minas fossem descobertas, muito superiores àquelas de Potosí, como estas foram superiores às da Europa, o valor da prata poderia ficar tão degradado que faria mesmo com que as minas de Potosí não valessem a exploração. Antes da descoberta das Índias Ocidentais Espanholas, as minas mais férteis da Europa devem ter dado uma renda a seus proprietários, tais como as das mais ricas minas do Peru de hoje. Mesmo sendo a quantidade de prata muito menor, podia ser trocada por uma quantidade igual de outros bens, e a fração do proprietário poderia permitir-lhe comprar ou comandar uma igual quantidade, de trabalho ou de mercadorias. O valor, tanto do produto quanto da renda, o real rendimento que proporcionavam ao público e ao proprietário, podia ter sido o mesmo.

As minas mais abundantes, dos metais ou das pedras preciosas, pouco poderiam acrescer à riqueza do mundo. Uma produção cujo valor é derivado principalmente de sua escassez, necessariamente se degrada por sua abundância. Um serviço de prata, e os outros ornamentos frívolos de vestimenta e mobiliário, poderiam ser comprados por uma menor quantidade de trabalho, ou por uma menor quantidade de mercadorias, e esta constituiria a única vantagem que o mundo poderia derivar daquela abundância.

É diverso o que ocorre com propriedades sobre o solo. O valor de sua produção e de sua renda está em proporção à sua fertilidade absoluta e não à relativa. A terra que produz uma certa quantidade de alimento, roupas e alojamento pode sempre alimentar, vestir e alojar um certo número de pessoas; e qualquer que seja a proporção do proprietário, sempre lhe dará um controle proporcionado do trabalho dessas pessoas e das mercadorias com que aquele trabalho pode supri-lo. O valor das terras mais estéreis não é diminuído pela vizinhança das mais férteis. Pelo contrário, é geralmente elevado. O maior número de pessoas mantido pelas terras férteis permite um mercado a muitas partes do produto da estéril, que nunca poderiam encontrar entre aquelas cujo produto poderia manter.

O que quer que aumente a fertilidade da terra para produzir comida, aumenta não só o valor das terras sobre as quais a melhoria é aplicada, mas igualmente contribui para aumentar o de muitas outras terras, criando nova demanda para sua produção. Aquela abundância de alimentos, que em consequência da melhoria da terra, muitas pessoas põem à disposição, além do que elas mesmas podem consumir, é a grande causa da demanda dos metais e pedras preciosas, bem como de toda outra comodidade e ornamento de vestuário, alojamento, mobília doméstica e equipagem. A comida não só constitui a principal parte das **riquezas do mundo, mas é a abundância de comida que dá a principal** parte de seu valor a muitas outras espécies de riqueza. Os pobres habitantes de Cuba e Santo Domingo, quando primeiro foram descobertos pelos espanhóis, costumavam usar pedacinhos de ouro como ornamento em seus cabelos e outras partes de sua vestimenta. Pareciam dar-lhes o valor que nós daríamos a calhaus de beleza pouco acima de ordinária, e considerá-los como valendo serem apanhados, mas não valendo a recusa a alguém que os pedisse. Deram-nos a seus novos hóspedes à primeira instância, sem parecer pensar que lhes tinham feito qualquer presente valioso. Ficaram pasmados ao observar o furor dos espanhóis para obtê-los; e não tinham noção de que poderia haver um país em que muitas pessoas podiam dispor de tamanha superabundância de comida, sempre tão rarefeita entre eles, que por uma pequeníssima quantidade daquelas quinquilharias reluzentes, de boa mente dariam o suficiente para manter toda uma família por muitos anos. Se eles fossem levados a entender isto, a paixão dos espanhóis não os surpreenderia.

PARTE 3
DAS VARIAÇÕES NA PROPORÇÃO ENTRE OS VALORES RESPECTIVOS DAQUELA ESPÉCIE DE PRODUTO QUE SEMPRE DÁ RENDA E DAQUELA QUE ÀS VEZES DÁ E ÀS VEZES NÃO DÁ RENDA

A crescente abundância de comida, em consequência do crescente aperfeiçoamento e cultivo, deve necessariamente aumentar a demanda de cada parte do produto da terra que não seja comida, e que pode ser aplicada ao uso ou ao ornamento. No progresso total do aperfeiçoamento, pode-se esperar, haveria só uma variação nos valores comparativos daquelas duas espécies diversas de produto. O valor daquela espécie que por vezes dá, e por vezes não dá renda, deveria crescer constantemente em proporção àquela que dá sempre alguma renda. Com o avanço da arte e da indústria, os materiais de vestuário e construção, os fósseis e minerais úteis da terra, os metais e as pedras preciosas gradualmente teriam demanda cada vez maior, e gradualmente seriam trocados por uma quantidade cada vez maior de comida, ou, em outras palavras, gradualmente se tornariam cada vez mais caros. Isto, por conseguinte, foi o caso da maioria daquelas coisas, na maioria das ocasiões, e teria sido o caso com todas elas em todas as ocasiões, se acidentes particulares por vezes não aumentassem o suprimento delas numa proporção ainda maior que a demanda.

O valor de uma pedreira, por exemplo, necessariamente aumentará aumentando as melhorias e a população da região, especialmente se for a única, nas vizinhanças. Mas o valor de uma mina de prata, mesmo não havendo outra a mil milhas de distância, não aumentará necessariamente com o aperfeiçoamento da região onde estiver situada. O mercado para o produto de uma pedreira dificilmente pode se estender a mais de algumas milhas a seu redor, e a demanda deve geralmente estar em proporção ao aperfeiçoamento e à população daquele pequeno distrito. Mas o mercado para a produção da mina de prata pode estender-se por todo o mundo conhecido. A menos que o mundo, em geral, esteja avançado em seu aperfeiçoamento e população, a demanda de prata pode não ser aumentada nem mesmo pelo aperfeiçoamento nem mesmo de uma ampla região nas vizinhanças da mina. Mesmo se todo o mundo, em geral, estivesse se adiantando, se no decurso deste progresso novas minas fossem descobertas, muito mais ricas do que quaisquer outras conhecidas anteriormente, mesmo que a demanda de prata necessariamente aumentasse, o suprimento poderia aumentar numa proporção tão maior que o preço real daquele metal poderia cair gradativamente; isto é, qualquer quantidade dada, um peso de uma libra, digamos, poderia gradativamente comprar ou controlar uma quantidade cada vez menor de trabalho, ou ser trocada por uma quantidade cada vez menor de cereal, a parte principal da subsistência do trabalhador.

O grande mercado da prata é a parte comercial e civilizada do mundo.

Se, pelo processo geral de aperfeiçoamento, a demanda deste mercado aumentasse, ao passo que simultaneamente o suprimento não aumentasse na mesma proporção, o valor da prata se elevaria gradativamente em proporção ao do cereal. Qualquer quantidade dada de prata seria trocada por uma quantidade cada vez maior de cereal; em outras palavras, o preço médio em dinheiro, do cereal, gradualmente se tornaria cada vez mais barato.

Se, pelo contrário, o suprimento, por algum acidente, aumentasse ao longo de muitos anos numa maior proporção que a demanda, aquele metal gradativamente se tornaria cada vez mais barato; ou, por outra, o preço médio em dinheiro do cereal, a despeito de todo progresso, gradualmente se tornaria cada vez mais alto.

Mas se, por outro lado, o fornecimento do metal aumentasse quase na mesma proporção que a demanda, continuaria a comprar ou trocar quase a mesma quantidade de cereal, e o preço médio em dinheiro, do cereal, a despeito de todo aperfeiçoamento, continuaria muito aproximadamente o mesmo.

Estas três parecem esgotar todas as possíveis combinações de eventos que podem ocorrer no decurso do progresso, e no decurso dos quatro últimos séculos, se podemos julgar pelo que tem acontecido na França e na Grã-Bretanha, cada uma dessas três distintas combinações parece ter tido lugar no mercado europeu, e quase na mesma ordem, também, em que as descrevi.

DIFERENTES EFEITOS DO PROGRESSO DOS MELHORAMENTOS SOBRE TRÊS DIFERENTES ESPÉCIES DE PRODUTO BRUTO

As diversas espécies de produto bruto podem ser divididas em três classes. A primeira compreende aquelas que não estão ao alcance da indústria humana multiplicar. A segunda, as que esta pode multiplicar em proporção à demanda. A terceira, aquelas em que a eficácia da indústria é limitada, ou incerta. No progresso da riqueza e dos melhoramentos, o preço real da primeira pode subir a qualquer grau de extravagância, e não parece estar limitado por qualquer fronteira certa. O da segunda, se bem que possa crescer grandemente, tem, porém, um certo limite além do qual não pode passar por bastante tempo. O da terceira, apesar de sua tendência natural a subir, no decurso do progresso, neste mesmo grau de aperfeiçoamento, pode cair, ou então não mudar, e por vezes subir ou descer um pouco, de acordo com acidentes vários dos esforços da indústria humana, sendo mais ou menos bem-sucedidos em multiplicar esta espécie de produto bruto.

Primeira espécie

A primeira espécie de produto bruto cujo preço aumenta com o progresso dos melhoramentos é aquela que está pouco ao alcance da indústria humana multiplicar. Consiste daquelas coisas que a natureza produz apenas em certas quantidades, e que, sendo de natureza muito perecível, é impossível acumular o produto de muitas estações diferentes. Assim é a maioria de peixes e aves raros e singulares, várias espécies de caça, quase todas de animais selvagens, todas as aves de arribação em particular, bem como muitas outras coisas. Quando a riqueza e o luxo que a acompanham aumenta, a demanda por elas aumentará conjuntamente, e nenhum esforço da indústria humana será capaz de aumentar o fornecimento muito além do que era antes deste aumento da demanda. A quantidade de tais mercadorias, portanto, sendo a mesma, ou quase, enquanto que a competição para comprá-las está aumentando continuamente, seu preço pode subir até qualquer grau de extravagância, e não parece estar limitado por qualquer fronteira. Se as galinholas ficassem tão em voga a ponto de serem vendidas por vinte guinéus cada, nenhum esforço da indústria humana poderia aumentar o número daquelas trazidas ao mercado, muito além do que presentemente. O alto preço pago pelos romanos, no tempo de sua maior grandeza, por aves e peixes raros, deste modo pode ser facilmente explicado. Estes preços não eram efeito do baixo valor da prata naqueles tempos, mas do alto valor de tais raridades e curiosidades que a indústria humana não podia multiplicar à vontade. O valor real da prata era mais alto em Roma, por algum tempo antes e depois da queda da república, do que na maior parte da Europa, hoje em dia. Três sestércios, cerca de seis pence esterlinos, era o preço que a república pagava pelo modius, ou celamim do trigo do dízimo da Sicília. Este preço, porém, estava provavelmente abaixo do preço médio de mercado, a obrigação de entregar seu trigo a esta cotação sendo considerada como taxa sobre os lavradores sicilianos. Então quando os romanos tinham ocasião de comprar mais cereal que a dízima de trigo, estavam obrigados por capitulação a pagar o excesso à taxa de quatro sestércios, ou oito pence esterlinos, o celamim; e isto provavelmente foi tido como preço moderado e razoável, isto é, o preço de contrato ordinário ou médio daqueles tempos; é igual a cerca de 21 *shillings* esterlinos o quarto. Vinte e oito *shillings* o quarto era, antes dos últimos anos de carestia, o preço de contrato comum do trigo inglês, que em qualidade é inferior ao siciliano, e geralmente é vendido por um preço inferior no mercado europeu. O valor da prata, naqueles tempos passados, deve ter estado para seu valor presente como três para quatro inversamente; isto é, três onças de prata então teriam comprado a mesma quantidade de trabalho e mercadoria que quatro onças o fazem atualmente. Quando lemos, pois, em Plínio, que Seius[3] comprou um rouxinol branco como presente para a imperatriz Agripina, ao preço de seis mil sestércios, igual a cinquenta libras de nosso dinheiro atual, e que Asinius Celer[4] comprou um salmonete ao preço de oito mil sestércios, igual a 66 libras, 13 *shillings* e quatro pence de nosso dinheiro, a extravagância de tais preços, por maior que seja nossa surpresa, pode parecer-nos cerca de um terço a menos do que realmente foram. Seu preço real, a quantidade de trabalho e subsistência que foi dada por eles, foi cerca de um terço a mais do que seu preço nominal pode expressar atualmente. Seius deu pelo rouxinol o controle de uma quantidade de trabalho e subsistência igual ao que £88 17s. 9 1/3d. compraria. O que ocasionou a extravagância daqueles altos preços foi não tanto a abundância de prata quanto a abundância de trabalho e subsistência que aqueles romanos tinham à disposição além do que era necessário para seu uso. A quantidade de prata que eles tinham à disposição era muito inferior ao que o controle da mesma quantidade de trabalho e subsistência lhes teria proporcionado na atualidade.

Segunda espécie

A segunda espécie de produto bruto cujo preço se eleva com o progresso dos melhoramentos é aquela que a indústria humana pode multiplicar em proporção à demanda. Consiste daquelas plantas e animais úteis que, nos países não cultivados, a natureza produz com tão profusa abundância que são de pouco ou nenhum valor, e que, com o avanço do cultivo, são forçados a dar lugar a algum produto mais lucrativo. Durante um longo período do avanço dos melhoramentos, a quantidade deles está diminuindo continuamente, ao passo que ao mesmo tempo a demanda por eles cresce continuamente. Seu valor real, a real quantidade de trabalho que comprarão ou controlarão, gradualmente cresce, até que

---

[3] Plínio, X, 29.
[4] Plínio, IX, 17.

fica alto a ponto de torná-los produto tão lucrativo como qualquer outra coisa que a indústria humana pode cultivar na terra mais fértil e mais bem tratada. Quando chegou a este ponto, não pode se elevar mais. Se o fizesse, mais terra e mais indústria logo seriam empregadas para aumentar sua quantidade.

Quando o preço do gado, por exemplo, sobe tanto que fica igualmente lucrativo cultivar terra para dar-lhe comida, como para cultivar a comida humana, não pode subir mais. Se o fizesse, mais terra de cereal seria logo transformada em pastagem. A extensão da aradura, diminuindo a quantidade de pasto livre, diminui a quantidade de carne que a região naturalmente produz sem lavor ou cultivo, e aumentando o número daqueles que têm cereal, ou igualmente, o preço do grão, para dar em troca, aumenta a demanda. O preço da carne, e por conseguinte o do gado, deve ir crescendo até ficar tão elevado que se torne igualmente lucrativo empregar as terras mais férteis e mais bem cultivadas para dar-lhe comida, quanto para o cultivo o do cereal. Mas sempre demora, ao longo do progresso, antes que a aradura possa estar tão difundida de modo que o preço do gado suba tanto; e até que chegue a esta altura, se o país está progredindo, seus preços devem estar sempre aumentando. Há, talvez, algumas partes da Europa em que o preço do gado ainda não chegou a este ponto. Não chegara a esta altura em nenhum lugar da Escócia, antes da união. Se o gado escocês tivesse estado sempre confinado ao mercado escocês, numa terra em que a área que só pode ser aplicada à alimentação do gado é tão grande quanto a que pode ser aplicada a outros fins, é muito pouco possível que seu preço tivesse subido tanto a ponto de tornar lucrativo cultivar terra para sua alimentação. Na Inglaterra, o preço do gado, já se observou, parece ter chegado a esta altura nas cercanias de Londres, no começo do século passado; mas foi muito depois que o mesmo aconteceu com a maioria dos condados mais remotos; em alguns deles, mal talvez se tenha chegado a este ponto. De todas as diferentes substâncias, porém, que compõem esta segunda espécie de produto bruto, o gado é, porventura, aquela cujo preço, com o progresso, primeiro sobe a este ponto.

Até que o preço do gado tenha subido tanto, parece pouco provável que a maioria, mesmo daquelas terras que são capazes do mais alto cultivo, possa estar completamente cultivada. Em todas as lavouras muito distantes de qualquer cidade para o transporte de esterco, isto é, na maioria daquelas regiões muito extensas, a quantidade de terra bem cultivada deve estar na proporção da quantidade de esterco que a propriedade produz; e isto, por sua vez, deve estar em proporção à quantidade do gado mantido nela. A terra é adubada levando o gado para pastar nela; ou alimentando-o no estábulo, e então carregando seu esterco para ela. Mas, a menos que o preço do gado seja suficiente para pagar tanto a renda quanto o lucro da terra cultivada, o lavrador não pode tolerar o custo da pastagem e, ainda menos, do estábulo. É apenas com o produto da terra cultivada que o gado pode ser alimentado no estábulo, pois recolher o parco e esparso produto da terra não tratada requereria muito trabalho e seria muito dispendioso. Então, se o preço do gado não é suficiente para pagar pelo produto da terra cultivada, quando o gado é levado a pastar nela, esse preço será ainda menos suficiente para pagar aquela produção quando deve ser coletada com bastante trabalho adicional e trazida ao estábulo, para o gado. Nestas circunstâncias, nenhum gado pode, com lucro, ser alimentado no estábulo, além do que é necessário à aradura. Mas este nunca pode fornecer esterco suficiente para manter constantemente em boas condições todas as terras que são capazes de trabalhar. O que eles pagam, sendo insuficiente para toda a lavoura, naturalmente será reservado para as terras às quais pode ser aplicado mais vantajosa ou convenientemente; as mais férteis, ou aquelas, talvez, mais próximas do estábulo. Estas ficarão, então, constantemente em boas condições e prontas para o arado. O restante, na maioria, ficará abandonado, produzindo pouca coisa além de alguma pastagem miserável, apenas suficiente para manter algum gado esparso e meio faminto; a propriedade, se bem que subdotada em proporção ao que seria necessário ao seu cultivo completo, sendo frequentemente superabastecida em proporção à sua produção atual. Uma porção dessa terra inculta, depois de servir como pasto desta maneira vil, por seis ou sete anos, pode ser arada, quando dará, talvez, uma ou duas pobres colheitas de má aveia, ou de algum outro grão inferior, e então, estando totalmente esgotada, deve descansar e ser deixada como pasto de novo como antes, e outra porção deve ser arada, para ser, da mesma maneira, esgotada e descansada de novo, por sua vez. Assim era o sistema geral de administração em todas as terras baixas da Escócia, antes da união. As terras que eram mantidas constantemente bem adubadas e em boa condição, raramente excediam um terço ou um quarto de toda a propriedade, e por vezes não chegavam a uma quinta ou sexta parte dela. O restante nunca era estercado, mas uma certa proporção era, por sua vez, regularmente cultivado e exaurido. Sob este sistema de administração, é evidente, mesmo aquela parte da terra da Escócia capaz de bons cultivos, produziria pouco em comparação com o que pode ser capaz de produzir. Mas, por mais desvantajoso que este sistema possa parecer, antes da união, o baixo preço do gado parece tê-lo tornado quase inevitável. Se, apesar de uma grande elevação de seu preço, ainda continua a prevalecer em parte considerável do país, deve se, em muitos lugares, sem dúvida, à ignorância e ao apego a velhos costumes, mas em muitos lugares, às inevitáveis obstruções que o curso natural das coisas opõe ao estabelecimento imediato ou rápido de um sistema melhor: primeiro, a pobreza dos rendeiros, não lhes dando tempo para adquirir cabeças de gado suficientes para cultivar suas terras mais completamente, a mesma elevação de preço que tornaria vantajoso para eles manter um maior capital, dificultando-lhes o adquiri-lo; e segundo, por ainda não terem tido tempo de pôr suas terras em condição de manter adequadamente este maior capital, supondo que fossem capazes de adquiri-lo. O aumento do capital e a melhoria da terra são dois eventos que devem ir de mãos dadas, e um não deve se adiantar muito ao outro. Sem algum aumento do capital, não pode haver muita melhoria da terra, mas não pode haver considerável aumento do capital senão em consequência de uma melhoria considerável da terra, pois, de outra forma, a terra não poderia mantê-lo. Estas obstruções naturais ao estabelecimento de um melhor sistema não podem ser removidas senão por um longo curso de frugalidade e operosidade; e meio século, ou um século mais, talvez, deva passar antes que o velho sistema, que está se desgastando aos poucos, possa ser completamente abolido em todas as várias partes do país. De todas as vantagens comerciais, no entanto, que a Escócia derivou da união com a Inglaterra, esta elevação no preço do gado é quiçá a maior. Não só elevou o valor de todas as propriedades das terras altas, mas talvez tenha sido a principal causa do progresso das terras baixas.

Em todas as novas colônias, a grande quantidade de terra inculta, que por muitos anos pode ser aplicada só ao propósito de alimentar o gado, logo é tornada extremamente abundante, e em tudo, o preço muito baixo é a necessária consequência da grande abundância. Mesmo sendo todo o gado das colônias europeias na América trazido originalmente da Europa, ele logo se multiplicou tanto, e tornou-se de tão pouco valor, que mesmo os cavalos cresceram selvagens nos bosques, sem nenhum proprietário achando que valesse reclamá-los. Deve se passar um longo tempo depois do estabelecimento inicial de tais colônias, antes que se torne lucrativo alimentar gado com o produto da terra cultivada. As mesmas causas: a procura de esterco e a desproporção entre o capital empregado no cultivo e a terra a que está destinado a cultivar provavelmente introduzirão lá um sistema agrícola não muito diverso do que continua a ocorrer em tantas partes da Escócia. O sr. Kalm, o viajante sueco, ao dar conta da agricultura de algumas das colônias na América do Norte, como a encontrou em 1749, observa que dificilmente pode reconhecer o caráter da nação inglesa, tão hábil aos diversos ramos da agricultura. Produzem pouquíssimo esterco para seus campos de cereais, diz ele; mas quando um pedaço de terra foi exaurido pelas colheitas constantes, limpam e cultivam novo pedaço de terra; e quando este fica esgotado, passam a um terceiro. Seu gado é deixado vagar pelos bosques e outros terrenos não cultivados, onde ficam meio mortos de fome; já tendo há muito extirpado quase toda a grama anual, cortando-a muito cedo na primavera, antes da florada, ou lançar suas sementes[5]. As gramas anuais eram, parece, as melhores gramas anuais naquela parte da América do Norte; e quando os europeus primeiro se estabeleceram lá, costumavam crescer muito espessas, e cresciam a três ou quatro pés de altura. Um terreno que, quando ele escreveu, não podia manter uma vaca, em tempos anteriores, foi-lhe assegurado, podia manter quatro, cada uma dando quatro vezes a quantidade de leite que aquela seria capaz de dar. A pobreza da pastagem, em sua opinião, causara a degradação de seu gado, que degenerou sensivelmente de geração para geração. Provavelmente não diferia daquele gado raquítico que era comum na Escócia há uns trinta ou quarenta anos, e que agora está tão recuperado na maior parte das terras baixas, não tanto por mudança de raça, se bem que este expediente tenha sido usado em alguns locais, mas por um método mais rico de alimentá-lo.

Mesmo sendo tarde, no progresso das melhorias, que o gado pode acarretar um preço tal que se torne lucrativo cultivar a terra para que

---

[5] *Travels,* de Kalm, vol. I, p. 343, 344.

se alimentem, de todas as diferentes partes que compõem esta segunda espécie de produto bruto, é talvez a primeira a acarretar este preço, porque, até que o faça, parece impossível que o aperfeiçoamento possa ser trazido sequer perto daquela perfeição atingida em muitas partes da Europa.

Como o gado está entre as primeiras, talvez a caça esteja entre as últimas partes desta espécie de produto bruto que acarreta este preço. O preço da caça na Grã-Bretanha, por mais extravagante que possa parecer, nem se aproxima de ser suficiente para compensar uma reserva de caça, como é bem conhecido de todos aqueles que tiveram experiência na criação de veados. Se acontecesse o contrário, a criação de veados logo se transformaria num artigo agrícola comum, do mesmo modo que a criação daqueles pequenos pássaros chamados *turdi* era entre os antigos romanos. Varrão e Columella asseveram-nos que era um artigo bastante rendoso. A criação de hortulanas, aves de arribação que descansam nos campos, diz-se ser assim, em alguns lugares da França. Se a caça continua em voga, e a riqueza e o luxo da Grã-Bretanha aumentam como tem feito no passado, seu preço muito provavelmente pode subir ainda mais que atualmente.

Entre aquele período do progresso que traz a esta altura o preço de um artigo tão necessário quanto o gado, e aquele que faz o mesmo com o preço de tal superfluidade como a caça, há um longo intervalo, em cujo decurso muitas outras variedades de produto bruto vão atingindo seu preço mais alto, alguns mais cedo, outros mais tarde, conforme as circunstâncias.

Assim, em toda propriedade agrícola, os restos do celeiro e do estábulo manterão certo número de aves domésticas. Estas, como são alimentadas com o que de outro modo seria perdido, são uma simples economia, e como custam quase nada ao agricultor, ele pode vendê-las por bem pouco. Quase tudo o que ele consegue é puro galho, e seu preço dificilmente pode ser tão baixo a ponto de desencorajá-lo de alimentar esse número. Mas, em regiões mal cultivadas, e por isso fracamente habitadas, as aves, que assim são criadas sem despesa, são frequentemente mais do que suficientes para suprir toda a demanda. Neste estado de coisas, pois, ficam tão baratas quanto a carne de boi, ou qualquer outra espécie de comida animal. Mas toda a quantidade de aves, que uma herdade assim produz sem despesa, deve sempre ser menor que toda a quantidade de carne de boi que nela é produzida, e nos tempos de abundância e riqueza, o que é raro, quase com o mesmo mérito, é preferida ao que é comum. Com o aumento da riqueza e da abundância, em consequência dos melhoramentos e do cultivo, o preço das aves gradualmente sobe acima do preço da carne de boi, até que se torna rendoso cultivar terra apenas para alimentá-las. Quando seu preço chega a este ponto, não pode ir além. Se o fizesse, logo mais terra seria dedicada a este fim. Em várias províncias da França, a alimentação de aves é considerada atividade muito importante da economia rural, e lucrativa o bastante para encorajar o agricultor a cultivar uma quantidade considerável de milho e trigo-sarraceno para este fim. Um lavrador mediano, por vezes, tem quatrocentas aves em seu terreiro. A alimentação de aves parece ainda ser pouco considerada, em geral, assunto de tanta importância na Inglaterra. São certamente mais caras na Inglaterra que na França, pois a Inglaterra recebe suprimentos consideráveis da França. No decurso do progresso, o período em que cada espécie de comida animal é mais caro deve naturalmente ser aquele que precede imediatamente a prática geral de cultivar terra para sua criação. Por algum tempo antes que esta prática se generalize, a escassez deve necessariamente elevar o preço. Depois de se generalizar, novos métodos de alimentar os animais são inventados, o que permite ao lavrador criar, num mesmo terreno, uma quantidade muito maior daquela espécie particular de comida animal. A abundância não só o obriga a vender mais barato, mas em consequência destas melhorias ele pode suportar o preço mais baixo, pois se assim não fosse, a abundância não seria de longa duração. Foi provavelmente desta maneira que a introdução de cravos, nabos, cenouras, alfaces etc. contribuiu para abaixar o preço comum da carne de boi no mercado de Londres, um pouco abaixo do que era no começo do século passado.

O porco, que encontra sua comida nos restos e gulosamente devora muita coisa deixada por qualquer outro animal útil é, como as aves, originalmente mantido como medida de economia. Enquanto o número de tais animais, que podem assim ser mantidos com pouca ou nenhuma despesa, é bem suficiente para suprir a demanda, esta espécie de carne chega ao varejo a um preço muito mais baixo que qualquer outra. Mas quando a demanda sobe além do que esta quantidade pode suprir, torna-se necessário cultivar comida para alimentar e engordar os porcos, do mesmo modo que para alimentar e engordar outros tipos de gado, o preço necessariamente sobe, e torna-se proporcionalmente mais alto ou mais baixo que o da carne de boi, de acordo com a natureza da terra, e o estado de sua agricultura, que tornam a alimentação dos porcos mais ou menos dispendiosa do que a de outro gado. Na França, de acordo com o sr. Buffon, o preço da carne de porco é quase igual ao da carne de boi. Na maioria das regiões da Grã-Bretanha, é atualmente um pouco maior.

A grande ascensão do preço de porcos e aves, na Grã-Bretanha, frequentemente foi imputada à diminuição do número dos vários pequenos produtores rurais; um evento que em toda parte da Europa foi o precursor imediato das melhorias e do melhor cultivo, mas que ao mesmo tempo pode ter contribuído para elevar o preço desses artigos um pouco antes, e um pouco mais depressa do que ocorreria de outro modo. Assim como as famílias mais pobres podem muitas vezes manter um gato ou um cão sem despesa, os mais pobres ocupantes da terra podem comumente manter algumas aves, ou uma porca e alguns leitões, por muito pouco. Os escassos restos de suas mesas, seu leite pobre e desnatado suprem esses animais com parte de sua comida, e acham o resto nos campos, sem causar dano a ninguém. Diminuindo o número daqueles habitantes, a quantidade desta espécie de provisões, que é assim produzida por pouca ou nenhuma despesa, deve certamente diminuir bastante, e seu preço sobe mais cedo e mais depressa do que o faria de outro modo. Mais cedo ou mais tarde, porém, no decurso do progresso, deve acabar subindo ao seu máximo; ou ao preço que paga o trabalho e a despesa de cultivar a terra que lhes fornece comida, bem como estes são pagos pela maior parte de outras terras cultivadas.

O negócio do laticínio, bem como a criação de porcos e aves, é originalmente exercido à guisa de economia. O gado que é necessariamente mantido numa propriedade produz mais leite do que o necessário para a alimentação de seus filhotes ou o consumo da família do lavrador; e produzem mais numa estação particular. Mas, de todo o produto da terra, o leite é, talvez, o mais perecível. Na estação quente, quando é mais abundante, dificilmente se mantém por 24 horas. O lavrador, transformando-o em manteiga, armazena pequena parte dele por uma semana: transformando-o em manteiga salgada, por um ano; e transformando-o em queijo, armazena muito maior parte dele por anos. Parte de tudo isto é reservada para o uso de sua família. O resto vai para o mercado, para encontrar o melhor preço que se possa conseguir, e que dificilmente pode ser tão baixo a ponto de desencorajá-lo de mandar para lá o que quer que esteja muito acima do consumo da própria família. Se for muito baixo de fato, tratará sua criação de modo muito descuidado e sujo, e dificilmente achará que vale a pena ter um recinto ou edifício destinado especialmente para ela, mas deixará que os animais fiquem em meio à fumaça, sujeira e desordem da própria cozinha; como era o caso da maioria das propriedades na Escócia, trinta ou quarenta anos atrás, e como ainda é o caso de muitas delas. As mesmas causas que gradualmente elevam o preço da carne, o aumento da demanda e, em consequência do progresso da região, a diminuição da quantidade de animais que pode ser alimentada com pouca ou nenhuma despesa, aumentam do mesmo modo o preço do produto de laticínio, que está naturalmente relacionado com o da carne, ou com a despesa da criação dos animais. O aumento do preço paga mais trabalho, cuidados e limpeza. O laticínio torna-se mais digno da atenção do lavrador, e a qualidade de seu produto gradualmente aumenta. O preço, finalmente, fica tão alto que passa a compensar utilizar algumas das terras mais férteis e melhor cultivadas para alimentar gado meramente para o propósito da produção do leite; e quando o preço chegou a esta altura, não poderá subir mais. Se subisse, mais terra logo seria utilizada para este fim. Parece ter chegado a esta altura na maior parte da Inglaterra, onde muita terra boa é comumente empregada deste modo. Excetuando-se as cercanias de umas poucas cidades consideráveis, parece não ter chegado a este ponto ainda, na Escócia, onde os lavradores comuns raramente empregam muita terra boa para criar gado meramente pelo leite. O preço do produto, se bem que tenha se elevado muito consideravelmente nestes últimos anos, é provavelmente ainda muito baixo para admitir isto. A inferioridade da qualidade, de fato, comparada com a do produto dos laticínios ingleses, é totalmente igual à do preço. Mas esta inferioridade de qualidade é, talvez, mais o efeito deste baixo preço do que sua causa. Apesar da qualidade muito superior, a maior parte do que é levado ao mercado, segundo penso, não poderia pagar a despesa da terra e o trabalho necessário para produzir uma muito melhor qualidade. Pela maior parte da Inglaterra, não obstante a superioridade do preço, os laticínios não são reconhecidos como um emprego mais rendoso da terra do que o cultivo do cereal, ou a engorda do gado, os dois grandes objetivos da agricultura. Na maior parte da Escócia, portanto, ainda não pode ser tão lucrativa.

As terras de nenhum país, é evidente, poderão ser completamente cultivadas e aperfeiçoadas até que o preço de cada produto, que a indústria humana é obrigada a cultivar nelas, tenha ficado tão alto a ponto de pagar a despesa completa do cultivo e melhorias. Para tanto, o preço de cada produto, em particular, deve ser suficiente, primeiro, para pagar a renda de boa terra cerealífera, como o que regula a renda da outra terra cultivada; e segundo, pagar o trabalho e a despesa do lavrador tão bem quanto é paga em boa terra cerealífera; ou, em outros termos, recolocar, com os lucros ordinários, o capital empregado. Esta elevação no preço de cada produto, em particular, deve ser, evidentemente, anterior à melhoria e cultivo da terra destinada ao seu cultivo. O ganho é o fim de toda melhoria, e nada mereceria receber este nome, se a perda é a consequência necessária. Mas as perdas devem ser a consequência necessária de aperfeiçoar a terra visando a um produto cujo preço nunca poderia trazer de volta a despesa. Se o desenvolvimento completo e cultivo do campo é, de certo, a maior das vantagens públicas, a elevação do preço de toda sorte desses produtos brutos, em vez de ser considerada calamidade pública, deveria ser vista como precursora e anunciadora da maior de todas as vantagens públicas.

Esta elevação, também, no preço nominal, ou em dinheiro, de todas aquelas espécies diferentes de produto bruto foi o efeito não de qualquer degradação no valor da prata, mas de uma elevação no seu preço real. Passaram a valer não uma grande quantidade de prata, mas uma maior quantidade de trabalho e subsistência do que antes. Como custa maior quantidade de trabalho e subsistência trazê-las ao mercado, quando são transportadas, representam, ou são equivalentes a uma maior quantidade.

Terceira espécie

A terceira e última espécie de produto bruto, cujo preço se eleva naturalmente com o progresso, é aquela em que a eficácia da indústria humana, aumentando a quantidade, é limitada ou incerta. Apesar de que o preço real desta espécie de produto bruto naturalmente tenda a elevar-se com o progresso, de acordo com os diversos acidentes que tornam os esforços humanos mais ou menos bem-sucedidos no aumentar a quantidade, pode acontecer que caia, ou que continue o mesmo em períodos muito diferentes do progresso, e por vezes elevar-se mais ou menos, num mesmo período.

Há algumas sortes de produto bruto que a natureza tornou espécie de apêndices a outras espécies; de modo que a quantidade de uma que qualquer região pode fornecer, é necessariamente limitada pela da outra. A quantidade de lã ou de couro cru, por exemplo, que qualquer região pode fornecer, é necessariamente limitada pelo rebanho de gado grande ou pequeno que é mantido nela. O estado de seus melhoramentos, e a natureza de sua agricultura, de novo necessariamente determina este número.

As mesmas causas, que, com o progresso, vão aumentando o preço da carne no varejo, teriam o mesmo efeito, pode-se pensar, nos preços de lã e do couro cru, elevando-os também, quase na mesma proporção. Provavelmente assim seria, os rudes começos do progresso, se o mercado para estes artigos estivesse confinado a limites tão estreitos quanto para os primeiros. Mas a extensão dos respectivos mercados é comumente muito diferente.

O mercado para a carne no varejo é quase sempre confinado à região que a produz. A Irlanda, e algumas partes da América britânica, de fato, exercem considerável comércio de provisões de sal, mas são, acredito, os únicos países no mundo comercial que o fazem, ou que exportam para outros países qualquer parte considerável de sua carne.

O mercado para a lã e o couro cru, pelo contrário, nos rudes princípios do progresso, raramente está confinado ao país que os produz. Podem ser facilmente transportados para países distantes, a lã sem nenhum tratamento, e o couro cru, com muito pouco; e como são os materiais de muitas manufaturas, a indústria de outros países pode ocasionar demanda para eles, mesmo que o país que os produza não os demande.

Nos países mal cultivados, e portanto esparsamente habitados, o preço da lã e do couro sempre tem uma proporção muito maior em relação ao animal todo do que nos países onde o progresso e a população estando mais adiantados, há mais demanda pela carne retalhada. O sr. Hume observa que nos tempos dos saxões, a lã era estimada como dois quintos do preço do carneiro todo, e que estava muito acima da proporção da avaliação atual. Em algumas províncias espanholas, foi-me asseverado que os carneiros frequentemente são mortos apenas pelo tosão e pelo sebo. A carcaça é frequentemente deixada a apodrecer no chão, ou para ser devorada por animais e aves rapaces. Se isto por vezes ocorre mesmo na Espanha, acontece quase constantemente no Chile, em Buenos Aires e em muitas outras regiões da América espanhola, onde o gado de chifres é quase constantemente morto meramente pelo couro e pelo sebo. Isto também acontecia quase que constantemente em Hispaniola, enquanto estava infestada pelos bucaneiros, e antes do estabelecimento, progresso e população das plantações francesas (que agora estendem-se em torno do litoral de quase toda a metade ocidental da ilha), que deu algum valor ao gado dos espanhóis, que ainda continuam a possuir não só a parte oriental da costa, mas todo o interior e parte montanhosa do interior.

Se bem que ao longo do progresso e população o preço do animal inteiro necessariamente suba, o preço da carcaça parece muito mais sensível à sua elevação do que o da lã e do couro. O mercado para a carcaça, estando, no estado rude da sociedade, sempre confinado à região que o produz, necessariamente deve estender-se em proporção ao seu progresso e população. Mas o mercado para a lã e o couro, mesmo de um país bárbaro, frequentemente estendendo-se a todo o mundo comercial, raramente pode ser ampliado na mesma proporção. O estado de todo o mundo comercial raramente pode ser afetado pelo progresso de qualquer país em particular; e o mercado para tais itens pode permanecer quase o mesmo, depois de tais progressos, do que antes. No entanto, no curso natural das coisas, no todo deve estender-se um pouco depois deles. Se as manufaturas, especialmente aquelas cujas mercadorias são os materiais que vêm a florescer no país, o mercado, se bem que não possa ser muito aumentado, pelo menos seria trazido para muito mais perto do local da cultura do que antes; e o preço daqueles materiais poderia ao menos ser aumentado pelo que usualmente fora a despesa de seu transporte a lugares distanciados. Apesar de não subir, portanto, na mesma proporção que a carne, naturalmente deveria subir um pouco, e certamente não deverá cair.

Na Inglaterra, apesar do estado florescente de sua manufatura de lã, o preço da lã inglesa caiu muito consideravelmente desde o tempo de Eduardo III. Há muitos registros autênticos que demonstram que durante o reinado daquele príncipe (por volta da metade do século XIV, ou cerca de 1339), o que era tido como o preço moderado e razoável para o preço do *tod,* ou 28 libras de lã inglesa, era nada menos que dez *shillings* do dinheiro daquela época[6] contendo, à razão de vinte pence a onça, seis onças de prata Tower, igual a cerca de trinta *shillings* de nosso dinheiro atual. Atualmente, 21 *shillings* o *tod* pode ser tido como um preço muito bom para uma boa lã inglesa. O preço em dinheiro da lã, portanto, ao tempo de Eduardo III, estava para seu preço em dinheiro atual como dez para sete. A superioridade de seu preço real era ainda maior. À taxa de seis *shillings* e oito pence o quarto, dez *shillings* eram, naqueles tempos antigos, o preço de 12 alqueires de trigo. À taxa de 28 *shillings* o quarto, 21 *shillings* é, atualmente, o preço de apenas seis alqueires. A proporção entre os preços reais dos tempos antigos e modernos está como 12 para seis, ou como dois para um. Naqueles tempos antigos, um *tod* de lã teria comprado duas vezes a quantidade de subsistência que compra hoje; e, consequentemente, duas vezes a quantidade de trabalho, se a recompensa real do trabalho fosse a mesma em ambos os períodos.

Esta degradação, tanto no valor real como no nominal da lã, nunca poderia ter ocorrido em consequência do curso natural das coisas. Tem sido efeito de violência e artifício; primeiro, da absoluta proibição de exportar lã da Inglaterra; segundo, da permissão de importá-la da Espanha, livre de taxas; terceiro, da proibição de exportá-la para a Irlanda, para qualquer outro país que não a Inglaterra. Em consequência destes regulamentos, o mercado para a lã inglesa, em vez de se estender um tanto devido ao progresso da Inglaterra, ficou confinado ao mercado nacional, onde a lã de vários outros países pode competir com ele e onde a da Irlanda é forçada a competir nele. Como as manufaturas de lã da Irlanda estão tão desencorajadas quanto o que é consistente com a justiça e negócio justo, os irlandeses só podem manufaturar uma pequena parte de sua própria lã, sendo, portanto, obrigados a enviar uma grande proporção dela para a Grã-Bretanha, o único mercado que lhes é permitido.

Não consegui encontrar quaisquer registros autênticos concernentes ao preço do couro cru nos tempos antigos. A lã era comumente paga com subsídio ao rei, e sua avaliação naquele subsídio assevera,

---

[6] V. *Memoirs of Wool,* de Smith, vol. I, caps. 5, 6 e 7; também vol. II, cap. 176.

pelo menos em certo grau, qual era seu preço ordinário. Mas este não parece ter sido o caso com o couro cru. Fleetwood, porém, segundo correspondência de 1425, entre o prior de Burcester Oxford e um de seus cônegos, dá-nos seu preço, pelo menos tal qual era naquela ocasião, a saber, cinco couros de boi a 12 shíllings; cinco couros de vaca a sete *shillings* e três pence; 36 peles de carneiro de dois anos a nove *shillings*; 16 peles de novilho a dois *shillings*. Em 1425, 12 *shillings* continham cerca da mesma quantidade de prata que 24 *shillings* de dinheiro atual. Um couro de boi, portanto, era por isto avaliado como a mesma quantidade de prata quanto 4s. quatro quintos do dinheiro atual. Seu preço nominal era bem mais baixo que atualmente. Mas a taxa de seis *shillings* e oito pence o quarto, 12 *shillings*, naqueles tempos, teriam comprado 14 alqueires e quatro quintos de trigo; o que, a três e seis pence o alqueire, atualmente custaria 51s. 4d. Um couro de boi, portanto, naqueles tempos custaria tanto cereal quanto dez *shillings* e três pence comprariam atualmente. Seu valor real era igual a dez *shillings* e três pence do dinheiro atual. Naqueles tempos, quando o gado estava meio morto de fome durante a maior parte do inverno, não podemos supor que era de grande tamanho. Um couro de boi que pese quatro *stone* de 16 libras *avoirdupois* não é tido como mau, hoje em dia; e naqueles tempos antigos, provavelmente seria tido como muito bom. Mas a meia coroa, o *stone*, que neste momento (fevereiro de 1773) reconheço como sendo um bom preço, a real quantidade de subsistência que comprará ou controlará é um tanto inferior. O preço de couros de vaca, como indicado no informe acima, está quase na proporção comum com aquele dos preços de boi. O das peles de carneiro está bem acima. Provavelmente eram vendidas com a lã. A do novilho, pelo contrário, é de preço muito inferior. Nos países em que o preço do gado é muito baixo, os novilhos que não são criados para reprodução são geralmente mortos muito jovens; como era o que acontecia na Escócia há uns vinte ou trinta anos. Economiza o leite, que seu preço não pagaria. Suas peles, portanto, costumam ser de pouca valia.

O preço de couros crus é bem mais baixo atualmente que era há alguns anos, devendo-se provavelmente à remoção das taxas sobre peles de foca e à permissão, por tempo limitado, da importação de couros crus da Irlanda, e das plantações livres de taxas, o que foi feito em 1769. Tomando-se o todo do presente século como média, seu preço real foi provavelmente um pouco mais alto do que naqueles tempos. A natureza da mercadoria não a torna muito adequada para o transporte a mercados distantes, como a lã. Sofre mais pela conservação. Um couro salgado é tido como inferior a um fresco, e é vendido por preço inferior. Esta circunstância deve necessariamente ter alguma tendência abaixar o preço de couros crus produzidos num país que não tem a manufatura deles, mas é obrigado a exportá-los; e comparativamente eleva o preço dos produzidos num país que tem esta manufatura. Deve ter a tendência de abaixar seu preço num país bárbaro e elevá-lo num país aperfeiçoado e industrializado. Deve ter alguma tendência, portanto, de abaixá-lo na antiguidade e elevá-lo atualmente. Nossos curtidores, porém, não têm tido tanto sucesso quanto nossos fabricantes de tecidos em convencer a sabedoria da nação que a segurança da comunidade depende da prosperidade de sua manufatura particular. Consequentemente, foram muito menos favorecidos. A exportação de couros crus, de fato, foi proibida, e declarada inconveniente, mas sua importação de países estrangeiros foi sujeita a taxação; e se bem que esta taxa tenha sido retirada daqueles da Irlanda e das plantações (só pelo tempo limitado de cinco anos), a Irlanda não foi confinada ao mercado da Grã-Bretanha para a venda de seu excesso de couros, ou daqueles não manufaturados no país. Os couros de gado comum só nestes últimos anos foram incluídos no rol das mercadorias que as plantações só podem enviar à terra-mãe, tampouco o comércio da Irlanda foi neste caso oprimido para sustentar as manufaturas da Grã-Bretanha.

Quaisquer regulamentos que tendam abaixar o preço da lã ou do couro cru abaixo do que naturalmente deveria ser, deve, num país cultivado e adiantado, ter alguma tendência a elevar o preço da carne a varejo. O preço do gado grande e do pequeno, alimentado numa terra cultivada, deve ser suficiente para pagar a renda do proprietário e o lucro que o lavrador tem razão em esperar dessa terra melhorada. Se assim não for, cessarão a criação. A parte desse preço, então, que não for paga pela lã e pelo couro, deve ser paga pela carcaça. Quanto menos for pago por um, mais deve ser pago pela outra. De que modo este preço há de ser dividido pelas várias partes do animal, é indiferente para os proprietários e lavradores, desde que o todo lhe seja pago. Numa terra bem cultivada, seus interesses, como proprietários e lavradores, não podem ser muito afetados por tais regulamentos, apesar de que seus interesses como consumidores possam, pela elevação do preço das provisões. Seria bem diferente, numa terra mal cultivada, onde a maioria das terras não poderia ser aplicada a outro fim senão a alimentação de gado, e onde a lã e o couro compõem a principal parte do valor daquele gado. Seus interesses, como proprietários e lavradores seriam, neste caso, profundamente afetados por tais regulamentos, e seus interesses como consumidores, muito pequeno. A queda no preço da lã e do couro neste caso não elevaria o preço da carcaça, porque a maioria das terras do país só sendo aplicáveis à alimentação do gado, o mesmo rebanho continuaria a ser criado. A mesma quantidade de carne ainda chegaria ao mercado. A demanda por ela não seria maior que antes. Seu preço, pois, seria o mesmo de antes. O preço total do gado cairia, e com ele, a renda e o lucro de todas aquelas terras onde o gado era o produto principal, isto é, da maioria das terras do país. A proibição perpétua da exportação da lã, que é comum, mas muito falsamente atribuída a Eduardo III, nas circunstâncias de então do país, teria sido o regulamento mais destrutivo que se poderia imaginar. Não só teria reduzido o valor atual da maior parte das terras do reino, mas, reduzindo o preço da mais importante espécie de gado de pequeno porte, teria retardado em muito o seu desenvolvimento subsequente.

A lã escocesa caiu consideravelmente de preço em consequência da união com a Inglaterra, pelo que foi excluída do grande mercado da Europa, e confinou-se ao estreito mercado inglês. O valor da maior parte das terras nos condados do sul da Escócia, que é principalmente terra de ovinos, teria sido profundamente afetado por este evento, se a elevação do preço da carne não compensasse completamente a queda no preço da lã.

Como a eficácia da indústria humana, ao aumentar a quantidade de lã ou de couro é limitada, tanto quanto dependa da produção da região onde é exercida, é também incerta tanto quanto dependa da produção de outros países. Depende não tanto da quantidade que produzem, mas da que eles não manufaturam; e das restrições que podem ou não achar próprias para impor à exportação desta espécie de produto bruto. Estas circunstâncias, como são totalmente independentes da indústria doméstica, tornando seus esforços mais ou menos incertos. Ao multiplicar esta espécie de produto bruto, a eficácia da indústria humana não só é limitada, mas incerta.

Ao multiplicar outra espécie muito importante de produção bruta, a quantidade de peixe levada ao mercado, esta é igualmente limitada e incerta. É limitada pela situação local do país, pela proximidade ou distância de suas diferentes províncias do mar, pelo número de seus lagos e rios e pelo que pode ser chamado a fertilidade ou esterilidade daqueles mares, lagos e rios, quanto a esta espécie de produto bruto. Com o aumento da população, aumentando o produto anual da terra e do lavor do campo, há mais compradores de peixe, e estes compradores, também, têm maior quantidade e variedade de outros bens, ou o que é o mesmo, o preço de maior quantidade e variedade de outros bens para comprar. Mas geralmente será impossível suprir o grande e extenso mercado sem empregar uma quantidade de trabalho maior em proporção ao que fora requerido para suprir o mercado estreito e confinado. Um mercado que, requerendo apenas mil, vem a requerer anualmente dez mil toneladas de peixe, dificilmente pode ser abastecido sem empregar mais de dez vezes a quantidade de trabalho que antes fora suficiente para seu abastecimento. Os peixes precisariam ser procurados a maior distância, maiores navios deveriam ser empregados e maquinaria mais dispendiosa de todo tipo passa a ser necessária. O preço real desta mercadoria, então, naturalmente sobe com o progresso. É o que tem acontecido, creio, mais ou menos, em todo país.

Apesar do sucesso de um dia particular, a pesca pode ser negócio muito incerto, porém, a situação local do país sendo considerada, a eficácia geral da indústria para trazer uma certa quantidade de peixe ao mercado, no decurso de um ano, ou por vários anos, talvez possa considerar-se bastante certa, o que é fato, sem dúvida. Mas, como depende mais da situação local do país do que do estado de sua riqueza e indústria, por isto pode, em diferentes países, ser a mesma em períodos muito diferentes de seu progresso, e muito variada no mesmo período; sua conexão com o estado do progresso é incerta, e é desta espécie de incerteza que falo.

Ao aumentar a quantidade dos vários minerais e metais que são retirados das entranhas da terra, e das pedras mais preciosas, em particular, a eficácia da indústria humana parece não estar limitada, mas sim ser totalmente incerta.

A quantidade dos metais preciosos que se pode achar em qualquer país é limitada tão somente por sua situação local, assim como a fertilidade ou esterilidade de suas minas. Aqueles metais frequentemente abundam em países que não possuem minas. Sua quantidade em qualquer país parece depender de duas circunstâncias: primeira, em seu poder de compra, no estado de sua indústria, da produção anual de sua terra e de seu trabalho, em consequência do que pode permitir-se empregar uma maior ou menor quantidade de trabalho e subsistência para transportar ou comprar superfluidades, assim como ouro e prata, de suas próprias minas ou das de outros países; e segunda, da fertilidade ou esterilidade das minas que poderiam, num período qualquer, suprir o mundo comercial com aqueles metais. A quantidade daqueles metais nos países mais remotos das minas deve ser mais ou menos afetada por sua fertilidade ou esterilidade, pela facilidade e baixo preço do transporte daqueles metais, seu pequeno volume e grande valor. Sua quantidade na China e no Indostão deve ter sido mais ou menos afetada pela abundância das minas da América.

Enquanto sua "quantidade em qualquer dado país depende da primeira daquelas tuas circunstâncias (poder de compra), seu preço real, como o de todos os outros luxos e superfluidades, é passível de subir com a riqueza e o progresso do país e cair com sua pobreza e depressão. Os países que têm grande quantidade de trabalho e subsistência de sobra, podem se permitir comprar qualquer quantidade daqueles metais, a expensas de uma maior quantidade de trabalho e subsistência do que os países que têm menos excesso.

Enquanto sua quantidade, em qualquer país, depende da última das duas circunstâncias (a fertilidade ou não das minas que porventura venham a suprir o mundo comercial), seu preço real, a real quantidade de trabalho e subsistência que comprarão ou trocarão, sem dúvida cairá mais ou menos, em proporção à fertilidade, e subir em proporção à esterilidade daquelas minas.

A fertilidade ou não das minas, que numa dada época possa estar suprindo o mundo comercial, é uma circunstância que, é evidente, pode ter nenhuma conexão com o estado da indústria num dado país. Parece mesmo não ter conexão necessária com o do mundo, em geral. Com as artes e o comércio gradualmente se espalhando por parte cada vez maior da terra, a procura de novas minas, porém, com as antigas vindo a ser exauridas, é questão da maior incerteza, e tal que nenhuma habilidade ou indústria humana pode assegurar. Todas as indicações, é reconhecido, são duvidosas, e a descoberta real e a exploração bem-sucedida de uma nova mina são o que pode assegurar a realidade de seu valor, ou mesmo de sua existência. Nesta pesquisa parece não haver limites certos nem mesmo para o possível sucesso ou possível desapontamento da indústria humana. No curso de um século ou dois, é possível que novas minas sejam descobertas, mais férteis do que quaisquer jamais conhecidas, e é igualmente possível que a mina mais fértil então conhecida possa ser mais estéril do que qualquer uma explorada antes da descoberta das minas da América. Quer um, quer outro desses eventos ocorra, é de pouca importância para a real riqueza e prosperidade do mundo, para o real valor da produção anual da terra e trabalho da humanidade. Seu valor nominal, a quantidade de ouro e prata pela qual esta produção anual poderia ser expressa ou representada, sem dúvida, seria muito diferente, mas seu valor real, a quantidade real de trabalho que poderia comprar ou controlar, seria precisamente a mesma. Um *shilling*, num caso poderia representar não mais trabalho do que um penny, hoje; e um penny, no outro, poderia representar tanto quanto um *shilling*, hoje. Mas, num caso, aquele que tivesse um *shilling* no bolso não seria mais rico que aquele que tivesse um penny hoje; e no outro, aquele que tivesse um penny, estaria tão rico quanto o que tivesse um *shilling* agora. O baixo preço e a abundância das chapas de ouro e de prata seria a única vantagem que o mundo poderia derivar de um acontecimento, e o alto preço e a escassez daquelas superfluidades insignificantes, a única inconveniência que poderia sofrer com o outro.

EFEITOS DO PROGRESSO DOS APERFEIÇOAMENTOS NO PREÇO REAL DAS MANUFATURAS

É efeito natural dos melhoramentos diminuir gradativamente o preço real de quase todas as manufaturas. O preço de sua mão de obra diminui, talvez, em todas elas, sem exceção. Em consequência da melhor maquinaria, ou maior destreza, e uma divisão e distribuição mais apropriadas do trabalho, todas elas resultados naturais do progresso, uma quantidade muito menor de trabalho torna-se necessária para executar qualquer tarefa, e, pelas circunstâncias florescentes da sociedade, muito embora o preço real do trabalho deva elevar-se *mui* consideravelmente, a grande diminuição da quantidade geralmente mais do que compensará a maior elevação que possa ocorrer no preço.

Há, com efeito, umas poucas manufaturas em que a necessária elevação no preço real dos materiais brutos mais do que compensarão todas as vantagens que o progresso pode introduzir na execução do trabalho. No trabalho dos marceneiros e carpinteiros, e em seus trabalhos mais grosseiros, a necessária elevação no preço real da madeira, pelo aperfeiçoamento da terra, mais do que compensará todas as vantagens que podem ser derivadas da melhor maquinaria, da maior destreza e da divisão e distribuição do trabalho mais apropriadas.

Mas, em todos os casos em que o preço real dos materiais brutos ou não se eleva, absolutamente, ou não se eleva muito, o da mercadoria manufaturada baixa consideravelmente.

Esta diminuição do preço, ao longo do presente século, e do último, foi mais notável naquelas manufaturas cujos materiais são os mais grosseiros. Um melhor movimento de relojoaria, que por volta da metade do século passado poderia ter sido comprado por vinte libras, pode ser obtido agora, talvez, por vinte *shillings*. No trabalho dos cuteleiros e serralheiros, em todas as bagatelas feitas dos metais mais grosseiros, e em todos aqueles bens que são comumente conhecidos como produtos de Birmingham e Sheffield, tem havido, durante o mesmo período, uma grande redução de preço, se bem que não tão grande quanto na relojoaria. Não obstante, tem sido grande o bastante para surpreender os operários de todas as outras partes da Europa, que em muitos casos reconhecem não poder produzir trabalho de mesma excelência pelo dobro, ou mesmo o triplo do preço. Talvez não haja manufaturas em que a divisão do trabalho possa ser levada mais longe, ou em que a maquinaria empregada admita maior variedade de aperfeiçoamentos de que aquelas cujos materiais são os metais mais grosseiros.

Na manufatura de roupas no mesmo período não houve nenhuma dessas reduções sensíveis de preço. O preço do tecido superfino, foi-me asseverado, pelo contrário, nestes últimos 25 ou trinta anos, subiu um pouco em proporção à sua qualidade; devido, segundo dizem, a uma considerável elevação do preço do material, que consiste inteiramente de lã espanhola. O do tecido de Yorkshire, feito inteiramente de lã inglesa, de fato, diz-se que, neste século, caiu bastante em proporção à sua qualidade. A qualidade, no entanto, é questão tão discutível que vejo toda informação desta natureza como algo imprecisa. Na manufatura do tecido, a divisão do trabalho agora é quase a mesma que um século atrás, e a maquinaria empregada não é muito diferente. Podem ter feito alguns pequenos aperfeiçoamentos, que podem ter ocasionado a redução no preço.

Mas a redução aparecerá muito mais sensível e inegavelmente se compararmos o preço desta manufatura na atualidade com o que era num período muito mais remoto, pelo fim do século XIX, quando o trabalho era provavelmente muito menos subdividido e a maquinaria empregada, muito mais imperfeita do que atualmente.

Em 1487, no quarto ano do reinado de Henrique VII, foi decretado que "quem quer que venda a varejo uma jarda do tecido escarlate mais fino, ou outro tecido tinto do mais fino, acima de 16 *shillings*, será multado em quarenta *shillings* para cada jarda assim vendida". Dezesseis *shillings*, portanto, contendo quase a mesma quantidade de prata quanto 24 *shillings* do nosso dinheiro, naquele tempo era reconhecido como preço razoável para uma jarda do tecido mais fino, e como esta é uma lei suntuária, tal tecido, é provável, usualmente era vendido um tanto mais caro. Um guinéu, pode-se admitir como o preço mais alto, atualmente. Mesmo que se supusesse igual a qualidade dos tecidos, e a da atualidade é, provavelmente, muito superior, mesmo com esta suposição, o preço em dinheiro do tecido mais fino parece ter sido consideravelmente reduzido desde o fim do século XV. Mas, seu preço real foi muito mais reduzido. Seis *shillings* e oito pence era então, e muito tempo depois, tido como o preço médio de um quarto de trigo. Dezesseis *shillings*, portanto, era o preço de dois quartos e mais de três alqueires de trigo. Avaliar um quarto de trigo, em nossos dias, por 28 *shillings*, o preço real de uma jarda de tecido fino deve, naqueles tempos, ter sido igual a pelo menos três libras, seis *shillings* e seis pence de nosso dinheiro atual. O homem que o comprava deve ter disposto da quantidade de trabalho e subsistência igual ao que aquela soma poderia comprar hoje em dia.

A redução no preço real da manufatura grosseira, mesmo que considerável, não foi tão grande como na da fina.

Em 1643, no terceiro ano do reinado de Eduardo IV, foi decretado que "nenhum servo rural, nem trabalhador comum, nem servo de qualquer artífice, habitando fora de uma cidade ou burgo, deverá usar ou vestir em suas vestimentas qualquer tecido acima de dois *shillings* a jarda". Nesse terceiro ano de Eduardo IV, dois *shillings* continham quase a mesma quantidade de prata que quatro *shillings* do dinheiro atual. Mas o tecido de Yorkshire, que agora é vendido a quatro *shillings* a jarda, talvez seja muito superior a qualquer que então era feito para a roupa dos mais pobres dentre os servos comuns. Mesmo o preço em dinheiro de suas roupas pode, em proporção à qualidade, ser um pouco inferior no presente do que era antigamente. O preço real deve ser bem inferior. Dez pence era então o preço moderado e razoável de um alqueire de trigo. Dois *shillings*, pois, era o preço de dois alqueires e quase dois celamins de trigo, que hoje, a três *shillings* e seis pence o alqueire, valeria oito *shillings* e nove pence. Por uma jarda deste tecido, o servo pobre deve ter disposto do poder de compra de uma quantidade de subsistência igual ao que oito *shillings* e nove pence teriam comprado atualmente. Esta também é uma lei suntuária, restringindo o luxo e a extravagância dos pobres. Suas roupas, comumente, então, deveriam ter sido muito mais caras.

A mesma classe de pessoas, pela mesma lei, é proibida de vestir meias cujo preço exceda 14 pence o par, igual a cerca de 28 pence do dinheiro atual. Mas, 14 pence, naqueles tempos, era o preço de um alqueire e quase dois celamins de trigo, o que, atualmente, a três *shillings* e seis pence o alqueire, custaria cinco *shillings* e três pence. Atualmente, deveríamos considerar este como um preço muito alto para um par de meias para um criado da mais inferior e pobre classe. Naqueles tempos, deveria ter pago o que realmente era o equivalente a este preço por elas.

No tempo de Eduardo IV, a arte de tecer meias provavelmente não era conhecida em parte alguma da Europa. Eram feitas de tecido comum, o que pode ter sido uma das causas de seu alto preço. A primeira pessoa a usar meias na Inglaterra, diz-se, foi a rainha Elizabeth. Ela recebeu-as como presente do embaixador espanhol.

Na manufatura da lã, tanto fina como grosseira, a maquinaria empregada era muito mais imperfeita naqueles tempos de antanho do que nos dias atuais. Recebeu posteriormente três aperfeiçoamentos capitais, e vários outros pequenos, cujo número ou importância seria difícil determinar. Os três aperfeiçoamentos são: primeiro, a substituição da roca e do fuso pela fiação contínua, que, com a mesma quantidade de trabalho, fará mais que o dobro da quantidade de produto. Segundo, o uso de várias máquinas engenhosas que facilitam e abreviam numa proporção ainda maior o enrolamento do fio de lã, ou a disposição adequada da trama e da urdidura antes de serem colocadas no tear, operação que, antes da invenção dessas máquinas, deve ter sido extremamente tediosa e trabalhosa. Terceiro, o emprego do moinho de apisoar para o espessamento do tecido, em vez de passá-lo na água. Moinhos de água ou de vento eram conhecidos na Inglaterra antes do começo do século XVI, nem, tanto quanto se saiba, em qualquer outra região da Europa ao norte dos Alpes. Tinham sido introduzidos na Itália algum tempo antes.

A consideração destas circunstâncias talvez explique, em alguma medida, por que o preço real da manufatura fina e grosseira era tão mais alto naqueles tempos de outrora do que hoje. Custava uma maior quantidade de bens trazer os bens ao mercado. Quando eram levados ao mercado, deviam comprar ou trocar o preço de maior quantidade.

A manufatura grosseira provavelmente, nos tempos antigos, era exercida na Inglaterra do mesmo modo que nos países onde as artes e manufaturas estão em sua infância. Provavelmente era uma manufatura caseira, em que cada parte diferente do trabalho era ocasionalmente feita por todos os vários membros de quase cada família; mas este era seu trabalho quando nada mais havia a fazer, e não era para ser o principal negócio do qual algum deles derivasse a maior parte de sua subsistência. O trabalho executado destarte, já foi observado, chega sempre muito mais barato ao mercado do que aquele que é o principal ou único fundo da subsistência do trabalhador. A manufatura fina, por outro lado, naqueles tempos não era exercida na Inglaterra, mas no rico e comercial país de Flandres; e provavelmente era conduzida da mesma maneira que agora, por pessoas que derivavam toda, ou a principal parte de sua subsistência, dela. Além do mais, era uma manufatura estrangeira, e deve ter pago alguma taxa, o antigo costume da tonelagem ou libragem, pelo menos, para o rei. Esta taxa provavelmente não deve ter sido muito grande. Então não era a política da Europa restringir, por taxas elevadas, a importação de manufaturas estrangeiras, mas sim encorajá-la, para que os mercadores pudessem suprir, com tanta facilidade quanto possível, os grandes homens com as conveniências e luxos que queriam, e que a indústria de seu próprio país não lhes podia oferecer.

A consideração dessas circunstâncias pode, talvez, explicar-nos em alguma medida por que, antigamente, o preço real da manufatura grosseira era, em proporção ao da fina, tão inferior do que atualmente.

Livro II
Da natureza, acumulação e emprego do capital

CAPÍTULO 1
DA ACUMULAÇÃO DO CAPITAL, OU DO TRABALHO PRODUTIVO OU IMPRODUTIVO

Há uma espécie de trabalho que acresce o valor do objeto a que é aplicado, e há outro que não tem tal efeito. O primeiro, ao produzir um valor, pode ser chamado produtivo; o outro, improdutivo. Assim, o trabalho de um manufatureiro acrescenta, geralmente, ao valor dos materiais que ele trabalha, o de sua própria manutenção, e o lucro de seu patrão. O trabalho de um serviçal, pelo contrário, acresce o valor de nada. Se bem que o manufatureiro tem seu salário adiantado pelo patrão, ele não custa nada ao patrão, o valor de seus salários sendo geralmente restaurados, com o lucro, no valor aumentado do objeto a que se aplicou o trabalho. Mas a manutenção de um serviçal nunca é restaurada. Um homem enriquece empregando uma multidão de operários; e fica pobre mantendo uma multidão de serviçais. O trabalho destes, porém, tem o seu valor, e merece sua recompensa tanto quanto os outros. Mas o trabalho do manufatureiro fixa-se e realiza-se em algum objeto em particular ou mercadoria vendável, que perdura ao menos algum tempo depois de passado o trabalho. É como se fosse certa quantidade de trabalho estocada e armazenada a ser empregada, se necessário, em alguma outra ocasião. Aquele objeto, ou o que dá no mesmo, o preço daquele objeto, pode, se for necessário depois, movimentar uma quantidade de trabalho igual à que originalmente o produziu. O trabalho do serviçal, ao contrário, não fixa nem se realiza em nenhum objeto em particular, ou mercadoria vendável. Seus serviços, geralmente, perecem no mesmo instante de sua execução, e raramente deixam qualquer sinal ou valor atrás deles, pelo qual uma igual quantidade de serviço poderia depois proporcionar.

O trabalho de algumas das classes mais respeitáveis da sociedade é, como o dos serviçais, não produtivo de qualquer valor, e não fixa nem realiza-se em nenhum objeto permanente, ou mercadoria vendável que dure depois de passado o trabalho, e pelo que uma igual quantidade de trabalho possa depois ser proporcionada. O soberano, por exemplo, com todos os oficiais de justiça e de guerra que servem sob ele, todo o exército e a marinha, são trabalhadores improdutivos. São os servos do público, e são mantidos por parte da produção anual da indústria de outras pessoas. Seus serviços, por mais honoráveis, úteis, ou necessários que sejam, nada produzem pelo que uma igual quantidade de serviço possa depois ser oferecida. A proteção, segurança e defesa da comunidade deste ano não comprará sua proteção, segurança e defesa para o ano que vem. Na mesma classe devem ser alinhadas algumas das mais graves e mais importantes e algumas das mais frívolas profissões: clérigos, advogados, médicos, homens de letras de todas as espécies, atores, bufões, músicos, cantores de ópera, dançarinos etc. O trabalho do menor destes tem um certo valor, regulado pelos mesmos princípios que regulam o de toda outra espécie de trabalho; e o do mais nobre e útil, nada produz que depois compraria ou proporcionaria uma igual quantidade de trabalho. Como a declamação do ator, a arenga do orador, ou a melodia do músico, o trabalho de todos eles perece no mesmo instante de sua produção.

Tanto os trabalhadores produtivos e improdutivos, e aqueles que absolutamente não trabalham, são igualmente mantidos pela produção anual da terra e do lavor do campo. Este produto, por maior que seja, nunca pode ser infinito, mas deve ter certos limites. Correspondentemente, conforme uma maior ou menor proporção dele seja em qualquer ano empregada na manutenção de mãos improdutivas, mais num caso e menos no outro, restará para os produtivos, e a produção do ano seguinte será maior ou menor, correspondentemente; toda a produção anual, excetuando-se as produções espontâneas da terra, sendo efeito do trabalho produtivo.

Mesmo toda a produção anual da terra e lavor do campo sendo, sem dúvida, ultimamente destinada a suprir o consumo de seus habitantes, e para proporcionar-lhes uma renda, quando vem primariamente da terra, ou das mãos dos trabalhadores produtivos, naturalmente divide-se em duas partes. Uma delas, e frequentemente a maior, é, primeiramente, destinada à substituição de um capital ou para renovar as provisões, materiais e trabalho que foram retirados de um capital; a outra, para constituir uma renda para o dono do capital, como seu lucro, ou para alguma outra pessoa, como a renda da terra. Assim, do produto da terra, uma parte substitui o capital do lavrador; a outra paga seu lucro e a renda do proprietário; e assim constitui uma renda tanto para o dono do capital como lucro, e para alguém mais, como renda da terra. Do produto de uma grande manufatura, do mesmo modo, uma parte, e sempre a maior, substitui o capital do empreiteiro, e a outra paga seu lucro, constituindo uma renda para o dono deste capital.

Aquela parte da produção anual e do lavor de todo campo que substitui um capital nunca é imediatamente empregada para manter mãos que não sejam produtivas. Paga apenas o salário do trabalho produtivo. Aquela que é destinada imediatamente para constituir renda, como lucro ou renda propriamente dita, pode manter indiferentemente mãos produtivas ou improdutivas.

Qualquer que seja a parte de seu estoque que um homem empregue como capital, sempre espera que lhe seja recolocada com um lucro. Emprega-a, portanto, para manter mãos produtivas apenas, e depois de ter lhe servido como capital constitui renda para os outros. Sempre que emprega qualquer parte dele para manter mãos improdutivas de qualquer espécie, aquela parte é, a partir daquele momento, retirada de seu capital, e colocada em seu estoque reservado para consumo imediato.

Os trabalhadores improdutivos, e todos aqueles que não trabalham, são mantidos por renda; quer, primeiramente, por aquela parte da produção anual que originalmente destina-se a constituir uma renda para determinadas pessoas, ou como a renda da terra, ou como lucros do capital; quer, secundariamente, por aquela parte que, se bem que originalmente destinada para recolocar um capital e manter trabalhadores produtivos apenas, quando lhes chega às mãos qualquer parte muito acima de sua subsistência necessária, pode ser empregada indiferentemente em manter mãos produtivas ou improdutivas. Assim, não só o grande latifundiário como o rico comerciante, mas também o trabalhador comum, se seus salários são consideráveis, podem manter um serviçal; ou pode às vezes ir ao teatro ou às marionetes, e assim contribuir com sua fração para manter um conjunto de trabalhadores improdutivos; ou pode pagar algumas taxas, e assim ajudar a manter outro conjunto, mais honorável e útil, realmente, mas igualmente improdutivo. Nenhuma parte da produção anual, porém, originalmente destinada a reconstituir um capital, é dirigida para a manutenção de mãos improdutivas, até depois de ter movimentado todo seu complemento de trabalho produtivo, ou tudo que poderia movimentar de modo que foi empregada. O trabalhador deve ter ganho seu salário pelo trabalho terminado antes de poder empregá-lo assim que qualquer maneira. Aquela parte também é geralmente pequena. É uma renda em excesso, apenas, da qual os trabalhadores produtivos raramente têm bastante. No entanto, geralmente eles dispõem de alguma, e no pagamento de taxas, a grandeza de seu número pode compensar, em alguma medida, a pequenez de sua contribuição. A renda da terra e os lucros do capital são, em todo lugar, as fontes principais das quais as mãos improdutivas derivam sua subsistência. Estas são as duas espécies de rendimento que mais sobram aos proprietários. Podem manter indiferentemente mãos produtivas ou improdutivas. Parecem, porém, ter predileção pelas últimas. A despesa de um grande lord alimenta, geralmente, mais pessoas ociosas do que industriosas. O rico comerciante, se bem que só mantenha pessoas trabalhadoras com seu capital, por sua despesa, ou seja, pelo emprego de seu rendimento, alimenta comumente de maneira exata a mesma espécie que o grande senhor.

A proporção, então, entre as mãos produtivas e improdutivas, depende muito, em cada país, da proporção entre aquela parte do produto anual que, vindo da terra ou das mãos dos trabalhadores produtivos, destina-se a recolocar um capital e aquela destinada a constituir um rendimento, quer como renda, quer como lucro. Esta proporção é muito diferente nos países ricos e nos países pobres.

Assim, atualmente, nos países opulentos da Europa, uma porção muito grande, frequentemente a maior, do produto da terra, destina-se a substituir o capital do lavrador rico e independente; a outra, para pagar seus lucros e a renda do proprietário. Mas antigamente, durante a prevalência do governo feudal, uma porção mínima da produção era suficiente para recolocar o capital empregado no cultivo. Consistia normalmente de algum gado esfomeado, mantido totalmente pela produção espontânea de terra não cultivada, e que poderia, então, ser considerado parte daquela produção espontânea. Geralmente, também, pertencia ao proprietário, que o adiantava aos ocupantes da terra. Todo o resto da produção pertencia-lhe também, como renda da terra ou como lucro deste capital desprezível. Os ocupantes da terra eram geralmente servos, cujas pessoas e efeitos eram igualmente propriedade. Aqueles que não eram servos eram rendeiros, e se a renda que pagavam era geralmente pouco mais que uma quitação, mas totalizava todo o produto da terra. Seu senhor sempre podia comandar seu trabalho na paz e seu serviço na guerra. Mesmo vivendo a certa distância de sua casa, eram tão dependentes deles quanto os que lá viviam. Mas todo o produto da terra indubitavelmente pertence àquele que pode dispor do trabalho e serviço de todos aqueles que mantém. No estado atual da Europa, a fração do proprietário raramente excede um terço, por vezes nem um quarto do produto total da terra. A renda da terra, porém, em todas as regiões progressistas, foi triplicada e quadruplicada, desde aqueles tempos antigos, e esta terça ou quarta parte do produto anual é, ao que parece, três ou quatro vezes maior que o total fora antes. Com o progresso, a renda, se bem que aumente em proporção à extensão, diminui em proporção ao produto da terra.

Nos países opulentos da Europa, grandes capitais são atualmente empregados no comércio e nas manufaturas. No estado antigo, o pequeno comércio que despertava, e as poucas manufaturas caseiras exercidas, requeriam capitais mínimos. Estes, porém, devem ter dado grandes lucros. A taxa de juros nunca era inferior a 10%, e seus lucros devem ter sido suficientes para suportar estes grandes juros. Presentemente, a taxa de juros, nas regiões adiantadas da Europa, nunca está acima de 6%, e em algumas das mais aperfeiçoadas é tão baixa quanto quatro, três e 2%. A parte da renda dos habitantes derivada dos lucros do capital é muito maior nos países ricos que nos pobres, porque o capital é muito maior: em proporção ao capital, os lucros em geral são muito menores.

Aquela parte da produção anual, que assim que vem da terra ou das mãos dos trabalhadores produtivos é destinada à reposição do capital, não só é muito maior nos países ricos que nos pobres, mas tem uma proporção muito maior em relação àquela que é imediatamente destinada a constituir um rendimento, como renda ou como lucro. Os fundos destinados à manutenção do trabalho produtivo são não só muito maiores no primeiro caso do que no último, mas têm uma proporção muito maior em relação àqueles que, empregados para manter mãos produtivas ou não, geralmente têm predileção por estas.

A proporção entre os diversos fundos necessariamente determina em todo país o caráter geral dos habitantes quanto à indústria ou ociosidade. Somos mais industriosos que nossos ancestrais; pois, na atualidade, os fundos destinados à manutenção da indústria são muito maiores em proporção àqueles que poderiam ser empregados na manutenção da ociosidade, dois ou três séculos atrás. Nossos ancestrais eram ociosos por falta de um encorajamento suficiente à operosidade. É melhor, diz o provérbio, jogar por nada do que trabalhar por nada. Nas cidades mercantis e manufatureiras, onde as classes inferiores do povo são principalmente mantidas pelo emprego do capital, são em geral industriosas, sóbrias e ambiciosas; como em muitas cidades inglesas e holandesas. Naquelas cidades que são sustentadas principalmente pela constante ou ocasional de uma corte, e em que as classes inferiores do povo são principalmente mantidas pelo gasto das rendas, são em geral ociosas, dissolutas e pobres; como em Roma, Versalhes, Compiègne e Fontainebleau. Excetuando Rouen e Bordéus, há pouco comércio ou indústria em qualquer das cidades parlamentares da França; e as classes inferiores do povo, sendo principalmente mantidas a expensas dos membros das cortes de justiça, e daqueles que vêm fazer petições perante eles, são em geral ociosas e pobres. O grande comércio de Rouen e Bordéus parece não ser totalmente efeito de sua situação. Rouen é necessariamente o *entrepôt* de quase todos os bens que são trazidos de países estrangeiros, ou das províncias marítimas de França, para o consumo da grande cidade de Paris. Bordéus, do mesmo modo, é o *entrepôt* das vinhas que crescem às margens do Garonne, e dos rios que desaguam nele, uma das mais ricas regiões vinhateiras do mundo, e que parece produzir o vinho mais adequado para exportação ou mais adequado ao gosto das nações estrangeiras. Tais situações vantajosas necessariamente atraem um grande capital pelo grande emprego que possibilitam; e a aplicação deste capital é a causa da indústria daquelas duas cidades. Nas outras cidades parlamentares da França, muito pouco capital parece ser empregado além do que é necessário para suprir o consumo próprio; isto é, pouco mais do que o mínimo que neles pode ser empregado. O mesmo pode ser dito de Paris, Madri e Viena. Destas três cidades, Paris é de longe a mais industriosa; mas a própria Paris é o mercado principal de todas as manufaturas lá estabelecidas, e o consumo próprio é o objeto principal de todo o comércio que exerce. Londres, Lisboa e Copenhaguen são, quiçá, as únicas três cidades europeias que são residência constante de uma corte, e simultaneamente consideradas cidades mercantis, ou que comerciam não só para o consumo próprio, mas para o de outras cidades e países. A situação de todas três é extremamente vantajosa e naturalmente as adéqua a serem *entrepôts* de grande parte dos bens destinados ao consumo em locais distantes. Numa cidade onde se gasta um grande rendimento, empregar vantajosamente um capital para qualquer outro fim que não seja suprir o consumo daquela cidade é provavelmente mais difícil do que numa em que as classes inferiores do povo não têm outra manutenção senão aquela que deriva do emprego desse capital. A ociosidade da maior parte do povo mantida a expensas de rendimento corrompe, é provável, a indústria daqueles que deviam ser mantidos pela aplicação do capital, e torna menos vantajoso empregar um capital ali do que alhures. Havia pouco comércio em Edimburgo antes da união. Quando o parlamento escocês não mais veio a se reunir ali, quando cessou de ser a residência necessária da principal nobreza e aristocracia escocesa, tornou-se cidade de algum comércio e indústria. Ainda continua, porém, a ser residência das principais cortes de justiça da Escócia, da Alfândega e Impostos etc. Um rendimento considerável, portanto, ainda continua a ser despendido lá. No comércio e na indústria, é muito inferior a Glasgow, cujos habitantes são principalmente mantidos pela aplicação de capital. Os habitantes de uma grande vila, por vezes já foi observado, depois de terem feito considerável progresso nas manufaturas, tornaram-se ociosos e pobres em consequência de um grande senhor ter estabelecido residência em suas vizinhanças.

A proporção entre o capital e o rendimento, portanto, em todo lugar parece regular a proporção entre a indústria e a ociosidade. Onde quer que o capital predomine, a indústria prevalece; onde a renda, a ociosidade. Todo aumento ou diminuição do capital, portanto, naturalmente tende a aumentar ou diminuir a real quantidade de indústria, o número de mãos produtivas e, por conseguinte, o valor de troca da produção anual da terra e do lavor do campo, a riqueza real e a renda de todos os seus habitantes.

Os capitais são aumentados pela parcimônia e diminuídos por prodigalidade e má conduta.

O que quer que uma pessoa economize de seu rendimento, acresce a seu capital, e emprega-o em manter um número adicional de mãos produtivas, ou capacita outra pessoa para tal, emprestando-lhe por um interesse, isto é, por uma fração dos lucros. Como o capital individual só pode aumentar pelo que economiza de sua renda anual, ou seus ganhos anuais, o capital de uma sociedade, que é o mesmo de todos os indivíduos que a compõem, só pode ser aumentado da mesma maneira.

A parcimônia, e não a indústria, é a causa imediata do aumento de capital. A indústria, de fato, provê aquilo que a parcimônia acumula.

Mas o que quer que a indústria adquira, se a parcimônia não poupasse e armazenasse, o capital nunca seria maior.

A parcimônia, aumentando o fundo que é destinado para a manutenção das mãos produtivas, tende a aumentar o número daquelas mãos cujo trabalho acresce o valor do objeto no qual é aplicado. Tende, pois, a aumentar o valor de troca do produto anual da terra e do lavor do campo. Põe em movimento quantidade adicional de indústria, o que dá um valor adicional ao produto anual.

O que é anualmente poupado é regularmente consumido como o que é gasto anualmente, e quase ao mesmo tempo, também; mas é consumido por um grupo diferente de pessoas. Aquela porção de seu rendimento que um homem rico anualmente gasta é, na maioria dos casos, consumida por hóspedes ociosos e serviçais, que nada deixam atrás como retorno de seu consumo. Aquela porção que ele anualmente economiza, que em prol do lucro é imediatamente empregada como um capital, é consumida igualmente, e quase no mesmo tempo, também, mas por um conjunto diferente de pessoas, por trabalhadores, manufatores e artífices, que reproduzem com um lucro o valor de seu consumo anual. Sua renda é, suponhamos, paga em dinheiro. Se tivesse gasto o total, a comida, a roupa e a habitação, que o todo poderia ter comprado, este teria sido distribuído entre o primeiro conjunto de pessoas. Economizando uma parte, que pelo lucro é imediatamente empregada como capital, pela própria pessoa, ou por outra, a alimentação, a vestimenta e a habitação, que com ela podem ser compradas, são necessariamente reservadas para o segundo conjunto de pessoas. O consumo é o mesmo, mas os consumidores são diferentes.

Com o que um homem frugal anualmente economiza, não só paga a manutenção de um número adicional de mãos produtivas, para o ano em curso ou o seguinte, mas, como o fundador de uma oficina pública, que o estabelece como se fora um fundo perpétuo para a manutenção de um igual número para o futuro. A distribuição e destinação perpétuas deste fundo, com efeito, nem sempre estão guardadas por qualquer lei positiva, contrato ou mão-morta. É sempre guardado, porém, por um poderoso princípio, o claro e evidente interesse de cada indivíduo a quem caberá qualquer parte dele. Nenhuma parte dele depois jamais poderá ser empregada por mãos não produtivas, sem evidente perda da pessoa que assim o perverte de sua destinação adequada.

O pródigo perverte, assim, esse fundo: não confinando sua despesa à sua renda, usurpa o capital. Como aquele que perverte as rendas de alguma fundação pia para fins profanos, paga o salário da ociosidade com aqueles fundos que a frugalidade de seus ancestrais como que consagraram à manutenção da indústria. Diminuindo os fundos destinados ao emprego do trabalho produtivo, ele necessariamente diminui, tanto quanto dependa dele, a quantidade daquele trabalho que acresce valor ao objeto no qual é aplicado, e, consequentemente, o valor da produção anual da terra e trabalho de todo o campo, a real riqueza e renda de seus habitantes. Se a prodigalidade de alguns não fosse compensada pela frugalidade de outros, a conduta de todo pródigo, alimentando os ociosos com o pão dos industriosos, tende não só a empobrecer a si mesmo, mas a empobrecer o próprio país.

Mesmo sendo a despesa do pródigo totalmente feita em mercadorias de o próprio país, nenhuma parte em mercadoria estrangeira, seu efeito sobre os fundos produtivos da sociedade ainda seria o mesmo. Todo ano ainda haveria uma certa quantidade de comida e vestuário que deveria ter mantido mãos produtivas empregada em mãos improdutivas. Todo ano, portanto, ainda haveria alguma diminuição no que de outro modo seria o valor da produção anual da terra e do lavor do campo.

Esta despesa, pode-se dizer, de fato, não sendo em bens estrangeiros, não ocasionando nenhuma exportação de ouro e prata, a mesma quantidade de dinheiro permaneceria sempre no país. Mas se a quantidade de comida e vestimenta, que assim foi consumida pelos improdutivos, fosse distribuída entre os produtivos, teriam reproduzido, com lucro, o valor total de seu consumo. A mesma quantidade de dinheiro, neste caso, igualmente teria permanecido no país, e, além do que, haveria uma reprodução de igual valor de bens de consumo. Haveria dois valores, em vez de um.

A mesma quantidade de dinheiro, também, não pode permanecer muito tempo em qualquer país em que o valor da produção anual diminui. O único uso do dinheiro é circular bens consumíveis. Por meio dele, provisões, materiais e trabalho acabado são comprados e vendidos e distribuídos a seus consumidores certos. A quantidade de dinheiro, então, que pode ser empregada anualmente em qualquer país deve ser determinada pelo valor dos bens de consumo anualmente nele circulados. Estes devem consistir quer na produção imediata da terra e trabalho do campo, ou em algo que foi comprado com alguma parte daquele produto. Seu valor, portanto, deve diminuir quando o valor daquela produção diminui, e, juntamente com ela, a quantidade de dinheiro que pode ser empregada para sua circulação. Mas o dinheiro que, por esta diminuição anual da produção, é anualmente afastado da circulação interna, não será deixado inerte. O interesse de quem quer que o possua requer que ele seja empregado. Mas não tendo aplicação no país, a despeito de todas as leis e proibições, será enviado para o estrangeiro e empregado na compra de bens de consumo que possam ser de uso no país original. Sua exportação anual assim continuará deste modo, por algum tempo, para acrescer algo ao consumo anual do país além do valor da própria produção anual. O que nos dias de prosperidade foi economizado daquela produção anual, e empregado na produção de ouro e prata, contribuirá, por um pouco de tempo, para suportar seu consumo na adversidade. A exportação de ouro e prata é, neste caso, não a causa, mas o efeito de seu decaimento, e pode mesmo, por pouco tempo, aliviar a miséria daquele declínio.

A quantidade de dinheiro, pelo contrário, em todo país, deve naturalmente aumentar com o aumento do valor da produção anual. O valor dos bens de consumo anualmente circulado dentro da sociedade sendo maior requererá maior quantidade de dinheiro para circulá-los. Uma parte do produto aumentado naturalmente será empregada na compra, sempre que necessária, da quantidade adicional de ouro e prata necessária para circular o resto. O aumento desses metais, neste caso, será o efeito, e não a causa, da prosperidade pública. O ouro e a prata são comprados em todo lugar, da mesma maneira. Alimentação, vestuário e alojamento, a renda e manutenção de todos cujo trabalho e capital são empregados em trazê-los da mina ao mercado, é o preço pago por eles tanto no Peru como na Inglaterra. O país que tem este preço para pagar nunca ficará muito tempo sem a quantidade desses metais de que precisar; e nenhum país reterá por muito tempo uma quantidade de que não necessita.

O que quer que possamos imaginar em que consista a riqueza e o rendimento real de um país, no valor da produção anual de sua terra e trabalho, como a simples razão parece ditar, ou na quantidade dos metais preciosos que nele circulam, como o preconceito vulgar supõe;

de qualquer modo, todo pródigo parece ser um inimigo público e todo homem frugal, um benfeitor público.

Os efeitos da má conduta são frequentemente os mesmos da prodigalidade. Todo projeto não judicioso e malsucedido na agricultura, mineração, pesca, comércio ou manufaturas, tende, do mesmo modo, a diminuir os fundos destinados à manutenção de trabalho produtivo. Em cada projeto desses, se bem que o capital seja consumido apenas por mãos produtivas, pela maneira pouco judiciosa com que é empregado, não reproduzem todo o valor de seu consumo, devendo haver sempre alguma diminuição no que de outro modo seriam os fundos produtivos da sociedade.

Dificilmente pode ocorrer que as circunstâncias de uma grande nação podem ser muito afetadas pela prodigalidade ou má conduta de seus indivíduos; a profusão ou imprudência de alguns sendo sempre mais que compensada pela frugalidade e boa conduta de outros.

Em relação à profusão, o princípio que predispõe à despesa é a paixão pela fruição presente que, por vezes violenta e muito difícil de ser restringida, em geral é apenas momentânea e ocasional. Mas o princípio que dispõe a economizar é o desejo de melhorar nossa condição, desejo que, se bem que em geral calmo e desapaixonado, vem conosco do nascimento, e nunca nos deixa até que vamos ao túmulo. Em todo o intervalo que separa estes dois momentos, raramente há um só instante em que um homem esteja perfeita e completamente satisfeito com sua situação, de modo a ficar sem qualquer desejo de alteração ou aperfeiçoamento de qualquer espécie. Um aumento da fortuna é o meio pelo qual a maioria dos homens se propõe e deseja melhorar sua condição. É o meio mais vulgar e mais óbvio; e o meio mais provável de aumentar sua fortuna é economizar e acumular parte do que adquiriram, regular e anualmente, ou em algumas ocasiões extraordinárias. Se bem que o princípio da despesa prevaleça em quase todos os homens em algumas ocasiões, e em alguns homens em quase todas as ocasiões, na maioria dos homens, tomando todo o curso de suas vidas em média, o princípio da frugalidade não só parece predominar, mas predominar grandemente.

Em relação à má conduta, o número de empreendimentos prudentes e bem-sucedidos é sempre muito maior que os desajuizados e malsucedidos. Depois de todas as nossas queixas da frequência das falências, os desafortunados que caem nesta desgraça perfazem apenas pequena parte do número total engajado no comércio e nos negócios de toda espécie; não mais, talvez, do que um em cada mil. A falência é, talvez, a maior e mais humilhante calamidade que pode acometer um homem inocente. A maior parte dos homens, pois, é suficientemente cuidadosa para evitá-la. Alguns, com efeito, não a evitam, assim como alguns não evitam o patíbulo.

As grandes nações nunca são empobrecidas pela prodigalidade privada, mas, por vezes, são pela pública, bem como por má conduta. Toda, ou quase toda renda pública, na maioria dos países, é empregada em manter mãos improdutivas. Assim são as pessoas que compõem uma numerosa e esplêndida corte, um grande estabelecimento eclesiástico, grandes esquadras e exércitos, que, em tempo de paz, nada produzem, e que em tempo de guerra nada adquirem que possa compensar a despesa de sua manutenção, mesmo enquanto dura a guerra. Tais pessoas, como nada produzem, são todas mantidas pelo trabalho de outrem. Quando são então multiplicadas, a um número desnecessário, podem, num determinado ano, consumir fração tão grande desta produção, de modo a não deixar o suficiente para manter os trabalhadores produtivos, que deveriam reproduzi-lo no ano seguinte. O produto do ano seguinte passará a ser inferior ao do anterior, e a continuar esta mesma desordem, a do terceiro ano será ainda menor que a do segundo. Aquelas mãos improdutivas, que deveriam ser mantidas apenas por parte do excesso da renda do povo, pode consumir tamanha fração de seu rendimento total, assim obrigando tamanho número a dilapidar seus capitais, sobre os fundos destinados à manutenção do trabalho produtivo, que toda a frugalidade e boa conduta dos indivíduos poderão não compensar o desperdício e a degradação da produção ocasionados por esta dilapidação violenta e forçada.

Estas frugalidade e boa conduta, no entanto, na maioria das ocasiões, segundo a experiência, são suficientes para compensar não só a prodigalidade e má conduta privada dos indivíduos, mas a extravagância pública do governo. O esforço uniforme, constante e ininterrupto de cada homem para melhorar sua condição, o princípio do qual a opulência pública e nacional, bem como a privada, são originalmente derivadas, é frequentemente poderoso o bastante para manter o progresso natural das coisas rumo ao aperfeiçoamento, a despeito tanto da extravagância do governo quanto dos maiores erros de administração.

Como o princípio desconhecido da vida animal frequentemente restaura a saúde e o vigor à constituição, a despeito não só da doença, mas das prescrições absurdas do médico.

A produção anual da terra e o trabalho de qualquer nação podem ser aumentados em seu valor tão somente aumentando o número de seus trabalhadores produtivos, ou das forças produtivas dos trabalhadores previamente empregados. O número de seus trabalhadores produtivos, é evidente, nunca pode ser aumentado em muito, senão em consequência de um aumento de capital ou dos fundos destinados a mantê-los. As forças produtivas do mesmo número de trabalhadores não pode ser aumentada, senão em consequência de alguma adição e aperfeiçoamento daquelas máquinas e instrumentos que facilitam e abreviam o trabalho, ou com uma divisão e distribuição mais apropriada do trabalho. Em qualquer caso, um capital adicional é quase sempre requerido. É por meio de um capital adicional, apenas, que o empreiteiro de qualquer trabalho pode prover seus trabalhadores com máquinas melhores ou fazer uma distribuição mais apropriada do emprego entre eles. Quando o trabalho a ser feito consiste de certo número de partes, manter todos os homens constantemente empregados de um modo requer capital muito maior do que onde cada homem é ocasionalmente empregado em cada parte diferente do trabalho. Quando então comparamos o estado de uma nação em dois períodos diferentes e encontramos que a produção anual de sua terra e trabalho é evidentemente maior no último que no primeiro, que suas terras estão mais bem cultivadas, suas manufaturas mais numerosas, e mais florescentes e seu comércio mais extenso, podemos estar certos de que seu capital deve ter aumentado no intervalo entre aqueles dois períodos, e que mais deve ter lhe sido acrescido pela boa conduta de alguns, mais do que aquilo que lhe foi retirado pela má conduta privada de outrem ou pela extravagância pública do governo. Mas acharemos ser este o caso de quase todas as nações em todas as épocas toleravelmente calmas e pacíficas, mesmo daquelas que não desfrutaram governos prudentes e parcimoniosos. Para formar um correto julgamento disto, de fato, devemos comparar o estado do país em períodos um tanto distantes uns dos outros. O progresso é frequentemente tão gradual que, em períodos próximos, o aperfeiçoamento não só não é sensível, mas do declínio de alguns ramos da indústria, ou de certos distritos do país, coisas que por vezes ocorrem com o país numa prosperidade geral, muitas vezes ergue-se a suspeita de que as riquezas e indústria do todo estão decaindo.

A produção anual da terra e o trabalho da Inglaterra, por exemplo, certamente é muito maior do que era, há pouco mais de um século, na restauração de Carlos II. Se bem que no presente, creio, duvidam disto, durante aquele período dificilmente se passavam cinco anos em que algum livro ou panfleto não fosse publicado, escrito com tal habilidade a ponto de ganhar autoridade junto ao público, e pretendendo demonstrar que a riqueza da nação estava caindo rapidamente, o campo despovoado, a agricultura negligenciada, as manufaturas decaindo e o comércio por fazer. Nem foram todas essas publicações panfletos partidários, a geração miserável da falsidade e venalidade. Muitos deles foram escritos por pessoas francas e muito inteligentes, que nada escreviam senão no que acreditavam, e por nenhuma outra razão senão por acreditarem naquilo.

O produto anual da terra, o trabalho da Inglaterra, novamente, foi certamente muito maior na Restauração do que podemos supor que fora cem anos antes, com a ascensão de Elizabeth. Neste período, também, temos toda a razão em acreditar, o país estava muito mais avançado em aperfeiçoamento do que cerca de um século antes, perto do fim das dissensões entre as casas de York e Lancaster. Mesmo então, provavelmente estava em melhor condição do que durante a conquista normanda, e na conquista normanda, melhor do que durante a confusão da heptarquia saxônica. Mesmo neste período primitivo, certamente foi um país mais progressista do que quando da invasão de Júlio César, quando seus habitantes estavam quase no mesmo estado que os selvagens da América do Norte.

Em cada um desses períodos, no entanto, não só havia mais profusão privada e pública, muitas guerras dispendiosas e desnecessárias, grande perversão da produção anual, da manutenção de mãos produtivas para as improdutivas; mas, às vezes, na confusão da discórdia civil, tamanho desperdício absoluto e destruição do capital, como se pode supor, que não somente retardou, como certamente o fez, a acumulação natural de riquezas, mas deixou o país, ao fim do período, mais pobre que no começo. Assim, no período mais feliz e afortunado de todos por que passou desde a Restauração, quantas desordens e infortúnios ocorreram, que se pudessem ter sido previstos, poder-se-ia esperar deles não só o empobrecimento, mas a ruína total do país? O fogo e a praga de Londres, as duas guerras holandesas, as desordens da Revolução, a guerra da Irlanda, as quatro dispendiosas guerras francesas de 1688, 1702, 1742 e 1756, juntamente com as duas rebeliões de 1715 e 1745. No decurso das quatro guerras francesas, a nação contraiu mais do que 145 milhões de débito, muito acima de todas as despesas anuais extraordinárias que ocasionaram, de modo que o total pode ser computado como, no mínimo, duzentos milhões. Tamanha fração do produto anual da terra e trabalho do país, desde a Revolução, foi empregada em diferentes ocasiões para manter um número extraordinário de mãos improdutivas. Mas se aquelas guerras não tivessem dado esta direção particular a tamanho capital, sua maior parte naturalmente seria empregada para manter mãos produtivas, cujo trabalho teria reposto, com lucro, o valor total de seu consumo. O valor da produção anual da terra e trabalho do país teria crescido consideravelmente a cada ano, e o aumento de cada ano teria aumentado ainda mais o do ano seguinte. Mais casas teriam sido construídas, mais terras teriam sido melhoradas, e aquelas que tivessem sido melhoradas previamente teriam sido mais bem cultivadas, mais manufaturas teriam sido estabelecidas, e aquelas já estabelecidas teriam sido mais estendidas; e a que alturas a riqueza real e a renda do país teriam então subido, talvez não seja fácil imaginar.

Mas embora a profusão do governo deva, indubitavelmente, retardar o progresso natural da Inglaterra rumo à riqueza e ao progresso, não conseguiu detê-lo. O produto anual de sua terra e trabalho é, indubitavelmente, muito maior no presente que foi na Restauração ou na Revolução. O capital, portanto, anualmente empregado no cultivar esta terra, e em manter este trabalho, deve semelhantemente ser muito maior. Em meio a todas as exações do governo este capital foi silencioso e gradualmente acumulado pela frugalidade privada e boa conduta dos indivíduos por seu esforço universal, contínuo e ininterrupto para melhorar a própria condição. Neste esforço, protegido pela lei e permitido pela liberdade de se esforçar da maneira mais vantajosa, que manteve o progresso da Inglaterra rumo à opulência e ao aperfeiçoamento em quase todas as eras anteriores, e que, espera-se, o faça em todo o tempo futuro. A Inglaterra, porém, como nunca foi abençoada com um governo muito parcimonioso, a parcimônia em nenhuma época foi a virtude característica de seus habitantes, é da mais alta impertinência a presunção, pois, dos reis e ministros, pretender vigiar a economia dos particulares e restringir sua despesa, por leis suntuárias ou pela proibição da importação de luxos estrangeiros. Eles mesmos é que sempre são os maiores esbanjadores da sociedade. Que eles cuidassem bem das próprias despesas e confiassem nos particulares. Se suas próprias extravagâncias não arruínam o Estado, a de seus súditos nunca o fará.

Como a frugalidade aumenta e a prodigalidade diminui o capital público, a conduta daqueles cuja despesa apenas iguala seu rendimento, sem acumular ou despender, nunca o aumenta nem o diminui. Algumas modalidades de despesa, entretanto, parecem contribuir mais para o crescimento da opulência pública do que outras.

O rendimento de um indivíduo pode ser gasto em coisas que são consumidas imediatamente, e nas quais a despesa de um dia não pode aliviar ou suportar a de um outro, ou pode ser gasta em coisas mais duráveis, que podem então ser acumuladas, e que na despesa de todo dia podem, à vontade, aliviar ou suportar e elevar o efeito da do dia seguinte. Um homem afortunado, por exemplo, pode gastar seu rendimento numa mesa profusa e suntuosa, manter grande número de serviçais e multidão de cães e cavalos; ou contentar-se com mesa frugal e poucos atendentes, pode gastar bastante adornando sua casa ou *villa* campestre, com edifícios úteis ou ornamentais, com mobília útil ou ornamental, em colecionar livros, estátuas, quadros, ou em coisas mais frívolas, joias, bugigangas, ou adornos engenhosos de várias espécies, ou, o que é mais insignificante, em acumular um grande guarda-roupa de roupas finas, como o favorito e ministro de um grande príncipe morreu há uns poucos anos. Se dois homens de igual fortuna gastassem sua despesa, um principalmente de um modo, o outro, diversamente, a magnificência da pessoa cuja despesa fosse principalmente em mercadorias duráveis estaria crescendo, a despesa de cada dia contribuindo um pouco para suportar e elevar o efeito da do dia seguinte; a do outro, ao contrário, não seria maior ao fim do período do que no começo. O primeiro, também ao fim do período, seria o mais rico dos dois. Teria um estoque de bens de alguma espécie, que mesmo não valendo tudo o que custou, sempre valeria alguma coisa. Nenhum traço ou vestígio da despesa do outro restaria, e os efeitos de dez ou vinte anos de profusão estariam tão completamente aniquilados como se nunca tivessem existido.

Assim como um modo de despesa é mais favorável que o outro para a opulência de um indivíduo, assim é com a de uma nação. As casas, a mobília, a vestimenta dos ricos, em pouco tempo, tornam-se úteis para as classes média e inferior do povo. Estes podem comprá-las quando seus superiores se cansam delas, e a comodidade geral do povo é assim aos poucos melhorada, quando este modo de despesa se torna universal entre os afortunados. Nos países que há muito têm sido ricos, frequentemente se encontrarão as classes inferiores do povo na posse de casas e mobília perfeitamente boas e inteiras, mas que não poderiam ter sido feitas para seu uso, originalmente. O que foi anteriormente a sede da família Seymour é agora uma hospedaria a caminho de Bath. O leito nupcial de Jaime I da Grã-Bretanha, que sua rainha trouxe consigo da Dinamarca, como presente de um soberano, digno de outro soberano, foi, há poucos anos, ornamento de uma cervejaria em Dumfermline. Em algumas cidades antigas, que há muito têm estado estacionárias, ou decaíram um pouco, por vezes, é difícil encontrar uma casa que tenha originalmente sido construída para seus atuais habitantes. Visitando-se essas casas, é comum encontrar-se muitas excelentes, se bem que antiquadas, peças de mobília, que ainda estão muito aptas para o uso, e que tampouco teriam sido feitas para tais pessoas. Nobres palácios, *villas* magnificentes, grandes coleções de livros, estátuas, quadros e outras curiosidades são frequentemente tanto um ornamento quanto uma honra, não só para a vizinhança, mas para todo o país ao qual pertencem. Versalhes é um ornamento e uma honra para a França; Stowe e Wilton, para a Inglaterra. A Itália ainda continua a cultivar alguma espécie de veneração pelo número de monumentos desta espécie que possui, apesar de que a riqueza que os produziu tenha decaído e o gênio que os planejou pareça estar extinto, talvez por não mais ter a mesma aplicação.

A despesa que é depositada em mercadorias duráveis também é favorável não só à acumulação, mas à frugalidade. Se uma pessoa a qualquer momento se exceder nisto, pode se recuperar sem se expor à censura pública. Reduzir em muito o número de seus servidores; reformar sua mesa, de grande profusão, para grande frugalidade; desfazer-se de sua equipagem, depois de tê-la acumulado, são mudanças que não podem escapar à observação de seus vizinhos, e que se supõe ser reconhecimento de prévia má conduta. Poucos, todavia, daqueles que uma vez foram tão infelizes a ponto de levar muito longe esta espécie de despesa, depois tiveram a coragem de se reformar, até que a ruína e a falência os obrigasse. Mas se uma pessoa, a qualquer tempo, teve grande despesa com edificações, mobília, livros ou quadros, nenhuma imprudência se pode inferir de sua mudança de conduta. Estas são coisas em que despesas acessórias são frequentemente tornadas desnecessárias pelas despesas anteriores; e quando uma pessoa cessa tais despesas, parece ter de fazê-lo não por ter excedido sua fortuna, mas porque já satisfez seu capricho.

A despesa, ademais, depositada em mercadorias duráveis, dá manutenção, comumente, a um maior número de pessoas do que é empregado na mais pródiga hospitalidade. De duzentas ou trezentas libras de provisões, que podem ser servidas num grande festival, metade, talvez, é lançada fora, e sempre há boa parte de abuso e desperdício. Mas se a despesa deste entretenimento fosse empregada para manter pedreiros, carpinteiros, tapeceiros, mecânicos etc., uma quantidade de provisões de igual valor poderia ser distribuída por um número ainda maior de pessoas que as teria comprado por bom dinheiro, sem lançar fora uma só onça. De um modo, ademais, esta despesa mantém mãos produtivas; de outro, improdutivas. De um modo aumenta, e de outro não, o valor de troca da produção anual da terra e do trabalho do país.

Por tudo isso não se deve entender que uma espécie de gasto indique um espírito mais generoso que outro. Quando um homem rico gasta sua renda principalmente na hospitalidade, compartilha grande parte dela com seus amigos e companheiros; mas quando ele a emprega na compra de mercadorias duráveis, usualmente gasta tudo com a própria pessoa, e não dá algo equivalente a outrem. A última espécie de despesa, então, especialmente quando dirigida para objetos frívolos, os pequenos ornamentos de vestuário e mobília, joias, bugigangas, bagatelas, frequentemente indica não só um temperamento superficial, mas vulgar e egoísta. O que quero dizer é que uma espécie de despesa como sempre ocasiona alguma acumulação de mercadorias valiosas, favorecendo mais a frugalidade particular, refletindo no aumento do capital público, e mantendo mais mãos produtivas do que improdutivas, conduz mais que a outra ao crescimento da opulência pública.

Livro III
Do diferente progresso da opulência em diferentes nações

CAPÍTULO 1
DO PROGRESSO NATURAL DA OPULÊNCIA

O grande comércio de toda sociedade civilizada é aquele desenvolvido entre os habitantes da cidade e os do campo. Consiste na troca do produto bruto pelo manufaturado imediatamente, ou pela intervenção do dinheiro ou de alguma espécie de papel que represente o dinheiro. O campo fornece à cidade os meios de subsistência e os materiais de manufatura. A cidade paga por este fornecimento devolvendo parte do produto manufaturado aos habitantes do campo. A cidade, onde não há, nem pode haver, qualquer reprodução de substâncias, pode-se dizer mui propriamente que ganha toda sua riqueza e subsistência do campo. Não devemos, porém, por causa disto, imaginar que o ganho da cidade é a perda do campo. Os ganhos de ambos são mútuos e recíprocos, e a divisão do trabalho, neste como em todos os outros casos, é vantajosa para todas as várias pessoas ocupadas nas várias ocupações em que se subdivide. Os habitantes do campo compram da cidade uma maior quantidade de bens manufaturados, com o produto de muito menor quantidade de seu próprio trabalho, do que deveriam ter empregado se tivessem tentado prepará-lo por si mesmos. A cidade permite um mercado para o excesso da produção do campo, ou o que está bem acima da manutenção dos lavradores, e é lá que os habitantes do campo trocam-no por algo que esteja em demanda entre eles. Quanto maior for o número e o rendimento dos habitantes da cidade, mais extenso é o mercado que permite aos do campo; e quanto mais extenso este mercado, tanto mais é vantajoso para o grande número. O cereal que cresce a uma milha da cidade vende-se nela pelo mesmo preço do que vem de vinte milhas de distância. Mas o preço deste último geralmente não só deve pagar a despesa do cultivo e do transporte até o mercado, mas também deve compensar os lucros ordinários da agricultura para o lavrador. Os proprietários e cultivadores do campo, portanto, que estão nas vizinhanças da cidade, muito além dos lucros ordinários da agricultura, ganham, no preço do que vendem, o valor total do carreto do mesmo produto que é trazido das regiões mais distantes, e têm, ademais, todo o valor de seu transporte no preço daquilo que compram. Compare-se o cultivo das terras na cercania de qualquer cidade considerável com o daquelas que estão a alguma distância, e poder-se-á satisfazer facilmente com quanto campo é beneficiado pelo comércio com a cidade. Dentre todas as absurdas especulações que foram propagadas concernentes à balança comercial, nunca se pretendeu que o campo perca com seu comércio com a cidade, ou a cidade com o campo, que o sustente.

Como a subsistência é, na natureza das coisas, anterior à comodidade e ao luxo, a indústria que proporciona a primeira deve necessariamente preceder a que ministra a última. O cultivo e o aperfeiçoamento do campo, portanto, que dá a subsistência, devem necessariamente ter precedência sobre o acréscimo da cidade, que fornece apenas as comodidades e o luxo. É apenas o produto do campo, ou o que está além da manutenção dos agricultores, que constitui a subsistência da cidade, que, portanto, só pode crescer com o crescimento do excesso daquela produção. A cidade, de fato, nem sempre pode derivar toda sua subsistência do campo em suas vizinhanças, ou mesmo do território ao qual pretende, mas de países distantes; e isto, não formando exceção à regra, ocasionou consideráveis variações no progresso da opulência em diferentes eras e nações.

Aquela ordem de coisas que a necessidade impõe em geral, embora em nenhum país em particular, é, em cada país, promovida pelas naturais inclinações humanas. Se as instituições humanas nunca tivessem distorcido aquelas inclinações naturais, as cidades em nenhum lugar poderiam ter crescido além do que a melhoria e cultivo do território em que se situam poderia suportar; até tal época, pelo menos, todo aquele território era completamente cultivado e cuidado. Perante os mesmos, ou quase os mesmos lucros, a maioria escolherá empregar seus capitais mais na melhoria e no cultivo da terra que em manufaturas ou comércio exterior. O homem que emprega seu capital na terra tem-no mais sob sua vista e comando, e sua fortuna é muito menos sujeita a acidentes do que a do comerciante, que é frequentemente obrigado a confiá-la não só aos ventos e às ondas, mas aos elementos mais incertos da insensatez e injustiça humana, dando grande crédito em países distantes a homens com cujo caráter e situação ele raramente pode estar bem familiarizado. O capital do proprietário da terra, ao contrário, que é fixado na melhoria de sua terra, parece estar tão seguro quanto a natureza dos negócios humanos pode admitir. É também a beleza do campo, os prazeres da vida camponesa, a paz de espírito que promete, e sempre que a injustiça das leis humanas não a perturba, a independência que efetivamente proporciona têm encantos que atraem a todos, mais ou menos; e como o cultivo do solo foi o destino original do homem, em cada estágio de sua existência ele parece reter uma predileção por esta primitiva ocupação.

Sem a assistência de alguns artífices, com efeito, o cultivo da terra não pode ser feito senão com grande inconveniência e contínua interrupção. Ferreiros, carpinteiros, carroceiros, pedreiros, tanoeiros, sapateiros e alfaiates são pessoas cujos serviços são frequentemente necessários ao agricultor. Tais artífices, também, ocasionalmente têm necessidade uns dos outros; e como sua residência, como a do campônio, não é necessariamente fixa a um determinado local, naturalmente alojam-se nas vizinhanças uns dos outros, e assim formam uma cidadezinha, ou vilarejo. O açougueiro, o cervejeiro e o padeiro logo juntam-se a eles, junto com outros artesãos e merceeiros, necessários ou úteis para suprir suas necessidades ocasionais, e que contribuem para aumentar ainda mais o povoado. Os habitantes da cidade e do campo são mutuamente os servos uns dos outros. A cidade é uma feira, ou mercado, contínua, à qual concorrem os habitantes do campo para trocar seu produto bruto pela manufatura. É este comércio que abastece os habitantes da cidade com os materiais de seu trabalho e meios de sua subsistência. A quantidade do trabalho acabado que eles fornecem aos habitantes do campo necessariamente regula a quantidade dos materiais e provisões que eles compram. Nem seu emprego nem sua subsistência, portanto, podem aumentar senão na proporção do aumento da demanda do campo pelo trabalho acabado; e esta demanda só pode aumentar em proporção à extensão das melhorias e do cultivo. Se as instituições humanas, portanto, nunca tivessem perturbado o curso natural das coisas, a riqueza progressiva e o crescimento das cidades seriam, em qualquer sociedade política, consequente, e proporcional ao aperfeiçoamento e cultivo do território ou do campo.

Em nossas colônias da América do Norte, onde ainda se dispõe de terra inculta facilmente, nenhum manufatureiro para vendas a distância ainda foi estabelecido em qualquer das cidades. Quando um artífice adquire um pouco mais de capital do que o necessário para continuar seu negócio de suprir os campos vizinhos, na América do Norte ele não tenta estabelecer uma manufatura para vendas a uma maior distância, mas emprega-o na compra e no trato de terra inculta. De artífice torna-se lavrador, e nem os grandes ganhos nem a fácil subsistência que aqueles campos dão aos artífices podem seduzi-lo a trabalhar para outrem e não para si mesmo. Ele percebe que um artífice é o servo de seus fregueses, dos quais deriva sua subsistência, mais que um lavrador que cultiva sua própria terra, e deriva suas necessidades do trabalho de sua própria família, é realmente patrão e independente do mundo.

Em países, ao contrário, onde não há terras não cultivadas, ou nenhuma que possa ser obtida facilmente, todo artífice que adquiriu mais capital do que pode empregar nos ocasionais trabalhos das cercanias, procura preparar trabalho para vender a maior distância. O ferreiro faz alguma espécie de manufatura de ferro, o tecelão, alguma de linho ou de lã. Estas diversas manufaturas vêm, com o passar do tempo, a ser divididas gradualmente, e daí aperfeiçoadas e refinadas numa grande diversidade de maneiras, que podem ser facilmente concebidas e que é, pois, desnecessário explicar mais.

Ao se procurar emprego para um capital, as manufaturas, perante lucros iguais ou quase iguais, são naturalmente preferidas ao comércio exterior, pela mesma razão que a agricultura é naturalmente preferida às manufaturas. Assim como o capital do proprietário da terra ou do lavrador é mais seguro que o do manufatureiro, assim o capital deste, estando todo o tempo mais à sua vista e comando, é mais seguro que aquele do mercador. Em qualquer período, de fato, de qualquer sociedade, a parte em excesso, tanto do produto bruto quanto do manufaturado, ou daquele para o qual não há demanda no país, deve ser enviada alhures para ser trocada por algo de que haja alguma demanda no país original. Mas se o capital, que transporta este produto em excesso, é estrangeiro ou não, é de muito pouca importância. Se a sociedade não adquiriu capital suficiente para cultivar todas as suas terras e manufaturar completamente o total de sua produção bruta, ainda há uma considerável vantagem em exportar o produto bruto por um capital estrangeiro, para que o capital total da sociedade seja empregado para fins mais úteis. A riqueza do antigo Egito, a da China e do Indostão demonstram suficientemente que uma nação pode atingir um grau muito elevado de opulência mesmo que a maior parte de seu comércio de exportação seja exercida por estrangeiros. O progresso de nossas colônias norte-americanas e das Índias Ocidentais seria muito menos rápido se nenhum capital senão os seus próprios tivessem sido empregados para exportar seu excesso de produção.

De acordo com o curso natural das coisas, portanto, a maior parte do capital de toda sociedade progressista é primeiramente dirigido à agricultura, e depois às manufaturas e, finalmente, ao comércio exterior. Esta ordem de coisas é tão natural que em toda sociedade que já teve território sempre foi observada, creio. Algumas de suas terras devem ter sido cultivadas antes que quaisquer cidades consideráveis fossem estabelecidas, e alguma indústria grosseira de manufatura deve ter sido feita nestas cidades, antes que pudessem pensar em aplicar-se ao comércio exterior.

Mas muito embora esta ordem natural das coisas deve ter tomado lugar em algum grau em toda sociedade desse tipo, em todos os Estados modernos da Europa foi, quanto a muitos aspectos, inteiramente invertida. O comércio exterior de algumas de suas cidades introduziu todas as suas manufaturas finas, ou aquelas adequadas para as vendas a distância; e as manufaturas e o comércio exterior conjuntamente deram nascimento às principais melhorias na agricultura. Os usos e costumes que a natureza de seu governo original introduziu, e que permaneceram depois que aquele governo foi grandemente alterado, necessariamente forçaram-nas a esta ordem antinatural e retrógrada.

CAPÍTULO 2
COMO O COMÉRCIO DAS CIDADES CONTRIBUIU PARA O MELHORAMENTO DO CAMPO

O incremento e as riquezas das cidades comerciais e manufatureiras contribuiu para o aperfeiçoamento e cultivo dos países aos quais pertenciam de três diferentes maneiras.

Primeiro, permitindo um grande e pronto mercado para o produto bruto do campo, encorajaram seu cultivo e ulteriores melhorias. Este benefício não foi sequer confinado aos países onde se situavam, mas estendiam-se mais ou menos a todos com que tinham algum negócio. A todos eles ofereciam um mercado para alguma fração de seu produto, bruto ou manufaturado, e consequentemente deram algum encorajamento à indústria e fomento de todos. Seus próprios países, porém, por conta de seus vizinhos, necessariamente derivaram o maior benefício deste mercado. Seu produto bruto sendo onerado com menos transporte, os comerciantes podiam pagar aos cultivadores um preço melhor, e ainda oferecê-lo igualmente barato aos consumidores, bem como aos dos países mais distantes. Secundariamente, a riqueza adquirida pelos habitantes das cidades era com frequência empregada na compra das terras à venda, das quais grande parte frequentemente estaria sem cultivo. Os mercados comumente ambicionam tornarem-se proprietários rurais, e quando o fazem, geralmente são os que mais trazem melhorias. Um mercador está acostumado a empregar seu dinheiro principalmente em projetos lucrativos, ao passo que alguém que seja exclusivamente proprietário de terras está acostumado a empregá-lo, principalmente, em prodigalidade. Um frequentemente vê seu dinheiro afastar-se dele para retornar com um lucro; o outro, ao separar-se do dinheiro, raramente espera ver algo dele de novo. Estes diferentes hábitos naturalmente afetam suas disposições e temperamento em toda espécie de negócios. Um mercador é comumente um empreendedor ousado e o proprietário comum, tímido. Um não teme depositar de uma só vez um grande capital no aperfeiçoamento de sua terra, quando tem uma perspectiva provável de levantar seu valor, em relação à despesa. O outro, quando tem algum capital, o que não é sempre o caso, raramente se aventura a empregá-lo deste modo. Se ele chega a progredir, comumente não é com um capital, mas com o que pode economizar de sua renda anual. Quem quer que tenha tido a fortuna de viver numa cidade mercantil situada num país não adiantado, deve ter observado com frequência quão mais enérgicas as operações dos mercadores eram neste sentido que as dos gentis-homens rurais. Os hábitos, ademais, de ordem, economia e atenção aos quais os negócios mercantis geralmente conformam o comerciante tornam-no muito mais apto a executar, com lucro e sucesso, qualquer projeto ou melhoria.

Em terceiro e último lugar, o comércio e as manufaturas gradualmente introduziram a ordem e o bom governo, e com eles a liberdade e a segurança dos indivíduos, entre os habitantes do campo, que antes viviam num estado quase contínuo de guerra com seus vizinhos e de servil dependência a seus superiores. Este, se bem que o menos observado, é o mais importante de seus efeitos. O sr. Hume é o único que, até agora, tanto quanto sei, reparou nisto.

Num país que não tem nem comércio externo nem nenhuma das manufaturas mais finas, um grande proprietário, nada tendo pelo que possa trocar a maior parte do produto de suas terras, que supere a manutenção de seus lavradores, consome tudo na hospitalidade rústica, doméstica. Se o excesso da produção é suficiente para manter cem ou mil homens, ele só poderá usá-la mantendo esses cem ou mil homens. A todo momento, portanto, está cercado de uma multidão de cortesãos e dependentes, que, não tendo equivalente para dar em retorno por sua manutenção, mas sendo alimentados inteiramente pela bondade daquele, devem obedecê-lo, pela mesma razão que os soldados devem obedecer ao príncipe que os paga. Antes da expansão do comércio e da manufatura na Europa, a hospitalidade dos grandes e dos ricos, do soberano ao menor dos barões, excedia tudo o que na atualidade podemos facilmente imaginar. Westminster Hall era a sala de refeições de William Rufus, e muitas vezes pode não ter sido suficiente para sua companhia. Era reconhecido traço de magnificência em Thomas Beckett, que espalhava palha limpa ou junco quando era tempo deles, no seu salão, para que os cavaleiros e gentis-homens, que não conseguiam assentos, não sujassem suas roupas finas ao sentarem-se no chão para comer. Diz-se do grande conde de Warwick que entreteve em suas mansões, a cada dia, trinta mil pessoas, e muito embora o número possa ter sido exagerado, deve ter sido muito grande, para permitir um tal exagero. Uma hospitalidade quase do mesmo tipo era exercida, há não muitos anos, em várias partes do planalto escocês. Parece ser comum em todas as nações para as quais o comércio e as manufaturas são pouco conhecidas. "Já vi", diz o dr. Pocock, "um chefe árabe jantar nas ruas de uma cidade onde viera vender seu gado e convidar todos os passantes, mesmo mendigos vulgares, para sentar-se com ele e compartilhar seu banquete".

Os ocupantes da terra eram em tudo dependentes do grande proprietário, como seu séquito. Mesmo aqueles que não estavam no estado de vilanagem eram rendeiros voluntários, que pagavam uma renda de modo algum equivalente à subsistência que a terra lhes dava. Uma coroa, meia coroa, um carneiro, uma ovelha eram, há alguns anos, nas terras altas da Escócia, uma renda comum para terras que mantinham uma família. Em alguns lugares, assim é ainda hoje; nem o dinheiro, atualmente, comprará uma maior quantidade de bens lá do que em outros lugares. Num país em que o excesso da produção de grande propriedade deve ser consumido na propriedade mesmo, frequentemente será mais conveniente para o proprietário que parte dele seja consumida a certa distância da própria casa, desde que aqueles que a consumam sejam tão dependentes dele quanto seu séquito, ou seus criados. Ele assim salva-se do embaraço de uma companhia ou de uma família demasiado grandes. Um rendeiro que possua terra suficiente para manter sua família por pouco mais que sua quitação é tão dependente do proprietário quanto qualquer servo ou cortesão, e deve obedecê-lo também sem reservas. Um tal proprietário, alimentando seus servos e cortesãos em sua própria casa, também alimenta seus rendeiros em suas casas. A subsistência de ambos é derivada de sua munificência, e sua continuidade depende de sua boa vontade.

Sobre a autoridade que o grande proprietário necessariamente tinha num tal estado de coisas, sobre seus rendeiros e séquito, estava fundado o poder dos antigos barões. Necessariamente, tornavam-se juízes na paz e chefes na guerra de todos que ocupavam seus territórios. Podiam manter a ordem e executar a lei dentro dos respectivos domínios, porque ali cada um deles podia voltar a força de todos os habitantes contra a justiça de qualquer um. Nenhuma outra pessoa tinha suficiente autoridade para fazer assim. O rei, em particular, não tinha. Naqueles tempos antigos, ele era pouco mais do que o maior proprietário em seus domínios, a quem, em favor da defesa comum contra seus inimigos comuns, os outros grandes proprietários tributavam certo respeito. Ter forçado pagamento de pequeno débito, nas terras de um grande proprietário, onde todos os habitantes estavam armados e acostumados à união, teria custado ao rei, se tivesse tentado isto por sua própria autoridade, quase o mesmo esforço que para extinguir uma guerra civil. Ele era, portanto, obrigado a abandonar a administração da justiça pela maior parte do país àqueles que eram capazes de administrá-la; e pela mesma razão, deixar o comando das milícias das terras àqueles a quem as milícias obedeceriam.

É enganoso imaginar que aquelas jurisdições territoriais originaram-se da lei feudal. Não só as mais altas jurisdições, civis e criminais, mas o poder de levantar tropas, de cunhar moeda, e mesmo de legislar para o governo do próprio povo, eram todos direitos possuídos alodialmente pelos grandes proprietários da terra, vários séculos antes mesmo de o nome de lei feudal ser conhecido na Europa. A autoridade e a jurisdição dos senhores saxões da Inglaterra parece ter sido tão grande antes da Conquista do que a de quaisquer senhores normandos depois dela. Mas não se presume que a lei feudal tenha se tornado a lei comum da Inglaterra senão depois da Conquista. Que as mais extensas autoridade e jurisdição fossem possuídas pelos grandes senhores de França alodialmente, muito antes de a lei feudal ser introduzida naquele país, é fato que não admite dúvida. Aquela autoridade e jurisdições todas emanavam necessariamente do estado de propriedade e costumes até agora descritos. Sem remontar às antiguidades remotas, quer da monarquia francesa, quer da inglesa, podemos encontrar em tempos muito mais tardios muitas provas de que tais efeitos devem sempre dimanar de tais causas. Não foi nem há trinta anos que o senhor Cameron de Lochiel, um gentil-homem de Lochabar, na Escócia, sem nenhuma autorização legal, não sendo o que então era chamado um lord da realeza, nem vassalo direto, mas vassalo do duque de Argyle, e nem mesmo chegando a ser juiz de paz, costumava, apesar disto, a exercer a mais alta jurisdição criminal sobre seu povo. Diz-se ter agido assim com grande equidade, se bem que sem nenhuma formalidade da justiça; e não é improvável que o estado daquela parte do país naquele tempo tornou necessário para ele assumir esta autoridade para manter a paz pública. Aquele cavalheiro, cuja renda nunca excedeu quinhentas libras por ano, levou consigo, em 1745, oitocentos do seu povo à rebelião.

A introdução da lei feudal, longe de estender, pode ser vista como tentativa de moderar a autoridade dos grandes senhores alodiais. Estabeleceu uma subordinação regular, acompanhada de uma longa série de serviços e obrigações, do rei até o menor proprietário. Durante a menoridade do proprietário, a renda, juntamente com a administração de suas terras, caía nas mãos de seu superior imediato e, consequentemente, aquelas de todos os grandes proprietários, nas mãos do rei, que estava encarregado da manutenção e educação do pupilo, e que, por sua autoridade de guardião, supunha-se ter um direito de dispor dele em casamento, desde que fosse de modo não inadequado à sua categoria. Mas, embora esta instituição necessariamente tendesse a reforçar a autoridade do rei e de enfraquecer a dos grandes proprietários, não pôde ser suficiente para estabelecer a ordem e o bom governo entre os habitantes do campo, porque não podia alterar o bastante aquele estado da propriedade e costume dos quais surgiam as desordens. A autoridade do governo ainda continuava a ser, como antes, muito fraca na cabeça e muito forte nos membros inferiores, e a excessiva força dos membros inferiores era a causa da fraqueza da cabeça. Após a instituição da subordinação feudal, o rei era tão incapaz quanto antes de restringir a violência dos grandes senhores. Eles ainda continuavam a fazer a guerra de acordo com sua discrição, quase continuamente, uns com os outros, e muito frequentemente, contra o rei; e o campo ainda continuava a ser cena de violência, rapina e desordem.

Mas o que toda a violência das instituições feudais nunca poderia efetivar, a silenciosa e insensível operação do comércio externo e manufatureiros gradualmente acarretou. Estes gradualmente forneceram aos grandes proprietários algo pelo que eles poderiam trocar toda a produção em excesso de suas terras, e que podiam consumir por si próprios, sem dividir com cortesãos ou rendeiros. Tudo para nós mesmos e nada para os outros parece, em todas as eras do mundo, ter sido a vil máxima dos senhores da humanidade. Logo, portanto, que encontravam um meio de consumir todo o valor de suas rendas por si mesmos, não tinham mais disposição de dividi-las com alguém mais. Por um par de broches de diamante, talvez, ou por algo tão frívolo e inútil, trocaram a manutenção, ou o que dá no mesmo, o preço da manutenção de mil homens por um ano, e com isto todo o peso e a autoridade que isto lhes poderia dar. Os broches, porém, seriam só deles, e nenhuma outra criatura humana deveria ter qualquer parte deles; ao passo que no método mais antigo de despesa, deveriam compartilhar com pelo menos mil pessoas. Com os juízes que deveriam determinar a preferência, esta diferença era perfeitamente decisiva; e assim, para a gratificação das mais infantis, mesquinhas e mais sórdidas de todas as vaidades, gradualmente mercadejaram todo seu poder e autoridade.

Num país onde não há comércio exterior, nem nenhuma das manufaturas mais finas, um homem de dez mil por ano não pode empregar seus rendimentos de qualquer outro modo senão mantendo, talvez, mil famílias, que estão todas, necessariamente, a seu comando. No atual estado da Europa, um homem de dez mil por ano pode gastar todo seu rendimento, e geralmente o faz, sem manter diretamente vinte pessoas, ou poder comandar mais de dez infantes que não valem o comando. Indiretamente, talvez, ele mantém um grande número de pessoas, ou maior do que poderia ter feito pelo antigo método da despesa, pois, embora a quantidade de produtos preciosos pela qual ele troca sua renda seja muito pequena, o número de trabalhadores empregados na sua coleta e preparo necessariamente deve ter sido muito grande. Seu grande preço geralmente surge dos salários deste trabalho e dos lucros de todos os seus empregadores imediatos. Pagando aquele preço, paga indiretamente todos aqueles salários e lucros, e assim indiretamente contribui para a manutenção de todos os trabalhadores e seus patrões. Ele geralmente contribui, porém, com uma proporção mínima da manutenção de cada um deles, para uns poucos talvez um décimo, para muitos, nem um centésimo, para alguns, nem um milésimo, nem mesmo um décimo de milésimo de toda sua manutenção anual. Contribuindo, não obstante, para a manutenção de todos eles, são mais ou menos independentes dele, porque geralmente todos podem ser mantidos sem ele.

Quando os grandes proprietários rurais gastam suas rendas mantendo seus rendeiros e séquito, cada um deles mantém inteiramente todos os seus rendeiros e todo seu séquito. Mas quando eles gastam mantendo comerciantes e artífices, podem, todos tomados juntos, talvez, manter um número tão grande, ou, por conta do desperdício que acompanha a hospitalidade rústica, um número maior de pessoas do que antes. Cada um deles, entretanto, tomado isoladamente, contribui frequentemente com pequena fração para a manutenção de qualquer indivíduo deste maior número. Cada comerciante ou artífice deriva sua subsistência do emprego não de um, mas de cem ou mil diferentes fregueses. Se bem que em alguma medida devendo obrigação a todos eles, não é absolutamente dependente de nenhum deles.

   A despesa pessoal dos grandes proprietários tendo destarte aumentado, era impossível que o número dos de seu séquito também não diminuísse gradativamente, até que fossem todos dispensados. A mesma causa gradativamente levou-os a dispensar aquela parte desnecessária de seus rendeiros. As herdades foram aplicadas, e os ocupantes da terra, não obstante as queixas de despopulação, reduzidos ao número necessário para cultivá-la, de acordo com o imperfeito estado de cultivo e melhorias daqueles tempos. Pela remoção das bocas desnecessárias, e extraindo do lavrador todo o valor de sua lavra, um maior excesso, ou, o que dá na mesma, o preço de um maior excesso foi obtido para o proprietário, com o que logo os mercadores e manufatureiros lhe forneceram um método de gastar com sua pessoa do mesmo modo que fizera com os demais. A mesma causa continuando a operar, ficou desejoso de elevar suas rendas acima do que suas terras, no estado atual de seu desenvolvimento, poderiam oferecer. Seus rendeiros poderiam concordar com isto apenas com uma condição, de que posses fossem asseguradas por um tal termo de anos até dar-lhes tempo de recuperar com lucro o que pudessem depositar num ulterior melhoramento da terra. A dispendiosa vaidade do senhor fê-lo aceitar voluntariamente esta condição; e daí a origem dos longos arrendamentos.

   Mesmo um arrendatário que paga todo o valor da terra não é totalmente dependente do senhor. As vantagens pecuniárias que recebem um do outro são mútuas e iguais, e um tal arrendatário não exporá sua vida ou sua fortuna a serviço do proprietário. Mas se ele tem um arrendamento por muitos anos, ele é totalmente independente; e seu senhor não deve esperar dele o mínimo serviço além do que foi expressamente estipulado ou imposto pela comum e conhecida lei do campo.

   Os rendeiros, destarte tendo se tornado independentes, e os seguidores sendo dispensados, os grandes proprietários não mais eram capazes de interromper a execução regular da justiça ou perturbar a paz do campo. Tendo vendido seu direito de primogenitura, não como

Esaú por um prato de ervilhas no tempo da fome e da necessidade, mas do desregramento da abundância, por quinquilharias e bugigangas, mais apropriadas para brinquedos de crianças do que sérios objetivos de homens, tornam-se tão insignificantes quanto qualquer burguês bem-posto ou comerciante numa cidade. Um governo regular foi estabelecido no campo bem como na cidade, ninguém tendo força suficiente para perturbar sua operação tanto num como no outro.

Talvez não se relacione com o assunto presente, mas não posso deixar de observar que as famílias muito antigas, que possuíram propriedades consideráveis de pai para filho por muitas gerações sucessivas, são muito raras nos países mercantis. Nos países que têm pouco comércio, pelo contrário, assim como Gales ou o planalto escocês, são muito comuns. As histórias árabes parecem estar todas cheias de genealogias, e há uma história escrita por um certo Tartar Khan, que foi traduzida para várias línguas europeias, que mal contém algo mais; prova de que antigas famílias são muito comuns naquelas nações. Nos países onde um homem rico pode gastar suas rendas de nenhum outro modo senão mantendo tantas pessoas quantas puder, não está apto a arruinar-se, e parece que sua benevolência raramente é tão violenta a ponto de manter mais do que ele pode sustentar. Mas onde ele pode gastar os maiores rendimentos com sua própria pessoa, ele usualmente não tem limites em suas despesas, porque usualmente não tem limites para sua vaidade ou no afeto por sua própria pessoa. Nos países comerciais, portanto, as riquezas, a despeito das mais severas leis para prevenir sua dissipação, dificilmente permanecem por muito tempo na mesma família. Entre as nações simples, pelo contrário, costumeiramente permanecem, sem nenhuma legislação, e entre nações pastoris, como os tártaros e os árabes, a natureza de consumo de sua propriedade necessariamente torna tais leis impossíveis.

Uma revolução de grande importância para a felicidade pública foi deste modo causada por duas diferentes ordens de pessoas que não tiveram a mínima intenção de servir ao público. Pois gratificar a mais infantil vaidade era o único motivo dos grandes senhores. Os mercadores e artífices, muito menos ridículos, agiam meramente tendo em vista seu próprio interesse, e perseguindo seu próprio princípio de bufarinheiros, de ganhar um *penny*, onde quer que pudesse ser ganho. Nenhum deles tinha conhecimento, ou premonição, daquela grande revolução que a insensatez de um e a indústria do outro gradualmente acarretava.

É assim que, pela maior parte da Europa, o comércio e as manufaturas das cidades, em vez de serem o efeito, foram a causa e ocasião para o melhoramento e cultivo do campo.

Esta ordem, entretanto, sendo contrária ao curso natural das coisas, é necessariamente lenta e incerta. Compare-se o lento progresso daqueles países europeus cuja riqueza depende muito de seu comércio e manufaturas com o rápido avanço de nossas colônias norte-americanas, cuja riqueza é totalmente fundada na agricultura. Pela maior parte da Europa não se supõe que seu número de habitantes dobre em menos de quinhentos anos. Em várias de nossas colônias norte-americanas, dobrou em vinte ou 25 anos. Na Europa, a lei da primogenitura e perpetuidades de diversas espécies evitam a divisão das grandes propriedades, obstaculizando a multiplicação de pequenos proprietários. Um pequeno proprietário, porém, que conhece cada pedaço de seu pequeno território, que o vê com todo o afeto que a propriedade, especialmente a pequena, naturalmente inspira, e que por isto tem prazer não só em cultivá-la, mas em adorná-la, é de todos os cultivadores o mais industrioso, o mais inteligente e o mais bem-sucedido. As mesmas leis, aliás, mantêm tanta terra fora do mercado que há sempre mais capital para comprar do que há terra para vender, de modo que o que é vendido o é sempre a preços de monopólio. A renda nunca paga os juros do dinheiro da compra, além de ser onerada com gravames de manutenção e outras taxas ocasionais, às quais não está sujeito o interesse sobre o dinheiro. Comprar terras, em toda a Europa, é um emprego muito pouco lucrativo para um pequeno capital. A bem de uma superior segurança, realmente, um homem de posses moderadas, ao aposentar-se dos negócios, por vezes escolherá depositar seu pequeno capital em terras. Um homem de profissão liberal, também, cujo rendimento seja derivado de outra fonte, muitas vezes gosta de garantir suas economias da mesma maneira. Mas um jovem que, em vez de aplicar-se ao comércio ou a outra profissão, que empregue um capital de duas ou três mil libras na compra e no cultivo de uma pequena propriedade rural, de fato pode esperar viver muito feliz e independentemente, mas deve dizer adeus para sempre à esperança de grande fortuna ou grande ilustração, que por um diferente emprego de seu capital poderia ter a chance de adquirir com outras pessoas. Tal pessoa, também, se bem que não possa aspirar a ser um proprietário, desdenhará ser lavrador. A pequena quantidade de terra, portanto, que é levada ao mercado, e o alto preço daquela que o é, evita que um grande número de capitais seja empregado neste cultivo e melhoria, que de outro modo teriam tomado esta direção. Na América do Norte, ao contrário, cinquenta ou sessenta libras já é um capital com que se possa iniciar uma plantação. A compra e a melhoria de terra inculta lá é o mais lucrativo emprego dos capitais tanto menores quanto maiores, e o caminho mais direto a toda fortuna e ilustração que naquele país podem ser adquiridas. Tais terras, de fato, podem ser compradas por quase nada na América do Norte, ou a um preço muito abaixo do valor do produto natural — coisa impossível na Europa, ou, de fato, em qualquer país onde todas as terras há muito tempo têm sido propriedade privada. Se as herdades, porém, fossem divididas igualmente entre todos os filhos, à morte do proprietário que deixasse família numerosa, a propriedade geralmente viria a ser vendida. Tanta terra viria ao mercado que não mais poderia ser vendida a preço de monopólio. A renda livre da terra se aproximaria mais de pagar o interesse sobre a compra, e um pequeno capital poderia ser empregado em comprar terra tão lucrativamente como de qualquer outro modo.

A Inglaterra, por causa da natural fertilidade do solo, da grande extensão do litoral em proporção à extensão total do solo e dos muitos rios navegáveis que a atravessam e permitem a conveniência do transporte fluvial a algumas de suas regiões interiores, talvez esteja tão bem-dotada pela natureza quanto qualquer grande país da Europa para ser a sede de comércio exterior, de manufaturas para vendas a distância e de todos os melhoramentos para os quais possa haver ocasião. Desde o começo do reinado de Elizabeth, também, a legislação inglesa tem estado peculiarmente atenta aos interesses do comércio e manufaturas, e na realidade, não há país na Europa, não excetuando sequer a Holanda, cuja lei seja, em geral, mais favorável a esta espécie de indústria. O comércio e as manufaturas, correspondentemente, têm avançado durante todo este período. O cultivo e melhoramento do campo, sem dúvida, têm avançado também, mas parece ter seguido lentamente, e a distância, o progresso mais rápido do comércio e das manufaturas. A maior parte do campo deve provavelmente ter sido cultivada antes do reinado de Elizabeth e uma grande parte ainda permanece sem cultivo, e a lavra da maioria é muito inferior ao que deveria ser. A lei inglesa, porém, favorece a agricultura não só indiretamente, pela proteção do comércio, mas por vários encorajamentos diversos. Exceto em tempos de escassez, a exportação do cereal não só é livre, mas encorajada por um prêmio. Em tempos de abundância moderada, a importação de cereal estrangeiro é agravada com taxas que equivalem a uma proibição. A importação de gado vivo, exceto na Irlanda, é totalmente proibida, e só recentemente tem sido permitida. Aqueles que cultivam a terra, portanto, têm um monopólio contra seus conterrâneos quanto aos dois maiores e mais importantes artigos do produto da terra: o pão e a carne. Estes encorajamentos, se bem que no fundo, quiçá, como procurarei mostrar adiante, acabem ilusórios, demonstram suficientemente, pelo menos, a boa intenção da legislação em favor da agricultura. Mas o que é de muito maior importância do que tudo, a classe rural inglesa é tornada tão segura, independente e respeitável quanto a lei o pode fazer. Nenhum país, portanto, onde tem lugar o direito de primogenitura, que paga dízimos e onde as perpetuidades, se bem que contrários ao espírito da lei, sejam admitidos em alguns casos, pode dar maior encorajamento à agricultura que a Inglaterra. Apesar de tudo, é esse o estado do cultivo. O que teria acontecido se a lei não tivesse dado encorajamento direto à agricultura, além do que surge indiretamente do comércio, e tivesse deixado a classe rural na mesma condição que na maioria dos outros países da Europa? Já faz mais de duzentos anos desde o começo do reinado de Elizabeth, período tão longo quanto o curso da prosperidade humana usualmente suporta.

    A França parece ter tido uma parte considerável do comércio exterior quase um século antes de a Inglaterra ter se distinguido como país mercantil. A marinha da França era considerável, de acordo com as noções do tempo, antes da expedição de Carlos VIII a Nápoles. O cultivo e melhoria da França, porém, no todo, é inferior ao da Inglaterra. A lei do campo nunca deu o mesmo encorajamento direto à agricultura.

    O comércio exterior da Espanha e de Portugal com as outras regiões da Europa, se bem que principalmente exercido em navios estrangeiros, é mui considerável. O de suas colônias é exercido em seus próprios, e é muito maior, por causa das grandes riquezas e extensão daquelas colônias. Mas nunca introduziu quaisquer manufaturas consideráveis para vendas distantes em qualquer daqueles países, e a grande maioria, em ambos os casos, ainda permanece inculta. O comércio exterior de Portugal é mais antigo que qualquer outro grande país da Europa, exceto a Itália.

A Itália é o único grande país da Europa que parece ter sido cultivado e melhorado em todo lugar por meio de comércio externo e manufaturas para vendas a distância. Antes da invasão de Carlos VIII, a Itália, de acordo com Guicciardini, não era menos cultivada nas regiões mais montanhosas e estéreis do campo do que nas mais planas e férteis. A situação vantajosa do país, e o grande número de Estados independentes que na época subsistiam nele provavelmente contribuiu não pouco para este cultivo generalizado. Não é impossível, também, não obstante esta expressão geral do mais judicioso e reservado dos historiadores modernos, que a Itália naquela época não era mais bem cultivada que a Inglaterra no presente.

O capital, porém, que é adquirido em qualquer país por meio do comércio e das manufaturas, é todo uma possessão muito precária e incerta até que alguma parte dele foi assegurada e realizada no cultivo e melhoramento de suas terras. Um mercador, foi dito mui propriamente, não é necessariamente cidadão de qualquer país. Em grande medida, é indiferente para ele de que lugar exerce seu comércio; e um pequenino contratempo fá-lo-á remover seu capital, e com ele toda a indústria que suporta, de um país para outro. Nenhuma parte dele pode ser dita pertencente a qualquer país em particular, até ter se espalhado sobre a superfície do país, por assim dizer, em edifícios ou na melhoria duradoura das terras. Nenhum vestígio agora resta da riqueza que foi possuída pela maioria das cidades hanseáticas, exceto nas obscuras histórias dos séculos XIII e XIV. É até incerta a localização de algumas delas, ou a que cidades da Europa os nomes latinos dados a algumas delas pertencem. Mas, apesar dos infortúnios da Itália ao fim do século XV o começo do XVI, que grandemente diminuíram o comércio e as manufaturas das cidades da Lombardia e da Toscâna, aqueles países continuam entre os mais populosos e mais bem cultivados da Europa. As guerras civis de Flandres, e o governo espanhol que as sucedeu, afastou o grande comércio de Antuérpia, Gand e Bruges. Mas Flandres continua a ser uma das mais ricas, mais bem cultivadas e mais populosas províncias da Europa. As revoluções ordinárias da guerra e governos facilmente secam as fontes daquela riqueza que surge do comércio apenas. A que surge dos aperfeiçoamentos mais sólidos da agricultura é muito mais durável e não pode ser destruída, a não ser por aquelas convulsões mais violentas ocasionadas pelas depredações de nações hostis e bárbaras continuadas por um século ou dois, assim como as que aconteceram por algum tempo antes e depois da queda do Império romano, nas províncias ocidentais da Europa.

Livro IV
Dos sistemas de economia política

Introdução

A economia política, considerada ramo da ciência do estadista ou legislador, propõe dois objetivos distintos: primeiro, proporcionar uma renda abundante, ou subsistência para o povo, ou, mais propriamente, permitir-lhe proporcionar uma tal renda ou subsistência para ele mesmo; e, segundo, suprir o Estado, ou a comunidade, com uma renda suficiente para os serviços públicos. Propõe-se a enriquecer o povo e o soberano.

O diferente progresso da opulência, em diferentes eras e nações, deu ocasião a dois sistemas diferentes de economia política, no que tange ao enriquecimento do povo. Um, pode ser chamado o sistema mercantil, o outro, a agricultura. Procurarei explicar ambos tão completa e distintamente quanto puder, e começarei com o sistema do comércio. É o sistema moderno, e é mais bem compreendido em nosso próprio país, em nosso próprio tempo.

CAPÍTULO 1
Do princípio do sistema comercial, ou mercantil

Que a riqueza consista no dinheiro, ou no ouro e na prata, é uma noção popular que naturalmente origina-se da dupla função do dinheiro, como instrumento do comércio e como medida do valor. Em consequência de ser o instrumento do comércio, quando temos dinheiro podemos mais rapidamente obter o que quer que precisemos do que por meio de qualquer outra comodidade. O grande afazer, sempre descobrimos, é conseguir dinheiro. Quando ele é obtido, não há dificuldade em fazer qualquer compra subsequente. Em consequência de ele ser a medida do valor, estimamos o de todas as outras mercadorias pela quantidade de dinheiro pela qual serão trocadas. Dizemos de um homem rico que ele vale muito, e de um pobre, que vale muito pouco dinheiro. Um homem frugal, ou um homem ansioso de tornar-se rico, se diz que ama o dinheiro; e um homem descuidado, generoso ou pródigo, se diz que é indiferente a ele. Enriquecer é conseguir dinheiro; e a riqueza e o dinheiro, em suma, em linguagem comum, são considerados sinônimos em todos os aspectos.

Um país rico, do mesmo modo que um homem rico, supõe-se que seja um país onde abunde o dinheiro; e acumular ouro e prata em qualquer país é suposta a maneira mais pronta de enriquecê-lo. Por algum tempo após a descoberta da América, a primeira pergunta dos espanhóis, quando chegavam a qualquer costa desconhecida, costumava ser se podia encontrar ouro ou prata nas vizinhanças. Pela informação que recebiam, julgavam se valia a pena fazer um estabelecimento ali, ou se a região valia a conquista. Plano Carpino, um monge, enviado como embaixador do rei de França a um dos filhos do famoso Gêngis Khan, diz que os tártaros costumavam frequentemente perguntar-lhe se havia muitos carneiros e bois no reino de França. Sua pergunta tinha o mesmo objetivo daquele dos espanhóis. Queriam saber se o país era rico o bastante para valer uma conquista. Entre os tártaros, bem como entre todas as outras nações de pastores, que geralmente são ignorantes do uso do dinheiro, o gado é o instrumento do comércio e a medida do valor. A riqueza, então, de acordo com eles, consistia em gado, como de acordo com os espanhóis, consistia de ouro e prata. Das duas, a nação tártara, talvez, estava mais próxima da verdade.

O sr. Locke assinala uma distinção entre o dinheiro e outros bens móveis. Todos os outros bens móveis, diz ele, são de natureza tão volátil que a riqueza que deles consiste não pode ser muito confiável, e uma nação abundante delas num ano, sem nenhuma exportação, mas por desgaste e dispersão, poderá estar em grande falta deles no seguinte. O dinheiro, ao contrário, é um amigo constante, e se bem que possa passar de mão em mão, pode-se evitar que saia do país, e não é propenso a ser gasto e consumido. O ouro e a prata, pois, de acordo com ele, são a parte mais sólida e substancial da riqueza móvel de uma nação, e multiplicar esses metais deveria, por isso, diz ele, ser o grande objetivo de sua economia política.

Outros admitem que se uma nação pudesse ficar separada do mundo, não seria de qualquer consequência quanto, ou quão, pouco dinheiro circulasse nela. Os bens de consumo circulados por meio deste dinheiro só seriam trocados por um número maior ou menor de peças; mas a riqueza real ou pobreza do país, eles concedem, dependeria totalmente da abundância ou escassez desses bens de consumo. Mas é diferente, pensam eles, com os países que têm conexões ou nações estrangeiras, e que são obrigados a sustentar guerras externas e manter frotas e exércitos em países distantes. Isto, dizem eles, só pode ser feito mandando-se dinheiro para fora a fim de pagá-los; e uma nação não pode mandar muito dinheiro para fora, a menos que tenha bastante consigo. Cada nação dessas, portanto, deve procurar, em tempo de paz, acumular ouro e prata para, quando a ocasião requerer, poder ter o que levar às guerras externas.

Em consequência destas nações populares, todas as várias nações da Europa têm estudado, embora com escasso êxito, todo meio possível de acumular ouro e prata nos respectivos países. A Espanha e Portugal, proprietários das principais minas que suprem a Europa com aqueles metais, ou proibiram sua exportação sob as mais severas penalidades ou sujeitaram-na a uma taxa considerável. Uma tal proibição parece antigamente ter sido parte da política da maioria das outras nações europeias. Acha-se mesmo onde menos seria de esperar, em algumas velhas atas do parlamento escocês, que proíbem, sob pesadas penas, o transporte de ouro ou prata "para fora do reino". Política semelhante teve lugar antigamente na França e na Inglaterra.

Quando estes países se tornam mercantis, os mercadores acham esta proibição, em muitas ocasiões, extremamente inconveniente. Frequentemente podiam comprar com mais vantagens com Ouro e prata do que com qualquer outra mercadoria, os bens estrangeiros que desejavam, para importar para si ou para levar a outro país estrangeiro. Protestaram, assim sendo, contra esta proibição tão danosa ao comércio.

Alegaram, inicialmente, que a exportação de ouro e prata, para comprar bens estrangeiros, nem sempre diminuía a quantidade destes metais no reino. Ao contrário, amiúde a aumentaria; pois se o consumo de bens estrangeiros não fosse aumentado no país, estes bens poderiam ser reexportados, e sendo lá vendidos com grande lucro poderiam trazer de volta maior tesouro do que o que originalmente fora enviado para comprá-los. O sr. Mun compara esta operação de comércio exterior ao tempo da semeadura e à colheita, da agricultura. "Se apenas contemplamos", diz ele, "as ações do lavrador na semeadura, quando lançou muito bom cereal ao chão, podemos contá-lo como louco, e não como lavrador. Mas quando consideramos seus trabalhos na colheita, que é o fim de sua faina, achá-lo-emos abundante e valioso incremento de sua ação."

Alegaram, em segundo lugar, que esta proibição não podia obstacularizar a exportação de ouro e prata, que, pelo pouco volume que ocupam, em proporção a seu valor, poderiam ser facilmente contrabandeados a bordo. Que esta exportação só poderia ser prevenida por uma atenção adequada ao que eles chamavam de balança comercial. Que quando o país exportava um valor maior que importava, tinha um crédito devido a ele, das nações estrangeiras, que lhe era necessariamente pago em ouro e prata, e portanto aumentaria a quantidade daqueles metais no reino. Mas, quando importava um valor maior do que exportava, um balanço contrário era devido às nações estrangeiras, que lhes era necessariamente pago da mesma maneira, e diminuindo aquela quantidade. Que, neste caso, proibir a exportação daqueles metais não preveniria, mas a tornaria mais perigosa, e portanto mais cara. Que a troca, assim, era voltada mais contra o país que devia do que poderia ser de outra maneira; o mercador que comprasse uma letra no país estrangeiro era obrigado a pagar ao banqueiro que a vendeu, não só pelo risco natural, trabalho e despesa do envio do dinheiro, mas pelo risco extraordinário originado pela proibição. Mas que quanto maior a troca fosse contra qualquer país, mais a balança comercial ficava contra ele; o dinheiro daquele país tornando-se necessariamente de menor valor em comparação com o do país ao qual devia o balanço. Que se a troca entre a Inglaterra e a Holanda, por exemplo, fosse 5% contra a Inglaterra, seriam precisas 105 onças na Inglaterra para comprar uma letra de cem onças de prata na Holanda; que 105 onças de prata na Inglaterra, então, valeriam apenas cem onças de prata na Holanda, e comprariam apenas uma quantidade proporcional de mercadorias holandesas; mas que cem onças de prata na Holanda, ao contrário, valeriam 105 onças na Inglaterra, e comprariam uma quantidade proporcional de bens ingleses; que os bens ingleses que eram vendidos à Holanda seriam vendidos igualmente mais baratos, e as mercadorias holandesas que eram vendidas à Inglaterra igualmente mais caras, pela diferença da troca; retirar-se-ia tanto menos dinheiro holandês para a Inglaterra quanto mais dinheiro inglês para a Holanda; e que a balança comercial, portanto, necessariamente seria deste tanto contra a Inglaterra, o que requereria um maior balanço de ouro e prata a ser exportado para a Holanda.

Estes argumentos eram em parte sólidos e em parte sofísticos. Eram sólidos enquanto asseveravam que a exportação do ouro e da parte no comércio poderia ser usualmente vantajosa para o país. Eram sólidos, também, ao asseverar que nenhuma proibição poderia prevenir sua exportação, quando particulares achavam vantagem em exportá-los. Mas eram sofísticos ao supor que preservar ou aumentar a quantidade daqueles metais requereria mais atenção do governo do que preservar ou aumentar a quantidade de qualquer outra mercadoria útil, que a liberdade de comércio, sem uma tal atenção, nunca deixa de suprir na quantidade certa. Eram sofísticos também, talvez, ao asseverar que o alto preço de troca necessariamente aumentava o que chamavam de balança comercial desfavorável, ou ocasionava a exportação de maior quantidade de ouro e prata. Aquele alto preço, de fato, era extremamente desvantajoso aos comerciantes que tinham qualquer dinheiro a pagar em países estrangeiros. Pagavam tanto mais caros pelas letras que seus banqueiros lhes concediam naqueles países. Muito embora o risco causado pela proibição pudesse ocasionar alguma despesa extraordinária aos banqueiros, não levaria necessariamente mais dinheiro para fora do país. Esta despesa geralmente seria toda depositada no país, ao contrabandear o dinheiro para fora dele, e raramente poderia causar a exportação de uma só moeda além da soma exata tratada. O alto preço da troca também naturalmente disporia os comerciantes a tentar fazer suas importações quase contrabalançar suas importações, para que pudessem ter esta elevada troca para pagar a menor soma possível. O alto preço da troca, ademais, necessariamente deve ter operado como uma taxa, elevando o preço das mercadorias estrangeiras, e assim diminuindo seu consumo. Tenderia, destarte, não a aumentar, mas a diminuir o que chamavam de balança comercial desfavorável, e, por conseguinte, a exportação de ouro e prata.

Tais como eram, entretanto, esses argumentos convenceram as pessoas a quem se dirigiam. Eram dirigidos dos comerciantes aos parlamentos e aos conselhos dos príncipes, aos nobres e aos senhores rurais, por aqueles que se supunha entenderem o comércio, àqueles que nada sabiam do assunto. Aquele comércio exterior enriquecia o país, a experiência demonstrava aos nobres e aos senhores rurais, bem como aos comerciantes; mas como, ou de que maneira, nenhum deles sabia bem. Os comerciantes sabiam perfeitamente de que maneira o comércio enriquecia a eles mesmos. Era seu ofício saber como. Mas saber de que maneira enriquecia ao país, não era parte de seus negócios. Este assunto nunca veio à sua consideração, senão quando tiveram ocasião de recorrer a seu país para algumas alterações nas leis relativas ao comércio exterior. Tornou-se então necessário dizer algo sobre os efeitos benéficos do comércio exterior, e da maneira pela qual aqueles efeitos eram obstruídos pelas leis, como então existiam. Para os juízes que deveriam resolver a questão, pareceu um relato mais que satisfatório da matéria, quando lhes foi dito que o mercado exterior trazia dinheiro para o país, mas que as leis em questão o obstaculizavam de trazer tanto quanto poderia. Estes argumentos, portanto, produziram o desejado efeito. A proibição de exportar ouro e prata, na França e na Inglaterra, foi confinada à moeda destes respectivos países. A exportação de moeda estrangeira e em lingotes estava liberada. Na Holanda, e em alguns outros lugares, esta liberdade foi estendida mesmo à moeda do país. A atenção do governo foi desviada de se prevenir contra a exportação de ouro e prata, para vigiar a balança comercial como a única causa que poderia motivar algum aumento ou diminuição daqueles metais. De um cuidado infrutífero, foi desviada para outro cuidado muito mais intrincado, mais embaraçante e igualmente infrutífero. O título do livro de Mun, *England's Treasure in Foreign Trade* (O Tesouro inglês no comércio exterior), tornou-se máxima fundamental na economia política, não só da Inglaterra, mas de todos os outros países mercantis. O comércio interior, ou doméstico, o mais importante de todos, o comércio em que um mesmo capital permite o maior rendimento, e cria mais empregos para o povo do país, foi considerado subsidiário apenas do comércio exterior. Não trazia dinheiro para o país, dizia-se, nem levava nenhum para fora. O país, portanto, nunca poderia tornar-se mais rico ou mais pobre por seu intermédio, exceto enquanto sua prosperidade ou decadência pudesse indiretamente influenciar o estado do comércio exterior.

Um país sem minas precisa, sem dúvida, derivar seu ouro e sua prata de países estrangeiros, do mesmo modo que quem não tem vinhas precisa adquirir seus vinhos. Não parece necessário, porém, que a atenção do governo esteja mais voltada para um objetivo do que para o outro. Um país que tenha com que comprar vinho, sempre conseguirá comprar todo o vinho de que necessitar; e um país que tenha com que comprar ouro e prata, nunca terá necessidade de comprar aqueles metais. Confiamos, com perfeita segurança, que a liberdade de comércio, sem nenhuma atenção do governo, sempre nos fornecerá o vinho de que precisamos; e podemos confiar com igual segurança que ele sempre nos suprirá com todo o ouro e toda a prata que poderemos comprar ou empregar, quer para circular nossas mercadorias, quer para outros usos.

A quantidade de qualquer mercadoria que a indústria humana pode comprar ou produzir naturalmente se regula, em todo país, de acordo com a demanda efetiva ou de acordo com a demanda daqueles que estão desejosos de pagar toda a renda, trabalho e lucros que devem ser pagos para prepará-la e trazê-la ao mercado. Mas nenhuma mercadoria regula-se mais fácil ou mais exatamente de acordo com esta demanda efetiva do que o ouro e a prata, pois pelo pequeno volume e grande valor destes metais, nenhuma outra mercadoria pode ser mais facilmente transportada de um lugar para outro, dos lugares onde são baratos para aqueles onde são caros, dos lugares onde excedem para aqueles onde ficam aquém da demanda efetiva. Se houvesse na Inglaterra, por exemplo, uma demanda efetiva por uma quantidade adicional de ouro, um paquete poderia trazer de Lisboa, ou de onde quer que estivesse disponível, cinquenta toneladas de ouro, que poderiam ser cunhadas em mais de cinco milhões de guinéus. Mas se houvesse uma demanda efetiva de grão do mesmo valor, a sua importação requereria a cinco guinéus a tonelada, um milhão de toneladas embarcadas, ou mil navios de mil toneladas cada um. A marinha inglesa toda não bastaria para isto.

Quando a quantidade de ouro e prata importada para qualquer país excede a demanda efetiva, nenhuma vigilância do governo pode prevenir sua exportação. Todas as sanguinárias leis de Espanha e Portugal não podem conservar todo seu ouro e toda sua prata. As contínuas importações do Peru e do Brasil excedem a demanda efetiva destes países, e lá o preço destes metais cai abaixo do preço dos países vizinhos. Se, pelo contrário, em qualquer país em particular, sua quantidade caísse aquém da demanda efetiva, de modo a elevar seu preço acima do dos países vizinhos, o governo não teria ocasião para se dar ao trabalho de importá-los. E mesmo que se desse ao trabalho de prevenir sua importação, não conseguiria efetuá-la. Aqueles metais, quando os espartanos tiveram com que comprá-los, romperam todas as barreiras com que as leis de Licurgo se opunham à sua entrada na Lacedemônia. Todas as leis sanguinárias das alfândegas não conseguem evitar a importação dos chás das Companhias das Índias Ocidentais, da Holanda e Gottenburgh, porque são um pouco mais baratos que os da companhia britânica. Uma libra de chá, entretanto, tem umas cem vezes o volume de um dos preços mais altos, 16 *shillings*, que são comumente pagos pela prata, e mais de duas mil vezes o volume do mesmo preço em ouro, e consequentemente tantas vezes mais difícil de contrabandear.

Em parte é devido ao fácil transporte de ouro e prata de lugares onde são abundantes para aqueles onde são desejados que o preço daqueles metais não flutua continuamente como o da maioria das outras mercadorias, que são embaraçadas, por seu volume, de mudar sua situação, quando o mercado está super ou subestocado com elas. O preço daqueles metais, de fato, não é totalmente isento de variações, mas as mudanças a que estão sujeitos são geralmente lentas, graduais e uniformes. Na Europa, por exemplo, supõe-se, sem muito fundamento, talvez, que durante o curso do século atual e do precedente têm diminuído seu valor, constante, mas gradativamente, por conta das contínuas importações das Índias Ocidentais espanholas. Mas fazer qualquer alteração súbita no preço do ouro e da prata, de modo a elevar ou diminuir de súbito o preço, em dinheiro sensível e notavelmente, de todas as outras mercadorias requer uma tal revolução no comércio como aquela ocasionada pela descoberta da América.

Se, não obstante tudo isso, o ouro e a prata a qualquer tempo escasseassem num país que tenha com que comprá-los, há mais expedientes para substituí-los do que quase qualquer outra mercadoria. Se os materiais de manufatura estão em falta, a indústria deve parar. Se as provisões estão em falta, o povo deve passar fome. Mas se o dinheiro está em falta, a barganha o substituirá, se bem que com uma boa dose de inconveniências. Comprar e vender com crédito, e os vários negociantes compensando seus créditos uns com os outros, uma vez por mês ou por ano, o substituiria com menor inconveniência. Um papel-moeda bem regulado o substituiria, não só sem conveniência alguma, mas em alguns casos com algumas vantagens. Donde a atenção do governo nunca ter sido tão inutilmente empregada como quando dirigida a vigiar a preservação ou aumento da quantidade de dinheiro em qualquer país.

Nenhuma queixa, porém, é mais comum que a da falta de dinheiro. O dinheiro, como o vinho, deve sempre ser escasso junto àqueles que não têm com que comprar nem crédito para emprestar. Aqueles que têm ambos, raramente lhes faltará o dinheiro ou o vinho de que precisarem. Esta queixa, porém, da escassez de dinheiro nem sempre se confina a gastadores imprevidentes. Por vezes, generaliza-se por toda uma cidade mercantil e região à sua volta. O excesso de comércio é sua causa. Homens sóbrios, cujos projetos foram desproporcionais a seus capitais, estão sujeitos a não ter com que comprar o dinheiro, ou crédito para emprestá-lo, como pródigos cuja despesa foi desproporcional à sua renda. Antes que seus projetos cheguem a bom termo, seu estoque se foi, e seu crédito com ele. Correm por todos os lugares para emprestar dinheiro, e todos lhes dizem que não têm. Mesmo tais queixas generalizadas sobre a falta de dinheiro nem sempre provam que o número usual de peças de ouro e de prata estão circulando no país, mas que muitas pessoas querem aquelas peças, sem nada ter para trocar por elas. Quando os lucros do comércio vêm a ser maiores que os ordinários, o excesso de comércio torna-se um erro geral, entre os grandes e pequenos negociantes. Nem sempre enviam mais dinheiro para fora do que o usual, mas compram a crédito, no próprio país e no estrangeiro, uma incomum quantidade de mercadorias, que enviam a algum mercado distante na esperança de que o retorno virá antes da cobrança. A cobrança vem antes do retorno, e eles não têm nada na mão com que possam comprar dinheiro, ou dar uma sólida segurança para um empréstimo. Não é nenhuma escassez de ouro e prata, mas a dificuldade que tais pessoas têm para emprestar, e a que seus credores encontram para serem pagos, que ocasiona a queixa geral da escassez de dinheiro.

Seria mesmo ridículo dar-se ao trabalho de provar que a riqueza não consiste em dinheiro, ou em ouro e prata; mas naquilo que o dinheiro compra, e que é valioso apenas para comprar. O dinheiro, sem dúvida, faz sempre parte do capital de uma nação; mas já foi mostrado que geralmente compõe apenas pequena parte dele, e sempre a menos lucrativa.

Não é porque a riqueza consiste mais essencialmente em dinheiro que em bens, que o comerciante acha geralmente mais fácil comprar mercadorias com dinheiro do que dinheiro com mercadorias; mas porque o dinheiro é o instrumento conhecido e estabelecido do comércio, pelo qual tudo é rapidamente dado em troca, mas que nem sempre com a mesma presteza é conseguido em troca de tudo. A maior parte dos bens, além do mais, é mais perecível que o dinheiro, e pode-se ter uma perda muito maior ao retê-los. Quando seus bens estão à mão, ele também pode atender a demandas de dinheiro às quais não podia responder quando tinha seu preço em seus cofres. Acima de tudo, seu lucro aumenta mais diretamente da venda que da compra, e por tudo isso ele está geralmente muito mais ansioso para trocar suas mercadorias por dinheiro do que seu dinheiro por mercadorias. Mas se bem que um dado comerciante, com abundância de mercadorias em seu armazém, pode por vezes arruinar-se por não poder vendê-las em tempo, uma nação ou país não estão sujeitos ao mesmo acidente. Todo o capital de um comerciante costumeiramente consiste de bens perecíveis destinados a comprar dinheiro. É apenas uma pequeníssima parte do produto anual da terra e do trabalho de um país que pode ser destinada à compra de ouro e prata de seus vizinhos. A grande maioria é circulada e consumida internamente; e mesmo o excedente que é enviado ao estrangeiro, a maioria geralmente destina-se à compra de outras mercadorias estrangeiras. O ouro e a prata, portanto, não podendo ser trocados pelas mercadorias destinadas a comprá-las, a nação não ficaria arruinada. Poderia, com efeito, sofrer algumas perdas e inconvenientes, e ser forçada a alguns dos expedientes necessários para substituir o dinheiro. O produto anual de sua terra e seu trabalho, porém, seria o mesmo, ou quase, como sempre, porque o mesmo, ou quase o mesmo capital consumível seria empregado para mantê-lo. E mesmo que as mercadorias nem sempre trazem dinheiro tão prontamente quanto o dinheiro traz as mercadorias, a longo prazo, trazem-no mais necessariamente do que ao contrário. As mercadorias podem servir a muitos outros fins, além de comprar dinheiro, mas o dinheiro não pode servir a algum outro fim que não comprar mercadorias. O dinheiro, então, necessariamente corre atrás das mercadorias, mas estas nem sempre, nem necessariamente o fazem atrás do dinheiro. O homem que compra nem sempre pensa em revender, mas, muitas vezes, para usar ou consumir; ao passo que aquele que vende sempre quer comprar de novo. Um frequentemente pode ter completado, mas o outro, nunca fez mais que a metade de seu negócio. Não é pelo dinheiro em si que os homens o desejam; é pelo que podem comprar com ele.

As mercadorias de consumo, diz-se, são logo destruídas; ao passo que o ouro e a prata são de mais durável natureza, e se não fosse por sua contínua exportação, poderiam ser acumulados ao longo das eras, para um incrível aumento da riqueza real do país. Nada, portanto, presume-se, é mais desvantajoso para qualquer país do que o comércio que consiste na troca de tais mercadorias duradouras pelas perecíveis. No entanto, não admitimos como desvantajoso o comércio que consiste na troca de ferragens inglesas pelos vinhos franceses; mas as ferramentas são uma mercadoria muito durável, e se não fosse por esta exportação contínua, também poderiam ser acumuladas ao longo das eras, para um incrível aumento de potes e panelas de ferro no país. Mas logo ocorre que o número de tais utensílios em todo país é necessariamente limitado pelo uso que há para eles; e que seria absurdo ter mais potes e panelas do que o necessário para cozer as vitualhas usualmente ali consumidas; e que se a quantidade de vitualhas aumentasse, o número de potes e panelas logo cresceria com elas, parte da quantidade aumentada de vitualhas sendo empregada em sua compra ou em manter um número adicional de trabalhadores cujo ofício seja sua fabricação. Deveria tão prontamente ocorrer também que a quantidade de ouro e prata em todo país é limitada pela utilidade que há para esses metais; que seu uso consiste em circular as mercadorias como moeda, proporcionando uma espécie de utensílio doméstico na forma de baixela; e que a quantidade de moeda em todo país é regulada pelo valor das mercadorias que por ela tenham de ser circuladas: aumente-se este valor, e imediatamente parte dele será enviada ao estrangeiro para comprar, onde quer que esteja disponível, a quantidade adicional de moeda necessária para sua circulação; e que a quantidade de baixela é regulada pelo número e riqueza daquelas famílias que podem se permitir essa espécie de magnificência: aumente-se o número e a riqueza dessas famílias, e uma parte desta riqueza aumentada provavelmente será empregada em comprar, onde quer que esteja disponível, uma quantidade adicional de baixela; e que tentar aumentar a riqueza de qualquer país, introduzindo ou retendo nele uma quantidade desnecessária de ouro e prata, é tão absurdo quanto seria tentar melhorar o bom ânimo das famílias obrigando-as a conservar um número desnecessário de utensílios de cozinha. Como a despesa com a compra destes utensílios desnecessários diminuiria, ao invés de aumentar a excelência das provisões da família, a despesa da compra de uma quantidade supérflua de ouro e prata, em todo país, deve necessariamente diminuir a riqueza que alimenta, veste e aloja, que mantém e ocupa o povo. O ouro e a prata, quer na forma de moeda, quer em chapa, são utensílios, deve-se lembrar, tais como os utensílios de cozinha. Aumente a utilidade deles, aumentam as mercadorias de consumo que devem ser circuladas, geridas e preparadas por meio deles, e infalivelmente aumentará sua quantidade; mas se se tentar, por meios extraordinários, aumentar sua quantidade, infalivelmente se diminuirá o uso e mesmo a quantidade desses metais, que não podem nunca ser maiores que o que seu uso requer. Se eles viessem a ser acumulados além desta quantidade, seu transporte é tão fácil, e a perda que representa sua falta de movimentação e emprego é tão grande, que nenhuma lei conseguiria evitar que fossem logo mandados para fora do país.

Nem sempre é necessário acumular ouro e prata para permitir a um país levar a cabo guerras externas e manter frotas e exércitos em países distantes. As frotas e os exércitos são mantidos não com ouro e prata, mas com bens de consumo. A nação que, pelo produto anual de sua indústria doméstica, da renda anual originária de suas terras, trabalho e estoque de consumo, tem com que comprar aquelas mercadorias de consumo em países distantes, pode manter guerras externas lá.

Uma nação pode comprar o pagamento e provisões de um exército num país distante de três diferentes maneiras: enviando para fora, primeiro, uma parte de seu ouro e sua prata acumulados; ou, segundo, uma parte da produção anual de suas manufaturas; ou, afinal, uma parte de seu produto bruto anual.

O ouro e a prata, que podem propriamente ser considerados acumulados ou armazenados em qualquer país, podem ser distinguidos em três partes: primeira, o dinheiro circulante; segunda, a baixela das famílias particulares; e, finalmente, o dinheiro que possa ter sido coletado pela parcimônia de muitos anos e depositado no Tesouro do príncipe.

Raramente pode acontecer que muito possa ser poupado do dinheiro circulante no país; neste, dificilmente pode haver muita redundância. O valor das mercadorias anualmente compradas e vendidas em qualquer país requer uma certa quantidade de dinheiro para circulá-las e distribuí-las a seus consumidores, e não pode dar emprego a nada mais. O canal de circulação necessariamente retira para si uma quantidade suficiente para que se encha, e não admite mais. Algo, porém, é retirado deste canal, no caso de uma guerra estrangeira. Pelo grande número de pessoas mantidas fora, menos são mantidas no país. Menos mercadorias são aqui circuladas e menos dinheiro se torna necessário para circulá-las. Uma quantidade extraordinária de papel-moeda, de alguma espécie, assim como títulos do tesouro, bônus da marinha, letras bancárias, na Inglaterra, é geralmente emitida nestas ocasiões, e substituindo o lugar do ouro e da prata circulantes, dá oportunidade de enviar mais para o estrangeiro. Tudo isso, porém, daria um pobre recurso para manter uma guerra externa de grandes despesas e vários anos de duração.

A fusão da baixela das famílias particulares sempre foi da mais insignificante valia. Nos tempos atuais, excetuando o rei da Prússia, acumular tesouro não parece ser parte da política dos príncipes europeus.

Os fundos que mantiveram as guerras externas deste século, talvez as mais dispendiosas registradas pela história, parecem ter tido pouca dependência na exportação, quer do dinheiro circulante, quer da baixela das famílias, quer do Tesouro do príncipe. A última guerra francesa custou à Grã-Bretanha mais de noventa milhões, incluindo não só os 75 milhões do novo débito que foi contraído, mas, os dois *shillings* adicionais da taxa sobre a terra e o que era emprestado anualmente do fundo de amortização. Mais de dois terços desta despesa eram depositados em países distantes: na Alemanha, em Portugal, na América, nos portos do Mediterrâneo, nas Índias Orientais e Ocidentais. Os reis da Inglaterra não tinham tesouro acumulado. Nunca ouvimos falar de nenhuma quantidade de baixela sendo fundida. Supõe-se que o ouro e a prata circulantes no país não excedam 18 milhões. Desde a última recunhagem do ouro, porém, acredita-se que esta estimativa seja bem modesta. Suponhamos então, de acordo com o cômputo mais exagerado que me lembro de ter visto ou ouvido, que com o ouro e a prata juntos chegasse a trinta milhões. Se a guerra fosse feita com nosso dinheiro, todo ele deveria, de acordo com esta computação, ter sido enviado e retomado pelo menos duas vezes, num período entre seis e sete anos. Supondo-se isto, forneceria o argumento mais decisivo para demonstrar quão desnecessário é para o governo observar a preservação do dinheiro, pois por esta suposição todo o dinheiro do país deve ter saído dele e voltado, duas vezes distintas, num período tão curto, sem o conhecimento de alguém sobre o assunto. O canal de circulação, entretanto, nunca pareceu mais vazio do que em qualquer parte deste período. Poucas pessoas queriam dinheiro tendo com que pagar por ele. Os lucros do comércio exterior, de fato, eram maiores que o usual durante toda a guerra; mas em especial perto de seu fim. Isto ocasionou o que sempre ocasiona, um excesso de comércio em todas as regiões da Grã-Bretanha; e isto de novo ocasionou a queixa usual da falta de dinheiro, que sempre se segue ao excesso de comércio. Muitas pessoas queriam dinheiro, mas não tinham com que comprá-lo nem crédito para emprestá-lo; e como os devedores achavam difícil emprestar, os credores também achavam difícil serem pagos. O ouro e a prata, no entanto, geralmente eram aceitos por seu valor, por aqueles que tinham esse valor para dar por eles.

A enorme despesa da última guerra, portanto, deve ter sido principalmente amortizada não pela exportação de ouro e prata, mas pela das mercadorias inglesas de alguma espécie. Quando o governo, ou aqueles que por ele agiam, contraía com um mercador uma remessa a algum país estrangeiro, procuraria naturalmente pagar seu correspondente estrangeiro com quem havia contratado antes com mercadorias do que com ouro e prata. Se não houvesse demanda para as mercadorias inglesas naquele país, ele procuraria enviá-las a algum outro país, com o qual faria contrato. O transporte das mercadorias, quando adequadas ao comércio, é sempre provido com um considerável lucro; ao passo que o do ouro e o da prata raramente tem algum. Quando estes metais são enviados para fora meramente para pagar um débito, não têm retorno, e portanto não têm lucro. Ele naturalmente, então, exercita sua invenção para descobrir um meio de pagar seus débitos estrangeiros mais pela exportação de mercadorias do que pela de ouro e prata. A grande quantidade de mercadorias britânicas exportada durante o decurso da última guerra, sem trazer de volta nenhum retorno, é adequadamente observada pelo autor de *O presente estado da nação*.[1]

Além das três espécies de ouro e prata acima mencionadas, em todos os grandes países mercantis, há uma grande quantidade de lingotes alternadamente importada e exportada para fins de comércio exterior. Estes lingotes, ao circular por diferentes países mercantis do mesmo modo que a moeda nacional circula em cada país, podem ser considerados o dinheiro da grande república mercantil. A moeda nacional recebe seu movimento e direção das mercadorias circuladas dentro dos limites de cada país; o dinheiro da república mercantil, daquelas circuladas entre países diferentes. Ambas são empregadas para facilitar trocas, uma entre indivíduos de uma mesma nação, a outra, entre os de diferentes nações. Parte deste dinheiro da grande república mercantil pode ter sido, e provavelmente foi, empregada para conduzir a última guerra. Em tempo de guerra geral, é natural supor que um movimento e direção devam ser-lhe imprimidos, diferente do que segue usualmente numa profunda paz; que circule mais na sede da guerra, e que seja mais empregado em compras lá, e nos países vizinhos, a paga e as provisões dos vários exércitos. Mas qualquer que seja a parte deste dinheiro que a república mercantil da Grã-Bretanha possa ter anualmente empregado destarte, deve ter sido anualmente comprado, quer com mercadorias britânicas, quer com algo que foi comprado com elas; o que nos traz de volta às mercadorias, ao produto anual da terra e ao trabalho do campo como as fontes últimas que nos permitiram terminar a guerra. É, de fato, natural supor que uma despesa anual tão grande tenha sido amortizada de um grande produto anual. A despesa de 1761, por exemplo, totalizou mais de noventa milhões. Nenhuma acumulação suportaria tão

---

[1] *The Present State of the Nation, Particularly with Respect to Its Trade, Finances, etc...*1768 Jorge Greenville — ed. William Knox — p. 7-8.

grande profusão anual. Não há produção anual, nem mesmo de ouro e prata, que poderia tê-la suportado. Todo o ouro e a prata anualmente exportados para Espanha e Portugal, de acordo com as melhores contas, comumente não excede seis milhões de libras esterlinas, o que, em alguns anos, mal teria pago a despesa de quatro meses da última guerra.

As comodidades mais próprias para o transporte a países distantes, para lá comprar o pagamento e provisões de um exército, ou parte do dinheiro da república mercantil a ser empregado na sua compra, parecem ser as manufaturas mais finas e aperfeiçoadas; de modo a conter um grande valor num pequeno volume, podendo, portanto, ser exportadas para uma grande distância com pequena despesa. Um país cuja indústria produz um grande excesso anual de tais manufaturas, usualmente exportadas a países estrangeiros, pode dar continuidade, por vários anos, a uma mui dispendiosa guerra externa sem exportar qualquer quantidade considerável de ouro e prata, ou sequer tendo uma tal quantidade para exportar. Uma parte considerável do excesso anual de suas manufaturas deve, de fato, neste caso, ser exportada sem trazer de volta qualquer retorno ao país, muito embora o traga ao comerciante; o governo compra do mercador suas letras em países estrangeiros, para lá comprar o pagamento e provisões de um exército. Uma parte deste excesso, porém, pode ainda continuar a trazer um retorno. Os manufatureiros, durante a guerra, terão uma demanda dobrada delas, e serem solicitados primeiro, a produzir bens para serem enviados para fora, para pagar as letras nos países estrangeiros, para a paga e as provisões do exército; e segundo, para produzir o que é necessário para comprar o retorno comum que usualmente seria consumido no país. Em meio à mais destrutiva guerra externa, pois, a maior parte das manufaturas pode frequentemente florescer, e muito; e, ao contrário, podem declinar com o retorno da paz. Podem florescer em meio à ruína de seu país, e começar a decair com o retorno de sua prosperidade. O diferente estado de muitos ramos diferentes das manufaturas britânicas durante a última guerra, e por algum tempo após a paz, pode servir como ilustração do que acaba de ser dito.

Nenhuma guerra externa de grande despesa ou duração poderia ser levada a cabo pela exportação do produto bruto do solo. A despesa de enviar uma tal quantidade dele a um país estrangeiro, que possa pagar o soldo e as provisões de um exército, seria muito grande. Poucos países produzem muito mais produto bruto do que é suficiente para a subsistência de seus próprios habitantes. Enviar para fora qualquer grande quantidade dele, portanto, seria mandar para fora parte da subsistência necessária ao povo. É diferente com a exportação de manufaturas. A manutenção das pessoas empregadas nelas é mantida no país, e só a parte em excesso de seu trabalho é exportada. O sr. Hume frequentes vezes nota a incapacidade dos antigos reis da Inglaterra para levar a cabo, sem interrupção, qualquer guerra externa de grande duração. Os ingleses, naqueles dias, não tinham com que comprar o soldo e as provisões de seus exércitos em países estrangeiros senão com o produto bruto de seu solo, do qual nenhuma parte considerável poderia ser poupada do consumo doméstico, ou poucas manufaturas do tipo mais grosseiro, cujo transporte, bem como do produto bruto, era demasiado caro. Esta incapacidade não surgia da falta de dinheiro, mas da falta das mais finas e aperfeiçoadas manufaturas. Comprar e vender é executado por meio do dinheiro na Inglaterra, naquele tempo como agora. A quantidade de dinheiro circulante deve ter mantido a mesma proporção em relação ao número e valor das compras e vendas usualmente transacionadas naquela época do que nas transações presentes; ou deve ter tido uma maior proporção, porque então não havia papel, que agora ocupa grande parte do emprego do ouro e da prata. Dentre as nações para as quais o comércio e as manufaturas são pouco conhecidos, o soberano, em ocasiões extraordinárias, pode dificilmente tirar qualquer auxílio considerável de seus súditos, por razões que logo adiante serão explicadas. É em tais países, pois, em que o soberano geralmente procura acumular um tesouro, como o único recurso contra tais emergências. Independentemente desta necessidade, numa tal situação, ele está naturalmente disposto à parcimônia requerida para a acumulação. Naquele estado simples, a despesa mesmo de um soberano não é dirigida pela vaidade que se delicia no pomposo refinamento de uma corte, mas é empregada em subvenções a seus tenentes e hospitalidade aos cortesãos. Mas a beneficência e a hospitalidade dificilmente levam à extravagância; muito embora a vaidade quase sempre o faça. Todo chefe tártaro, assim sendo, tem um tesouro. Os tesouros de Mazepa, chefe dos cossacos da Ucrânia, o famoso aliado de Carlos XII, diz-se que foram muito grandes. Os reis franceses merovíngios, todos eles, tinham tesouros. Quando dividiram seu reino entre seus vários filhos, dividiram seu tesouro também. Os príncipes saxões, e os primeiros reis após a Conquista, igualmente parecem ter acumulado tesouros. O primeiro ato de todo novo reinado era comumente apossar-se do tesouro do rei precedente, como a medida mais essencial para garantir a sucessão. Os soberanos dos países avançados e comerciais não estão sob a mesma necessidade de acumular tesouros, porque podem geralmente tomar de seus súditos auxílios extraordinários em ocasiões extraordinárias. São também menos propensos a fazê-lo. Eles naturalmente, e quiçá necessariamente, seguem a moda dos tempos, e sua despesa passa a ser regulada pela mesma vaidade extravagante que dirige a de todos os outros grandes proprietários em seus domínios. A ostentação insignificante de sua corte torna-se cada dia mais brilhante, e sua despesa não só previne a acumulação, mas frequentemente ataca os fundos necessários para despesas mais necessárias. O que Dercílidas disse da corte persa pode ser aplicado à de vários príncipes europeus, que ele viu lá muito esplendor mas pouca força, e muitos servidores, mas poucos soldados.

A importação de ouro e prata não é o principal, muito menos o único benefício que uma nação deriva de seu comércio exterior. Entre quaisquer lugares onde há comércio exterior, todos derivam dele dois benefícios. Leva embora aquele excesso da produção da terra e do trabalho para o qual não têm demanda e traz de volta algo para o que há demanda. Dá algum valor ao seu supérfluo, trocando-o por algo mais, o que pode satisfazer parte de suas necessidades e aumentar sua fruição. Por meio dele, a estreiteza do mercado doméstico não atrapalha a divisão do trabalho em nenhum ramo da arte ou manufatura, para que seja levado à mais alta perfeição. Abrindo um mercado mais extenso para qualquer parte do produto de seu trabalho que possa exceder o consumo doméstico, encoraja-os a melhorar suas forças produtivas e aumentar sua produção anual ao máximo, assim aumentando a renda real e a riqueza da sociedade. Estes grandes e importantes serviços o comércio exterior está continuamente ocupado em exercer para todos os vários países entre os quais ele se dá. Todos derivam dele grandes benefícios, se bem que o do país do comerciante seja o maior, pois geralmente está mais empenhado em suprir as necessidades, e levando as superfluidades de seu próprio país, do que de qualquer outro país. Importar o ouro e a prata que podem ser desejados em outros países que não têm minas é, sem dúvida, parte do negócio do comércio exterior.

Porém, é uma parte muito insignificante dele. Um país que exercesse o comércio exterior unicamente por conta disto, dificilmente teria ocasião para fretar um navio em um século.

Não foi pela importação de ouro e prata que a descoberta da América enriqueceu a Europa. Pela abundância das minas americanas, aqueles metais tornaram-se mais baratos. Uma baixela completa pode agora ser comprada por cerca de uma terça parte do cereal, ou uma terça parte do trabalho, que custaria no século XV. Com a mesma despesa anual de trabalho e mercadorias, a Europa pode comprar anualmente cerca de três vezes a quantidade de metais preciosos em chapa que poderia ter comprado antes. Mas quando uma mercadoria vem a ser vendida por um terço do que fora seu preço usual, não só aqueles que a compravam antes podem comprar três vezes a quantidade anterior, como ela também é trazida ao nível de um número muito maior de compradores, talvez mais de dez, mais de vinte vezes o número anterior. De modo que pode haver na Europa, atualmente, não só mais de três vezes, mas mais de vinte ou trinta vezes a quantidade de metal precioso que haveria nela, mesmo em seu atual estado de progresso, se a descoberta das minas americanas nunca tivesse sido feita. Até aqui a Europa, sem dúvida, ganhou uma real vantagem, se bem que pouco significante. O baixo preço do ouro e da prata torna estes metais menos adequados para servir de dinheiro do que eram antes. Para fazer as mesmas compras, precisamos nos carregar com uma maior quantidade deles, e levar um *shilling* no bolso quando quatro pence bastariam antes. É difícil dizer o que é mais insignificante, esta inconveniência ou a oposta. Nem uma nem outra teriam feito qualquer mudança essencial no estado da Europa. A descoberta da América, porém, certamente causou mudança essencial. Abrindo novo e inexaurível mercado a todas as mercadorias europeias, deu ocasião a novas divisões do trabalho e progressos na técnica, o que no estreito círculo do antigo comércio jamais poderia ter tido lugar por falta de um mercado onde se levasse a maior parte de sua produção. As forças produtivas do trabalho foram melhoradas, e seu produto aumentou em todos os países da Europa e, junto com ele, a renda real e a riqueza de seus habitantes. As mercadorias da Europa eram quase todas novas para a América, e muitas da América o eram para a Europa. Um novo conjunto de trocas, então, começou a tomar lugar, como nunca se pensara antes, e que naturalmente se teria mostrado vantajoso ao novo como o fez com o velho continente. A selvagem injustiça dos europeus tornou um acontecimento que deveria ter sido benéfico para todos ruinoso e destrutivo para vários desses países infortunados.

A descoberta de uma passagem para as Índias Orientais pelo cabo da Boa Esperança, que aconteceu mais ou menos no mesmo tempo, abriu talvez uma faixa ainda mais extensa ao comércio exterior do que a da América, apesar da maior distância. Só havia duas nações na América, de qualquer ponto de vista, apenas superiores a selvagens, e estas foram destruídas assim que descobertas. O resto, eram meros selvagens. Mas os impérios da China, do Indostão, do Japão, bem como vários outros nas Índias Orientais, sem ter minas mais ricas de ouro ou prata, mais bem cultivados e mais adiantados em todas as técnicas e manufaturas do que o México ou Peru, mesmo que acreditássemos, o que claramente não merece crédito, nas narrativas exageradas dos escritores espanhóis, concernentes ao antigo estado desses impérios. Mas nações ricas e civilizadas sempre podem trocar um valor muito maior umas com as outras do que com selvagens e bárbaros. A Europa, porém, derivou muito menos vantagem de seu comércio com as Índias Orientais do que com a América. Os portugueses monopolizaram o comércio das Índias Orientais para si mesmos por cerca de um século, e só indiretamente e por meio deles que as outras nações da Europa podiam enviar ou receber quaisquer mercadorias daquela região. Quando os holandeses, no começo do último século, começaram a usurpá-los, investiram todo seu comércio com as Índias Orientais numa companhia exclusiva. Os ingleses, franceses, suecos e dinamarqueses, todos seguiram seu exemplo, de modo que nenhuma grande nação europeia já teve o benefício de um comércio livre com as Índias Orientais. Nenhuma outra razão pode ser designada como a causa da grande vantagem do comércio com a América, que, entre quase toda nação da Europa e as próprias colônias, é livre a todos os seus súditos. Os privilégios exclusivos daquelas companhias das Índias Orientais, suas grandes riquezas, o grande favor e a proteção que estas conquistaram de seus governos respectivos, excitaram muita inveja contra elas. Esta inveja frequentemente representou seu comércio como totalmente pernicioso, por causa das grandes quantidades de prata que a cada ano exporta dos países onde se dá. As partes envolvidas replicaram que seu comércio, por esta contínua exportação de prata, poderia de fato tender a empobrecer a Europa em geral mas não o país da qual foi tirada; pois pela exportação de uma parte dos retornos a outros países europeus, anualmente trouxe para casa uma quantidade muito maior daquele metal do que levou para fora. Tanto a objeção como a resposta são fundadas na noção popular que até agora tenho examinado. Portanto, é desnecessário dizer qualquer coisa mais sobre ambas. Pela exportação anual de prata às Índias Orientais, a prataria é provavelmente um tanto mais cara na Europa do que poderia ter sido; e a prata cunhada provavelmente compra uma quantidade maior de trabalho como de mercadorias. O primeiro destes dois efeitos é perda muito pequena; o último, uma pequena vantagem; ambos insignificantes demais para merecer qualquer parcela da atenção pública. O comércio para as Índias Orientais, abrindo um mercado para as mercadorias da Europa, ou o que dá quase na mesma, para o ouro e a prata que são comprados com estas mercadorias, deve necessariamente tender a aumentar a produção anual dos bens europeus, e consequentemente, a riqueza real e a renda da Europa. Que até agora as tenha aumentado tão pouco deve-se provavelmente às restrições sob as quais se opera em todo lugar.

Pensei ser necessário, se bem que ao risco de ser tedioso, examinar inteiramente esta noção popular de que a riqueza consiste em dinheiro, e esta ambiguidade de expressão tornou esta noção popular tão familiar para nós que mesmo aqueles que estão convencidos deste absurdo estão muito propensos a esquecer seus próprios princípios e, no decurso de seus raciocínios, presumi-la como certa e inegável verdade. Alguns dos melhores escritores ingleses sobre o comércio começam observando que a riqueza de um país consiste não em seu ouro e sua prata apenas, mas em suas terras, casas e bens de consumo de todas as espécies. No decurso de seus arrazoados, entretanto, as terras, casas e bens de consumo parecem escapar às suas memórias, e a linha de seu argumento frequentemente supõe que toda riqueza consiste de ouro e prata, e que multiplicar estes metais é o grande objetivo da indústria e do comércio da nação.

Os dois princípios estando no entanto estabelecidos, de que a riqueza consiste em ouro e prata, e que estes metais podem ser trazidos a um país que não tem minas apenas pela balança comercial, ou exportando a um valor maior do que importa, necessariamente tornou-se o grande objetivo da economia política, diminuir tanto quanto possível a importação de bens estrangeiros para consumo doméstico, e aumentar tanto quanto possível a exportação da produção da indústria doméstica. Seus dois grandes motores para o enriquecimento do país, então, seriam as restrições sobre a importação e o encorajamento à exportação.

As restrições à importação eram de duas espécies.

Primeira, restrições à importação de tais bens estrangeiros para consumo interno que podiam ser feitos no próprio país, não importando o país de que eram importados.

Segunda, restrições sobre a importação de bens de quase todas as espécies daqueles países com os quais se supunha estar desvantajosa a balança comercial.

Essas restrições consistiam por vezes em altas taxas, por vezes em proibições absolutas.

A exportação era encorajada por vezes com reembolsos, por vezes com prêmios, por vezes com tratados de comércio vantajosos com Estados estrangeiros e por vezes com o estabelecimento de colônias em regiões distantes.

Os reembolsos eram concedidos em duas ocasiões diferentes. Quando os manufatureiros do país estavam sujeitos a qualquer taxa ou imposto, todo ou parte deles eram retirados para sua exportação; e quando bens estrangeiros taxáveis eram importados para serem exportados novamente, toda ou parte de sua taxa era por vezes devolvida quando da exportação.

Os prêmios eram concedidos para o encorajamento, quer das manufaturas principiantes, quer de tais sortes de indústria ou outras, que se supunha merecerem particulares favores.

Por vantajosos tratados de comércio, privilégios particulares eram proporcionados em algum Estado estrangeiro para os bens e os mercadores do país, além dos que eram garantidos aos de outros países.

Pelo estabelecimento de colônias em países distantes, não só privilégios particulares, mas um monopólio, eram costumeiramente oferecido às mercadorias e aos negociantes do país que as estabelecia.

As duas espécies de restrições sobre a importação, acima mencionadas, juntamente com estes quatro encorajamentos à exportação, constituem os seis principais meios pelos quais o sistema comercial se propõe a aumentar a quantidade de ouro e prata em qualquer país, virando a balança comercial a seu favor. Considerarei cada um deles em capítulos particulares, e sem atentar muito para sua suposta tendência a trazer dinheiro para o país examinarei principalmente quais poderiam ser os efeitos de cada um deles sobre o produto anual de sua indústria. Conforme tendam a aumentar ou diminuir o valor deste produto anual, devem evidentemente tender a aumentar ou diminuir a riqueza real e o rendimento do país.

CAPÍTULO 2
Das restrições sobre a importação de países estrangeiros dos bens que o país pode produzir

Restringindo, por altas taxas ou por proibições absolutas, a importação de bens estrangeiros que o país pode produzir, o monopólio do mercado doméstico fica mais ou menos garantido para a indústria doméstica empregada na produção deles. Assim, a proibição de importar gado vivo ou provisões de sal de países estrangeiros assegura aos criadores da Grã-Bretanha o monopólio do mercado doméstico da carne. As altas taxas sobre a importação do cereal, que em tempos de abundância moderada equivale a uma proibição, dá uma vantagem análoga aos criadores daquela mercadoria. A proibição da importação de lãs estrangeiras é igualmente favorável aos produtores de lã. A manufatura da seda, se bem que utilize inteiramente materiais estrangeiros, recentemente obteve a mesma vantagem. A manufatura de linho ainda não a obteve, mas está dando grandes passos nessa direção. Muitas outras espécies de manufatura, do mesmo modo obtiveram, na Inglaterra, totalmente, ou quase, um monopólio contra seus conterrâneos. A variedade de bens que têm a importação para a Inglaterra proibida, absolutamente, ou em certos casos, excede grandemente o que se pode suspeitar facilmente por aqueles que não estão bem familiarizados com as leis alfandegárias.

Não se pode duvidar que este monopólio do mercado doméstico dá grande encorajamento àquela espécie particular de indústria que dele frui, e frequentemente volta àquele emprego uma parte maior do trabalho e capital da sociedade, do que de outro modo seria possível. Mas se tende a aumentar a indústria geral da sociedade, ou dar-lhe a direção mais vantajosa, não é, talvez, muito evidente.

A indústria geral da sociedade nunca pode exceder o que o capital desta sociedade pode empregar. Como o número de trabalhadores que podem ser mantidos empregados por qualquer pessoa deve manter uma certa proporção para seu capital, o número daqueles que podem estar continuamente empregados por todos os membros de uma grande sociedade deve manter uma certa proporção para o capital todo daquela sociedade, e nunca pode exceder esta proporção. Nenhum regulamento do comércio pode aumentar a quantidade de indústria em qualquer sociedade além do que seu capital pode manter. Pode apenas desviar parte dele numa direção que de outro modo não tomaria; e de modo algum é certo que esta direção artificial poderia ser mais vantajosa para a sociedade do que aquela em que iria por si só.

Todo indivíduo está continuamente esforçando-se para achar o emprego mais vantajoso para o capital que possa comandar. É sua própria vantagem, de fato, e não a da sociedade, que ele tem em vista. Mas o estudo de sua própria vantagem, naturalmente, ou melhor, necessariamente, leva-o a preferir aquele emprego que é mais vantajoso para a sociedade.

Primeiro, todo indivíduo procura empregar seu capital o mais perto de casa que pode, e consequentemente, ao máximo no suprimento da indústria doméstica; desde que ele possa obter os lucros ordinários, ou não muito inferiores a ele, de seu capital.

Assim, com lucros iguais, ou quase, todo negociante atacadista naturalmente prefere o comércio doméstico ao exterior para consumo, e o comércio exterior de consumo ao negócio de transportes. No comércio doméstico, seu capital nunca está tão longamente fora de sua vista como acontece frequentemente no comércio exterior. Ele pode conhecer melhor o caráter e a situação das pessoas em quem confia, e se acontecer de ele ser enganado, conhece melhor as leis do país onde deve procurar retratação. No negócio de transportes, o capital do negociante é como que dividido entre dois países estrangeiros, e nenhuma parte dele deve ser necessariamente comprada em casa, ou colocada sob sua vista e comando imediato. O capital que um mercador de Amsterdam emprega ao transportar cereal de Königsberg a Lisboa, e frutas e vinho de Lisboa a Königsberg, deve ser geralmente a metade em Königsberg e a metade em Lisboa. Nenhuma parte dele precisa vir a Amsterdam. A residência natural de um tal comerciante poderia ser quer em Königsberg, quer em Lisboa, e só circunstâncias muito particulares poderiam fazê-lo preferir a residência de Amsterdam. A inquietação, porém, que ele sente ao ficar tão separado de seu capital, geralmente o faz resolver trazer parte das mercadorias de Königsberg, que ele destina ao mercado de Lisboa, e das mercadorias de Lisboa que ele destina ao de Königsberg, para Amsterdam: e se bem que isto necessariamente o sujeita a um duplo trabalho de carregar e descarregar, bem como ao pagamento de algumas taxas e impostos, com o fito de ter parte de seu capital sempre sob sua vista e comando, ele de boa mente se submete a este encargo extraordinário; e é desta maneira que todo país que tem qualquer parte considerável do negócio dos transportes torna-se sempre o empório, ou mercado geral, para os bens dos vários países cujo comércio exercita. O negociante, para economizar uma segunda carga e descarga, procura sempre vender ao mercado doméstico tanto das mercadorias de todos aqueles países diferentes quanto pode, e assim tanto quanto puder, converter seu negócio de transporte num comércio exterior de consumo. Um mercador, do mesmo modo, engajado no comércio exterior de consumo, ao coletar mercadorias para o mercado externo, sempre gostará, com os mesmos lucros, ou quase, de vender ao máximo a maior parte deles no próprio país. Ele economiza o risco e o trabalho da exportação, quando, tanto quanto pode, assim converte seu mercado exterior de consumo num negócio doméstico. O país, assim, é o centro, se assim se pode dizer, em torno do qual os capitais dos habitantes de todo país circulam continuamente e rumo ao qual estão sempre tendendo, se bem que por causas particulares podem por vezes ser afastados e repelidos para aplicações mais distantes. Mas um capital empregado no comércio doméstico, já foi mostrado, necessariamente põe em movimento maior quantidade de indústria doméstica, e dá renda e emprego a um maior número de habitantes do país do que um capital igual empregado no comércio exterior de consumo; e o empregado, neste, tem a mesma vantagem sobre um capital igual empregado no transporte. Perante lucros iguais, ou quase, portanto, todo indivíduo naturalmente estará inclinado a empregar seu capital do modo que poderá dar o maior apoio à indústria doméstica, e dar renda e emprego ao maior número de pessoas de seu próprio país.

Segundo, todo indivíduo que emprega seu capital no suporte da indústria doméstica, procura dirigi-lo de modo que o produto da indústria seja do maior valor possível.

O produto da indústria é o que ela acresce ao sujeito ou materiais nos quais é empregada. Em proporção ao valor deste produto ser grande ou pequeno, igualmente o serão os lucros do empregador. Mas é só pelo lucro que um homem emprega um capital para apoiar a indústria; e assim ele sempre procurará empregá-lo no suporte daquela indústria cujo produto poderá ser do maior valor, ou que poderá ser trocado pela maior quantidade, de dinheiro ou outros bens.

Mas o rendimento anual de qualquer sociedade é sempre precisamente igual ao valor trocável de toda a produção anual de sua indústria, ou melhor, é precisamente o mesmo que acontece com aquele valor trocável. Como todo indivíduo procura, tanto quanto pode, tanto empregar seu capital em apoiar a indústria doméstica, e assim dirigir aquela indústria para que sua produção seja do máximo valor, todo indivíduo necessariamente trabalha para tornar o rendimento anual da sociedade o maior que puder. De fato, em geral, ele nem pretende promover o interesse público nem sabe quanto o está promovendo. Preferindo apoiar a indústria doméstica, e não a estrangeira, ele procura apenas sua segurança; e dirigindo aquela indústria de tal maneira que sua produção seja do maior valor, procura apenas seu próprio ganho, e nisto, como em muitos outros casos, é só levado por uma mão invisível a promover um fim que não era parte de sua intenção. E tampouco é sempre pior para a sociedade que não tivesse este fim. Seguindo seu próprio interesse, ele frequentemente promove o da sociedade mais efetivamente do que quando realmente pretende promovê-la. Nunca soube de grande bem feito por aqueles que aparentavam comerciar para o bem público. É uma afetação, realmente, não muito comum entre comerciantes, e muito poucas palavras precisam ser empregadas para dissuadi-los disto.

Qual a espécie de indústria doméstica que seu capital pode empregar, e cujo produto poderá ser do maior valor, cada um, é evidente, em sua situação local, pode julgar muito melhor que qualquer estadista ou legislador em seu lugar. O estadista que procurasse dirigir os particulares sobre a maneira que deveriam empregar seus capitais, não só se sobrecarregaria com um cuidado desnecessário, mas assumiria uma autoridade que não poderia ser seguramente assumida por nenhuma pessoa isoladamente, mas por nenhum conselho ou senado, e que nunca seria tão perigosa quanto nas mãos de um homem que tivesse a insensatez e a presunção de se arrogar a exercê-la.

Dar o monopólio do mercado doméstico ao produto da indústria nacional, em qualquer arte ou manufatura particular, até certa medida é dirigir os particulares sobre a maneira de dirigir seus capitais, e em quase todos os casos, é uma regulamentação inútil ou danosa. Se o produto nacional pode ser oferecido tão barato quanto o da indústria estrangeira, a lei é evidentemente inútil. Se não pode, geralmente será danosa. É máxima de todo chefe de família prudente nunca procurar fazer em casa o que lhe custará mais fazer que comprar. O alfaiate não procura fazer seus próprios sapatos, mas os comprará do sapateiro. O sapateiro não procura fazer suas próprias roupas, mas emprega um alfaiate. O lavrador não tenta fazer nem um nem outro, mas emprega aqueles diferentes artífices. Todos eles acham de seu interesse empregar toda sua indústria de um modo em que tenham alguma vantagem sobre os vizinhos, e comprar com uma parte de seu produto, ou o que é o mesmo, com o preço de parte dele, o que quer que precisem.

O que é prudência na conduta de uma família em particular, dificilmente seria insensatez na de um grande reino. Se um país estrangeiro pode fornecer-nos uma mercadoria mais barato do que nós poderíamos fazê-la, melhor comprá-la dele com uma parte do produto de nossa própria indústria empregada de uma maneira que nos dê vantagem. A indústria geral do país, estando sempre em proporção ao capital que a emprega, não será diminuída, não mais que os artífices acima mencionados; mas será deixada a descobrir como pode ser empregada com a maior vantagem. Certamente não é empregada com a máxima vantagem quando é assim dirigida a um objeto que pode comprar mais barato que pode fazer. O valor de sua produção anual é certamente mais ou menos diminuído quando é desviado de produzir mercadorias evidentemente de mais valor que aquela a que está dirigida para produzir. De acordo com a suposição, essa mercadoria poderia ser comprada de países estrangeiros mais barata do que poderia ser feita em casa. Poderia assim ter sido comprada apenas com uma parte das mercadorias, ou, o que dá na mesma, apenas com uma parte do preço das mercadorias, que a indústria empregada com um capital igual teria produzido no país, tivesse sido deixada seguir seu curso natural. A indústria do país, assim sendo, é desviada de um emprego menos vantajoso, e o valor trocável de seu produto anual, ao invés de crescer, de acordo com a intenção do legislador, deve necessariamente ser diminuída a cada uma destas leis.

Por meio de tais regulamentações, de fato, uma manufatura em particular pode por vezes ser adquirida mais cedo do que poderia de outra maneira, e depois de algum tempo, pode ser feita no país tão ou mais barata que no país estrangeiro. Embora a indústria da sociedade possa assim ser conduzida vantajosamente a um canal particular mais cedo que de outra maneira, de modo algum segue-se que o total, quer de sua indústria, quer de seu rendimento, poderá ser aumentado por tal lei. A indústria da sociedade pode aumentar apenas em proporção ao aumento de seu capital, e seu capital pode aumentar apenas em proporção ao que pode ser gradualmente economizado de sua renda. Mas o efeito imediato de cada uma destas leis é diminuir a renda, e o que diminui sua renda não aumentará, provavelmente, seu capital mais depressa do que aumentaria por si só se capital e indústria fossem deixados a descobrir seus empregos naturais.

Se bem que por falta de tais leis a sociedade nunca adquiriria a manufatura proposta, por causa disto não seria mais pobre em qualquer período de sua existência. Em qualquer período de sua duração, todo seu capital e indústria poderia ainda ser empregado, se bem que sobre diferentes objetos, da maneira que fosse mais vantajosa no momento. Em qualquer período sua renda poderia ter sido a maior permitida por seu capital, e tanto capital como renda poderiam ter sido aumentados com a maior presteza possível.

As vantagens naturais que um país tem sobre outro, na obtenção de alguma mercadoria, por vezes são tão grandes que é reconhecido por todo o mundo ser em vão lutar contra isso. Por meio de estufas, uvas muito boas podem ser cultivadas na Escócia, e bom vinho pode ser feito com elas, a cerca de trinta vezes a despesa pelas quais podem ser cultivadas igualmente bem em países estrangeiros. Seria razoável uma lei que proibisse a importação de todos os vinhos estrangeiros meramente para encorajar o "clarete" e o "borgonha" na Escócia? Mas se há um absurdo manifesto em voltar-se para qualquer emprego trinta vezes mais capital e indústria do país do que seria necessário comprar de países estrangeiros uma quantidade igual das mercadorias desejadas, deve haver um absurdo, se bem que no todo não tão evidente, mas da mesma espécie, em voltar para qualquer destes empregos um trigésimo, ou mesmo três centésimos a mais de cada. Quer as vantagens que um país tenha sobre outro sejam naturais ou adquiridas, sob este aspecto, é inconsequente. Enquanto um país tenha estas vantagens, e outro as deseja, será sempre mais vantajoso para este comprar do outro, que fazer. É apenas uma vantagem adquirida que um artífice tem sobre seu vizinho, que exerce outro ofício; e no entanto ambos acham mais vantajoso comprar um do outro do que fazer o que não pertence a seus ofícios em particular.

Os comerciantes e manufatureiros são as pessoas que derivam a maior vantagem deste monopólio do mercado doméstico. A proibição da importação de gado estrangeiro e de provisões de sal, junto com os elevados impostos sobre o cereal estrangeiro, que em tempos de abundância moderada equivalem a uma proibição, não são tão vantajosos para os criadores e agricultores da Grã-Bretanha quanto leis da mesma espécie para seus comerciantes e manufatureiros. Os manufaturados, os da espécie mais fina, especialmente, são mais facilmente transportados de um país para outro do que trigo ou gado. É em recolher e transportar manufaturas, correspondentemente, que o comércio exterior é principalmente empregado. Nas manufaturas, uma vantagem mínima permitirá aos estrangeiros vencer no preço nossos trabalhadores, mesmo no mercado interno. Será preciso uma grande vantagem para que vençam no produto bruto do solo. Se a importação livre de manufaturas estrangeiras fosse permitida, várias das manufaturas domésticas provavelmente sofreriam e algumas talvez se arruinariam totalmente, e uma parte considerável do principal e da indústria atualmente empregados nelas seria forçada a procurar outro emprego. Mas a importação totalmente livre do produto bruto do solo não poderia ter tal efeito na agricultura do país.

Se a importação de gado estrangeiro, por exemplo, fosse feita assim livre, tão pouco poderia ser importado que o comércio de gado na Grã-Bretanha pouco seria afetado por isso. O gado vivo é, talvez, a única mercadoria cujo transporte é mais caro por mar que por terra. Por terra, ele transporta a si mesmo ao mercado. Por mar, não só o gado, mas seu alimento e água precisam ser transportados com despesa não pequena, e inconveniência. O estreito entre a Irlanda e a Grã-Bretanha, de fato, torna a importação do gado irlandês mais fácil. Mas mesmo que a importação livre, que ultimamente foi permitida só por tempo limitado, fosse tornada perpétua, poderia não ter efeito considerável no interesse dos criadores ingleses. Aquelas partes da Grã-Bretanha que se defrontam com o mar da Irlanda são todas regiões de pecuária. O gado irlandês nunca poderia ser importado para seu uso, mas deve ser tangido por regiões extensas, com não pequena despesa e inconveniência, antes que possa chegar ao seu mercado próprio. Gado gordo não poderia ser tangido tão longe. O gado magro, portanto, só poderia ser importado, e tal importação poderia interferir, não com o interesse das regiões de engorda, para as quais a redução do preço do gado magro seria vantajosa, mas só com a das regiões de criação. O pequeno volume de gado irlandês importado, desde que sua importação passou a ser permitida, juntamente com o bom preço que o gado continua a ser vendido, parecem demonstrar que mesmo as regiões de pecuária da Grã-Bretanha provavelmente nunca serão muito afetadas pela livre importação de gado irlandês. Diz-se, aliás, que o povo da Irlanda por vezes opôs-se com violência à exportação de seu gado. Mas se os exportadores tivessem achado alguma grande vantagem em continuar o comércio, quando a lei estava do lado deles, poderiam facilmente ter conquistado a oposição da plebe.

As regiões de engorda, além do mais, precisam ser constantemente melhoradas, ao passo que as regiões para reprodução geralmente não são cultivadas. O alto preço do gado magro, aumentando o valor da terra inculta, é como uma subvenção contra as melhorias. Para qualquer país que se tenha desenvolvido muito, é muito mais vantajoso importar o gado magro do que criá-lo. Assim, a província da Holanda, diz-se ter seguido esta máxima, presentemente. As montanhas de Escócia, Gales e Northumberland, de fato, são regiões incapazes de muitas melhorias, e parecem destinadas pela natureza a serem as pastagens da Grã-Bretanha. A importação livre de gado estrangeiro não teria outro efeito senão obstaculizar aquelas regiões de pastagens de tirar vantagem do aumento da população e aperfeiçoamento do resto do reino, para elevar seus preços a alturas exorbitantes e impor uma taxa sobre todas as partes cultivadas e aperfeiçoadas do país.

A importação livre das provisões de sal, da mesma maneira, poderia ter o mesmo pequeno efeito no interesse dos pecuaristas da Grã-Bretanha como a do gado vivo. As provisões de sal não são uma mercadoria muito volumosa, mas comparadas à carne fresca são uma mercadoria da pior qualidade, e por custarem mais trabalho e despesa, de maior preço. Nunca poderiam, portanto, entrar em competição com a carne fresca, se bem que pudessem competir com as provisões de sal do país. Poderiam ser usadas para abastecer navios para viagens distantes e usos que tais, mas nunca poderiam constituir qualquer parte considerável do alimento do povo. A pequena quantidade de provisões de sal importada da Irlanda, desde que sua importação foi tornada livre, é prova experimental de que nossos criadores nada têm a temer disto. Não parece que o preço da carne tem sido sensivelmente afetado por isto.

Mesmo a importação livre de trigo estrangeiro poderia afetar pouco o interesse dos agricultores da Grã-Bretanha. O cereal é uma mercadoria que ocupa muito mais espaço que a carne. Uma libra de trigo a um *penny* é tão cara quanto uma libra de carne a quatro pence. A pequena quantidade de trigo estrangeiro importado mesmo nos tempos da maior escassez pode satisfazer nossos lavradores de que nada têm a temer da importação livre. A quantidade média importada, de ano para ano, de acordo com o bem-informado autor dos tratados sobre o comércio do trigo, só totaliza 23.728 quartos de toda espécie de grão, e não excede 571 avos do consumo anual. Mas como o subsídio sobre o trigo ocasiona maior exportação nos anos de abundância, consequentemente deverá ocasionar maior importação nos anos de escassez do que ocorreria no atual estado da lavoura. Por meio disto, a abundância de um ano não compensa a escassez de outro, e como a quantidade média exportada é necessariamente aumentada por ela, analogamente, no estado atual de lavoura, o mesmo deve acontecer com a quantidade média importada. Não houvesse subsídio, com menos trigo sendo exportado, é provável que, de ano para ano, menos seria importado que na atualidade. Os comerciantes de trigo, e os seus transportadores entre a Grã-Bretanha e países estrangeiros, teriam muito menos emprego e poderiam sofrer consideravelmente; mas os proprietários rurais e lavradores sofreriam pouquíssimo. Portanto, são os mercadores de cereais, mais que os grandes proprietários e lavradores, com quem observei a maior ansiedade pela renovação e continuidade do subsídio.

Os proprietários e lavradores são, para sua honra, de todos os menos sujeitos ao miserável espírito do monopólio. O empreiteiro de uma grande manufatura fica por vezes alarmado se uma outra fábrica da mesma espécie se estabelece a menos de vinte milhas dele. O empreiteiro holandês da manufatura de lã de Abbeville estipulou que nenhuma fábrica do mesmo tipo deveria se estabelecer a menos de trinta léguas daquela cidade. Os lavradores e proprietários, ao contrário, geralmente estão dispostos a promover, ao invés de obstruir o cultivo e a melhoria das propriedades de seus vizinhos. Não têm segredos, como a maioria dos manufatureiros, mas geralmente têm prazer em comunicar a seus vizinhos, e estender tanto quanto possível qualquer nova prática que tenham descoberto vantajosa. Diz o velho Catão: *Pius Questus, stabilissimusque, minimeque invidiosus; minimeque male cogitantes sunt, qui in eo studio occupati sunt.* Os proprietários e lavradores, dispersos em diferentes partes dos campos, não podem se combinar tão facilmente quanto os comerciantes e manufatureiros, que, estando reunidos em cidades, e acostumados àquele espírito exclusivo da corporação que neles prevalece, naturalmente procuram obter, contra todos os seus compatriotas, o mesmo privilégio exclusivo que geralmente possuem contra os habitantes das respectivas cidades. Concomitantemente, parecem ter sido os inventores originais daquelas restrições sobre as importações de bens estrangeiros que lhes garantem o monopólio do mercado doméstico. Foi provavelmente à imitação deles, e para se colocarem no nível daqueles que, descobriram, estavam dispostos a oprimi-los, que os grandes proprietários e lavradores da Grã-Bretanha até agora esqueceram a generosidade que é natural à sua posição e pediram o privilégio exclusivo de suprir seus compatriotas com trigo e carne. Talvez não tiveram tempo de considerar quanto menos seus interesses seriam afetados pela liberdade de comércio que os das pessoas cujos exemplos seguiram.

Proibir, por lei perpétua, a importação de trigo e gado estrangeiro é na verdade decretar que a população e a indústria do país em momento nenhum deve exceder o que o produto bruto de seu solo pode manter.

Parece, portanto, haver dois casos em que geralmente será vantajoso onerar a indústria estrangeira, pelo encorajamento da indústria do país.

O primeiro é quando alguma espécie particular de indústria seja necessária à defesa do país. A defesa da Grã-Bretanha, por exemplo, depende muito do número de seus marujos e embarcações. O Decreto de Navegação, portanto, mui adequadamente procura dar aos marujos e embarcações ingleses o monopólio do comércio de seu próprio país, em alguns casos por proibições absolutas, em outros, por grandes taxas sobre o embarque estrangeiro. As seguintes são as principais disposições deste decreto:

Primeiro, todos os navios dos quais os proprietários e três quartos dos marinheiros não forem súditos britânicos estão proibidos, sob pena de apreensão do navio e da carga, de comercializar em colônias e em estabelecimentos britânicos como também de serem empregados no comércio costeiro da Grã-Bretanha.

Segundo, uma grande variedade dos artigos de importações mais volumosos pode ser trazida apenas à Grã-Bretanha em navios tais como descritos, ou em navios do país onde aqueles bens foram comprados, e dos quais os proprietários, mestres e três quartos dos marinheiros sejam daquele país em particular; e quando importados mesmo em navios deste último tipo, estão sujeitos ao dobro da taxa de importação. Se importados em navios de qualquer outro país, a penalidade é a apreensão do navio e das mercadorias. Quando este decreto foi feito, os holandeses eram, e ainda são, os maiores transportadores da Europa, e por esta regulamentação eram inteiramente excluídos de serem os transportadores da Grã-Bretanha, ou de importarem para nós os bens de qualquer outro país europeu.

Terceiro, uma grande variedade dos artigos de importação mais volumosos estão proibidos de serem importados, mesmo em navios britânicos, de qualquer país exceto aquele em que são produzidos, sob pena de apreensão do navio e da carga. Esta regulamentação também provavelmente se destinava contra os holandeses. A Holanda era, e é, o grande empório de todos os bens europeus, e por esta regulamentação os navios ingleses eram impedidos de carregar, na Holanda, os bens de qualquer outro país europeu.

Quarto, peixes de água salgada de qualquer espécie, barbatanas de baleia, ossos de baleia, óleo e sua gordura, não apanhados e curados a bordo de navios ingleses, quando importados para a Grã-Bretanha, são sujeitos ao dobro da taxa de importação. Os holandeses, como ainda são os principais, eram então os únicos pescadores da Europa que procuravam suprir países estrangeiros com peixe. Por esta regulamentação, um grande ônus era acrescido para suprirem a Inglaterra.

Quando o Decreto de Navegação foi feito, se bem que a Inglaterra e a Holanda não estivessem realmente em guerra, a mais violenta animosidade subsistia entre as duas nações. Começara durante o governo do Grande parlamento, que primeiro estruturou este decreto, e surgiu logo depois nas guerras holandesas, sob o Protetor e sob Carlos II. Não é impossível, portanto, que alguns dos regulamentos deste famoso decreto tenham se originado de animosidade nacional. São sábios, no entanto, como se todos tivessem sido ditados pela sabedoria mais deliberada. A animosidade nacional naquela época em particular objetivava o mesmo que esta sabedoria recomendaria, a diminuição do poderio naval da Holanda, a única potência naval que poderia ameaçar a segurança inglesa.

O Decreto de Navegação não é favorável ao comércio exterior, ou ao crescimento daquela opulência que pode originar-se dele. O interesse de uma nação em suas relações comerciais com nações estrangeiras é, como o de um mercador em relação aos diferentes povos com que trata, comprar o mais barato e vender o mais caro possível. Mas será mais provável comprar barato, quando pela mais perfeita liberdade de comércio se encoraje todas as nações a trazer os bens que puder comprar; e pela mesma razão ficará mais provável vender caro quando seus mercados estiverem assim locupletados com o maior número de compradores. O Decreto de Navegação, é verdade, não onera navios estrangeiros que vêm para exportar o produto da indústria inglesa. Mesmo a antiga taxa alfandegária, que costumava ser paga sobre todos os bens exportados como importados, por vários decretos subsequentes, foi removida da maioria dos artigos de exportação. Mas se os estrangeiros, por proibições ou taxas elevadas, são obstaculizados de vir vender, nem sempre poderão vir comprar; porque para vir sem uma carga precisarão perder o frete de seu próprio país para a Inglaterra. Diminuindo o número de vendedores, necessariamente diminuímos o de compradores, e assim poderemos não só comprar os bens estrangeiros mais caro, mas venderemos os nossos mais baratos, do que se houvesse uma mais perfeita liberdade comercial. Como defesa, no entanto, é muito mais importante que a riqueza, o Decreto de Navegação é quiçá o mais sábio de todos os regulamentos comerciais da Inglaterra.

O segundo caso, em que geralmente será vantajoso impor alguma taxa sobre a estrangeira, pelo encorajamento da indústria doméstica, é quando alguma taxa é imposta no país sobre seu próprio produto. Neste caso, parece razoável que uma taxa igual seja imposta sobre o produto igual do outro país. Isto não daria o monopólio do mercado doméstico à indústria doméstica, nem voltaria para um emprego particular uma parte maior de todo o capital e trabalho do país do que o que seria naturalmente destinado. Só impediria que qualquer parte desta aplicação natural fosse desviada pela taxa para uma direção menos natural, e deixaria a competição entre a indústria estrangeira e a doméstica, após a taxa, tanto quanto possível no mesmo pé, quanto antes. Na Grã-Bretanha, quando uma destas taxas é imposta sobre o produto da indústria nacional, é comum ao mesmo tempo, para cessar as clamorosas queixas de nossos comerciantes e manufatureiros, impor uma taxa muito maior sobre a importação de toda mercadoria estrangeira da mesma espécie.

Esta segunda limitação da liberdade de comércio, de acordo com certas pessoas, deveria, em certas ocasiões, ser estendida muito além do que tão somente às mercadorias estrangeiras que poderiam competir com as que foram taxadas no país. Quando as necessidades da vida foram taxadas em qualquer país, torna-se conveniente, pretendem, taxar não só as mesmas necessidades importadas de outros países, mas todas as mercadorias estrangeiras que poderiam vir a competir com qualquer coisa que seja o produto da indústria doméstica. A subsistência, dizem, torna-se necessariamente mais cara em consequência destas taxas, e o preço do trabalho precisa crescer sempre com o preço da subsistência do trabalhador. Toda mercadoria, portanto, que é o produto da indústria doméstica, se bem que em si não seja taxada, torna-se mais cara em consequência de tais taxas, porque o trabalho que a produz é taxado. Tais taxas, portanto, são de fato equivalentes, dizem, a uma taxa sobre cada mercadoria produzida no país. Para pôr a indústria doméstica no mesmo pé que a estrangeira, torna-se necessário, pensam eles, cobrar alguma taxa sobre cada mercadoria igual a esta elevação do preço das mercadorias domésticas com que pode competir.

Se as taxas sobre as necessidades da vida, assim como na Inglaterra aquelas sobre o sabão, sal, couro, velas etc., necessariamente elevam o preço do trabalho, e consequentemente o de todas as mercadorias, considerarei mais adiante, quando tratar dos impostos. Supondo, entrementes, que têm este efeito, e sem dúvida têm, esta elevação geral dos preços de todas as mercadorias, em consequência daquele trabalho, é um caso que difere nos dois seguintes aspectos do daquela mercadoria cujo preço foi elevado por uma taxa particular que lhe é imediatamente imposta.

Primeiro, deve ser sempre conhecido com grande exatidão, até quanto o preço de tal mercadoria deveria elevar-se por tal imposto; mas até quanto a elevação geral do preço do trabalho pode afetar o de cada mercadoria em que o trabalho foi empregado, nunca poderia ser conhecido com exatidão tolerável. Seria então impossível proporcionar, com qualquer exatidão tolerável, a taxa sobre cada bem importado ao preço de cada mercadoria do país.

Segundo, as taxas sobre as necessidades da vida têm quase o mesmo efeito sobre as circunstâncias do povo quanto um solo pobre e clima ruim. As provisões são tornadas mais caras da mesma maneira como se requeressem um trabalho e despesas extraordinários para obtê-las. Como na escassez natural oriunda do solo e do clima, seria absurdo dirigir o povo sobre a maneira que deveria empregar seu capital e indústria, assim é na escassez artificial oriunda de tais taxas. Deixar acomodar tão bem quanto possam sua indústria à sua situação, e descobrir aqueles empregos em que, apesar de suas circunstâncias desfavoráveis, poderiam ter alguma vantagem para o mercado interno ou externo é o que em ambos os casos evidentemente seria sua melhor vantagem. Impor nova taxa, por já estarem sobrecarregados com taxas, e porque já pagam muito caro para as necessidades da vida, fazer igualmente que paguem muito caro pela maioria das outras comodidades é certamente um modo bem absurdo de fazer compensações.

Tais taxas, quando crescerem até certo ponto, são uma praga equivalente à esterilidade da terra e à inclemência do céu; e ainda assim é nos países mais ricos e industriosos que foram mais geralmente impostas. Outros países não suportariam tamanha desordem. Assim como só os corpos mais fortes podem viver saudavelmente sob um regime insalubre, só as nações em que toda espécie de indústria tem as maiores vantagens naturais e adquiridas podem subsistir e prosperar sob tais taxas. A Holanda é o país da Europa em que mais abundam, e que por circunstâncias peculiares continua a prosperar, não por causa delas, como se tem suposto mui absurdamente, mas a despeito delas.

Assim como há dois casos em que geralmente será vantajoso impor algum ônus à indústria estrangeira para o encorajamento da doméstica, há dois outros em que talvez seja questão de escolha; num, até quando é adequado continuar a livre importação de certos artigos estrangeiros, e no outro, até quando, ou de que maneira, pode ser adequado restaurar aquela importação livre após ter sido por algum tempo interrompida.

O caso em que por vezes pode ser questão de escolha até quando é adequado continuar a importação livre de certas mercadorias estrangeiras é quando alguma nação estrangeira restringe, por altos impostos ou proibições, a importação de algumas de nossas manufaturas para seu país. A vingança neste caso dita a retaliação, e que imponhamos as mesmas taxas e proibições às importações de algumas ou todas as suas manufaturas para nós. As nações, com efeito, raramente deixam de retaliar desta maneira. Os franceses destacaram-se particularmente em favorecer suas próprias manufaturas restringindo a importação de bens estrangeiros que poderiam competir com eles. Nisto consistia grande parte da política de *monsieur* Colbert, que, não obstante sua grande capacidade, parece neste caso ter sofrido imposição da sofística dos comerciantes e manufatureiros, que estão sempre pedindo um monopólio contra seus cidadãos. Atualmente, é opinião dos homens mais inteligentes da França que as operações deste tipo não foram benéficas ao país. Aquele ministro, pelas tarifas de 1667, impôs taxas elevadas sobre grande número de manufaturas estrangeiras. Ao recusar-se a moderá-las em favor dos holandeses, estes, em 1671, proibiram a importação dos vinhos, *brandies* e manufaturas da França. A guerra de 1672 parece ter sido ocasionada em parte por esta disputa comercial. A paz de Nimeguen encerrou-a em 1678 moderando algumas taxas em favor dos holandeses, que, por conseguinte, removeram sua proibição. Foi por volta daquela época que os franceses e ingleses começaram a oprimir a indústria um do outro pelas mesmas taxas e proibições, das quais os franceses, porém, parecem ter dado o primeiro exemplo. O espírito de hostilidade que subsistiu entre as duas nações desde então impediu-os de se moderarem. Em 1697, os ingleses proibiram a importação das rendas da manufatura de Flandres. O governo deste país, naquele tempo sob domínio espanhol, proibiu, em contrapartida, a importação das lãs inglesas. Em 1700, a proibição da importação das rendas para a Inglaterra foi suspensa, na condição de que a importação das lãs inglesas para Flandres fosse colocada no mesmo pé que antes.

Pode haver boa política em retaliações desta espécie, quando há uma probabilidade de que resultarão na repulsa das altas taxas ou proibições de que se reclama. A recuperação de um grande mercado estrangeiro geralmente mais que compensará a inconveniência transitória de pagar mais caro durante um curto tempo por algumas mercadorias. Para julgar se tais retaliações poderão produzir tal efeito, talvez não pertença tanto à ciência do legislador, cujas deliberações deveriam ser governadas pelos princípios gerais que são sempre os mesmos, e mais à habilidade daquele animal insidioso e astuto, vulgarmente chamado estadista, ou político, cujos conselhos são dirigidos pelas flutuações momentâneas dos negócios. Quando não há probabilidade de que tal repulsa possa ocorrer, parece um mau método de compensar o dano feito a certas classes de nosso povo, causando outro dano a nós mesmos, não só àquelas classes, mas a quase todas as classes. Quando nossos vizinhos proíbem alguma das nossas manufaturas, geralmente proibimos não só a mesma, pois isto apenas dificilmente os afetaria consideravelmente, mas alguma outra manufatura deles. Isto, sem dúvida, pode encorajar alguma classe particular de trabalhadores dos nossos, e excluindo alguns de seus rivais, pode permitir-lhes elevar o preço no mercado interno. Aqueles trabalhadores, porém, que sofreram pela proibição de nosso vizinho, não serão beneficiados pela nossa. Ao contrário, eles e quase todas as outras classes de nossos cidadãos por isto serão obrigados a pagar mais caro do que antes, por certas coisas. Toda lei desse tipo impõe uma taxa real sobre todo o país, não em favor daquela classe particular de trabalhadores que foram prejudicados pela proibição de nosso vizinho, mas de alguma outra classe.

O caso em que às vezes pode ser questão de escolha, quanto, ou de que maneira é adequado restaurar a livre importação de bens estrangeiros, após, por algum tempo, ter sido interrompida, é quando manufaturas particulares, por meio de taxas elevadas, ou proibições sobre toda mercadoria estrangeira que pode competir com elas, foram estendidas tanto a ponto de empregar uma grande multidão de mãos. A humanidade, neste caso, pode exigir que a liberdade de comércio seja restaurada apenas por lentas gradações, e com bastante reserva e circunspecção, Se aquelas elevadas taxas e proibições fossem removidas subitamente, os artigos estrangeiros mais baratos da mesma espécie seriam despejados tão rapidamente no mercado interno que imediatamente privariam milhares de pessoas de seus empregos e meios de subsistência. A desordem que isto ocasionaria sem dúvida poderia ser considerável. Com toda a probabilidade, entretanto, seria muito inferior ao que é comumente imaginado, pelas duas seguintes razões:

Primeira, todas aquelas manufaturas, das quais qualquer parte é comumente exportada a outros países europeus sem subsídio, seriam pouco afetadas pela importação mais livre de bens estrangeiros. Tais manufaturas devem ser vendidas no estrangeiro tão baratas quanto quaisquer outras estrangeiras, da mesma espécie e qualidade, e consequentemente, devem ser vendidas mais baratas no país de origem. Ainda ficariam de posse do mercado interno, e se bem que um caprichoso homem da moda por vezes possa preferir artigos estrangeiros, meramente por serem estrangeiros, a artigos mais baratos e melhores da mesma espécie de seu país, esta insensatez, pela natureza das coisas, se estenderia a tão poucos que não causaria impressão sensível no emprego geral do povo. Mas uma grande parte de todos os ramos diferentes de nossa manufatura da lã, de nosso couro curtido e de nossas ferragens é anualmente exportada para outros países europeus sem nenhum subsídio, e estas são as manufaturas que empregam o maior número de mãos. A seda talvez seja a manufatura que mais sofreria por esta liberdade de comércio, e depois dela o linho, se bem que este muito menos que a outra.

Segunda, se bem que um grande número de pessoas, assim se restaurando a liberdade de comércio, logo seria imediatamente deslocado de seu emprego ordinário, e método comum de subsistência de modo algum se seguiria que ficaria totalmente privado de emprego ou subsistência. Pela redução do exército e da marinha, ao final da última grande guerra, mais de cem mil soldados e marujos, número igual ao que está empregado nas grandes manufaturas, imediatamente foram lançados fora de seu emprego ordinário; mas, apesar de terem sofrido alguma inconveniência, não ficaram privados de todo emprego e subsistência. A maioria dos marujos, é provável, gradualmente se adaptou ao serviço mercante, à medida que iam encontrando ocasião, e entrementes eles e os soldados eram absorvidos na grande massa do povo e empregados em grande variedade de ocupações. Não só nenhuma convulsão, mas nenhuma desordem sensível, originou-se em tamanha alteração da situação de cem mil homens, todos afeitos às armas, e muitos deles à rapina e ao saque. O número de vagabundos não aumentou sensivelmente em lugar algum, nem os salários foram reduzidos em nenhuma ocupação, tanto quanto soube, exceto os dos marujos mercantes. Mas se compararmos os hábitos de um soldado e o de qualquer manufatureiro, descobriremos que os do último não tendem tanto a desqualificá-lo por se empregar num novo ofício quanto os do primeiro de se empregarem em qualquer outro. O manufatureiro sempre se acostumou a procurar sua subsistência apenas a partir de seu trabalho; o soldado, a esperá-la de seu pagamento. A aplicação e a indústria foram familiares a um; a ociosidade e a dissipação, ao outro. Mas certamente é muito mais fácil mudar a direção da indústria de uma espécie de trabalho para outra do que desviar a ociosidade e a dissipação em outra. Para a grande maioria das manufaturas, aliás, já se observou, há outras manufaturas colaterais de natureza tão semelhante que um trabalhador pode facilmente transferir sua indústria de uma delas para outra. A maior parte de tais trabalhadores também é ocasionalmente empregada no trabalho do campo. O capital que os empregou numa determinada manufatura antes, ainda permanecerá no campo para empregar um mesmo número de pessoas de alguma outra maneira. O capital do campo sendo o mesmo, a demanda de trabalho analogamente será a mesma, ou quase, se bem que possa ser exercida em diferentes lugares e por diferentes ocupações. Soldados e marujos, de fato, quando dispensados do serviço do rei, estão em liberdade para exercer qualquer ofício dentro de qualquer cidade ou lugar da Grã-Bretanha ou da Irlanda. Que a mesma liberdade natural de exercitar a espécie de indústria que lhes aprouver seja restaurada aos súditos de Sua Majestade, do mesmo modo que para soldados e marujos; isto é, quebrar os privilégios exclusivos das corporações e repelir o Estatuto do Aprendizado, ambos reais usurpações da liberdade natural, e acrescentando-se a estes a repulsa da Lei do Estabelecimento, para que um trabalhador pobre, quando lançado fora de seu emprego num ofício ou num local, possa procurar outra ocupação ou outro lugar sem temer um processo ou uma remoção, e nem o público nem os indivíduos sofrerão mais com a ocasional debandada de algumas classes de manufatureiros do que com a de soldados. Nossos industriais sem dúvida têm grande mérito em seu país, mas não podem ter mais do que aqueles que o defendem com seu sangue, nem merecem ser tratados com mais delicadeza.

Esperar, com efeito, que a liberdade de comércio venha a ser totalmente restaurada na Grã-Bretanha é tão absurdo quanto esperar que uma Oceana, ou Utopia, nela seja estabelecida. Não só os preconceitos do público, mas o que é muito mais inconquistável, os interesses privados de muitos indivíduos, irresistivelmente se opõem a isso. Se os oficiais do exército se opusessem com o mesmo zelo e unanimidade a qualquer redução no número de forças com que os mestres manufatureiros se opõem a qualquer lei que poderia aumentar o número de seus rivais no mercado interno; se aqueles animassem seus soldados da mesma maneira que estes inflamam seus trabalhadores para atacar com violência e ultraje os propositores de quaisquer de tais regulamentos, tentar reduzir o exército seria tão perigoso como agora tornou-se tentar diminuir em qualquer respeito o monopólio que nossos manufatureiros obtiveram contra nós. Este monopólio aumentou tanto o número de algumas de suas tribos que, como um exército hipertrofiado, tornaram-se formidáveis perante o governo, e em muitas ocasiões intimidam a legislatura. O membro do parlamento que suporta toda proposta para reforçar este monopólio pode ficar certo de adquirir não só a reputação de entender de comércio, mas também grande popularidade e influência com uma ordem de homens cujo número e riqueza os torna de grande importância. Se se opuser a eles, ao contrário, e ainda mais, se tiver autoridade bastante para impedi-los, nem a mais reconhecida probidade, nem o posto mais alto, nem os maiores serviços públicos podem protegê-lo do mais infame abuso e detração, de insultos pessoais, nem por vezes de real perigo, oriundo do insolente ultraje dos furiosos e desapontados monopolistas.

O empreiteiro de uma grande manufatura que, pelos mercados internos serem subitamente abertos à competição estrangeira, seja obrigado a abandonar seu ofício, sem dúvida sofreria consideravelmente. Aquela parte de seu capital que usualmente fora empregada na compra de materiais e em pagar seus trabalhadores poderia, sem muita dificuldade, quiçá, encontrar outra aplicação. Mas aquela parte que estava fixada nas oficinas e nos equipamentos, dificilmente pode ser descartada sem perda considerável. O cuidado equitativo de seu interesse exige que mudanças desta espécie nunca sejam introduzidas repentinamente, mas devagar, gradualmente, e após aviso bem antecipado. A legislatura, se fosse possível que suas deliberações pudessem sempre ser dirigidas, não pela clamorosa impertinência dos interesses parciais, mas por uma visão abrangente do bem geral, deveria, exatamente por isto, ser particularmente cuidadosa tanto em estabelecer novos monopólios deste tipo quanto em não estender mais aqueles já estabelecidos. Toda lei estruturada dessa maneira cria desordem na constituição do Estado, que depois será complicado solucionar sem ocasionar outra desordem.

Até que ponto pode ser adequado impor taxas sobre a importação de bens estrangeiros, não para prevenir sua importação, mas para levantar uma renda para o governo, considerarei a seguir, quando tratar dos impostos. Impostos que visem a prevenir, ou mesmo diminuir a importação, são evidentemente tão destrutivos às rendas alfandegárias quanto para a liberdade de comércio.

CAPÍTULO 3
DAS RESTRIÇÕES EXTRAORDINÁRIAS SOBRE A IMPORTAÇÃO DE BENS DE QUASE TODO TIPO DAQUELES PAÍSES COM QUE A BALANÇA É SUPOSTA DESVANTAJOSA

PARTE 1
DA IRRACIONALIDADE DAQUELAS RESTRIÇÕES, MESMO PELOS PRINCÍPIOS DO SISTEMA COMERCIAL

Colocar restrições extraordinárias sobre a importação de bens de quase todo tipo daqueles países com que a balança comercial é suposta desvantajosa é o segundo expediente pelo qual o sistema comercial se propõe aumentar a quantidade de ouro e prata. Assim, na Grã-Bretanha, o linho da Silésia pode ser importado para consumo doméstico ao se pagarem certas taxas. Mas os linhos finos e cambraias franceses têm sua importação proibida, exceto no porto de Londres, para ser armazenado para exportação. Taxas mais altas são impostas sobre os vinhos franceses do que sobre os de Portugal, ou de qualquer outro país. Pelo que é chamado "imposto 1692", uma taxa de 25% da cotação ou valor foi imposta sobre todas as mercadorias francesas; ao passo que as de outras nações, em sua maioria, foram sujeitas a taxas muito mais leves, raramente excedendo 5%. Vinho, conhaque, sal e vinagre da França foram excetuados; estas mercadorias sendo sujeitas a outras altas taxas, por leis ou cláusulas particulares da mesma lei. Em 1696. uma segunda taxa de 25%, a primeira não tendo sido considerada desencorajamento suficiente, foi imposta sobre todos os bens franceses, exceto conhaque; juntamente com uma nova taxa de 25 libras sobre a tonelada do vinho francês e outra de 15 libras sobre o tonel de vinagre francês. As mercadorias francesas nunca foram omitidas em nenhum daqueles subsídios gerais, ou taxas de 5%, que foram impostas sobre todos, ou a maioria dos bens enumerados no livro das cotações. Se contamos os subsídios de um terço e dois terços como formando um subsídio completo dentre todos, houve cinco destes subsídios gerais; de modo que antes do começo da presente guerra, 75% pode ser considerada a taxa mais baixa de que são passíveis a maioria dos bens de cultivo, produção ou manufatura da França. Mas na maioria das mercadorias essas taxas são equivalentes a uma proibição. Os franceses, por seu turno, creio, trataram nossos bens e manufaturas com a mesma dureza; se bem que eu não esteja tão bem familiarizado com as dificuldades particulares que impuseram. Aquelas restrições mútuas puseram termo a quase todo comércio justo entre as duas nações, e os contrabandistas são agora os principais importadores, quer dos bens britânicos para a França, quer dos bens franceses para a Grã-Bretanha. Os princípios que estive examinando no capítulo precedente originaram-se do interesse privado e do espírito do monopólio; os que ora examinarei neste, do preconceito nacional e da animosidade. São, como seria de esperar, ainda mais irrazoáveis. E também são assim mesmo pelos princípios do sistema comercial.

Primeiro, se bem que seja certo que no caso de um livre comércio entre a França e a Inglaterra, por exemplo, a balança seria favorável à França, de modo algum se segue que tal comércio seria desvantajoso para a Inglaterra, ou que a balança geral de todo seu comércio por isto se voltaria mais contra esta. Se os vinhos de França são melhores e mais baratos que os de Portugal, ou seus linhos, que os da Alemanha, seria mais vantajoso para a Inglaterra comprar o vinho e o linho estrangeiro de que precisasse da França do que de Portugal e da Alemanha. Se bem que o valor das importações anuais da França fosse grandemente aumentado por isto, o valor total das importações anuais seria diminuído, em proporção aos bens franceses da mesma qualidade serem mais baratos que os dos outros países. Este seria o caso, mesmo na suposição de que todos os bens franceses importados devessem ser consumidos na Grã-Bretanha.

Mas, em segundo lugar, uma grande parte deles poderia ser reexportada para outros países onde, vendidos com lucro, poderiam trazer um retorno igual em valor, quiçá ao custo original de todos os bens franceses importados. O que frequentemente foi dito do comércio das Índias Orientais poderia possivelmente ser verdade do francês; que muito embora a maior parte dos bens das Índias fossem comprados com ouro e prata, a reexportação de uma parte deles para outros países trouxe mais ouro e prata ao que executou o comércio do que o total do custo original. Um dos ramos mais importantes do comércio holandês, atualmente, consiste no transporte das mercadorias francesas para outros países europeus. Mesmo uma parte do vinho francês bebido na Grã-Bretanha é clandestinamente importada da Holanda e Zelândia. Se houvesse um comércio livre entre a França e a Inglaterra, ou se os bens franceses pudessem ser importados pelo pagamento só das mesmas taxas que outras nações europeias, a serem cobradas sobre as exportações, a Inglaterra poderia ter alguma parte de um comércio que se mostrou tão vantajoso para a Holanda.

Em terceiro e último lugar, não há critério certo pelo qual possamos determinar de que lado da assim chamada balança entre dois países está, ou qual deles exporta o maior valor. O preconceito e a animosidade nacional, incentivados sempre pelo interesse privado de comerciantes, são os princípios que geralmente dirigem nosso julgamento sobre todas as questões concernentes a isto. Há dois critérios, porém, que frequentemente têm sido invocados em tais ocasiões: os livros da alfândega e o câmbio. Os livros da alfândega, creio que agora é geralmente reconhecido, são um critério muito incerto, por causa da imprecisão da cotação da maioria das mercadorias registradas neles. A variação do câmbio é mais ou menos a mesma coisa.

Quando o câmbio entre dois lugares, como Londres e Paris, está pareado, é sinal que os débitos de Londres para Paris são compensados por aqueles devidos de Paris a Londres. Ao contrário, quando um prêmio é pago em Londres por uma letra contra Paris, diz-se ser sinal de que os débitos devidos de Londres para Paris não são compensados por aqueles devidos de Paris para Londres, mas que uma compensação em dinheiro deve ser enviada deste último lugar; pelo risco, trabalho e despesa de exportar é que o prêmio é exigido e dado. Mas o estado ordinário do débito e do crédito entre essas duas cidades deve necessariamente ser regulado, diz-se, pelo curso ordinário de seus negócios uma com a outra. Quando nenhuma delas importa da outra uma quantidade maior do que exporta, débitos e créditos mútuos podem se compensar. Mas quando uma delas importa da outra um valor maior, a primeira necessariamente fica em dívida para com a outra numa soma maior; os débitos e créditos não se compensam mutuamente, e deve-se enviar dinheiro daquele lugar onde os débitos sobrepujam os créditos. O curso ordinário da troca, portanto, sendo uma indicação do estado ordinário do débito e do crédito entre dois lugares, igualmente deve ser indicação do curso ordinário de suas exportações e importações, pois que estas necessariamente governam este estado de coisas.

Se bem que o curso ordinário das trocas deva ser considerado como indicação suficiente do estado ordinário de débito e crédito entre dois lugares quaisquer, daqui não decorre que o balanço comercial esteja em favor do lugar que tem o estado ordinário de débito e crédito a seu favor. Este estado nem sempre é inteiramente regulado pelo decurso ordinário de seus negócios, mas costumeiramente influenciado pelos contratos de cada um com muitos outros lugares. Se é usual, por exemplo, que os comerciantes da Inglaterra paguem pelos bens que compram de Hamburgo, Dantzig, Riga etc., com letras contra a Holanda, a condição comum de débito e crédito entre a Inglaterra e a Holanda não será regulada inteiramente pelo curso comum das tratativas entre estes dois países, mas será influenciado pelos negócios da Inglaterra com aqueles outros lugares. A Inglaterra pode ser obrigada a enviar anualmente dinheiro à Holanda, se bem que suas exportações anuais para aquele país possam exceder em muito o valor anual de suas importações de lá; e se bem que o que é chamado balanço comercial, este pode estar muito mais favorável à Inglaterra.

Aliás, da maneira que a paridade de troca tem sido computada, o curso ordinário do câmbio não pode fornecer indicação suficiente de que a condição ordinária de débito e crédito esteja favorável àquele país que parece ter, ou supõe-se que tenha, o curso do câmbio em seu favor; ou, em outras palavras, o câmbio real pode ser, e de fato amiúde é, tão diferente do computado, que do curso deste não se pode tirar conclusão certa, em várias ocasiões, sobre o outro.

Quando, por uma soma em dinheiro paga na Inglaterra contendo, de acordo com o padrão da cunhagem inglesa, um certo número de onças de prata pura, recebe-se uma letra para uma soma em dinheiro a ser paga na França, contendo, de acordo com o padrão da cunhagem francesa, um número igual de onças de prata pura, diz-se que o câmbio tem paridade entre Inglaterra e França. Quando se paga mais, pressupõe-se que se deva dar um prêmio, e diz-se que o câmbio é contra a Inglaterra e a favor da França. Quando se paga menos, pressupõe-se que se receba um prêmio, e diz-se que o câmbio é contra a França e a favor da Inglaterra.

Mas, primeiramente, não podemos julgar sempre o valor do dinheiro corrente de diversos países pelo padrão das respectivas cunhagens. Em alguns representa mais, em outros, é menos degenerada em relação àquela padrão. Mas o valor da moeda corrente de todo país, em comparação com a de qualquer outro país, está em proporção não só com a quantidade de prata pura que deveria conter, mas em relação à que de fato contém. Antes da reforma da cunhagem de prata no tempo do rei Guilherme, o câmbio entre a Inglaterra e a Holanda, calculado do modo usual, de acordo com o padrão das respectivas cunhagens, era de 25% contra a Inglaterra. Mas o valor da moeda corrente na Inglaterra, naquela época, era mais de 25% abaixo do seu valor-padrão. O câmbio real, portanto, naquela época pode ser sido favorável à Inglaterra, não obstante o câmbio calculado tivesse sido contrário; um número menor de onças de prata pura efetivamente pago na Inglaterra poderia ter comprado uma letra para um maior número de onças de prata pura a ser pago na Holanda, e aquele que supostamente deveria dar poderia ter recebido o prêmio. A moeda francesa, antes da última reforma da moeda de ouro inglesa, era muito menos gasta que a inglesa, e era talvez 2% ou 3% mais perto de seu padrão. Se o câmbio calculado com a França não fosse mais de 2% ou 3% contra a Inglaterra, o câmbio real poderia ser em seu favor. Desde a reforma da cunhagem em ouro, o câmbio tem sido constantemente favorável à Inglaterra e contra a França.

Em segundo lugar, em alguns países, a despesa da cunhagem é custeada pelo governo; em outros, é custeada pelos particulares que levam seus lingotes à cunhagem, e o governo ainda deriva alguma renda da cunhagem. Na Inglaterra, é custeada pelo governo, e se se levar o peso de uma libra de prata padrão à cunhagem, recebe-se 62 *shillings*, contendo o peso de uma libra no equivalente em padrão de prata. Na França, uma taxa de 8% é deduzida para a cunhagem, que não só custeia a despesa, mas fornece ao governo alguma renda. Na Inglaterra, como a cunhagem nada custa, a moeda corrente nunca pode ter valor muito maior que a quantidade de lingotes que efetivamente contém. Na França, ao se pagar a mão de obra, esta é acrescida ao valor, assim como a prata lavrada. Uma soma de dinheiro francês, portanto, contendo um certo peso de prata pura, é mais valiosa que uma soma de dinheiro inglês contendo peso igual de prata pura, e deve exigir mais lingotes, ou outras mercadorias, para a sua compra. Mesmo que a moeda corrente dos dois países fosse igualmente próxima dos padrões de suas respectivas cunhagens, uma soma em dinheiro inglês não poderia comprar uma soma em dinheiro francês contendo número igual de onças de prata pura, nem consequentemente uma letra contra a França por uma tal soma. Se por esta letra não se pagasse nenhum dinheiro adicional do que o suficiente para compensar a despesa da cunhagem francesa, o câmbio real poderia ter paridade entre os dois países, e seus débitos e créditos poderiam compensar-se mutuamente, enquanto que o câmbio calculado seria consideravelmente favorável à França. Se menos que isto fosse pago, o câmbio real seria favorável à Inglaterra, ao passo que o calculado seria favorável à França.

Em terceiro e último lugar, em alguns lugares, tais como Amsterdam, Hamburgo, Veneza etc., as letras de câmbio estrangeiras são pagas no que chamam de dinheiro de banco; ao passo que em outros, como em Londres, Lisboa, Antuérpia, Leghorn etc., são pagas na moeda comum do país. O que é chamado de dinheiro de banco é sempre de mais valor que a mesma soma nominal de moeda comum. Mil *guilders* no Banco de Amsterdam, por exemplo, têm mais valor que mil *guilders* em moeda de Amsterdam. A diferença entre elas é o chamado ágio do banco, que em Amsterdam é geralmente de cerca de 5%. Supondo que a moeda corrente dos dois países se aproxime igualmente do padrão de suas respectivas cunhagens, e que um pague letras estrangeiras nesta moeda comum, ao passo que o outro as pague em notas bancárias, é evidente que o câmbio computado pode ser favorável àquele que paga em notas bancárias, se bem que o câmbio real seja em favor do que paga em moeda corrente; pela mesma razão que o câmbio computado pode ser favorável ao que paga em dinheiro melhor, ou em dinheiro mais próximo a seu padrão, se bem que o câmbio real seja favorável ao que paga em dinheiro pior. O câmbio calculado, antes da última reforma da moeda de ouro, geralmente era contra Londres com: Amsterdam, Hamburgo, Veneza, e, creio, com todos os outros lugares que pagam nas chamadas notas bancárias. De modo algum se segue, entretanto, que o câmbio real lhe fosse desfavorável. Desde a reforma da cunhagem de ouro, tem sido favorável a Londres com: Lisboa, Antuérpia, Leghorn, e excetuando a França, creio, com a maioria das outras partes da Europa que pagam em moeda comum; e não é improvável que o câmbio real também assim fosse.

PARTE 2

DA IRRACIONALIDADE DAQUELAS RESTRIÇÕES EXTRAORDINÁRIAS POR OUTROS PRINCÍPIOS

Na parte anterior deste capítulo, procurei mostrar, mesmo pelos princípios do sistema comercial, quão desnecessário é impor restrições extraordinárias sobre as importações de bens daqueles países com os quais a balança de comércio é suposta desvantajosa.

Nada, no entanto, pode ser mais absurdo que toda esta doutrina de balanço comercial, na qual não só estas restrições, mas quase todas as outras leis de comércio, são fundadas. Quando dois lugares comerciam um com o outro, esta doutrina supõe que, se o balanço está igual, nenhum deles ganha ou perde, mas se se inclina em qualquer grau para um lado, um deles perde e o outro ganha, em proporção à sua descensão do equilíbrio exato. Ambas as suposições são falsas. Um comércio que é forçado por meio de subsídios e monopólios pode ser, e comumente é, desvantajoso para o país em cujo favor se estabelece, como adiante procurarei mostrar. Mas aquele comércio que, sem força ou constrangimento, é natural e regularmente exercido entre dois lugares quaisquer é sempre vantajoso, se bem que nem sempre igualmente, a ambos.

Por vantagem, ou ganho, entendo não só o aumento da quantidade de ouro e prata, mas o do valor trocável do produto anual da terra e trabalho do país, ou o aumento do rendimento anual de seus habitantes.

Se o balanço está equilibrado, e se o comércio entre os dois lugares consiste inteiramente na troca de suas mercadorias nativas, na maioria das ocasiões, eles ganharão igualmente, ou quase; cada um, neste caso, sustentará um mercado para o excesso de produção do outro, cada um substituirá um capital que foi empregado em elaborar e preparar para o mercado este excesso de produção do outro, e que foi distribuído e deu renda e subsistência a um certo número de seus habitantes. Parte dos habitantes de cada um, portanto, indiretamente derivará seu rendimento e subsistência do outro. Como também as mercadorias trocadas são supostas de igual valor, os capitais empregados no comércio, na maioria das ocasiões, serão iguais, ou quase; ambos sendo empregados na elaboração das mercadorias nativas dos dois países, a renda e a manutenção que sua distribuição proporcionará aos habitantes de cada um será igual ou quase. Esta renda e esta subsistência, assim mutuamente sustentadas, serão maior ou menor em proporção à extensão de seus negócios. Se estes anualmente totalizarem cem mil libras, por exemplo, ou um milhão de cada lado, cada um dará uma renda anual, num caso, de cem mil libras, e, no outro, de um milhão, aos habitantes do outro país.

Se seu comércio for de tal natureza que um deles exportou para o outro nada senão mercadorias nativas, ao passo que o retorno do outro consistiu totalmente em bens estrangeiros, o balanço, neste caso, ainda seria tido como equilibrado, mercadoria sendo paga por mercadoria. Neste caso também ambos ganhariam, mas não igualmente; aos habitantes do país que exportou tão somente mercadorias nativas derivaria a maior renda do comércio. Se a Inglaterra, por exemplo, importasse da França nada que não fosse mercadoria nativa daquele país, e não tendo tais artigos próprios para atender sua demanda, anualmente os pagasse enviando uma grande quantidade de bens estrangeiros, tabaco, suponhamos, e artigos das Índias Orientais; este comércio, se bem que daria alguma renda aos habitantes de ambos os países, daria mais aos da França que aos da Inglaterra. Todo o capital francês anualmente empregado nisto seria anualmente distribuído pelo povo da França. Mas aquela parte do capital inglês, que foi empregado na produção das mercadorias inglesas com que aqueles artigos estrangeiros foram comprados, seria anualmente distribuída entre o povo inglês. A sua maior parte substituiria os capitais que foram empregados na Virgínia, no Indostão e na China, e que deram renda e subsistência aos habitantes daqueles países distantes. Se os capitais fossem iguais, ou quase, este emprego do capital francês aumentaria muito mais a renda do povo francês do que o capital inglês a do povo da Inglaterra. A França, neste caso, exerceria um comércio exterior direto de consumo com a Inglaterra; ao passo que a Inglaterra, indireto com a França. Os diferentes efeitos de um capital empregado no comércio exterior direto e no indireto de consumo já foram totalmente explicados.

Provavelmente não há, entre dois países quaisquer, um comércio que consista totalmente na troca, quer de mercadorias nativas de ambos os lados, quer de mercadorias nativas de um lado e artigos estrangeiros de outro. Quase todos os países trocam uns com os outros, em parte artigos nativos, e, em parte, estrangeiros. Mas o país em cujos fretes houver artigos nativos na maior proporção, e estrangeiros em menor, será sempre o principal lucrador.

Se não fosse com tabaco e artigos das Índias Orientais, mas com ouro e prata que a Inglaterra pagasse as mercadorias anualmente importadas da França, o balanço, neste caso, seria suposto desequilibrado, mercadoria não sendo paga com mercadoria, mas com ouro e prata. O comércio, neste caso, como no anterior, daria alguma renda aos habitantes de ambos os países, mas mais aos da França que aos da Inglaterra. O capital empregado na produção dos artigos ingleses que compraram este ouro e prata, o capital distribuído e que deu renda a certos habitantes da Inglaterra, assim seria substituído e permitiria continuar este emprego. O capital total da Inglaterra não seria diminuído por esta exportação de ouro e prata, não menos do que pela exportação de um valor igual de outros bens quaisquer. Ao contrário, na maioria dos casos, aumentaria. Só se envia ao estrangeiro aqueles bens pelos quais a demanda é considerada maior fora do país, e cujo retorno, espera-se, seja de maior valor que a mercadoria exportada. Se o tabaco, que na Inglaterra valesse cem mil libras, fosse enviado à França para comprar vinho que na Inglaterra vale 110 mil, esta troca aumentaria igualmente o capital da Inglaterra em dez mil libras. Como um comerciante que tem 110 mil libras de vinho em sua adega é mais rico que aquele que só tem cem mil libras de ouro em seus cofres. Pode movimentar uma maior quantidade de indústria, e dar renda, subsistência e emprego a um maior número de pessoas do que qualquer dos dois outros. Mas o capital do país é igual aos capitais de todos os seus habitantes, e a quantidade de indústria que pode ser anualmente mantida nele é igual ao que todos aqueles diversos capitais pode manter. Tanto o capital do país como a quantidade de indústria que nele podem ser anualmente mantidos, geralmente devem ser aumentados por esta troca. De fato, seria mais vantajoso para a Inglaterra que ela pudesse comprar os vinhos da França com seu ferro e tecido do que com o tabaco da Virgínia ou o ouro e a prata do Brasil e do Peru. Um comércio exterior direto de consumo é sempre mais vantajoso que um que seja indireto. Mas um comércio exterior indireto de consumo, exercido com ouro e prata, não parece ser menos vantajoso do que qualquer outro, também indireto. Nem um país que não tenha minas é mais passível de ser exaurido de ouro e prata por esta exportação anual destes metais do que um que não cultiva tabaco pela exportação anual desta planta. Como um país que tenha com que comprar tabaco nunca ficará muito tempo sem ele, assim um que precise de ouro e prata e tenha com que comprá-los.

É mau negócio, diz-se, o de um trabalhador com a cervejaria; e o comércio que uma nação manufatureira exercesse com um país vinhateiro pode ser considerado da mesma natureza. Respondo dizendo que o comércio com a cervejaria não é necessariamente mau. Em sua natureza, é tão vantajoso como qualquer outro, mas talvez um pouco mais passível de abuso. O emprego de um cervejeiro, e mesmo o de um varejista de licores fermentados, são divisões do trabalho tão necessárias quanto qualquer outra. Geralmente será mais vantajoso para o operário comprar do cervejeiro a quantidade de que precisar do que preparar a cerveja sozinho, e se for pobre, geralmente será mais vantajoso para ele comprar aos poucos do varejista do que uma grande quantidade do cervejeiro. Sem dúvida, ele pode comprar demais de ambos, como de quaisquer outros comerciantes da região, do açougueiro, se for um glutão, ou do tecelão, se afetar vaidade entre seus pares. É vantajoso para o corpo dos operários, não obstante, que todos estes comércios sejam livres, mesmo que se possa abusar desta liberdade em todos eles, o que poderia acontecer mais em alguns do que em todos. Se bem que os indivíduos possam por vezes arruinar suas fortunas por um consumo excessivo de licores fermentados, parece não haver risco em que uma nação o faça. Se bem que em todo país haja muitos que desperdiçam em tais licores mais do que possam, há sempre muito mais que desperdiça menos. Deve-se observar também, se consultarmos a experiência, que o baixo preço do vinho parece ser a causa, não da ebriedade, mas da sobriedade. Os habitantes das regiões vinhateiras são em geral os mais sóbrios da Europa; são testemunhas os espanhóis, os italianos e os habitantes das províncias meridionais da França. As pessoas são raramente culpadas de excesso além de seu hábito diário. Ninguém afeta o caráter de liberalidade e boa amizade sendo profuso em um licor que é tão barato quanto cerveja. Ao contrário, nos países onde, por calor ou frio excessivos, não se produzem uvas, e onde o vinho é então caro e raro, o alcoolismo é vício comum, como entre as nações nórdicas, e todos os que vivem entre os trópicos, os negros, por exemplo, na costa da Guiné. Quando um regimento francês vem de alguma das províncias setentrionais da França, onde o vinho é um pouco caro, para serem aquartelados nas meridionais, os soldados, já ouvi observarem muitas vezes, de início ficam debochados pela novidade do baixo preço do vinho bom; mas depois de alguns meses de residência, a maior parte deles torna-se tão sóbria quanto o resto dos habitantes. Se as taxas sobre vinhos importados e as exações sobre o malte e a cerveja fossem removidas imediatamente, do mesmo modo poderia ocorrer uma bebedeira geral e temporária, na Grã-Bretanha, entre as classes média e inferior do povo, que provavelmente logo se seguiria por uma permanente e quase universal sobriedade. Atualmente, o alcoolismo de modo algum é o vício das pessoas de bem, ou daqueles que podem facilmente pagar os licores mais caros. Um cavalheiro bêbado de cerveja raramente pode ser visto entre nós. As restrições sobre o comércio de vinho na Grã-Bretanha não parecem calculadas para obstaculizar o povo a ir à cervejaria, se assim posso dizer, como a ir aonde possam comprar o melhor ou o mais barato licor. Favorecem o comércio de vinhos de Portugal e desencorajam o da França. Os portugueses, diz-se, são de fato melhores compradores de nossas manufaturas do que os franceses, e portanto deveriam ser encorajados de preferência a estes. Como eles nos dão preferência, diz-se, deveríamos dar-lhes a nossa. As artes sutis de comerciantes vis são assim erigidas em máximas políticas para a conduta de um grande império; pois só o mercador mais vil torna uma regra empregar principalmente os próprios fregueses. Um grande comerciante compra suas mercadorias sempre onde elas são mais baratas e melhores, sem se importar com qualquer interesse mesquinho desta espécie.

Por tais máximas como essa, porém, ensinou-se às nações que seu interesse consiste em arruinar todos os seus vizinhos. Cada nação é forçada a olhar invejosamente a prosperidade de todas as nações com que comercia, e considerar o ganho delas como sua própria perda. O comércio, que naturalmente deveria ser entre nações, como é entre particulares, um laço de união e amizade, tornou-se a fonte mais fértil de discórdia a animosidade. A caprichosa ambição de reis e ministros, durante este século e o precedente, não foi mais fatal ao repouso da Europa do que a inveja impertinente de comerciantes e manufatureiros. A violência e a injustiça dos governantes da humanidade são um antigo mal para o qual, receio, a natureza dos negócios humanos dificilmente aceita remédio. Mas a maligna rapacidade, o espírito monopolista dos comerciantes e manufatureiros, que nem são nem deveriam ser os governantes da humanidade, se bem que talvez não possa ser corrigida, pode muito facilmente ser afastada de perturbar a tranquilidade de quem quer que seja, exceto a deles mesmos.

Que foi o espírito do monopólio que originalmente inventou e propagou esta doutrina não se pode duvidar, e os que primeiro a ensinaram de modo algum foram tão insensatos quanto aqueles que nela acreditaram. Em todo país, sempre é, e deve ser, do interesse da grande maioria do povo, comprar o que querem de quem vende mais barato. A proposição é tão manifesta que parece risível dar-se a algum trabalho para prová-la, nem poderia ter sido invocada se a sofística tendenciosa de comerciantes e manufatureiros não confundisse o senso comum da humanidade. Seu interesse, neste aspecto, é diretamente oposto ao do povo. Como é do interesse dos homens livres de uma corporação obstacular o resto dos habitantes, para empregar qualquer trabalhador que não sejam eles mesmos, assim é o interesse dos mercadores e manufatureiros de todo país garantirem-se o monopólio do mercado doméstico. Assim, na Grã-Bretanha, e na maioria dos outros países europeus, as taxas extraordinárias sobre quase todos os bens importados pelos comerciantes estrangeiros. Daí as altas taxas e proibições sobre todas aquelas manufaturas estrangeiras que podem vir a competir com as nossas. Daí também as restrições extraordinárias sobre a importação de quase toda espécie de bens daqueles países com que a balança comercial é suposta desvantajosa, isto é, daqueles contra quem a animosidade nacional ocorre estar mais violentamente inflamada.

A riqueza de uma nação vizinha, porém, se perigosa na guerra e na política, é certamente vantajosa no comércio. Num estado de beligerância, pode capacitar nossos inimigos a manter frotas e exércitos superiores aos nossos; mas num estado de paz e comércio igualmente deve capacitá-los a trocar conosco um maior valor, e permitir um melhor mercado, quer para o produto imediato de nossa indústria, quer para o que quer que seja comprado com aquele produto. Como um homem rico deverá ser melhor freguês para as pessoas industriosas de sua vizinhança que um pobre, assim é uma nação rica. Um homem rico, de fato, que ele mesmo seja manufatureiro, é um vizinho muito perigoso para todos os do mesmo ofício. Todo o resto da vizinhança, porém, a grande maioria, lucra pelo bom mercado que suas despesas lhes oferece. Eles lucram mesmo com a baixa paga que dá a seus trabalhadores que têm o mesmo ofício. Os manufatureiros de uma nação rica, do mesmo modo, sem dúvida podem ser rivais perigosos para os de seus vizinhos. Esta mesma competição, porém, é vantajosa para a maioria do povo, que lucra grandemente pelo bom mercado que a grande despesa de uma tal nação lhes garante de todos os outros modos. Os particulares que querem fazer fortuna nunca pensam em se retirar para as províncias remotas e pobres do país, mas recorrem à capital, ou a alguma das grandes cidades comerciais. Sabem que onde pouca riqueza circula, há pouco a ganhar, mas onde há bastante em movimento, alguma fração dela pode caber-lhes. As mesmas máximas que desta maneira dirigiam o senso comum de um, ou dez, ou vinte indivíduos, deveria regular o julgamento de um, ou dez, ou vinte milhões, e deveria fazer toda uma nação ver as riquezas de seus vizinhos como provável causa e ocasião para ela mesma adquirir riquezas. Uma nação que enriqueça pelo comércio exterior, certamente mais provavelmente o fará quando todas as suas vizinhas são nações ricas, industriosas e comerciais. Uma grande nação cercada de todos os lados de selvagens errantes e bárbaros pobres pode, sem dúvida, adquirir riquezas pelo cultivo de suas terras, e por seu comércio interior, mas não pelo comércio exterior. Parece ter sido desta maneira que os antigos egípcios e os chineses modernos adquiriram sua grande riqueza. Os antigos egípcios, pelo que dizem, negligenciaram o comércio exterior, e os chineses, sabe-se, têm-no no mais alto desprezo, e escassamente dignam-se a conceder-lhe uma decente proteção legal. As máximas modernas do comércio exterior, objetivando o empobrecimento de todos os nossos vizinhos, enquanto são capazes de produzir seu efeito desejado, tendem a tornar este comércio insignificante e desprezível.

É em consequência destas máximas que o comércio entre a França e Inglaterra em ambos os países foi sujeito a muitos desencorajamentos e restrições. Se os dois países, porém, considerassem seu real interesse, sem ciúmes mercantis ou animosidade nacional, o comércio de França poderia ser mais vantajoso com a Grã-Bretanha do que o de qualquer outro país, e pela mesma razão o da Grã-Bretanha com a França. A França é o país mais próximo da Inglaterra. No comércio entre a costa meridional da Inglaterra e a costa norte e noroeste da França pode-se esperar um retorno, do mesmo modo que o comércio interno, de quatro, cinco ou seis vezes ao ano. O capital, portanto, empregado neste comércio em cada um dos países poderia movimentar quatro, cinco ou seis vezes a quantidade de indústria e oferecer emprego e subsistência a quatro, cinco ou seis vezes o número de pessoas que um capital igual faria na maior parte dos outros ramos do comércio exterior. Entre as regiões da França e da Grã-Bretanha mais distantes uma da outra, os retornos podem ser esperados no mínimo uma vez por ano, e mesmo este comércio seria no mínimo tão vantajoso quanto a maioria dos outros ramos de nosso comércio exterior europeu. Seria pelo menos três vezes mais vantajoso que o decantado comércio com nossas colônias norte-americanas, onde os retornos raramente ocorrem em menos de três anos, e frequentemente em não menos de quatro ou cinco anos. A França, além do mais, supõe-se que tenha 24 milhões de habitantes. Nossas colônias norte-americanas nunca foram supostas com mais de três milhões; e a França é um país muito mais rico que a América do Norte; porém, por causa de uma distribuição muito mais desigual das riquezas, há muito mais pobreza e miséria num país que no outro. A França, portanto, poderia sustentar um mercado pelo menos oito vezes mais extenso, e por causa da frequência superior dos retornos, vinte e quatro vezes mais vantajoso do que jamais foram nossas colônias norte-americanas. O mercado da Grã-Bretanha seria igualmente vantajoso para a França, e em proporção à riqueza, população e proximidade dos respectivos países, teria a mesma superioridade acima da que a França tem sobre suas próprias colônias. Tal é a grande diferença entre aquele comércio que a sabedoria de ambas as nações achou apropriado desencorajar justamente o que mais favoreceu.

Mas as mesmas circunstâncias que teriam tornado tão vantajoso para ambos o comércio livre e aberto entre os dois países, causaram as principais obstruções àquele comércio. Sendo vizinhos, são necessariamente inimigos, e a riqueza e o poder de cada um torna-se, por isso, mais temível para o outro; e o que aumentaria a vantagem da amizade nacional serve apenas para inflamar a violência da animosidade nacional. São ambas nações ricas e industriosas; e os mercadores e manufatureiros de cada uma temem a competição da habilidade e atividade dos da outra. O ciúme mercantil é excitado, e inflama e é inflamado pela violência da animosidade nacional; os comerciantes de ambos os países anunciam, com toda a apaixonada confiança da falsidade interesseira, a ruína certa em consequência daquele balanço comercial desfavorável que, pretendem, seria o efeito infalível de um comércio irrestrito um com o outro.

Não há país comercial na Europa cuja ruína próxima não foi frequentemente anunciada pelos supostos doutores deste sistema por causa da balança comercial desfavorável. Depois de toda a ansiedade, porém, que excitaram sobre isto, após todas as vãs tentativas de quase todas as nações mercantis para voltar aquela balança em seu próprio favor e contra seus vizinhos, não parece que qualquer nação europeia sob qualquer aspecto tenha sido empobrecida por esta causa. Cada cidade e país, ao contrário, na proporção em que abriram seus portos a todas as nações, ao invés de serem arruinados por este comércio livre, como os princípios do sistema comercial nos levariam a esperar, foram enriquecidos por ele. Se bem que há na Europa algumas cidades que sob alguns aspectos mereçam o nome de portos livres, não há país nesta condição. A Holanda, talvez, é a que mais se aproxima deste caráter do que qualquer outra, se bem que ainda remota dele; e a Holanda, reconhece-se, não só deriva toda sua riqueza, mas uma grande parte de sua subsistência necessária, do comércio exterior.

Há um outro balanço, de fato, que já foi explicado, muito diferente do comercial, e conforme seja favorável ou desfavorável, necessariamente ocasiona a prosperidade ou o decaimento de qualquer nação. É o balanço do produto e do consumo anual. Se o valor trocável do produto anual, já foi observado, excede o do consumo anual, o capital da sociedade deve crescer anualmente em proporção a este excesso. A sociedade, neste caso, vive de sua renda, e o que é anualmente economizado de sua renda é naturalmente acrescido a seu capital e empregado de maneira a aumentar ainda mais o produto anual. Se o valor de troca do produto anual, ao contrário, está aquém do consumo anual, o capital da sociedade deve anualmente decair em proporção a esta deficiência. A despesa da sociedade, neste caso, excede sua renda e necessariamente dilapida seu capital. Este necessariamente decai, e junto com ele o valor de troca do produto anual de sua indústria.

Este balanço de produto e consumo é inteiramente diferente do chamado balanço comercial. Pode ocorrer numa nação que não tem comércio exterior, mas inteiramente separada de todo o mundo. Pode ocorrer em todo o orbe da Terra, cujos riqueza, população e aperfeiçoamento podem gradativamente aumentar ou decair.

O balanço de produto e consumo pode ser constantemente em favor de uma nação, se bem que o que é chamado balanço comercial lhe seja geralmente contrário. Uma nação pode importar um valor maior do que exporta por até meio século, talvez; o ouro e a prata que a ela chegam durante todo este tempo podem ser imediatamente enviados para fora; sua moeda circulante podem gradualmente decair; diferentes espécies de papel-moeda sendo substituídos em seu lugar, e mesmo os débitos, também, que contrai com as principais nações com que trata, podem gradualmente crescer; e, no entanto, sua riqueza real, o valor de troca da produção anual de suas terras e trabalho, pode, durante o mesmo período, ter crescido numa proporção muito maior. O estado das nossas colônias norte-americanas e do comércio que exerceram com a Grã-Bretanha antes do começo dos atuais distúrbios pode servir de prova que esta de modo algum é uma suposição impossível.

CAPÍTULO 4
Do reembolso das tarifas aduaneiras

Os comerciantes e manufatureiros não estão contentes com o monopólio do mercado interno, mas igualmente desejam a mais extensa venda exterior de suas mercadorias. Seus países não têm jurisdição sobre os outros, e portanto raramente podem proporcionar-lhes qualquer monopólio lá. Geralmente são obrigados a se contentarem com petições de certos encorajamentos à exportação.

Destes encorajamentos, os que são chamados reembolsos são os mais razoáveis. Deixar o comerciante se reembolsar da exportação, total ou parcialmente, do valor da exação ou taxa imposta sobre a indústria doméstica, nunca pode ocasionar a exportação de uma maior quantidade de bens do que a que seria exportada se não houvesse taxa imposta. Tais encorajamentos não tendem a voltar para qualquer emprego uma fração maior do capital do país do que a que iria para aquela aplicação por si só, mas só impediria a taxa de desviar qualquer parte daquela fração para outros empregos. Não tendem a alterar aquele balanço que naturalmente se estabelece entre os vários empregos da sociedade; mas sim a impedir que seja desviado pela taxa. Tendem não a destruir, mas a preservar o que na maioria dos casos é vantajoso preservar: a divisão e a distribuição do trabalho na sociedade.

A mesma coisa pode ser dita dos reembolsos sobre a reexportação de mercadorias estrangeiras importadas, que a Grã-Bretanha geralmente conta como sendo a maior parte da taxa sobre a importação. Pela segunda das regulamentações anexadas ao decreto do parlamento que impôs o que agora é chamado de Antigo Subsídio, todo comerciante, inglês ou estrangeiro, podia retirar metade da taxa sobre a exportação; o comerciante inglês, desde que a exportação tivesse lugar em 12 meses; o estrangeiro, desde que ocorresse em nove meses. Vinhos, corantes e couros curtidos eram as únicas mercadorias que não caíam dentro desta regra, tendo outras vantagens. As taxas impostas por este decreto do parlamento, na época, eram as únicas sobre a importação de mercadorias estrangeiras. O termo dentro do qual este e todos os outros reembolsos podia ser reclamado (pelo 7º de Jorge I, cap. 21, seção 10) foi estendido para três anos.

As taxas que foram impostas desde o Antigo Subsídio são, na sua maioria, totalmente retiradas quando da exportação. Esta regra geral, porém, é passível de numerosas exceções, e a doutrina dos reembolsos tornou-se uma questão muito menos simples do que em sua primeira instituição.

Sobre a exportação de algumas mercadorias estrangeiras, de que se esperava que a importação excederia grandemente o necessário para o consumo interno, as taxas foram retiradas inteiramente, sem reter mesmo a metade do Antigo Subsídio. Antes da revolta de nossas colônias norte-americanas, tínhamos o monopólio do tabaco de Maryland e Virgínia. Importávamos cerca de 96 mil *hogsheads*, e o consumo interno não deveria exceder 14 mil. Para facilitar a grande exportação que era necessária, para nos livrarmos do resto, as taxas foram removidas totalmente, desde que a exportação tivesse lugar em três anos.

Ainda temos, se bem que não totalmente, mas quase, o monopólio do açúcar de nossas ilhas das Índias Ocidentais. Se o açúcar é exportado em um ano, todas as taxas sobre importação são removidas, e se exportado dentro de três anos, as taxas serão mantidas, exceto metade do Antigo Subsídio, que continua a ser retido sobre a exportação da maioria dos bens. Se bem que a exportação de açúcar exceda bastante o que é necessário ao consumo interno, o excesso é desprezível em comparação com o que costumava ser com o tabaco.

Algumas mercadorias, objetos particulares do ciúme de nossos manufatureiros, são proibidas de ser importadas para o consumo interno. Podem, porém, pagando certas taxas, ser importadas e armazenadas para exportação. Mas com tal exportação nenhuma parte destas taxas é retirada. Nossos manufatureiros não parecem querer que mesmo esta importação restrita seja encorajada, e receiam que parte destas mercadorias sejam roubadas dos armazéns e venham a competir com as deles. É apenas sob estas leis que podemos importar couros curtidos, cambraias e linhos finos franceses, algodões pintados, impressos ou tingidos.

Não queremos mesmo transportar as mercadorias francesas, e preferimos desistir de um lucro nosso do que tolerar que aqueles, que consideramos inimigos, façam qualquer lucro por nosso intermédio. Não só metade do Antigo Subsídio, mas mais 25% são retirados sobre a exportação de todas as mercadorias francesas.

Pela quarta das regras anexadas ao Antigo Subsídio, a isenção permitida à exportação de todos os vinhos totalizava muito mais da metade das taxas que na época eram pagas por sua importação; e parece que então foi o objetivo da legislatura dar um pouco mais que o encorajamento ordinário ao transporte do vinho. Várias das outras taxas também, que eram impostas ao mesmo tempo, ou subsequentemente ao Antigo Subsídio — a chamada taxa adicional, o Novo Subsídio, os Subsídios de Um Terço e Dois Terços, o imposto de 1692, sobre o vinho —, tinham isenção total com a exportação. Todas essas taxas, porém, exceto a taxa adicional e o imposto de 1692, sendo pagas em dinheiro, quando da importação, o interesse de tão grande soma causou uma despesa que tornava irrazoável esperar qualquer transporte lucrativo deste artigo. Apenas uma parte, pois, da taxa chamada imposto sobre o vinho, e nada das 25 libras por tonelada dos vinhos franceses, ou das taxas impostas em 1745, em 1763 e em 1778, recebeu isenção quando da exportação. Os dois tributos de 5%, impostos em 1779 e 1781, sobre todas as anteriores taxas alfandegárias, podendo ser retiradas inteiramente quando da exportação de todos os outros artigos, analogamente podiam ser retiradas no caso do vinho. A última taxa que foi particularmente imposta sobre o vinho, a de 1780, pode ser totalmente retirada, indulgência que, quando tantas taxas pesadas são mantidas, muito provavelmente não poderia ocasionar a exportação de uma só tonelada de vinho. Estas regras têm validade para todos os lugares de exportação legal, exceto as colônias britânicas na América.

O 15º de Carlos II, cap. 7, chamado Decreto para o Encorajamento do Comércio, deu à Grã-Bretanha o monopólio de suprir as colônias com todas as mercadorias do crescimento da manufatura na Europa; e, consequentemente, com vinhos. Num país de litoral tão extenso quanto nossas colônias norte-americanas e das Índias Ocidentais, onde nossa autoridade sempre foi tão débil e onde os habitantes podem transportar em seus próprios navios seus bens não inventariados, primeiro a todas as regiões da Europa e depois a todas as partes da Europa ao sul do cabo Finisterra, não é muito provável que este monopólio pudesse ser muito respeitado; e eles provavelmente sempre acharam meios de levar alguma carga dos países para onde puderam levar alguma coisa. Porém, parecem ter encontrado alguma dificuldade em importar vinhos europeus dos locais de sua fabricação, e não podiam importá-los da Grã-Bretanha, onde eram sobrecarregados com muitas taxas pesadas, das quais parte considerável não recebia isenção quando da exportação.

O vinho Madeira, não sendo mercadoria europeia, podia ser importado diretamente para a América e as Índias Ocidentais, países onde, com todas as suas mercadorias não inventariadas, se tinha um comércio livre com a ilha da Madeira. Estas circunstâncias provavelmente introduziram aquele gosto generalizado pelo vinho Madeira, que nossos oficiais acharam estabelecido em todas as nossas colônias no começo da guerra, que começou em 1755, e o levaram para sua terra natal, onde aquele vinho não estivera antes em moda. Com a conclusão daquela guerra, em 1763 (com o 4º de Jorge II, cap. 15, seção 12), todas as taxas, exceto £3 10s., podiam ser retiradas com a exportação para colônias de todos os vinhos, exceto os franceses, para o qual o comércio e consumo o preconceito nacional não permitiria encorajamento. O período entre a concessão desta indulgência e a revolta de nossas colônias norte-americanas foi provavelmente muito curto para admitir qualquer alteração considerável nos costumes daqueles países.

O mesmo decreto, que na isenção sobre todos os vinhos, exceto os franceses, assim favorecia as colônias muito mais que outros países, nas isenções sobre a maior parte de todas as outras mercadorias, favorecia-as muito menos. Com a exportação da maior parte das mercadorias a outros países, metade do velho subsídio foi removido. Mas esta lei decretou que nenhuma parte daquela taxa deveria ser retirada sobre a exportação às colônias de quaisquer mercadorias, do cultivo ou manufatura da Europa ou das Índias Orientais, exceto vinhos, algodões brancos e musselinas.

As isenções originalmente talvez fossem concedidas para o estímulo ao negócio dos transportes que, como a carga das naus é frequentemente paga por estrangeiros em dinheiro, era suposto particularmente adequado para trazer ouro e prata para o país. Mas se bem que o negócio dos transportes não merece nenhum encorajamento especial, e se bem que o motivo da instituição fosse abundantemente insensato, a instituição em si parece bastante razoável. Tais isenções não podem forçar para este negócio uma fração maior do capital do país do que o que lhe seria naturalmente destinado, não houvesse taxas sobre a importação. Só previnem que seja totalmente excluído por aquelas taxas. O negócio de transporte, se bem que não seja preferencial, não deve ser excluído, mas deixado livre, como todos os outros negócios. É um recurso necessário para aqueles capitais que não conseguem achar aplicação na agricultura ou nas manufaturas do país, em seu comércio interno ou externo.

A renda da alfândega, ao invés de sofrer, lucra com tais isenções, com aquela parte da taxa que é retida. Se a taxa toda fosse retida, os bens estrangeiros sobre as quais são pagas dificilmente poderiam ser exportados, nem consequentemente importados, por falta de mercado. As taxas portanto, das quais uma parte é retida, nunca seriam pagas.

Estas razões parecem justificar suficientemente as isenções, e as justificariam, se bem que as taxas inteiras, sobre o produto da indústria doméstica ou sobre os estrangeiros, sempre foram retiradas da exportação. A renda da exação neste caso sofreria um pouco, e a da alfândega, bem mais; mas o equilíbrio natural da indústria, a divisão e distribuição natural do trabalho, que é sempre mais ou menos perturbada por tais taxas, poderia ser mais restabelecida por uma tal lei.

Estas razões, porém, justificarão as isenções apenas sobre a exportação de bens para os países totalmente estrangeiros e independentes, e não para aqueles onde nossos mercadores e manufatureiros têm monopólio. Uma isenção, por exemplo, sobre a exportação de bens europeus para nossas colônias americanas nem sempre ocasionará uma maior exportação do que ocorreria sem ela. Por meio do monopólio que nossos mercadores e manufatureiros têm lá, a mesma quantidade poderia frequentemente talvez ser enviada para lá, retendo-se mesmo a totalidade das taxas. A isenção, portanto, frequentemente pode ser pura perda para a renda dos impostos e alfândegas, sem alterar o estado do comércio, ou expandi-lo sob qualquer aspecto. Até que ponto tais isenções podem ser justificadas como estímulo apropriado à indústria de nossas colônias, ou até que ponto é vantajosa para o país de origem, para serem isentas de taxas que são pagas por todos os outros seus companheiros súditos, se evidenciará adiante, quando tratarei das colônias.

As isenções, porém, deve-se sempre ter em mente, são úteis apenas naqueles casos em que os bens de exportação para os quais são dadas são realmente exportados para algum país estrangeiro; e não clandestinamente reimportados para o nosso. Que algumas isenções, especialmente sobre o tabaco, frequentemente sofreram abuso, desta maneira, e deram ocasião a muitas fraudes igualmente daninhas à renda e ao comerciante honesto, é bem sabido.

CAPÍTULO 5
Dos prêmios

Os prêmios para a exportação são na Grã-Bretanha frequentemente pedidos, e por vezes concedidos ao produto de certos ramos da indústria doméstica. Por meio deles, nossos mercadores e manufatureiros, pretende-se, poderão vender suas mercadorias tão ou mais barato que seus rivais no mercado exterior. Uma maior quantidade, diz-se, será assim exportada, e a balança comercial se voltará mais em favor de nosso país. Não podemos dar a nossos operários um monopólio no mercado exterior, como fizemos no interno. Não podemos forçar os estrangeiros a comprar essas mercadorias, como fazemos com nossos patrícios. O melhor expediente, pensou-se, será pagar-lhes para comprar. É desta maneira que o sistema mercantil propõe-se a enriquecer todo o país, e pôr dinheiro em todos os nossos bolsos por meio da balança comercial.

Os prêmios, concede-se, devem ser dados àqueles ramos do comércio que não podem ser exercidos sem eles. Mas todo ramo de negócio onde o negociante pode vender seus artigos por um preço que lhe repõe, com os lucros ordinários do capital, todo o capital empregado no preparo e envio deles ao mercado, pode ser exercido sem prêmio. Todos estes ramos estão no mesmo nível com todos os outros exercidos sem prêmios, e não podem exigi-lo mais que os outros. Os negócios que exigem prêmios são só aqueles em que o mercador é obrigado a vender seus artigos por um preço que não lhe repõe o capital, mais o lucro ordinário; ou onde ele é obrigado a vendê-los por menos do que realmente lhe custa para enviá-los ao mercado. O prêmio é dado para compensar esta perda, e encorajá-lo a continuar, ou talvez a começar, um negócio cuja despesa é suposta maior que o retorno, no qual cada operação consome parte do capital empregado nele, e que é de tal natureza que, se todos os outros negócios se lhe assemelhassem, logo não haveria mais capital no país.

Os negócios, deve-se observar, que são exercidos por meio de prêmios são os únicos que podem ser levados a cabo entre duas nações por qualquer prazo considerável, de modo que uma delas sempre e regularmente perca, ou venda seus bens por menos do que realmente custa enviá-los ao mercado. Mas se o prêmio não pagasse o mercador aquilo que de outro modo ele perderia no preço de seus artigos, seu próprio interesse logo o obrigaria a empregar seu capital de algum modo, ou achar um negócio em que o preço da mercadoria lhe reporia, com o lucro ordinário, a aplicação de capital e enviá-la ao mercado. O efeito dos prêmios, tal como o de todos os outros expedientes do sistema mercantil, só pode ser forçar o comércio de um país para um canal muito menos vantajoso do que aquele para o qual normalmente correria por si só.

O engenhoso e bem-informado autor dos tratados sobre o mercado do cereal mostrou bem claramente que, desde que o prêmio pela exportação do cereal foi primeiro estabelecido, o preço do trigo exportado, avaliado bem moderadamente, excedia o do trigo importado, avaliado bem alto, por uma soma muito maior que a quantidade de todos os prêmios que foram pagos durante aquele período. Assim, ele imagina, segundo os verdadeiros princípios do sistema mercantil, temos uma prova clara de que este comércio forçado de trigo é benéfico à nação; o valor total da exportação excedendo o da importação por uma soma muito maior que toda a despesa extraordinária que o público teve para a exportação. Ele não considera que esta despesa extraordinária, ou o prêmio, é a menor parte da despesa que a exportação do trigo realmente custa à sociedade. O capital que o lavrador empregou no cultivo deve ser levado em conta. A menos que o preço do trigo quando vendido no comércio exterior substitua não só o prêmio, mas este capital, junto com os lucros ordinários sobre ele, a sociedade perde esta diferença, ou o capital nacional é diminuído deste tanto. Mas a exata razão pela qual achou-se necessário conceder um prêmio é a suposta insuficiência do preço para fazer isto.

O preço médio do trigo, diz-se, caiu consideravelmente desde o estabelecimento do prêmio. Que o preço médio do trigo começou a cair um pouco pelo fim do século passado, e continuou a cair durante o decurso dos primeiros 64 anos do presente, já procurei mostrar. Mas este evento, supondo-o tão real quanto creio, deve ter-se dado a despeito do prêmio, e possivelmente não deve ter acontecido em consequência dele. Aconteceu na França, bem como na Inglaterra, se bem que na França não só não havia prêmio, mas até 1764, a exportação do trigo estava sujeita a uma proibição geral. Esta queda gradual no preço médio do grão, é provável, pode ser devida nem a uma lei nem a outra, mas àquela gradual e insensível elevação no valor real da prata que, no primeiro livro deste discurso, procurei mostrar ter tido lugar no mercado geral da Europa no decurso deste século. Parece totalmente impossível que o prêmio pudesse contribuir para abaixar o preço do grão.

Nos anos de abundância, já foi observado, o prêmio, ocasionando uma exportação extraordinária, necessariamente mantém o preço do trigo no mercado interno acima do que naturalmente lhe caberia. Fazer isto era o propósito declarado da instituição. Nos anos de escassez, se bem que o prêmio seja frequentemente suspenso, a grande exportação que ocasiona nos anos de abundância costuma obstaculizar que a abundância de um ano alivie a escassez de outro. Tanto nos anos de abundância como nos de escassez, portanto, o prêmio necessariamente tende a elevar o preço em dinheiro do trigo um pouco acima do que aconteceria no mercado interno.

Que no atual estado de cultivo o prêmio deva ter necessariamente esta tendência não será, creio, disputado por nenhuma pessoa razoável. Mas muitos ensinaram que é preciso encorajar o cultivo, e em duas maneiras diferentes: primeira, abrindo um mercado exterior maior para o trigo do lavrador, e isto tende, imaginam, a aumentar a demanda e, consequentemente, a produção daquela mercadoria; segunda, garantindo-lhe um preço melhor do que aquele que de outro modo poderia esperar no estado atual de cultivo, isto tende, eles supõem, a encorajar esta atividade. Este duplo estímulo deve, imaginam, num grande número de anos, ocasionar tal aumento na produção de trigo que pode abaixar seu preço no mercado interno, muito mais que o prêmio pode elevá-lo, no atual de estado de cultivo, que poderia fazê-lo ao fim daquele período.

Respondo dizendo que qualquer que seja a expansão do mercado exterior que possa ser ocasionada pelo prêmio deve, a cada ano, se dar inteiramente à custa do mercado interno; como cada alqueire de trigo que é exportado por meio do prêmio, e que sem este não poderia sê-lo, teria permanecido no país para aumentar o consumo e abaixar o preço. O prêmio do trigo, deve se observar, bem como todo outro prêmio sobre a exportação, impõe duas taxas diferentes sobre o povo: primeira, a taxa com que são obrigados a contribuir para pagar o prêmio; segunda, a taxa que se origina do alto preço da mercadoria no mercado interno, e que, como a totalidade do povo compra trigo, deve ser pago por ele. Nesta mercadoria em particular, portanto, esta segunda taxa é a mais pesada das duas. Suponhamos que, tomando ano por ano, o prêmio de cinco *shillings* sobre a exportação do quartilho de cevada eleve o preço desta mercadoria no mercado interno apenas em seis *pence* o alqueire, ou quatro *shillings* o quartilho, mais alto do que seria no estado atual do cultivo. Mesmo com esta suposição moderada, a franca maioria do povo, além de contribuir com a taxa que paga o prêmio de cinco *shillings* sobre cada quartilho que eles mesmos consomem. Mas, de acordo com o próprio bem-informado autor dos tratados sobre o comércio de cereal, a proporção média do cereal exportado para aquele consumido no país não é mais de um para 31. Para cada *shilling*, portanto, com que contribuem para o pagamento da primeira taxa, devem contribuir com seis libras e quatro *shillings* para o pagamento da segunda. Uma taxa tão pesada sobre a primeira necessidade da vida deve reduzir a subsistência do trabalhador pobre, ou deve ocasionar algum aumento em seus ganhos pecuniários proporcionais ao preço pecuniário de sua subsistência. Operando de um modo, deve reduzir a capacidade do trabalhador pobre para educar e criar seus filhos, e acaba restringindo a população do país. Enquanto opera do outro, deve reduzir a capacidade dos empregadores do pobre de empregar um número tão grande quanto poderiam de outro modo, o que tende a restringir a indústria do país. A exportação extraordinária do trigo, portanto, ocasionada pelo prêmio, não só a cada ano diminui o mercado e o consumo interno, como estende o externo, mas restringindo a população e a indústria do país, sua tendência a deter e restringir a expansão gradual do mercado interno, e assim, a longo prazo, diminuir, ao invés de aumentar, o mercado e consumo totais do trigo.

Esta elevação do preço em dinheiro do trigo, porém, pensou-se, tornando aquela mercadoria mais lucrativa ao lavrador, necessariamente deve encorajar sua produção.

Respondo que este pode ser o caso se o efeito do prêmio é elevar o preço real do trigo, ou permitir ao lavrador, com uma mesma quantidade dele, manter um maior número de trabalhadores, da mesma maneira, liberal, moderada ou modesta, que os outros trabalhadores são comumente mantidos na região. Mas nem o prêmio, é evidente, nem outra instituição humana pode ter tal efeito. Não é o preço real, mas o nominal, do trigo, que pode, em qualquer grau considerável, ser afetado pelo prêmio. E se bem que a taxa que aquela instituição impõe à grande maioria da população pode ser muito onerosa àqueles que o pagam, é de muito pouca vantagem para aqueles que o recebem.

O efeito real do prêmio não é tanto elevar o valor real do trigo quanto degradar o valor real da prata, ou fazer com que igual quantidade dele possa ser trocada por menor quantidade, não só de trigo, mas de todas as outras mercadorias do país; pois o preço em dinheiro do trigo regula o de todas as outras mercadorias do país.

Regula o preço em dinheiro do trabalho, que deve ser sempre de modo a permitir que o trabalhador compre uma quantidade de trigo suficiente para mantê-lo e à família da maneira liberal, moderada ou modesta que as circunstâncias progressistas, estacionárias ou decadentes da sociedade obrigam seus empregadores a mantê-lo.

Regula o preço em dinheiro de todas as outras partes do produto bruto da terra que, a cada período de aperfeiçoamento, deve manter uma certa proporção com o do trigo, se bem que esta proporção seja diferente em períodos diferentes. Regula, por exemplo, o preço em dinheiro da pastagem e do feno, da carne no varejo, dos cavalos, bem como sua manutenção, e dos carros, consequentemente, ou da maior parte do comércio terrestre do país.

Regulando o preço em dinheiro de todas as outras partes do produto bruto da terra, regula o dos materiais de quase todas as manufaturas. Regulando o preço em dinheiro do trabalho, regula o das manufaturas e da indústria. E regulando a ambos, regula o do total da manufatura. O preço em dinheiro do trabalho, e de tudo que seja produto da terra ou do trabalho, deve necessariamente elevar-se ou cair em proporção ao preço em dinheiro do trigo.

Se bem que em consequência do prêmio, portanto, o lavrador possa vender seu trigo por quatro *shillings* o alqueire, em vez de três *shillings* e seis *pence*, e pagar ao proprietário um arrendamento proporcional a esta elevação no preço em dinheiro de seu produto, ainda se em consequência desta elevação no preço do trigo, quatro *shillings* não comprarão mais artigos do país de qualquer outro tipo que três *shillings* e seis *pence* o fariam antes, nem as circunstâncias do lavrador nem as do proprietário seriam melhoradas por esta alteração. O lavrador não poderá cultivar melhor; o proprietário não poderá viver melhor. Na compra de artigos estrangeiros, esta alta no preço do trigo pode dar alguma pequena vantagem. Na dos artigos nacionais, nenhuma. E quase toda a despesa do lavrador, e a maioria da do proprietário, é em artigos do país.

Essa degradação no valor da prata que é o efeito da fertilidade das minas e que opera igualmente, ou quase, pela maior parte do mundo comercial, é questão de mínima consequência para qualquer país em particular. A consequente elevação de todos os preços, se bem que não faça ricos aqueles que os recebem, não os empobrece de fato. Um serviço de prata torna-se realmente mais barato, e tudo o mais permanece exatamente no mesmo valor real que antes.

Mas aquela degradação no valor da prata que, sendo o efeito quer da situação peculiar quer das instituições políticas de um dado país, ocorre apenas naquele país, é questão de grande consequência, que, longe de fazer alguém rico, tende a empobrecer todos. A elevação no preço de toda mercadoria, que neste caso é peculiar àquele país, tende a desencorajar mais ou menos qualquer espécie de indústria nele exercida, permitindo às nações estrangeiras, fornecendo quase toda espécie de artigos por uma menor quantidade de prata que seus próprios trabalhadores podem pagar, a vendê-los por preço inferior, mesmo no mercado interno.

É a situação particular da Espanha e de Portugal, como proprietários das minas, serem os distribuidores de ouro e prata a todos os outros países da Europa. Aqueles metais deveriam, obviamente, ser um pouco mais baratos na Espanha e em Portugal do que em qualquer outro país da Europa. A diferença, porém, não deve ser maior que a quantia do frete e do seguro; e por conta do grande valor e pequeno volume destes metais, seu frete não é muito importante e seu seguro é o mesmo que o de qualquer mercadoria de mesmo valor. A Espanha e Portugal, portanto, poderiam sofrer muito pouco com sua situação peculiar, se não agravassem suas desvantagens por suas instituições políticas.

A Espanha pela taxação e Portugal pela proibição da exportação do ouro e da prata oneram aquela exportação com a despesa do contrabando, e elevam o valor daqueles metais em outros países tão acima do que vale em seu próprio de toda a quantidade de sua despesa. Quando se represa uma correnteza, assim que a represa está cheia, uma mesma quantidade de água transbordará por cima, como se não houvesse represa alguma. A proibição da exportação não pode deter quantidade maior de ouro e prata em Portugal e na Espanha do que aquela que podem empregar, ou do que a produção anual de sua terra e seu trabalho permitirá empregar em moeda, baixela, revestimento e outros ornamentos de ouro e prata. Quando se obtém esta quantidade, a represa fica cheia, e toda a correnteza que afluir depois disto deve transbordar. A exportação anual de ouro e prata da Espanha e de Portugal, não obstante estas restrições, é quase igual a toda a importação anual. Como a água, porém, sempre deve ser mais profunda junto à cabeça da represa do que antes dela, a quantidade de ouro e prata que estas restrições detêm na Espanha e em Portugal devem, em proporção ao produto anual de sua terra e trabalho, ser maior do que é encontrada em outros países. Quanto mais alta e forte a cabeceira da represa, maior deve ser a diferença entre a profundidade da água antes e depois dela. Quanto mais alta a taxação, mais altas as penalidades com que a proibição é guardada, mais vigilante e severa a polícia que cuida da execução da lei, maior deve ser a diferença na proporção de ouro e prata para o produto e lavor anual da terra de Espanha e de Portugal, e aquela de outros países. Diz-se ser realmente muito considerável, e que frequentemente se acha uma profusão de baixelas em casas onde nada há em outros países, que fosse apropriado ou correspondente a esta espécie de magnificência. O baixo preço do ouro e da prata, ou o que dá no mesmo, o alto preço de todas as mercadorias, efeito necessário desta redundância dos metais preciosos, desencoraja a agricultura e manufaturas de Espanha e de Portugal, permitindo que nações estrangeiras os supram com muitas espécies de produto bruto, e quase todos os manufaturados, por uma menor quantidade de ouro e prata que eles mesmos podem levantar ou produzir em seus países. A taxa e a proibição funcionam de duas maneiras diferentes. Não só abaixam muito o valor dos metais preciosos na Espanha e em Portugal, mas também retendo lá uma certa quantidade daqueles metais, que de outra maneira fluiriam para outros países, mantêm seu valor nestes outros países um pouco acima do que seria, dando a eles uma dupla vantagem em seu comércio com Espanha e Portugal. Abrindo-se as comportas da represa, logo haverá menos água em cima, e mais abaixo da cabeça da represa, e logo nivelará em ambos os lados. Remova-se a taxa e a proibição, e assim como a quantidade de ouro e prata diminuirá consideravelmente na Espanha e em Portugal, aumentará um tanto nos outros países, e o valor daqueles metais, sua proporção para com o produto anual da terra e do trabalho, logo se nivelará, ou quase, em todos. A perda que Espanha e Portugal poderiam sustentar com esta exportação de seu ouro e de sua prata seria, no total, nominal e imaginária. O valor nominal de seus artigos, e do produto anual de sua terra e trabalho cairia, e seria expresso ou representado por uma quantidade menor de prata do que antes; mas seu valor real seria o mesmo que antes, e seria suficiente para conservar, ordenar e empregar a mesma quantidade de trabalho. Como o valor nominal de suas mercadorias cairia, o valor real do que restasse de seu ouro e de sua prata se elevaria, e uma menor quantidade daqueles metais responderia a todos os mesmos propósitos do comércio e circulação que empregaram maior quantidade antes. O ouro e a prata que seriam exportados não o seriam por nada, mas trariam de volta um valor igual de mercadorias de alguma espécie ou outra. Essas mercadorias também não seriam sempre coisas de luxo e dispendiosas, para serem consumidas por ociosos que nada produzem em retorno por seu consumo. Como a riqueza e a renda real dos ociosos não seria aumentada por esta exportação extraordinária de ouro e prata, seu consumo não seria muito aumentado por ela. Estes bens provavelmente seriam maioria, e por certo parte deles consistiria de materiais, ferramentas, provisões, para o emprego e manutenção de pessoas industriosas, que reproduziriam com lucro o valor total de seu consumo. Uma parte do capital morto da sociedade assim seria transformada em capital ativo, e movimentaria uma maior quantidade de indústria que a empregada antes. O produto anual de sua terra e trabalho seria imediatamente aumentado um pouco, e em poucos anos provavelmente teria aumentado bastante; sua indústria assim sendo aliviada de uma das cargas mais opressivas sob a qual atualmente trabalha.

O incentivo sobre a exportação de trigo necessariamente opera exatamente da mesma maneira que esta política absurda de Portugal e Espanha. Qualquer que seja o estado atual do cultivo, torna nosso trigo um pouco mais caro no mercado interno do que viria a ser naquele estado, e um tanto mais barato que no exterior; e como o preço médio em dinheiro do trigo regula mais ou menos o de toda outra mercadoria, abaixa consideravelmente o valor da prata, por um lado, e tende a elevá-lo um pouco, por outro. Permite a estrangeiros, os holandeses em particular, não só comer nosso trigo mais barato que poderiam fazê-lo de outro modo, mas por vezes comê-lo mais barato que o próprio povo, nas mesmas ocasiões, como nos é certificado por uma excelente autoridade, a de *sir* Matthew Oecker. Impede nossos trabalhadores de fornecer seus artigos por uma quantidade de prata que poderiam fazer de outro modo; e permite aos holandeses que forneçam aos deles por uma quantidade menor. Tende a tornar as nossas manufaturas um tanto mais caras em todo mercado e a deles um pouco mais barata que poderia, de outro modo, e por conseguinte, dando à sua indústria uma dupla vantagem sobre a nossa.

O incentivo, ao elevar no mercado interno não tanto o preço real, mas também o nominal, de nosso trigo, pois aumenta não a quantidade de trabalho que uma certa quantidade de trigo pode manter e empregar, mas só a quantidade de prata pela qual será trocada, desencoraja nossos manufatureiros sem prestar qualquer serviço considerável a nossos lavradores ou proprietários rurais. Coloca, é verdade, um pouco mais de dinheiro nos bolsos de ambos, e talvez seja um pouco mais difícil persuadir a maior parte deles de que isto não lhes está prestando um serviço considerável. Mas se este dinheiro cai em seu valor, na quantidade de trabalho, provisões e mercadorias domésticas de todas as espécies que é capaz de comprar, tanto quanto aumenta em sua quantidade, o serviço será pouco mais que nominal e imaginário.

Há talvez só um grupo de homens em toda a comunidade para quem o incentivo foi ou poderia ser essencialmente proveitoso. São os mercadores de trigo, seus importadores e exportadores. Nos anos de abundância, o prêmio necessariamente ocasiona uma maior exportação do que de outro modo teria lugar; e obstaculizando que a abundância de um lugar aliviasse a escassez de outro, ocasiona nos anos de escassez uma importação maior do que de outro modo seria necessário. Aumenta os negócios do comerciante de trigo em ambos os casos; e nos anos de escassez, não só lhe permite importar maior quantidade, mas também vendê-la por melhor preço, e assim, com maior lucro do que conseguiria de qualquer outra maneira, se a abundância de um ano não fosse mais ou menos obstaculizada de aliviar a escassez de outro. É neste grupo também que observei o maior zelo pela continuidade ou renovação do incentivo.

Nossos grandes proprietários, quando impuseram elevadas taxas sobre a importação do trigo estrangeiro, que em tempos de abundância moderada equivalem a uma proibição, e quando estabeleceram o incentivo, parecem ter imitado a conduta de nossos manufatureiros. Por uma instituição, garantiam para si o monopólio do mercado interno, e pela outra, procuraram evitar que esse mercado ficasse abarrotado com a mercadoria. Por ambas, procuraram elevar seu valor real, da mesma maneira que fizeram nossos fabricantes, por instituições análogas, para elevar o valor real de muitas espécies diferentes de artigos manufaturados. Talvez não atentaram para a grande e essencial diferença que a natureza estabeleceu entre o trigo e quase qualquer outra espécie de mercadoria. Quando, quer pelo monopólio do mercado interno, quer por um incentivo à exportação, se permite que os manufatureiros de lã ou linho vendam seus artigos por um preço um pouco melhor do que poderiam, eleva-se não só o preço nominal, mas o real, desses artigos. Eles são tornados equivalentes a uma maior quantidade de trabalho e subsistência, aumenta-se não só o lucro nominal, mas também o real, a riqueza e a renda real daqueles fabricantes, e permite-se-lhes viver melhor, ou empregar maior quantidade de trabalho naquelas manufaturas. Encoraja-se-os, dirigindo-lhes maior quantidade da indústria do país do que a que aconteceria naturalmente. Mas, quando pelas mesmas instituições se eleva o preço real ou nominal do trigo, não se eleva seu valor real. Não se aumenta a riqueza real, a renda real quer de nossos lavradores, quer de nossos proprietários. Não se encoraja o cultivo do trigo, porque não se lhes permite manter e empregar mais operários. A natureza das coisas estampou sobre o trigo um valor real que não pode ser alterado meramente alterando seu preço em dinheiro. Nenhum incentivo à exportação, nenhum monopólio do mercado interno pode elevar esse valor. A mais livre competição não pode baixá-lo. Em todo o mundo aquele valor é igual à quantidade de trabalho que pode manter, e em cada lugar em particular é igual à quantidade de trabalho que pode manter da maneira liberal, moderada ou escassa segundo a qual o trabalho é comumente mantido naquele lugar. Os tecidos de lã ou de linho não são as mercadorias reguladoras, pelas quais o real valor de todas as outras deva ser afinal medido e determinado; o trigo, sim. O valor real de toda outra mercadoria é finalmente medido e determinado pela proporção que seu preço médio em dinheiro tem para com o preço médio em dinheiro do trigo. O valor real do trigo não varia com as variações em seu preço médio em dinheiro, que por vezes ocorrem de um século para outro. É o valor real da prata que varia com eles.

Os incentivos à exportação de qualquer mercadoria do país são passíveis primeiramente àquela objeção que pode ser feita a todos os vários expedientes do sistema mercantil; a objeção de forçar alguma parte da indústria do país para um canal menos vantajoso que aquele em que correria por si só; e, segundo, à objeção particular de forçá-lo não só para um canal menos vantajoso, mas para um que seja realmente desvantajoso; o comércio que não pode ser exercido senão por meio de um incentivo é necessariamente um comércio deficitário. O incentivo sobre a exportação do trigo é passível desta outra objeção, de que não pode em nenhum aspecto promover o cultivo daquela mercadoria que pretendia encorajar a produção. Quando nossos proprietários rurais pediram o estabelecimento do incentivo, se bem que imitaram nossos mercadores e manufatureiros, não agiram com aquela compreensão completa de seu próprio interesse que comumente dirige a conduta daquelas outras ordens de pessoas. Carregaram a renda pública com considerável despesa; impuseram uma taxa muito pesada sobre todo o corpo do povo; mas em nenhum grau perceptível aumentaram o valor real de sua própria mercadoria; e abaixando um pouco o valor real da prata, desencorajaram em algum grau a indústria geral do país, e, ao invés de avançar, retardaram um tanto a melhoria de suas próprias terras, que necessariamente depende da indústria geral do país.

Deve-se supor que para encorajar a produção de uma mercadoria qualquer, um incentivo deveria ter uma operação mais direta que um sobre a exportação. Além do mais, imporia apenas uma taxa sobre o povo, com que devem contribuir para pagar o prêmio. Ao invés de elevar, tenderia a abaixar o preço do artigo no mercado interno; e assim, ao invés de impor uma segunda taxa sobre o povo, pelo menos em parte, poderia compensar-lhes pelo que contribuíram de início. Os incentivos à produção, entretanto, raramente já foram concedidos. Os preconceitos estabelecidos pelo sistema comercial ensinaram-nos a acreditar que a riqueza nacional surge mais imediatamente da exportação que da produção. Assim, tem sido mais favorecida como o meio mais imediato de trazer dinheiro ao país. Os incentivos à produção, diz-se, pela experiência mostraram-se mais passíveis de fraudes do que aqueles sobre a exportação. Até que ponto isto é verdade, não sei. Que os incentivos à exportação foram usados para muitos fins fraudulentos é bem sabido. Mas não é o interesse de mercadores e manufatureiros, os grandes inventores de todos estes expedientes, que o mercado interno fique abarrotado com seus bens, evento que um prêmio à produção pode por vezes ocasionar. Um prêmio à exportação, permitindo-lhes enviar ao estrangeiro a parte em excesso, e mantendo o preço do que resta no mercado interno, efetivamente previne isto. De todos os expedientes do sistema mercantil, é o de que mais gostam. Soube que os empreiteiros de algumas atividades concordam privadamente entre si em dar um prêmio de seus próprios bolsos à exportação de uma certa proporção dos artigos com que negociam. Este expediente teve tanto sucesso, que mais do que duplicou o preço de seus artigos no mercado interno, apesar de um mui considerável aumento da produção. A operação do incentivo ao trigo seria maravilhosamente diferente se abaixasse o seu preço em dinheiro.

Algo tal como um incentivo à produção, porém, foi concedido em algumas ocasiões particulares. Os incentivos por tonelagem dados à pesca do arenque branco e a baleeiros podem quiçá ser considerados algo desta natureza. Tendem diretamente, pode-se supor, a tornar os artigos mais baratos no mercado interno do que de outra forma. Em outros aspectos seus efeitos, deve-se reconhecer, são os mesmos que os dos prêmios sobre a exportação. Por meio deles, uma parte do capital do país é empregada em trazer artigos ao mercado, cujo preço não paga o custo, juntamente com os lucros ordinários do capital.

Mas se bem que os incentivos por tonelagem da pesca não contribuem para a opulência da nação, talvez possa se pensar que contribuem para sua defesa, aumentando o número de seus marujos e sua frota. Isto, pode se alegar, é possível por vezes ser conseguido por meio de incentivos tais a uma despesa muito menor do que manter uma grande marinha de prontidão, por assim dizer, como a um exército.

Apesar destas alegações favoráveis, porém, as seguintes considerações dispõem-me a acreditar que, ao conceder pelo menos um destes incentivos, a legislatura foi grosseiramente imposta.

Primeiro, o incentivo à pesca do arenque parece demasiado.

Do começo da pesca de inverno, 1771, ao seu fim, 1781, o incentivo por tonelagem sobre o arenque foi de trinta *shillings* a tonelada. Durante estes dez anos, o número total de barris de arenque pescado na

Escócia chegou a 378.347. Os arenques, apanhados e curados no mar para poder ser comerciados, precisam ser reacondicionados com uma quantidade adicional de sal; e neste caso reconhece-se que três barris de arenque são usualmente reacondicionados em dois barris de arenques comerciáveis. O número de barris destes, apanhados nestes dez anos totalizará apenas, de acordo com isto, a 252 231 1/3. Durante estes dez anos, os incentivos por tonelagem pagos totalizaram £155 463 11s., ou 8s 2 1/4d. por barril de arenques, e 12s. 3 3/4d. sobre cada barril de arenques comerciáveis.

O sal com que estes arenques são curados por vezes é escocês e, por vezes, estrangeiro, ambos livres de qualquer taxa às pescarias. A taxa sobre o sal escocês atualmente é 1s.6d., e sobre o sal estrangeiro é 10s. o alqueire. Um alqueire de arenques é suposto requerer cerca de um alqueire e um quarto de sal estrangeiro. Para o sal escocês, supõe-se que a média seja de dois alqueires. Se os arenques são destinados à exportação, estas taxas não são pagas; se para o consumo interno, sejam os arenques curados com sal escocês ou estrangeiro, só se paga um *shilling* o barril. A antiga taxa escocesa sobre um alqueire de sal a quantidade que, numa estimativa baixa, seria necessária para curar um barril de arenques.

Na Escócia, o sal estrangeiro é muito pouco usado para qualquer outro propósito que não seja o preparo do peixe. Mas de 5 de abril de 1771 a 5 de abril de 1782, a quantidade de sal estrangeiro importado totalizou 936.974 alqueires, a 84 libras cada alqueire; a quantidade de sal escocês, entregue dos pescadores aos peixeiros, não mais de 168.226 a 56 libras o alqueire, apenas. Pareceria, portanto, que é principalmente o sal estrangeiro o empregado pelos pescadores. Sobre cada barril de arenques exportados há, também, um incentivo de 2s.8d., e mais de dois terços dos arenques apanhados são exportados. Juntando todas estas coisas, descobre-se que durante estes dez anos cada barril de arenque curado com sal escocês, quando exportado, custou ao governo 17s. 11 3/4d.; e quando para o mercado interno, 14s. 3 3/4d.; e que cada barril curado com sal estrangeiro, exportado, custou ao governo £1 7s. 5 3/4d.; e quando para o consumo interno, £1 3s. 9 3/4d. O preço de um barril de bom arenque comerciável varia de 17 e 18 a 25 *shillings*, em média, um guinéu.[1]

---

[1] V. contas no fim do volume (apêndice).

Segundo, o incentivo à pesca do arenque branco é sobre a tonelagem e proporcional à capacidade do navio, e não à diligência ou sucesso dos pescadores; e tem sido muito comum, receio, que as naus zarpem só para apanhar não o peixe, mas o incentivo. No ano de 1759, quando o incentivo estava a cinquenta *shillings* a tonelada, todos os pescadores escoceses trouxeram apenas quatro barris de arenques. Naquele ano, cada barril de arenque custava ao governo, apenas em incentivos, £113 15s.; cada barril de arenques comerciáveis, £159 7s. 6d.

Terceiro, a modalidade de pesca para a qual este incentivo por tonelagem de arenque foi dado (navios de vinte a oitenta toneladas de peso) parece não estar bem adequada à situação da Escócia, mas à da Holanda, da prática deste país é que parece ter sido imitado. A Holanda está a grande distância dos mares mais visitados pelos arenques, e só pode exercer a pesca em navios cobertos, que podem transportar água e provisões suficientes para uma viagem a um oceano distante. Mas as Hébridas, ou ilhas ocidentais, as ilhas Shetland e as costas norte e noroeste da Escócia, regiões em cujas vizinhanças é mais exercida a pesca do arenque, são em todo lugar interceptadas por braços de mar, que penetram consideravelmente terra adentro. É para esses braços que os arenques vão principalmente, durante as estações em que visitam aqueles mares; pois as visitas deste e, tenho certeza, de muitas outras espécies de peixe, não são muito regulares e constantes. Um barco aberto, portanto, parece ser mais adaptado à situação peculiar da Escócia, e os pescadores levam o pescado para terra, assim que são apanhados, para serem curados ou consumidos frescos. Mas o grande encorajamento que um incentivo de trinta *shillings* a tonelada dá à pesca, é necessariamente um desencorajamento à pesca em barcos descobertos, que, não tendo este incentivo, não podem trazer seu peixe curado ao mercado nos mesmos termos que os barcos cobertos. A pesca, que antes do estabelecimento deste incentivo empregava marujos em número não inferior ao que emprega, hoje, em barcos abertos, decaiu totalmente. Da extensão antiga desta pesca, agora arruinada e abandonada, devo reconhecer que não posso pretender falar com muita precisão. Como não era pago incentivo pela pesca em botes, não se fizeram suas contas pelos funcionários alfandegários do sal.

Quarto, em muitas partes da Escócia, durante certas estações do ano, os arenques são parte não desprezível da comida do povo. Um incentivo que tendesse a abaixar seu preço no mercado interno poderia contribuir bastante para o alívio de grande número de nossos compatriotas, cujas circunstâncias não são de maneira alguma abastadas. Mas o incentivo ao arenque não contribui para nenhum bom propósito. Arruinou a pesca em botes, que é bem mais adaptada ao fornecimento do mercado interno, e o incentivo adicional de 2s.8d. o barril sobre a exportação acarreta a maior parte, mais de dois terços, do produto da pesca para o estrangeiro. Trinta ou quarenta anos atrás, antes do estabelecimento do incentivo, foi-me dito que 15 *shillings* o barril era o preço comum do arenque branco. Entre dez e 15 anos atrás, antes da pesca em botes ser totalmente arruinada, dizia-se que o preço estava entre 17 e vinte *shillings* o barril. Nestes últimos cinco anos, em média, esteve a 25 *shillings* o barril. Este alto preço, porém, pode se dever à real escassez de arenques no litoral escocês. Devo observar também que o casco, ou barril, usualmente vendido junto com os arenques, e cujo preço foi incluído em todos os preços acima, desde o começo da guerra americana subiu a quase o dobro de seu antigo preço, de três *shillings* a cerca de seis *shillings*. Analogamente, devo observar que as contas que recebi dos preços de tempos mais antigos de modo algum são consistentes e uniformes; e um ancião de grande perspicácia e experiência garantiu-me que há mais de cinquenta anos, um guinéu era o preço usual de um barril de bom arenque comerciável; e isto, imagino, pode ainda ser considerado como preço médio. Todas as contas concordam, creio, em que o preço não foi baixado no mercado interno em consequência do incentivo.

Quando os empreiteiros da pesca, após a concessão de incentivos tão liberais, continuam a vender sua mercadoria ao mesmo, ou a um preço mais alto do que estavam acostumados antes, pode se esperar que seus lucros sejam muito altos, e não é improvável que os de alguns indivíduos também o sejam. Em geral, porém, tenho toda a razão em acreditar que acontece diversamente. O efeito usual de tais prêmios é encorajar empreiteiros inescrupulosos a aventurarem-se em negócios que não entendem, e o que perdem por sua negligência e ignorância mais do que compensa tudo o que podem ganhar pela maior liberalidade que o governo possa ter. Em 1750, pela mesma lei, que primeiro deu o prêmio de trinta *shillings* a tonelada para o encorajamento da pesca do arenque branco (o 23º de Jorge II, cap. 24), uma companhia de capital combinado foi formada, com capital de quinhentas mil libras, que os subscritores (bem acima de todo incentivo, o prêmio por tonelada acima mencionado, o prêmio de exportação de dois *shillings* e oito pence o barril, com a entrega de sal inglês e estrangeiro livre de taxas) receberiam três libras por ano, durante 14 anos, por cem libras subscritas e pagas como capital da sociedade, a serem pagas pelo provedor-geral da alfândega em pagamentos semestrais iguais. Além desta grande companhia, da qual a residência do governador e diretores seria em Londres, foi declarado legal que construísse entrepostos por todo o reino, desde que uma soma não inferior a dez mil libras fosse subscrita no capital de cada, para serem administradas ao próprio risco, para o próprio lucro ou perda. A mesma anuidade, e os mesmos incentivos de toda espécie, foi dada ao comércio das câmaras inferiores quanto ao da grande companhia. A subscrição da grande companhia logo foi completada, e vários entrepostos de pesca foram construídos nos diversos portos do reino. A despeito de todos estes encorajamentos, quase todas aquelas companhias, grandes e pequenas, perderam todo, ou grande parte de seus capitais; quase nenhum vestígio agora resta delas, e a pesca do arenque branco agora é totalmente, ou quase, exercida por particulares.

Se qualquer manufatura particular fosse, de fato, necessária para a defesa da sociedade, nem sempre seria prudente depender de nossos vizinhos para seu fornecimento; e se tal manufatura não pudesse ser sustentada no país, não seria irrazoável que todos os outros ramos da indústria fossem taxados para suportá-la. Os prêmios sobre a exportação de tecido de vela inglês e pólvora inglesa podem talvez ser reclamados por este princípio.

Mas mesmo que raramente possa ser razoável taxar a indústria da maioria do povo para suportar a de alguma classe particular de manufatureiros, ainda assim, no desregramento da grande prosperidade, quando o público goza de uma renda maior do que possa saber o que fazer com ela, dar tais incentivos às manufaturas favoritas pode, talvez, ser tão natural quanto incorrer em qualquer outra despesa ociosa. Nas despesas públicas, bem como privadas, a grande riqueza pode frequentemente ser admitida como desculpa para grande insensatez. Mas certamente deve haver algo mais do que um comum absurdo na continuação de tal profusão em tempos de desgraça e dificuldades gerais.

O que é chamado incentivo por vezes nada mais é que uma isenção, e consequentemente não é passível das mesmas objeções do que o que seja propriamente um incentivo. O incentivo, por exemplo, sobre o açúcar refinado exportado pode ser considerado uma isenção das taxas sobre os açúcares castanho e mascavado do qual é feito. O prêmio sobre a seda trabalhada exportada, uma isenção das taxas sobre a seda bruta importada. O prêmio sobre a pólvora exportada, uma isenção das taxas sobre o enxofre e o salitre importados. Na linguagem da alfândega, estas concessões só são chamadas isenções quando dadas para artigos exportados da mesma forma que são importados. Quando esta forma for alterada por manufatura de qualquer espécie, ficando sob nova denominação, é chamada de incentivo.

Os prêmios dados pelo público a artistas e manufatureiros que sejam excelentes em suas ocupações não são passíveis às mesmas objeções que os incentivos. Encorajando a destreza extraordinária e a engenhosidade, mantém-se a emulação dos trabalhadores empregados naquelas respectivas ocupações, e não são consideráveis o bastante para desviar para qualquer delas uma fração maior do capital do país do que o que iria por si só. Sua tendência não é revolucionar a balança de empregos, mas tornar o trabalho executado em cada um tão perfeito e completo quanto possível. A despesa dos prêmios, além do mais, é insignificante; a dos incentivos, muito grande. O incentivo ao trigo sozinho já custou ao público em um ano mais que trezentas mil libras.

CAPÍTULO 6
Dos tratados de comércio

Quando uma nação se compromete, por tratado, a permitir a entrada de certos bens de um país estrangeiro e proíbe de todos os outros ou isentar as mercadorias de um país das taxas a que submete as de todos os outros, o país ou pelo menos os comerciantes e manufatureiros do país cujo comércio é assim favorecido, devem necessariamente derivar grande vantagem do tratado. Esses comerciantes e manufatureiros gozam de uma espécie de monopólio no país que é tão indulgente para com eles. Esse país torna-se um mercado mais extenso e mais vantajoso para seus artigos; mais extenso porque os artigos de outras nações, sendo excluídos ou sujeitos a taxas mais pesadas, requerem uma maior quantidade dos deles; mais vantajoso porque os comerciantes do país favorecido, gozando de uma espécie de monopólio, dificilmente venderão seus artigos por um preço melhor de que se expostos à livre competição de todas as outras nações.

Tais tratados, porém, mesmo sendo vantajosos para os comerciantes e manufatureiros do favorecido, são necessariamente desvantajosos para os do país favorecedor. Um monopólio é assim garantido contra eles por uma nação estrangeira, e frequentemente devem comprar os bens estrangeiros de que precisem mais caros do que se a livre competição de outras nações fosse permitida. A parte de seu próprio produto com que tal nação compra bens estrangeiros deve consequentemente ser vendida mais barato, porque quando duas coisas são trocadas por outra, o baixo preço de uma é consequência necessária, ou melhor, a mesma coisa que o alto preço da outra. O valor de troca de seu produto anual, portanto, poderá ser diminuído por qualquer tratado assim. Esta diminuição, porém, dificilmente resulta em qualquer perda positiva, mas só numa diminuição do ganho que de outra maneira poderia fazer. Se bem que venda seus artigos mais baratos do que poderia, provavelmente não os venderá por menos do que custam; nem, como no caso dos incentivos, por um preço que não substituirá o capital empregado em trazê-los ao mercado, juntamente com os lucros ordinários. O mercado não poderia continuar, se assim fosse. Mesmo o país favorecedor, portanto, ainda pode ganhar pelo comércio, se bem que menos do que se fosse uma livre competição.

Alguns tratados de comércio, porém, foram supostos vantajosos com princípios muito diferentes destes; e um país comercial tem por vezes concedido um monopólio deste tipo contra si mesmo para certos bens de uma nação estrangeira, porque esperava que em todo o comércio entre eles anualmente venderia mais do que compraria e que um balanço de ouro e prata anualmente lhe seria retornado. É sobre este princípio que o tratado de comércio entre a Inglaterra e Portugal, concluído em 1703 pelo sr. Methuen, foi tão recomendado. A seguir, uma translação literal daquele tratado, que consiste apenas de três artigos.

Art. I

Sua Sagrada e Real Majestade de Portugal[1] promete, em seu nome e no de seus sucessores, admitir doravante em Portugal os tecidos de lã e o restante das manufaturas de lã britânicas como era de costume até que foram proibidas pela lei; não obstante, sob esta condição:

Art. II

Quer dizer que sua Sagrada e Real Majestade da Grã-Bretanha,[2] em seu próprio nome e no de seus sucessores, obrigam-se doravante a admitir os vizinhos portugueses na Inglaterra; de modo que em momento algum haja paz ou guerra entre os reinos da Inglaterra e da França, nada mais seja pedido por estes vinhos, a título de alfândega ou taxas, ou a qualquer outro, direta ou indiretamente, quer sejam importados pela Grã-Bretanha em pipas ou tonéis, ou outros cascos, do que o que será cobrado por quantidade igual ou medida de vinho francês, deduzindo ou abatendo uma terça parte da alfândega ou taxa. Mas se a qualquer momento esta dedução ou abatimento alfandegário, que deve ser feito como acima mencionado, de alguma maneira se tentar prejudicá-la, será justo e legal para sua Sagrada e Real Majestade de Portugal novamente proibir os tecidos de lã e o resto das manufaturas de lã britânicas.

---

[1] Na época, d. Pedro II. (N.T.)
[2] Na época, a rainha Ana. (N.T.)

Art. III

Os excelentíssimos senhores plenipotenciários prometem e se responsabilizam que seus senhores supramencionados ratificarão este tratado, e dentro do espaço de dois meses as ratificações serão trocadas.

Por este tratado a Coroa de Portugal se compromete a admitir as lãs inglesas no mesmo pé que antes da proibição, isto é, não elevar as taxas que foram pagas antes daquela época. Mas não se compromete a admiti-las em termos melhores que qualquer outra nação, a França ou a Holanda, por exemplo. A Coroa britânica, ao contrário, compromete-se a admitir os vinhos de Portugal pagando apenas dois terços da taxa paga pelos franceses, os vinhos que mais provavelmente competirão com os deles. Até aqui este tratado, portanto, é evidentemente vantajoso para Portugal e desvantajoso para a Grã-Bretanha.

Foi celebrado, porém, como obra-prima da política comercial inglesa. Portugal recebe anualmente dos Brasis uma quantidade de ouro maior do que a que pode ser empregada em seu comércio doméstico, quer na forma cunhada, quer em chapa. O excesso é valioso demais para ser deixado ocioso e trancado em cofres, e como não pode achar mercado vantajoso no país, apesar de quaisquer proibições, deve ser mandado para fora e trocado por algo para o que haja um mercado mais vantajoso dentro do país. Uma grande parte dele chega anualmente à Inglaterra, em troca quer por mercadorias inglesas, quer pelas de outras nações europeias que recebem por meio da Inglaterra. O sr. Baretti foi informado de que o paquete semanal de Lisboa traz, em média, mais de cinquenta mil libras de ouro para a Inglaterra. A soma provavelmente foi exagerada. Totalizaria mais de dois milhões e seiscentas mil libras por ano, o que é mais que os Brasis poderiam produzir.

Nossos comerciantes, há alguns anos, estavam descontentes com a Coroa portuguesa. Alguns privilégios que lhe foram concedidos, não por tratado, mas pela graciosidade daquela Coroa, à solicitação, de fato, é provável, e em troca de favores muito maiores: defesa e proteção da Coroa britânica foram quer infringidos, quer revogados. O povo, portanto, usualmente mais interessado na celebração do comércio português, então estava disposto a representá-lo como menos vantajoso do que fora comumente imaginado. A grande maioria, quase o total, pretendia esta importação anual de ouro não era por conta da Grã-Bretanha, mas de outras nações europeias; as frutas e os vinhos de Portugal anualmente importados para a Grã-Bretanha quase compensando o valor das mercadorias inglesas para lá enviadas.

Suponhamos, porém, que o total fosse por conta da Grã-Bretanha e que totalizasse uma soma ainda maior que o que o sr. Baretti parece imaginar; este comércio não seria por isto mais vantajoso do que qualquer outro no qual, pelo mesmo valor enviado, receberíamos em troca igual valor de bens de consumo.

É apenas parte mínima desta importação que se pode supor empregada como adição anual à chapa ou cunhagem do reino. O resto todo deve ser enviado ao estrangeiro e trocado por bens de consumo de uma ou outra natureza. Mas se esses bens de consumo fossem comprados diretamente com o produto da indústria inglesa, seria mais vantajoso para a Inglaterra do que primeiro comprar com esse produto o ouro de Portugal e depois comprar com aquele ouro os bens de consumo. Um comércio exterior direto de consumo é sempre mais vantajoso que um indireto, e trazer o mesmo valor de bens estrangeiros ao mercado interno requer um capital muito menor de um modo do que de outro. Se uma fração menor desta indústria, portanto, fosse empregada na produção de bens próprios para o mercado de Portugal, e uma maior na produção daqueles para outros mercados, onde se deve obter aqueles bens de consumo para os quais há uma demanda na Grã-Bretanha, seria mais vantajoso para a Inglaterra. Para proporcionar tanto o ouro, que deseja para seu próprio uso, e os bens de consumo, desta forma empregaria um capital muito menor do que atualmente. Haveria um capital de sobra, portanto, a ser empregado para outros propósitos, no estímulo de uma quantidade adicional de indústria, e atingir uma produção anual maior.

Mesmo que a Inglaterra estivesse inteiramente excluída do comércio com Portugal, acharia muito pouca dificuldade em proporcionar todo o fornecimento anual de ouro que quiser, para chapas, cunhagem ou para o comércio exterior. O ouro, tal como qualquer outra mercadoria, em um ou outro lugar será adquirido por seu valor por aqueles que têm esse valor para pagar. O excesso anual de ouro em Portugal, além do mais, ainda seria enviado para fora, e mesmo que não fosse levado pela Grã-Bretanha, seria levado por alguma outra nação, que gostaria de vendê-lo de novo pelo seu preço, da mesma maneira que a Grã-Bretanha o faz presentemente. Ao comprar ouro de Portugal, de fato, compramos em primeira mão; ao passo que, comprando de uma outra nação, exceto da Espanha, compraríamos de segunda e poderíamos pagar um pouco mais caro. Esta diferença, porém, certamente seria insignificante demais para merecer a atenção pública.

Quase todo nosso ouro, diz-se, vem de Portugal. Com outras nações, o balanço comercial é contra nós, ou não muito a nosso favor. Mas devemos nos lembrar que quanto mais ouro importamos de um país, menos devemos necessariamente importar de todos os outros. A demanda efetiva de ouro, como a de toda outra mercadoria, em todo país limita-se a determinada quantidade. Se nove décimos desta quantidade são importados de um país, resta apenas um décimo a ser importado de todos os outros. Além do mais, quanto mais ouro é anualmente importado de determinados países, muito acima do que é necessário para chapa e cunhagem, mais deve ser necessariamente exportado para outros; e quanto mais esse insignificante objeto da política moderna, a balança comercial, parece ser em nosso favor com alguns países, mais necessariamente deve parecer ser contra nós em muitos outros.

Foi sobre esta tola noção, entretanto, que a Inglaterra não poderia subsistir sem o comércio português, e pelo fim da última guerra, França e Espanha, sem pretender ofensa ou provocação, requereram que o rei de Portugal excluísse todos os navios ingleses de seus portos, e para segurança desta exclusão, receber neles guarnições francesas ou espanholas. Se o rei de Portugal se submetesse a esses termos ignominiosos que seu cunhado, o rei da Espanha, lhe propôs, a Inglaterra se teria livrado de uma inconveniência muito maior do que a perda do comércio português, a carga de suportar um aliado fraco, tão desprovido de tudo para sua própria defesa que todo o poderio inglês, se fosse dirigido só por este fim, dificilmente poderia tê-lo defendido em mais uma campanha. A perda do comércio português, sem dúvida, teria causado considerável embaraço aos mercadores naquele tempo nele engajados, que talvez não descobrissem, por um ano ou dois, qualquer outro método igualmente vantajoso para empregar seus capitais; e nisto provavelmente consistiria toda a inconveniência que a Inglaterra sofreria com esta notável peça da política comercial.

A grande importação anual de ouro e prata não visa à chapa ou à moeda, mas ao comércio exterior. Um mercado de consumo exterior que fosse indireto pode ser exercido vantajosamente por meio desses metais do que com quase qualquer outra mercadoria. Como são os instrumentos universais de comércio, são mais rapidamente recebidos em troca por todas as mercadorias do que quaisquer outras; e por causa de seu pequeno volume e grande valor, custa menos transportá-los de um lugar para outro do que quase qualquer outra mercadoria, e perdem menos de seu valor sendo assim transportados. De todas as mercadorias, portanto, que são levadas a um país estrangeiro, sem nenhum outro propósito que não o de serem vendidas ou trocadas de novo por outras mercadorias em outro país, não há nada tão conveniente quanto o ouro e a prata. Facilitar todos os comércios externos de consumo exercidos na Grã-Bretanha, consiste na principal vantagem do comércio português; e se bem que não seja uma vantagem capital, sem dúvida, é considerável.

Que qualquer adição anual que, pode ser razoavelmente suposto, seja feita à chapa ou à cunhagem do reino requereria apenas uma muito pequena importação anual de ouro e prata parece bem evidente; e mesmo que não tivéssemos comércio direto com Portugal, esta pequena quantidade sempre, de um modo ou de outro, poderia ser conseguida.

Se bem que a ourivesaria seja um ofício bem considerável na Grã-Bretanha, a grande maioria de baixela nova que vendem anualmente é feita da velha, que é derretida; de modo que a adição anualmente feita ao total de chapa do reino não pode ser muito grande e requereria apenas pequena importação anual.

O mesmo acontece com a moeda. Ninguém acredita, acho, que mesmo a maior parte da cunhagem anual, totalizando por dez anos antes da última reforma da moeda de ouro mais de oitocentas mil libras por ano em ouro, era uma adição anual ao dinheiro anteriormente corrente no reino. Num país onde a despesa da cunhagem é custeada pelo governo, o valor da moeda, mesmo quando contém todo seu peso-padrão de ouro e prata, nunca pode ser muito maior do que o de uma igual quantidade daqueles metais não cunhados; porque requer apenas o trabalho de levar à cunhagem, e o atraso talvez de umas poucas semanas, para proporcionar a qualquer quantidade de ouro e prata uma quantidade igual daqueles metais cunhados. Mas em todo país, a maior parte da moeda corrente está quase sempre mais ou menos gasta, ou degenerada de algum modo em relação a seu padrão. Na Grã-Bretanha era assim, o ouro estando mais de 2% e a prata mais de 8% abaixo de seu peso-padrão. Mas se 44,5 guinéus contendo todo seu peso-padrão, uma libra peso de ouro, podia comprar muito pouco mais do que uma libra em peso de ouro não cunhado, 44,5 guinéus faltando uma parte de seu peso não poderia comprar uma libra em peso, e por vezes exigia acréscimo para compensar a deficiência. O preço corrente do lingote de ouro no mercado, portanto, em vez de ser o mesmo preço de cunhagem, £46 14s. 6d., era então £47 14s. e por vezes cerca de £48. Entretanto, quando a maior parte da moeda estava nesta condição degenerada, 44,5 guinéus, recém-saídos da prensa, não comprariam mais bens no mercado do que quaisquer outros guinéus ordinários, porque quando vieram para os cofres do comerciante, sendo confundidos com o outro dinheiro, depois não poderiam ser distinguidos sem dar mais trabalho do que vale a diferença. Como outros guinéus, estavam valendo não mais que £46 14s. 6d. Se lançados no cadinho, porém, produziam, sem perda sensível, uma libra em peso de ouro-padrão, que poderia ser vendida a qualquer momento entre £47 14s. e £48 em ouro ou prata, tão bom para cunhagem como o que fora derretido antes. Havia um lucro evidente na fusão de moeda de cunhagem recente, o que era feito instantaneamente, de modo que nenhuma precaução do governo poderia prevenir. As operações de cunhagem eram, neste ponto, um tanto como o véu de Penélope; e trabalho que era feito de dia era desfeito à noite. A cunhagem era empregada não tanto em fazer adições diárias à moeda quanto em substituir sua melhor parte, que diariamente era derretida.

 Se os particulares, que levam seu ouro e prata à cunhagem, pagassem eles mesmos por esta operação, isto se acrescentaria aos valores daqueles metais da mesma maneira que o trabalho o faz à chapa. O ouro cunhado e a prata seriam mais valiosos do que não cunhados. O *signoraggio*, se não fosse exorbitante, acrescentaria ao lingote todo o valor da taxa, porque o governo, tendo em qualquer lugar o privilégio exclusivo da cunhagem, nenhuma moeda pode chegar ao mercado mais barata do que eles pensam adequado pagar. Se a taxa fosse exorbitante, isto é, se estivesse muito acima do valor real do trabalho e da despesa exigida para a cunhagem, falsos moedeiros, no país e no estrangeiro, poderiam ser encorajados pela grande diferença entre o valor do lingote e o da moeda a fazer tanto dinheiro falsificado que poderia reduzir o valor do dinheiro do governo. Na França, porém, mesmo sendo o *signoraggio* de 8%, não se originou nenhuma inconveniência sensível disto. Os perigos a que um falsificador se expõe em qualquer lugar, se vive no país do qual falsifica a moeda, e a que seus agentes ou correspondentes estão expostos, se ele vive num país estrangeiro, são muito grandes para um lucro de 6 ou 7%.

O *signoraggio* na França eleva o valor da moeda acima da quantidade de ouro puro que contém. Assim, pelo edito de janeiro de 1726,[3] o preço da moeda de ouro fino de 24 quilates estava fixado a 740 libras e nove *sous* e um dinheiro e um 11 avos a marca de oito onças de Paris. A moeda de ouro da França, dando uma folga para a cunhagem, contém 21 quilates e três quartos de ouro fino e dois quilates e um quarto de liga. A marca do padrão-ouro, portanto, não vale mais que cerca de 671 libras e dez dinheiros. Mas na França esta marca de padrão de ouro é cunhada em trinta luíses de ouro de 24 libras cada, ou em 720 libras. A cunhagem, portanto, aumenta o valor de um marco de lingote padrão de ouro pela diferença entre 671 libras e dez dinheiros e 720 libras; ou por 48 libras e 19 *sous* e 2 dinheiros.

Um *signoraggio* em muitos casos eliminará e em todos os casos diminuirá o lucro de derreter a moeda nova. Este lucro sempre surge da diferença entre a quantidade de lingotes que a moeda comum deveria conter e que de fato contém. Se esta diferença é inferior ao *signoraggio*, haverá perda, em vez de lucro. Se for igual ao *signoraggio*, haverá de fato algum lucro, mas menos do que se não houvesse *signoraggio*. Se, antes da última reforma da moeda de ouro, por exemplo, houvesse um *signoraggio* de 5% sobre a cunhagem, teria havido uma perda de 3% com o derretimento da moeda de ouro. Se o *signoraggio* fosse de 2%, não haveria perda nem ganho. Se fosse de 1%, teria havido lucro, mas apenas de 1%, em vez de 2%. Sempre que o dinheiro é recebido nominalmente, e não por peso, um *signoraggio* é o preventivo mais eficaz do derretimento da moeda e, pela mesma razão, de sua exportação. São as melhores e mais pesadas peças que são comumente derretidas ou exportadas, porque é sobre estas que se faz o maior lucro.

---

[3] V. *Dictionnaire des Monnaies,* vol. II, art. *seigenurage,* p. 489, pelo sr. Abot de Bazinghen, conselheiro-comissário na "Cour des Monnaies" em Paris.

A lei para o encorajamento da cunhagem, tornando-a livre de taxas, foi primeiro decretada durante o reinado de Carlos II por um tempo limitado e depois continuou, por diferentes prolongamentos, até 1769, quando foi tornada perpétua. O Banco da Inglaterra, para encher seus cofres com dinheiro, é frequentemente obrigado a levar lingotes à cunhagem; e foi mais por seu interesse, provavelmente imaginaram, que a cunhagem deveria ser a expensas do governo do que a deles. Provavelmente foi por complacência por esta grande companhia que o governo concordou em tornar esta lei perpétua. Se o costume de pesar ouro, porém, cair em desuso, como bem poderá acontecer, por causa de sua inconveniência; se a moeda de ouro inglesa for recebida nominalmente, como era antes da última recunhagem, esta grande companhia poderá quiçá achar que por isto, como em outras ocasiões, enganou-se não pouco sobre seus próprios interesses.

Antes da última recunhagem, quando a moeda de ouro da Inglaterra estava 2% abaixo de seu peso-padrão, não havendo *signoraggio*, estava 2% abaixo do valor daquela quantidade de padrão de lingote de ouro que deveria conter. Quando esta grande companhia, portanto, comprou lingotes de ouro para cunhá-los, foi obrigada a pagar por isto 2% a mais do que valia após a cunhagem. Mas se tivesse havido um *signoraggio* de 2% sobre a cunhagem, a moeda corrente de ouro, se bem que 2% abaixo de seu padrão de peso, não obstante teria sido igual em valor à quantidade de padrão de ouro que deveria conter; o valor da moldagem compensando, neste caso, a diminuição do peso. De fato teriam o *signoraggio* para pagar, que sendo de 2%, sua perda em toda a transação seria exatamente igual a 2%, mas não maior do que realmente seria.

Se o *signoraggio* fosse de 5% e a moeda de ouro apenas 2% abaixo de seu padrão de peso, o banco neste caso teria ganho 3% sobre o preço do lingote; mas como eles teriam um *signoraggio* de 5% a pagar sobre a cunhagem, sua perda em toda a transação do mesmo modo teria sido exatamente 2%.

Se o *signoraggio* tivesse sido apenas de 1% e a moeda de ouro 2% abaixo de seu padrão de peso, o banco neste caso teria perdido apenas 1% sobre o preço do lingote; mas como analogamente teriam a pagar um *signoraggio* de 1%, sua perda em toda a transação teria sido exatamente de 2%, do mesmo modo que em todos os outros casos.

Se houvesse um *signoraggio* razoável e ao mesmo tempo se a moeda contivesse todo seu padrão de peso, como era feito quase até a última recunhagem, o que quer que o banco pudesse perder pelo *signoraggio* ganharia pelo preço do lingote, e o que quer que poderia ganhar sobre o preço do lingote, perderia pelo *signoraggio*. Nem perderia nem ganharia, portanto, em toda a transação, como em todos os casos precedentes, no que estaria na mesma situação se não houvesse *signoraggio*.

Quando a taxa sobre uma mercadoria é tão moderada de modo a não encorajar o contrabando, o mercador que negocia com ela, mesmo prosperando, não paga propriamente a taxa, pois que a recupera no preço da mercadoria. A taxa é finalmente paga pelo último comprador, ou consumidor. Mas o dinheiro é uma mercadoria em relação à qual todo homem é negociante. Ninguém o compra senão para revendê-lo; e em relação a ele, nos casos ordinários, não há um último comprador. Quando a taxa sobre a cunhagem, portanto, é tão moderada a ponto de não encorajar a cunhagem falsa, se bem que todos adiantam a taxa, ninguém afinal paga, porque todos a recebem de volta no valor adiantado da moeda.

Um *signoraggio* moderado, portanto, em caso algum aumentaria a despesa do banco, ou de quaisquer pessoas que levam seus lingotes para serem cunhados, e a falta de um *signoraggio* moderado em caso algum a diminui. Haja ou não uma taxa sobre a cunhagem, se a moeda corrente contém todo seu peso-padrão, a cunhagem nada custa, e se tiver menos do que aquele peso, a cunhagem deve sempre custar a diferença entre a quantidade de lingote que deveria estar contida nela e aquela que realmente está.

O governo, portanto, ao custear as despesas de cunhagem, não só incorre em pequena despesa, mas também perde uma pequena renda que poderia obter por uma taxa adequada; e nem o banco nem os particulares são minimamente beneficiados por esta inútil generosidade pública.

Os diretores de banco, entretanto, provavelmente não estariam dispostos a concordar com a imposição da taxa sobre a autoridade de uma especulação que não lhes promete ganho, mas apenas pretenda garanti-los de qualquer perda. No estado atual da cunhagem do ouro, e enquanto continuar a ser recebido por peso, certamente que nada ganharão com tal mudança. Mas se o costume de pesar a moeda de ouro entrar em desuso, como é provável, e se a moeda de ouro cair no mesmo estado de degradação em que estava antes da última reforma, o ganho, ou mais propriamente as economias do banco, em consequência da imposição de um *signoraggio*, provavelmente seria muito considerável. O Banco da Inglaterra é a única companhia que envia qualquer quantidade considerável de lingote à cunhagem, e seu custo anual cai inteiramente, ou quase, sobre ele. Se esta cunhagem anual nada faz senão reparar as inevitáveis perdas e o desgaste necessário da moeda, dificilmente excederia cinquenta mil ou, no máximo, cem mil libras. Mas quando a moeda está degradada abaixo de seu peso-padrão, a cunhagem anual deve, além disso, completar a grande falta que a exportação e o cadinho estão continuamente operando na moeda corrente. Foi por causa disto que, durante os dez ou 12 anos imediatamente antes da última reforma da moeda de ouro, a cunhagem anual totalizava mais de 850 libras. Mas tivesse havido uma taxa de 4% ou 5% sobre a moeda de ouro, provavelmente, mesmo no estado em que as coisas estavam, teria posto um fim no negócio de exportação e do cadinho. O banco, em vez de perder anualmente cerca de 2,5% sobre o lingote a ser cunhado em mais de 850 mil libras, ou de incorrer numa perda anual de mais de 20.250 libras, provavelmente não incorreria na décima parte desta perda.

A renda designada pelo parlamento para custear a despesa de cunhagem é só de 14 mil libras por ano, e a despesa real do governo, ou as taxas dos oficiais da cunhagem, em ocasiões ordinárias, estou certo, não excede metade daquela soma. A economia de soma tão pequena, ou mesmo o ganho de outra, que não poderia ser muito maior, são objetos demasiado desprezíveis, pode-se pensar, para merecer uma atenção séria do governo. Mas a economia de 18 ou vinte mil libras por ano no caso de um evento que não é improvável, que aconteceu amiúde e que bem pode acontecer de novo, é certamente coisa que merece séria atenção, mesmo de uma companhia tão grande quanto o Banco da Inglaterra.

Algumas das observações e arrazoados acima talvez estivessem mais bem colocados nos capítulos do primeiro livro, que tratam da origem e uso do dinheiro e da diferença entre o preço real e o nominal das mercadorias. Mas como a lei do encorajamento da cunhagem deriva sua origem daqueles preconceitos vulgares que foram introduzidos pelo sistema mercantil, julguei mais adequado reservá-las para este capítulo. Nada poderia ser mais agradável ao espírito daquele sistema do que uma espécie de incentivo à produção de dinheiro, aquela coisa que, supõe-se, seja a riqueza de toda nação. É um de seus mui admiráveis expedientes para enriquecer o país.

CAPÍTULO 7
Das colônias

PARTE 1
Dos motivos para o estabelecimento de novas colônias

O interesse que ocasionou o primeiro estabelecimento das diversas colônias europeias na América e nas Índias Ocidentais não foi tão simples e claro como o que dirigiu o estabelecimento daquelas da antiga Grécia e de Roma.

Todos os vários Estados da antiga Grécia possuíam, cada um, um território muito pequeno, e quando o povo de algum deles se multiplicava além daquilo que o território poderia facilmente manter, parte era enviada à busca de nova habitação em alguma parte remota e distante do mundo; os vizinhos belicosos os cercavam de todos os lados, tornando difícil para qualquer deles ampliar demasiado o próprio território. As colônias dos dórios estenderam-se principalmente pela Itália e a Sicília, que, nos tempos que precederam a fundação de Roma, eram habitadas por nações bárbaras e não civilizadas; as dos jônios e eólios, as outras duas grandes tribos dos gregos, para a Ásia Menor e as ilhas do mar Egeu, cujos habitantes naquele tempo parecem ter estado tais como os da Sicília e da Itália. A cidade-mãe, se bem que considerasse a colônia sua filha, sempre merecendo grande favor e assistência, e devendo esta gratidão e respeito, considerava-a uma filha emancipada sobre a qual não reclamava autoridade ou jurisdição. A colônia estabelecia a própria forma de governo, decretava as próprias leis, elegia os próprios magistrados e fazia guerra ou paz com seus vizinhos como um Estado independente, que não tinha ocasião para esperar pela aprovação ou o consentimento da cidade-mãe. Nada pode ser mais simples e claro do que o interesse que dirigiu tais estabelecimentos.

Roma, como a maioria das antigas repúblicas, originalmente fundou-se numa lei agrária que dividia o território público numa certa proporção entre os cidadãos que compunham o Estado. O curso dos negócios humanos por casamentos, sucessão e alienação necessariamente desarranjou esta divisão original e frequentemente lançou as terras que tinham sido designadas para a manutenção de várias famílias nas mãos de uma só pessoa. Para remediar esta desordem, pois assim é que se supunha, foi feita uma lei restringindo a quantidade de terra que qualquer cidadão poderia possuir até quinhentas *jugera*, cerca de 350 hectares ingleses. Esta lei, porém, se bem que leiamos que foi executada em uma ou duas ocasiões, foi negligenciada ou evitada, e a desigualdade de fortunas continuou a aumentar. A maioria dos cidadãos não tinha terra, e, sem ela, os usos e costumes daqueles tempos tornavam difícil para um homem livre manter sua independência. Atualmente, se bem que um pobre não tenha terra própria, se tiver um pequeno capital, poderá arrendar as terras de outrem ou poderá exercer algum pequeno negócio no varejo; e se não tiver capital, poderá achar emprego como lavrador ou artífice. Mas entre os antigos romanos, as terras dos ricos eram todas cultivadas pelos escravos, sob um superintendente que também era escravo, de modo que um homem livre pobre tinha pouca chance de ser empregado como lavrador ou operário. Todos os ofícios e manufaturas também, mesmo o comércio a varejo, eram exercidos pelos escravos dos ricos em benefício de seus senhores, cuja riqueza, autoridade e proteção tornavam difícil para um homem livre e pobre manter a competição contra eles. Os cidadãos, portanto, não tinham outro meio de subsistência senão as dádivas que pudessem obter dos candidatos nas eleições anuais. Os tribunos, quando se dispunham a animar o povo contra os ricos e os grandes, lembravam-lhes a antiga divisão das terras e representavam aquela lei que restringia este tipo de propriedade privada como a lei fundamental da república. O público reclamava por terras, e os ricos e poderosos, podemos crer, estavam perfeitamente determinados a não lhes dar parte alguma das deles. Para satisfazê-los em alguma medida, eles frequentemente propunham enviá-los para uma nova colônia. Mas a Roma dos conquistadores, mesmo em tais ocasiões, não tinha necessidade de enviar seus cidadãos à cata da fortuna, por assim dizer, pelo mundo afora, sem saber onde se estabeleceriam. Ela lhes designava terras geralmente nas províncias conquistadas da Itália, onde, estando dentro dos domínios da república, nunca poderiam formar um Estado independente; no máximo eram uma espécie de corporação que, se bem que tivesse o poder de decretar leis para seu próprio governo, estava sempre sujeita à correção, jurisdição e autoridade legislativa da cidade-mãe. Fundar uma colônia deste tipo não só dava alguma satisfação ao povo, mas também usualmente estabelecia uma espécie de guarnição numa província recém-conquistada, cuja obediência, de outra maneira, seria duvidosa. Uma colônia romana, portanto, quer consideremos sua natureza em si, quer as suas motivações, era totalmente diferente da grega. Correspondentemente, as palavras em que a língua original denotam estes diferentes estabelecimentos têm significados bem diferentes. O termo latino *colonia* significa simplesmente uma plantação. O termo grego αποικία, ao contrário, significa uma separação da residência, um afastamento do lar, uma saída da casa. Mas não obstante sendo as colônias muito diferentes das gregas em muitos aspectos, o interesse que predispunha ao seu estabelecimento era igualmente simples e claro. Ambas as instituições derivavam sua origem quer de necessidade irresistível, quer de uma utilidade clara e evidente.

O estabelecimento das colônias europeias na América e nas Índias Ocidentais surgiu de necessidade nenhuma; e muito embora a utilidade que resultou delas tenha sido muito grande, não é tão clara e evidente. Não foi entendida logo de início, e tampouco o motivo de seu estabelecimento ou descobertas que as ocasionaram, e a natureza, a extensão e os limites desta utilidade talvez ainda não tenham sido bem entendidas até hoje.

Os vênetos, durante os séculos XIV e XV, exerceram um comércio muito vantajoso de especiarias e outras mercadorias das Índias Orientais, que distribuíram para as outras nações da Europa. Compravam-nas principalmente do Egito, naquele tempo sob o domínio dos mamelucos, inimigos dos turcos, e de quem os vênetos eram inimigos, e esta união de interesses, assistida pelo dinheiro de Veneza, formou tal ligação que deu aos vênetos quase o monopólio do comércio.

Os grandes lucros dos vênetos tentaram a avidez dos portugueses. Tinham tentado, no decurso do século XV, achar pelo mar uma rota para os países de onde os mouros lhes traziam o marfim e ouro em pó através do deserto. Descobriram as ilhas da Madeira, as Canárias, os Açores, Cabo Verde, as costas da Guiné, Luanda, Congo, Angola e Benguela e, finalmente, o cabo da Boa Esperança. Havia muito desejavam compartilhar o tráfico dos venezianos, e esta última descoberta abriu-lhes uma perspectiva provável de fazê-lo. Em 1497, Vasco da Gama zarpou do porto de Lisboa com uma frota de cinco naus, e depois de uma navegação de 11 meses, chegou à costa do Indostão, completando assim um curso de descobertas que havia sido seguido com grande constância, e com pouquíssima interrupção, por quase todo um século.

Alguns anos antes disto, enquanto as expectativas da Europa estiveram em suspenso sobre os projetos dos portugueses, cujo sucesso ainda parecia duvidoso, um piloto genovês constituiu o projeto ainda mais ousado de velejar para as Índias Orientais rumo oeste. A situação destes países, naquela época, era imperfeitamente conhecida na Europa. Os poucos viajantes europeus que haviam estado lá exageraram a distância, talvez por simploriedade e ignorância, o que realmente era muito grande, parecendo quase infinito para aqueles que não podiam medi-la, ou talvez para aumentar um pouco o maravilhoso de suas aventuras ao visitar regiões tão remotas da Europa. Quanto mais longo fosse o caminho pelo leste, Colombo mui justamente concluiu, mais curto seria pelo oeste. Propôs, portanto, tomar aquele caminho como o mais curto e mais seguro e teve a boa fortuna de convencer Isabel de Castela da probabilidade de seu projeto. Zarpou do porto de Palos em agosto de 1492, quase cinco anos antes da expedição de Vasco da Gama zarpar de Portugal, e, depois de uma viagem entre dois e três meses, descobriu primeiro algumas das pequenas Bahamas ou Lucaias, e depois a grande ilha de Santo Domingo.

Mas as regiões que Colombo descobriu, quer nesta, quer em viagens subsequentes, não tinham qualquer semelhança com aquelas em busca das quais partira. Em vez da riqueza, cultivo e população da China e do Indostão, descobriu em Santo Domingo, e em todas as outras partes do novo mundo que visitara, nada senão um país bem coberto de florestas, inculto e habitado apenas por algumas tribos de selvagens nus e miseráveis.

Ele não estava muito disposto, entretanto, a acreditar que eles não eram os mesmos de alguns países descritos por Marco Polo, o primeiro europeu a visitar, ou ao menos a ter deixado qualquer descrição da China ou das Índias Orientais, e uma semelhança muito leve, tal como a que ele encontrou entre o nome de Cibao, uma montanha em Santo Domingo, e o de Cipango, mencionado por Marco Polo, foi frequentemente suficiente para fazê-lo voltar a esta pressuposição sua favorita, se bem que contrária à evidência mais clara. Em suas cartas a Fernando e Isabel, chamou os países que descobrira de "Índias". Não tinha a menor dúvida sobre se eram a extremidade daquelas descritas por Marco Polo e que não estavam muito distantes do Ganges, ou dos países que foram conquistados por Alexandre. Mesmo quando afinal se convenceu de que aqueles ricos países não estavam a grande distância, numa viagem subsequente foi à busca das Índias ao longo da costa de Terra Firma e rumo ao istmo de Darien.

Em consequência deste erro de Colombo, o nome de Índias pegou nestas terras infortunadas desde então, e quando afinal foi descoberto claramente que as novas eram totalmente diferentes das antigas Índias, as primeiras foram chamadas Ocidentais, em contraposição às últimas, que foram chamadas Índias Orientais.

Foi de importância para Colombo, porém, que os países que descobrira, quaisquer que fossem, fossem apresentados à corte da Espanha como de grande consequência; e no que constitui a riqueza real de todo país, os produtos animais e vegetais da terra, naquele tempo nada havia que pudesse justificar sua importância.

O cori, algo entre um rato e um coelho, que o sr. Buffon supõe ser o mesmo que o preá do Brasil, era o vivíparo quadrúpede de maior porte em Santo Domingo. Esta espécie parece nunca ter sido numerosa, e os cães e gatos dos espanhóis já a extirparam inteiramente, bem como algumas espécies de tamanho menor. Este, porém, junto com um lagarto grande, chamado ivana, ou iguana, constituíam a principal parte do alimento animal oferecido pela terra.

O alimento vegetal dos habitantes, se bem que por sua falta de indústria, não muito abundante, não era tão raro. Consistia de milho, inhame, batata, banana etc., plantas que eram então totalmente desconhecidas na Europa e que desde então aqui nunca foram muito apreciadas, nem supostas como sustento igual ao retirado dos grãos comuns que têm sido cultivados nesta parte do mundo desde tempos imemoriais.

A planta do algodão, de fato, dava o material de uma manufatura muito importante, e, naquela época, para os europeus era o produto vegetal mais valioso daquelas ilhas. Mas se bem que pelo fim do século XV as musselinas e outros artigos de algodão das Índias Orientais fossem muito estimados em toda a Europa, a manufatura do algodão em si não existia em nenhuma parte dela. Mesmo esta produção, portanto, naquele tempo não podia parecer aos olhos dos europeus como de grande importância.

Nada achando nos animais ou vegetais das terras recém-descobertas que pudesse justificar uma representação muito vantajosa delas,

Colombo voltou a vista para seus minerais, e na riqueza das produções deste terceiro reino gabou-se de ter achado plena compensação pela insignificância das dos outros dois. Os fragmentos de ouro com que os habitantes ornamentavam sua roupa e que, ele foi informado, frequentemente achavam nos regatos e torrentes que caíam das montanhas, foram suficientes para satisfazê-lo de que aquelas montanhas abundavam com as mais ricas minas de ouro. Santo Domingo, portanto, foi descrita como país abundante em ouro, e por isto (de acordo com os preconceitos não só da atualidade, mas daqueles tempos também), fonte inexaurível de riqueza para a Coroa e o reino da Espanha. Quando Colombo, retornando de sua primeira viagem, foi introduzido com honras triunfais aos soberanos de Castela e Aragão, os principais produtos das terras que ele descobriu foram carregados em solene procissão diante dele. A única parte valiosa delas consistia em alguns fios, braceletes e outros ornamentos de ouro e alguns fardos de algodão. O resto eram meros objetos para a maravilha e curiosidade do vulgo; alguns caniços de tamanho extraordinário, algumas peles empalhadas do grande aligátor e do manati, tudo precedido por seis ou sete dos miseráveis nativos, cuja cor e aparência singular acrescentaram grandemente à novidade da mostra.

Em consequência das representações de Colombo, o conselho de Castela determinou tomar posse das terras cujos habitantes eram claramente incapazes de se defender. O piedoso propósito de convertê-los ao cristianismo santificou a injustiça do projeto. Mas a esperança de achar tesouros de ouro foi o único motivo que levou ao empreendimento, e para dar maior peso a este motivo, foi proposto a Colombo que metade de todo o ouro e de toda a prata que fossem achados lá pertenceriam à Coroa. Esta proposta foi aprovada pelo conselho.

Enquanto todo ou a maior parte do ouro que os primeiros aventureiros importaram para a Europa foi conseguido por um método tão fácil quanto saquear os indefesos nativos, talvez não tenha sido muito difícil pagar mesmo esta pesada taxa. Mas quando os nativos estavam despojados de tudo o que tinham, o que em Santo Domingo e em todas as outras terras descobertas por Colombo foi feito completamente em seis ou oito anos, e quando para achar mais tornou-se necessário cavar nas minas, não houve mais a possibilidade de pagar esta taxa. Sua rigorosa exação ocasionou primeiramente, pelo que se diz, o abandono total das minas de Santo Domingo, que nunca mais foram trabalhadas. Assim, logo foi reduzida a um terço, então a um quinto, depois a um décimo, e finalmente a um vigésimo do produto bruto das minas de ouro. A taxa sobre a prata continuou por muito tempo como um quinto do produto bruto. Foi reduzida a um décimo apenas no decurso do presente século. Mas os primeiros aventureiros não pareciam muito interessados em prata. Nada menos precioso que ouro parecia valer sua atenção.

Todos os outros empreendimentos dos espanhóis do Novo Mundo, subsequentes àquele de Colombo, parecem ter sido promovidos pelo mesmo motivo. Foi a sagrada sede de ouro que levou Ojeda, Nicuessa e Vasco Núñez de Balboa ao istmo de Darien, que levou Cortez ao México e Almagro e Pizarro ao Chile e ao Peru. Quando estes aventureiros chegavam a qualquer litoral desconhecido, a primeira pergunta era sempre se havia ouro por ali, e, de acordo com a informação que recebiam quanto a este particular, determinavam-se a deixar a região ou se estabelecer.

De todos os projetos dispendiosos e incertos que levam à bancarrota a maioria dos que se engajam neles, talvez não haja nada mais perfeitamente ruinoso do que a busca de novas minas de ouro e prata. Quiçá seja a loteria mais desvantajosa do mundo ou aquela em que o ganho daqueles que tiram os prêmios tem pelo menos proporção com a perda daqueles que tiram os brancos, pois se os prêmios são poucos e os brancos muitos, o preço comum de um bilhete é toda a fortuna de um homem rico. Os projetos de mineração, em vez de recolocar o capital empregado neles juntamente com os lucros ordinários, comumente absorvem o capital e o lucro. São projetos que, de todos, um legislador prudente que desejasse aumentar o capital de sua nação menos escolheria para dar qualquer encorajamento extraordinário, ou desviar para eles qualquer fração daquele capital do que lhes seria naturalmente destinado. Tal em realidade é a confiança absurda que quase todos os homens têm em sua boa fortuna que, sempre que haja a menor probabilidade de sucesso, muitos deles se lançam a ela voluntariamente.

Mas se o julgamento da razão sóbria e experiência concernente a tais projetos sempre foi extremamente desfavorável, o da avidez humana comumente tem sido antagônico. A mesma paixão que sugeriu a tantos a ideia absurda da pedra filosofal, sugeriu a outros aquela igualmente absurda de minas de ouro e prata imensamente ricas. Não consideraram que o valor destes metais, em todas as eras e nações, surgiu principalmente de sua escassez, e sua escassez originou-se das quantidades mínimas que a natureza depositou em cada lugar, pelas substâncias brutas e intratáveis com que ela cercou estas pequenas quantidades em quase todo lugar, e consequentemente do trabalho e da despesa que sempre são necessários para penetrá-las e obtê-las. Convenceram-se de que veios destes metais poderiam em muitos lugares ser encontrados tão extensos e abundantes quanto os que são comumente achados de chumbo, ou cobre, ou estanho, ou ferro. O sonho de *sir* Walter Raleigh concernente à cidade de ouro e o país do Eldorado pode satisfazer-nos de que mesmo homens sábios não estão isentos de tais ilusões estranhas. Mais de cem anos após a morte daquele grande homem, o jesuíta Gumila estava convencido da realidade daquele país fabuloso e expressava calorosamente, e mesmo sinceramente, como ficaria feliz em levar a luz do Evangelho a um povo que podia recompensar tão bem os piedosos trabalhos de seus missionários.

Nos países primeiro descobertos pelos espanhóis, atualmente não se conhecem minas de ouro ou prata que valham ser trabalhadas. As quantidades destes metais que os primeiros aventureiros acharam lá provavelmente foram muito exageradas, bem como a fertilidade das minas que foram trabalhadas imediatamente após a primeira descoberta. O que se disse que esses aventureiros descobriram foi suficiente, no entanto, para inflamar a avidez de todos os seus conterrâneos. Todo espanhol que zarpava para a América esperava achar um Eldorado. A fortuna também fez nesta ocasião o que fez em pouquíssimas outras. Realizou, em certa medida, as esperanças de seus devotos, e na descoberta e conquista do México e do Peru (uma acontecendo cerca de trinta, a outra cerca de quarenta anos depois da primeira expedição de Colombo), presenteou-os com algo não muito diverso daquela profusão de metais preciosos que procuravam.

Um projeto de comércio com as Índias Orientais, portanto, deu ocasião para a primeira descoberta das Ocidentais. Um projeto de conquista deu ocasião para todos os estabelecimentos dos espanhóis naqueles países recém-descobertos. O motivo que os excitou a esta conquista foi a perspectiva de minas de ouro e de prata; e um curso de acidentes, que nenhuma sabedoria humana poderia prever, tornou este projeto muito mais bem-sucedido do que os empreendedores tinham qualquer base para esperar.

Os primeiros aventureiros de todas as outras nações da Europa que tentaram se estabelecer na América foram animados pelas mesmas visões quiméricas, mas não foram tão bem-sucedidos. Só depois de mais de cem anos da primeira colonização dos Brasis que qualquer prata, ouro ou diamantes foram minerados lá. Nas colônias inglesas, francesas, holandesas e dinamarquesas, nada se descobriu; pelo menos nenhuma mina que até agora tenha compensado o trabalho. Os primeiros colonizadores ingleses na América do Norte, porém, ofereceram um quinto de todo o ouro e de toda a prata que poderiam ser encontrados lá ao rei, como motivo para lhe serem garantidas suas patentes. Nas concessões a *sir* Walter Raleigh, para as companhias de Londres e Plymouth, para o conselho de Plymouth etc., este quinto foi também destinado à Coroa. À expectativa de achar minas de ouro e de prata, aqueles primeiros colonos também somaram a de descobrir uma passagem pelo noroeste para as Índias Orientais. Até agora, foram desapontados quanto a ambas.

PARTE 2
CAUSAS DA PROSPERIDADE DAS NOVAS COLÔNIAS

A colônia de uma nação civilizada que toma posse de uma terra desocupada, ou de uma tão pouco habitada que os nativos facilmente dão lugar aos novos ocupantes, avança mais rapidamente para a riqueza e a grandeza do que qualquer outra sociedade humana.

Os colonos levam consigo um conhecimento da agricultura e outras artes úteis superior ao que pode crescer por si só no decurso de muitos séculos entre nações selvagens e bárbaras. Levam consigo também o hábito da subordinação, alguma noção do governo regular que tem lugar em seu próprio país, do sistema de leis que o suporta e de uma administração regular da justiça e, naturalmente, estabelecem algo da mesma espécie no novo povoado. Mas entre nações selvagens e bárbaras, o progresso natural da lei e do governo é ainda mais lento que o progresso natural das artes, depois que a lei e o governo tenham sido estabelecidos quanto seja necessário para sua proteção. Cada colono consegue mais terra do que poderia cultivar. Não tem renda e quase nenhuma taxa a pagar. Nenhum senhor compartilha de seu produto, e a fração do soberano comumente é só uma ninharia. Tem todo o motivo para atingir a maior produção, que virá a ser quase inteiramente sua. Mas esta terra é comumente tão extensa que, com toda sua indústria, e com toda a indústria de outras pessoas que ele pode empregar, dificilmente consegue fazer com que produza a décima parte do que é capaz. Fica ansioso, portanto, por reunir operários de todos os cantos e recompensá-los com as pagas mais liberais. Mas estes pagamentos liberais, unidos à abundância e aos baixos preços da terra, logo fazem com que estes operários o deixem, para eles mesmos se tornarem proprietários e recompensar, com igual liberalidade, outros trabalhadores que logo os deixam pela mesma razão que deixaram seu primeiro senhor. A recompensa liberal do trabalho encoraja o casamento. As crianças, desde a mais tenra idade, são bem alimentadas e cuidadas, e, quando crescem, o valor de seu trabalho grandemente paga sua manutenção. Quando chegam à maturidade, o alto preço do trabalho e o baixo preço da terra permitem-lhes se estabelecerem da mesma maneira que seus pais antes deles.

Em outros países, a renda e o lucro devoram os salários, e as duas classes superiores de pessoas oprimem a inferior. Mas nas novas colônias, o interesse das duas ordens superiores obriga-as a tratar a inferior com mais generosidade e humanidade; pelo menos onde aquela inferior não está num estado de escravidão. As terras desocupadas da maior fertilidade natural são compradas por bem pouco. O aumento da renda que o proprietário, que é sempre o empresário, espera de sua melhoria constitui seu lucro, que nestas circunstâncias é comumente muito grande. Mas este grande lucro não pode ser atingido sem empregar o trabalho de outras pessoas em limpar e cultivar a terra, e a desproporção entre a grande extensão da terra e o pequeno número de pessoas, que comumente tem lugar nas colônias, torna difícil para ele conseguir este trabalho. Portanto, não disputa por salários, mas está ansioso para empregar mão de obra a qualquer preço. O alto pagamento do trabalho encoraja a população. O baixo preço e a abundância das terras encorajam as melhorias e permitem que o proprietário pague aqueles altos salários. Destes salários consiste quase todo o preço da terra, e se bem que sejam altos considerados como pagamento do trabalho, são baixos considerados como o preço do que é tão valioso. O que encoraja o progresso da população e as melhorias encoraja o da riqueza e da grandeza reais.

O progresso de muitas das antigas colônias gregas para a riqueza e grandeza também parece ter sido muito rápido. No decurso de um ou dois séculos, várias delas parecem ter rivalizado, e mesmo superado, as cidades-mãe. Siracusa e Agrigento, na Sicília, Tarento e Lócrida, na Itália, Éfeso e Mileto, na Ásia Menor, parecem ter sido pelo menos iguais a qualquer das cidades da antiga Grécia. Se bem que posteriores em seu estabelecimento, toda espécie de refinamento, filosofia, poesia e eloquência parece ter sido cultivada bem cedo e aperfeiçoada tanto nelas como em qualquer parte do país original. As escolas dos dois mais antigos filósofos gregos, as de Tales e Pitágoras, foram estabelecidas, notavelmente, não na antiga Grécia, mas uma numa colônia asiática, e a outra numa colônia italiana. Todas estas colônias haviam se estabelecido em regiões habitadas por nações bárbaras e selvagens, que facilmente deram lugar aos novos colonizadores. Tinham muita terra boa e, como eram totalmente independentes da cidade-mãe, estavam livres para dirigir seus negócios como julgavam mais adequado a seu interesse.

A história das colônias romanas de modo algum é tão brilhante. Algumas delas, de fato, como Florença, no decurso de muitas eras, e depois da queda da cidade-mãe, cresceram como Estados consideráveis. Mas o progresso de nenhuma delas parece ter sido muito rápido. Estavam todas estabelecidas em províncias conquistadas, que na maioria dos casos tinham sido totalmente habitadas antes. A quantidade de terra designada a cada colono raramente era muito considerável e, como a colônia não era independente, nem sempre estavam livres para dirigir seus negócios como julgassem mais adequado a seu interesse.

Na abundância de boa terra, as colônias europeias que se estabeleceram na América e nas Índias Ocidentais assemelham-se, e mesmo ultrapassam grandemente, às da Grécia antiga. Em sua dependência do Estado-mãe, assemelham-se às da antiga Roma, mas suas grandes distâncias da Europa em todas elas aliviou mais ou menos o efeito de sua dependência. Sua situação as colocou menos à vista e menos no poder da terra-mãe. Ao seguir seus interesses, em muitas ocasiões sua conduta foi descuidada, porque ignorada ou não compreendida na Europa, e, em algumas ocasiões, tolerada e aceita, porque sua distância tornava difícil restringi-las. Mesmo o governo violento e arbitrário da

Espanha em muitas ocasiões foi obrigado a voltar atrás, ou abrandar as ordens dadas ao governo de suas colônias, temendo uma insurreição geral. O progresso de todas as colônias europeias em riqueza, população e melhorias correspondentemente foi muito grande.

 A Coroa da Espanha, por sua parte de ouro e prata, derivou alguma renda de suas colônias a partir do momento em que foram estabelecidas. Foi uma renda, também, de natureza a excitar na avidez humana as mais extravagantes especulações de riquezas ainda maiores. As colônias espanholas, portanto, a partir do momento de seu primeiro estabelecimento, atraíram muito a atenção da terra-mãe, ao passo que as de outras nações europeias por muito tempo foram negligenciadas. As primeiras talvez não foram tão bem em consequência desta atenção; nem as últimas pior em consequência desta negligência. Em proporção à extensão de algumas delas, as colônias espanholas são consideradas menos populosas e operosas que as de quase qualquer outra nação europeia. Mesmo assim, o progresso das colônias espanholas, em população e melhorias, certamente foi muito rápido e grande. A cidade de Lima, fundada desde a conquista, é representada por Ulloa como tendo cinquenta mil habitantes há quase trinta anos. Quito, que foi apenas um vilarejo miserável de índios, é representada pelo mesmo autor como atualmente da mesma população. Gemelli Carreri, suposto viajante, mas que parece sempre ter escrito a partir de informações fidedignas, representa a cidade do México como contendo cem mil habitantes, número que, a despeito de todos os exageros dos escritores espanhóis, é provavelmente cinco vezes maior do que continha no tempo de Montezuma. Estes números excedem grandemente os de Boston, Nova York e Filadélfia, as três maiores cidades das colônias inglesas. Antes da conquista dos espanhóis, não havia gado de tração no México e no Peru. O lhama era sua única besta de carga, e sua força parece ser inferior à de um jumento. O arado era desconhecido entre eles. Ignoravam o uso do ferro. Não tinham moeda cunhada nem nenhum instrumento estabelecido para o comércio de qualquer espécie. Seu comércio era exercido por barganha. Uma espécie de pá de madeira era seu principal instrumento agrícola. Pedras afiadas serviam como facas e machados; ossos de peixe e os tendões de certos animais serviam como agulhas para coser, e estes parecem ter sido seus principais instrumentos de comércio. Neste estado de coisas, parece impossível que qualquer destes impérios tenha sido tão progressista ou cultivado como agora, que estão abastecidos abundantemente com toda espécie de gado europeu, e quando o uso do ferro, do arado e de muitas artes europeias foi introduzido entre eles. Mas a população de todo país deve estar em proporção ao grau de seu progresso e cultivo. A despeito da cruel destruição dos nativos que se seguiu à conquista, estes dois grandes impérios são, provavelmente, mais populosos agora do que jamais o foram, e o povo seguramente é muito diferente, pois devemos reconhecer que os crioulos espanhóis são em muitos aspectos superiores aos antigos índios.

Após as colônias dos espanhóis, a dos portugueses no Brasil é a mais antiga nação europeia na América. Mas como por um longo tempo depois da conquista não se encontraram minas de ouro ou de prata, e não dando, por causa disto, quase nenhuma renda à Coroa, por muito tempo foi negligenciada e, durante este estado de indiferença, tornou-se uma grande e poderosa colônia. Enquanto Portugal esteve sob o domínio espanhol, o Brasil foi atacado pelos holandeses, que se apossaram de sete das 14 províncias em que está dividido. Esperavam logo conquistar as outras sete, quando Portugal recobrou sua independência pela elevação da família Bragança ao trono. Os holandeses então, como inimigos dos espanhóis, tornaram-se amigos dos portugueses. Concordaram assim em deixar aquela parte do Brasil que não haviam conquistado ao rei de Portugal, que concordou em deixar-lhes aquela parte que haviam conquistado, como questão que não valia a pena disputar entre bons aliados. Mas o governo holandês logo começou a oprimir os colonos portugueses, que, em vez de se distraírem com queixas, pegaram em armas contra seus novos senhores e, por seu próprio valor e resolução, com a conivência, de fato, mas sem nenhuma assistência reconhecida da terra-mãe, os expulsaram do Brasil. Os holandeses, portanto, achando impossível conservar qualquer parte do país para si, contentaram-se com que fosse inteiramente restaurado à Coroa de Portugal. Nesta colônia, diz-se que há mais de seiscentas mil pessoas, portugueses ou seus descendentes, crioulos, mulatos e uma raça mista entre portugueses e brasileiros.[1] Supõe-se que nenhuma colônia na América contém tamanho número de pessoas de extração europeia.

---

[1] O autor se refere a nossos índios. (N.T.)

No fim do século XV e durante a maior parte do XVI, Espanha e Portugal eram as duas grandes potências navais, pois se o comércio de Veneza se estendia a todas as partes da Europa, sua frota pouquíssimo navegara além do Mediterrâneo. Os espanhóis, em virtude de sua primeira descoberta, reclamaram toda a América como deles, e não puderam impedir uma potência naval tão grande como Portugal de se instalar no Brasil; tamanho era naquela época o terror pelos espanhóis, que a maioria das outras nações da Europa temiam estabelecer-se em qualquer outra parte daquele grande continente. Os franceses, que tentaram se estabelecer na Flórida, foram todos mortos pelos espanhóis. Mas a decadência do poder naval desta nação, em consequência da derrota ou malogro do que chamavam sua Invencível Armada, que ocorreu pelo fim do século XVI, colocou fora de seu poder obstruir por mais tempo as colônias das outras nações europeias. No decurso do século XVII, portanto, os ingleses, franceses, holandeses, dinamarqueses e suecos, todas as nações que tinham portos de mar, tentaram estabelecer-se no Novo Mundo.

Os suecos se estabeleceram em Nova Jersey, e o número de famílias suecas que ainda se acham lá demonstra suficientemente que esta colônia poderia muito bem ter prosperado se fosse protegida pela terra-mãe. Mas, sendo negligenciada pela Suécia, logo foi engolida pela colônia holandesa de Nova York, que em 1674 caiu sob o domínio dos ingleses.

As pequenas ilhas de São Tomás e Santa Cruz são as únicas terras do Novo Mundo que foram posse dos dinamarqueses. Estes pequenos estabelecimentos também estavam sob o governo de uma companhia exclusiva, que tinha o único direito tanto de comprar o produto em excesso dos colonos como de supri-los com os artigos de outros países conforme precisassem, e que, portanto, em suas compras e vendas não só tinha o poder de oprimi-los, mas também a maior tentação para fazê-lo. O governo de uma companhia exclusiva de comerciantes seja talvez o pior governo de todos para qualquer país. Não conseguiu, porém, parar totalmente o progresso destas colônias, se bem que o tornou mais lento e debilitado. O falecido rei da Dinamarca dissolveu esta companhia, e desde aquele tempo a prosperidade destas colônias foi muito grande.

Os estabelecimentos holandeses nas Índias Ocidentais, bem como nas Orientais, originalmente foram postos sob o governo de uma companhia exclusiva. O progresso de algumas delas, portanto, se foi considerável em comparação com o de quase todo país há muito povoado e estabelecido, foi debilitado e lento em comparação com o da maioria das novas colônias. A colônia do Suriname, se bem que mui considerável, é ainda inferior à maioria das colônias açucareiras das outras nações europeias. A colônia de Nova Bélgica, agora dividida em duas províncias, de Nova York e Nova Jersey, provavelmente logo se tornaria considerável, mesmo permanecendo sob o governo holandês. A abundância e o baixo preço de terras boas são causas tão poderosas de prosperidade que o pior dos governos mal seria capaz de deter totalmente a eficácia de sua operação. A grande distância, também, da terra-mãe permitira aos colonos esquivar-se um pouco, contrabandeando o monopólio que a companhia gozaria contra eles. Atualmente a companhia permite que todos os navios holandeses comerciem com o Suriname, pagando 2,5% sobre o valor de sua carga a título de licença, e só reserva para si exclusivamente o comércio direto da África para a América, que consiste quase que inteiramente do comércio de escravos. Esta relação dos privilégios exclusivos da companhia é provavelmente a principal causa daquele grau de prosperidade que aquela colônia atualmente desfruta. Curaçao e Eustáquio, as duas principais ilhas pertencentes aos holandeses, são portos livres abertos aos navios de todas as nações; e esta liberdade, em meio a melhores colônias cujos portos estão abertos apenas aos de uma nação, foi a grande causa da prosperidade daquelas duas ilhas desertas.

A colônia francesa do Canadá esteve, durante a maior parte do último século, e em parte deste, sob o governo de uma companhia exclusiva. Sob uma administração tão desfavorável, seu progresso foi necessariamente muito lento em comparação com o de outras novas colônias, mas tornou-se muito mais rápido quando esta companhia foi dissolvida após a queda do que foi chamado o esquema do Mississippi. Quando os ingleses tomaram posse deste país, acharam nele quase o dobro de habitantes que o padre Charlevoix lhe havia designado vinte a trinta anos antes. Aquele jesuíta viajara por todo o país e não tinha inclinação para representá-lo como menos considerável do que realmente era.

A colônia francesa de Santo Domingo foi estabelecida por piratas e flibusteiros que por muito tempo não requereram a proteção nem reconheceram a autoridade da França, e quando aquela raça de bandidos se civilizou o bastante para reconhecer esta autoridade, por muito tempo foi necessário exercê-la com a maior delicadeza. Durante este período, a população e as melhorias desta colônia aumentaram muito depressa. Mesmo a opressão da companhia exclusiva a que ficou submetida por algum tempo, com todas as outras colônias da França, se bem que sem dúvida retardou, não conseguiu interromper totalmente seu progresso. O curso de sua prosperidade retornou assim que foi aliviada daquela opressão. Agora é a mais importante colônia açucareira das Índias Ocidentais, e diz-se que sua produção é maior do que a de todas as colônias açucareiras inglesas reunidas. As outras colônias açucareiras da França em geral são muito prósperas.

Mas não há colônias cujo progresso tenha sido mais rápido do que nas dos ingleses na América do Norte.

Muita terra boa e liberdade para dirigir seus negócios à sua maneira parecem ser as duas grandes causas da prosperidade de todas as novas colônias.

Na abundância de terra boa, as colônias inglesas da América do Norte, se bem que sem dúvida abundantemente providas, são inferiores às dos espanhóis e portugueses e não superiores a algumas das possuídas pelos franceses antes da última guerra. Mas as instituições políticas das colônias inglesas foram mais favoráveis à melhoria e ao cultivo da terra do que as de qualquer outra das três nações.

Primeiro, a anexação de terra inculta, de modo algum prevenida inteiramente, foi mais restrita nas colônias inglesas do que em quaisquer outras. A lei colonial que impõe a cada proprietário a obrigação de melhorar e cultivar, num tempo limitado, uma certa proporção de suas terras, e que, em caso de fracasso, declara aquelas terras negligenciadas conferíveis a qualquer outro, se não foi estritamente executada, teve algum efeito.

Segundo, na Pensilvânia não há direito de primogenitura, e as terras, como bens móveis, são divididas igualmente entre os filhos da família. Em três das províncias da Nova Inglaterra, o mais velho tem uma fração dupla, como na lei mosaica. Muito embora nessas províncias uma grande quantidade de terra possa ser adquirida por um só indivíduo, é provável, no decurso de uma ou duas gerações, seja dividida de novo. Nas outras colônias inglesas, o direito de posse das terras, todas mantidas pelo direito de aradura, facilita a alienação, e o concessionário de qualquer extensão de terra geralmente acha de seu interesse alienar tão rápido quanto possa a maior parte dela, reservando apenas um pequeno arrendamento. Nas colônias espanholas e portuguesas, o que é chamado direito de *majorazzo*[2] tem lugar na sucessão de todas aquelas grandes propriedades a que se anexa qualquer título de honra. Tais propriedades passam todas a uma só pessoa, e de fato são pessoais e intransferíveis.

As colônias francesas, de fato, estão sujeitas ao costume de Paris, que, na herança da terra, é muito mais favorável aos filhos mais jovens que a lei da Inglaterra. Mas nas colônias francesas, se qualquer parte de uma propriedade, mantida pela nobreza, é alienada por um prazo limitado, está sujeita ao direito de redenção, pelo herdeiro do superior ou pelo herdeiro da família, e todas as maiores propriedades do país são mantidas por títulos de nobreza, o que necessariamente embaraça a alienação. Mas numa nova colônia, uma grande propriedade inculta poderá ser muito mais rapidamente dividida por alienação do que pela sucessão. A abundância e o baixo preço de terra boa, já foi observado, são as principais causas da prosperidade rápida das novas colônias. O latifúndio, de fato, destrói sua abundância e o preço baixo. O latifúndio inculto, além do mais, é o maior obstáculo à sua melhoria. Mas o trabalho empregado na melhoria e no cultivo da terra permite o maior e mais valioso produto para a sociedade. O produto do trabalho, neste caso, paga não só seu próprio salário e o lucro do capital que o emprega, mas a renda da terra na qual é empregado. O trabalho dos colonos ingleses, portanto, sendo mais empregado no aperfeiçoamento e cultivo da terra, poderá dar um produto maior e mais valioso do que o de qualquer das outras três nações que, pelo latifúndio, é mais ou menos desviada para outros empregos.

Terceiro, o trabalho dos colonos ingleses não só poderá dar um produto maior e mais valioso, mas, em consequência da moderação de suas taxas, também uma maior proporção desta produção pertence a eles mesmos, que podem armazenar e empregar para pôr em movimento quantidade ainda maior de trabalho. Os colonos ingleses ainda não contribuíram com nada para a defesa de sua terra-mãe, ou para

---

[2] Trata-se do *jus majoratus*. (N.T.)

apoiar seu governo civil. Eles mesmos, pelo contrário, até agora foram defendidos quase inteiramente a expensas da terra-mãe. Mas a despesa de frotas e exércitos está desproporcionada, acima da despesa necessária do governo civil. A despesa de seu próprio governo civil sempre foi muito moderada. Geralmente tem sido confinada ao necessário para pagar os competentes salários ao governador, aos juízes e a alguns oficiais de polícia, e para manter alguns dos serviços públicos mais úteis. A despesa do estabelecimento civil da baía de Massachussets, antes do começo dos atuais distúrbios, costumava ser só de £18 000 por ano. O de Nova Hampshire e Rhode Island, £3 500 cada. O de Connecticut, £4 000. O de Nova York e Pensilvânia, £4500 cada. O de Nova Jersey, £1 200. O de Virgínia e Carolina do Sul £8 000 cada. Os estabelecimentos civis da Nova Escócia e Geórgia são parcialmente suportados por uma verba anual do parlamento. Mas a Nova Escócia paga também cerca de £7 000 por ano para as despesas públicas da colônia, e a Geórgia cerca de £2 500 por ano. Todos os estabelecimentos civis da América do Norte, em resumo, excluindo os de Maryland e Carolina do Norte, dos quais não se conseguiu a conta exata, antes do começo dos atuais distúrbios não custava a seus habitantes mais de £64 700 por ano; um memorável exemplo de como pode ser pequena a despesa para não só se governar, mas governar bem três milhões de pessoas. A parte mais importante da despesa do governo, com efeito, aquela de defesa e proteção, constantemente recaiu sobre a terra-mãe. O cerimonial também do governo civil nas colônias, pela recepção de um novo governador, pela abertura de uma nova assembleia etc., se bem que suficientemente decente, não é acompanhado por qualquer pompa dispendiosa ou parada. Seu governo eclesiástico é conduzido num plano igualmente frugal. Os dízimos são desconhecidos entre eles, e seu clero, longe de ser numeroso, é mantido por estipêndios moderados ou pelas contribuições involuntárias do povo. O poder de Espanha e Portugal, ao contrário, deriva algum apoio das taxas levantadas em suas colônias. A França, com efeito, nunca retirou nenhuma renda considerável de suas colônias, as taxas nelas levantadas sendo geralmente gastas entre elas. Mas o governo colonial destas três nações é conduzido com um cerimonial muito mais dispendioso. As somas gastas pela recepção de um novo vice-rei do Peru, por exemplo, frequentemente foram enormes. Tais cerimoniais não só são taxas reais pagas pelos colonos ricos nestas ocasiões particulares, mas servem para introduzir entre eles o hábito da vaidade e despesas em todas as outras ocasiões. Não só são taxas ocasionais muito onerosas, mas contribuem para estabelecer taxas perpétuas da mesma espécie ainda mais onerosas: as taxas de luxo particular e extravagância. Nas colônias de todas aquelas três nações também, o governo eclesiástico é extremamente opressivo. Há dízimos em todos eles, e são levantados com o máximo rigor nas da Espanha e Portugal. Todas elas, aliás, são oprimidas com uma raça numerosa de freis mendicantes, cujas esmolas, não só sendo licenciadas, mas consagradas pela religião, são uma taxa pesada sobre as pessoas pobres, que são cuidadosamente ensinadas que é uma obrigação dar e um grande pecado recusar sua caridade. Além de tudo isto, em todas elas, o clero é o maior latifundiário.

Quarto, ao dispor de seu produto em excesso, as colônias inglesas foram mais favorecidas, e lhes foi permitido um mercado mais extenso do que o de qualquer outra nação europeia. Toda nação europeia procurou mais ou menos monopolizar o comércio de suas colônias e, por isso, proibiu os navios de nações estrangeiras de comerciar com elas e proibiu-as de importar artigos europeus de qualquer nação estrangeira. A maneira como este monopólio foi exercido em diferentes nações tem sido muito diversa.

Algumas nações passaram o comércio total com suas colônias a uma companhia exclusiva, de quem os colonos eram obrigados a comprar todos os artigos europeus que desejavam e à qual eram obrigados a vender o total de seu produto em excesso. Era de interesse da companhia, portanto, não só vender aquele o mais caro possível, e comprar este o mais barato possível, mas não mais, mesmo a baixo preço, do que poderiam vender a um alto preço na Europa. Era de seu interesse não só degradar em todos os casos o valor do produto em excesso da colônia, mas em muitos casos desencorajar e manter reduzido o aumento natural de sua quantidade. De todos os expedientes que podem ser maquinados para deter o crescimento natural de uma nova colônia, o de uma companhia exclusiva é, sem dúvida, o mais efetivo. Esta, porém, tem sido a política da Holanda, apesar de que sua companhia, no curso do presente século, abriu mão em muitos aspectos de exercer seu privilégio exclusivo. Esta também foi a política da Dinamarca até o reinado de seu último rei.[3] Tem

---

[3] Frederico V. (N.T.)

sido ocasionalmente a política da França, e ultimamente, desde 1755, depois de ter sido abandonada por todas as outras nações, haja vista seu absurdo, tornou-se a política de Portugal em relação a pelo menos duas das principais províncias do Brasil, Pernambuco e Maranhão.

Outras nações, sem estabelecer uma companhia exclusiva, confinaram todo o comércio de suas colônias a um porto em particular da terra-mãe, de onde nenhuma nau poderia zarpar, senão em comboio e em determinada estação, ou se isolada, em consequência de uma licença particular, que, na maioria dos casos, era muito bem paga. Essa política abria, de fato, o comércio das colônias a todos os nativos da terra-mãe, desde que comerciassem do porto adequado, na estação adequada e nas naus adequadas. Mas como os vários mercadores que reuniam seus capitais para equipar aquelas naus licenciadas achariam de seu interesse agir de acordo, o comércio exercido desta maneira necessariamente seria conduzido bem perto daqueles princípios de uma companhia exclusiva. O lucro daqueles comerciantes seria quase igualmente exorbitante e opressivo. As colônias seriam mal supridas e seriam obrigadas a comprar muito caro e vender muito barato. Esta, no entanto, até os últimos anos, sempre foi a política da Espanha, e o preço de todos os artigos europeus, correspondentemente, diz-se ser enorme nas Índias Ocidentais espanholas. Em Quito, conta-nos Ulloa, uma libra de ferro é vendida por £4 6d. e uma de aço, por £6 9d. Mas é principalmente para comprar artigos europeus que as colônias se desfazem de sua produção. Quanto mais, portanto, elas pagam por um, menos obtêm pelo outro, e o alto preço de um equivale ao baixo preço do outro. A política de Portugal, quanto a este aspecto, é a mesma que a antiga política da Espanha em relação a todas as suas colônias, exceto Pernambuco e Maranhão, e em relação a estas, ultimamente tem adotado uma ainda pior.

Outras nações deixam o mercado de suas colônias livre para todos os seus súditos, que podem exercê-lo de todos os portos do país, e que não têm ocasião para outra licença que não os despachos comuns da alfândega. Nesse caso, o número e a localização dispersa dos vários comerciantes impossibilitam-lhes entrar em qualquer combinação geral, e sua competição é suficiente para obstá-los de fazer lucros muito exorbitantes. Sob uma política tão liberal, as colônias ficam capacitadas tanto a vender seus produtos quanto a comprar os artigos europeus a um preço razoável. Mas desde a dissolução da Companhia de Plymouth, quando nossas colônias estavam em sua infância, sempre foi esta a política da Inglaterra. Foi, geralmente, também a da França, e assim tem sido uniformemente desde a dissolução do que na Inglaterra tem sido chamada de Companhia do Mississipi deles. Os lucros do comércio, portanto, que a França e a Inglaterra exercem com suas colônias, se bem que sem dúvida um pouco mais altos do que se a competição fosse livre com todas as outras nações, de modo algum são exorbitantes, e o preço da mercadoria europeia, correspondentemente, não é tão extravagantemente alto na maior parte das colônias de qualquer daquelas nações.

Na exportação de seu próprio excesso, só em relação a certas mercadorias que as colônias da Grã-Bretanha são confinadas ao mercado da terra-mãe. Estas comodidades, tendo sido enumeradas no Decreto da Navegação e em algumas leis subsequentes, foram chamadas *mercadorias enumeradas*. As outras são chamadas *não enumeradas* e podem ser exportadas diretamente a outros países desde que em navios britânicos ou das colônias, nos quais os proprietários e três quartos dos marujos sejam súditos britânicos.

Dentre as mercadorias não enumeradas estão alguns dos produtos mais importantes da América e Índias Ocidentais: grãos de toda espécie, madeira, salgados, peixe, açúcar e rum.

O grão é naturalmente o primeiro e principal objeto da cultura de todas as novas colônias. Permitindo para ele um extenso mercado, a lei os encoraja a ampliar esta cultura muito além do consumo de um país esparsamente habitado, proporcionando antecipadamente uma ampla subsistência para uma população que aumenta sempre.

Num país bastante coberto de florestas, onde a madeira, portanto, é de pouco ou nenhum valor, a despesa de desmatamento é o principal obstáculo ao progresso. Dando às colônias um mercado extenso para sua madeira, a lei procura facilitar o progresso elevando o preço de uma mercadoria que de outro modo seria de muito pouco valor, portanto lhes permitindo fazer algum lucro com o que de outra maneira seria pura despesa.

Num país nem meio povoado nem meio cultivado, o gado naturalmente multiplica-se além do consumo dos habitantes e, por causa disto, costuma ser de pouco ou nenhum valor. Mas é necessário, já se mostrou, que o preço do gado deveria manter certa proporção com o do trigo antes que a maior parte das terras de qualquer país possa ser melhorada. Dando ao gado americano, em toda forma, morto ou vivo, um amplo mercado, a lei procura elevar o valor de uma mercadoria cujo alto preço é tão essencial ao progresso. Os bons efeitos desta liberdade, porém, devem ser um pouco diminuídos pelo 4º de Jorge III, cap. 15, que coloca couros e peles entre as mercadorias enumeradas, tendendo a reduzir o valor do gado americano.

Para elevar os fretes marítimos e o poderio naval britânicos, pela ampliação da pesca em nossas colônias, é coisa que a legislatura parece ter mantido em vista quase constantemente. Essas companhias de pesca, por causa disso, tiveram todo o encorajamento que a liberdade lhes pode dar e floresceram de acordo. A pesca da Nova Inglaterra em particular, antes dos últimos distúrbios, era uma das mais importantes, talvez, do mundo. A pesca da baleia, apesar de um incentivo extravagante, é tão pouco exercida na Inglaterra que, na opinião de muitos (que não pretendo endossar), a produção total não excede muito o valor dos incentivos que anualmente são pagos por ela; na Nova Inglaterra, por outro lado, é intensamente exercida sem nenhum incentivo. O peixe é um dos principais artigos com que os norte-americanos comerciam com a Espanha, Portugal e Mediterrâneo.

O açúcar originalmente era uma mercadoria enumerada que podia ser exportada apenas para a Grã-Bretanha. Mas, em 1731, por uma representação dos plantadores de açúcar, sua exportação foi permitida para todas as partes do mundo. As restrições, porém, com que esta liberdade foi garantida, unidas ao alto preço do açúcar na Inglaterra, tornaram-na, em grande medida, ineficaz. A Grã-Bretanha e suas colônias continuam a ser quase o único mercado para todo o açúcar produzido nas plantações britânicas. Seu consumo cresce tão depressa que, apesar do progresso da Jamaica, bem como das ilhas Cede, a importação do açúcar cresceu grandemente nos últimos vinte anos, e a exportação a países estrangeiros diz-se não ser muito maior que antes.

O rum é um artigo muito importante no mercado que os americanos exercem na costa da África, de onde trazem escravos negros.

Se toda a produção em excesso da América, em grãos de toda espécie, sal e peixe, fosse incluída na enumeração, e assim forçada para o comércio na Grã-Bretanha, teria interferido demasiado com o produto da indústria de nosso próprio povo. Provavelmente não foi tanto em consideração ao interesse da América como prevenção contra esta interferência que aquelas mercadorias importantes não só foram mantidas fora da enumeração, mas que a importação para a Inglaterra de todo grão, exceto arroz e sal, no estado ordinário da lei, foi proibida.

As mercadorias não enumeradas poderiam originalmente ser exportadas a todas as partes do mundo. Madeira e arroz, uma vez incluídos na enumeração, quando depois foram removidos dela, ficaram confinados, quanto ao mercado europeu, aos países ao sul do cabo Finisterra. Pelo 6º de Jorge III, cap. 52, todas as mercadorias não enumeradas estavam sujeitas à mesma restrição. As regiões da Europa ao sul do cabo Finisterra não são países manufatureiros, e tinham menos prevenção contra os navios das colônias levarem embora quaisquer manufaturas que poderiam interferir com as nossas.

As mercadorias enumeradas são de duas espécies: primeira, os produtos peculiares da América, ou que não podem ser produzidos, ou que não são produzidos na terra-mãe. Deste tipo são: melaço, café, coco, tabaco, pimenta, gengibre, barbatanas de baleia, seda bruta, lã, peles de castor e outras peles típicas da América, índigo, tatajuba e outras madeiras de tintura; segunda, as que não são produtos peculiares da América, mas que são e podem ser produzidas na terra-mãe, mas não em quantidade que supra a maior parte de sua demanda, principalmente suprida de países estrangeiros. Deste tipo é o equipamento naval, mastros, cordas, mastros de proa, alcatrão, piche, terebentina, ferro em barras, minério de cobre, couros e peles, vasos e cinzas de pérolas. A maior importação das mercadorias da primeira espécie não poderia desencorajar o crescimento ou interferir com as vendas de qualquer parte da produção da terra-mãe. Confinando-as ao mercado interno, nossos comerciantes, esperava-se, não só poderiam comprá-las mais barato nas colônias, e consequentemente vendê-las com melhor lucro em seu país, mas estabelecer entre as colônias e os países estrangeiros um vantajoso negócio de transportes, do qual a Inglaterra deveria ser necessariamente o centro ou entreposto, como o país europeu para o qual essas mercadorias deveriam ser primeiro importadas. A importação de mercadorias da segunda espécie poderia ser controlada também, supunha-se, de modo a interferir não com a venda das de mesma espécie produzida no país, mas com as que eram importadas de países estrangeiros; porque, por meio das taxas adequadas, podem ser tornar sempre um pouco mais caras que as primeiras, e ainda assim bem mais baratas que as últimas. Confinando tais mercadorias ao mercado interno, foi proposto desencorajar o produto não da Inglaterra, mas de alguns países estrangeiros com que o balanço comercial era julgado desfavorável à Inglaterra.

A proibição de exportar, das colônias a qualquer outro país que não a Inglaterra, mastros, cordas, quilhas, alcatrão, piche e terebintina naturalmente tendia a baixar o preço da madeira nas colônias e consequentemente aumentar a despesa de desimpedir suas terras, principal obstáculo a seu desenvolvimento. Mas perto do começo deste século, em 1703, a companhia de alcatrão e piche da Suécia tentou elevar o preço de seus artigos na Grã-Bretanha, proibindo sua exportação, exceto nos próprios navios, a seu preço e nas quantidades que julgava adequadas. Para contrabalançar esta notável peça de política mercantil, e tornar-se o mais possível independente, não só da Suécia mas de todas as outras potências nórdicas, a Grã-Bretanha deu um incentivo sobre a importação de equipamento naval da América, e o efeito deste incentivo foi elevar o preço da madeira na América, muito mais que o confinamento ao mercado interno poderia baixá-lo; e como ambos os regulamentos foram decretados simultaneamente, seu efeito conjunto foi mais encorajar do que desencorajar o desmatamento na América.

Apesar de o ferro em barras e lingotes terem sido colocados entre as mercadorias enumeradas e, importados da América, estavam isentos de taxas consideráveis a que estão sujeitos quando importados de qualquer outro país, uma parte da regulamentação contribui mais para a ereção de fornos na América do que a outra para desencorajá-la. Não há manufatura que ocasione mais consumo de madeira que um forno, ou que possa contribuir tanto para o desmatamento de um país coberto de florestas.

A tendência de algumas destas regulamentações para elevar o valor da madeira na América, e assim facilitar o desmatamento da terra, não foi pretendida nem entendida pela legislatura. Não obstante seus efeitos benéficos neste ponto serem acidentais, não foram menos reais por isso.

A mais perfeita liberdade de comércio é permitida entre as colônias britânicas da América e as Índias Ocidentais, nas mercadorias enumeradas e não enumeradas. Essas colônias agora estão tão populosas e progressistas que cada uma delas acha em alguma das outras um grande e extenso mercado para toda parte de sua produção. Todas consideradas juntas, elas fazem um grande mercado interno para o produto umas das outras.

A liberalidade da Inglaterra, porém, para com o comércio de suas colônias foi confinada principalmente ao que concerne o mercado de seu produto, quer em seu estado bruto, ou no que pode ser chamado o primeiro estágio da manufatura. As manufaturas mais avançadas ou mais refinadas do produto colonial, os mercadores e manufatureiros ingleses escolhem reservar para si mesmos, e prevaleceram sobre a legislatura para prevenir seu estabelecimento nas colônias, por vezes por impostos elevados, por vezes por proibições absolutas.

Enquanto, por exemplo, os açúcares mascavos das plantações britânicas pagam para importação apenas 6s. 4d. o *hundredweight;* os açúcares brancos pagam £1 1s. 1d.; e refinados, duplos ou simples, em pães, £4 2s. 5 8/20d, Quando aquelas taxas elevadas foram impostas, a Grã-Bretanha era o único, e ainda continua a ser o principal mercado para o qual os açúcares das colônias britânicas podiam ser exportados. Resultava numa proibição, de início, de tratar ou refinar açúcar para qualquer mercado estrangeiro, e atualmente, de tratá-lo para o mercado, o que elimina talvez mais de nove décimos de toda a produção. A manufatura do tratamento ou refino do açúcar, se bem que floresceu em todas as colônias açucareiras da França, foi pouco cultivada nas da Inglaterra, exceto pelo mercado das colônias. Enquanto Granada estava nas mãos dos franceses, tinha uma refinaria de açúcar rudimentar ao menos, em quase toda plantação. Quando passou às mãos dos ingleses, quase todas as instalações foram abandonadas e atualmente, em outubro de 1773, estou seguro de que não há mais de duas ou três remanescentes. Porém, por uma indulgência da alfândega, o açúcar refinado, se reduzindo a pó, é comumente importado como mascavo.

Ao passo que a Grã-Bretanha encoraja na América as manufaturas de ferro em barra e em lingote, isentando-as de taxas a que tais artigos estão sujeitos quando importados de qualquer outro país, impõe uma proibição absoluta à ereção de fornos de aço e forjas em qualquer de suas colônias americanas. Não tolera que seus colonos trabalhem nas manufaturas mais refinadas mesmo para seu próprio consumo, mas insiste que comprem de seus comerciantes e manufatureiros todos os artigos deste tipo de que precisarem.

Proíbe a exportação de uma província para outra por água, e mesmo o transporte terrestre a cavalo ou em carroça, de chapéus, lãs e algodão, de produção americana; um regulamento que efetivamente previne o estabelecimento de qualquer manufatura de tais comodidades para venda a distância e confina a indústria de seus colonos assim a manufaturas grosseiras e caseiras que uma família geralmente faz para o próprio uso ou para o de alguns de seus vizinhos na mesma província.

Proibir um grande povo, porém, de fazer tudo o que pode de cada parte de sua produção, ou de empregar seu capital e indústria do modo que julgarem mais vantajoso para eles mesmos, é uma violação manifesta dos mais sagrados direitos da humanidade. Injusta, porém, como podem ser tais proibições, até agora não foram muito danosas para as colônias. A terra é ainda tão barata, e, consequentemente, o trabalho tão caro entre elas, que podem importar da terra-mãe quase todas as manufaturas mais refinadas ou mais adiantadas mais barato do que as poderiam fazer para si mesmos. Se não foram proibidos de estabelecer tais manufaturas, em seu atual estado de aperfeiçoamento, uma visão do próprio interesse provavelmente os impediria de fazê-lo. Em seu atual estado de progresso essas proibições, talvez, sem paralisar sua indústria, ou restringi-la de qualquer emprego para a qual se dirigiria por si só, são apenas rótulos impertinentes de servidão imposta, sem qualquer razão suficiente, pela inveja sem base dos comerciantes e manufatureiros da terra-mãe. Num estado mais avançado, poderiam ser realmente opressivas e insuportáveis.

A Grã-Bretanha também, ao confinar ao próprio mercado alguns dos produtos mais importantes das colônias, em compensação dá a algumas delas uma vantagem naquele mercado, por vezes impondo taxas mais altas sobre as produções semelhantes quando importadas de outros países, e por vezes dando incentivos sobre sua importação das colônias. Do primeiro modo, ela dá uma vantagem no mercado interno ao açúcar, tabaco e ferro das próprias colônias, e o segundo, à sua seda bruta, a seu cânhamo e linho, ao seu índigo, a seus equipamentos navais, e à sua madeira para construção. Esta segunda maneira de encorajar o produto das colônias por incentivos sobre a importação, até quanto pude depreender, peculiar à Grã-Bretanha. A primeira, não. Portugal não se contenta com impor taxas mais altas sobre a importação do tabaco de qualquer outro país, mas a proíbe sob as mais severas penalidades.

Em relação à importação de artigos da Europa, a Inglaterra igualmente tratou mais liberalmente com suas colônias do que qualquer outra nação.

A Grã-Bretanha permite que uma parte, quase a metade, geralmente uma porção maior, e por vezes o total da taxa que é paga sobre a importação de bens estrangeiros, seja removida sobre sua exportação a qualquer país estrangeiro. Nenhum país independente, foi fácil prever, as receberia se viessem a eles carregadas com as pesadas taxas a que quase todas as mercadorias estrangeiras são submetidas em sua importação para a Grã-Bretanha. A menos, portanto, que alguma parte daquelas taxas sobre a exportação fosse removida, haveria um fim ao comércio de transportes; um comércio muito favorecido pelo sistema mercantil.

Nossas colônias, porém, de modo algum são países estrangeiros; e a Grã-Bretanha, assumindo para si o direito exclusivo de fornecer-lhes todas as mercadorias europeias, poderia tê-las forçado (da mesma maneira que outros países fizeram com suas colônias) a receber tais mercadorias carregadas com todas aquelas mesmas taxas que pagam na terra-mãe. Mas ao contrário, até 1763, as mesmas isenções eram pagas sobre a exportação da maior parte dos bens estrangeiros a nossas colônias como a qualquer país estrangeiro independente. Em 1763, de fato, pelo 4º de Jorge III, cap. 15, esta indulgência foi bastante atenuada, e foi decretado "que parte alguma da taxa chamada subsídio velho seria removida para quaisquer artigos de cultivo, produção ou manufatura da Europa ou Índias Orientais, a ser exportados deste reino a qualquer colônia britânica ou plantação na América; à exceção de vinhos, algodões finos e musselinas". Antes desta lei, muitas espécies de artigos diferentes podiam ser compradas mais barato nas colônias do que na terra-mãe, e com algumas ainda é assim.

Da maior parte das regulamentações concernentes ao comércio das colônias, os comerciantes que o exercem, deve ser observado, foram os principais conselheiros. Não devemos nos admirar, portanto, se na maior parte delas seu interesse foi mais considerado que o das colônias ou da terra-mãe. Em seu privilégio exclusivo de suprir as colônias com todos os artigos que queriam da Europa, e de comprar todas as partes de seu produto em excesso que não interferiria com qualquer negócio que exercem em seu país, o interesse das colônias foi sacrificado ao interesse daqueles comerciantes. Ao permitir as mesmas isenções para a reexportação da maior parte dos artigos europeus e das Índias Orientais para as colônias, bem como sua reexportação para qualquer país independente, o interesse da terra-mãe foi sacrificado, mesmo de acordo com as ideias mercantis daquele interesse. Foi do interesse dos comerciantes pagar o mínimo possível pela mercadoria estrangeira que enviavam às colônias e, consequentemente, obter de volta tanto quanto possível das taxas que adiantavam sobre a sua importação para a Grã-Bretanha. Com isto poderiam vender nas colônias a mesma quantidade de mercadoria com maior lucro, ou maior quantidade com o mesmo lucro, e consequentemente ganhar de uma maneira ou de outra. Igualmente foi para o interesse das colônias conseguir todas essas mercadorias tão barato e na maior abundância possível. Mas isto poderia não ser sempre para o interesse da terra-mãe. Esta poderia sofrer frequentemente em seus rendimentos, devolvendo grande parte das taxas pagas sobre a importação das mercadorias; e em suas manufaturas, vencida pelo baixo preço no mercado colonial, em consequência das facilidades com que as mercadorias estrangeiras poderiam ser carregadas para lá por meio dessas isenções. O progresso da manufatura de linho da Grã-Bretanha, costuma-se dizer, foi bastante retardado pelas isenções sobre a reexportação do linho alemão para as colônias americanas.

Mas se a política da Grã-Bretanha em relação ao comércio de suas colônias foi ditada pelo mesmo espírito mercantil de outras nações, no todo, foi menos iliberal e opressiva do que com qualquer delas.

Em tudo, exceto seu comércio exterior, a liberdade dos colonos ingleses para dirigir seus próprios negócios é completa. Em todo aspecto é igual à de seus concidadãos ingleses, e garantida da mesma maneira por uma assembleia de representantes do povo, que reclamam unicamente o privilégio de impor taxas para apoiar o governo colonial. A autoridade desta assembleia sobrepuja o poder executivo, e nem o mais mesquinho nem o mais obnóxio colono, enquanto obedecer à lei, nada tem a temer do ressentimento, quer do governador, quer de algum outro oficial civil ou militar da província. As assembleias das colônias, porém, como a Câmara dos Comuns na Inglaterra, não são sempre uma representação muito equitativa do povo, se bem que se aproximam mais daquele caráter; e como o poder executivo não tem meios para corrompê-las, ou por conta do apoio que recebe da terra-mãe, não tem a necessidade de fazê-lo, são talvez mais influenciadas pelas inclinações de seus constituintes. Os conselhos que, nas legislaturas das colônias, correspondem à Câmara dos Comuns na Grã-Bretanha, não são compostos de uma nobreza hereditária. Em algumas das colônias, como em três dos governos da Nova Inglaterra, esses conselhos não são nomeados pelo rei, mas escolhidos pelos representantes do povo. Em nenhuma das colônias inglesas há uma nobreza hereditária. Em todas elas, de fato, como em todos os países livres, o descendente de uma antiga família de colonos é mais respeitado que um recém-chegado de igual mérito e fortuna, mas ele é apenas mais respeitado, e não tem privilégios pelos quais possa causar problemas a seus vizinhos. Antes do começo dos atuais distúrbios, as assembleias coloniais não só tinham o poder legislativo, mas uma parte do poder executivo. Em Connecticut e Rhode Island, elegeram o governador. Nas outras colônias, apontaram os oficiais das rendas que coletavam as taxas impostas por aquelas assembleias, perante as quais aqueles funcionários eram imediatamente responsáveis. Há mais igualdade, portanto, entre os colonos ingleses do que entre os habitantes da terra-mãe. Seus costumes são mais republicanos e seus governos, os de três das províncias da Nova Inglaterra em particular, até agora têm sido mais republicanos também.

Os governos absolutistas da Espanha, Portugal e França, ao contrário, têm lugar em suas colônias; e os poderes discricionários que tais governos comumente delegam a todos os seus funcionários inferiores são, por causa da grande distância, naturalmente exercidos lá com mais que a violência comum. Sob todos os governos absolutistas há mais liberdade na capital do que em qualquer parte do país. O próprio soberano pode não ter interesse ou inclinação para perverter a ordem da justiça ou oprimir o grande corpo do povo. Na capital, a sua presença sobrepuja mais ou menos a todos os seus inferiores que, nas províncias mais remotas, de onde as queixas do povo têm menos probabilidade de atingi-lo, podem exercer sua tirania com muito mais segurança. Mas as colônias europeias na América são mais remotas que as províncias mais distantes dos maiores impérios antes conhecidos. O governo das colônias inglesas é talvez o único que, desde o começo do mundo, pode dar perfeita segurança aos habitantes de província tão longínqua. A administração das colônias francesas, porém, sempre foi conduzida com mais delicadeza e moderação do que as da Espanha e Portugal. Esta superioridade de conduta é adequada tanto ao caráter da nação francesa quanto ao que forma o caráter de toda nação, a natureza de seu governo, que, embora arbitrário e violento em comparação com o da Grã-Bretanha, é legal e livre em comparação com os da Espanha e Portugal.

É no progresso das colônias norte-americanas, porém, que a superioridade da política inglesa mais se destaca. O progresso das colônias açucareiras da França foi pelo menos igual, talvez superior, ao da maior parte das da Inglaterra, e ainda as colônias açucareiras inglesas gozam de um governo livre quase da mesma espécie daquele que tem lugar nas colônias norte-americanas. Mas as colônias de açúcar da França não são desencorajadas, como as da Inglaterra, de refinar seu próprio açúcar, e, o que é ainda de maior importância, o gênio de seu governo naturalmente introduz um melhor governo de seus escravos negros.

Em todas as colônias europeias, a cultura da cana de açúcar é exercida por escravos negros. A constituição dos que nascem no clima temperado da Europa não poderia, supõe-se, suportar o trabalho de cavar o chão sob o sol calcinante das Índias Ocidentais; e a cultura da cana de açúcar, como é administrada atualmente, é trabalho braçal, se bem que, na opinião de muitos, o arado poderia ser introduzido nela com grande vantagem. Mas, como o lucro e sucesso do cultivo exercido por meio de gado depende muito no bom cuidado do gado, o lucro e o sucesso do que é feito por escravos deve depender igualmente no bom cuidado destes escravos; e na boa administração de seus escravos os plantadores franceses, creio que geralmente se admite, são superiores aos ingleses. A lei, enquanto dá alguma fraca proteção ao escravo contra a violência de seu senhor, provavelmente será melhor executada numa colônia onde o governo é arbitrário em medida maior do que numa onde é totalmente livre. Em todo país onde a desgraçada lei da escravidão é estabelecida, o magistrado, ao proteger o escravo, intromete-se em alguma medida na propriedade particular do senhor, e num país livre, onde o senhor poderá ser membro da assembleia da colônia, ou um eleitor de um destes membros, não se atreverá a fazer isso senão com o maior cuidado e circunspecção. O respeito que é obrigado a mostrar ao proprietário torna-lhe mais difícil proteger o escravo. Mas num país onde o governo é em grande medida arbitrário, onde é usual para o magistrado intrometer-se mesmo no governo da propriedade privada dos indivíduos e enviar-lhes, talvez, se não administram de acordo com seu gosto, uma *lettre de cachet*, é muito mais fácil para ele dar alguma proteção ao escravo, e a comum humanidade naturalmente o dispõe a fazê-lo. A proteção do magistrado torna o escravo menos desprezível aos olhos de seu senhor, que assim é induzido a considerá-lo mais e tratá-lo com mais gentileza. O trato gentil torna o escravo não só mais fiel, mas mais inteligente, e, portanto, duplamente mais útil. Aproxima-se mais da condição de servo livre e pode possuir algum grau de integridade e apego ao interesse de seu senhor, virtudes que frequentemente pertencem a servos livres, mas que nunca podem pertencer a um escravo que é tratado como nos países onde o senhor fica perfeitamente livre e seguro.

Que a condição de um escravo é melhor sob um governo arbitrário do que livre é, creio eu, apoiada pela história de todas as eras e nações. Na história romana, a primeira vez que lemos do magistrado interpondo-se para proteger o escravo da violência de seu senhor, é sob os imperadores. Quando Vedius Pollio, na presença de Augusto, ordenou que um de seus escravos, que cometera uma falta leve, fosse cortado em pedaços e lançado em seu tanque de peixes para alimentá-los, o imperador ordenou-lhe, com indignação, que emancipasse imediatamente não só aquele escravo, mas todos os outros que lhe pertenciam. Sob a república, nenhum magistrado poderia ter tido autoridade suficiente para proteger o escravo, muito menos para punir o seu senhor.

O capital, deve-se observar, que promoveu as colônias de açúcar da França, particularmente a colônia de Santo Domingo, foi levantado quase inteiramente do aperfeiçoamento e cultivo daquelas colônias. Foi quase totalmente o produto do solo e da indústria das colônias, ou, o que dá no mesmo, o preço daquele produto gradualmente acumulado pela boa administração, e empregado em levantar uma produção ainda maior. Mas o capital que aperfeiçoou e cultivou as colônias de açúcar da Inglaterra, em grande parte, foi enviado da Inglaterra, e de modo algum tem sido inteiramente o produto do solo e da indústria dos colonos. A prosperidade das colônias de açúcar inglesas, em grande parte, tem sido devida às grandes riquezas da Inglaterra, das quais uma parte transbordou, se assim se pode dizer, para estas colônias. Mas a prosperidade das colônias açucareiras francesas deveu-se inteiramente à boa conduta dos colonos, que portanto devem ter alguma superioridade sobre à dos ingleses, e esta superioridade foi observada principalmente na boa direção de seus escravos.

Tais foram as diretrizes gerais da política das várias nações europeias em relação às suas colônias.

A política da Europa, portanto, tem muito pouco do que se gabar, quer no estabelecimento original, ou tanto quanto concerne a seu governo interno, na subsequente prosperidade das colônias da América.

A insensatez e a injustiça parecem ter sido os princípios que presidiram e dirigiram o primeiro projeto de estabelecer essas colônias; a loucura da cata de minas de ouro e prata, e a injustiça de cobiçar a posse de uma terra cujos nativos inofensivos, longe de terem feito mal ao povo da Europa, receberam os primeiros aventureiros com todo sinal de bondade e hospitalidade.

Os aventureiros, de fato, que formaram alguns dos últimos estabelecimentos, juntaram ao projeto quimérico de achar minas de ouro e prata outros motivos mais razoáveis e louváveis, mas mesmo estes motivos honram muito pouco a política da Europa.

Os puritanos ingleses, restringidos em seu país, procuraram a liberdade na América e estabeleceram lá os quatro governos da Nova Inglaterra. Os católicos ingleses, tratados com muito maior injustiça, estabeleceram o de Maryland; os *quakers*, o da Pensilvânia. Os judeus portugueses, perseguidos pela Inquisição, despojados de suas fortunas e banidos para o Brasil, introduziram, por seu exemplo, alguma espécie de ordem e indústria entre os vilões e canalhas que foram os habitantes originais daquela colônia e ensinaram-lhes a cultura da cana de açúcar. Em todas essas diferentes ocasiões, não foram a sabedoria e a política, mas a desordem e a injustiça dos governos europeus que povoaram e cultivaram a América.

Ao efetuar alguns dos mais importantes destes estabelecimentos, os diversos governos da Europa tiveram tão pouco mérito quanto em projetá-los. A conquista do México foi o projeto não do conselho da Espanha, mas de um governador de Cuba, e foi efetivada pelo espírito do aventureiro ousado, a quem foi confiada, a despeito de tudo o que aquele governador, que logo se arrependeu de ter confiado em tal pessoa, poderia fazer para desviar. Os conquistadores do Chile e Peru, e de quase toda outra colônia espanhola no continente da América, não levaram consigo nenhum encorajamento público, mas uma permissão geral para estabelecer colônias e conquistas em nome do rei da Espanha. Estas aventuras eram todas ao risco e despesa particulares dos aventureiros. O governo da Espanha mal contribuiu com algo para qualquer um deles. O da Inglaterra contribuiu um pouco para efetivar o estabelecimento de algumas de suas colônias mais importantes na América do Norte.

Quando aqueles estabelecimentos foram implantados, e tornaram-se consideráveis a ponto de atrair a atenção da terra-mãe, as primeiras leis que esta fez em relação a elas sempre teve em vista assegurar o monopólio de seu comércio; confinar seu mercado e ampliar o próprio, às expensas delas, e consequentemente amortecer e desencorajar do que acelerar e impelir o curso de sua prosperidade. Nas diferentes maneiras pelas quais este monopólio foi exercido consiste uma das principais diferenças na política das várias nações europeias em relação às suas colônias. A melhor de todas, a da Inglaterra, é só um pouco menos iliberal e opressiva que qualquer das outras.

De que modo, então, a política europeia contribuiu quer para a implantação, quer para a presente grandeza das colônias da América? De um modo, e só neste, contribuiu bastante. *Magna virum Mater!* Gerou e formou os homens capazes de cumprir tais grandes ações e de assentar as fundações de tamanho império; e não há canto do mundo cuja política seja capaz de formar, ou que esteja formando, ou tenha formado tais homens. As colônias devem à política da Europa a educação e ampla visão de seus fundadores ativos e empreendedores; e alguns dos maiores e mais importantes deles, no que concerne a seu governo interno, devem a ela quase nada.

PARTE 3
DAS VANTAGENS QUE A EUROPA DERIVOU DA DESCOBERTA DA AMÉRICA E DA DE UMA PASSAGEM ÀS ÍNDIAS ORIENTAIS PELO CABO DA BOA ESPERANÇA

Tais são as vantagens que as colônias da América derivaram da política da Europa.

Quais são aquelas que a Europa derivou da descoberta e colonização da América?

Estas vantagens podem ser divididas, primeiro, nas vantagens gerais que a Europa, considerada como um só grande país, derivou daqueles grandes eventos; e segundo, das vantagens particulares que cada país colonizador derivou das colônias que lhe pertencem em particular, em consequência da autoridade ou domínio que exerce sobre elas.

As vantagens gerais que a Europa, considerada como um só grande país, derivou da descoberta e colonização da América consistem, primeiro, no aumento de seus rendimentos e, segundo, no aumento de sua indústria.

O produto em excesso da América, importado para a Europa, fornece aos habitantes deste grande continente uma grande variedade de mercadorias que de outro modo não poderiam possuir; algumas para conveniência e uso, outras para prazer, e algumas para ornamento, assim contribuindo para aumentar seu desfrute.

A descoberta e colonização da América, pode-se logo conceder, contribuíram para aumentar a indústria, primeiro, de todos os países que comerciam com ela diretamente, assim como Espanha, Portugal, França e Inglaterra, e, segundo, de todos aqueles que, sem comerciar com ela diretamente, enviam, por meio de outros países, mercadorias de sua própria produção, assim como a Flandres austríaca e algumas províncias da Alemanha que, por meio dos países acima mencionados, enviam a ela considerável quantidade de linho e outros bens. Todos estes países evidentemente ganharam um mercado mais extenso para seu excesso de produção e consequentemente devem ter sido encorajados para aumentar sua quantidade.

Mas que aqueles grandes eventos analogamente pudessem ter contribuído para encorajar a indústria de países assim como Hungria e Polônia, que talvez nunca enviaram uma só mercadoria de sua própria produção para a América, não seria totalmente evidente que estes eventos o fizeram, porém não se pode duvidar. Alguma parte do produto da América é consumida na Hungria e Polônia, e lá há alguma demanda para o açúcar, chocolate e tabaco daquele novo canto do mundo. Mas aquelas mercadorias precisam ser compradas com algo que seja produto da Hungria e Polônia ou com algo que foi comprado com alguma parte daquele produto. Essas mercadorias da América são novos valores, novos equivalentes, introduzidos na Hungria e na Polônia, para aí serem trocados pelo produto em excesso daqueles países. Sendo levadas para lá, criam um novo e mais extenso mercado para aquela produção em excesso. Elevam seu valor e, assim, contribuem para encorajar seu aumento. Mesmo que nenhuma parte dele seja levada para a América, pode ser levada a outros países que a compram com uma parte de sua fração do excesso de produção da América e pode encontrar mercado por meio da circulação daquele mercado que originalmente foi posto em movimento pelo produto excedente da América.

Aqueles grandes eventos podem mesmo ter contribuído para elevar os rendimentos e aumentar a indústria dos países que não só nunca enviaram mercadorias para a América, mas nunca receberam nenhuma dela. Mesmo tais países podem ter recebido uma maior abundância de suas comodidades de países cujo excedente de produção foi aumentado por meio do comércio americano. Esta maior abundância, como deve necessariamente ter aumentado seus rendimentos, analogamente deve ter aumentado sua indústria. Um maior número de novos equivalentes de uma ou outra espécie deve ter-lhes sido apresentado para ser trocado pelo produto em excesso daquela indústria. Um mercado mais extenso deve ter sido criado para aquele produto em excesso, para elevar seu valor e assim encorajar seu aumento. A massa de mercadorias anualmente lançada no grande círculo do comércio europeu, e por suas várias revoluções anualmente distribuídas entre todas as diferentes nações nele compreendidas, deve ter sido aumentada por toda a produção em excesso da América. Uma maior fração desta massa, portanto, pode recair para cada uma destas nações, aumentando seus rendimentos e sua indústria.

O comércio exclusivo da terra-mãe tende a diminuir ou pelo menos manter baixos o que de outro modo deveriam elevar: os rendimentos e a indústria de todas aquelas nações, em geral, e das colônias americanas, em particular. É um peso morto sobre a ação de uma das maiores molas que põe em movimento grande parte dos negócios da humanidade. Tornando o produto da colônia mais caro em todos os outros países, reduz seu consumo, assim obstaculando a indústria das colônias e os rendimentos e indústria de todos os outros países, que fruem menos quando pagam mais pelo que fruem, e produzem menos quando recebem menos pelo que produzem. Tornando o produto de todos os outros países mais caro nas colônias, obstacula da mesma maneira a indústria de todos os outros países, e tanto os rendimentos como a indústria das colônias. É uma válvula que, para o suposto benefício de alguns países em particular, embaraça os prazeres e impede a indústria de todos os outros. Não só exclui, tanto quanto possível, todos os outros países de um mercado em particular, mas confina, tanto quanto possível, as colônias em um mercado em particular; e a diferença é muito grande entre ser excluído de um mercado em particular, quando todos os outros estão abertos, e ser confinado em um mercado em particular, quando todos os outros estão fechados. A produção em excesso das colônias, entretanto, é a fonte original de todo aquele aumento de rendimentos e indústria que a Europa deriva da descoberta e colonização da América; e o comércio exclusivo das terras-mães tende a tornar esta fonte muito menos abundante do que de outro modo seria.

As vantagens particulares que cada país colonizador deriva das colônias que lhe pertencem são de dois tipos diferentes: primeiro, aquelas vantagens comuns que todo império deriva das províncias sujeitas ao seu domínio; segundo, aquelas vantagens peculiares que se supõe resultar das províncias de natureza tão peculiar quanto as colônias europeias da América.

As vantagens comuns que todo império deriva das províncias sujeitas ao seu domínio consistem, primeiro, na força militar que fornecem para sua defesa; segundo, na renda que fornecem para apoiar seu governo civil. As colônias romanas forneceram ocasionalmente um e outro. As colônias gregas por vezes forneceram força militar, mas dificilmente qualquer renda. Raramente se reconheciam súditos do domínio da cidade-mãe. Geralmente eram seus aliados na guerra, mas mui raramente seus súditos na paz.

As colônias europeias na América ainda não forneceram qualquer força militar para a defesa da terra-mãe. Sua força militar ainda não chegou a ser suficiente para sua própria defesa; e nas várias guerras em que as terras-mães se engajaram, a defesa de suas colônias geralmente ocasionou uma considerável divisão da força militar daqueles países. Neste aspecto, portanto, todas as colônias europeias, sem exceção, foram mais uma causa de fraqueza do que de força para suas respectivas terras-mães.

As colônias da Espanha e Portugal só contribuíram com alguma renda para a defesa da terra-mãe ou para apoiar seu governo civil. As taxas que foram levantadas nas de outras nações europeias, as da Inglaterra, em particular, raramente se igualaram à despesa com elas em tempo de paz, e nunca o suficiente para custear a que ocasionaram em tempo de guerra. Tais colônias, portanto, foram fonte de despesa e não de renda para suas respectivas terras-mães.

As vantagens de tais colônias para suas respectivas terras-mães consistem totalmente naquelas vantagens peculiares que se supõem resultar das províncias de natureza tão especial quanto as colônias europeias da América; e o comércio exclusivo, reconhece-se, é a única fonte de todas aquelas vantagens especiais.

Em consequência deste comércio exclusivo, toda aquela parte do excesso de produção das colônias inglesas, por exemplo, que consiste nas chamadas mercadorias enumeradas, não pode ser enviada a outro país que não a Inglaterra. Outros países devem comprá-la depois. Deve portanto ser mais barata na Inglaterra do que em qualquer outro país e deve contribuir mais para aumentar a fruição da Inglaterra do que de qualquer outro país. Analogamente deve contribuir mais para encorajar a sua indústria, pois por todas aquelas partes de seu próprio excesso de produção que a Inglaterra troca por aquelas mercadorias enumeradas, precisa conseguir um preço melhor do que qualquer outro país pode conseguir por partes iguais das deles, quando as trocam pelas mesmas mercadorias. As manufaturas da Inglaterra, por exemplo, comprarão uma maior quantidade do açúcar e tabaco de suas próprias colônias do que as manufaturas análogas de outros países que podem comprar daquele açúcar e tabaco. Assim, como as manufaturas da Inglaterra e as de outros países têm de ser trocadas pelo açúcar e tabaco das colônias inglesas, esta superioridade de preço dá encorajamento à primeira além do que a segunda pode desfrutar, nestas circunstâncias. O comércio exclusivo das colônias, portanto, diminui ou mantém-se abaixo do que de outro modo atingiriam a fruição e indústria dos países que não o possuem; assim, dá uma vantagem evidente aos países que o detêm em relação aos outros países.

Esta vantagem, porém, se mostrará mais relativa do que absoluta; e para dar uma superioridade ao país que dela desfruta, deprimindo a indústria e a produção de outros países, em vez de elevar as daquele país em particular acima do que atingiriam naturalmente no caso de um comércio livre.

O tabaco de Maryland e Virgínia, por exemplo, por meio do monopólio que a Inglaterra detém, certamente chega mais barato à Inglaterra do que à França, para quem a Inglaterra comumente vende parte considerável dele. Mas se a França e todos os outros países europeus sempre pudessem ter tido comércio livre com Maryland e Virgínia, o tabaco destas colônias poderia, a esta altura, chegar mais barato não só a todos esses outros países, mas também à Inglaterra. A produção de tabaco, em consequência de um mercado tão mais extenso do que qualquer que tenha desfrutado até agora, poderia, a esta altura, ter aumentado a ponto de reduzir os lucros de uma plantação de tabaco a seu nível normal como uma plantação de trigo, acima da qual ainda se supõe que estejam. O preço do tabaco poderia, e provavelmente teria, a esta altura, caído um pouco abaixo do que é atualmente. Uma quantidade igual das mercadorias da Inglaterra ou daqueles outros países poderia ter comprado em Maryland e Virgínia uma quantidade de tabaco maior do que pode atualmente e, consequentemente, ser vendida lá por um preço igualmente melhor. Enquanto essa semente, portanto, por seu baixo preço e abundância pode aumentar as fruições ou aumentar a indústria quer da Inglaterra, quer de qualquer outro país, provavelmente, no caso de um comércio livre, teria produzido ambos estes efeitos num grau um pouco maior do que pode presentemente. A Inglaterra, de fato, neste caso não teria nenhuma vantagem sobre outros países. Poderia comprar o tabaco de suas colônias um pouco mais barato e consequentemente venderia algumas de suas mercadorias um pouco mais caras do que atualmente o faz. Mas não poderia comprar uma mais barata e vender a outra mais cara do que qualquer outro país poderia fazer. Poderia, quiçá, ter ganho uma vantagem absoluta, mas perderia uma relativa.

No entanto, para obter esta vantagem relativa no comércio colonial, para executar o projeto insidioso e maligno de excluir ao máximo outras nações de qualquer parte nele, a Inglaterra, e há razões muito prováveis para crer, não só sacrificou parte da vantagem absoluta que ela, bem como toda outra nação, poderia derivar daquele comércio, mas sujeitou-se a uma desvantagem absoluta e relativa em quase qualquer outro ramo do comércio.

Quando, pela Lei da Navegação, a Inglaterra assumiu o monopólio do comércio das colônias, os capitais estrangeiros que antes foram empregados nele necessariamente foram retirados. O capital inglês, que antes exercera somente parte dele, agora tinha de exercê-lo inteiramente. O capital que antes suprira as colônias apenas com uma parte dos bens que desejavam da Europa era agora tudo o que era empregado para suprir-lhes com o todo. Mas não conseguia suprir-las de tudo, e as mercadorias que conseguia suprir eram necessariamente vendidas muito caro. O capital que antes comprava apenas parte da produção em excesso das colônias agora era todo empregado para comprar o todo. Mas não podia comprar tudo sequer perto do preço antigo, e, portanto, o que quer que comprasse teria de ser muito barato. Mas num emprego de capital em que o mercador vendia muito caro e comprava muito barato, o lucro precisaria ser muito grande, e muito acima do nível ordinário de lucro em outros ramos do comércio. Esta superioridade do lucro no comércio com as colônias não poderia deixar de tirar de outros ramos do comércio uma parte do capital que antes fora empregada neles. Mas esta revulsão do capital, que deve ter aumentado gradualmente a competição de capitais no comércio colonial, deve ter gradualmente diminuído aquela competição em todos os outros ramos do comércio, pois deve ter gradualmente baixado os lucros de um para gradualmente elevar os lucros de outro, até que os lucros de todos chegassem a um novo nível, diferente e um pouco mais alto do que antes.

Este duplo efeito de retirar capital de outros negócios e elevar a taxa de lucro um pouco acima do que poderia em todos os outros não só foi produzido por este monopólio sobre seu primeiro estabelecimento, mas continuou a ser produzido por ele desde então.

Primeiro, este monopólio continuamente tem removido capital de todos os outros negócios a ser empregado no das colônias.

Se bem que a riqueza da Grã-Bretanha tenha aumentado muito desde o estabelecimento da Lei da Navegação, certamente não aumentou na mesma proporção que a das colônias. Mas o comércio exterior de todo país naturalmente aumenta em proporção à sua riqueza, seu produto em excesso, em proporção a seu produto total; e a Grã-Bretanha, tendo açambarcado quase tudo do que pode ser chamado comércio exterior das colônias, e seu capital não tendo aumentado na mesma proporção que a extensão daquele comércio, não podia exercê-lo sem continuamente remover de outros ramos do comércio parte do capital que antes fora empregado neles, bem como retirar-lhes muito mais do que de outro modo lhes seria destinado. Desde o estabelecimento da Lei da Navegação, correspondentemente, o comércio das colônias tem aumentado continuamente, ao passo que muitos outros ramos do comércio exterior, particularmente para outras partes da Europa, têm continuamente decaído. Nossas manufaturas para vendas ao exterior, em vez de adequar-se, como antes da Lei da Navegação, ao mercado vizinho da Europa, ou ao mais distante, dos países em torno do mar Mediterrâneo, na sua maioria, acomodaram-se ao ainda mais distante das colônias, ao mercado onde têm o monopólio, em vez daquele onde têm muitos competidores. As causas do decaimento de outros ramos do comércio exterior, que, de acordo com *sir* Matthew Decker e outros autores, origina-se no modo de taxação, excessivo e inadequado, no alto preço do trabalho, no aumento do luxo etc., podem ser todas encontradas no supercrescimento do comércio das colônias. O capital mercantil da Grã-Bretanha, se bem que muito grande, não sendo infinito, e se bem que grandemente aumentado desde a Lei da Navegação, não aumentando na mesma proporção que o comércio colonial, aquele comércio possivelmente não poderia se dar sem retirar alguma parte daquele capital de outros ramos do comércio, nem consequentemente sem alguma decadência daqueles outros ramos.

A Inglaterra, deve-se observar, era um grande país mercantil, e provável de se tornar maior a cada dia, não só antes da Lei da Navegação ter estabelecido o monopólio do comércio colonial, mas antes deste comércio se tornar considerável. Na guerra holandesa, durante o governo de Cromwel, sua marinha era superior à holandesa, e naquela que irrompeu no começo do reinado de Carlos II, era pelo menos igual, talvez superior, às marinhas unidas de França e Holanda. Sua superioridade, talvez, dificilmente pareceria maior em nossos dias; ao menos se a marinha holandesa mantivesse a mesma proporção com o comércio que tinha então. Mas esta grande potência naval não poderia, em nenhuma daquelas guerras, ser devida à Lei da Navegação. Durante a primeira delas, o plano daquela lei mal estava formado; e muito embora antes do irrompimento da segunda estivesse totalmente decretada por autoridade legal, nenhuma parte dela teria tido tempo para causar qualquer efeito considerável, e muito menos aquela parte que estabelecia o comércio exclusivo com as colônias. Tanto as colônias como seu comércio eram desprezíveis então em comparação com o que são agora. A ilha da Jamaica era um deserto, pouco habitada e menos cultivada. Nova York e Nova Jersey estavam nas mãos dos holandeses; metade de São Cristóvão, nas dos franceses. A ilha de Antigua, as duas Carolinas, a Pensilvânia, a

Geórgia e Nova Escócia não estavam implantadas. Virgínia, Maryland e Nova Inglaterra estavam implantadas, e, mesmo não sendo colônias muito prósperas, não havia talvez, na Europa ou América, uma só pessoa que previsse ou sequer suspeitasse o rápido progresso que desde então fizeram em riqueza, população e aperfeiçoamentos. A ilha de Barbados, em suma, era a única colônia britânica de certa importância cuja condição da época tinha qualquer semelhança com o que é atualmente. O comércio das colônias, do qual a Inglaterra, mesmo algum tempo após a Lei da Navegação, participou apenas em parte (pois esta lei só foi executada estritamente vários anos após ter sido decretada), naquela época não poderia ter sido a causa do grande comércio inglês, nem da grande potência naval que era apoiada por aquele comércio. O comércio que naquela época apoiava aquela grande potência naval era o comércio da Europa e dos países à volta do Mar Mediterrâneo. Mas a fração que a Grã-Bretanha atualmente desfruta daquele comércio não poderia suportar qualquer grande potência naval. Se o crescente comércio das colônias tivesse sido deixado livre para todas as nações, qualquer que fosse sua fração que tivesse recaído para a Grã-Bretanha, e uma fração bastante considerável lhe teria recaído, deveria ter sido uma adição a este grande comércio que antes ela possuía. Em consequência do monopólio, o crescimento do comércio colonial não ocasionou tanto uma adição ao comércio que a Inglaterra tinha antes, mas uma total mudança em sua direção.

Segundo, este monopólio necessariamente contribuiu para manter elevada a taxa de lucro em todos os ramos do comércio inglês acima do que naturalmente teria sido, se todas as nações pudessem ter comércio livre com as colônias britânicas.

O monopólio do comércio colonial, como necessariamente atraiu para aquele comércio uma maior proporção do capital inglês do que para lá iria naturalmente, pela expulsão de todo capital estrangeiro, necessariamente reduziu toda a quantidade de capital empregada naquele comércio abaixo do que naturalmente seria no caso de comércio livre. Mas, reduzindo a competição de capitais naquele ramo do comércio, necessariamente elevou a taxa do lucro britânico em todos aqueles ramos do comércio. Qualquer que possa ter sido, em qualquer período particular, desde o estabelecimento da Lei da Navegação, o estado ou a extensão do capital mercantil inglês, o monopólio do comércio colonial deve, durante a continuação daquele estado, ter elevado a taxa ordinária do lucro britânico mais do que ocorreria naquele e em todos os outros ramos do comércio. Se, desde o estabelecimento da Lei da Navegação, a taxa ordinária do lucro britânico caiu consideravelmente, como certamente caiu, deve ter caído ainda mais, se o monopólio estabelecido por aquela lei não tivesse contribuído para mantê-lo alto.

Mas o que quer que eleve em qualquer país a taxa ordinária de lucro acima do que seria de outro modo, necessariamente, sujeita aquele país a uma desvantagem absoluta e relativa em todo ramo do comércio de que não tenha o monopólio.

Sujeita-o a uma desvantagem absoluta, porque em tais ramos de comércio, seus mercadores não podem atingir este maior lucro sem vender mais caro do que os artigos de países estrangeiros que importam, e os artigos do próprio país que exportam. O próprio país deve comprar mais caro e vender mais caro; deve comprar menos e vender menos; ambos desfrutam de menos e produzem menos, do que seria de outra forma.

Sujeita-o a uma desvantagem relativa, porque em tais ramos de comércio coloca outros países que não estão sujeitos à mesma desvantagem absoluta muito acima ou muito abaixo dele do que seria de outra forma. Permite a ambos fruir mais e produzir mais em proporção ao que desfruta e produz. Torna a sua superioridade maior ou sua inferioridade menor do que poderia ser, permitindo aos comerciantes de outros países vender mais barato em mercados estrangeiros, e assim afastá-lo de quase todos os ramos do comércio do qual não tem o monopólio.

Nossos comerciantes frequentemente queixam-se dos altos salários do trabalho inglês como a causa de suas manufaturas serem vencidas no preço em mercados estrangeiros, mas silenciam sobre os altos lucros de capital. Reclamam do ganho extravagante de outras pessoas, mas nada dizem dos próprios. Os altos lucros do capital britânico, porém, podem contribuir para elevar o preço das manufaturas inglesas em muitos casos tanto, e em alguns ainda mais, que os altos salários da mão de obra.

É desta maneira que o capital inglês, pode-se dizer justamente, foi parcialmente retirado e parcialmente removido da maior parte dos ramos de comércio do qual não tem o monopólio; do comércio europeu, em particular, e dos países do Mediterrâneo.

Foi parcialmente removido daqueles ramos do comércio pela atração do lucro superior na colônia, em consequência do aumento contínuo daquele comércio e da contínua insuficiência de capital que o exerceu num ano, para continuá-lo no próximo.

Foi parcialmente removido deles pela vantagem que o alto lucro estabelecido na Grã-Bretanha dá a outros países em todos os ramos de comércio do qual ela não tem o monopólio.

Como o monopólio do comércio colonial foi tirado daqueles outros ramos como parte do capital britânico que, de outro modo, estaria empregado neles, foram forçados para ele muitos capitais estrangeiros que nunca seriam dedicados a eles se não fossem expulsos do comércio colonial. Nos outros ramos, diminuiu a competição do capital britânico, assim elevando a taxa do lucro acima do que poderia ser. Pelo contrário, aumentou a competição do capital estrangeiro, assim diminuindo a taxa de lucro abaixo do que poderia ser. De um modo e de outro, evidentemente deve ter sujeitado a Inglaterra a uma desvantagem relativa em todos aqueles outros ramos do comércio.

O comércio da colônia, porém, talvez possa ser dito, é mais vantajoso para a Inglaterra do que qualquer outro; e o monopólio, forçando naquele comércio uma proporção maior do capital da Grã-Bretanha do que de outra forma iria para ele, destinou aquele capital a um emprego mais vantajoso ao país do que qualquer outro que poderia ter encontrado.

O emprego mais vantajoso de qualquer capital para o país ao qual pertence é o que mantém lá a maior quantidade de trabalho produtivo e aumenta ao máximo o produto anual da terra e o trabalho daquele país. Mas a quantidade de trabalho produtivo que qualquer capital empregado no comércio exterior de consumo pode manter está exatamente na proporção, foi mostrado no segundo livro, à frequência de seu retorno. Um capital de mil libras, por exemplo, empregado num comércio exterior de consumo, cujo retorno se dá regularmente uma vez por ano, pode manter em constante emprego, no país ao qual pertence, uma quantidade de trabalho produtivo igual ao que mil libras podem manter lá por um ano. Se os retornos são feitos duas ou três vezes ao ano, pode manter constantemente empregada uma quantidade de trabalho produtivo igual ao que duas ou três mil libras podem manter lá por um ano. Um mercado externo de consumo exercido num país vizinho, por causa disto, é em geral mais vantajoso do que um exercido num país distante; e pela mesma razão um mercado externo direto de consumo, como igualmente foi mostrado no segundo livro, é em geral mais vantajoso que um indireto.

Mas o monopólio do comércio colonial, enquanto opera no emprego do capital britânico, em todos os casos forçou alguma parte dele de algum comércio externo de consumo exercido com um país vizinho, para ser exercido com um mais distante, e, em muitos casos, de um mercado externo direto de consumo para um indireto.

Primeiro, o monopólio do comércio colonial em todos os casos forçou alguma parte do capital da Grã-Bretanha para fora de algum comércio externo de consumo exercido com algum país vizinho, para um com um país mais distante.

Em todos os casos, forçou alguma parte daquele capital para fora do mercado com a Europa e com os países do Mediterrâneo, para as regiões mais distantes da América e Índias Ocidentais, de onde os retornos são necessariamente menos frequentes, não só por causa da grande distância, mas por causa das circunstâncias peculiares daqueles países. Novas colônias, já foi observado, sempre têm falta de capital. É sempre muito inferior ao que poderiam empregar com grande lucro e vantagem na melhoria e cultivo da terra. Têm uma constante demanda, portanto, por mais capital do que o que já têm e, para suprir a deficiência do próprio, procuram emprestar o máximo que podem da terra-mãe, para a qual estão sempre em débito. A maneira mais comum pela qual os colonos contraem este débito não é emprestando das pessoas ricas da terra-mãe, se bem que por vezes assim o fazem também, mas atrasando ao máximo o pagamento a seus correspondentes, que os suprem com artigos europeus. Seus retornos anuais frequentemente não totalizam mais que um terço, ou nem chegam a uma proporção tão grande do que devem. Todo o capital, portanto, que seus correspondentes lhes adiantam, raramente retorna à Inglaterra em menos do que três, e por vezes em não menos que quatro ou cinco anos. Mas um capital inglês de mil libras, por exemplo, que é retornado à Inglaterra apenas uma vez em cinco anos pode manter constantemente empregada apenas uma quinta parte da indústria britânica que poderia manter se o todo fosse retornado uma vez ao ano; e em vez da quantidade de indústria que mil libras poderiam manter por um ano, pode manter em emprego constante a quantidade que só duzentas libras conseguiriam. O plantador, sem dúvida, pelo alto preço que paga pelos artigos europeus, pelos juros que paga pelas letras a longo prazo, e pela comissão pela renovação daquelas a curto prazo, compensa, ou mais que compensa, toda a perda que seu correspondente pode sustentar por seu atraso. Não obstante poder compensar a perda de seu correspondente, não compensará a da Inglaterra. Num comércio cujos retornos serão muito distantes, o lucro do comerciante pode ser tão grande ou maior do que num em que são muito frequentes e próximos; mas a vantagem do país em que reside, a quantidade de trabalho produtivo constantemente mantido lá, o produto anual da terra e seu trabalho devem sempre ser muito menos. Que os retornos do comércio com a América e ainda mais aqueles das Índias Ocidentais são, em geral, não só mais distantes, mas mais irregulares, e também mais incertos que os do comércio para qualquer parte da Europa, ou mesmo dos países à margem do Mediterrâneo, será prontamente aceito, imagino, por todos que tenham tido qualquer experiência com esses negócios.

Segundo, o monopólio do comércio colonial em muitos casos forçou que parte do capital inglês saísse de um mercado exterior direto de consumo para um indireto.

Dentre as mercadorias enumeradas que não podem ser enviadas para nenhum outro mercado que não a Grã-Bretanha, há várias cuja quantidade excede em muito o consumo interno, e das quais uma parte precisa ser exportada para outros países. Mas isto não pode ser feito sem forçar parte do capital inglês para um mercado externo indireto de consumo. Maryland e Virgínia, por exemplo, enviam anualmente à Inglaterra mais de 96.000 pipas de tabaco, e o consumo inglês não excede 14.000. Mais de 82.000 pipas precisam ser exportadas para outros países: França, Holanda e países à margem do Báltico e Mediterrâneo. Mas aquela parte do capital inglês que traz aquelas 82.000 à Inglaterra, e que as reexporta àqueles outros países, e que traz deles mercadorias ou dinheiro de volta, é empregado num mercado exterior indireto de consumo e é necessariamente forçado neste emprego para dispor deste grande excedente. Se computássemos em quantos anos o total deste capital poderia voltar à Inglaterra, precisaríamos somar à distância dos retornos da América a dos retornos daqueles outros países. Se, no mercado direto de consumo que exercemos com a América, todo o capital empregado frequentemente não retorna em menos de três ou quatro anos, todo o capital empregado neste, indireto, não deverá retornar em menos de quatro ou cinco. Se um pode manter em emprego constante uma terça ou quarta parte da indústria doméstica que poderia ser mantida por um capital retornado uma vez por ano, a outra, só um quinto ou um quarto daquela indústria. Em alguns dos portos comumente dá-se um crédito àqueles correspondentes estrangeiros a quem exportam seu tabaco. No porto de Londres, de fato, é comumente vendido por dinheiro à vista. A regra é: *pesar e pagar*. No porto de Londres, portanto, os retornos finais de todo o comércio indireto são mais distantes que os retornos da América apenas pelo tempo que as mercadorias podem ficar não vendidas no armazém, onde, porém, podem ficar por muito tempo. Mas se as colônias não tivessem sido confinadas ao mercado inglês para a venda de seu tabaco, muito pouco a mais dele provavelmente viria a nós do que o necessário para o consumo interno. As mercadorias que a Grã-Bretanha compra atualmente para seu próprio consumo com o grande excedente de tabaco que exporta para outros países, neste caso provavelmente compraria com o produto imediato de sua própria indústria, ou com alguma parte de suas próprias manufaturas. Aquele produto, aquelas manufaturas, em vez de se adequarem inteiramente a um só grande mercado, como atualmente, provavelmente se adequariam a um maior número de mercados menores. Em vez de um grande mercado externo indireto de consumo, a Inglaterra provavelmente estabeleceria um número maior de pequenos comércios externos diretos da mesma espécie. Por conta da frequência dos retornos, uma parte, provavelmente pequena (talvez não acima de um terço ou um quarto do capital que atualmente exerce este grande comércio indireto), poderia ser suficiente para exercer todos aqueles indiretos, poderia manter constantemente empregada uma igual quantidade da indústria britânica, apoiando igualmente a produção e o trabalho anual da terra na Grã-Bretanha. Todos os propósitos deste comércio, sendo, destarte, respondidos por um capital muito menor, haveria um grande capital sobrando em aplicar para outros fins: melhorar as terras, aumentar as manufaturas e estender o comércio inglês; entrar em competição com ao menos outros capitais ingleses aplicados de todas aquelas maneiras diferentes, reduzindo a taxa de lucro em todos, e assim dando à Grã-Bretanha, em todos eles, uma superioridade sobre os outros países, ainda maior que a que tem hoje.

O monopólio do comércio colonial também forçou alguma parte do capital inglês para fora de todo mercado externo de consumo, para um comércio de transportes e, consequentemente, não mais apoiando a indústria inglesa, para ser empregado totalmente em apoiar, em parte, a das colônias e, em parte, a de alguns outros países.

Os artigos, por exemplo, que são anualmente comprados com o grande excedente de 82.000 pipas de tabaco anualmente reexportadas da Grã-Bretanha não são totalmente consumidos lá. Uma parte deles, linho da Alemanha e Holanda, por exemplo, é retornada às colônias para seu consumo particular. Mas aquela parte do capital inglês que compra o tabaco, com que este linho é depois comprado, é necessariamente retirada do apoio à indústria inglesa, para ser totalmente aplicada no apoio, em parte, da das colônias, em parte dos países que pagam por este tabaco com o produto de sua própria indústria.

Além do mais, o monopólio do comércio colonial, forçando para si uma proporção muito maior do capital inglês do que naturalmente lhe seria dirigido, parece ter quebrado totalmente aquele equilíbrio natural que de outro modo teria lugar entre todos os diversos ramos da indústria britânica. A indústria inglesa, em vez de se acomodar a um grande número de pequenos mercados, adequou-se principalmente a um só grande mercado. Seu comércio, em vez de correr por um grande número de pequenos canais, foi ensinado a correr principalmente num só grande canal. Mas todo o seu sistema de indústria e comércio assim foi tornado menos seguro, todo o estado de seu corpo político menos saudável do que de outro modo poderia ser. Em sua atual condição, a Grã-Bretanha assemelha-se a um daqueles corpos insalubres em que algumas das partes vitais estão hipertrofiadas e que, por isso, estão sujeitas a muitas desordens perigosas que mal incidem naqueles em que todas as partes estão adequadamente proporcionadas. Uma pequena interrupção naquele grande vaso sanguíneo que foi artificialmente impado além de suas dimensões naturais, e pelo qual uma proporção antinatural de indústria e comércio do país foi forçada a circular, provavelmente deverá trazer as mais perigosas desordens a todo o corpo político. A expectativa de uma ruptura com as colônias, concomitantemente, atingiu o povo inglês com muito mais terror do que jamais sentiram por uma Armada espanhola ou uma invasão francesa. Foi este terror, bem ou mal fundamentado, que tornou a Lei do Selo, pelo menos entre os comerciantes, uma medida popular. Na exclusão total do mercado colonial, a maior parte de nossos comerciantes costumava imaginar (mesmo que durasse uns poucos anos) que seu comércio cessaria inteiramente; a maior parte de nossos mestres manufatureiros, a ruína completa de seus negócios, e a maioria de nossos trabalhadores, um fim para seus empregos. Uma ruptura com qualquer de nossos vizinhos do continente, se bem que também provável de ocasionar a cessação ou interrupção dos empregos de algumas de todas estas diferentes ordens de pessoas, é antevista, no entanto, sem tanta comoção geral. O sangue, cuja circulação é interrompida em algum dos vasos menores, facilmente flui para os maiores sem ocasionar nenhuma desordem perigosa; mas quando é interrompido em qualquer dos vasos maiores, convulsões, apoplexia ou morte são as consequências imediatas e inevitáveis.

Se apenas uma daquelas manufaturas hipertrofiadas que, por meio de incentivos ou monopólios dos mercados interno e colonial, foi elevada a uma altura não natural acha um pequeno impedimento ou interrupção em seu emprego, frequentemente ocasiona um motim e desordem que alarma o governo, embaraçando mesmo as decisões da legislatura. Quão grande então não seria a desordem e a confusão, pensou-se, que deve ser necessariamente ocasionada por uma cessação súbita e total no emprego de tão grande proporção de nossos principais manufatureiros.

Um relaxamento moderado e gradual das leis que dão à Grã-Bretanha o mercado exclusivo das colônias, até ser tornado em grande medida livre, parece ser o único expediente que poderá, em todas as ocasiões futuras, livrá-la deste perigo, que pode permitir-lhe ou mesmo forçar que tire parte de seu capital deste emprego hipertrofiado e voltá-lo, mesmo com menor lucro, para outros; e que, gradualmente diminuindo um ramo de sua indústria e gradualmente aumentando todo o resto, aos poucos pode restaurar todos os seus diferentes ramos àquela proporção natural, saudável e adequada que só a perfeita liberdade pode preservar. Abrir o comércio colonial de uma só vez a todas as nações não só poderia ocasionar algum inconveniente transitório, mas uma grande perda permanente para a maioria daqueles cuja indústria ou capital presentemente estejam engajados nele. A perda súbita do emprego mesmo dos navios que importam as 82.000 pipas de tabaco, que estão muito acima do consumo inglês, já poderia ser sentida fortemente. Tais são os efeitos infortunados de todos os regulamentos do sistema mercantil! Não só introduzem desordens muito perigosas no estado do corpo político, mas desordens que são difíceis de remediar, sem ocasionar ao menos temporariamente desordens ainda maiores. De que maneira, então, o comércio colonial deveria ser gradualmente aberto? Quais são as restrições que deveriam ser removidas primeiro e quais em último lugar? De que maneira o sistema natural de perfeita liberdade e justiça gradualmente deveria ser restaurado? Devemos deixar à sabedoria de futuros estadistas e legisladores para determinar.

Cinco eventos diferentes, imprevistos e não pensados, afortunadamente, concorreram para impedir que a Grã-Bretanha sentisse tão fortemente, quanto se esperava, a total exclusão que agora tem acontecido por mais de um ano (a partir de 1º de dezembro de 1774) de um ramo importante do comércio colonial, o das 12 províncias associadas da América do Norte. Primeiro, estas colônias, ao se prepararem para este acordo de não exportação, drenaram completamente a Grã-Bretanha de todas as mercadorias adequadas ao seu mercado; segundo, a extraordinária demanda da Frota Espanhola este ano drenou a Alemanha e os nórdicos de muitas comodidades, linho em particular, que costumava competir, mesmo no mercado britânico, com as manufaturas da própria Inglaterra; terceiro, a paz entre a Rússia e a Turquia ocasionou uma extraordinária demanda do mercado turco que, durante a desgraça do país, e enquanto uma frota russa estava cruzando o arquipélago, foi muito pobremente suprido; e em quarto, a demanda do norte da Europa pelas manufaturas da Grã-Bretanha tem aumentado de ano para ano já há algum tempo; em quinto, a última partilha e consequentemente pacificação da Polônia, abrindo o mercado daquele grande país, este ano acresceu uma extraordinária demanda àquela do norte. Estes eventos todos, exceto o quarto, em sua natureza são transitórios e acidentais, e a exclusão de um ramo tão importante do comércio colonial, se desgraçadamente continuar por muito tempo, pode ainda ocasionar alguma preocupação. Esta tensão, porém, ao surgir gradualmente, será sentida muito menos severamente do que se tivesse surgido de uma só vez; e, entrementes, a indústria e o capital do país poderá encontrar um novo emprego e direção para evitar que esta tensão atinja qualquer altura considerável.

O monopólio do comércio colonial, portanto, enquanto tiver voltado para si uma proporção maior do capital inglês do que o que de outro modo teria sido dirigido para ele, desviou-o de um mercado externo de consumo com um vizinho num um país mais distante; em muitos casos, de um mercado externo direto de consumo num indireto; e em alguns casos, de todo mercado externo de consumo num mercado de transporte. Em todos os casos, desviou-o de uma direção em que poderia manter uma maior quantidade de trabalho produtivo numa em que pode manter uma quantidade muito menor. Adequando, aliás, a um mercado particular parte tão grande da indústria e comércio da Grã-Bretanha, tornou todo o estado daquela indústria e do comércio mais precário e menos seguro do que se seu produto estivesse acomodado a uma maior variedade de mercados.

Precisamos distinguir cuidadosamente os efeitos do mercado colonial dos do monopólio daquele comércio. Os primeiros são sempre e necessariamente benéficos; os últimos, sempre necessariamente danosos. Mas os primeiros são tão benéficos que o comércio colonial, apesar de sujeito a monopólio, e apesar dos efeitos prejudiciais disto, no todo ainda é benéfico, e grandemente; se bem que muito menos do que poderia ser de outra maneira.

O efeito do comércio colonial em seu estado natural e livre é abrir um grande, mesmo que distante, mercado para tais partes do produto da indústria britânica, que possa exceder a demanda dos mercados mais perto do país, os da Europa e países do Mediterrâneo. Em seu estado natural e livre, o comércio colonial, sem remover destes mercados qualquer parte do produto que lhes foi enviada, encoraja a Grã-Bretanha a aumentar sempre o excedente, continuamente apresentando novos equivalentes para serem trocados por ele. Em seu estado livre e natural, o comércio colonial tende a aumentar a quantidade de trabalho produtivo na Grã-Bretanha, mas sem alterar sob nenhum aspecto a direção daquilo que ali fora empregado antes. No estado livre e natural do comércio colonial, a competição de todas as outras nações impediria que a taxa de lucro se elevasse acima do nível comum no novo mercado ou no novo emprego. O novo mercado, sem remover nada do antigo, criaria, se assim se pode dizer, um novo produto para seu suprimento, e esse novo produto constituiria um novo capital para levar adiante o novo emprego, que da mesma maneira nada tiraria do antigo.

O monopólio do comércio colonial, ao contrário, excluindo a competição de outras nações, e assim elevando a taxa de lucro no novo mercado e no novo emprego, tira o produto do velho mercado e o capital do velho emprego. Aumentar nossa parte do comércio colonial além do que seria de outra maneira é o propósito declarado do monopólio. Se a nossa fração daquele comércio não devesse ser maior do que deveria ser sem o monopólio, não haveria razão para estabelecê-lo. Mas o que quer que force, num ramo do comércio cujos retornos sejam mais lentos e distantes do que os da maioria dos outros negócios, uma maior proporção do capital de qualquer país do que aquilo que por si mesmo iria para aquele ramo, necessariamente torna toda a quantidade de trabalho produtivo anualmente mantida ali, o produto total anual da terra e do trabalho daquele país inferiores ao que deveriam ser de outro modo. Mantém baixa a renda dos habitantes do país, abaixo do que deveria naturalmente elevar-se, assim diminuindo seu poder de acumulação. Não só impede, sempre, que seu capital mantenha tão grande quantidade de trabalho produtivo como poderia, e, consequentemente, impede que mantenha uma quantidade ainda maior de trabalho produtivo.

Os bons efeitos naturais do comércio colonial, porém, mais do que contrabalançam para a Grã-Bretanha os maus efeitos do monopólio, de modo que com monopólio e tudo o mais aquele comércio, mesmo como é levado presentemente, não só é vantajoso, mas grandemente vantajoso. O novo mercado e o novo emprego que são abertos pelo comércio colonial são de muito maior extensão do que aquela porção do velho mercado e do velho emprego que é perdida pelo monopólio. O novo produto e o novo capital criados, se assim se pode dizer, pelo comércio colonial mantêm na Inglaterra uma quantidade maior de trabalho produtivo do que pode ser tirado de emprego pela revulsão do capital de outros comércios cujos retornos sejam mais frequentes. Se o comércio colonial, porém, mesmo como exercido presentemente, é vantajoso para a Grã-Bretanha, não é por causa do monopólio, mas a despeito dele.

É mais para o produto manufaturado do que para o produto bruto da Europa que a colônia abre um novo mercado. A agricultura é o negócio próprio de todas as novas colônias; um negócio em que o baixo preço da terra torna mais vantajoso que qualquer outro. Abundam, portanto, no produto bruto da terra, e em vez de importá-lo de outros países, geralmente têm um grande excedente para exportar. Nas novas colônias, a agricultura tira mãos de todos os outros empregos, ou impede-as de irem para outros empregos. Há poucas mãos para poupar para o necessário, e nenhuma para as manufaturas ornamentais. A maior parte das manufaturas de ambos os tipos acham mais fácil comprar de outros países do que fazê-las por si mesmas. É principalmente encorajando as manufaturas da Europa que a colônia indiretamente encoraja sua agricultura. As manufaturas da Europa, para as quais o comércio dá emprego, constituem um novo mercado para o produto da terra; e o mais vantajoso de todos os mercados, o mercado interno de trigo e gado, para o pão e a carne da Europa, é assim grandemente estendido por meio do comércio com a América.

Mas que o monopólio do comércio de colônias populosas e progressistas sozinho não é suficiente para estabelecer, ou mesmo manter, manufaturas em qualquer país, os exemplos da Espanha e Portugal demonstram-no suficientemente. Espanha e Portugal eram países manufatureiros antes de terem quaisquer colônias consideráveis. Desde que tiveram as mais ricas e férteis do mundo, cessaram de sê-lo.

Na Espanha e em Portugal, os maus efeitos do monopólio, agravados por outras causas, talvez desequilibraram os naturais bons efeitos do comércio colonial. Estas causas parecem ser outros monopólios, de diferentes espécies; a degradação do valor do ouro e da prata abaixo do que é em outros países; a exclusão de mercados estrangeiros por taxas impróprias sobre a exportação, e o estreitamento do mercado interno, por ainda mais taxas impróprias sobre o transporte de mercadorias de uma parte do país para outra; mas, acima de tudo, aquela administração irregular e parcial da justiça, que costuma proteger o devedor rico e poderoso de seu credor ofendido, e que faz a parte industriosa da nação temerosa de preparar mercadorias para o consumo daqueles homens altaneiros a quem não ousam recusar vender a crédito, e de cujo pagamento estão totalmente incertos.

Na Inglaterra, ao contrário, os naturais bons efeitos do comércio colonial, assistidos por outras causas, em grande medida têm conquistado os maus efeitos do monopólio. Estas causas parecem ser: a liberdade geral do comércio, que apesar de algumas restrições, é pelo menos igual, ou superior, ao de qualquer outro país; a liberdade de exportar, sem taxas, quase todas as espécies de artigos produzidos pela indústria doméstica para qualquer país estrangeiro; e o que talvez é ainda de maior importância, a liberdade irrestrita de transportá-los de qualquer parte de nosso país a qualquer outra, sem a obrigação de dar qualquer conta ao ofício público, sem se sujeitar a interpelação ou exame de qualquer espécie; mas, acima de tudo, aquela administração igual e imparcial da justiça que torna os direitos do menor dos súditos britânicos respeitáveis para o maior deles, e que, garantindo a todo homem os frutos de sua própria indústria, dá o maior e mais efetivo encorajamento a toda espécie de indústria.

Se as manufaturas inglesas, porém, progrediram, como certamente o fizeram, pelo comércio com as colônias, não foi por meio daquele monopólio sobre o comércio, mas a despeito dele. O efeito do monopólio tem sido não aumentar a quantidade, mas alterar a qualidade e tipo de uma parte das manufaturas da Grã-Bretanha, e acomodar-se a um mercado cujos retornos são lentos e distantes, que de outro modo se acomodariam a um cujos retornos são frequentes e próximos. Seu efeito, consequentemente, foi voltar uma parte do capital inglês de um emprego em que manteria uma maior quantidade de indústria de manufatura, para um que mantém uma muito menor, e assim diminuindo, ao invés de aumentar a quantidade total de indústria manufatureira na Inglaterra.

O monopólio do comércio colonial, portanto, como todo outro mesquinho e maligno expediente do sistema mercantil, deprime a indústria de outros países, mas principalmente a das colônias, sem minimamente aumentar, mas, ao contrário, diminuindo a do país em cujo favor é estabelecido.

O monopólio impede que o capital daquele país, qualquer que possa ser a extensão deste capital, mantenha uma quantidade tão grande de trabalho produtivo como poderia de outra forma e suporte uma renda tão grande para os industriosos habitantes quanto poderia. Mas como o capital pode ser aumentado apenas pelas economias da renda, o monopólio, impedindo uma renda tão grande, necessariamente impede que cresça depressa, não podendo manter uma quantidade ainda maior de trabalho produtivo e permitindo uma renda ainda maior à indústria dos habitantes desse país. Uma grande fonte original de renda, portanto, os salários do trabalho, o monopólio deve sempre ter tornado menos abundante do que poderia ter sido.

Elevando a taxa de lucro mercantil, o monopólio desencoraja o aperfeiçoamento da terra. O lucro da melhoria depende da diferença entre o que a terra efetivamente produz e o que, pela aplicação de um certo capital, pode produzir. Se esta diferença proporciona um lucro maior do que o que pode ser tirado de um capital igual em qualquer aplicação mercantil, a melhoria da terra deslocará capital de toda aplicação mercantil. Se o lucro for menor, os empregos mercantis atrairão capital da melhoria da terra. Assim, o que quer que eleve a taxa de lucro mercantil reduz a superioridade ou aumenta a inferioridade do lucro da melhoria; num caso, impede que o capital se dedique aos aperfeiçoamentos, e no outro, retira-lhe capital. Mas, ao desencorajar as melhorias, o monopólio necessariamente retarda o aumento natural de outra grande fonte original de renda, a renda da terra. Elevando a taxa de lucro, também, o monopólio necessariamente mantém elevada a taxa de juros do mercado, acima do que poderia ficar. Mas o preço da terra em proporção à renda que permite, o número de anos que comumente se paga por ela, necessariamente cai com a elevação da taxa de juros. O monopólio, portanto, fere o interesse do proprietário de duas diferentes maneiras: retardando o aumento natural, primeiro, de sua renda, e segundo, do preço que conseguiria por sua terra em proporção à renda que permite.

O monopólio de fato eleva a taxa de lucro mercantil, assim aumentando um tanto o ganho de nossos comerciantes. Mas como obstrui o aumento natural do capital, tende mais a diminuir do que aumentar a soma total da renda que os habitantes do país derivam dos lucros do capital; um pequeno lucro sobre um grande capital geralmente permitindo uma renda maior que um grande lucro sobre um pequeno. O monopólio eleva a taxa de lucro, mas obstacula a soma dos lucros de elevar-se tão alto quanto poderia de outra maneira.

Todas as fontes originais de renda, os salários, a renda da terra e os lucros de capital, o monopólio torna muito menos abundantes do que poderiam ser. Promover o interesse pequeno de uma pequena ordem de homens num país fere os interesses de todas as outras ordens de homens naquele país, e de todos os homens em todos os outros países.

Unicamente elevando a taxa ordinária de lucro que o monopólio demonstrou-se, ou poderia mostrar-se, vantajoso a qualquer ordem particular de homens. Mas à parte todos os maus efeitos para o país em geral, que já foram mencionados como necessariamente resultantes de uma alta taxa de lucro, há um mais fatal, quem sabe, do que todos juntos, pelo qual, se podemos julgar pela experiência, está inseparavelmente ligado a ele. A alta taxa de lucro parece sempre destruir aquela parcimônia que em outras circunstâncias é natural ao caráter do comerciante. Quando os lucros são altos, aquela sóbria virtude parece ser supérflua, e o luxo dispendioso se adapta melhor à abastança desta situação. Mas os donos dos grandes capitais mercantis são necessariamente os cabeças e condutores de toda indústria de toda nação, e seu exemplo tem uma influência muito maior nas maneiras de toda parte industriosa delas do que qualquer outra ordem de homens. Se seu empregador é atento e parcimonioso, o trabalhador muito provavelmente o será; mas se o mestre é dissoluto e desordeiro, o servo que conforma seu trabalho de acordo com o padrão que seu mestre lhe prescreve conformará também sua vida consoante o exemplo que lhe é dado. A acumulação é assim impedida nas mãos de todos aqueles que são naturalmente os mais dispostos a acumular, e os fundos destinados para a manutenção do trabalho produtivo não recebem aumento da renda daqueles que naturalmente deveriam aumentá-los mais. O capital do país, em vez de aumentar, gradativamente desvanece, e a quantidade de trabalho produtivo mantida nele a cada dia diminui. Os lucros exorbitantes dos comerciantes de Cádiz e Lisboa aumentaram o capital da Espanha e Portugal? Aliviaram a pobreza, promoveram a indústria daqueles dois países de indigentes? Tal foi a tônica da despesa mercantil naquelas duas cidades de comércio que aqueles lucros exorbitantes, longe de aumentar o capital geral do país, parece que mal foram suficientes para manter os capitais sobre os quais foram feitos. Os capitais estrangeiros estão se intrometendo cada dia mais, se posso dizer, no comércio de Cádiz e Lisboa. É para expulsar estes capitais estrangeiros do comércio que o deles a cada dia se torna mais insuficiente para exercer, que os espanhóis e portugueses a cada dia procuram estreitar mais as faixas de seu monopólio absurdo. Compare-se os hábitos mercantis de Cádiz e Lisboa com os de Amsterdam, e sentir-se-á quão diversamente a conduta e o caráter dos comerciantes são afetados pelos altos e baixos lucros do capital. Os comerciantes de Londres, de fato, ainda não se tornaram, em geral, senhores magníficos como os de Cádiz e Lisboa, mas tampouco são burgueses tão atentos e parcimoniosos como os de Amsterdam.

Supõe-se, entretanto, que muitos destes sejam bem mais ricos que a maioria daqueles. Mas a taxa de seu lucro é comumente muito inferior que a dos primeiros e bem mais alta que os últimos. "Fácil vem, fácil vai", diz o provérbio, e a tônica ordinária da despesa parece em todo lugar ser regulada não tanto de acordo com a real capacidade de gastos, mas pela suposta facilidade de obter dinheiro para gastar.

É assim que a única vantagem que o monopólio proporciona a uma única ordem de homens é em muitas maneiras danosa ao interesse geral do país.

Fundar um grande império com o único propósito de criar um povo de compradores, à primeira vista, pode parecer um projeto próprio apenas para uma nação de lojistas. Porém, é um projeto totalmente inadequado para uma nação de lojistas, mas extremamente adequado para uma nação cujo governo é influenciado por lojistas. Tais estadistas, e apenas estes, são capazes de imaginar que encontrarão alguma vantagem em empregar o sangue e o tesouro de seus concidadãos para fundar e manter um tal império. Diga a um lojista: "Compre-me um bom terreno, e eu sempre comprarei minhas roupas em sua loja, mesmo que pague um pouco mais caro do que em outras lojas", e não o encontrará muito disposto a abraçar a sua proposta. Mas se qualquer outra pessoa comprar o seu terreno, o lojista ficaria muito grato ao seu benfeitor se conseguisse que comprássem todas as roupas na loja dele. A Inglaterra adquiriu, para alguns de seus súditos que não se achavam à vontade em casa, uma grande propriedade num país distante. O preço, de fato, era bem baixo, e em vez de uma compra ao prazo de trinta anos, ao preço ordinário da terra nos tempos atuais, totalizava pouco mais do que a despesa das diversas equipagens que fizeram à primeira descoberta, reconheceram o litoral e tomaram uma posse fictícia da terra. A terra era boa e de grande extensão, e os cultivadores, tendo bastante terra boa para trabalhar e estando por algum tempo em liberdade para vender sua produção onde lhes aprouvesse, no decurso de pouco mais de 30 ou 40 anos (entre 1620 e 1660) tornaram-se uma gente tão numerosa e próspera que os lojistas e outros comerciantes da Inglaterra desejaram garantir para si o monopólio de suas exportações. Sem pretender, portanto, que pagaram qualquer parte do dinheiro da compra original ou da subsequente despesa das melhorias, pediram ao parlamento que os cultivadores da América, para o futuro, se confinassem às suas lojas; primeiro, comprando todos os artigos que quisessem, da Europa; segundo, vendendo toda parte de sua produção que aqueles comerciantes achassem adequado comprar. Pois não achavam conveniente comprar toda parte dela. Algumas partes dela importadas para a Inglaterra poderiam interferir em alguns dos negócios que eles já conduziam. Aquelas partes particulares queriam eles que os colonos vendessem onde pudessem — quanto mais longe melhor, e por isso propuseram que seu mercado fosse confinado aos países ao sul do cabo Finisterra. Uma cláusula na famosa Lei de Navegação estabeleceu esta proposta típica de lojista, em lei.

A manutenção deste monopólio até agora tem sido o principal, ou mais propriamente o único fim e propósito do domínio que a Grã-Bretanha assume sobre suas colônias. No comércio exclusivo, supõe-se, consiste a grande vantagem das províncias, que ainda não proporcionaram renda ou força militar para o apoio do governo civil ou a defesa da terra-mãe. O monopólio é o principal sinal de sua dependência, e é o único fruto que até agora foi colhido daquela dependência. Qualquer que seja a despesa que a Grã-Bretanha até agora tenha depositado na manutenção desta dependência foi na verdade depositado para sustentar este monopólio. A despesa do estabelecimento de paz ordinário das colônias totalizava, antes do começo dos atuais distúrbios, o pagamento de vinte regimentos de infantaria à despesa de artilharia, armazéns e provisões extraordinárias com que era necessário supri-las; e à despesa de uma força naval bem considerável que era constantemente ativada para guardar, dos navios contrabandistas de outras nações, a imensa costa da América do Norte e de nossas ilhas das Índias Ocidentais. Toda a despesa deste sistema de paz era um ônus sobre a renda inglesa e, ao mesmo tempo, a menor parte do que o domínio das colônias custou à terra-mãe. Se quiséssemos saber a quantia total, precisaríamos acrescer à despesa anual desta força de paz os juros das somas que, em consequência de considerar as colônias como províncias sujeitas a seu domínio, a Grã-Bretanha, em várias ocasiões, usou para sua defesa. Precisamos acrescer a isto, em particular, toda a despesa da última guerra e grande parte daquela guerra que a precedeu. A última guerra foi totalmente uma querela de colônias; e toda sua despesa, em qualquer parte do mundo que foi depositada, na Alemanha ou nas Índias Ocidentais, deveria ser justamente colocada por conta das colônias. Totalizou mais de noventa milhões de libras esterlinas, incluindo não só o novo débito que foi contraído, mas os dois *shillings* na libra de taxa adicional pela terra, e as somas que a cada ano eram emprestadas. A guerra espanhola, que começou em 1739, foi principalmente uma questão sobre as colônias. Seu principal objetivo era prevenir a revista dos navios das colônias que exerciam contrabando espanhol. Toda esta despesa, na verdade, foi um incentivo concedido para sustentar um monopólio. O pretenso propósito era encorajar as manufaturas e ampliar o comércio inglês. Mas seu real efeito foi elevar a taxa do lucro mercantil e permitir a nossos comerciantes dedicarem-se a um ramo do comércio cujos retornos são mais lentos e distantes do que os da maioria dos outros negócios, com uma maior proporção de seu capital do que de outra forma teriam feito; dois eventos que, se um incentivo pudesse prevenir, talvez bem que valesse dar um tal incentivo.

No atual sistema de administração, portanto, a Grã-Bretanha nada deriva senão perdas do domínio que assume sobre suas colônias.

Propor que a Inglaterra desista voluntariamente de toda autoridade sobre as colônias, e deixar que elejam os próprios magistrados, decretem as próprias leis e façam paz e guerra como acharem adequado, seria propor uma medida como nunca houve, e nunca será adotada por nenhuma nação no mundo. Nenhuma nação jamais voluntariamente desistiu do domínio de qualquer província, por mais trabalhoso que venha a ser governá-la, e por menor que seja a renda que forneça em proporção à despesa que cause. Tais sacrifícios, se bem que possam ser agradáveis ao interesse, sempre mortificam o orgulho das nações e, o que talvez seja de maior consequência, são sempre contrários ao interesse privado de sua parte governante, que assim se veria privado de muitos interesses e lucros, de muitas oportunidades de adquirir riquezas e honrarias, que a posse da mais turbulenta, e para a grande maioria do povo, a província menos lucrativa consegue dar. O entusiasta mais visionário dificilmente seria capaz de propor tal medida com quaisquer esperanças sérias de que jamais venha a ser adotada. Se fosse adotada, porém, a Grã-Bretanha não só seria imediatamente dispensada de toda a despesa anual das forças de paz das colônias, mas poderia estabelecer com elas um tratado de comércio que efetivamente lhe garantisse um comércio livre, mais vantajoso para a maioria do povo, se bem que menos para os comerciantes do que o monopólio de que atualmente desfruta. Assim separando-se como amigas, a afeição natural das colônias pela terra-mãe, que talvez nossas últimas dissensões quase que extinguiram, reviveria rapidamente. Poderia dispô-las não só a respeitar, por séculos, aquele tratado de comércio que concluíram conosco na separação, mas a nos favorecer também na guerra como no comércio, e em vez de súditos turbulentos e facciosos, tornar-se-iam nossos aliados mais fiéis, afetuosos e generosos; e a mesma espécie de afeto paternal, de um lado, e respeito filial, de outro, poderiam reviver entre a Grã-Bretanha e suas colônias, que costumavam subsistir entre as da antiga Grécia e a cidade-mãe de que descendiam.

Para tornar qualquer província vantajosa para o império a que pertence, deveria proporcionar, em tempo de paz, uma renda para o público suficiente não só para custear toda a despesa de suas forças de paz, mas para contribuir com sua parte para sustentar o governo geral. Se qualquer província em particular não contribui com sua fração para custear esta despesa, uma carga desigual deve ser lançada sobre alguma outra parte do império. A renda extraordinária, também, que cada província fornece ao público em tempo de guerra, por paridade de razões, deveria ter a mesma proporção para com a renda extraordinária de todo o império, que sua renda ordinária tem em tempo de paz. Que nem a renda ordinária, nem a extraordinária que a Grã-Bretanha deriva de suas colônias mantêm esta proporção para toda a renda do Império Britânico, isso logo será concedido. O monopólio, supõe-se, ao aumentar a renda privada do povo inglês, e assim lhe permitindo pagar taxas maiores, compensa a deficiência da renda pública das colônias. Mas este monopólio, procurei mostrar, se bem que uma taxa onerosa sobre as colônias, e podendo aumentar a renda de uma ordem particular de homens na Grã-Bretanha, diminui ao invés de aumentar a da maioria do povo; consequentemente, diminui ao invés de aumentar a capacidade da maioria do povo de pagar taxas. Os homens, também cujo rendimento o monopólio aumenta, constituem uma ordem particular, que é tanto absolutamente impossível taxar além da proporção das outras ordens quanto extremamente impolítico taxar além daquela proporção, como procurarei demonstrar no livro seguinte. Nenhum recurso particular, portanto, pode ser retirado desta ordem em particular.

As colônias podem ser taxadas por suas próprias assembleias ou pelo parlamento britânico.

Que as assembleias das colônias possam ser administradas para levantar junto a seus constituintes uma renda pública suficiente não só para manter sempre seu próprio estabelecimento civil e militar, mas para pagar sua própria proporção da despesa do governo geral do Império Britânico, não parece muito provável. Levou muito tempo antes que mesmo o parlamento inglês, se bem que colocado imediatamente sob os olhos do soberano, pudesse ser trazido sob tal sistema de administração, ou poderia ser tornado suficientemente liberal em suas concessões para apoiar os estabelecimentos civil e militar mesmo de seu próprio país. Foi só distribuindo entre os membros do parlamento uma grande parte dos cargos, ou pela disposição dos cargos oriundos deste estabelecimento civil e militar, que um tal sistema de administração pode se dar, mesmo em relação ao parlamento inglês. Mas a distância das assembleias das colônias do olho do soberano, seu número, sua situação dispersa e suas várias constituições tornariam muito difícil administrá-las da mesma maneira, mesmo que o soberano tivesse os meios para fazê-lo; e não há estes meios. Seria absolutamente impossível distribuir entre todos os principais membros de todas as assembleias das colônias tal partilha, quer dos cargos, quer da disposição dos cargos oriundos do governo geral do Império Britânico, para dispô-los a desistir de sua popularidade doméstica, e taxar seus constituintes para apoiar aquele governo geral, dos quais quase todos os emolumentos seriam divididos entre pessoas que são estrangeiros para eles. A inevitável ignorância da administração, além do mais, concernente à importância relativa dos vários membros daquelas assembleias distintas, as ofensas que frequentemente precisam ser feitas, as trapaças que constantemente precisam ser cometidas para procurar administrá-las desta forma parecem tornar este sistema de administração totalmente impraticável em relação a elas.

As assembleias das colônias, além do mais, não podem ser supostas como juízes adequados ao que é necessário para a defesa e apoio de todo o império. O cuidado dessa defesa e apoio não lhes é confiado. Não é de sua conta, e não têm meios regulares de informação concernentes a isso. A assembleia de uma província, como um conselho paroquial, pode julgar mui adequadamente os negócios de seu distrito particular, mas não pode ter meios próprios para julgar os concernentes a todo o império. Não pode mesmo julgar adequadamente a proporção que sua própria província tem para com todo o império; ou concernente ao grau relativo de sua própria riqueza e importância em comparação com outras províncias; porque aquelas outras províncias não estão sob a inspeção e superintendência da assembleia de uma província em particular. O que é necessário para defender e suportar todo o império, e em que proporção cada parte deveria contribuir, pode ser julgado apenas por aquela assembleia que inspeciona e superintende os negócios de todo o império.

Foi proposto, por conseguinte, que as colônias fossem taxadas por requisição, o parlamento da Grã-Bretanha determinando a soma que cada colônia deveria pagar, e a assembleia provincial aplicando-a e levantando-a da maneira mais adequada às circunstâncias da província. O concernente a todo o império, desta maneira, seria determinado pela assembleia que inspeciona e superintende os negócios de todo o império; e os negócios provinciais de cada colônia ainda poderiam ser regulados por sua própria assembleia. Se bem que as colônias neste caso não teriam representantes no parlamento britânico, a julgar pela experiência, não há probabilidade de que a requisição parlamentar seria irrazoável. O parlamento da Inglaterra em nenhuma ocasião mostrou a menor disposição para sobrecarregar aquelas partes do império que não estão representadas no parlamento. As ilhas de Guernsey e Jersey, sem meio algum de resistir à autoridade do parlamento, são mais levemente taxadas do que qualquer parte da Grã-Bretanha. O parlamento, tentando exercer seu suposto direito, bem ou mal fundamentado, de taxar as colônias, até agora nunca pediu delas nada que sequer se aproximasse de uma justa proporção do que era pago por seus companheiros súditos ingleses. Além do que, se a contribuição das colônias tivesse de subir ou cair juntamente com a taxa das terras, o parlamento não poderia taxá-las sem taxar ao mesmo tempo seus constituintes, e as colônias poderiam neste caso ser consideradas como virtualmente representadas no parlamento.

Exemplos não faltam de impérios em que todas as várias províncias não são taxadas, se a expressão me é permitida, numa só massa; mas onde o soberano regula a soma que cada província deve pagar e, em algumas províncias, a administra e cobra, como acha adequado; ao passo que, em outras, deixa que sejam administradas e cobradas como os estados respectivos de cada província determinarem. Em algumas províncias da França, o rei não só impõe que taxas ele acha apropriadas, mas as administra e cobra como acha melhor. De outras, exige uma certa soma, mas deixa aos estados de cada província administrar e cobrar a soma como acham adequado. De acordo com o esquema de taxação por requisição, o parlamento da Grã-Bretanha ficaria quase na mesma situação para com as assembleias das colônias que o rei da França para com os estados daquelas províncias que ainda gozam do privilégio de ter seus próprios estados, as províncias da França que se supõe serem melhor governadas.

Muito embora, de acordo com este esquema, as colônias não poderiam ter justa razão para temer que sua fração do ônus público venha a exceder a proporção adequada com a de seus concidadãos ingleses; a Grã-Bretanha poderia ter justa razão para temer que nunca chegaria àquela proporção. O parlamento da Grã-Bretanha não há muito tempo tinha a mesma autoridade estabelecida nas colônias que o rei francês naquelas províncias da França que ainda gozam do privilégio de terem os seus próprios estados. As assembleias coloniais, se não estivessem muito favoravelmente dispostas (e a menos que mais habilmente administradas do que o têm sido até agora, muito dificilmente ficarão), ainda poderiam achar muitas presunções para se evadir ou rejeitar as requisições bastante razoáveis do parlamento. Suponhamos que ecloda uma guerra francesa; dez milhões devem ser imediatamente levantados para defender o trono do império. Esta soma precisa ser emprestada pelo crédito de algum fundo parlamentar hipotecado para pagar os juros. Parte deste fundo o parlamento propõe levantar por uma taxa a ser cobrada na Grã-Bretanha, e parte por uma requisição a todas as diferentes assembleias coloniais da América e Índias Ocidentais. O povo rapidamente adiantaria seu dinheiro pelo crédito de um fundo, parcialmente dependente do bom humor de todas aquelas assembleias, bem distantes do foco da guerra, e às vezes pensando que não têm muito a ver com ela? Sobre um tal fundo não se poderia adiantar mais dinheiro do que a taxa a ser cobrada na Grã-Bretanha supostamente responderia. Todo o ônus do débito contraído por conta da guerra desta maneira cairia, como sempre tem sido até agora, sobre a Grã-Bretanha; sobre uma parte do império, e não por todo ele. A Grã-Bretanha é, talvez desde o começo do mundo, o único Estado que, ao estender seu império, só aumentou sua despesa sem uma só vez aumentar seus recursos. Outros Estados em geral descarregaram sobre seus súditos e províncias subordinadas a parte mais considerável da despesa de defender o império. A Grã-Bretanha até agora tolerou que seus súditos e províncias subordinadas descarregassem nela quase o total desta despesa. Para pôr a Grã-Bretanha em pé de igualdade com suas colônias, que a lei até agora supôs súditas e subordinadas, parece necessário, pelo esquema de taxá-las por requisição parlamentar, que o parlamento tivesse algum meio de tornar estas requisições imediatamente efetivas, caso as assembleias coloniais tentem evadir-se ou rejeitá-las; e que meios possam ser estes, não é muito fácil conceber, e ainda não foi explicado.

Se o parlamento da Grã-Bretanha, ao mesmo tempo, viesse a ser plenamente estabelecido no direito de taxar as colônias, mesmo independente do consentimento de suas próprias assembleias, a importância dessas assembleias, a partir desse momento, terminaria, e, com isto, a de todos os principais da América britânica. Os homens desejam ter alguma parte na administração dos negócios públicos principalmente por conta da importância que isto lhes dá. Da capacidade que a maior parte dos homens notáveis, a aristocracia natural de todo país tem de preservar ou defender sua respectiva importância depende a estabilidade e duração de todo sistema de governo livre. Nos ataques que aqueles notáveis estão continuamente fazendo um sobre a importância do outro, e na defesa de sua própria, consiste todo o jogo das facções e ambições domésticas. Os principais da América, como os de todos os outros países, desejam preservar sua própria importância. Sentem, ou imaginam, que se suas assembleias, que se comprazem em chamar parlamentos e de considerar tão igual em autoridade quanto o parlamento da Grã-Bretanha, fossem tão degradadas a ponto de se tornarem os humildes ministros e oficiais executivos daquele parlamento, a maior parte de sua própria importância teria um fim. Rejeitaram, portanto, a proposta de serem taxados por requisição parlamentar e, como outros homens ambiciosos e altaneiros, preferiram escolher puxar da espada em defesa de sua própria importância.

Pelo declínio da república romana, os aliados de Roma, que suportaram a principal carga de defender o Estado e estender o império, pediram para ser admitidos a todos os privilégios dos cidadãos romanos. Ao serem recusados, a guerra social irrompeu. Durante o curso daquela guerra, Roma concedeu aqueles privilégios à maior parte deles um a um, e na proporção em que se desligavam da confederação geral.

O parlamento da Grã-Bretanha insiste em taxar as colônias, e elas recusam-se a serem taxadas por um parlamento no qual não estão representadas. Se a cada colônia que se desligasse da confederação geral, a Grã-Bretanha permitisse um número de representantes adequado à proporção da contribuição para a renda pública do império, em consequência de ser sujeita às mesmas taxas, e em compensação admitisse à mesma liberdade de comércio com seus concidadãos ingleses, e aumentasse o número de seus representantes na proporção em que sua contribuição possa depois aumentar; um novo método de adquirir importância, um novo e mais coruscante objeto de ambição seria apresentado aos chefes de cada colônia. Em vez de disputar os pequenos prêmios das querelas das facções coloniais, poderiam então esperar, pela presunção que os homens geralmente têm sobre sua habilidade e boa fortuna, tirar alguns dos grandes prêmios que por vezes vêm da roda da grande loteria estatal da política britânica. A menos que este ou outro método seja descoberto, e não parece haver outro mais óbvio que este, de preservar a importância e gratificar a ambição dos principais homens da América, não é muito provável que venham a se submeter a nós voluntariamente; e deveríamos considerar que o sangue que precisa ser derramado para forçá-los é, cada uma de suas gotas, sangue daqueles que são, ou daqueles que queremos ter como concidadãos. São fracos os que se jactam de que, no estado em que as coisas chegaram, nossas colônias serão facilmente conquistadas apenas pela força. As pessoas que agora governam as resoluções do que chamam seu Congresso Continental sentem em si mesmas, neste momento, um grau de importância que talvez os maiores súditos da Europa raramente sentem. De lojistas, comerciantes e advogados, tornaram-se estadistas e legisladores, e estão empenhados em conceber uma nova forma de governo para um extenso império, do qual se gabam de que se tornará um dos maiores e mais formidáveis que já houve no mundo. Quinhentas pessoas diferentes, talvez, que de diferentes maneiras agem imediatamente sob o Congresso Continental; e quinhentas mil, talvez, que agem sob aquelas quinhentas, todas sentem do mesmo modo uma elevação proporcional em sua própria importância. Quase todo indivíduo do partido governante da América preenche, atualmente a seu bel-prazer, um cargo superior, não só ao que jamais preencheu antes, mas ao que jamais esperou preencher; e a menos que algum novo objeto de ambição seja apresentado a ele ou seus chefes, se ele tem o espírito comum de um homem, ele morrerá em defesa daquele cargo.

É uma observação do presidente Heinaut, onde agora lemos com prazer o relato de muitas pequenas transações da Liga que, quando ocorreram, talvez não eram consideradas como notícias muito importantes. Mas então todo homem, diz ele, atribuiu-se alguma importância; e as inumeráveis memórias que nos vieram daqueles tempos, em sua maioria, foram escritas por pessoas que tinham prazer em registrar e magnificar eventos nos quais, gabavam-se, tinham sido atores consideráveis. Quão obstinadamente a cidade de Paris naquela ocasião se defendeu, que terrível fome suportou em vez de se submeter ao melhor e depois ao mais amado de todos os reis franceses, é bem sabido. A maior parte dos cidadãos, ou daqueles que governaram a maior parte deles, lutou em defesa de sua própria importância, que previu estava no fim sempre que o antigo governo estivesse em vias de ser restabelecido. Nossas colônias, a menos que possam ser induzidas a consentir numa união, muito provavelmente se defenderão contra a melhor das terras-mães tão obstinadamente quanto Paris contra o melhor dos reis.

A ideia da representação era desconhecida nos tempos antigos. Quando o povo de um Estado era admitido ao direito de cidadania em outro, não tinha outro meio de exercer aquele direito senão formando uma corporação para votar e deliberar com o povo daquele outro Estado. A admissão da maioria dos habitantes da Itália aos privilégios dos cidadãos romanos arruinou completamente a república romana. Não mais era possível distinguir entre quem era e quem não era cidadão romano. Nenhuma tribo podia conhecer seus próprios membros. Uma ralé qualquer podia ser introduzida nas assembleias do povo, podia expulsar os cidadãos reais e decidir sobre os negócios da república como se eles próprios o fossem. Mas mesmo que a América enviasse cinquenta ou sessenta novos representantes ao parlamento, o porteiro da Casa dos Comuns não teria qualquer grande dificuldade em distinguir quem fosse de quem não fosse membro. Embora a constituição romana tenha sido necessariamente arruinada pela união de Roma com os Estados aliados da Itália, não há a menor probabilidade de que a constituição britânica venha a ser ferida pela união da Grã-Bretanha com suas colônias. Aquela constituição, ao contrário, seria completada pela outra e parece imperfeita sem ela. A assembleia que delibera e decide quanto aos negócios de todas as partes do império, para ser adequadamente informada, certamente deveria ter representantes de todas as suas regiões. Que esta união, no entanto, possa ser facilmente efetuada, ou que dificuldades, e grandes, não possam ocorrer em sua execução, não pretenderei. Mas ainda não ouvi nenhuma que pareça insuperável. O principal talvez origine-se não da natureza das coisas, mas dos preconceitos e opiniões das pessoas deste e do outro lado do Atlântico.

Nós, deste lado da água, tememos que a multidão dos representantes americanos desequilibre a balança da constituição, aumentando demasiado a influência da Coroa, por um lado, ou a força da democracia, por outro. Mas se o número dos representantes americanos fosse proporcionado ao produto da taxação americana, o número de pessoas com que lidar estaria exatamente proporcionado aos meios de lidar com elas; e os meios de administrar o tal número de pessoas. As partes monárquicas e democráticas da constituição, após a união, ficariam exatamente no mesmo grau de força relativa em relação uma com a outra, que estavam antes.

As pessoas do outro lado da água estão temerosas de que a distância da sede do governo poderia expô-las a muitas opressões. Mas seus representantes no parlamento, cujo número, de início, seria considerável, facilmente seriam capazes de protegê-las de toda opressão. A distância não poderia enfraquecer muito a dependência do representante sobre o constituinte, e o primeiro ainda sentiria dever sua cadeira no parlamento, e todas as consequências derivadas, à boa vontade do segundo. Seria do interesse do primeiro, portanto, cultivar aquela boa vontade reclamando, com toda a autoridade de um membro da legislatura, de todo ultraje cometido por qualquer oficial civil ou militar naquelas regiões remotas do império. A distância da América à sede do governo, aliás, os nativos daquele país poderiam se gabar disso, também com alguma aparência de razão, não continuaria por muito tempo. Tal tem sido até agora o rápido progresso daquele país em riqueza, população e aperfeiçoamentos que no decurso de pouco mais de um século, talvez, o produto da taxação americana poderá exceder o da britânica. A sede do império então naturalmente se deslocaria para aquela sua região que contribuísse mais para a defesa e apoio geral do todo.

A descoberta da América e a de uma passagem para as Índias Orientais pelo cabo da Boa Esperança são os dois maiores e mais importantes eventos registrados na história da humanidade. Suas consequências já foram muito grandes, mas no curto período entre dois e três séculos passado desde que estas descobertas foram feitas, é impossível que toda a extensão de suas consequências possa ser vista. Que benefícios ou infortúnios à humanidade podem resultar daqueles grandes eventos, nenhuma sabedoria humana pode prever. Unindo, em alguma medida, as mais distantes partes do mundo, permitindo-lhes aliviar as necessidades umas das outras, aumentar as fruições umas das outras e encorajar as indústrias umas das outras, sua tendência geral pareceria benéfica. Para os nativos, entretanto, tanto das Índias Orientais como Ocidentais, todos os benefícios comerciais que possam ter resultado destes eventos afundaram e perderam-se nas temíveis desgraças que ocasionaram. Estas desgraças, porém, parecem ter surgido mais por acidente do que por alguma coisa na natureza daqueles eventos em si mesmos. Na época particular em que aquelas descobertas foram feitas, a superioridade de forças pareceu ser tão grande do lado dos europeus que puderam cometer com impunidade toda espécie de injustiça naqueles países remotos. Mais tarde, talvez, os nativos desses países poderão ficar mais fortes, ou os da Europa mais fracos, e os habitantes de todos os diferentes quadrantes do mundo poderão chegar àquela igualdade de coragem e força que, inspirando temor mútuo, sozinha poderá sobrepujar a injustiça de nações independentes com alguma espécie de respeito pelos direitos umas das outras. Mas nada parece ser mais provável para estabelecer esta igualdade de força do que aquela mútua comunicação de conhecimentos e toda espécie de melhorias que um comércio extensivo de todos os países para todos os países natural, ou melhor, necessariamente, acarreta consigo.

Entrementes, um dos principais efeitos daquelas descobertas foi elevar o sistema mercantil a um grau de esplendor e glória que nunca de outra maneira poderia atingir. É o objetivo desse sistema enriquecer uma grande nação mais pelo comércio e manufatura do que pela melhoria e cultivo da terra, mais pela indústria das cidades que pela do campo. Mas, em consequência daquelas descobertas, as cidades comerciais da Europa, em vez de serem as manufatureiras e transportadoras para só uma pequena parte do mundo (aquela parte da Europa que é banhada pelo Oceano Atlântico, e os países à volta do Báltico e Mediterrâneo), agora tornaram-se os manufatureiros para os numerosos e prósperos cultivadores da América, e os transportadores e, em alguns aspectos, os manufatureiros também para quase todas as diferentes nações da Ásia, África e América. Dois novos mundos foram abertos à sua indústria, cada um deles muito maior e mais extenso que o velho, o mercado de um deles crescendo mais e mais a cada dia.

Os países que possuem as colônias da América e que comerciam diretamente com as Índias Orientais gozam, de fato, de toda ostentação e esplendor deste grande comércio. Outros países, porém, não obstante todas as insidiosas restrições pelas quais se quer excluí-los, frequentemente gozam de uma fração maior do real benefício disso. As colônias da Espanha e Portugal, por exemplo, dão mais encorajamento real indústria de outros países do que à da Espanha e Portugal. Apenas no artigo do linho, o consumo daquelas colônias totaliza, diz-se, mas não pretendo garantir a quantidade, mais de três milhões de esterlinas por ano. Mas este grande consumo é quase inteiramente suprido por França, Flandes, Holanda e Alemanha. A Espanha e Portugal fornecem apenas pequena parte disto. O capital que supre as colônias com esta grande quantidade de linho é anualmente distribuído entre os habitantes daqueles outros países e lhes fornece uma renda. Seus lucros são gastos apenas na Espanha e Portugal, onde ajudam a sustentar a suntuosa profusão dos mercadores de Cádiz e Lisboa.

Mesmo os regulamentos pelos quais cada nação procura garantir para si o comércio exclusivo de suas próprias colônias são frequentemente mais danosos aos países em favor dos quais são estabelecidos do que aqueles contra os quais são estabelecidos. A injusta opressão da indústria de outros países recai, se assim posso dizer, sobre as cabeças dos opressores e esmaga sua indústria mais do que a daqueles outros países. Por esses regulamentos, por exemplo, o mercador de Hamburgo deve enviar o linho que destina para o mercado americano para Londres, e deve trazer de lá o tabaco que destina ao mercado alemão, porque não pode enviar um diretamente à América, nem trazer o outro diretamente de lá. Por esta restrição ele é provavelmente obrigado a vender o linho um tanto mais barato e comprar o fumo um tanto mais caro do que poderia de outro modo, e seus lucros são provavelmente reduzidos por meio disto. No comércio, porém, entre Hamburgo e Londres, ele certamente recebe o retorno de seu capital muito mais depressa do que possivelmente no comércio direto com a América, mesmo que supuséssemos, o que de modo algum é o caso, que os pagamentos da América fossem tão pontuais quanto os de Londres. No comércio, portanto, ao qual aqueles regulamentos confinam o mercador de Hamburgo, seu capital pode manter em constante emprego uma quantidade muito maior de indústria alemã do que possivelmente o faria no comércio do qual é excluído. Embora um emprego possa lhe parecer menos lucrativo que o outro, não pode ser menos vantajoso para seu país. é bem ao contrário com o emprego ao qual o monopólio naturalmente atrai, se posso dizer, o capital do mercador de Londres. Esse emprego pode, quiçá, ser mais proveitoso para ele do que a maior parte dos outros empregos, mas, por conta da lentidão dos retornos, não pode ser mais vantajoso para seu país.

Após todas as injustas tentativas, portanto, de todo país da Europa açambarcar para si toda a vantagem do comércio de suas próprias colônias, nenhum país ainda conseguiu garantir para si nada senão a despesa de apoiar em tempo de paz e defender em tempo de guerra a autoridade opressiva que assume sobre elas. As inconveniências resultantes da posse de suas colônias, todo país garantiu para si completamente. As vantagens resultantes de seu comércio, foi obrigado a compartilhar com muitos outros países.

À primeira vista, sem dúvida, o monopólio do grande comércio da América naturalmente parece ser uma aquisição do maior valor. Para o olho sem discernimento da ambição ébria, naturalmente apresenta-se entre o burburinho confuso da política e da guerra como um objeto fascinante por que lutar. O fascinante esplendor do objeto, porém, a imensidão do comércio, é a própria qualidade que torna o monopólio prejudicial, ou que faz este emprego, em sua própria natureza, necessariamente menos vantajoso ao país do que à maioria de outras aplicações, absorve uma muito maior proporção do capital do país do que de outro modo lhe seria dirigido.

O capital mercantil de cada país, como foi mostrado no segundo livro, naturalmente procura, por assim dizer, a aplicação mais vantajosa para aquele país. Se é empregado no negócio de transporte, o país ao qual pertence torna-se o empório dos bens de todos os países cujo comércio aquele capital sustenta. Mas o proprietário daquele capital necessariamente deseja dispor de uma parte tão grande daqueles bens que ele puder, em seu país. Assim poupa-se ao risco, trabalho e despesa de exportação e, por isso, terá prazer em vender em sua própria terra, não só por um preço bem menor, mas com um lucro um tanto menor do que poderia esperar ao enviá-los ao estrangeiro. Naturalmente se esforça para voltar seu negócio de transporte para um mercado externo de consumo. Se seu capital de novo é empregado num mercado exterior de consumo, pela mesma razão terá prazer em dispor em sua terra de uma parte tão grande quanto puder dos artigos de sua terra, que coleta para exportar para algum mercado estrangeiro, e procurará ao máximo voltar ao mercado externo de consumo para um comércio doméstico. O capital mercantil de todo país naturalmente corteja destarte a aplicação próxima e repele a distante; naturalmente corteja a aplicação cujos retornos são frequentes e repele aquela em que são distantes e lentos; naturalmente corteja o emprego em que pode manter a maior quantidade de trabalho produtivo no país a que pertence, ou em que seu proprietário reside, e repele aquele em que lá pode manter a menor quantidade. Naturalmente corteja o emprego que em casos ordinários é mais vantajoso, e repele aquele que nos casos ordinários é menos vantajoso para aquele país.

Mas se em qualquer daquelas aplicações distantes, que em casos ordinários são menos vantajosas ao país, o lucro suba um pouco mais do que o suficiente para contrabalançar a preferência natural dada aos empregos mais próximos, esta superioridade de lucro atrairá capital daquelas aplicações mais próximas, até que os lucros de todas retornem a seu nível próprio. Esta superioridade de lucro, entretanto, é prova que, nas atuais circunstâncias da sociedade, àqueles empregos distantes falta um pouco de capital em proporção a outros, e que o capital da sociedade não está distribuído da melhor maneira entre os diversos empregos exercidos dentro dela. É prova que algo é comprado mais barato ou vendido mais caro do que deveria, e que alguma classe particular de cidadãos é mais ou menos oprimida pagando mais ou obtendo menos do que o adequado àquela igualdade que deveria ter lugar, e que naturalmente tem lugar entre todas as suas diferentes classes. Apesar de que o mesmo capital nunca manterá a mesma quantidade de trabalho produtivo num emprego distante como num próximo, um emprego distante poderá ser tão necessário para o bem-estar da sociedade como um próximo; os artigos que a aplicação distante comercia sejam talvez necessários para exercer muitos dos empregos mais próximos. Mas se os lucros daqueles que tratam com tais artigos estão bem acima de seu nível adequado, aqueles artigos serão vendidos mais caros do que deveriam, ou um pouco acima de seu preço natural, e todos aqueles engajados nas aplicações mais próximas serão mais ou menos oprimidos por este alto preço. Seu interesse, portanto, neste caso, requer que algum capital seja retirado daquelas aplicações mais próximas e voltado para aquela distante, para que os lucros reduzam a seu nível adequado, e o preço dos artigos que negocia, a seu preço natural. Neste caso extraordinário, o interesse público requer que algum capital seja removido daquelas aplicações que, nos casos ordinários, são mais vantajosas e voltado para uma que, em casos ordinários, é menos vantajosa para o público; e neste caso extraordinário, os interesses e inclinações naturais dos homens coincidem tão exatamente com o interesse público como em todos os outros casos ordinários, levando-os a retirar capital da aplicação próxima e voltá-lo para a distante. É assim que os interesses privados e as paixões individuais naturalmente dispõem que os capitais sejam voltados para as aplicações que, em casos ordinários, são mais vantajosas para a sociedade. Mas se desta preferência natural voltarem demasiado para essas aplicações, a queda do seu lucro e a elevação em todas as outras imediatamente os disporá a alterar esta distribuição falha. Sem qualquer intervenção da lei, os interesses particulares e as paixões dos homens naturalmente os levam a dividir e distribuir o capital de toda sociedade entre todos os diferentes empregos exercidos nela o mais próximo possível da proporção mais agradável ao interesse de toda a sociedade.

Todas as diferentes regulamentações do sistema mercantil desarranjam mais ou menos esta distribuição natural e mui vantajosa do capital. Mas aquelas que concernem ao comércio para a América e Índias Orientais desarranjam-na mais que qualquer outra, porque o comércio para aqueles dois grandes continentes absorve uma quantidade de capital maior do que quaisquer outros dois ramos do comércio. As regulamentações, porém, pelas quais este desarranjo é efetuado naqueles dois ramos do comércio não são inteiramente as mesmas. O monopólio é o grande motor de ambos, mas é uma espécie diferente de monopólio. O monopólio de uma espécie ou outra, de fato, parece ser o único motor do sistema mercantil.

No comércio com a América, toda nação procura encampar ao máximo todo o mercado de suas colônias excluindo quase todas as outras nações de qualquer comércio direto com elas. Durante a maior parte do século XVI, os portugueses procuraram administrar o comércio das Índias Orientais da mesma maneira, reclamando o direito exclusivo de navegar pelos mares índicos, por conta do mérito de primeiro terem descoberto a rota para eles. Os holandeses continuam a excluir todas as outras nações europeias de qualquer comércio direto com suas ilhas de especiarias. Monopólios desta espécie são evidentemente estabelecidos contra todas as outras nações europeias, que assim não só são excluídas de um comércio para o qual lhes seria conveniente desviar uma parte de seu capital, mas são obrigadas a comprar as mercadorias com que aquele comércio trata um pouco mais caras do que se pudessem importá-las eles mesmos diretamente dos países que as produzem.

Mas desde a queda do poderio de Portugal, nenhuma nação europeia reclamou o direito exclusivo de velejar pelos mares índicos, cujos principais portos agora estão abertos aos navios de todas as nações europeias. Exceto em Portugal, porém, e nestes últimos anos na França, o comércio para as Índias Orientais em todo país europeu tem sido sujeito a uma companhia exclusiva. Os monopólios desta espécie são propriamente estabelecidos contra a nação que os erige. A maior parte das nações são por isto não só excluídas de um comércio ao qual poderia ser conveniente desviar parte de seu capital, mas são obrigadas a comprar os artigos daquele comércio um pouco mais caros do que se fosse aberto e livre a todos os seus cidadãos. Desde o estabelecimento da Companhia Inglesa das Índias Orientais, por exemplo, os outros habitantes da Inglaterra, bem além de serem excluídos do comércio, devem pagar o preço de seus artigos das Índias Orientais que consumiram, não só por todos os lucros extraordinários que a companhia possa ter feito sobre aquelas mercadorias em consequência de seu monopólio, mas por todo desperdício extraordinário que a fraude e o abuso, inseparáveis da administração dos negócios de companhia tão grande, devem necessariamente ter ocasionado. O absurdo desta segunda espécie de monopólio, portanto, é muito mais manifesto que o da primeira.

Ambos estes tipos de monopólio desarranjam mais ou menos a distribuição natural do capital da sociedade, mas nem sempre o desarranjam da mesma maneira.

Os monopólios da primeira espécie sempre atraem ao comércio particular em que estão estabelecidos uma proporção maior do capital da sociedade do que o que iria para aquele comércio por si só.

Os monopólios da segunda espécie podem por vezes atrair capital para o comércio particular em que estão estabelecidos, e por vezes o repelem daquele comércio, de acordo com diferentes circunstâncias. Nos países pobres, naturalmente atraem para aquele comércio mais capital do que iria para ele de outra maneira. Nos países ricos, naturalmente repelem dele uma boa parte do capital que de outra maneira a ele seria destinado.

Países pobres como Suécia e Dinamarca provavelmente nunca enviaram um só navio para as Índias Orientais, se o comércio não estivesse sujeito a uma companhia exclusiva. O estabelecimento de uma tal companhia necessariamente encoraja aventureiros. Seu monopólio garante-a contra competidores do mercado interno, e eles têm a mesma chance para mercados externos com os mercadores de outras nações. Seu monopólio mostra-lhes a certeza de um grande lucro sobre uma quantidade considerável de mercadorias, e a chance de um lucro ainda maior sobre uma grande quantidade. Sem um tal encorajamento extraordinário, os comerciantes pobres de tais países pobres provavelmente nunca teriam pensado em arriscar seus pequenos capitais numa aventura tão distante e incerta quanto o comércio para as Índias Orientais deve ter-lhes parecido.

Um país rico como a Holanda, ao contrário, no caso de um comércio livre, enviaria mais navios às Índias Orientais do que atualmente. O capital limitado da Companhia Holandesa das Índias Orientais provavelmente repele daquele comércio muitos grandes capitais mercantis que de outra maneira iriam para ele. O capital mercantil da Holanda é tão grande que é como se estivesse sempre transbordando, por vezes nos fundos públicos dos países estrangeiros, por vezes em empréstimos a comerciantes particulares e aventureiros de países estrangeiros, por vezes nos mais indiretos comércios externos de consumo. Todas as aplicações próximas completamente locupletadas, todo o capital que pode ser colocado nelas com um lucro tolerável já depositado nelas, o capital da Holanda necessariamente flui para os empregos mais distantes. O comércio para as Índias Orientais, se fosse totalmente livre, provavelmente absorveria a maior parte deste capital redundante. As Índias

Orientais oferecem um mercado para os manufatureiros da Europa e para o ouro e prata, bem como para várias outras produções da América, maior e mais extenso que Europa e América juntas.

Todo desarranjo da distribuição natural do capital é necessariamente danoso à sociedade onde ocorre; seja repelindo de um comércio em particular o capital que poderia ir para ele, seja atraindo para um comércio em particular aquele que não iria por si só. Se, sem qualquer companhia exclusiva, o comércio da Holanda para as Índias Orientais fosse maior do que já é, aquele país deveria sofrer uma perda considerável pela exclusão de parte de seu capital do emprego que lhe fosse mais conveniente. Da mesma maneira, se, sem uma companhia exclusiva, o comércio da Suécia e Dinamarca para as Índias Orientais fosse inferior ao que atualmente é, ou, o que é mais provável, não existisse, estes dois países igualmente deveriam sofrer uma perda considerável porque parte de seu capital seria atraída para uma aplicação que deve ser mais ou menos inadequada a suas circunstâncias atuais. Talvez fosse melhor para eles, em suas circunstâncias atuais, comprar as mercadorias das Índias Orientais de outras nações, mesmo pagando um tanto mais caro, do que voltar parte tão grande de seu pequeno capital a um comércio tão distante, com retornos tão lentos, onde aquele capital pode manter quantidade tão pequena de trabalho produtivo no próprio país, onde o trabalho produtivo é tão desejado e onde há muito o que fazer.

Se bem que sem uma companhia exclusiva, um país em particular não conseguiria exercer qualquer comércio direto com as Índias Orientais, daí não decorrerá que uma tal companhia deveria ser estabelecida, mas só que tal país não deveria, nestas circunstâncias, comerciar diretamente com as Índias Orientais. Que tais companhias em geral não são necessárias para exercer o comércio com as Índias Orientais, é suficientemente demonstrado pela experiência dos portugueses, que desfrutaram de quase todo ele por mais de um século sem nenhuma companhia exclusiva.

Nenhum mercador particular, já foi dito, poderia ter capital suficiente para manter feitores e agentes nos vários portos das Índias Orientais, para abastecer os navios que ocasionalmente enviasse para lá; e, a menos que pudesse fazê-lo, a dificuldade para encontrar um frete frequentemente poderia fazer seus navios perder a estação para voltar, e a despesa de um atraso tão grande não só devoraria todo o lucro da aventura, mas frequentemente ocasionaria uma perda mui considerável. Este argumento, porém, se provasse qualquer coisa, seria que nenhum grande ramo do comércio poderia ser exercido sem uma companhia exclusiva, o que contraria a experiência de todas as nações.

Não há grande ramo do comércio em que o capital de qualquer comerciante particular seja suficiente para exercer todos os ramos subordinados que precisam ser exercidos em função do principal. Mas quando uma nação está madura para qualquer grande ramo de comércio, alguns negociantes naturalmente voltam seus capitais para o principal, e alguns para seus ramos subordinados; e se bem que todos os seus ramos diferentes sejam assim executados, mui raramente acontece que todos sejam exercidos pelo capital de um só comerciante particular. Se uma nação, portanto, está madura para o comércio com as Índias Orientais, uma certa porção de seu capital naturalmente se dividirá entre todos os ramos diferentes daquele comércio. Alguns de seus mercadores acharão de seu interesse residir nas Índias e empregar seus capitais lá, em prover artigos para os navios que são enviados por outros comerciantes residentes na Europa. Os estabelecimentos que diferentes nações europeias obtiveram nas Índias Orientais, se fossem tomados das companhias exclusivas a que atualmente pertencem e colocados sob a proteção imediata do soberano, tornaria esta residência segura e fácil, pelo menos para os comerciantes daquelas nações a que os estabelecimentos pertencem. Se a qualquer tempo aquela parte do capital de qualquer país que por si só tendesse e se inclinasse, por assim dizer, para o comércio das Índias Orientais, não fosse suficiente para exercer todos os seus diferentes ramos, seria prova de que, naquele tempo em particular, aquele país não estaria maduro para aquele comércio e que faria melhor em comprar por algum tempo, mesmo a um preço mais alto, de outras nações europeias, os artigos das Índias Orientais que quisesse, do que importá-los ele mesmo diretamente das Índias Orientais. O que poderia perder pelo alto preço daquelas mercadorias dificilmente se igualaria às perdas que sustentaria pelo deslocamento de uma grande porção de seu capital de outros empregos ou mais adequado a suas circunstâncias e situação do que um comércio direto com as Índias Orientais.

Apesar de os europeus possuírem muitos estabelecimentos consideráveis tanto no litoral da África quanto nas Índias Orientais, ainda não estabeleceram em nenhuma dessas regiões colônias tão numerosas e prósperas quanto aquelas nas ilhas e no continente da América. A África, porém, bem como várias outras regiões compreendidas sob o nome geral de Índias Orientais são habitadas por nações bárbaras. Mas aquelas nações de modo algum eram tão fracas e indefesas quanto os miseráveis e inofensivos americanos; e em proporção à fertilidade natural dos países que habitavam, eram muito mais populosas. As nações mais bárbaras, quer da África, quer das Índias Orientais, eram de pastores; mesmo os hotentotes o eram. Mas os nativos de todas as partes da América, exceto México e Peru, eram apenas caçadores; e a diferença é muito grande entre o número de pastores e o de caçadores que a mesma extensão de território igualmente fértil pode manter. Na África e Índias Orientais, portanto, era mais difícil deslocar os nativos e estender as plantações europeias pela maior parte das terras dos habitantes originais. O espírito das companhias exclusivas, além do mais, é desfavorável, já foi observado, ao crescimento de novas colônias, e provavelmente foi a causa do pequeno progresso que fizeram nas Índias Orientais. Os portugueses exerceram o comércio tanto com a África quanto com as Índias Orientais sem quaisquer companhias exclusivas, e seus estabelecimentos no Congo, Angola e Benguela, na costa da África, e em Goa, nas Índias Orientais, se bem que muito oprimidos pela superstição e toda sorte de mau governo, ainda têm uma fraca semelhança com as colônias da América e são parcialmente habitadas por portugueses estabelecidos lá há várias gerações. Os estabelecimentos holandeses no cabo da Boa Esperança e em Batávia atualmente são as mais consideráveis colônias, tanto na África quanto nas Índias Orientais, e ambos estes estabelecimentos têm uma situação peculiarmente afortunada. O cabo da Boa Esperança era habitado por uma raça quase tão bárbara e tão incapaz de se defender quanto os nativos da América. Também está a meio caminho de casa, entre a Europa e as Índias Orientais, onde quase todo navio europeu faz uma estada, tanto na ida como na volta. O suprimento destes navios com toda espécie de provisões frescas, frutas e, por vezes vinho, permite um extenso mercado para o excesso de produção dos colonos. O que o cabo da Boa Esperança é entre a Europa e toda parte das Índias Orientais, Batávia é entre os principais países das Índias Orientais. Fica na rota mais frequentada do Indostão à China e Japão, estando quase a meio caminho naquela rota. Quase todos os navios, também, que velejam entre a Europa e a China tocam em Batávia; e, além de tudo isso, é o centro e principal entreposto do mercado local das Índias Orientais, não só daquela parte exercida pelos europeus, mas daquela dos nativos índios; e naus tripuladas pelos habitantes da China e Japão, de Tonquin, Malaca, Cochinchina e ilhas Celebes são frequentemente vistas neste porto. Tais situações vantajosas permitiram àquelas duas colônias sobrepujar todos os obstáculos que o espírito opressor de uma companhia exclusiva pode ocasionalmente opor a seu crescimento. Permitiram a Batávia ultrapassar a desvantagem adicional do clima talvez mais insalubre do mundo.

As companhias inglesa e holandesa, mesmo não estabelecendo nenhuma colônia considerável, exceto as duas acima mencionadas, ambas fizeram conquistas consideráveis nas Índias Orientais. Mas da maneira que ambas governam seus novos súditos, o espírito natural de uma companhia exclusiva mostrou-se bem nitidamente. Nas ilhas de especiarias dos holandeses, diz-se que queimam todas as especiarias que uma estação fértil produz além do que esperam comerciar na Europa com um lucro que julgam suficiente. Nas ilhas onde não têm entrepostos, dão um prêmio àqueles que colhem as plantinhas e folhas verdes do cravo e da noz-moscada que ali crescem naturalmente, mas que essa política selvagem agora quase completamente extirpou. Mesmo nas ilhas onde têm entrepostos, reduziram muito, ao que dizem, o número dessas árvores. Se mesmo o produto de suas ilhas fosse maior do que o adequado a seus mercados, os nativos, suspeitam eles, poderiam achar meios para escamotear parte dele para outras nações; e a melhor maneira, imaginam, de garantir seu próprio monopólio é cuidar para que ninguém mais cultive o que eles mesmos levam ao mercado. Por diferentes artifícios de opressão, reduziram a população de várias das Molucas, quase ao número apenas necessário para suprir, com provisões frescas e outras necessidades da vida, suas próprias guarnições insignificantes e seus navios que ocasionalmente chegam lá para carregar especiarias. Mesmo sob o governo dos portugueses, diz-se que estas ilhas foram toleravelmente bem habitadas. A companhia inglesa ainda não teve tempo para instaurar um sistema tão perfeitamente destrutivo em Bengala.

Nada, porém, pode ser mais diretamente contrário ao interesse real daquelas companhias, consideradas como soberanas dos países que conquistaram, do que este plano destrutivo. Em quase todos os países, a renda do soberano é retirada da do povo. Quanto maior a renda do povo, portanto, maior o produto anual de sua terra e trabalho, e mais podem pagar ao soberano. É de seu interesse, portanto, aumentar ao máximo aquele produto anual. Mas se este é o interesse de todos os soberanos, é peculiarmente o de um cuja renda, como a do soberano de Bengala, origina-se principalmente de uma renda sobre a terra. Esta renda deve necessariamente ser proporcional à quantidade e valor do produto, e uma e outra devem depender da extensão do mercado. A quantidade será sempre adequada com mais ou menos exatidão ao consumo daqueles que podem pagar por ela, e o preço que pagarão sempre será proporcionado aos anseios de sua competição. É do interesse de tal soberano, portanto, abrir o mais extenso mercado para a produção do país, para permitir a mais perfeita liberdade de comércio, para aumentar tanto quanto possível o número e a competição dos compradores, e por conta disto abolir não só todos os monopólios, mas todas as restrições sobre a importação do produto doméstico de uma parte do país para outra, para sua exportação a países estrangeiros, ou para a importação de bens de qualquer espécie pelos quais possam ser trocadas. Desta maneira, torna-se altamente provável que aumente tanto a quantidade e o valor daquele produto, e consequentemente de sua própria parte nele, ou sua própria renda.

Mas uma companhia de comerciantes parece ser incapaz de considerar-se como soberana, mesmo depois de ter-se tornado tal. O comércio, ou comprar para vender de novo, ainda consideram como seu principal negócio, e, por um estranho absurdo, veem o caráter do soberano como um apêndice do do mercador, como algo que deveria ser-lhe tornado subserviente, ou por meio do que se capacitem a comprar mais barato na Índia, e assim vender com melhor lucro na Europa. Procuram, para este fim, afastar ao máximo todos os competidores do mercado dos países que estão sujeitos a seu governo e, consequentemente, reduzir ao menos uma parte da produção em excesso daqueles países para os quais mal é suficiente para suprir sua própria demanda. Outra alternativa é esperar vender na Europa com um tal lucro que achem razoável. Seus hábitos mercantis levam-nos destarte, quase necessariamente, se bem que talvez insensivelmente, a preferir, em todas as ocasiões ordinárias, o lucro pequeno e transitório do monopolista à grande e permanente renda do soberano, e gradualmente os levaria a tratar os países sujeitos ao seu governo quase como os holandeses tratam as Molucas. É do interesse da Companhia das Índias Orientais, considerada como soberana, que os artigos europeus que são transportados a seus domínios hindus sejam vendidos lá o mais barato possível, e que os artigos hindus que são trazidos de lá sejam vendidos pelo melhor preço, ou o mais caro possível. Mas o inverso disso é seu interesse como mercadores. Como soberanos, seu interesse é exatamente o mesmo do país que governam. Como mercadores, seu interesse é diretamente o oposto.

Mas se o espírito de um tal governo, mesmo no que concerne à sua direção na Europa, desta maneira é essencial e talvez incuravelmente falha, o de sua administração na Índia o é ainda mais. Aquela administração é necessariamente composta de um conselho de comerciantes, profissão sem dúvida extremamente respeitável, mas que em nenhum país do mundo traz consigo aquela espécie de autoridade que naturalmente assombra o povo e, sem forçar, comanda sua voluntária obediência. Tal conselho pode comandar obediência só pela força militar de que é acompanhado, e seu governo é necessariamente militar e despótico. Seu negócio próprio, entretanto, é o de comerciar. É vender, por conta de seu patrão, os artigos europeus que lhes são consignados, e em troca comprar artigos hindus para o mercado europeu. É vender um o mais caro, e vender o outro o mais barato possível, e consequentemente excluir ao máximo todos os rivais do mercado particular onde mantêm sua loja. O espírito da administração, portanto, enquanto concerne ao comércio da companhia, é o mesmo da direção. Tende a fazer o governo subserviente ao interesse do monopólio e, consequentemente, bloquear o crescimento natural de algumas partes, ao menos do excesso de produção do país, para o qual é mal suficiente, para responder à demanda da companhia.

Todos os membros da administração, aliás, comerciam mais ou menos por sua própria conta, e é em vão proibi-los de assim fazer. Nada pode ser mais completamente insensato do que esperar que os funcionários de um grande armazém a dez mil milhas de distância, e, consequentemente, bem fora das vistas, a uma simples ordem de seus patrões desistam imediatamente de fazer qualquer espécie de negócio por sua própria conta, abandonem para sempre toda esperança de fazer fortuna, para o que têm os meios em suas mãos, e se contentem com os salários moderados que aqueles patrões lhes concedem, e que, moderados que são, raramente podem ser aumentados, sendo comumente tão grandes quanto os lucros reais do comércio da companhia pode permitir. Em tais circunstâncias, proibir os servos da companhia de comerciar por conta própria mal pode ter outro efeito além de possibilitar aos servos superiores, sob a presunção de executarem a ordem de seus patrões, oprimir os inferiores que tiverem a infelicidade de cair sob sua desgraça. Os servidores naturalmente esforçam-se por estabelecer o mesmo monopólio em favor de seu próprio comércio privado quanto o comércio público da companhia. Se se tolerasse que agissem à vontade, estabeleceriam este monopólio aberta e diretamente, praticamente proibindo todas as outras pessoas que comerciassem os artigos com que escolhessem mercadejar; e esta, quiçá, é a melhor maneira e menos opressiva de estabelecê-lo. Mas, se por uma ordem da Europa, são proibidos de assim fazê-lo, não obstante procurarão estabelecer um monopólio da mesma espécie, secreta e indiretamente, de uma maneira que é muito mais destrutiva para o país. Empregarão toda a autoridade do governo e perverterão a administração da justiça, para perseguir e arruinar aqueles que os incomodam em qualquer ramo comercial, que por meio de agentes, quer ocultos, quer não reconhecidos publicamente, possam escolher exercer. Mas o comércio privado dos servos naturalmente se estenderá a uma variedade de artigos muito maior do que o comércio público da companhia. Este não se estende além do comércio com a Europa e compreende apenas uma parte do comércio exterior do país. Mas o comércio privado dos servos pode estender-se a todos os vários ramos de seu comércio interno e externo. O monopólio da companhia pode tender apenas a obstar o crescimento natural daquela parte do excesso de produção que, no caso de comércio livre, seria exportada para a Europa. O dos servos tende a obstar o crescimento natural de toda parte do produto que escolherem para comerciar, do que é destinado para o consumo interno, bem como o que é destinado à importação, e, consequentemente, degradar o cultivo de todo o país, e reduzir o número de seus habitantes. Tende a reduzir a quantidade de toda espécie de produto, mesmo das necessidades da vida, sempre que os servos da companhia escolhem comerciar com eles, ao que esses servos podem comprar e esperar vender com um lucro que lhes agrade.

Pela natureza de sua situação, também, os servos precisam estar mais dispostos a sustentar com rigorosa severidade seu próprio interesse contra o do país que governam do que seus patrões sustentam seus próprios. O país pertence a seus patrões, que não podem evitar preocupar-se com o que lhes pertence. Mas não pertence aos servos. O real interesse dos patrões, se fossem capazes de compreendê-lo, é o mesmo do país[4], e é principalmente por ignorância e mesquinharia do preconceito mercantil que o oprimem. Mas o real interesse dos servos de modo algum é o mesmo do país, e a informação mais perfeita não poria um fim às suas opressões, necessariamente. As regulamentações consoantes as quais foram enviadas da Europa, se bem que frequentemente fracas, na maioria das ocasiões foram bem-intencionadas. Mais inteligência e talvez menos boa intenção por vezes apareceram naquelas estabelecidas pelos servos, na Índia. É um singularíssimo governo, em que cada membro da administração deseja sair do país e, consequentemente, estar quite com o governo assim que puder, e cujo interesse, um dia depois de tê-lo deixado, e levado toda sua fortuna consigo, é-lhe perfeitamente indiferente, mesmo que todo o país fosse engolido por um terremoto.

Mas não quero, por qualquer coisa que tenha dito, lançar qualquer imputação odiosa sobre o caráter geral dos servos da Companhia das Índias Orientais e muito menos sobre o de quaisquer pessoas em particular. É o sistema de governo, a situação em que estão colocados, que quero censurar, não o caráter dos que nele agiram. Agiram como sua situação dirigia naturalmente, e aqueles que clamaram mais alto contra eles provavelmente não agiriam melhor eles mesmos. Na guerra e na negociação, os conselhos de Madras e Calcutá em várias ocasiões conduziram-se com uma resolução e sabedoria decisiva que honrariam o senado de Roma nos melhores dias daquela república. Os membros daqueles conselhos, porém, foram criados em profissões muito diferentes da guerra e política. Mas sua situação apenas, sem educação, experiência ou mesmo exemplo, parece ter formado neles imediatamente as grandes qualidades que ela requeria, e tê-los inspirado com habilidades e virtudes que eles mesmos não poderiam saber bem que possuíam. Se em algumas ocasiões, portanto, animou-os a ações de magnanimidade que não poderiam ser esperadas deles, não

---

[4] O interesse de todo proprietário de capital hindu, entretanto, de modo algum é o mesmo do país no governo do qual seu voto lhe dá alguma influência. V. livro V, cap. 1, parte 3.

deveríamos nos surpreender se, em outras, levou-os a feitos de uma natureza um tanto diferente.

Tais companhias exclusivas, portanto, são prejudiciais sob todos os aspectos; sempre mais ou menos inconvenientes aos países em que estão estabelecidas, e destrutivas para aqueles que tiveram a infelicidade de cair sob seu governo.

CAPÍTULO 8
CONCLUSÃO DO SISTEMA MERCANTIL

Apesar de o encorajamento da exportação e o desencorajamento da importação serem dois grandes motores pelos quais o sistema mercantil se propõe a enriquecer todo país, tendo em mente algumas mercadorias em particular, parece seguir um plano oposto: desencorajar a exportação e encorajar a importação. Mas seu objetivo último pretende ser sempre o mesmo: enriquecer o país por uma balança comercial vantajosa. Desencoraja a exportação dos materiais e manufatura, e dos instrumentos de comércio, para dar a nossos trabalhadores uma vantagem e permitir-lhes vender por preço inferior a outras nações em todos os mercados estrangeiros; e, assim, restringindo a exportação de umas poucas mercadorias de preço não muito alto, propõe ocasionar uma exportação muito maior e mais valiosa. Encoraja a importação dos materiais de manufatura, para que nosso próprio povo possa trabalhá-los mais barato, assim prevenindo uma importação maior e mais valiosa das mercadorias manufaturadas. Não observo, ao menos em nosso Livro dos Estatutos, qualquer encorajamento dado à importação dos instrumentos de comércio. Quando as manufaturas avançaram até uma certa grandeza, a fabricação dos instrumentos de comércio torna-se em si o objeto de grande número de manufatureiros importantes. Dar qualquer encorajamento particular à importação de tais instrumentos interferiria demasiado no interesse dessas manufaturas. Tal importação, portanto, em vez de ser encorajada, frequentemente foi proibida. Assim a importação de cardadeiras, exceto da Irlanda, ou quando trazidas como prêmios, foi proibida pelo 3º de Eduardo IV; proibição que foi renovada pelo 39º de Elizabeth e foi continuada e tornada perpétua por leis subsequentes.

A importação dos materiais de manufatura por vezes foi encorajada por uma isenção das taxas a que outros artigos estão sujeitos, e por vezes por incentivos.

A importação de lã de carneiro de vários países, de algodão de todos os países, de linho bruto, da maioria de produtos de tinturaria, a maior parte de couros não tratados da Irlanda ou das colônias britânicas, de peles de foca da Groenlândia britânica, de ferro em barras e lingotes das colônias britânicas, bem como de vários outros materiais de manufatura, foi encorajada por uma isenção de todas as taxas, se apresentadas adequadamente à alfândega. O interesse privado de nossos mercadores e manufatureiros talvez possa ter extorquido da legislatura estas isenções, bem como a maior parte de nossos outros regulamentos comerciais. São, porém, perfeitamente justas e razoáveis, e se, consistentemente com as necessidades do Estado, pudessem ser estendidas a todos os outros materiais de manufatura, o público certamente sairia ganhador.

A avidez de nossos grandes manufatureiros em alguns casos estendeu estas isenções muito além do que justamente possa ser considerado como as matérias brutas de seu trabalho. Pelo 24º de Jorge II, cap. 46, uma pequena taxa de apenas um *penny* por libra sobre a importação de fio de linho em bruto, em vez de taxas muito mais altas a que estava sujeito antes, por exemplo, seis pence por libra para fio para velas, ou um *shilling* a libra sobre todo fio francês ou holandês, e duas libras e 13 *shillings* e quatro pence sobre o *hundredweight* de todo abeto ou fio Muscovia. Mas nossos manufatureiros não ficaram satisfeitos por muito tempo com esta redução. Pelo 29º do mesmo rei, cap. 15, a mesma lei que deu um incentivo sobre a exportação de linho britânico e inglês cujo preço não excedesse 18 pence a jarda, mesmo esta pequena taxa sobre a importação de fio de linho não tingido foi removida. Nas várias operações, porém, que são necessárias para a preparação do fio de linho, muito mais indústria é empregada do que na subsequente operação de preparar o linho tecido a partir do fio. Para não falar da indústria dos cultivadores e preparadores do linho, são necessários três ou quatro fiadores, pelo menos, para manter um tecelão constantemente empregado, e mais de quatro quintos de toda quantidade de trabalho necessária para a preparação do linho tecido são empregados na do fio de linho; mas nossos fiadores são gente pobre, mulheres, comumente espalhadas por todas as partes do país, sem apoio ou proteção. Não é pela venda de seu trabalho, mas pelo trabalho completo dos tecelões que nossos grandes mestres manufatureiros fazem seus lucros. Como é de seu interesse vender suas manufaturas completas o mais caro possível, também o é comprar seus materiais o mais barato possível. Extorquindo da legislatura subsídios sobre a exportação de seu próprio linho, altas taxas sobre a importação de todo linho estrangeiro, e uma proibição total do consumo interno de algumas espécies de linho francês, procuram vender seus artigos o mais caro possível. Encorajando a importação de fio de linho estrangeiro, e assim trazendo-o para competir com o que é feito por nosso povo, procuram comprar o trabalho dos fiadores pobres o mais barato possível. Estão tão determinados em manter baixos os ganhos de seus próprios tecelões quanto os dos fiadores pobres, e de modo algum é pelo benefício do trabalhador que procuram elevar o preço do trabalho completo ou baixar o dos materiais brutos. É a indústria exercida em benefício dos ricos e poderosos que é principalmente encorajada pelo nosso sistema mercantil. Aquela que é exercida pelo benefício do pobre e indigente é muito frequentemente negligenciada ou oprimida.

O subsídio sobre a exportação do linho e a isenção da taxa sobre a importação de fio estrangeiro, concedidos apenas por 15 anos, mas continuados por duas diferentes prorrogações, expiram com o fim da sessão do parlamento que se seguirá imediatamente aos 24 de junho de 1786.

O encorajamento dado à importação dos materiais de manufatura por subsídio foi principalmente confinado aos importados de nossas plantações americanas.

Os primeiros subsídios deste tipo foram aqueles concedidos cerca do começo do presente século sobre a importação de equipamento naval da América. Por essa denominação, compreendia-se: madeira para mastros, cordoalha, alcatrão, piche e terebintina. O subsídio, porém, de uma libra por tonelada de madeira para mastros, e de seis libras por tonelada de cânhamo, foi estendido ao que deveria ser importado da Escócia para a Inglaterra. Ambos estes subsídios continuaram sem qualquer variação, à mesma taxa, até que vários foram deixados a expirar; sobre o cânhamo, a 1º de janeiro de 1741, e sobre a madeira para os mastros, ao fim da sessão do parlamento que se seguiu aos 24 de junho de 1781.

Os subsídios sobre a importação de alcatrão, piche e terebintina sofreram, durante sua vigência, várias alterações. Originalmente, aquele sobre o alcatrão era de quatro libras a tonelada; e sobre a terebintina, três libras a tonelada. O subsídio de quatro libras por tonelada foi depois confinado ao que fosse preparado de uma certa maneira; sobre outro bom, limpo e comerciável, foi reduzido a duas libras e quatro *shillings* a tonelada. O subsídio sobre o piche igualmente foi reduzido a uma libra, e sobre a terebintina, a uma libra e dez *shillings* a tonelada.

O segundo subsídio pela importação de quaisquer materiais de manufatura, de acordo com a ordem da época, foi o concedido pelo 21º de Jorge II, cap. 30, sobre a importação de anil das plantações britânicas. Quando a plantação do índigo valia três quartos do preço do melhor índigo francês, por esta lei foi-lhe destinado um subsídio de seis pence por libra. Este subsídio, que como a maioria dos outros foi concedido apenas por tempo limitado, foi várias vezes prorrogado, mas foi reduzido a quatro pence a libra. Foi permitido que expirasse com o fim da sessão parlamentar que se seguiu aos 25 de março de 1781.

O terceiro subsídio desta espécie foi o concedido (bem na época em que estávamos começando por vezes a cortejar, por vezes a brigar com nossas colônias americanas) pelo 4º de Jorge III, cap. 26, sobre a importação do cânhamo, ou linho bruto, das plantações britânicas. Este subsídio foi concedido por 21 anos, de 24 de junho de 1764 a 24 de junho de 1785. Pelos primeiros sete anos, deveria ser à taxa de oito libras a tonelada; para o segundo, de seis libras, e para o terceiro, de quatro libras. Não foi estendido à Escócia, cujo clima (muito embora o cânhamo seja por vezes cultivado lá em pequenas quantidades de baixa qualidade) não é muito adequado para aquele produto. Tal subsídio à importação de linho escocês para a Inglaterra teria sido um desencorajamento muito grande para o produto nativo da parte sul do Reino Unido.

O quarto subsídio desta espécie foi aquele concedido pelo 5º de Jorge II, cap. 45, sobre a importação da madeira da América. Foi concedido por nove anos, de 1º de janeiro de 1766 a 1º de janeiro de 1775. Durante os primeiros três anos, seria, para cada 120 partes, à taxa de uma libra, e para cada carga contendo cinquenta pés cúbicos de madeira aparelhada, à taxa de 20 *shillings*. Para os três anos seguintes, as porções seriam à taxa de 15 *shillings*, e para outras madeiras aparelhadas, à taxa de oito *shillings*; e para os últimos três anos, as partes seriam à razão de 10 *shillings*, e para outras madeiras aparelhadas, à taxa de cinco *shillings*.

O quinto incentivo desta espécie foi aquele garantido pelo 9º de Jorge III, cap. 38, sobre a importação de seda bruta das plantações britânicas. Foi concedido por 21 anos, de 1º de janeiro de 1770 a 1º de janeiro 1791. Pelos primeiros sete anos, à razão de £25 para o valor de cada cem libras peso; para os segundos, a £20; e para os terceiros, a £15. A administração do bicho da seda e a preparação da seda requerem tanto trabalho manual, e a mão de obra é tão cara na América, que mesmo com este grande incentivo, fui informado, não deveria produzir qualquer efeito considerável.

O sexto incentivo desta espécie foi aquele concedido pelo 2º de Jorge III, cap. 50, sobre importação de barris, pipas, aros e tampas das colônias britânicas. Foi concedido por nove anos, de 1º de janeiro de 1772 a 1º de janeiro 1781. Pelos primeiros três anos, uma certa quantidade de cada receberia £6; pelos três anos seguintes, £4; e pelos últimos três anos, £2.

O sétimo e último incentivo desta espécie foi aquele garantido pelo 19º de Jorge III, cap. 37, sobre a importação de cânhamo da Irlanda. Foi concedido da mesma maneira que o da importação do cânhamo e linho bruto da América, por 21 anos, de 24 de junho de 1779 a 24 de junho de 1800. Este prazo é analogamente dividido em três períodos de sete anos cada; e em cada um destes períodos a taxa do incentivo irlandês é a mesma do americano. Mas, diversamente do incentivo americano, não se estende à importação de linho em bruto. Seria um desencorajamento exagerado ao cultivo daquela planta na Grã-Bretanha. Quando este último incentivo foi concedido, as legislaturas britânica e irlandesa não estavam mais bem dispostas uma com a outra do que a britânica e a americana antes. Mas este benefício à Irlanda, espera-se, foi concedido sob auspícios mais afortunados do que todos os da América.

As mesmas mercadorias para as quais damos subsídios quando importadas da América estavam sujeitas a taxas consideráveis quando importadas de qualquer outro país. O interesse de nossas colônias americanas era visto como o mesmo da terra-mãe. Sua riqueza era considerada nossa riqueza. Qualquer dinheiro que lhes fosse enviado, dizia-se, voltava inteiramente para nós pela balança comercial, e nunca ficaríamos um tostão mais pobres por qualquer despesa que nelas aplicássemos. Eram nossas sob todos os aspectos, e era uma despesa depositada no aperfeiçoamento de nossa propriedade e para o emprego lucrativo de nosso próprio povo. É desnecessário, entendo, atualmente, dizer algo mais para expor a insensatez de um sistema que a experiência fatal agora expôs suficientemente. Se nossas colônias americanas realmente fossem parte da Grã-Bretanha, aqueles subsídios poderiam ter sido considerados subsídios à produção, e ainda estariam sujeitos a todas as objeções a que tais subsídios estão sujeitos, mas não outras.

A exportação dos materiais de manufatura, é por vezes, desencorajada por proibições absolutas e, por vezes, por impostos elevados.

Nossos manufatureiros de lã foram mais bem-sucedidos que qualquer outra classe de trabalhadores em persuadir a legislatura de que a prosperidade da nação depende do sucesso e extensão de seu negócio particular. Não só obtiveram um monopólio contra os consumidores por uma proibição de importação de tecidos de lã de qualquer país estrangeiro, mas analogamente obtiveram outro monopólio, contra os criadores de carneiros e cultivadores de algodão, da exportação de carneiros vivos e de lã. A severidade de muitas das leis que foram decretadas para a segurança da renda é muito justamente criticada, como impondo penalidades severas sobre ações que, antecedentes aos estatutos que as declararam criminosas, sempre foram tomadas como inocentes. Mas a mais cruel de nossas leis sobre a renda, aventuro-me a afirmar, são suaves em comparação com algumas daquelas que o clamor de nossos negociantes e manufatureiros extorquiram da legislatura para apoiar os próprios monopólios absurdos e opressivos. Como as leis de Draco, pode-se dizer que foram escritas com sangue.

Pelo 8º de Elizabeth, cap. 3, o exportador de carneiros, ovelhas ou bodes, pela primeira ofensa, sofreria penalidade de todos os bens para sempre, um ano de prisão e ter a mão esquerda cortada numa cidade de mercado em dia de feira, para ser lá pregada em praça pública; e pela segunda infração, ser considerado criminoso, e por isso sofrer a morte. Evitar que a linhagem de nossos carneiros fosse propagada por países estrangeiros parece ter sido o objetivo desta lei. Pelos 13º e 14º de Carlos II, cap. 18, a exportação de lã foi tornada crime, e o exportador sujeito às mesmas penalidades e multas.

Pela honra da humanidade nacional, espera-se que nenhum destes estatutos tenha sido executado. O primeiro deles, porém, tanto quanto sei, nunca foi diretamente repelido, e o sargento Hawkins parece considerá-lo ainda vigente. Poderia ser considerado virtualmente repelido pelo 12º de Carlos II, cap. 32, seção 3, que, sem remover expressamente as penalidades impostas por estatutos anteriores, impõe uma nova penalidade, por exemplo, a de vinte *shillings* por carneiro exportado, ou que se tente exportar, com a apreensão dos carneiros e da parte do sócio proprietário do navio. O segundo deles foi expressamente repelido pelos 7º e 8º de Guilherme III, cap. 28, seção 4. Pelo qual é declarado que: "Enquanto o estatuto do 13º e 14º do rei Carlos II, feito contra a exportação de lã, entre outras coisas na dita lei mencionada, declara a mesma como crime; pela severidade de cuja penalidade o julgamento dos infratores não tinha sido efetivamente posto em execução, seja, pois, decretado, pela sobredita autoridade, que o tanto da dita lei, que relaciona com a dita ofensa a acusação de crime, seja repelido e considerado nulo."

As penalidades, porém, que não são ou impostas por este estatuto mais brando, ou que, impostas por estatutos anteriores, não são repelidas por este, são ainda suficientemente severas. Além da apreensão dos bens, o exportador incorre na penalidade de três *shillings* para cada libra de peso de lã exportada, ou que se tente exportar, isto é, cerca de quatro ou cinco vezes o valor. Qualquer comerciante ou outra pessoa acusada deste crime é proibida de exigir qualquer débito ou conta pertencente a ele de qualquer feitor ou outro. Seja qual for sua fortuna, seja ou não capaz de pagar aquelas pesadas penalidades, a lei visa a arruiná-lo completamente. Mas como a moral do grande corpo do povo ainda não é tão corrupta quanto a dos forjadores deste estatuto, nunca ouvi dizer que se tenha tirado vantagem desta cláusula. Se a pessoa acusada desta infração não é capaz de pagar as penalidades até três meses após o julgamento, será transportada por sete anos, e, se retornar antes de expirar o termo, será julgada como criminosa, sem atenuantes. O proprietário do navio, sabendo deste crime, perde toda sua parte no navio e nos equipamentos. O mestre e marinheiros, sabendo deste crime, perdem todos os seus bens, sofrendo três meses de prisão. Por um estatuto subsequente, o mestre sofre seis meses de aprisionamento.

Para evitar a exportação, todo o comércio interno de lã é colocado sob restrições onerosas e opressivas. Não pode ser acondicionada em qualquer caixa, barril, arca, ou outro, mas apenas em pacotes de couro ou pano, os quais devem estar marcados no exterior com as palavras *lã* ou *fio*, em letras grandes, não inferiores a três polegadas de comprimento, sob pena de perder a carga e três *shillings* por libra de peso, a serem pagas pelo proprietário ou empacotador. Não pode ser carregada em qualquer cavalo ou carroça, ou carregada por terra a cinco milhas da costa, exceto entre o nascer e o pôr do sol, sob pena de apreensão da carga, cavalo e carroça. As outras cem milhas adjacentes ao litoral, através das quais a lã é carregada ou exportada, paga vinte libras, se a lã tem valor inferior a dez libras; se de maior valor, três vezes aquele valor, mais um processo no mesmo ano. A execução deve ser contra quaisquer dos habitantes, a quem o tribunal deve reembolsar, por uma taxação sobre os outros habitantes, como nos casos de roubo. E, se qualquer pessoa se envolver nesta penalidade, deverá ser aprisionada por cinco anos, e qualquer outra pessoa pode processá-la. Este regulamento tem vigência em todo o reino.

Mas nos condados particulares de Kent e Sussex, as restrições são ainda mais trabalhosas. Todo proprietário de lã a menos de dez milhas do litoral precisa prestar contas por escrito, três dias após a tosquia, ao mais próximo funcionário de alfândega, do número de cabeças e dos locais onde são estabuladas. E antes de remover qualquer parte delas, precisa dar aviso similar de seu número e peso da lã, e do nome e residência da pessoa a quem é vendida, e do lugar para onde se pretende transportá-la. Ninguém a menos de cinquenta milhas do mar, nos ditos condados, pode comprar qualquer lã antes de jurar ao rei que nenhuma parte da lã que assim comprar será vendida por ele a qualquer outra pessoa a menos de 15 milhas do mar. Se qualquer lã for encontrada perto do litoral nos ditos condados, a menos que tenha sido registrada e dadas as seguranças já mencionadas, é apreendida, e o contraventor também paga três *shillings* por libra de peso. Se qualquer pessoa levar qualquer lã não registrada como dito acima a menos de 15 milhas do mar, deve ser apreendida, e se após a apreensão qualquer pessoa reclamá-la, precisa dar segurança à autoridade de que se for julgado pagará o triplo dos custos, além de todas as outras penalidades.

Quando tais restrições são impostas sobre o comércio interno, o comércio costeiro, podemos crer, não é deixado muito livre. Todo proprietário de lã que transporta ou faz transportar qualquer lã a qualquer porto ou lugar no litoral, para ser de lá transportada por mar para qualquer outro lugar ou porto no litoral, primeiro precisa fazer um registro no porto para onde deve ser transportada, contendo o peso, marcas e número de pacotes, antes de trazê-la a cinco milhas daquele porto, sob pena de apreensão da carga, e também dos cavalos, carroça e outros; e também de sofrer as penas das outras leis vigentes contra a exportação da lã. Essa lei, porém (1º de Guilherme III, cap. 32), é indulgente o bastante para declarar: "Isso não impedirá qualquer pessoa de carregar sua lã para casa, do lugar da tosquia, mesmo que a cinco milhas do mar, desde que em dez dias da tosquia, e antes de remover a lã, certifique de próprio punho ao mais próximo funcionário da alfândega o número de tosões e onde estão alojados, e não remova os ditos, sem certificar ao dito oficial, de próprio punho, suas intenções de fazê-lo, três dias antes." Deve ser feito juramento de que a lã a ser carregada pelo litoral será desembarcada no porto determinado para o qual foi registrada antes; e se qualquer parte dela for desembarcada sem a presença de um funcionário, não só a apreensão da lã ocorre, como acontece com outras mercadorias, mas a penalidade usual de três *shillings* para cada libra-peso igualmente incorre.

Nossas manufaturas de lã, para justificar sua demanda de tais restrições extraordinárias e regulamentos, confiantemente asseveraram que a lã inglesa é de uma qualidade peculiar, superior à de qualquer outro país; que a lã de outros países não poderia, sem uma mistura dela, ser tecida em qualquer manufatura razoável; que tecidos finos não poderiam ser feitos sem ela; e que a Inglaterra, portanto, se a exportação pudesse ser totalmente evitada, poderia monopolizar para si quase todo o comércio de lã do mundo, e, assim, não tendo rivais, poderia vender ao preço que lhe aprouvesse e em pouco tempo adquiriria um incrível grau de riqueza pelo balanço comercial o mais favorável. Esta doutrina, como a maioria das doutrinas que são confiantemente asseveradas por qualquer número considerável de pessoas, era e continua a ser implicitamente acreditada por um número ainda maior — por quase todos não familiarizados com o comércio da lã, ou que não fizeram indagações particulares. É, no entanto, tão perfeitamente falso que a lã inglesa em qualquer aspecto seja necessária para a confecção de tecidos finos, quanto é totalmente inadequada para tal. Os tecidos finos são feitos inteiramente de lã espanhola. A lã inglesa não pode tampouco ser misturada à lã espanhola para entrar na composição sem estragar e degradar, em certo grau, a textura do pano.

Foi mostrado, na parte precedente deste trabalho, que o efeito destes regulamentos foi baixar o preço da lã inglesa, não só abaixo do que naturalmente se daria atualmente, mas muito abaixo do que realmente era nos tempos de Eduardo III. O preço da lã escocesa, quando em consequência da união tornou-se sujeito aos mesmos regulamentos, diz-se que caiu à metade. É observado pelo inteligentíssimo e acurado autor de *Memoirs of Wool,* o reverendo sr. John Smith, que o preço da melhor lã inglesa na Inglaterra está geralmente abaixo do da lã de uma qualidade muito inferior no mercado de Amsterdam. Baixar o preço desta mercadoria abaixo do que pode ser chamado seu preço adequado e natural foi o propósito declarado desses regulamentos; e não parece haver dúvida de que produziram o efeito esperado deles.

Esta redução de preço, talvez se possa pensar, desencorajando a produção da lã, deve ter reduzido em muito o volume anual desse artigo, se bem que não abaixo do que era antes, mas abaixo do que, no estado atual das coisas, provavelmente seria se, em consequência de um mercado livre e aberto, pudesse subir ao preço natural e próprio. Estou ainda disposto a acreditar que a quantidade da produção anual não pode ter sido muito afetada por estes regulamentos, se bem que o tenha sido um pouco. A produção de lã não é o principal propósito a que o agricultor aplica sua indústria e capital. Espera seu lucro não tanto do preço do tosão como do da carcaça; e o preço médio ou ordinário desta em muitos casos deve lhe compensar qualquer deficiência que possa haver no preço médio ou ordinário do primeiro. Foi anteriormente observado nesta obra que: "quaisquer que sejam os regulamentos que tendam a baixar o preço da lã ou do couro cru abaixo do que naturalmente seria, num país aperfeiçoado e cultivado, deve ter alguma tendência a elevar o preço da carne no varejo. O preço tanto do gado de pequeno quanto do de grande porte que se alimentam em terra aperfeiçoada e cultivada deve ser suficiente para pagar a renda que o proprietário e o lucro que o lavrador têm razão em esperar de terra aperfeiçoada e cultivada. Caso contrário, logo cessará de alimentá-los. Qualquer que seja a parte deste preço portanto, que não seja paga pela lã e pelo couro, deve ser paga pela carcaça. Quanto menos for pago por uma, mais deve ser pago pela outra. De que maneira este preço deve ser dividido pelas diferentes partes do animal é indiferente para proprietários e lavradores, desde que tudo lhes seja pago. Em terra bem cultivada, portanto, o interesse de proprietários e lavradores não pode ser muito afetado por tais regulamentos, se bem que seus interesses enquanto consumidores possa, pela elevação no preço das provisões". De acordo com este arrazoado, então, esta degradação no preço da lã não é provável, num país bem cultivado, que ocasione qualquer diminuição na produção anual daquela mercadoria, exceto que, elevando o preço da carne de carneiro, possa diminuir um pouco a demanda e consequentemente a produção daquela espécie de carne. Seu efeito, mesmo assim, provavelmente não é muito considerável.

Mas se seu efeito sobre a quantidade do produto anual possa não ter sido muito considerável, seu efeito sobre a qualidade, pode-se pensar, deve necessariamente ter sido muito grande. A degradação na qualidade da lã inglesa, se não piorou em relação ao passado, está abaixo do que seria naturalmente no estado atual de cultivo, pode-se supor que esteja na proporção da degradação do preço. Como a qualidade depende da linhagem, pasto, administração e limpeza dos carneiros, durante todo o processo de crescimento do tosão, a atenção a estas circunstâncias, pode-se imaginar, nunca pode ser maior que a recompensa que o preço da lã dará pelo trabalho e despesa que aquela atenção requer. Acontece, porém, que a excelência da lã depende em grande medida da saúde, crescimento e peso do animal; a mesma atenção que é necessária para o aperfeiçoamento da carcaça em alguns aspectos é suficiente para o da lã. Não obstante a degradação do preço, diz-se que a lã inglesa melhorou consideravelmente mesmo no decurso deste século. O aperfeiçoamento talvez pudesse ter sido maior se o preço fosse melhor; mas o baixo preço, se pode ter obstruído, certamente não impediu totalmente aquela melhora.

A violência desses regulamentos assim não parece ter afetado a quantidade ou a qualidade da produção anual da lã, tanto quanto seria de esperar (penso provável que tenha afetado esta muito mais do que aquela); e o interesse dos produtores de lã, mesmo que afetado em algum grau, parece no todo ter sido muito menos ferido do que se poderia ter imaginado.

Estas considerações, porém, não justificarão a proibição absoluta da exportação da lã. Mas justificarão inteiramente a imposição de uma taxa considerável sobre aquela exportação.

Ferir em qualquer grau o interesse de qualquer ordem de cidadãos para nenhum propósito que não seja promover alguma outra é evidentemente contrário àquela justiça e igualdade de tratamento que o soberano deve a todas as diferentes ordens de seus súditos. Mas a proibição certamente fere, em algum grau, o interesse dos produtores de lã, com o propósito de promover o dos manufatureiros.

Toda ordem de cidadãos está comprometida a contribuir com o sustento do soberano ou da comunidade. Uma taxa de cinco ou mesmo dez *shillings* sobre a exportação de cada tonelada de lã produziria uma renda mui considerável para o soberano. Feriria o interesse dos produtores um pouco menos que a proibição, porque provavelmente não baixaria tanto o preço da lã. Permitiria uma vantagem suficiente para o manufatureiro, porque mesmo que não possa comprar sua lã tão barato quanto sob a proibição, ainda a compraria ao menos cinco ou dez *shillings* mais barato que qualquer manufatureiro estrangeiro, além de poupar o frete e o seguro, que o outro seria obrigado a pagar. É difícil determinar uma taxa que poderia produzir qualquer renda considerável para o soberano e, ao mesmo tempo, causar um mínimo de inconveniência para todos.

A proibição, apesar de todas as penalidades que a protegem, não previne a exportação de lã. É exportada, é bem sabido, em grandes quantidades. A grande diferença entre o preço no mercado interno e no externo apresenta uma tal tentação ao contrabando que todo o rigor da lei não pode preveni-lo. Esta exportação ilegal não é vantajosa para ninguém, exceto para o contrabandista. Uma exportação legal, sujeita a uma taxa, permitindo uma renda para o soberano, e assim poupando a imposição de alguma outra que possa ser mais onerosa e inconveniente, pode se mostrar mais vantajosa para todos os súditos do Estado.

A exportação de greda, necessária para a preparação e limpeza da lã, foi sujeita a quase as mesmas penalidades que a exportação da lã. Mesmo a argila para cachimbos, reconhecidamente diferente da greda, por causa de sua semelhança, e porque a greda poderia ser exportada como argila para cachimbos, foi colocada sob as mesmas proibições e penalidades.

Pelos 13º e 14º de Carlos II, cap. 7, a exportação não só de couros crus, mas de couro curtido, exceto na forma de botas, sapatos ou chinelos, foi proibida; e a lei deu um monopólio a nossos sapateiros, não só contra nossos criadores de gado, mas também contra nossos tanoeiros. Por estatutos subsequentes, nossos tanoeiros isentaram-se deste monopólio pagando uma pequena taxa de apenas um *shilling* pelo *hundredweight* de couro curtido, pesando 120 libras. Obtiveram igualmente a isenção de dois terços das exações impostas sobre sua mercadoria mesmo quando exportada sem manufatura alguma. Todas as manufaturas de couro podem ser exportadas livres de taxas; e o exportador também recebe a isenção de todas as taxas. Nossos criadores de gado ainda continuam sujeitos ao velho monopólio. Separados uns dos outros, e dispersos por todos os cantos do país, só com grande dificuldade poderiam combinar-se quer para o propósito de impor monopólios sobre seus concidadãos, quer para isentar-se do que lhes foi imposto por outrem. Manufatureiros de todas as espécies, reunidos em numerosas corporações em todas as grandes cidades, facilmente o conseguem. Mesmo os chifres do gado têm sua exportação proibida; e os dois insignificantes negócios do artífice de chifres e pentes gozam, neste aspecto, de um monopólio contra os criadores de gado.

As restrições, quer por proibições, quer por taxas, sobre a exportação de mercadorias que são parciais, mas não completamente manufaturadas, não são características da manufatura do couro. Enquanto algo resta a fazer para adaptar qualquer mercadoria para uso imediato e consumo, nossos manufatureiros pensam que eles mesmos deveriam tê-lo feito. A lã tratada é de exportação proibida sob as mesmas penalidades que a lã bruta. Mesmo panos brancos estão sujeitos a uma taxa sobre a exportação, e nossos tintureiros até agora obtiveram um monopólio contra nossos tecelões. Nossos tecelões provavelmente poderiam se defender, mas a maioria de nossos tecelões também é de tintureiros. Peças de relógio também tiveram sua exportação proibida. Nossos relojoeiros, ao que parece, não querem que o preço deste artesanato se eleve pela competição estrangeira.

Por alguns velhos estatutos de Eduardo III, Henrique VIII e Eduardo VI, a exportação de todos os metais foi proibida. Somente o chumbo e o estanho eram exceção, provavelmente por causa de sua grande abundância, na exportação dos quais parte considerável do comércio do reino consistia naqueles dias. Para o encorajamento da mineração, o 5º de Guilherme e Mary, cap. 17, isentou da proibição o ferro, o cobre, e metais purificados com base no minério britânico. A exportação de todo tipo de barras de cobre, estrangeiras ou britânicas, depois foi permitida pelos 9º e 10º de Guilherme III, cap. 26. A exportação de latão não trabalhado, de bronze para canhões, para sinos e metal de cunhagem ainda continua proibida. As manufaturas de latão de toda espécie podem ser exportadas isentas de taxas.

A exportação dos materiais de manufatura, onde não é totalmente proibida, em muitos casos, está sujeita a taxas consideráveis.

Pelo 8º de Jorge I, cap. 15, a exportação de todos os artigos, produzidos ou manufaturados na Grã-Bretanha, sobre os quais foram impostas taxas por estatutos anteriores a exportação tornou-se livre de taxas. Os seguintes artigos, porém, foram excetuados: alúmen, chumbo, minério de chumbo, estanho, couro curtido, sulfatos de ferro, carvões, cardos de lã, tecidos brancos de lã, lápis calaminares, peles de toda espécie, cola, pele de coelho, peles de qualquer tipo, cavalos e litargírio de chumbo. Excetuando-se cavalos, todos estes são materiais ou manufaturas, ou manufaturas incompletas (que podem ser consideradas como materiais para ulterior manufatura), ou instrumentos de ofício. Este estatuto deixa-os sujeitos a todas as velhas taxas que lhes foram impostas, o velho subsídio e 1% a mais.

Pelo mesmo estatuto, um grande número de drogas estrangeiras para tinturaria são isentas de todas as taxas sobre importação. Cada uma delas, porém, depois é sujeita a uma certa taxa, sem dúvida não muito pesada, sobre a exportação. Nossos tintureiros, parece, enquanto acharam de seu interesse encorajar a importação daquelas drogas, por uma isenção de todas as taxas, acharam igualmente de seu interesse lançar um leve desencorajamento sobre sua exportação. A avidez que sugeriu esta peça notável de engenho mercantil desapontou-se de seu objetivo. Necessariamente ensinou os importadores a serem mais cuidadosos do que poderiam se sua importação não excedesse o necessário para suprir o mercado interno. Este sempre estava sujeito a ser escassamente suprido; as mercadorias sempre tendiam a ser um pouco mais caras do que se a exportação tivesse sido feita tão livre quanto a importação.

Pelo estatuto acima, a goma arábica, estando entre as drogas enumeradas de tinturaria, podia ser importada livre de taxas. Estava sujeita, é verdade, a uma pequena taxa sobre o peso, chegando apenas a três pence o *hundredweight* sobre sua reexportação. A França desfrutava, na época, um comércio exclusivo com o país que mais produzia estas drogas, o que fica nas vizinhanças do Senegal; e o mercado britânico não poderia ser facilmente suprido pela importação imediata delas do local de cultivo. Pelo 25º de Jorge II, a goma arábica pode ser importada (contrariamente às disposições gerais da Lei da Navegação) de qualquer parte da Europa. Como a lei, porém, não visava encorajar esta espécie de comércio, tão contrário aos princípios gerais da política mercantil da Inglaterra, impôs uma taxa de dez *shillings* o *hundredweight* sobre tal importação, e nenhuma parte desta taxa depois deveria ser retirada sobre sua exportação. A guerra bem-sucedida que começou em 1755 deu à Grã-Bretanha o mesmo comércio exclusivo com aqueles países de que usufruíra a França, antes. Nossos manufatureiros, assim que a paz foi feita, esforçaram-se por participar desta vantagem e estabelecer um monopólio em seu próprio favor, tanto contra os cultivadores quanto contra os importadores desta mercadoria. Pelo 5º de Jorge III, cap. 37, a exportação de goma senegalesa dos domínios de Sua Majestade em África era confinada à Grã-Bretanha e estava sujeita a todas as mesmas restrições, regulamentos, apreensões e penalidades que as mercadorias enumeradas das colônias britânicas na América e Índias Ocidentais. Sua importação, de fato, estava sujeita a uma pequena taxa de seis pence o *hundredweight*, mas sua reexportação estava sujeita à enorme taxa de uma libra e dez *shillings* o *hundredweight*. Era intenção de nossos manufatureiros que todo o produto daqueles países fosse importado para a Grã-Bretanha, e para que eles mesmos pudessem comprá-lo ao seu preço, e que nenhuma parte dele fosse exportada de novo senão a uma despesa que desencorajaria suficientemente aquela exportação. Sua avidez, no entanto, nesta como em outras ocasiões, ficou desapontada. Esta taxa enorme apresentava uma tal tentação para o contrabando que grandes quantidades desta mercadoria foram clandestinamente exportadas, provavelmente para todos os países manufatureiros da Europa, mas particularmente para a Holanda, não só da Grã-Bretanha, mas da África. Por causa disto, pelo 14º de Jorge III, cap. 10, esta taxa sobre a exportação foi reduzida a cinco *shillings* o *hundredweight*.

No livro das cotações, de acordo com o qual o subsídio velho foi levantado, as peles de castor eram estimadas em seis *shillings* e oito pence cada, e os vários subsídios e impostos, que antes de 1772 foram lançados sobre sua importação, totalizaram uma quinta parte da cotação, ou 16 pence sobre cada pele; e exceto pela metade do subsídio velho, totalizando apenas dois pence, foram retirados sobre a exportação. Esta taxa sobre a importação de um material tão importante de manufatura foi considerada muito alta e, em 1722, a taxa foi reduzida a dois *shillings* e seis pence, que reduziu a taxa sobre a importação a seis pence, e, disto, apenas metade seria retirada sobre a exportação. A mesma guerra bem-sucedida pôs o país mais produtivo de castores sob o domínio da Grã-Bretanha, e as peles de castor, estando entre as mercadorias enumeradas, sua exportação da América foi consequentemente confinada ao mercado da Grã-Bretanha. Nossos manufatureiros logo pensaram nas vantagens que poderiam ter com esta circunstância, e no ano de 1764 a taxa sobre a importação de peles de castor foi elevada a sete pence cada pele, sem nenhuma isenção na taxa de importação. Pela mesma lei, uma taxa de 18 pence a libra foi imposta sobre a exportação de pele de castor sem fazer nenhuma alteração na taxa sobre a importação daquela mercadoria que, quando importada pela Inglaterra e em navios britânicos, totalizava naquela época entre quatro ou cinco pence cada.

Os carvões podem ser considerados tanto como material de manufatura como instrumento de ofício. Concomitantemente, taxas pesadas foram impostas sobre sua exportação, totalizando atualmente (1783) a mais de cinco *shillings* a tonelada, ou mais de 15 *shillings* o caldeirão, em medidas de Newcastle, que na maioria dos casos são maiores que o valor original da mercadoria na mina, ou mesmo no porto, pronta para exportação.

Entretanto, a exportação dos instrumentos de ofício propriamente ditos é comumente restringida não por taxas elevadas, mas por proibições absolutas. Assim, pelos 7º e 8º de Guilherme III, cap. 20, seção 8, a exportação de bastidores ou engenhos para luvas ou meias é proibida sob a penalidade não só da apreensão dos tais bastidores ou engenhos assim exportados, ou que se tentou exportar, mas também quarenta libras, metade para o rei, a outra para a pessoa que informe o ocorrido. Do mesmo modo, pelo 14º de Jorge III, cap. 71, a exportação ao estrangeiro de quaisquer utensílios das manufaturas de algodão, linho, lã e seda é proibida sob a penalidade não só da apreensão de tais utensílios, mas de duzentas libras, a serem pagas pela pessoa contraventora, e igualmente de duzentas libras a serem pagas pelo mestre do navio que conscientemente permitir que tais utensílios sejam carregados a bordo de sua nau.

Quando tais penalidades pesadas foram impostas sobre a exportação dos instrumentos inanimados de ofício, não se poderia esperar que o instrumento vivo, o artífice, fosse deixado para ir livre. Concomitantemente, pelo 5º de Jorge I, cap. 27, a pessoa que for culpada de atrair qualquer artífice, ou em qualquer das manufaturas da Grã-Bretanha, para ir ao estrangeiro a fim de praticar ou ensinar seu ofício está sujeita pela primeira contravenção a ser multada numa soma que não exceda cem libras, e a três meses de prisão, e até que a multa seja paga; e pela reincidência, a ser multada em qualquer soma à discrição da corte e aprisionamento por 12 meses, e até que a multa seja paga. Pelo 23º de Jorge II, cap. 13, esta penalidade é aumentada pela primeira ofensa a quinhentas libras por cada artífice assim atraído, e a prisão de 12 meses, e até que a multa seja paga; pela recidiva, a mil libras e a dois anos de prisão, e até que a multa seja paga.

Pelo primeiro destes dois estatutos, sob prova de que qualquer pessoa esteja atraindo qualquer artífice, ou que qualquer artífice tenha prometido ou contratado para ir ao estrangeiro pelos propósitos sobreditos, tal artífice pode ser obrigado a dar segurança à discrição da corte de que não irá além-mar e poderá ficar aprisionado até dar esta segurança.

Se qualquer artífice for além-mar e estiver exercendo ou ensinando seu ofício em qualquer país estrangeiro, por aviso sendo-lhe dado por qualquer dos ministros de Sua Majestade ou cônsules no estrangeiro, ou por um dos secretários de Estado de Sua Majestade, se dentro de seis meses de tal aviso não retornar ao reino, e daí por diante residir e morar continuamente no mesmo, daí por diante será declarado incapaz de receber qualquer herança que lhe seja devida no reino, ou ser executor ou administrador de qualquer pessoa, ou tomar quaisquer terras, no reino, por descendência ou negócio. Também perde para o rei todas as terras, bens e gado, é declarado alienado sob todos os aspectos e colocado fora da proteção do rei.

É desnecessário, imagino, observar quanto tais regulamentos são contrários à decantada liberdade do súdito, da qual tanto nos gabamos; mas que neste caso é tão claramente sacrificada aos interesses fúteis de nossos mercadores e manufatureiros.

O motivo louvável de todos estes regulamentos é estender nossas próprias manufaturas, não por seu próprio aperfeiçoamento, mas pela depressão da de todos os nossos vizinhos, e pôr um fim, tanto quanto possível, à perturbadora competição de rivais tão odiosos e desagradáveis. Nossos mestres manufatureiros acham razoável que eles mesmos deveriam ter o monopólio da engenhosidade de todos os seus concidadãos. Apesar de restringirem, em alguns ofícios, o número de aprendizes que podem ser empregados de cada vez, e impondo a necessidade de um longo aprendizado em todos os ofícios, esforçam-se, todos eles, por confinar o conhecimento de seus empregos respectivos ao menor número possível; apesar disto, não querem que qualquer parte deste pequeno número vá para fora instruir estrangeiros.

O consumo é o único fim e propósito de toda produção; e o interesse do produtor deveria ser atendido apenas até onde possa ser necessário promover o do consumidor. A máxima é tão perfeitamente evidente que seria absurdo tentar prová-la. Mas no sistema mercantil, o interesse do consumidor é quase constantemente sacrificado ao do produtor, e parece considerar a produção, e não o consumo, como o fim último e objetivo de toda indústria e comércio.

Nas restrições sobre a importação de todas as mercadorias estrangeiras que podem entrar em competição com as de nosso próprio cultivo ou manufatura, o interesse do consumidor doméstico é evidentemente sacrificado ao do produtor. É totalmente para o benefício do último que o primeiro é obrigado a pagar aquela elevação de preço que este monopólio quase sempre ocasiona.

É totalmente para o benefício do produtor que incentivos são concedidos à exportação de alguns de seus produtos. O consumidor doméstico é obrigado a pagar, primeiro, a taxa necessária para pegar o subsídio e, segundo, a taxa ainda maior que necessariamente origina-se da elevação do preço da mercadoria no mercado doméstico.

Pelo famoso tratado de comércio com Portugal, o consumidor é impedido, por elevadas taxas, de comprar de um país vizinho uma mercadoria que nosso clima não produz, mas é obrigado a comprá-la de um país distante, apesar de se reconhecer que a mercadoria do país distante é de qualidade pior que a do próximo. O consumidor doméstico é obrigado a submeter-se a esta inconveniência para que o produtor possa vender para o país distante alguns de seus produtos em termos mais vantajosos do que poderia de outro modo. O consumidor também é obrigado a pagar qualquer elevação no preço daqueles produtos que esta exportação forçada possa ocasionar no mercado interno.

Mas no sistema de leis que foi estabelecido para a administração de nossas colônias amcricanas e das Índias Ocidentais, o interesse do consumidor doméstico foi sacrificado ao do produtor, com uma profusão mais extravagante do que em todos os outros regulamentos comerciais nossos. Um grande império foi estabelecido com o único propósito de criar uma nação de consumidores que sejam obrigados a comprar das lojas de nossos vários produtores todos os bens que estes possam lhes oferecer. Pelo bem daquela pequena elevação de preço que este monopólio poderia proporcionar aos nossos produtores, os consumidores domésticos foram sobrecarregados com o ônus de toda a despesa de manter e defender aquele império. Para este propósito tão somente, nas duas últimas guerras, mais de duzentos milhões foram gastos, e um novo débito de mais de 170 milhões foi contraído, bem acima de tudo o que foi gasto para o mesmo fim em guerras anteriores. O interesse deste débito apenas não só é maior que todo o lucro extraordinário que jamais se pode pretender com o monopólio do comércio colonial, mas do que todo o valor daquele comércio, ou do que todo o valor dos bens que em média foram anualmente exportados para as colônias.

Não é muito difícil determinar quais foram os arquitetos de todo este sistema mercantil: não os consumidores, podemos crer, cujo interesse foi inteiramente negligenciado, mas os produtores, cujo interesse foi tão cuidadosamente atendido; e dentre esta última classe nossos comerciantes e manufatureiros foram de longe os principais arquitetos. Nos regulamentos mercantis que foram assinalados neste capítulo, o interesse de nossos manufatureiros foi mui especialmente atendido; e o interesse, não tanto dos consumidores, mas de alguns outros conjuntos de produtores, foi sacrificado a ele.

CAPÍTULO 9
Dos sistemas agrícolas, ou daqueles sistemas de economia política que representam o produto da terra como a única ou principal fonte de renda e riqueza de todo país

Os sistemas agrícolas de economia política não exigirão uma explanação tão longa quanto a que pensei necessária sobre o sistema mercantil ou comercial.

Aquele sistema que representa o produto da terra como a única fonte de renda e riqueza de todo país, tanto quanto sei, nunca foi adotado por qualquer nação e atualmente só existe na especulação de uns poucos homens de grande instrução e engenho, na França. Certamente não valeria a pena examinar detidamente os erros de um sistema que nunca causou, e provavelmente nunca causará, nenhum mal em nenhuma parte do mundo. Procurarei explicar, entretanto, tão distintamente quanto puder, as grandes linhas deste mui engenhoso sistema.

O sr. Colbert, famoso ministro de Luís XIV, foi um homem probo, de grande indústria e conhecimento do pormenor, de grande experiência e acuidade no exame das contas públicas, e de capacidades, em suma, de todas as maneiras adequadas para introduzir método e boa ordem na coleta e despesa da renda pública. Aquele ministro desgraçadamente abraçara todos os preconceitos do sistema mercantil, em sua natureza e essência um sistema de restrição e regulação, e tal que dificilmente poderia ser agradável a um laborioso e tenaz homem de negócios, acostumado a regular os diferentes departamentos dos escritórios públicos e estabelecer as necessárias verificações e controles para confinar cada um à sua própria esfera. À indústria e ao comércio de um grande país esforçou-se por regular-se segundo o mesmo modelo que os departamentos de uma repartição pública e, em vez de permitir que cada homem seguisse seu próprio interesse à sua própria maneira, conforme o plano liberal de igualdade, liberdade e justiça, dedicou a certos ramos da indústria privilégios extraordinários, ao passo que colocou outros sob restrições extraordinárias. Ele não estava disposto, como outros ministros europeus, a encorajar mais a indústria das cidades do que a do campo; mas, para apoiar a indústria das cidades, estava disposto mesmo a oprimir e tolher a do campo. Para tornar as provisões baratas para os habitantes das cidades, e assim encorajar as manufaturas e o comércio exterior, proibiu totalmente a exportação de trigo e assim excluiu os habitantes do campo de todo mercado exterior, de longe a parte mais importante do produto de seu trabalho. Esta proibição, unida às restrições impostas pelas antigas leis provinciais da França sobre o transporte de trigo de uma província para outra, e às taxas arbitrárias e degradantes levantadas junto aos agricultores em quase todas as províncias, desencorajou e abateu a agricultura daquele país muito abaixo do estado a que naturalmente ascenderia num solo tão fértil e clima tão feliz. Este estado de desencorajamento e depressão foi sentido mais ou menos em todas as partes do país, e muitas investigações foram encetadas concernentes às suas causas. Uma destas causas pareceu ser a preferência dada, pelas instituições do sr. Colbert, à indústria das cidades acima da do campo.

Se a haste está muito vergada para um lado, diz o provérbio, para endireitar, é preciso vergá-la outro tanto do outro. Os filósofos franceses, que propuseram o sistema que representa a agricultura como a única fonte de renda e riqueza de todo país, parecem ter adotado esta máxima proverbial; e como no plano do sr. Colbert a indústria das cidades foi certamente sobrestimada em comparação com a do campo, no sistema deles parece igualmente subestimada.

As diferentes ordens de pessoas que se supôs contribuírem em qualquer aspecto para o produto anual da terra e trabalho do campo, dividem-se em três classes. A primeira é a classe dos proprietários da terra. A segunda é a classe dos cultivadores, ou lavradores e campônios, que honram com a peculiar designação de classe produtiva. A terceira é a classe dos artífices, manufatureiros e comerciantes, a quem se esforçam por degradar pela designação humilhante de classe estéril ou improdutiva.

A classe dos proprietários contribui para o produto anual por meio da despesa que podem ocasionalmente depositar na melhoria da terra, nos edifícios, esgotos, cercados, e outras, que possam fazer ou manter, e por meio das quais os lavradores podem, com o mesmo capital, gerar uma maior produção e, consequentemente, pagar uma maior renda. Esta renda adiantada pode ser considerada o interesse ou lucro devido ao proprietário sobre a despesa ou capital que assim emprega na melhoria de sua terra. Tais despesas neste sistema são chamadas despesas básicas (*dépenses foncières*).

Os cultivadores ou lavradores contribuem para a produção anual por meio do que neste sistema são as chamadas despesas primitivas e anuais (*dépenses primitives et dépenses annuelles*) que depositam no cultivo da terra. As despesas primitivas consistem nos instrumentos agrícolas, no gado, nas sementes e na manutenção da família do lavrador, servos e gado durante pelo menos a maior parte do primeiro ano de sua ocupação, ou até que ele possa receber algum retorno da terra. As despesas anuais consistem na semente, no desgaste dos instrumentos agrícolas e na manutenção anual dos servos do lavrador e seu gado, e também de sua família, tanto quanto qualquer parte dela pode ser considerada como servos empregados no cultivo. Aquela parte do produto da terra que lhe resta depois de pagar a renda deveria ser suficiente, primeiro, para repor-lhe, num tempo razoável, ao menos durante o termo de sua ocupação, o todo de suas despesas originais, junto com os lucros ordinários do capital, e: segundo, repor-lhe anualmente do todo de suas despesas anuais, juntamente com os lucros. Estas duas espécies de despesas são dois capitais que o lavrador emprega no cultivo; e a menos que sejam regularmente restaurados, junto com um lucro razoável, ele não pode exercer seu emprego no mesmo nível com outros empregos, mas, em vista de seu próprio interesse, deve desertá-lo assim que possível e procurar algum outro. Aquela parte do produto da terra que assim é necessária para permitir que o lavrador continue seu negócio deveria ser considerada como um fundo consagrado ao cultivo, que, se o proprietário viola, necessariamente reduz o produto de sua própria terra, e em poucos anos não só incapacita o lavrador de pagar a renda, mas de pagar a renda razoável que de outro modo poderia obter por sua terra. A renda que propriamente pertence ao proprietário não é mais que o produto líquido restante após pagar da maneira mais completa as despesas necessárias que devem ser previamente depositadas para levantar o grosso de todo o produto. É por causa do trabalho dos cultivadores, o qual, muito acima de pagar completamente todas aquelas despesas necessárias, proporciona um produto líquido desta espécie, que esta classe de pessoas neste sistema se distingue peculiarmente pela designação honorável de classe produtiva. Suas despesas primitivas e anuais são pela mesma razão chamadas, neste sistema, despesas produtivas, porque bem acima de repor seu próprio valor, ocasionam a reprodução anual deste produto líquido.

As despesas básicas, como são chamadas, ou o que o proprietário deposita sobre o aperfeiçoamento de sua terra, também são, neste sistema, honradas com a designação de despesas produtivas. Até que o total destas despesas, junto com os lucros ordinários do capital, tenha-lhe sido completamente pago pela renda adiantada que obtém de sua terra, aquela renda adiantada deveria ser vista como sagrada e inviolável, pela igreja e pelo rei; não deveria ser sujeita a qualquer taxação. De outro modo, desencorajando o aperfeiçoamento da terra, a igreja desencoraja o futuro aumento de seus próprios dízimos, e o rei, o futuro aumento de suas próprias taxas. Como num estado bem ordenado de coisas, portanto, essas despesas básicas, bem acima de reproduzir da maneira mais completa seu próprio valor, ocasionam igualmente, depois de um certo tempo, uma reprodução de um produto líquido; neste sistema são consideradas como despesas produtivas.

As despesas básicas do proprietário, no entanto, junto com as despesas primitivas e anuais do lavrador são as únicas três espécies de despesas que neste sistema são consideradas produtivas. Todas as outras despesas e classes de pessoas, mesmo aquelas que no entendimento comum são vistas como as mais produtivas, são, no final das contas, representadas como totalmente estéreis e improdutivas.

Artífices e manufatureiros em particular, cuja indústria, no entendimento comum, aumenta tanto o valor do produto bruto da terra, neste sistema são representados como uma classe de pessoas totalmente estéril e improdutiva. Seu trabalho, diz-se, substitui apenas o capital que os emprega, junto com seus lucros ordinários. Esse capital consiste de materiais, ferramentas e salários adiantados pelo empregador; e é o fundo destinado para seu emprego e manutenção. Seus lucros são o fundo destinado para a manutenção de seu empregador. Seu empregador, ao lhes adiantar o capital dos materiais, ferramentas e salários necessários para seu emprego, avança para si o que é necessário à sua própria manutenção, e esta manutenção ele geralmente proporciona ao lucro que espera fazer pelo preço de seu trabalho. A menos que seu preço lhe devolva a manutenção que adianta para si mesmo, bem como os materiais, ferramentas e salários que adianta para seus trabalhadores, evidentemente não lhe paga toda a despesa que depositou nela. Os lucros do capital de manufatura, portanto, não são, como a renda da terra, um produto líquido que permanece após pagar completamente toda a despesa que deve ser depositada para obtê-los. O capital do lavrador dá-lhe um lucro bem como o do mestre manufatureiro e dá uma renda analogamente a outra pessoa, que a do mestre manufatureiro não dá. A despesa, portanto, depositada em empregar e manter artífices e manufatureiros não faz mais senão continuar, se assim se pode dizer, a existência de seu próprio valor, e não produz nenhum novo valor. Portanto, é uma despesa totalmente estéril e improdutiva. A despesa, ao contrário, depositada em empregar lavradores e trabalhadores rurais, muito acima da existência de seu próprio valor, produz um novo valor, o da renda do proprietário. É, portanto, uma despesa produtiva.

O capital mercantil é igualmente estéril e improdutivo, junto com o capital de manufatura. Só continua a existência de seu próprio valor, sem produzir um novo valor. Seus lucros são apenas o pagamento da manutenção que o empregador adianta durante o tempo que o emprega, ou até que receba seu retorno. São apenas o pagamento de parte da despesa que deve ser depositada para empregá-lo.

O trabalho de artífices e manufatureiros nunca acresce nada ao valor do total anual do produto bruto da terra. Acresce, é verdade, grandemente ao valor de algumas de suas partes. Mas o consumo que entrementes ocasiona de outras partes é precisamente igual ao valor que a elas acresce; de modo que o valor do total em nenhum momento é minimamente aumentado por ele. A pessoa que trabalha uma renda fina, por exemplo, por vezes levantará o valor de quiçá um *penny* de linho a trinta libras esterlinas. Mas se à primeira vista ele parece assim multiplicar o valor de uma parte do produto bruto cerca de 7.200 vezes, na realidade nada acresce ao valor do total anual do produto bruto. O trabalho daquela renda custa-lhe quiçá o trabalho de dois anos. As trinta libras que ele consegue ao acabar nada mais é que o pagamento da subsistência que ele adianta para si durante os dois anos em que ele se aplicou. O valor que, pelo trabalho de cada dia, mês ou ano, ele acrescenta ao linho nada mais faz senão repor o valor de seu próprio consumo durante aquele dia, mês ou ano. Em nenhum momento, portanto, ele acresce qualquer coisa ao valor do total anual do produto bruto da terra: a porção daquele produto que ele está continuamente consumindo é sempre igual ao valor que ele está continuamente produzindo. A extrema pobreza da maioria das pessoas empregadas nesta manufatura dispendiosa porém vã pode satisfazer-nos de que o preço de seu trabalho em casos ordinários não excede o valor de sua subsistência. É diferente com o trabalho dos lavradores e trabalhadores rurais. A renda do proprietário é um valor que, em casos ordinários, continuamente está se reproduzindo, muito acima de substituir, da maneira mais completa, todo o consumo, toda a despesa depositada no emprego e manutenção dos trabalhadores e de seu empregador.

Artífices, manufatureiros e comerciantes podem aumentar a renda e a riqueza de sua sociedade apenas pela parcimônia, ou, como é expresso neste sistema, pela privação, isto é, privando-se de uma parte dos fundos destinados para sua própria subsistência. Anualmente nada reproduzem senão aqueles fundos. A menos, portanto, que anualmente economizem uma parte deles, a menos que anualmente privem-se da fruição de alguma parte deles, a renda e a riqueza de sua sociedade nunca podem ser minimamente aumentadas por meio de sua indústria. Lavradores e campônios, ao contrário, podem fruir completamente todos os fundos destinados à sua própria subsistência e ainda aumentar ao mesmo tempo a renda e a riqueza de sua sociedade. Muito acima do que é destinado para sua própria subsistência, sua indústria anualmente proporciona um produto líquido, do qual o aumento necessariamente aumenta a renda e a riqueza de sua sociedade. Nações portanto que, como a França ou Inglaterra, consistem em grande medida de proprietários e cultivadores podem ser enriquecidas pela indústria e pela fruição. As nações, ao contrário, que como a Holanda e Hamburgo são compostas principalmente de mercadores, artífices e manufatureiros podem enriquecer apenas pela parcimônia e privação. Como o interesse das nações tão diversamente circunstanciadas é muito diverso, analogamente o é o caráter comum do povo: naquelas do primeiro tipo, a liberalidade, a franqueza e o bom companheirismo naturalmente fazem parte daquele caráter comum; no último, a estreiteza, a mesquinhez e uma disposição egoísta a todo prazer e fruição social.

A classe improdutiva, a dos mercadores, artífices e manufatureiros, é mantida e empregada totalmente à custa das duas outras classes, a dos proprietários e a dos cultivadores. Fornecem-lhe os materiais de seu trabalho e o fundo de sua subsistência, o trigo e o gado que consome enquanto está empregada naquele trabalho. Os proprietários e lavradores finalmente pagam os salários de todos os trabalhadores da classe improdutiva, e os lucros de todos os seus empregadores. Esses trabalhadores e seus empregadores são propriamente os servos dos proprietários e lavradores. São apenas servos que trabalham fora das casas, assim como os domésticos trabalham dentro. Uns e outros, porém, são igualmente mantidos às expensas dos mesmos patrões. O trabalho de ambos é igualmente improdutivo. Nada acresce ao valor da soma total do produto bruto da terra. Em vez de aumentar o valor daquela soma total, é uma carga e uma despesa que deve ser paga a partir dela.

A classe improdutiva, porém, não só é útil, mas grandemente útil às duas outras classes. Por meio da indústria de mercadores, artífices e manufatureiros, os proprietários e lavradores podem comprar tanto os artigos estrangeiros e o produto manufaturado de seu próprio país que quiserem, com o produto de uma quantidade muito menor de seu próprio trabalho do que seriam obrigados a empregar se quisessem tentar, de maneira desajeitada e inábil, quer importar um ou fazer outro para seu próprio uso. Por meio da classe improdutiva, os lavradores são liberados de muitos cuidados que de outra maneira distrairiam sua atenção do cultivo da terra. A superioridade do produto que, em consequência desta atenção indivisa, podem gerar é totalmente suficiente para pagar toda a despesa que a manutenção e emprego da classe improdutiva custa aos proprietários ou a eles mesmos. A indústria dos comerciantes, artífices e manufatureiros, apesar de, em sua própria natureza, ser totalmente improdutiva, ainda dessarte contribui indiretamente para aumentar o produto da terra. Aumenta o poder produtivo do trabalho produtivo, deixando-o em liberdade para confinar-se a seu emprego próprio, o cultivo da terra; e o arado frequentemente vai mais fácil e melhor por meio do trabalho do homem cujo negócio está mais remoto do arado.

Nunca poderia ser do interesse dos proprietários e lavradores restringir ou desencorajar em qualquer aspecto a indústria dos comerciantes, artífices e manufatureiros. Quanto maior a liberdade de que esta classe improdutiva desfruta, maior será a competição em todos os diferentes ofícios que a compõem, e a menor preço as duas outras classes serão abastecidas, tanto com artigos estrangeiros quanto com o produto manufaturado de seu próprio país.

Nunca pode ser do interesse da classe improdutiva oprimir as duas outras classes. É o produto em excesso da terra, ou o que resta após reduzir a manutenção, primeiro dos lavradores e depois dos proprietários, que mantém e emprega a classe improdutiva. Quanto maior este excesso, igualmente maior deve ser a manutenção e emprego daquela classe. O estabelecimento da justiça perfeita, da liberdade perfeita e da igualdade perfeita é o segredo muito simples que mais efetivamente assegura o mais alto grau de prosperidade a todas as três classes.

Os comerciantes, artífices e manufatureiros daqueles Estados mercantis que, como a Holanda e Hamburgo, consistem principalmente desta classe improdutiva são da mesma maneira mantidos e empregados totalmente às expensas dos proprietários e lavradores da terra. A única diferença é que aqueles proprietários e lavradores são, a maioria deles, colocados numa distância altamente inconveniente dos comerciantes, artífices e manufatureiros que suprem, com os materiais de seu trabalho e o fundo de sua subsistência, os habitantes de outros países e os súditos de outros governos.

Tais Estados mercantis, porém, não só são úteis, mas grandemente úteis aos habitantes daqueles outros países. Preenchem, em certa medida, um vazio muito importante e suprem o lugar dos comerciantes, artífices e manufatureiros que os habitantes daqueles países deveriam achar em seu país, mas que, por algum defeito de sua política, não acham.

Nunca pode ser o interesse daquelas nações da terra, se assim posso chamá-las, desencorajar ou perturbar a indústria de tais Estados mercantis impondo elevadas taxas sobre seu comércio ou sobre as mercadorias que fornecem. Tais taxas, tornando aquelas mercadorias mais caras, poderiam servir apenas para afundar o valor real do produto em excesso de sua própria terra, o que dá na mesma, com o preço a que aquelas mercadorias são compradas. Tais taxas serviriam apenas para desencorajar o aumento daquela produção em excesso e, consequentemente, o aperfeiçoamento e cultivo de sua própria terra. O expediente mais eficiente, ao contrário, para elevar o valor daquela produção em excesso, para encorajar seu aumento e, consequentemente, o aperfeiçoamento e cultivo de sua própria terra, seria permitir a mais perfeita liberdade ao comércio de todas essas nações mercantis.

Esta perfeita liberdade de comércio seria o expediente mais efetivo para supri-los, em tempo, com todos os artífices, manufatureiros e comerciantes que quisessem em seu país, e para preencher da maneira mais próspera e vantajosa aquele vazio muito importante que sentiriam ali.

O contínuo aumento do produto em excesso de sua terra, em tempo, criaria um capital maior do que poderia ser empregado com a taxa ordinária de lucro na melhora e cultivo da terra; e a parte em excesso naturalmente se voltaria para o emprego de artífices e manufatureiros no próprio país. Mas aqueles artífices e manufatureiros, achando no país os materiais de seu trabalho e o fundo de sua subsistência, poderiam imediatamente, com muito menos arte e engenho, trabalhar tão barato quanto os artífices e manufatureiros dos Estados mercantis que os tinham de trazer de uma grande distância. Mesmo que por falta de arte e habilidade por algum tempo não fossem capazes de trabalhar tão barato, achando um mercado no país, poderiam vender seu trabalho ali tão barato quanto o dos artífices e manufatureiros de Estados mercantis, que só podiam ser comprados naquele mercado a uma grande distância; e melhorando sua arte e habilidade, logo poderiam vendê-lo mais barato. Os artífices e manufatureiros de tais Estados mercantis imediatamente seriam emulados no mercado daquelas nações da terra, e logo depois vencidos e expulsos delas. O baixo preço das manufaturas daquelas nações da terra, em consequência dos aperfeiçoamentos graduais de arte e habilidade, em tempo estenderia a venda das mercadorias além do mercado doméstico e as levaria a muitos mercados estrangeiros, de onde da mesma maneira sacudiriam para fora muitos dos manufaturados de tais nações mercantis.

Este aumento contínuo do produto bruto e do manufaturado daquelas nações da terra em seu devido tempo criaria um capital maior do que, com a taxa de lucro ordinária, poderia ser empregado na agricultura ou em manufaturas. O excesso deste capital naturalmente se voltaria para o comércio exterior e seria empregado em exportar para países estrangeiros partes dos produtos brutos e manufaturados de seu próprio país enquanto excedam a demanda do mercado doméstico. Na exportação do produto de seu próprio país, os comerciantes de uma nação da terra teriam uma vantagem sobre os das nações mercantis da mesma espécie que seus artífices e manufatureiros tiveram sobre os de tais nações: a vantagem de achar no próprio país aquela carga e provisões que os outros eram obrigados a procurar a distância. Com arte e habilidade inferior em navegação, poderiam vender aquela carga tão barato em mercados estrangeiros quanto os mercadores de tais nações mercantis; e com a mesma arte e habilidade, poderiam vendê-la mais barato. Logo rivalizariam com aquelas nações mercantis neste ramo do comércio exterior e, no devido tempo, as expulsariam dele.

De acordo com este sistema liberal e generoso, o método mais vantajoso pelo qual uma nação da terra pode criar artífices, manufatureiros e comerciantes próprios é garantir aos das outras nações a mais perfeita liberdade comercial. Assim eleva-se o valor do produto em excesso de sua própria terra, cujo aumento contínuo gradualmente estabelece um fundo, que virá a sustentar todos os artífices, manufatureiros e comerciantes de que precisar.

Quando uma nação da terra, ao contrário, oprime por altas taxas ou proibições o comércio das nações estrangeiras, necessariamente fere seu próprio interesse de duas maneiras diferentes. Primeira, elevando o preço de todos os artigos estrangeiros e toda espécie de manufatura, necessariamente baixa o valor real do produto excedente de sua própria terra, com o qual ou, o que dá na mesma, com o preço do qual compra aqueles artigos e manufaturas estrangeiras. Segunda, dando uma espécie de monopólio do mercado interno a seus próprios comerciantes, artífices e manufatureiros, eleva a taxa do lucro mercantil e manufatureiro em proporção ao do agrícola, consequentemente retirando da agricultura parte do capital que antes fora empregado nela, ou impede de ir para ela uma parte. Esta política, portanto, desencoraja a agricultura de duas maneiras: primeira, baixando o valor real de seu lucro; segunda, elevando a taxa de lucro em todos os outros empregos. A agricultura é tornada menos vantajosa, e o comércio e a manufatura ficam mais vantajosos; assim, todo homem é tentado por seu próprio interesse a dirigir ao máximo seu capital e sua indústria do primeiro emprego para o segundo.

Se bem que por esta política opressiva uma nação da terra possa criar artífices, manufatureiros e comerciantes próprios um pouco antes do que poderia pela liberdade comercial — ponto sobre o qual não há dúvidas — criá-los-ia, por assim dizer, prematuramente, e antes de estar totalmente amadurecida para eles. Criando muito apressadamente uma espécie de indústria, oprimiria uma outra espécie de indústria, mais valiosa. Propiciando muito apressadamente uma espécie de indústria que só substitui o capital que a emprega, junto com o lucro ordinário, oprimiria uma espécie de indústria que, muito acima de repor aquele capital com lucro, permite igualmente um produto líquido, uma renda livre para o proprietário. Oprimiria o trabalho produtivo, encorajando muito apressadamente aquele trabalho que é totalmente estéril e improdutivo.

De que maneira, de acordo com este sistema, o total do produto anual da terra é distribuído entre as três classes acima mencionadas, e de que maneira o trabalho da classe improdutiva nada mais faz senão repor o valor de seu próprio consumo, sem em nenhum aspecto aumentar o valor daquele total, é representada pelo sr. Quesnai, o engenhoso e profundo autor deste sistema, em alguns formulários aritméticos. O primeiro destes formulários, que para destacar ele distingue pelo nome de Tabela Econômica, representa a maneira pela qual ele supõe que a distribuição ocorra num estado da mais perfeita liberdade e, portanto, da mais alta liberdade, num estado onde o produto anual é tal que permite o maior produto líquido possível, e onde cada classe goza de sua fração própria de todo o produto anual. Alguns formulários subsequentes representam a maneira pela qual ele supõe que esta distribuição é feita em diversas condições de restrição e regulação; em que ou a classe dos proprietários ou a classe estéril e improdutiva é mais favorecida que a classe dos lavradores, e em que ou uma ou outra onera mais ou menos a fração que propriamente deveria pertencer à classe produtiva. Cada um destes ônus, cada violação daquela distribuição natural que a mais perfeita liberdade estabeleceria, de acordo com este sistema, deve necessariamente degradar mais ou menos, de ano para ano, o valor e o total do produto anual, e deve necessariamente ocasionar um decréscimo da riqueza real e renda da sociedade; decréscimo cujo progresso deve ser mais rápido ou mais lento, de acordo com o grau desta sobrecarga, de acordo com aquela distribuição natural que a mais perfeita liberdade estabelece seja mais ou menos violada. Esses formulários subsequentes representam os diferentes graus de decadência que, de acordo com este sistema, correspondem aos diferentes graus em que esta distribuição natural é violada.

Alguns médicos especulativos parecem ter imaginado que a saúde do corpo humano poderia ser preservada apenas por um certo regime preciso de dieta e exercício, do qual toda e a mínima violação necessariamente ocasionaria algum grau de doença ou desordem proporcional ao grau da violação. A experiência, porém, mostraria que o corpo humano frequentemente preserva, para todas as aparências, ao menos, o mais perfeito estado de saúde sob uma vasta variedade de diferentes regimes; mesmo sob alguns que geralmente se crê longe de serem perfeitamente saudáveis. Mas o estado saudável do corpo humano pareceria conter em si algum desconhecido princípio de preservação, capaz de prevenir ou corrigir, em muitos aspectos, os maus efeitos mesmo de um regime muito falho. O sr. Quesnai, que ele mesmo era um médico, e muito especulativo, parece ter sustentado uma noção da mesma espécie concernente ao corpo político e ter imaginado que ele viveria e prosperaria apenas sob um certo preciso regime, o exato regime da perfeita liberdade e perfeita justiça. Parece não ter considerado que, no corpo político, o esforço natural que cada homem está continuamente fazendo para melhorar sua própria condição é um princípio de preservação capaz de prevenir e corrigir, sob muitos aspectos, os maus efeitos de uma política econômica, em certo grau parcial e opressiva. Tal economia política, se bem que retarde mais ou menos, não é capaz de interromper totalmente o progresso natural de uma nação rumo à riqueza e à prosperidade, e ainda menos fazê-la retroagir. Se uma nação não puder prosperar com a fruição da perfeita liberdade e perfeita justiça, não há no mundo uma só nação que tenha prosperado. No corpo político, porém, a sabedoria da natureza afortunadamente fez ampla provisão para remediar muitos dos maus efeitos da loucura e injustiça humanas, da mesma maneira que fez no corpo natural para remediar as de sua cobiça e intemperança.

O erro capital deste sistema, porém, parece estar em representar a classe dos artífices, manufatureiros e comerciantes como totalmente estéril e improdutiva. As seguintes observações podem servir para mostrar a impropriedade desta representação.

Primeiro, esta classe, é reconhecido, reproduz anualmente o valor de seu próprio consumo anual e continua, pelo menos, a existência do capital que a mantém e emprega. Mas só por causa disto, a denominação de estéril ou improdutiva pareceria ser muito impropriamente aplicada a ela. Não devemos chamar um casamento de estéril ou improdutivo se produziu apenas um filho e uma filha para substituir o pai e a mãe; se não aumentou o número da espécie humana, continuou-o como antes. Lavradores e campesinos, de fato, muito acima do capital que os mantém e emprega, reproduzem anualmente um produto líquido, uma renda livre para o proprietário. Como um casamento que dá três filhos certamente é mais produtivo que um que dá só dois, assim o trabalho dos lavradores e trabalhadores do campo é certamente mais produtivo que de comerciantes, artífices e manufatureiros. O produto superior de uma classe, porém, não torna o outro estéril ou improdutivo.

Segundo, por causa disso, parece totalmente impróprio considerar artífices, manufatureiros e comerciantes à mesma luz que os serviçais. O trabalho dos serviçais não continua a existência do fundo que os mantém e emprega. Sua manutenção e emprego é totalmente às expensas de seus patrões, e o trabalho que fazem não é de natureza a pagar aquela despesa. Este trabalho consiste em serviços que geralmente perecem no instante mesmo de sua execução e não se fixa ou realiza em qualquer mercadoria vendável que possa substituir o valor de seus salários e manutenção. O trabalho, pelo contrário, de artífices, manufatureiros e comerciantes naturalmente se fixa e se realiza em alguma mercadoria vendável. É por causa disto que, no capítulo em que trato de trabalho produtivo e improdutivo, classifiquei artífices, manufatureiros e comerciantes entre os trabalhadores produtivos, e os serviçais entre os estéreis ou improdutivos.

Terceiro, parece por todas as suposições impróprio dizer que o trabalho dos artífices, manufatureiros e comerciantes não aumenta a renda real da sociedade. Se bem que suponhamos, por exemplo, como parece que se deva neste sistema, que o valor do consumo diário, mensal e anual desta classe seja exatamente igual ao de sua produção diária, mensal ou anual, daqui ainda não se seguiria que seu trabalho nada acresce à renda real, ao valor real do produto anual da terra e do trabalho da sociedade. Um artífice, por exemplo, que nos primeiros seis meses depois da colheita executa trabalho valendo dez libras, apesar de que ao mesmo tempo consumiria o valor de dez libras de trigo e outras mercadorias, realmente acresce o valor de dez libras ao produto anual da terra e trabalho da sociedade. Ao passo que consome a renda semestral de dez libras em trigo e outras necessidades, produziu um valor igual de trabalho capaz de comprar, para si ou para outra pessoa, uma igual renda semestral. O valor, portanto, do que foi consumido e produzido durante estes seis meses é igual não a dez, mas a vinte libras. É possível, de fato, que não mais que o valor de dez libras possa ter existido a qualquer momento. Mas se as dez libras de trigo e outras necessidades, consumidas pelo artífice, fossem consumidas por um soldado ou por um serviçal, o valor daquela parte do produto anual que existisse ao fim de seis meses seria de dez libras a menos do que é, em consequência do trabalho do artífice. Muito embora o valor do que o artífice produz em nenhum momento deve ser suposto maior que o valor que ele consome, a cada momento o valor realmente existente de bens no mercado é, em consequência do que ele produz, maior do que seria de outra maneira.

Quando os patronos deste sistema asseveram que o consumo de artífices, manufatureiros e comerciantes é igual ao valor do que produzem, provavelmente nada mais querem dizer que sua renda, ou o fundo destinado para seu consumo, é igual a ele. Mas se tivessem se expressado mais acuradamente afirmando apenas que a renda desta classe é igual ao valor do que produziram, poderia ter ocorrido prontamente ao leitor que o que naturalmente fosse economizado desta renda deveria necessariamente aumentar mais ou menos a riqueza real da sociedade. Portanto, para elaborar algo assim como um argumento, era necessário que eles se exprimissem como fizeram; e este argumento, mesmo supondo as coisas como as presumem, resulta ser muito inconclusivo.

Quarto, lavradores e operários do campo não podem aumentar mais, sem parcimônia, a renda real, a produção anual da terra e trabalho de sua sociedade do que artífices, manufatureiros e comerciantes. O produto anual da terra e o trabalho de qualquer sociedade podem ser aumentados apenas de duas maneiras: primeira, por algum aperfeiçoamento nas forças produtoras do trabalho útil efetivamente mantido nela, segundo, ou por algum aumento naquela quantidade de trabalho.

O aperfeiçoamento nas forças produtivas do trabalho útil depende, primeiro, do aperfeiçoamento da habilidade do trabalhador; segundo, do da maquinaria com que ele trabalha. Mas o trabalho de artífices e manufatureiros, como é capaz de ser mais subdividido, e o trabalho de cada operário reduzido a uma maior simplicidade de operação do que lavradores e operários do campo, é igualmente capaz destes tipos de aperfeiçoamentos num grau muito mais elevado[1]. Neste aspecto, portanto, a classe dos cultivadores não pode ter nenhuma espécie de vantagem sobre a dos artífices e manufatureiros.

---

[1] V. livro I, cap. 1.

O aumento na quantidade de trabalho útil efetivamente empregado em qualquer sociedade deve depender totalmente do aumento do capital que o emprega; e o aumento daquele capital de novo deve ser exatamente igual à quantidade de economias da renda, quer das pessoas particulares que administram e dirigem o emprego daquele capital, quer de alguns outros que o emprestam a elas. Se comerciantes, artífices e manufatureiros, como este sistema parece supor, são naturalmente mais inclinados à parcimônia e poupança do que proprietários e lavradores, têm maior probabilidade de aumentar a quantidade de trabalho útil empregado em sua sociedade e, consequentemente, de aumentar sua renda real, o produto anual de sua terra e trabalho.

Em quinto e último lugar, se bem que a renda dos habitantes de todo país supõe-se consistir totalmente, como este sistema parece supor, na quantidade de subsistência que sua indústria pode proporcionar-lhes, mesmo com esta suposição, a renda de um país comercial e manufatureiro, em igualdade de outras condições, sempre deve ser muito maior do que um sem comércio ou manufaturas. Por meio do comércio e de manufaturas, uma quantidade maior de subsistência pode ser anualmente importada num país particular do que suas próprias terras, no estado presente de cultivo, poderia tolerar. Os habitantes de uma cidade, se bem que frequentemente não possuem terras próprias, retiram para si, por sua indústria, uma tal quantidade do produto bruto das terras de outrem, não só de modo a supri-los com os materiais de seu trabalho, mas também com o fundo de sua subsistência. O que uma cidade sempre é em relação ao campo em suas circunvizinhanças, um Estado ou país independente pode frequentemente ser em relação a outros Estados ou países independentes. É assim que a Holanda tira grande parte de sua subsistência de outros países; gado em pé de Holstein e Jutlândia, e trigo de quase todos os países da Europa. Uma pequena quantidade de produto manufaturado compra uma grande quantidade de produto bruto. Um país comercial e manufatureiro, portanto, naturalmente compra com pequena parte de seu produto manufaturado uma grande parte do produto bruto de outros países; ao passo que, ao contrário, um país sem comércio e manufaturas é geralmente obrigado a comprar, às expensas de uma grande parte de seu produto bruto, parte pequeníssima do produto manufaturado de outros países. Um exporta o que pode sustentar e acomodar só uns poucos, e importa o sustento e a acomodação de um grande número. O outro exporta acomodação e sustento de um grande número, e importa a de uns poucos, apenas. Os habitantes de um devem sempre gozar de uma quantidade muito maior de subsistência do que suas próprias terras, no estado atual de cultivo, poderiam permitir. Os habitantes do outro devem sempre gozar de uma quantidade muito menor.

Este sistema, entretanto, com todas as suas imperfeições, é talvez a melhor aproximação da verdade que já foi publicada sobre o tema da economia política, e é por isto bem digno da consideração de todos que quiserem examinar com atenção os princípios daquela importantíssima ciência. Apesar de representar o trabalho empregado na terra como o único produtivo, as noções que inculca são talvez muito estreitas e confinadas; ainda assim, ao representar a riqueza das nações como consistindo não nas riquezas inconsumíveis do dinheiro, mas nos bens consumíveis anualmente reproduzidos pelo trabalho da sociedade, e representando a perfeita liberdade como o único expediente efetivo para tornar esta produção anual a maior possível, sua doutrina parece ser sob todos os aspectos, tão justa quão generosa e liberal. Seus seguidores são muito numerosos, e como os homens gostam de paradoxos e de afetar entender o que ultrapassa a compreensão das pessoas ordinárias, o paradoxo que mantém, concernente à natureza improdutiva da manufatura, não contribui muito para aumentar o número de seus admiradores. Já há alguns anos formaram uma seita consideravelmente numerosa, distinguida na república das letras francesas pelo nome de *Os Economistas*. Seus trabalhos certamente foram de algum serviço para seu país; não só trazendo à discussão geral muitos assuntos que nunca foram bem examinados, mas também influenciando em certa medida a administração pública em favor da agricultura. Foi em consequência de suas representações, correspondentemente, que a agricultura da França foi libertada de várias das opressões sob as quais trabalhava antes. O prazo de validade de um arrendamento, contra qualquer comprador ou proprietário futuro das terras, foi prolongado de nove para 27 anos. As antigas restrições provinciais sobre o transporte de trigo de uma província do reino para outra foram inteiramente removidas, e a liberdade de exportá-lo para todos os países estrangeiros foi estabelecida como a lei comum do reino em todos os casos ordinários. Esta seita, em suas obras, que são muito onerosas e que tratam não só do que é propriamente chamado Economia Política, ou da natureza e causas da riqueza das nações, mas de todo outro ramo do sistema de governo civil, todas seguem, implicitamente e sem qualquer variação sensível, a doutrina do sr. Quesnai. E por causa disto, há pouca variação na maioria de seus trabalhos. O relato mais notável e conexo desta doutrina é encontrado num opúsculo escrito pelo sr. Mercier de la Rivière, por algum tempo intendente de Martinica, intitulado *A ordem natural e essencial das sociedades políticas*. A admiração de toda esta seita por seu mestre, ele mesmo homem que foi de grande modéstia e simplicidade, não é inferior à de qualquer dos antigos filósofos pelos fundadores de seus respectivos sistemas. "Desde o começo do mundo", diz um diligente e respeitável autor, o marquês de Mirabeau, "houve três invenções que principalmente deram estabilidade às sociedades políticas, independentemente de muitas outras que as enriqueceram e adornaram. A primeira é a invenção da escrita, que sozinha dá à natureza humana o poder de transmitir, sem alteração, suas leis, seus contratos, seus anais e suas descobertas. A segunda é a invenção do dinheiro, que consolida todas as relações entre as sociedades civilizadas. A terceira é a Tabela Econômica, resultado das outras duas, que as completa, aperfeiçoando seu objetivo; a grande descoberta de nossa era, mas da qual nossa posteridade colherá o benefício."

Como a economia política das nações da Europa moderna foi mais favorável às manufaturas e ao comércio exterior — a indústria das cidades — do que à agricultura — a indústria do campo —, assim a de outras nações seguiu um plano diferente e foi mais favorável à agricultura do que às manufaturas e ao comércio exterior.

A política da China favorece a agricultura mais do que todos os outros empregos. Na China, a condição de lavrador é tida como muito superior à do artífice, como na maioria das partes da Europa a de artífice é em relação à de lavrador. Na China, a grande ambição de todo homem é tomar posse de algum pedacinho de terra, própria ou arrendada; e os arrendamentos lá são concedidos em termos muito moderados, que os garantem aos mais pobres. Os chineses têm pouquíssimo respeito pelo comércio exterior. "Vosso comércio de esmoler!" Era a linguagem que os mandarins de Pequim costumavam usar com o sr. de Lange, enviado russo, em relação a ele[2]. Exceto com o Japão, os

---

[2] V. o diário do sr. Lange em *Travels* de Bell, vol. II, p. 258 a 276 e 293.

chineses exercem eles mesmos, e a curta distância, pouco ou nenhum comércio exterior; e é só para um ou dois portos de seu reino que chegam a admitir navios estrangeiros. O comércio exterior na China é assim confinado a um círculo muito mais estreito do que se estenderia por si, se mais liberdade lhe fosse permitido, quer em seus próprios navios, quer nos de nações estrangeiras.

As manufaturas, como em um pequeno volume frequentemente contém um grande valor, e por isso podem ser transportadas a uma despesa menor de um país para outro do que a maior parte do produto bruto, quase em todos os países são o principal sustentáculo do comércio exterior. Além do que, em países menos extensos e menos favoravelmente circunstanciados para o comércio interior do que a China, geralmente requerem o apoio do comércio exterior. Sem um extenso mercado, não poderiam florescer, exceto em países tão moderadamente extensos que permitam apenas um pequeno mercado interno ou em países onde a comunicação entre uma província e outra era difícil a ponto de impossibilitar que os artigos de qualquer lugar gozassem do total daquele mercado interno que o país permite. A perfeição da indústria de manufatura, deve ser lembrado, depende totalmente da divisão do trabalho; e o grau ao qual a divisão de trabalho pode ser introduzida em qualquer manufatura é necessariamente regulado, já foi demonstrado, pela extensão do mercado. Mas a grande extensão do império da China, a vasta multidão de seus habitantes, a variedade do clima e consequentemente da produção em suas diferentes províncias e a fácil comunicação por meio de vias fluviais entre a maior parte delas, tudo isso torna o mercado interno daquele país de tamanha extensão que sozinho sustenta enormes manufaturas e admite consideráveis subdivisões do trabalho. O mercado interno da China é talvez, em extensão, não muito inferior ao mercado de todos os países da Europa reunidos: um mercado externo. Entretanto, um mercado externo mais extenso, que a este grande mercado interno acrescentasse o mercado externo de todo o resto do mundo — especialmente se qualquer parte considerável deste comércio fosse exercida em navios chineses — mal conseguiria aumentar em muito as manufaturas da China e melhorar muito o poder produtivo de sua indústria de manufatura. Por uma navegação mais extensa, os chineses naturalmente aprenderiam a arte de usar e construir eles mesmos todas as diferentes máquinas usadas em outros países, bem como os outros aperfeiçoamentos da arte e indústria praticados em todas as diferentes partes do mundo. Por seu plano atual, têm pouca oportunidade para isto, exceto com os japoneses.

A política do antigo Egito também e a do governo Gentu do Indostão parecem ter favorecido a agricultura mais que todos os outros empregos.

Tanto no antigo Egito como no Indostão, todo o corpo do povo estava dividido em castas ou tribos diferentes, cada uma confinada, de pai para filho, a um emprego particular ou classe de empregos. O filho de um sacerdote era necessariamente sacerdote; o filho de um soldado, um soldado; o filho de um lavrador, lavrador; o filho de um tecelão, tecelão; o filho de um alfaiate, alfaiate etc. Em ambos os países, a casta dos sacerdotes tinha o nível mais alto, e a dos soldados o seguinte; e em ambos os países, a casta dos lavradores e campônios era superior às castas dos comerciantes e manufatureiros.

O governo de ambos os países era particularmente atento ao interesse da agricultura. As obras construídas pelos antigos soberanos do Egito para a distribuição adequada das águas do Nilo eram famosas na antiguidade, e os restos em ruínas de algumas delas ainda são a admiração dos viajores. As da mesma espécie que foram construídas pelos antigos soberanos do Indostão para a distribuição apropriada das águas do Ganges, bem como de muitos outros rios, se bem que menos celebradas, parecem ter sido igualmente grandes. Ambos os países, concomitantemente, se sujeitos ocasionalmente a carestias, foram famosos por sua grande fertilidade. Apesar de ambos extremamente populosos, em anos de abundância moderada, podiam exportar grandes quantidades de grão a seus vizinhos.

Os antigos egípcios tinham uma aversão supersticiosa pelo mar; e como a religião Gentu não permite que seus seguidores acendam fogo nem, por conseguinte, cozinhem vitualhas sobre a água, com efeito os proíbe de todas as viagens distantes por mar. Tanto egípcios como hindus devem ter dependido quase totalmente da navegação de outras nações para a exportação de seu excesso de produção; e esta dependência, como deve ter confinado o mercado, deve ter desencorajado o aumento deste excedente de produção. Deve também ter desencorajado o aumento do produto manufaturado mais do que o produto bruto. As manufaturas requerem um mercado muito mais extenso do que as partes mais importantes do produto bruto da terra. Um só sapateiro fará mais de trezentos pares de sapatos num ano; e sua própria família provavelmente não vai gastar mais de seis pares. Portanto, a menos que ele tenha a freguesia de pelo menos cinquenta famílias como a dele, não poderá dispor de todo o produto de seu trabalho. A classe mais numerosa dos artífices raramente, num país grande, totalizará mais do que uma em cinquenta, ou uma em cem, de todo o número de famílias contidas nele. Mas em países grandes como França e Inglaterra, o número de pessoas empregadas na agricultura foi computado por alguns autores como a metade, e por outros como um terço, e por nenhum autor que conheço por menos de um quinto de todos os habitantes do país. Mas como o produto da agricultura da França e Inglaterra é, em sua maior parte, consumido internamente, cada pessoa empregada nela, de acordo com estes cômputos, deve exigir a freguesia de pouco mais de uma, duas ou no máximo quatro famílias como a dela para dispor de toda a produção de seu trabalho. A agricultura, portanto, pode suportar-se sob o desencorajamento de um mercado confinado muito melhor que as manufaturas. Tanto no antigo Egito quanto no Indostão, o confinamento do mercado externo era, em certa medida, compensado pela conveniência de muita navegação interna, que abria, da maneira mais vantajosa, toda a extensão do mercado interno a toda parte do produto de cada diferente distrito daqueles países. A grande extensão do Indostão, também, tornava o mercado interno daquele país muito grande, e suficiente para sustentar uma grande variedade de manufaturas. Mas a pequena extensão do antigo Egito, que nunca foi igual à da Inglaterra, sempre deve ter mantido o mercado interno daquele país muito pequeno para sustentar qualquer grande variedade de manufaturas. Bengala, também, a província do Indostão que exporta a maior quantidade de arroz, sempre foi mais notável pela exportação de uma grande variedade de manufaturas do que pela de seu grão. O antigo Egito, ao contrário, se bem que exportava algumas manufaturas, linho fino em particular, bem como alguns outros artigos, sempre se distinguiu por sua grande exportação de grão. Por muito tempo foi o celeiro do império romano.

Os soberanos da China, do antigo Egito e dos diferentes reinados em que o Indostão em diferentes épocas esteve dividido sempre derivaram toda, ou de longe a parte mais considerável de sua renda, de alguma espécie de taxa sobre a terra ou arrendamento. Esta taxa ou arrendamento da terra, como o dízimo na Europa, consistia numa certa proporção, um quinto, diz-se, do produto da terra, que era pago em espécie ou em dinheiro, de acordo com uma certa avaliação, e que portanto variava de ano para ano de acordo com todas as variações do produto. Era portanto natural que o soberano daqueles países fosse particularmente atento aos interesses da agricultura, de cuja prosperidade ou declínio dependia diretamente o aumento ou diminuição anual de sua própria renda.

A política das antigas repúblicas da Grécia e de Roma, se bem que honravam a agricultura mais que as manufaturas ou comércio exterior, ainda parece ter mais desencorajado estes empregos do que ter dado qualquer encorajamento direto ou intencional à primeira. Em vários dos antigos Estados da Grécia, o comércio exterior era proibido completamente; e em vários outros, os empregos dos artífices e manufatureiros eram considerados tão danosos à força e agilidade do corpo humano a ponto de incapacitar para aqueles hábitos que seus exercícios militares e ginásticos procuravam formar, e portanto desqualificando o homem mais ou menos para suportar as fadigas e enfrentar os perigos da guerra. Tais ocupações eram consideradas adequadas apenas para escravos, e os cidadãos livres do Estado eram proibidos de exercê-las. Mesmo naqueles Estados onde tal proibição não tinha lugar, como em Roma e em Atenas, a maioria do povo, de fato, era excluída de todos os ofícios que agora são comumente exercidos pela espécie inferior dos habitantes das cidades. Tais ofícios eram, em Atenas e Roma, todos ocupados por escravos dos ricos, que os exercem pelo benefício de seus senhores, cuja riqueza, poder e proteção quase impossibilitavam que um homem pobre livre achasse mercado para seu trabalho, quando entrava em competição com o dos escravos dos ricos. Os escravos, porém, são mui raramente inventivos; e todos os aperfeiçoamentos mais importantes, quer na maquinaria, quer na disposição e distribuição do trabalho que o facilita e abrevia, foram descobertas de homens livres. Se um escravo propusesse um aperfeiçoamento desta espécie, seu senhor muito bem poderia considerar a proposta como sugestão de preguiça e um desejo de economizar seu próprio trabalho às expensas do senhor. O pobre escravo, em vez de recompensa, provavelmente enfrentaria algum abuso, talvez com alguma punição. Nas manufaturas exercidas por escravos, portanto, mais trabalho geralmente deve ter sido empregado para executar a mesma quantidade de trabalho do que naquelas exercidas por homens livres. O trabalho dos primeiros, por causa disto, deve ter sido mais caro que o destes. As minas húngaras, é observado pelo sr. Montesquieu, apesar de não serem mais ricas, sempre foram trabalhadas com menos despesa, e portanto com maior lucro do que as minas turcas de sua vizinhança. As minas turcas são trabalhadas por escravos, e os braços destes escravos são as únicas máquinas que os turcos jamais pensaram em empregar. As minas húngaras são trabalhadas por homens livres, que empregam grande número de máquinas, pelo que facilitam e abreviam seu próprio trabalho. Do muito pouco que se sabe do preço das manufaturas nos tempos dos gregos e romanos, parece que as da espécie mais fina eram excessivamente caras. A seda era vendida por seu peso em ouro. Naqueles tempos não era uma manufatura europeia; e como era toda trazida das Índias Orientais, a distância do transporte até certo ponto responde pelo alto preço. O preço, porém, que uma dama, diz-se, por vezes pagava por uma peça de linho fino parece ter sido igualmente extravagante; e como o linho era sempre uma manufatura europeia, ou, no máximo, egípcia, este alto preço só pode ser devido à grande despesa da mão de obra que nele deve ter sido empregada, e a despesa deste trabalho de novo se originaria de nada senão a impropriedade da maquinaria que usava. O preço de lãs finas também, se bem que não tão extravagante, parece ter sido muito acima dos tempos atuais. Alguns tecidos, nos diz Plínio, tingidos de uma certa maneira, custavam cem denários, ou £3 6s. 8d. a libra de peso[3]. Outras, tingidas de outra maneira, custavam mil denários a libra de peso, ou £33 6s. 8d. A libra romana, deve-se recordar, continha apenas 12 de nossas onças *avoirdupois*. Este alto preço, de fato, parece principalmente ter-se devido à tintura. Mas se os tecidos não tivessem sido tão caros do que os feitos atualmente, uma tintura tão dispendiosa provavelmente não seria usada neles. A desproporção seria muito grande entre o valor do acessório e o do principal. O preço mencionado pelo mesmo autor[4], de uma triclinária, uma espécie de travesseiros ou colchões de lã usados para se apoiar quando se reclinavam em seus divãs em torno da mesa, ultrapassa toda credibilidade; algumas delas diz-se que custaram

---

[3] Plínio, IX, 39.
[4] Plínio, VIII, 48.

mais de trinta mil, outras mais de trezentas mil libras. Este alto preço também não se disse originário das tinturas. Nas roupas elegantes de ambos os sexos, parece ter havido muito menos variedade, é observado pelo dr. Arbuthnot, nos tempos antigos do que nos modernos; e a pequeníssima variedade que encontramos nas antigas estátuas confirma esta observação. Ele infere disto que sua vestimenta, em geral, deve ter sido mais barata que a nossa, mas a conclusão não parece consequente. Quando a despesa da vestimenta elegante é muito grande, a variedade deve ser muito pequena. Mas quando, pelos aperfeiçoamentos nas forças produtivas da arte manufatureira e indústria, a despesa de qualquer roupa vem a ser muito moderada, a variedade será muito grande. Os ricos, não sendo capazes de se distinguirem pela despesa de uma roupa em particular, naturalmente se esforçarão por fazê-lo pela multidão e variedade de seus vestidos.

O maior e mais importante ramo do comércio de toda nação, já foi observado, é aquele exercido entre os habitantes da cidade e os do campo. Os habitantes da cidade tomam do campo o produto bruto que constitui tanto o material para seu trabalho quanto o fundo de sua subsistência; e eles pagam por este produto bruto enviando para o campo uma certa porção dele manufaturada e preparada para uso imediato. O comércio que é exercido entre estes dois conjuntos de pessoas consiste em suma numa certa quantidade de produto bruto trocada por uma certa quantidade de produto manufaturado. Quanto mais caro for este, mais barato aquele; e o que quer que tenda em qualquer país a elevar o preço do produto manufaturado tende a baixar o do produto bruto da terra, e, assim, a desencorajar a agricultura. Quanto menor a quantidade de produto manufaturado trocada por qualquer quantidade de produto bruto, ou o que dá no mesmo que o preço de qualquer quantidade dada de produto bruto é capaz de comprar, menor o valor de troca daquela quantidade dada de produto bruto, menor o encorajamento que o proprietário tem para aumentar sua quantidade e por melhorar a qualidade do lavrador por cultivar a terra. Além do que, o que quer que tenda a diminuir em qualquer país o número de artífices e manufatureiros, tende a diminuir o mercado interno, o mais importante de todos os mercados para o produto bruto da terra, e assim desencorajar ainda mais a agricultura.

Esses sistemas, portanto, que, preferindo a agricultura a todos os outros empregos, para promovê-la, impõem restrições sobre as manufaturas e mercado exterior agem contrariamente ao próprio objetivo a que se propõem e, indiretamente, desencorajam aquela mesma espécie de indústria que querem promover. Estão, até aqui, mais inconsistentes que o sistema mercantil. Aquele sistema, encorajando manufaturas e mercado exterior mais do que a agricultura, volta uma certa porção do capital da sociedade para sustentar uma indústria mais vantajosa por uma menos vantajosa. Mas ainda, e ao fim, encoraja aquela espécie de indústria que pretende promover. Os sistemas agrícolas, ao contrário, realmente, e afinal, desencorajam sua espécie favorita de indústria.

É assim que todo sistema que se esforça, quer por um encorajamento extraordinário, atrai para uma espécie particular de indústria uma fração maior do capital da sociedade do que naturalmente iria para ela, ou, por restrições extraordinárias, força, de uma espécie particular de indústria, uma parte do capital que de outro modo seria empregada nela, é, em verdade, subversivo do grande propósito que pretende promover. Retarda, ao invés de acelerar, o progresso da sociedade para a real riqueza e grandeza; e diminui, ao invés de aumentar, o valor real do produto anual de sua terra e trabalho.

Todos os sistemas, quer de preferência, quer de restrição, portanto, sendo completamente removidos, o sistema óbvio e simples da liberdade natural se estabelece por si só. Todo homem, enquanto não viola as leis da justiça, é deixado perfeitamente livre para seguir seu próprio interesse à sua maneira e trazer sua indústria e seu capital em competição com os de qualquer outro homem, ou classe de homens. O soberano é totalmente aliviado de uma tarefa, na tentativa de executá-la, ele sempre se expõe a inumeráveis ilusões, e para o adequado desempenho dela nenhuma sabedoria ou conhecimento humano jamais poderia ser suficiente; a tarefa de superintender a indústria dos particulares, e dirigi-la para empregos mais adequados ao interesse da sociedade. De acordo com o sistema de liberdade natural, o soberano só tem três tarefas a atender; três tarefas de grande importância, de fato, mas simples e inteligíveis ao entendimento comum: primeiro, a tarefa de proteger a sociedade da violência e invasão de outras sociedades independentes; segundo, a tarefa de proteger, tanto quanto possível, todo membro da sociedade da injustiça ou opressão de qualquer outro de seus membros, ou a tarefa de estabelecer uma exata administração da justiça; e terceiro, a tarefa de erigir e manter certas obras públicas e instituições públicas que nunca seria do interesse de nenhum indivíduo, ou pequeno número de indivíduos, erigir e manter, porque o lucro nunca pagaria a despesa a qualquer indivíduo ou pequeno número de indivíduos, se bem que frequentemente façam mais do que compensar para uma grande sociedade.

 O desempenho adequado destas várias tarefas do soberano necessariamente supõe uma certa despesa; e esta despesa de novo necessariamente requer uma certa renda para apoiá-la. No livro seguinte, assim sendo, procurarei explicar, primeiro, quais são as despesas necessárias do soberano ou da comunidade; e quais destas despesas deveriam ser pagas pela contribuição geral de toda a sociedade; e quais delas deveriam ser custeadas por alguma parte dela, ou de alguns de seus membros, apenas; segundo, quais são os diferentes métodos pelos quais toda a sociedade pode contribuir para custear as despesas que recaem sobre toda a sociedade, e quais são as principais vantagens e inconveniências de cada um destes métodos; e terceiro, quais as razões e causas que induziram quase todos os governos modernos a hipotecar alguma parte desta renda, ou contrair débitos, e quais foram os efeitos destes débitos sobre a riqueza real, o produto anual da terra e o trabalho da sociedade. O livro seguinte, portanto, naturalmente será dividido em três capítulos.

Livro V
Da renda do soberano ou comunidade

PARTE 1
DA DESPESA DA DEFESA

CAPÍTULO 1
DAS DESPESAS DO SOBERANO OU COMUNIDADE

O primeiro dever do soberano, o de defender a sociedade da violência e invasão de outras sociedades independentes, pode ser exercido apenas por meio de uma força militar. Mas a despesa tanto de preparar esta força militar em tempo de paz e de empregá-la em tempo de guerra é muito diferente nos diferentes estados da sociedade, e nos diferentes períodos de aperfeiçoamento.

Entre as nações de caçadores, o estado mais baixo e rude da sociedade, assim como encontramos nas tribos nativas da América do Norte, todo homem é um guerreiro bem como caçador. Quando vai à guerra, para defender sua sociedade ou vingar as injúrias que lhe foram feitas por outra sociedade, mantém-se por seu próprio trabalho, da mesma maneira que quando em sua casa. Sua sociedade, pois neste estado de coisas não há soberano nem comunidade, não tem qualquer despesa, quer para prepará-lo, quer para mantê-lo enquanto está no campo.

Entre as nações de pastores, um estado mais adiantado da sociedade, assim como o encontramos entre os tártaros e árabes, todo homem é, da mesma maneira, um guerreiro. Tais nações comumente não têm habitação fixa, mas vivem em tendas ou numa espécie de vagões cobertos que são facilmente transportados de lugar para lugar. Toda a tribo ou nação muda sua situação de acordo com as estações do ano, bem como de acordo com outros acidentes. Quando seus rebanhos consumiram a forragem de uma parte do país, vai para outra, e desta, para uma terceira. Na estação seca, vai às margens dos rios; na estação úmida, retira-se para as terras altas. Quando uma tal nação vai à guerra, os guerreiros não confiarão a defesa de seus rebanhos aos homens velhos e fracos, suas mulheres e crianças, e estes não serão deixados para trás, sem defesa e sem subsistência. Toda a nação inclusive, estando acostumada a uma vida errante, mesmo em tempo de paz, facilmente sai ao campo em tempo de guerra. Quer marche como um exército, quer vagueie como uma companhia de pastores, o modo de vida é quase o mesmo, se bem que o objetivo que se propõe seja bem diferente. Todos vão à guerra juntos, portanto, e todos fazem o melhor que podem. Entre os tártaros, sabe-se que mesmo as mulheres se engajaram no combate. Se vencerem, tudo o que pertencer à tribo hostil é a recompensa da vitória. Mas se são vencidos, tudo está perdido, e não só seus rebanhos, mas suas mulheres e crianças tornam-se o butim do conquistador. Mesmo a maior parte daqueles que sobrevivem à ação é obrigada a se submeter, para continuarem sobrevivendo. O resto é comumente dissipado e disperso pelo deserto.

A vida ordinária, os exercícios ordinários de um tártaro ou árabe preparam-no suficientemente para a guerra. Correr, lutar com as mãos limpas ou com punhais, lançar o dardo, o arco e flecha etc. são os passatempos comuns daqueles que vivem ao ar livre, e são todos a imagem da guerra. Quando um tártaro ou um árabe de fato vai à guerra, ele é mantido por seus rebanhos que leva consigo da mesma maneira que na paz. Seu chefe ou soberano, pois essas nações todas têm chefes ou soberanos, não tem despesa alguma para prepará-los para o campo; e quando estão neles, a chance de saquear é o único pagamento que espera ou requer.

Um exército de caçadores raramente pode exceder duzentos ou trezentos homens. A subsistência precária proporcionada pela caça dificilmente permitiria que um número maior se mantivesse junto por qualquer período considerável. Um exército de pastores, ao contrário, pode por vezes totalizar duzentos ou trezentos mil. Enquanto nada deter seu avanço, enquanto puderem ir de um distrito, cuja forragem consumiram, para outro onde está inteira, parece haver pouco limite ao número que pode marchar conjuntamente. Uma nação de caçadores nunca pode ser formidável para as nações civilizadas em sua vizinhança. Uma nação de pastores pode. Nada pode ser mais desprezível que uma guerra índia na América do Norte. Nada, ao contrário, pode ser mais temível como frequentemente foi uma invasão tártara da Ásia. O julgamento de Tucídides, que a Europa e a Ásia não poderiam resistir aos citas unidos, foi verificado pela experiência de todas as eras. Os habitantes das extensas mas indefesas planícies da Cítia ou Tartária frequentemente estiveram unidos sob o domínio do chefe de alguma horda conquistadora ou clã, e o tumulto e a devastação da Ásia sempre assinalaram sua união. Os habitantes dos desertos inóspitos da Arábia, a outra grande nação de pastores, nunca estiveram unidos, senão uma vez, sob Maomé e seus sucessores imediatos. Sua união, que foi mais o efeito do entusiasmo religioso do que pela conquista, foi assinalada da mesma maneira. Se as nações de caçadores da América se tornassem pastoris, sua vizinhança seria muito mais perigosa às colônias europeias do que é atualmente.

Num estado ainda mais avançado da sociedade, entre aquelas nações de lavradores que têm pequeno comércio exterior e nenhuma outra manufatura senão as grosseiras e domésticas que quase toda família prepara para seu próprio uso, todo homem, da mesma maneira, é um guerreiro, ou torna-se um. Os que vivem da agricultura geralmente passam o dia todo ao ar livre, expostos a todas as inclemências das estações. A dureza de sua vida ordinária prepara-os para as fadigas da guerra, com que algumas de suas ocupações necessárias têm grande analogia. A ocupação necessária de abrir valos prepara-os para abrir trincheiras e fortificar um acampamento, bem como cercar um campo. Os passatempos ordinários de tais campônios são os mesmos dos pastores, e, da mesma maneira, são imagens da guerra. Mas como lavradores têm menos lazer que pastores, não se dedicam a eles tão frequentemente. São soldados, mas soldados não tão senhores de seu exercício. Tais como são, porém, raramente custa ao soberano ou à comunidade qualquer despesa prepará-los para o campo.

A agricultura, mesmo em seu estado mais rude e baixo, supõe um povoado: alguma espécie de habitação fixa que não pode ser abandonada sem grande perda. Quando uma nação de lavradores, portanto, vai à guerra, o povo não pode ir todo ao campo. Os velhos, as mulheres e as crianças, pelo menos, precisam ficar em casa para cuidar dos povoados. Todos os homens válidos, porém, podem ir ao campo, e em pequenas nações desta espécie, supõe-se que totalizam um quarto ou um quinto de toda a população. Se a campanha começa após a semeadura e termina antes da colheita, o fazendeiro e seus principais operários podem ausentar-se sem muita perda. Ele pode confiar que o trabalho que precisa ser feito entrementes pode ser bem executado pelos velhos, mulheres e crianças. Não será contrário portanto a servir sem paga durante uma campanha curta, e frequentemente custa ao soberano ou à comunidade tão pouco mantê-lo no campo quanto prepará-lo para ele. Os cidadãos de todos os Estados da antiga Grécia parecem ter servido desta maneira até depois da segunda guerra persa; e o povo do Peloponeso, até depois da guerra do Peloponeso. Os peloponésios, observa Tucídides, geralmente deixavam o campo no verão e voltavam para casa, para a colheita. Os romanos, sob seus reis, e durante os primeiros tempos da república, serviram da mesma maneira. Só até depois do cerco de *Veii* que aqueles que ficavam em casa começaram a contribuir com algo para manter aqueles que iam à guerra. Nas monarquias europeias, que foram fundadas sobre as ruínas do Império romano antes, e por algum tempo depois do estabelecimento do que é propriamente chamado de lei feudal, os grão-senhores, com todos os seus dependentes imediatos, costumavam servir a Coroa às suas próprias expensas. No campo, da mesma maneira que em casa, mantinham-se por sua própria renda, e não por qualquer estipêndio ou paga que recebiam do rei naquela ocasião em particular.

Num estado mais adiantado da sociedade, duas diferentes causas contribuem para tornar totalmente impossível que aqueles que vão à guerra se mantenham à sua própria custa. Essas duas causas são o progresso das manufaturas e os aperfeiçoamentos na arte da guerra.

Se bem que um lavrador seja empregado numa expedição, desde que ela comece depois da semeadura e termine antes da colheita, a interrupção de seu trabalho nem sempre ocasionará qualquer diminuição considerável da renda. Sem a intervenção de seu trabalho, a natureza faz sozinha a maior parte do trabalho restante. Mas no momento que um artífice, um ferreiro, um carpinteiro ou um tecelão, por exemplo, deixa sua oficina, a única fonte de sua renda seca completamente. A natureza nada faz por ele; ele tudo faz por si só. Quando vai à guerra, portanto, em defesa do povo, como não tem renda para manter-se, necessariamente precisa ser mantido pelo povo. Mas num país onde a maioria dos habitantes é de artífices e manufatureiros, uma grande parte do povo que vai combater precisa ser tirada destas classes e, portanto, precisa ser mantida pelo público enquanto estiver empregada neste serviço.

Quando a arte da guerra, também, gradualmente cresceu para se tornar uma ciência mui complicada e intrincada, quando a eventualidade de guerra cessa de ser determinada, como nas primeiras eras da sociedade, por uma só escaramuça irregular ou batalha, mas quando a disputa geralmente se desdobra por várias campanhas diferentes, cada uma durando a maior parte do ano, torna-se universalmente necessário que o povo mantenha aqueles que o servem na guerra, pelo menos enquanto estiverem empregados neste serviço. Qualquer que possa ser a ocupação ordinária em tempo de paz daqueles que vão à guerra, um serviço tão tedioso e dispendioso seria uma grande carga para eles. Depois da segunda guerra persa os exércitos de Atenas parecem ter sido geralmente compostos de tropas mercenárias, consistindo, de fato, em parte de cidadãos, mas também em parte de estrangeiros, e todos igualmente contratados e pagos à custa do Estado. Desde o tempo do cerco de *Veii*, os exércitos de Roma recebiam pagamento por seu serviço durante o tempo em que permaneciam no campo. Sob os governos feudais, o serviço militar tanto dos grandes senhores quanto de seus dependentes imediatos foi, depois de um certo período, universalmente trocado por um pagamento em dinheiro, que era empregado para manter aqueles que estavam a seu serviço.

O número daqueles que podem ir à guerra, em proporção ao número total da população, é necessariamente muito menor num estado civilizado do que num estado rudimentar da sociedade. Numa sociedade civilizada, como os soldados são inteiramente mantidos pelo trabalho dos que não são soldados, o número dos primeiros nunca pode exceder o que os segundos podem manter além do que é adequado a eles e aos funcionários do governo e da lei, a quem são obrigados a manter. Nos pequenos estados agrários da antiga Grécia, uma quarta ou quinta parte do povo se considerava como soldados e, por vezes, diz-se, tomava um campo. Entre as nações civilizadas da Europa moderna, é comumente calculado que não mais que uma centésima parte de qualquer país pode ser empregada como soldados sem arruinar o país que paga as despesas de seus serviços.

A despesa de preparar o exército para lutar não parece ter se tornado considerável em qualquer nação, senão até bem depois de a despesa de mantê-lo no campo tenha recaído inteiramente sobre o soberano ou a comunidade. Em todas as diferentes repúblicas da antiga Grécia, aprender os exercícios militares era parte necessária da educação imposta pelo Estado sobre todo cidadão livre. Em toda cidade parece ter havido um campo público onde, sob a proteção do magistrado público, aos jovens eram ensinados seus diferentes exercícios por diversos mestres. Nesta instituição bem simples consistia toda a despesa que qualquer Estado grego parece ter gasto para preparar seus cidadãos para a guerra. Na antiga Roma, os exercícios para o *Campus Martius* respondia ao mesmo propósito que os do Ginásio na antiga Grécia. Sob os governos feudais, as muitas ordenanças públicas de que os cidadãos de todo distrito deveriam praticar arco e flecha, bem como vários outros exercícios militares, destinavam-se a promover o mesmo propósito, mas não parece ter promovido tão bem. Quer por falta de interesse dos funcionários encarregados com a execução daquelas ordenanças, quer por alguma outra causa, parece terem sido universalmente negligenciadas; e no progresso de todos aqueles governos, os exercícios militares parecem ter entrado gradualmente em desuso entre a maioria do povo.

Nas repúblicas da antiga Grécia e Roma, durante todo o período de sua existência, e sob os governos feudais por um tempo considerável após seu primeiro estabelecimento, o ofício de soldado não era um ofício separado, distinto, que constituía a única ou principal ocupação de uma classe particular de cidadãos. Todo súdito do Estado, qualquer que pudesse ser o ofício ou ocupação ordinária com que ganhasse a vida, se considerava, em todas as ocasiões ordinárias, como também apto a exercitar o ofício de soldado, e, em muitas ocasiões extraordinárias, prestes a exercê-lo.

A arte da guerra, porém, pois certamente é a mais nobre de todas as artes, com o progresso necessariamente torna-se uma das mais complicadas. O estado da arte mecânica, bem como o de algumas outras, com que está necessariamente conectada, determina o grau de perfeição com que é capaz de ser exercida a qualquer tempo. Mas para levá-la a este grau de perfeição, é necessário que se torne a única ou principal ocupação de uma classe particular de cidadãos, e a divisão do trabalho é tão necessária para o melhoramento desta como de qualquer outra arte. Em outras artes, a divisão do trabalho é naturalmente introduzida pela cautela dos indivíduos, que acham que promovem melhor seu interesse privado confinando-se a um ofício particular, do que exercitando um grande número. Mas é a razão do Estado apenas que pode tornar o ofício do soldado um ofício particular, separado e distinto de todos os outros. Um cidadão particular que, em tempo de profunda paz e sem qualquer encorajamento particular do público, gastasse a maior parte do tempo em exercícios militares, sem dúvida, se aperfeiçoaria muito neles e se entreteria muito bem; mas certamente não promoveria seu próprio interesse. É apenas a razão do Estado que pode tornar de seu próprio interesse dedicar a maior parte do tempo a esta ocupação, em particular se os Estados nem sempre tiveram esta sabedoria, mesmo quando suas circunstâncias tornaram-se tais que a preservação de sua existência requeria que a tivessem.

Um pastor tem muito lazer; um lavrador, no estado rudimentar do cultivo, tem algum; um artífice, ou manufatureiro, não tem nenhum. O primeiro pode, sem nenhuma perda, empregar bastante de seu tempo em exercícios marciais; o segundo pode empregar parte dele; mas o último não pode empregar uma só hora neles, e sua atenção em seu próprio interesse naturalmente leva-o a negligenciá-los totalmente. Estes aperfeiçoamentos na lavoura, também, que o progresso das artes e manufaturas necessariamente introduz, deixa tão pouco lazer ao lavrador quanto ao artífice. Os exercícios militares passam a ser tão negligenciados pelos habitantes do campo quanto pelos da cidade, e a maioria do povo torna-se totalmente não bélica. Essa riqueza, ao mesmo tempo, que sempre segue os aperfeiçoamentos da agricultura e manufaturas, e que na realidade nada mais é que o produto acumulado daqueles aperfeiçoamentos, provoca a invasão de todos os seus vizinhos. Uma nação industriosa, e por causa disto, rica, é de todas as nações a mais sujeita a ser atacada; e a menos que o Estado tome algumas novas medidas para a defesa pública, os hábitos naturais do povo torna-o totalmente incapaz de se defender.

Nestas circunstâncias, parece haver só dois métodos pelos quais o Estado pode fazer qualquer provisão tolerável para a defesa pública.

Primeiro, por meio de uma política muito rigorosa, e a despeito de toda inclinação do interesse, gênio e propensões do povo, forçar a prática de exercícios militares e obrigar todos os cidadãos em idade militar, ou um certo número deles, a adicionar em certa medida o ofício de soldado a qualquer outro ofício ou profissão que possam estar exercendo.

Segundo, mantendo e empregando um certo número de seus cidadãos na prática constante de exercícios militares, pode tornar o ofício de um soldado um ofício particular, separado e distinto de todos os outros.

Se o Estado recorreu ao primeiro destes dois expedientes, diz-se que sua força militar consiste numa milícia; se ao segundo, diz-se consistir num exército regular. A prática dos exercícios militares é a única ou principal ocupação dos soldados de um exército regular, e a manutenção ou paga que o Estado lhes proporciona é o principal fundo, ou o ordinário, de sua subsistência. A prática dos exercícios militares é apenas a ocupação ocasional dos soldados de uma milícia, e deriva o fundo principal e ordinário de sua subsistência de alguma outra ocupação. Numa milícia, o caráter do operário, artífice ou comerciante predomina sobre o do soldado; num exército regular, predomina o do soldado sobre qualquer outro caráter; e nesta distinção parece consistir a diferença essencial entre aquelas duas espécies de força militar.

As milícias foram de várias espécies. Em alguns países, os cidadãos destinados a defender o Estado parecem ter sido exercitados sem serem arregimentados, isto é, sem serem divididos em corpos de tropa distintos e separados, cada um executando seus exercícios sob seus próprios e permanentes oficiais. Nas repúblicas da antiga Grécia e Roma, cada cidadão, enquanto estivesse no país, parece ter praticado seus exercícios separada e independentemente, ou com seus iguais de quem mais gostasse, sem estar ligado a qualquer corpo de tropa até que fosse realmente chamado para lutar. Em outros países, a milícia não só foi exercitada, mas arregimentada. Na Inglaterra, Suíça e, creio, em todo outro país da Europa moderna onde qualquer força militar imperfeita desta espécie foi estabelecida, todo miliciano, mesmo em tempo de paz, está ligado a um corpo de tropa particular, que exerce seus exercícios sob seus próprios e permanentes oficiais.

Antes da intervenção das armas de fogo, aquele exército era superior porque os soldados individualmente tinham maior destreza e habilidade no uso de suas armas. A força e a agilidade do corpo eram da maior importância e, comumente, determinavam o destino das batalhas. Mas esta destreza e habilidade no uso das armas só podia ser adquirida, da mesma maneira que esgrimir atualmente, pela prática não em grandes corpos, mas cada homem separadamente, numa escola particular, sob um mestre, ou com seus iguais e companheiros. Desde a invenção das armas de fogo, a força e a agilidade do corpo, ou mesmo uma destreza e habilidade extraordinárias no uso de armas, se bem que longe de serem de pouca importância, são de menor consequência. A natureza da arma, se bem que de modo algum põe o inepto no mesmo nível do habilidoso, colocou-os mais próximos do que antes. Toda a destreza e habilidade, supõe-se necessárias para usar a arma, podem bem ser adquiridas praticando em grandes corpos.

A regularidade, a ordem e a pronta obediência ao comando são qualidades que, nos exércitos modernos, são de mais importância para determinar o destino das batalhas do que a destreza e a habilidade dos soldados no uso de suas armas. Mas o ruído das armas de fogo, a fumaça e a morte invisível a que todo homem se sente exposto a todo momento assim que entre ao alcance dos canhões, e frequentemente bem antes que se possa dizer que a batalha tenha sido engajada, devem tornar muito difícil manter qualquer grau de regularidade, ordem e pronta obediência, mesmo no princípio de uma batalha moderna. Na batalha antiga, não havia ruído senão o da voz humana, não havia fumaça, não havia causa invisível de ferimentos ou morte. Todo homem, até que alguma arma mortal efetivamente se aproximasse dele, via claramente que nenhuma destas armas estava perto dele. Nestas circunstâncias, e entre tropas que tinham alguma confiança em sua própria habilidade e destreza no uso de suas armas, deve ter sido bem menos difícil preservar algum grau de regularidade e ordem, não só no princípio, mas durante todo o progresso de uma antiga batalha, e até que um dos dois exércitos fosse justamente derrotado. Mas os hábitos de regularidade, ordem e pronta obediência ao comando só podem ser adquiridos por tropas que são exercitadas em grandes corpos.

Uma milícia, qualquer que seja a maneira pela qual seja disciplinada ou exercitada, sempre deve ser muito inferior a um exército regular bem-disciplinado e bem-exercitado.

Os soldados que são exercitados apenas uma vez por semana, ou uma vez por mês, nunca podem ser tão destros no uso de suas armas quanto os que são exercitados todo dia, e se bem que esta circunstância possa não ser de tanta consequência nos tempos modernos quanto nos antigos, a reconhecida superioridade das tropas prussianas, devida, ao que se diz, muito à sua destreza superior em seu exercício, pode nos satisfazer de que, mesmo hoje, isto é de considerável importância.

Os soldados que devem obedecer a seu oficial apenas uma vez por semana, ou uma vez por mês, e que todo o resto do tempo estão em liberdade para conduzir seus negócios à sua maneira, sem dever-lhe nenhuma responsabilidade, nunca poderão estar em sua presença com o mesmo respeito, nunca poderão ter a mesma disposição à pronta obediência do que aqueles cuja vida inteira e sua conduta são diariamente conduzidas por ele, e que a cada dia levantam-se e vão dormir, ou pelo menos se recolhem, de acordo com suas ordens. No que é chamado disciplina, ou no hábito da pronta obediência, uma milícia sempre deve ser inferior a um exército regular do que por vezes pode ser no que é chamado exercício manual, ou no governo e uso de suas armas. Mas, na guerra moderna, o hábito da obediência pronta e instantânea é de muito maior importância que uma considerável superioridade no manejo de armas.

Aquelas milícias que, como a milícia tártara ou árabe, vão à guerra sob o mesmo chefe que estão acostumadas a obedecer na paz são de longe as melhores. No respeito por seus oficiais, no hábito da obediência pronta, aproximam-se ao máximo dos exércitos regulares. A milícia do planalto, quando servia sob seus próprios chefes, tinha alguma vantagem da mesma espécie. Como os escoceses, porém, não eram pastores errantes mas sedentários, como todos tinham habitação fixa e em tempos pacíficos não estavam acostumados a seguir seus chefes de lugar para lugar, em tempo de guerra ficavam menos dispostos a segui-los por qualquer distância considerável, ou continuar no campo por qualquer período mais longo. Quando adquiriam qualquer butim, ficavam ansiosos para voltar para casa, e sua autoridade raramente era suficiente para detê-los. No ponto da obediência, eles eram sempre muito inferiores ao que é relatado dos tártaros e árabes. Também como os escoceses, por sua vida sedentária, passam menos tempo ao ar livre, sempre estiveram menos acostumados ao exercício militar, e eram menos hábeis no uso de suas armas do que se diz dos tártaros e dos árabes.

Uma milícia de qualquer espécie, deve ser observado, porém, que tenha servido por várias campanhas sucessivas torna-se, sob todos os aspectos, um exército regular. Os soldados são exercitados todos os dias no uso de suas armas e, estando constantemente sob o comando de seus oficiais, estão habituados à mesma obediência pronta que tem lugar nos exércitos regulares. O que eles eram antes de irem para o campo torna-se de pequena importância. Necessariamente tornam-se, sob todos os aspectos, um exército regular, depois de algumas campanhas. Se a guerra na América se arrastar por outra campanha, a milícia americana pode tornar-se, sob todos os aspectos, um par para aquele exército regular cujo valor pareceu, na última guerra, pelo menos não inferior ao dos mais endurecidos veteranos da França e Espanha.

Esta distinção sendo bem-compreendida, a história de todas as eras, descobrir-se-á, é testemunho da irresistível superioridade que um bem-administrado exército regular tem sobre uma milícia.

Um dos primeiros exércitos regulares dos quais temos qualquer relato distinto, em qualquer história bem-autenticada, é o de Felipe da Macedônia. Suas frequentes guerras com os trácios, ilírios, tessálios, e algumas das cidades gregas nas vizinhanças da Macedônia, gradualmente formaram suas tropas, que no começo eram provavelmente milícia, na disciplina exata de um exército regular. Quando estava em paz, o que era raro, e nunca por muito tempo, cuidava bem para não debandar aquele exército. Venceu e submeteu, depois de luta violenta e longa, as milícias galantes e bem-exercitadas das principais repúblicas da antiga Grécia, e depois, com pouquíssima luta, a efeminada e mal-exercitada milícia do grande império persa. A queda das repúblicas gregas e do império persa foi o efeito de uma irresistível superioridade que um exército regular tem sobre toda outra espécie de milícia. É a primeira grande revolução nos negócios da humanidade da qual a história preservou qualquer relato distinto ou circunstanciado.

A queda de Cartago, e a consequente elevação de Roma, é a segunda.

Todas as variações na fortuna destas duas famosas repúblicas pode muito bem atribuir-se à mesma causa.

Do fim da primeira ao começo da segunda guerra púnica, os exércitos de Cartago estavam continuamente no campo, empregados sob três grandes generais, que sucederam um ao outro no comando: Amílcar, seu genro Asdrúbal, e seu filho Aníbal; primeiro, castigando seus próprios escravos rebeldes; depois, submetendo as nações revoltosas da África e, finalmente, conquistando o grande reino da Espanha. O exército que Aníbal levou da Espanha à Itália necessariamente, nessas diversas guerras, deve ter sido formado gradualmente na disciplina exata de um exército regular. Os romanos, entrementes, apesar de não estarem totalmente em paz, durante este período, não tinham se engajado em qualquer guerra de consequência, e sua disciplina militar, diz-se geralmente, estava bastante relaxada. Os exércitos romanos que Aníbal encontrou em Trébia, Trasímeno e Canas eram milícias se opondo a um exército regular. Esta circunstância, é provável, contribuiu mais que qualquer outra para determinar o fado daquelas batalhas.

O exército regular que Aníbal deixou atrás de si na Espanha tinha semelhante superioridade sobre a milícia que os romanos enviaram para se opor a ele, e em poucos anos, sob o comando de seu irmão, o jovem Asdrúbal, expulsou-os quase inteiramente daquele país.

Aníbal ainda recebia suprimentos de casa. A milícia romana, estando continuamente no campo, no progredir da guerra, tornou-se um exército regular bem-disciplinado e bem-exercitado, e a superioridade de Aníbal ficava cada dia menor. Asdrúbal julgou necessário levar todo, ou quase todo o exército regular que comandava na Espanha, em assistência a seu irmão na Itália. Nesta marcha, diz-se que foi mal conduzido por seus guias e, num país que não conhecia, foi surpreendido e atacado por um outro exército regular, em todos os aspectos igual ou superior ao dele, e foi completamente derrotado.

Quando Asdrúbal deixou a Espanha, o grande Cipião nada encontrou para se opor a ele, senão uma milícia inferior à dele. Conquistou e submeteu aquela milícia, e, no decurso da guerra, sua própria milícia necessariamente tornou-se um exército regular bem-disciplinado e bem-exercitado. Este foi depois levado à África, onde nada encontrou para se opor a ele, senão uma milícia. Para defender Cartago, tornou-se necessário chamar de novo o exército regular de Aníbal. A milícia africana, desanimada, e frequentemente derrotada, uniu-se a ele e, na batalha de Zama, compôs a maior parte das tropas de Aníbal. O evento daquele dia determinou o destino das duas repúblicas rivais.

Do fim da segunda guerra cartaginesa até a queda da república romana, os exércitos de Roma em todos os aspectos eram regulares. O exército regular da Macedônia opôs alguma resistência às armas deles. No auge de sua grandeza, custou-lhes duas guerras e três grandes batalhas, para submeter aquele pequeno reino, cuja conquista provavelmente teria sido ainda mais difícil se não fosse pela covardia de seu último rei. As milícias de todas as nações civilizadas do antigo mundo, da Grécia, da Síria e do Egito, ofereceram apenas fraca resistência aos exércitos regulares de Roma. As milícias de algumas nações bárbaras se defenderam muito melhor. A milícia cita, ou tártara, que Mitrídates extraiu dos países ao norte dos mares Euxino e Cáspio, foram os inimigos mais formidáveis que os romanos tiveram de enfrentar depois da segunda guerra cartaginesa. As milícias parta e germânica também sempre foram respeitáveis, e em várias ocasiões ganharam vantagens bem consideráveis sobre os exércitos romanos. Em geral, porém, e quando os exércitos romanos eram bem-comandados, parecem ter sido muito superiores; e se os romanos não visaram à conquista final da Pártia ou da Germânia, provavelmente por julgarem que não valia a pena acrescer aqueles países bárbaros a um império que já era demasiado grande. Os antigos partas parecem ter sido uma nação de extração cita ou tártara e sempre conservaram muitas das maneiras de seus ancestrais. Os antigos germânicos, como os citas ou tártaros, eram um povo de pastores nômades, que iam à guerra sob os mesmos chefes com que estavam acostumados na paz. Sua milícia era exatamente da mesma espécie da dos citas ou tártaros, de quem provavelmente também descendiam.

Muitas causas diferentes contribuíram para relaxar a disciplina dos exércitos romanos. Sua extrema severidade talvez fosse uma destas causas. Nos dias de sua grandeza, quando não parecia haver qualquer inimigo capaz de se opor a eles, sua pesada armadura foi deixada de lado como desnecessariamente pesada, e seus exercícios laboriosos foram negligenciados. Além do mais, sob os imperadores romanos, os exércitos regulares de Roma, particularmente aqueles que guardavam as fronteiras da Germânia e da Panônia, tornaram-se perigosos para seus senhores, contra quem costumavam dirigir seus próprios generais. Para torná-los menos formidáveis, de acordo com alguns autores, Diocleciano, e segundo outros, Constantino, primeiro removeu-os da fronteira, onde antes sempre estiveram acampados em grandes corpos, geralmente de duas ou três legiões cada, e os dispersou em pequenos corpos pelas diferentes cidades provinciais, mas de onde dificilmente eram removidos, senão quando era necessário repelir uma invasão. Pequenos corpos de soldados aquartelados em cidades de comércio e manufatura, e raramente removidos destes quartéis, eles mesmos tornaram-se comerciantes, artífices e manufatureiros. O caráter civil veio a predominar sobre o militar, e os exércitos regulares de Roma gradualmente degeneraram numa milícia corrupta, negligente e indisciplinada, incapaz de resistir aos ataques das milícias germânicas e citas, que logo depois invadiram o império ocidental. Só pagando a milícia de algumas daquelas nações para se oporem às de outras que os imperadores conseguiram por algum tempo se defender. A queda do império ocidental é a terceira grande revolução nos negócios da humanidade da qual a história antiga preservou qualquer relato distinto ou circunstanciado. Foi causada pela irresistível superioridade que a milícia de uma nação bárbara tem sobre uma nação civilizada; que a milícia de uma nação de pastores tem sobre uma de lavradores, artífices e manufatureiros. As vitórias que foram alcançadas por milícias geralmente não foram sobre exércitos regulares, mas sobre outras milícias, em exercício e disciplina inferiores a elas. Tais foram as vitórias das milícias gregas sobre as do império persa; e tais também aquelas que nos últimos tempos a milícia suíça conseguiu sobre as dos austríacos e burgúndios.

A força militar das nações germânicas e citas que se estabeleceram sobre as ruínas do império ocidental continuou por algum tempo a ser do mesmo tipo em seus estabelecimentos como foi no país original. Era uma milícia de pastores e lavradores, que em tempo de guerra ia ao campo sob o comando dos mesmos chefes que estava acostumada a obedecer na paz. Era, portanto, toleravelmente bem-exercitada e toleravelmente bem-disciplinada. Com o avanço das artes e indústria, porém, a autoridade dos chefes gradualmente decaiu, e a maioria do povo tinha menos tempo para exercícios militares. A disciplina e o exercício da milícia feudal, portanto, arruinou-se, e os exércitos regulares foram gradualmente introduzidos para suprir seu lugar. Quando o expediente de um exército regular, aliás, foi uma vez adotado por uma nação civilizada, torna-se necessário que todos os seus vizinhos sigam seu exemplo. Logo descobriram que sua segurança dependia de assim fazerem, e que sua própria milícia era totalmente incapaz de resistir ao ataque de um tal exército.

Os soldados de um exército regular, mesmo que nunca tenham visto um inimigo, frequentemente aparentaram possuir toda a coragem de tropas veteranas, e no momento que foram ao campo pareciam adaptados a se defrontar com os mais duros e experientes veteranos. Em 1756, quando o exército russo marchou sobre a Polônia, o valor dos soldados russos não pareceu inferior ao dos prussianos, naquela época supostos os mais duros e experientes veteranos na Europa. O império russo, porém, tinha desfrutado de uma profunda paz por quase vinte anos antes e, naquela época, poderia dispor de pouquíssimos soldados que jamais viram um inimigo. Quando eclodiu a guerra hispânica de 1739, a Inglaterra estava gozando de profunda paz por cerca de 28 anos. O valor de seus soldados, entretanto, longe de estar corrompido por aquela longa paz, nunca foi mais distinto que na tentativa contra Cartagena, o primeiro infeliz feito daquela infeliz guerra. Numa longa paz os generais, talvez, podem por vezes esquecer sua habilidade, mas onde um exército regular bem-administrado foi mantido, os soldados parecem nunca esquecer o seu valor.

Quando uma nação civilizada depende, para sua defesa, de uma milícia, está sempre exposta a ser conquistada por qualquer nação bárbara que possa estar em suas vizinhanças. As frequentes conquistas de todos os países civilizados da Ásia pelos tártaros demonstra suficientemente a superioridade natural que a milícia de uma nação bárbara tem sobre a de uma nação civilizada. Um exército regular bem-administrado é superior a qualquer milícia. Tal exército, como pode ser melhor mantido por uma nação opulenta e civilizada, só ele pode defender uma tal nação contra a invasão de um vizinho pobre e bárbaro. Só por meio de um exército regular, portanto, que a civilização de qualquer país pode ser perpetuada, ou pelo menos preservada por qualquer período considerável.

Como só por meio de um exército regular bem-administrado que um país civilizado pode ser defendido, só por meio dele um país bárbaro pode ser súbita e toleravelmente civilizado. Um exército regular estabelece, com força irresistível, a lei do soberano até as mais remotas províncias do império e mantém algum grau de governo regular em países que de outro modo não admitiriam nenhum. Quem quer que examine com atenção os aperfeiçoamentos que Pedro o Grande introduziu no império russo, descobrirá que quase todos eles se resolvem no estabelecimento de um exército regular bem-gerido. É o instrumento que executa e mantém todos os outros regulamentos. O grau de ordem e paz interna que aquele império desde então tem desfrutado é totalmente devido à influência daquele exército.

Homens de princípios republicanos receiam um exército regular, como perigoso para a liberdade. Por certo que é, sempre que os interesses do general e dos oficiais não estejam necessariamente ligados com apoiar a constituição do Estado. O exército regular de César destruiu a república romana. O exército regular de Cromwel expulsou o antigo parlamento. Mas onde o próprio soberano é o general, e a principal nobreza e aristocracia do país são os principais oficiais do exército, onde a força militar é colocada sob o comando daqueles que têm o maior interesse no apoio da autoridade civil, porque eles mesmos têm a maior parte daquela autoridade, um exército regular nunca pode ser perigoso para a liberdade.

Ao contrário, pode em alguns casos favorecê-la. A segurança que dá ao soberano torna desnecessário aquele perturbador zelo que em algumas repúblicas modernas parece vigiar as mínimas ações e, a qualquer momento, estar pronto a perturbar a paz de todo cidadão. Onde a segurança do magistrado, apesar de que apoiada pelos principais do país, é ameaçada pelo descontentamento popular; onde um pequeno tumulto é capaz de acarretar em poucas horas uma grande revolução, toda a autoridade do governo deve ser empregada para suprir e punir toda murmuração e queixa contra ele. Para um soberano, ao contrário, que se sente apoiado, não só pela aristocracia natural do país, as mais rudes, sem fundamento e licenciosas reclamações podem causar apenas pequenos distúrbios. Pode seguramente perdoá-las ou desprezá-las, e sua consciência da própria superioridade naturalmente o dispõe para assim fazer. Aquele grau de liberdade que se aproxima da licenciosidade só pode ser tolerado em países onde o soberano é garantido por um exército regular bem-gerido. É apenas em tais países que a segurança pública não exige que o soberano detenha poder discricionário para suprimir mesmo o desregramento impertinente dessa liberdade licenciosa.

O primeiro dever de um soberano, portanto, o de defender a sociedade da violência e injustiça de outras sociedades independentes, fica gradualmente mais dispendioso com o avanço da sociedade em civilização. A força militar da sociedade, que originalmente custa ao soberano nenhuma despesa em tempo de paz ou em tempo de guerra, deve, com o progresso, primeiro ser mantida por ele em tempo de guerra e, depois, mesmo em tempo de paz.

A grande alteração introduzida na arte da guerra pela invenção da arma de fogo ressaltou ainda mais a despesa de exercitar e disciplinar qualquer número de soldados em tempo de paz, e a de empregá-los em tempo de guerra. Suas armas e munições tornaram-se mais dispendiosas. Um mosquete é uma máquina mais dispendiosa que um dardo, ou arco e flechas; um canhão ou um morteiro, do que uma balestra ou catapulta. A pólvora que é gasta é perda irrecuperável e ocasiona uma despesa mui considerável. Os dardos e as flechas que eram lançadas numa guerra antiga podiam ser recolhidas de novo e também eram de pouco valor. O canhão e o morteiro não só são muito mais caros, mas máquinas muito mais pesadas que a balestra ou a catapulta, exigindo uma despesa maior, não só para prepará-las, mas para carregá-las. Como a superioridade da moderna artilharia sobre a dos antigos também é muito grande, tornou-se muito mais difícil, e consequentemente muito mais dispendioso, fortificar uma cidade de modo a resistir mesmo por umas poucas semanas ao ataque daquela artilharia superior. Nos tempos modernos, muitas causas diferentes contribuem para tornar a defesa da sociedade mais dispendiosa. Os efeitos inevitáveis do progresso natural, neste aspecto, foram bem ampliados por uma grande revolução na arte da guerra, para o que um mero acidente, a invenção da pólvora, parece ter dado ocasião.

Na guerra moderna, a grande despesa das armas de fogo dá uma vantagem evidente à nação que melhor pode sustentar aquela despesa, e, consequentemente, a uma opulenta e civilizada sobre uma pobre e bárbara. Nos tempos antigos, os opulentos e civilizados achavam difícil se defender contra os pobres e bárbaros. Nos tempos modernos, os pobres e bárbaros acham difícil se defender contra os opulentos e civilizados. A invenção das armas de fogo, invenção que à primeira vista parece tão perniciosa, certamente é favorável à permanência e expansão da civilização.

PARTE 2
DA DESPESA DA JUSTIÇA

O segundo dever do soberano, o de proteger, tanto quanto possível, todo membro da sociedade da injustiça ou opressão de qualquer outro de seus membros, ou o dever de estabelecer uma exata administração da justiça, requer também graus bem diferentes de despesa nos diversos períodos da sociedade.

Entre nações de caçadores, como mal há qualquer propriedade, ou pelo menos nenhuma que exceda o valor de dois ou três dias de trabalho, raramente há qualquer magistrado estabelecido ou qualquer administração regular da justiça. Homens que não têm propriedade só podem causar dano uns aos outros apenas em suas pessoas ou reputações. Mas quando um homem mata, fere, bate ou difama outro, se bem que aquele a quem é feito o mal sofra, aquele que o faz não recebe nenhum benefício. É diferente com danos à propriedade. O benefício da pessoa que faz o mal é usualmente igual à perda daquele que o sofre. A inveja, a malícia, ou o ressentimento são as únicas paixões que podem predispor um homem a danificar outro em sua pessoa ou reputação. Mas a maioria dos homens não está frequentemente sob a influência daquelas paixões, e os piores dos homens, só ocasionalmente. Como sua gratificação também, por mais agradável que possa ser para certos caracteres, não é esperada como qualquer real ou permanente vantagem, a maior parte dos homens se restringe por considerações da prudência. Os homens podem viver juntos em sociedade com algum grau tolerável de segurança, apesar de não haver magistrado civil para protegê-los da injustiça daquelas paixões. Mas a avareza e a ambição no rico, e no pobre a aversão ao trabalho e o amor à folga e fruição do presente, são paixões que dispõem a invadir a propriedade, paixões muito mais constantes em sua operação, e muito mais universais em sua influência. Sempre que há grande propriedade, há grande desigualdade. Para um homem muito rico, é preciso que haja pelo menos quinhentos pobres, e a abundância de poucos pressupõe a indigência de muitos. A abundância dos ricos excita a indignação dos pobres, que frequentemente são impelidos pela necessidade, e predispostos pela inveja, a invadir suas posses. Só sob a proteção do magistrado civil que o proprietário daquela propriedade valiosa, adquirida pelo lavor de muitos anos, ou talvez de muitas gerações sucessivas, pode dormir uma só noite em segurança. A todo tempo está cercado por inimigos desconhecidos, a quem, mesmo sem nunca ter provocado, nunca pode apaziguar, e de cuja injustiça só pode ser protegido pelo poderoso braço do magistrado civil continuamente levantado para castigar. A aquisição de propriedades valiosas e extensas, portanto, necessariamente requer o estabelecimento do governo civil. Onde não há propriedade, ou pelo menos nenhuma que exceda o valor de dois ou três dias de trabalho, o governo civil não é tão necessário.

O governo civil supõe uma certa subordinação. Mas como a necessidade do governo civil gradualmente cresce com a aquisição de propriedade valiosa, assim as principais causas que naturalmente introduzem a subordinação gradualmente crescem com aquela propriedade valiosa.

As causas ou circunstâncias que naturalmente introduzem a subordinação, ou que, naturalmente e antecedendo qualquer instituição civil, dão a alguns homens superioridade sobre a maioria de seus semelhantes, parecem ser quatro.

A primeira daquelas causas ou circunstâncias é a superioridade das qualificações pessoais, ou a força, beleza e agilidade do corpo; da sabedoria e da virtude, da prudência, da justiça, fortaleza e moderação da mente. As qualificações do corpo, a menos que apoiadas por aquelas da mente, podem dar pouca autoridade em qualquer período da sociedade. É um homem muito forte aquele que, pela mera força do corpo, pode forçar dois outros mais fracos a obedecê-lo. As qualificações da mente apenas podem dar grande autoridade. São, porém, qualidades invisíveis, sempre discutíveis e geralmente disputadas. Nenhuma sociedade, bárbara ou civilizada, jamais achou conveniente estabelecer as regras de precedência de classe e subordinação de acordo com aquelas qualidades invisíveis, mas de acordo com algo que é mais simples e palpável.

A segunda daquelas causas ou circunstâncias é a superioridade de idade. Um velho, desde que sua idade não seja tão avançada a ponto de se suspeitar caduquice, é sempre mais respeitado que um jovem de mesma classe, fortuna e capacidades. Entre as nações de caçadores, tais como as tribos nativas da América do Norte, a idade é o único fundamento para a classe e a precedência. Entre elas, pai é apelação de um superior; irmão, de um igual; e filho, de um inferior. Nas nações mais opulentas e civilizadas, a idade regula a classe entre aqueles que sob todos os outros aspectos são iguais, e entre quem, portanto, não há nada mais para regulá-la. Entre irmãos e irmãs, o mais velho sempre tem primeiro lugar, e na sucessão da herança paterna, tudo o que não pode ser dividido, mas precisa ir inteiro para uma só pessoa, assim como um título honorífico, na maioria dos casos é dado ao mais velho. A idade é uma qualidade simples e palpável que não admite disputa.

A terceira daquelas causas ou circunstâncias é a superioridade da fortuna. A autoridade das riquezas, porém, se bem que grande em toda era da sociedade, é talvez maior na era mais rude da sociedade, que admite qualquer desigualdade considerável da fortuna. Um chefe tártaro, cujo aumento de rebanho é suficiente para manter mil homens, só pode bem empregar aquele aumento em manter mil homens. O estado rude desta sociedade não lhe permite qualquer produto manufaturado, vaidades ou frivolidades de qualquer espécie, que lhe permita trocar aquela parte do produto bruto bem acima de seu próprio consumo. Os mil homens que assim ele mantém, dependendo inteiramente dele para sua subsistência, devem obedecer suas ordens na guerra e submeter-se à sua jurisdição na paz. Ele é necessariamente seu general e seu juiz, e sua chefia é o efeito necessário da superioridade de sua fortuna. Numa civilizada e opulenta sociedade, um homem pode possuir uma fortuna muito maior e não ser capaz de comandar uma dúzia de pessoas. Se bem que o produto de suas propriedades possa ser suficiente para manter, e talvez de fato mantenha mais de mil pessoas, como estas pessoas pagam por tudo que obtêm dele, e como ele pouco dá a alguém senão em troca de um equivalente, dificilmente há alguém que se considere inteiramente dependente dele, e sua autoridade estende-se apenas sobre uns poucos serviçais. A autoridade da fortuna, porém, é muito grande mesmo numa sociedade opulenta e civilizada. Que ela seja muito maior que a da idade ou das qualidades pessoais foi a queixa constante de todo período da sociedade que admitiu qualquer considerável desigualdade de fortuna. O primeiro período da sociedade, o dos caçadores, não admite tal desigualdade. A pobreza universal estabelece sua igualdade universal, e a superioridade sobre a idade ou qualidades pessoais são as fracas porém únicas fundações da autoridade e subordinação. Portanto há pouca autoridade ou subordinação neste período da sociedade. O segundo período da sociedade, o dos pastores, admite grandes desigualdades de fortuna, e não há período em que a superioridade de fortuna dê uma autoridade tão grande aos que a possuem. Correspondentemente, não há período em que a autoridade e a subordinação sejam mais perfeitamente estabelecidas. A autoridade de um *sherif* árabe é muito grande; a de um *khan* tártaro, totalmente despótica.

A quarta destas causas ou circunstâncias é a superioridade de nascimento. A superioridade de nascimento supõe uma antiga superioridade de fortuna na família da pessoa que a reclama. Todas as famílias são igualmente antigas; e os ancestrais do príncipe, se bem que possam ser melhor conhecidos, não serão mais numerosos que os do mendigo. A antiguidade da família em todo lugar significa antiguidade, quer de riqueza, quer da grandeza que comumente é fundada na riqueza, ou acompanhada dela. A grandeza adventícia é em todo lugar menos respeitada que a antiga. O ódio aos usurpadores e o amor à família de um antigo monarca, em grande medida, são fundamentados no desprezo que os homens naturalmente têm pelos primeiros e na veneração pelos últimos. Como um oficial militar se submete sem relutância à autoridade de um superior por quem sempre foi comandado, mas não pode tolerar que seu inferior seja colocado acima dele, assim os homens facilmente se submetem a uma família a quem eles e seus ancestrais sempre se submeteram, mas acendem-se com indignação quando outra família, em quem nunca reconheceram qualquer superioridade antes, assume domínio sobre eles.

A distinção de nascimento, sendo subsequente à desigualdade de fortuna, não pode ter lugar em nações de caçadores, entre as quais os homens, sendo de igual fortuna, devem analogamente ser quase iguais por nascimento. O filho de um homem bravo e sábio, mesmo entre eles, deve ser um tanto mais respeitado que um homem de igual mérito que tenha o infortúnio de ser o filho de um insensato ou covarde. A diferença, porém, não será muito grande; e nunca houve, creio, uma grande família no mundo cuja ilustração fosse inteiramente derivada da herança da sabedoria e virtude.

A distinção de nascimento não só pode, mas sempre ocorre nas nações pastoris. Tais nações são sempre estranhas a qualquer espécie de luxo, e dificilmente uma grande riqueza poderia ser dissipada entre elas por imprevidente profusão. Correspondentemente, não há nações que mais abundem em famílias reverenciadas e honradas por conta de sua descendência de uma longa linhagem de grandes e ilustres ancestrais, porque não há nações entre as quais a riqueza não seja mais provável de continuar mais tempo entre as famílias.

O nascimento e a fortuna são evidentemente as duas circunstâncias que principalmente colocam um homem acima do outro. São as duas grandes fontes de distinção pessoal, e portanto são as principais causas que naturalmente estabelecem a autoridade e a subordinação entre os homens. Entre as nações de pastores, ambas essas causas operam com toda sua força. O grande pastor ou senhor de rebanhos, respeitado por sua grande riqueza e pelo grande número daqueles que dele dependem para sua subsistência, e reverenciado pela nobreza de seu nascimento e pela imemorial antiguidade de sua ilustre família, tem uma autoridade natural sobre todos os pastores e chefes inferiores de sua horda ou clã. Pode comandar a força unida de um número maior de pessoas do que qualquer deles. Seu poderio militar é maior que o de qualquer deles. Em tempo de guerra, todos eles ficam naturalmente dispostos a se reunir sob seu estandarte do que sob o de qualquer outra pessoa, e seu nascimento e fortuna assim naturalmente proporcionam-lhe alguma espécie de poder executivo. Comandando também a força unida de um maior número de pessoas que qualquer deles, está mais capacitado a compelir qualquer deles que possa ter prejudicado outro a compensar o malfeito. Ele é, portanto, a pessoa a quem todos aqueles que são demasiado fracos para se defender naturalmente dirigem o olhar para serem protegidos. É a ele que naturalmente queixam-se das injúrias que imaginam ter sido feitas a eles, e esta interposição em tais casos é mais facilmente aceita, mesmo pela pessoa de quem se queixa, do que seria a de qualquer outra pessoa. Seu nascimento e fortuna assim naturalmente lhe proporcionam, de algum modo, autoridade judicial.

É na era dos pastores, no segundo período da sociedade, que a desigualdade da fortuna primeiro começa a ocorrer e introduz entre os homens algum grau de autoridade e subordinação que possivelmente não poderia existir antes. Assim introduz algum grau daquele governo civil que é indispensavelmente necessário para a sua própria preservação: e parece fazer isto naturalmente, e mesmo independente da consideração daquela necessidade. A consideração daquela necessidade sem dúvida depois contribui muito para manter e assegurar aquela autoridade e subordinação. Os ricos, em particular, são necessariamente interessados em apoiar aquela ordem de coisas que sozinhas podem garanti-los na posse de suas próprias vantagens. Homens de riqueza inferior combinam-se para defender aqueles de riqueza superior na posse de sua propriedade, para que os homens de maior riqueza possam combinar-se para defendê-los na posse das deles. Todos os pastores inferiores sentem que a segurança dos próprios rebanhos depende da segurança dos do principal pastor; que a manutenção de sua autoridade menor depende da de sua maior autoridade, e que de sua subordinação aos grandes pastores depende o poder que estes têm de manter os inferiores. Constituem uma espécie de pequena nobreza, que se sente interessada em defender a propriedade e apoiar a autoridade de seu próprio pequeno soberano para que ele possa defender a propriedade deles e apoiar a autoridade deles. O governo civil, enquanto instituído para a segurança da propriedade, na realidade é instituído para a defesa dos ricos contra os pobres, ou daqueles que têm alguma propriedade contra aqueles que não têm nenhuma.

A autoridade judicial de um tal soberano, entretanto, longe de ser causa de despesa, por muito tempo foi uma fonte de renda para ele. As pessoas que recorriam a ele por justiça sempre estavam dispostas a pagar por ela, e um presente nunca deixava de acompanhar uma petição. Depois que a autoridade do soberano também ficou firmemente estabelecida, a pessoa declarada culpada, muito além da satisfação obrigada a dar ao outro partido, igualmente era forçada a pagar o soberano. Ele tinha dado trabalho, tinha perturbado, tinha interrompido a paz de seu senhor, o rei, e por estas ofensas era devida uma indenização. Nos governos tártaros da Ásia, nos governos da Europa que foram fundados pelas nações germânicas e citas que derrubaram o império romano, a administração da justiça era uma considerável fonte de renda, ao soberano e a todos os chefes menores ou senhores que exerciam sob ele qualquer jurisdição particular, quer sobre alguma tribo ou clã em particular, ou sobre algum território ou distrito. Originalmente, o soberano e os chefes inferiores costumavam exercer esta jurisdição em pessoa. Depois, acharam universalmente conveniente delegá-la a algum substituto ou juiz. Este substituto, porém, ainda era obrigado a dar conta a seu superior dos lucros da jurisdição. Quem quer que leia as instruções[1] que eram dadas aos juízes do circuito no tempo de Henrique II verá claramente que esses juízes eram uma espécie de feitores itinerantes, enviados pelo país com o propósito de levantar certos ramos da renda do rei. Naqueles dias, a administração da justiça não só proporcionava uma certa renda para o soberano, mas adquirir esta renda parece ter sido uma das principais vantagens que ele se propunha a obter pela administração da justiça.

Este esquema de fazer a administração da justiça subserviente aos propósitos de renda dificilmente deixaria de produzir vários abusos grosseiros. A pessoa que pedisse por justiça com um valioso presente na mão provavelmente conseguiria algo mais que justiça; ao passo que aquele que a requeresse com um pequeno provavelmente obteria algo menos. A justiça também poderia ser frequentemente adiada, para que este presente fosse repetido. A indenização, aliás, da pessoa de quem se queixava poderia frequentemente sugerir uma razão muito forte para achá-la errada, mesmo quando assim não fosse. Que tais abusos estavam longe de serem comuns, a história antiga de todo país europeu dá testemunho.

Quando o soberano ou chefe exerce sua autoridade judicial em pessoa, por mais que abusasse, dificilmente seria possível obter dele uma

---

[1] São encontradas em *History of England*, de Tyrrell.

retratação, pois dificilmente haveria alguém poderoso o bastante para pedir-lhe contas. Quando ele a exerce por um preposto, de fato, uma retratação poderia ser obtida. Se fosse apenas para seu próprio benefício que o preposto tivesse sido culpado de qualquer ato de injustiça, o próprio soberano poderia estar propenso a puni-lo, ou obrigá-lo a reparar o erro. Mas se fosse para o benefício de seu soberano, se fosse para adular a pessoa que o nomeou e que poderia favorecê-lo, que cometera qualquer ato de opressão, a retratação, na maioria das ocasiões, seria tão impossível como se o soberano o tivesse cometido ele mesmo. Em todos os governos bárbaros, concomitantemente, em todos aqueles antigos governos da Europa em particular, que foram fundados sobre as ruínas do império romano, a administração da justiça parece por longo tempo ter sido extremamente corrupta, longe de ser igual e imparcial mesmo sob os melhores monarcas, e totalmente contrariada sob os piores.

Entre as nações pastoris, onde o soberano ou chefe é apenas o maior pastor da horda, ele é mantido da mesma maneira que qualquer de seus vassalos, ou súditos, pelo aumento de seus rebanhos. Entre aquelas nações de lavradores que acabam de sair da condição pastoril, e que não estão muito adiantadas além daquele estado, assim como as tribos gregas pareciam estar no tempo da guerra de Troia, e nossos ancestrais citas e germanos quando primeiro se estabeleceram sobre as ruínas do império ocidental, o soberano ou o chefe, da mesma maneira, é apenas o maior proprietário de terras e é mantido, da mesma maneira que qualquer outro proprietário, por uma renda derivada de sua propriedade, ou do que na Europa moderna era chamado o direito do senhor. Seus súditos, em ocasiões ordinárias, em nada contribuíam para seu sustento, exceto quando, para protegê-los da opressão de alguns de seus colegas súditos, necessitavam de sua autoridade. Os presentes que os súditos davam ao chefe em tais ocasiões constituíam toda a renda ordinária, o total dos emolumentos que, exceto talvez em emergências bem extraordinárias, deriva de seu domínio sobre eles. Quando Agamenon, em Homero, oferece a Aquiles, por sua amizade, a soberania sobre sete cidades gregas, a única vantagem que ele menciona como podendo ser derivada é que o povo o honraria com presentes. Enquanto tais presentes, como emolumentos da justiça, ou o que pode ser chamado as taxas da corte, constituíam desta maneira toda a renda ordinária que o soberano derivava de sua soberania, não se poderia esperar, nem poderia ser decentemente proposto, que desistisse inteiramente deles. Poderia, e era frequentemente proposto, que ele deveria regulá-los e determiná-los. Mas depois de terem sido regulamentados e determinados, impedir uma pessoa poderosa de estendê-los além destes regulamentos era muito difícil, para não dizer impossível. Durante a continuidade deste estado de coisas, portanto, a corrupção da justiça, naturalmente resultante da natureza arbitrária e incerta daqueles presentes, dificilmente admitia qualquer remédio efetivo.

Mas quando, por diferentes causas, principalmente pelas despesas continuamente crescentes de defender a nação contra a invasão de outras, a propriedade particular do soberano tornou-se totalmente insuficiente para custear a despesa da soberania, e quando se tornou necessário que o povo, para sua própria segurança, contribuísse para esta despesa por taxas de diferentes espécies, parece ter sido mui comumente estipulado que nenhum presente pela administração da justiça deveria, sob qualquer pretexto, ser aceito quer pelo soberano, quer por seus prepostos e substitutos, os juízes. Aqueles presentes, parece ter sido suposto, poderiam mais facilmente ser totalmente abolidos do que eficazmente regulamentados e determinados. Salários fixos foram designados para os juízes, que supostamente deviam compensá-los pela perda do que quer que possa ter sido sua parte nos antigos emolumentos da justiça, assim como as taxas mais que compensavam ao soberano a perda da sua. A justiça então foi dita ser administrada de graça.

A justiça, porém, nunca na realidade foi administrada de graça em qualquer país. Advogados e promotores, pelo menos, sempre precisam ser pagos pelas partes; e, se não fossem, executariam seus deveres pior do que já o fazem. As taxas anualmente pagas aos advogados e promotores totalizam, em toda corte, uma soma muito maior que os salários dos juízes. A circunstância daqueles salários serem pagos pela Coroa em lugar algum diminui a despesa necessária a um processo judicial. Mas não foi tanto para diminuir a despesa, quanto para prevenir a corrupção da justiça, que os juízes foram proibidos de receber qualquer presente ou taxa das partes.

O ofício de juiz em si é tão honorável que os homens ficam dispostos a aceitá-lo, se bem que acompanhado de pequenos emolumentos. O ofício inferior de juiz de paz, se bem que muito atribulado, e por vezes sem emolumento algum, é objeto de ambição para a maioria de nossos senhores proprietários rurais. Os salários de todos os vários juízes, altos e baixos, junto com toda a despesa da administração e execução da justiça, mesmo onde ela não é administrada com muito boa economia, constituem, em qualquer país civilizado, parte pouco considerável de toda a despesa de governo.

Toda a despesa da justiça, também, poderia ser facilmente custeada pelas taxas da corte; e sem expor a administração da justiça a qualquer risco real de corrupção, a renda pública poderia ser desincumbida de um ônus certo, se bem que pequeno. É difícil regulamentar as taxas da corte efetivamente quando uma pessoa tão poderosa quanto o soberano deve partilhar delas e derivar qualquer parte considerável de sua renda delas. É muito fácil quando o juiz é a principal pessoa que pode colher qualquer benefício delas. A lei pode mui facilmente obrigar o juiz a respeitar o regulamento, se bem que nem sempre possa obrigar o soberano a fazê-lo. Onde as taxas da corte são precisamente regulamentadas e determinadas, onde são todas pagas imediatamente, numa certa altura de todo o processo, nas mãos de um caixa, para serem por ele distribuídas em certas proporções entre diferentes juízes, depois que o processo é decidido, e não até quando for decidido, parece não haver mais perigo de corrupção do que quando tais taxas são totalmente proibidas. Essas taxas, sem ocasionar qualquer aumento considerável na despesa de um processo, poderiam ser tornadas totalmente suficientes para custear toda a despesa da justiça. Não sendo pagas aos juízes até que o processo esteja determinado, poderiam ser algum incitamento à diligência da corte em examiná-lo e decidi-lo. Nas cortes que consistem de número considerável de juízes, proporcionando a fração de cada juiz pelo número de horas e dias empregados para examinar o processo, quer na corte ou numa comissão por ordem da corte, aquelas taxas podem dar algum encorajamento à diligência de cada juiz. Os serviços públicos nunca são tão bem executados do que quando sua recompensa vem apenas em consequência de serem executados, e proporcionada à diligência empregada nesta execução. Nos diferentes parlamentos da França, as taxas da corte (chamadas *épices* e *vacations*) constituem a maior parte dos emolumentos dos juízes. Depois de feitas todas as deduções, o salário líquido pago pela Coroa a um conselheiro ou juiz no parlamento de Toulouse, em nível e dignidade o segundo parlamento do reino, totaliza apenas 150 libras francesas, cerca de seis libras esterlinas e 11 *shillings* por ano. Há cerca de sete anos, aquela soma, no mesmo lugar, era o ganho ordinário de um soldado de infantaria. A distribuição dessas *épices*, também, é de acordo com a diligência dos juízes. Um juiz diligente ganha uma renda confortável, se bem que moderada, por seu ofício; um ocioso ganha pouco mais que seu salário. Esses parlamentos são, quiçá em muitos aspectos, cortes de justiça não muito convenientes, mas nunca foram acusados, parece mesmo que nunca foram suspeitos de corrupção.

As taxas da corte parece que originalmente foram o único sustento das diferentes cortes de justiça na Inglaterra. Cada corte procurava retirar para si tanta ocupação quanto podia e, por isto, estava disposta a tomar conhecimento de muitas causas que originalmente não estariam destinadas a cair sob sua jurisdição. O Tribunal Superior, instituído para o julgamento de causas criminais apenas, tomava conhecimento de causas civis; o queixoso, pretendendo que o acusado, ao não lhe fazer justiça, era culpado de alguma infração. A Corte do Fisco, instituída para levantar a renda do rei, e para garantir o pagamento dos débitos que eram devidos apenas ao rei, tomava conhecimento de todos os outros débitos contratados; o queixoso alegando que não poderia pagar ao rei, porque o acusado não lhe pagaria. Em consequência de tais ficções, em muitos casos, veio a depender totalmente das partes que corte escolheriam para julgar sua causa; e cada corte procurava, por despachos e imparcialidade superiores, atrair para si tantas causas quanto podia. A atual admirável constituição das cortes de justiça na Inglaterra foi talvez originalmente em grande medida formada por esta emulação que antigamente tomava lugar entre seus juízes respectivos; cada juiz procurando dar, em sua própria corte, o remédio mais rápido e eficaz que a lei admitiria para toda espécie de injustiça. Originalmente, as cortes davam sentenças apenas por quebra de contrato. A Corte de Justiça, como corte de consciência, foi a primeira a fazer cumprir o desempenho específico dos acordos. Quando a quebra de contrato consistia no não pagamento de dinheiro, o dano não podia ser compensado de outra maneira senão ordenando o pagamento, que era equivalente a um desempenho específico do acordo. Em tais casos, portanto, o remédio das cortes era suficiente. Não era assim em outros. Quando o rendeiro processava o senhor por ter-lhe retirado injustamente seu arrendamento, os danos que recuperava de modo algum eram equivalentes à posse da terra. Tais causas, portanto, durante algum tempo, iam todas para a Corte de Justiça, originando perda nada pequena das cortes comuns. Foi para retomar estas causas para si que as cortes comuns inventaram o artificioso *"Writ of Ejectment"*, o remédio mais eficaz para uma expulsão injusta da terra.

Uma taxa de selo sobre os procederes legais de cada tribunal a ser levantada por cada corte, e aplicada na manutenção dos juízes e outros funcionários pertencentes a ela, do mesmo modo poderia permitir uma renda suficiente para custear a despesa da administração da justiça, sem acarretar qualquer ônus na renda geral da sociedade. Os juízes de fato poderiam, neste caso, estar sob a tentação de multiplicar desnecessariamente os procedimentos em cada causa para aumentar, tanto quanto possível, o produto de uma tal taxa sobre o selo. Tem sido o costume, na Europa moderna regulamentar, na maioria das ocasiões, o pagamento dos promotores e funcionários da corte de acordo com o número de páginas que escrevam; a corte, porém, requerendo que cada página contenha tantas linhas, e cada linha tantas palavras. Para elevar seu pagamento, os promotores e funcionários conseguiram multiplicar as palavras além de toda necessidade, para a corrupção da linguagem jurídica, creio, de toda Corte de Justiça da Europa. Uma tentação semelhante poderia quiçá ocasionar uma corrupção desse jaez na forma dos procederes legais.

Mas quer a administração da justiça seja tão falsificada para custear sua própria despesa, quer os juízes sejam mantidos por salários fixos que lhes são pagos de algum outro fundo, não parece necessário que a pessoa ou pessoas a quem se confia o poder executivo sejam encarregadas de gerir esse fundo ou o pagamento daqueles salários. Este fundo pode surgir da renda de terras, a gerência de cada propriedade sendo confiada à corte particular que seria por ela mantida. Esse fundo poderia mesmo originar-se dos juros sobre uma soma em dinheiro, cujo empréstimo poderia, da mesma maneira, ser confiado à corte que deveria ser mantida por ele. Uma parte, mesmo que bem pequena, do salário dos juízes da Corte das Sessões na Escócia origina-se nos juros de uma soma em dinheiro. A necessária instabilidade de um tal fundo parece, porém, torná-lo impróprio para a manutenção de uma instituição que deveria durar para sempre.

A separação do poder judiciário do executivo parece ter-se originado dos crescentes negócios da sociedade, em consequência de seu crescente progresso. A administração da justiça tornou-se um dever tão laborioso e complicado que passou a requerer a atenção indivisa das pessoas a quem era confiada. A pessoa a quem era confiado o poder executivo, não tendo tempo para atender por si mesmo a decisão de causas particulares, um deputado era apontado para decidi-las em seu lugar. No progresso da grandeza romana, o cônsul estava ocupado demais com os negócios políticos do Estado para atender à administração da justiça. Assim, um pretor era nomeado para administrá-la em seu lugar. No progresso das monarquias europeias que foram fundadas sobre as ruínas do império romano, os soberanos e grão-senhores vieram a considerar universalmente a administração da justiça demasiado laboriosa e ignóbil para a executarem pessoalmente. Eles, portanto, universalmente desencarregaram-se disso apontando um representante, deputado ou juiz.

Quando o poder judiciário está unido ao executivo, é bem pouco possível que frequentemente a justiça não seja sacrificada ao que é vulgarmente chamado "política". As pessoas a quem se confiam os grandes interesses do Estado podem, por vezes, mesmo sem quaisquer olhos corruptos, imaginar necessário sacrificar àqueles interesses os direitos de um particular. Mas da administração imparcial da justiça depende a liberdade de todo indivíduo, o senso que tem de sua própria segurança. Para fazer com que cada indivíduo sinta-se perfeitamente seguro na posse de todo direito que lhe pertença, não só é necessário que o judiciário seja separado do executivo, mas que seja tornado, tanto quanto possível, independente daquele poder. O juiz não deve poder ser removido de seu ofício de acordo com o capricho daquele poder. O pagamento regular de seu salário não deveria depender da boa vontade, ou mesmo da boa economia daquele poder.

PARTE 3
DA DESPESA DAS OBRAS PÚBLICAS E INSTITUIÇÕES PÚBLICAS

O terceiro e último dever do soberano ou da nação é o de erigir e sustentar aquelas instituições públicas e obras públicas que, mesmo que sejam no mais alto grau vantajosas para uma grande sociedade, são porém de tal natureza que o lucro nunca poderia pagar a despesa a qualquer indivíduo, ou pequeno grupo de indivíduos, e assim não se pode esperar que qualquer indivíduo, ou pequeno grupo de indivíduos, a erija ou mantenha. O desempenho desta tarefa requer também graus muito diferentes de despesa nos diferentes períodos da sociedade.

Depois das instituições públicas e obras públicas necessárias para a defesa da sociedade, e para a administração da justiça, ambas já mencionadas, as outras obras e instituições desta espécie são principalmente aquelas para facilitar o comércio da sociedade, e aquelas para promover a instrução do povo. As instituições para instrução são de duas espécies: aquelas para a educação da juventude e aquelas para a instrução de pessoas de todas as idades. A consideração da maneira pela qual a despesa destas diferentes espécies de obras e instituições públicas pode ser mais propriamente custeada dividirá esta terceira parte do capítulo em três diferentes artigos.

Artigo I

Das obras e instituições públicas para facilitar o comércio da sociedade. E primeiro, daquelas que são necessárias para facilitar o comércio em geral

Que a ereção e a manutenção das obras públicas que facilitam o comércio de qualquer país, assim como boas estradas, pontes, canais navegáveis, portos etc. devam requerer vários graus de despesa nos diversos períodos da sociedade, é evidente sem qualquer prova. A despesa de fazer e manter as estradas públicas de qualquer país evidentemente deve aumentar com o produto anual da terra e do trabalho daquele país, ou com a quantidade e o peso dos artigos que se torna necessário obter e carregar sobre essas estradas. A resistência de uma ponte deve adequar-se ao número e ao peso dos carros que provavelmente passarão sobre ela. A profundidade e o caudal de água para um canal navegável devem ser proporcionais ao número e tonelagem das barcaças que deverão carregar mercadorias sobre ele; a extensão de uma enseada, ao número de naus que deverão lá se abrigar.

Não parece necessário que a despesa dessas obras públicas seja custeada por aquela renda pública, como é comumente chamada, cuja coleta e aplicação, na maioria dos países, são designadas ao poder executivo. A maior parte de tais obras públicas pode ser facilmente administrada de modo a permitir uma renda particular suficiente para custear sua própria despesa, sem acarretar qualquer ônus sobre a renda geral da sociedade.

Uma estrada, uma ponte, um canal navegável, por exemplo, na maioria dos casos, podem ser feitos e mantidos por um pequeno pedágio sobre os carros que os utilizam; uma enseada, por uma moderada taxa portuária sobre a tonelagem dos navios que podem carregar ou descarregar nela. A cunhagem, uma outra instituição para facilitar o comércio, em muitos países, não só custeia sua própria despesa, mas permite uma pequena renda ou *signoraggio* ao soberano. Os correios, outra instituição para o mesmo propósito, muito além de custear sua própria despesa, permite em quase todos os países uma renda bastante considerável para o soberano.

Quando os carros que passam sobre uma estrada ou uma ponte e as barcaças que passam por um canal navegável pagam pedágio em proporção a seu peso ou tonelagem, pagam pela manutenção daquelas obras públicas exatamente na proporção do desgaste que nelas ocasionam. Parece dificilmente possível inventar uma maneira mais equitativa de manter tais obras. Esta taxa ou pedágio também, apesar de ser adiantada pelo transportador, é finalmente paga pelo consumidor, que sempre deve arcar com o preço das mercadorias. Como a despesa de transporte, porém, é muito reduzida por meio de tais obras públicas, os artigos, apesar do pedágio, chegam mais barato ao consumidor do que ocorreria de outra maneira; seu preço não sendo tão elevado pelo pedágio quanto é diminuído pelo transporte. A pessoa que finalmente paga esta taxa, portanto, ganha pela aplicação mais do que perde pelo seu pagamento. Seu pagamento é exatamente na proporção de seu ganho. Na realidade, não é mais que parte daquele ganho que é obrigado a abrir mão para conseguir o resto. Parece impossível imaginar um método mais equitativo de levantar uma taxa.

Quando o pedágio sobre carruagens de luxo, coches etc.. é um pouco elevado em proporção a seu peso do que sobre carros de uso necessário, assim como carroças, carros cobertos etc., a indolência e a vaidade do rico é forçada a contribuir de maneira muito fácil para o alívio do pobre, barateando o transporte de artigos pesados a todas as diferentes partes do país.

Quando as estradas, pontes, canais etc. são destarte construídas e sustentadas pelo comércio exercido por meio delas, podem ser feitas apenas onde aquele comércio as requer e, consequentemente, onde é apropriado construí-las. Suas despesas também, sua grandeza e magnificência devem adequar-se ao que o comércio pode pagar. Consequentemente, devem ser feitas de maneira mais apropriada a isto. Uma estrada magnífica não pode ser aberta através de um país deserto, onde há pouco ou nenhum comércio, ou meramente porque casualmente leva à propriedade do intendente da província, ou à de algum grão-senhor de quem o intendente acha conveniente fazer a corte. Uma grande ponte não pode ser lançada sobre um rio num local onde ninguém passa, ou meramente para embelezar a vista das janelas de um palácio próximo; coisas que por vezes acontecem em países onde obras desta espécie são feitas por outra renda que não aquela que elas mesmas podem proporcionar.

Em várias regiões da Europa, o pedágio ou taxa sobre um canal é propriedade de particulares, cujo interesse particular obriga-os a conservar o canal. Se não for mantido numa ordem tolerável, a navegação cessará por completo e, junto com ela, todo o lucro que podem fazer com o pedágio. Se estas taxas fossem colocadas sob a administração de comissários, que não teriam interesse particular nelas, poderiam dar menos atenção à manutenção das obras que as geram. O canal de Languedoc custou ao rei da França e à província mais de 13 milhões de libras que (a 28 libras francesas o marco de prata, valor do dinheiro francês ao fim do século passado) totalizava mais de novecentas mil libras esterlinas. Quando aquela grande obra foi terminada, descobriu-se que o método mais provável de mantê-la sob reparo constante era presentear com o pedágio Riquet, o engenheiro que planejou e conduziu os trabalhos. Estes pedágios constituem atualmente uma renda muito grande para os diversos ramos da família daquele cavalheiro que, portanto, tem um grande interesse em manter a obra sob reparos constantes. Mas se aqueles pedágios fossem colocados sob a administração de comissários, que não teriam um tal interesse, poderiam quiçá ser dissipados em despesas ornamentais e desnecessárias, ao passo que as partes mais essenciais da obra seriam deixadas à ruína.

As taxas para a manutenção de uma estrada não podem, com segurança, ser feitas propriedade de particulares. Uma estrada, mesmo que inteiramente negligenciada, nunca se torna totalmente impraticável, mas um canal sim. Os proprietários dos pedágios sobre uma estrada, portanto, poderiam negligenciar totalmente o seu reparo, e continuar a levantar praticamente os mesmos pedágios. É adequado, portanto, que os pedágios para a manutenção de uma tal obra sejam colocados sob a administração de comissários.

Na Grã-Bretanha, os abusos que tais comissários perpetraram na administração desses pedágios em muitos casos tiveram justa queixa. Em muitas cancelas, foi dito, o dinheiro levantado é mais que o dobro do necessário para executar, da maneira mais completa, a obra que é usualmente desleixada, e por vezes nem é executada. O sistema de reparar as estradas por pedágios desta espécie, deve-se observar, não é de longa duração. Não devemos nos surpreender, portanto, que não tenha sido levado àquele grau de perfeição de que parece capaz. Se pessoas mesquinhas e indignas são frequentemente apontadas para tais funções, e se cortes adequadas para inspeção e contas não foram estabelecidas para controlar sua conduta, e para reduzir os pedágios ao que seja apenas suficiente para as obras a serem executadas nelas, a novidade da instituição responde e desculpa estas falhas, que, pela sabedoria do parlamento, a maioria pode ser gradualmente remediada em tempo útil.

O dinheiro levantado em diversas cancelas na Grã-Bretanha é suposto exceder em muito o necessário para reparar as estradas, que as economias que poderiam ser feitas com ele foram consideradas, mesmo por alguns ministros, como um grande recurso que eventualmente poderia ser aplicado às exigências do Estado. O governo, foi dito, tomando a administração das cancelas em suas mãos e empregando soldados, que trabalhariam por uma pequena adição a seu soldo, poderia manter as estradas em boa ordem a uma despesa muito menor do que pode ser feito por comissários, que não têm outros trabalhadores para empregar senão os que podem derivar toda sua subsistência de seus próprios salários. Uma grande renda, meio milhão, talvez[2], poderia assim ser ganha sem onerar mais ainda o povo: e as estradas com cancela poderiam contribuir para a despesa geral do Estado, da mesma maneira que o correio o faz atualmente.

Que uma renda considerável poderia ser ganha desta maneira, não tenho dúvida, se bem que provavelmente não tanto quanto os idealizadores deste plano supuseram. O plano em si, porém, parece passível de várias objeções importantes.

---

[2] Desde a publicação das duas primeiras edições deste livro, tenho boas razões para crer que todas as taxas de pedágio levantadas na Grã-Bretanha não produzem uma renda líquida que totalize meio milhão; soma que, sob a administração do governo, não seria suficiente para manter reparadas cinco das principais estradas do reino.

Primeiro, se os pedágios que são levantados nas cancelas forem considerados como uma das fontes de suprimento das exigências do Estado, certamente seriam aumentados conforme essas exigências supostamente exigiriam. De acordo com a política da Grã-Bretanha, portanto, provavelmente aumentariam muito depressa. A facilidade com que uma grande renda poderia ser retirada deles provavelmente encorajaria a administração a recorrer frequentemente a esta fonte. Se bem que seja mais que duvidoso se meio milhão poderia ser economizado dos pedágios atuais, não se pode duvidar que se poderia economizar um milhão se fossem dobrados; e quiçá dois milhões se fossem triplicados.[3] Esta grande renda também poderia ser levantada sem a designação de nenhum novo funcionário para coletá-la e recebê-la. Mas os pedágios, sendo continuamente aumentados dessarte, em vez de facilitar o comércio interno do país, como atualmente, logo se tornariam um grande impedimento para ele. A despesa de transportar todas as mercadorias pesadas de uma parte do país para outra logo aumentaria tanto que o mercado para todas elas logo ficaria tão estreitado que sua produção seria muito desencorajada, e os ramos mais importantes da indústria doméstica seriam totalmente aniquilados.

Segundo, uma taxa sobre os carros em proporção a seu peso, se bem que muito equânime quando aplicada ao único propósito de reparar as estradas, é muito desigual quando aplicada a qualquer outro propósito, ou a suprir as exigências comuns do Estado. Quando é aplicada só ao propósito acima mencionado, cada carro supostamente paga exatamente o desgaste que ele ocasiona nas estradas. Mas quando aplicada a algum outro propósito, supõe-se que cada carro pague mais do que o desgaste e contribua para suprir alguma outra exigência do Estado. Mas como o pedágio aumenta o preço das mercadorias em proporção a seu peso, e não a seu valor, é principalmente pago pelos consumidores de mercadorias grosseiras e volumosas, e não das preciosas e leves. Qualquer que seja a exigência do Estado, portanto, que esta taxa deva suprir, isto se daria principalmente às expensas do pobre, e não do rico; às expensas daqueles que estão menos aptos a supri-la, e não dos mais aptos.

---

[3] Agora tenho boas razões para acreditar que todas essas somas conjecturais são muito maiores.

Terceiro, se o governo a qualquer momento negligenciar a reparação das estradas, seria ainda mais difícil do que atualmente compelir a aplicação adequada de qualquer parte das taxas de pedágio. Uma grande renda assim poderia ser levantada do povo sem que qualquer parte dela fosse aplicada ao único propósito ao qual uma renda assim levantada jamais deveria ser aplicada. Se a mesquinhez e pobreza dos comissários dos pedágios torna por vezes difícil atualmente obrigá-los a reparar seu erro, sua riqueza e grandeza tornaria isto dez vezes pior, no caso aqui suposto.

Na França, os fundos destinados ao reparo das estradas estão sob a direção imediata do poder executivo. Aqueles fundos consistem parcialmente num certo número de dias de trabalho que os campônios na maior parte da Europa são obrigados a dar para a reparação das estradas, e parcialmente numa tal porção da renda geral do Estado que o rei escolher economizar de suas outras despesas.

Pela antiga lei francesa, bem como pela de muitas outras partes da Europa, o trabalho dos camponeses estava sob a direção de um magistrado local ou provincial, que não tinha dependência imediata do conselho do rei. Mas, pela prática atual, tanto o trabalho da gente do campo quanto qualquer outro fundo que o rei escolha designar para o reparo das estradas em qualquer província em particular ou em geral estão inteiramente sob a administração do intendente; um funcionário que é nomeado e removido pelo conselho do rei, e que recebe deste as suas ordens, estando em constante correspondência com ele. No progresso do despotismo, a autoridade do poder executivo gradualmente absorve a de todo outro poder no Estado e assume para si a administração de todo ramo da renda destinada a qualquer finalidade pública. Na França, entretanto, as grandes estradas postais, as estradas que fazem comunicação entre as principais cidades do reino, são em geral mantidas em boa ordem, e em algumas províncias são mesmo bem superiores à maioria das estradas de pedágio inglesas. Mas o que chamamos de estradas de cruzeiro, isto é, a maioria das estradas do país, são inteiramente negligenciadas, e em muitos lugares são totalmente intransponíveis por qualquer carro pesado. Em alguns lugares é até perigoso viajar a cavalo, e as mulas são o único transporte que pode ser seguro. O orgulhoso ministro de uma corte magnificente pode frequentemente ter prazer em executar uma obra de esplendor e magnificência, assim como uma grande estrada real, frequentemente vista pela alta nobreza, cujos aplausos não só alimentam sua vaidade, mas mesmo contribuem para apoiar seus interesses na corte. Mas executar um grande número de pequenas obras, em que nada pode ser feito que faça grande aparência, ou excitar o mínimo grau de admiração em qualquer viajante, e que, em suma, nada tenha para recomendá-las senão sua extrema utilidade, é coisa que sob todos os aspectos aparece como demasiado insignificante para merecer a atenção de tão grande magistrado. Sob uma tal administração, portanto, tais obras são quase sempre inteiramente negligenciadas.

Na China, e em vários outros governos da Ásia, o poder executivo encarrega-se tanto da reparação das estradas quanto da conservação dos canais navegáveis. Nas instruções que são dadas ao governador de cada província, esses objetivos, diz-se, são-lhe constantemente recomendados, e o julgamento que a corte forma de sua conduta é muito regulado pela atenção que ele parece dar a esta parte de suas instruções. Este ramo da política pública, correspondentemente, é dito ser muito atendido em todos aqueles países, mas particularmente na China, onde as estradas, e ainda mais os canais navegáveis, ao que se diz, excedem em muito tudo da mesma espécie que é conhecido na Europa. As descrições dessas obras, porém, que foram transmitidas à Europa geralmente foram feitas por viajantes fracos e imaginativos; frequentemente por missionários mentirosos e tolos. Se fossem examinadas por olhos mais inteligentes, e se os relatos delas fossem feitos por testemunhas mais fiéis, talvez não parecessem tão maravilhosas. O relato que Bernier dá de algumas obras desta espécie no Indostão fica pouco aquém do que foi relatado por outros viajantes, mais dispostos ao maravilhoso do que ele. Talvez também possa ser que nesses países, como na França, as grandes estradas, as grandes comunicações que são assuntos de conversação na corte e na capital, são cuidadas, e todo o resto é negligenciado. Na China, além do mais, no Indostão, e em vários outros governos da Ásia, a renda do soberano vem quase totalmente de uma taxa sobre a terra, que sobe ou cai com a produção anual. O grande interesse do soberano, portanto, sua renda, em tais países é necessária e imediatamente ligada ao cultivo da terra, ao tamanho de sua produção e ao valor deste produto. Mas, para tornar este produto tão grande e valioso quanto possível, é necessário proporcionar-lhe um mercado tão extenso quanto possível, e consequentemente estabelecer a comunicação mais livre, fácil e menos dispendiosa entre todas as partes do país; o que só pode ser feito por meio das melhores estradas e melhores canais navegáveis. Mas a renda do soberano em nenhuma parte da Europa origina-se principalmente de uma taxa sobre a terra ou renda. Em todos os grandes reinos da Europa, talvez, a maior parte acabe dependendo da produção da terra, mas esta dependência não é tão imediata, nem tão evidente. Na Europa, portanto, o soberano não se sente tão diretamente chamado a promover o aumento, em quantidade e valor, do produto da terra, ou, mantendo boas estradas e canais, a proporcionar o mercado mais extenso para aquele produto. Apesar de ser verdade, portanto, o que depreendo sem dúvida alguma, que em algumas partes da Ásia este departamento do serviço público é mui apropriadamente administrado pelo poder executivo, não há a menor probabilidade de que, no atual estado de coisas, poderia ser toleravelmente gerido por aquele poder em qualquer parte da Europa.

Mesmo aquelas obras públicas que são de natureza tal que não proporcionam renda alguma para se manterem, mas cuja conveniência está confinada quase a algum lugar ou distrito em particular, são sempre melhor mantidas por uma renda local ou provincial, sob a administração de um local do que pela renda geral do Estado, da qual o poder executivo sempre tem a administração. As ruas de Londres, se tivessem de ser iluminadas e pavimentadas às expensas do tesouro, haveria alguma probabilidade de que estivessem tão bem iluminadas e pavimentadas quanto agora, ou mesmo a uma despesa tão baixa? A despesa, aliás, em vez de ser paga por uma taxa local sobre os habitantes de cada rua em particular, paróquia ou distrito em Londres, neste caso seria custeada pela renda geral do Estado e, por conseguinte, seria levantada por uma taxa sobre todos os habitantes do reino, mas a maioria não deles deriva nenhuma espécie de benefício da iluminação e pavimentação das ruas de Londres.

Os abusos que por vezes se imiscuem na administração local e provincial de uma renda local e provincial, por enormes que possam parecer, na realidade são quase sempre ninharias em comparação com aqueles que comumente têm lugar na administração e despesas das rendas de um grande império. Além do mais, são muito mais facilmente corrigidos. Sob a administração local ou provincial da justiça de paz da Grã-Bretanha, o trabalho de seis dias que os campônios são obrigados a dar para a reparação das estradas nem sempre é judiciosamente aplicado, mas raramente é cobrado em quaisquer circunstâncias de crueldade ou opressão. Na França, sob a administração dos intendentes, a aplicação nem sempre é mais judiciosa, e a exação é frequentemente a mais cruel opressiva. Tais "corveias", como são chamadas, compõem um dos principais instrumentos da tirania pelos quais aqueles oficiais castigam qualquer paróquia ou *communauté* que tenha tido o infortúnio de cair sob o seu desagrado.

Das obras públicas e instituições que são necessárias para facilitar determinados ramos do comércio

O objetivo das obras públicas e instituições acima mencionadas é facilitar o comércio em geral. Mas, para facilitar alguns de seus ramos particulares, são necessárias instituições particulares, que de novo requerem uma despesa particular e extraordinária.

Alguns ramos particulares do comércio, que são exercidos com nações bárbaras e incivilizadas, requerem uma produção extraordinária. Um armazém ordinário daria pouca segurança aos mercadores que operam na costa ocidental da África. Para defendê-los dos nativos bárbaros, é necessário que o lugar onde estão depositados em certa medida seja fortificado. As desordens no governo do Indostão levaram a crer que uma tal precaução seja necessária mesmo entre aquela gente branda e gentil; e foi sob o pretexto de garantir as pessoas e a propriedade da violência que as Companhias das Índias Orientais, francesa e inglesa, tiveram permissão de erigir os primeiros fortes que possuíram naquele país. Entre outras nações, cujo vigoroso governo não tolerará que estranhos possuam qualquer local fortificado em seu território, pode ser necessário manter algum embaixador, ministro ou cônsul que possa decidir, de acordo com seus próprios costumes, as diferenças que se originam entre seus conterrâneos, e nas disputas com os nativos, por meio de seu caráter público, interfira com mais autoridade, permitindo-lhes uma proteção mais poderosa do que poderiam esperar de qualquer homem em particular. Os interesses do comércio frequentemente tornaram necessário manter ministros em países estrangeiros onde os propósitos da guerra ou ou da aliança não requereriam nenhum. O comércio da Companhia Turca primeiro ocasionou o estabelecimento de um embaixador ordinário em Constantinopla. As primeiras embaixadas inglesas na Rússia originaram-se totalmente de interesses comerciais. A constante interferência com aqueles interesses necessariamente ocasionada entre os súditos dos diferentes Estados da Europa provavelmente introduziu o costume de manter, em todos os países vizinhos, embaixadores ou ministros lá residindo constantemente, mesmo em tempo de paz. Este costume, desconhecido em tempos antigos, não parece ser mais antigo que o fim do século XV ou começo do XVI, isto é, do que o tempo em que o comércio primeiro começou a se estender para a maior parte das nações da Europa, e quando primeiro começaram a atender a estes interesses.

Não parece irrazoável que a despesa extraordinária que a proteção de qualquer ramo particular do comércio pode ocasionar seja custeada por uma taxa moderada sobre aquele ramo particular; por uma taxa moderada, por exemplo, a ser paga pelos comerciantes quando entrarem nele, ou, o que é mais equânime, por uma taxa determinada de tantos por cento sobre as mercadorias que eles importam ou exportam nos países com que lidam. A proteção do comércio em geral, de piratas e francoatiradores, diz-se que deu ocasião à primeira instituição das taxas alfandegárias. Mas se se achou razoável impor uma taxa geral sobre o comércio para custear a despesa de proteger o comércio em geral, pareceria igualmente razoável impor uma taxa particular sobre um ramo particular do comércio para custear a despesa extraordinária de proteger aquele ramo.

A proteção do comércio em geral sempre foi considerada tão essencial para a defesa da comunidade e, por causa disto, parte do dever do executivo. A coleta e aplicação das taxas gerais de aduana, portanto, sempre foram deixadas àquele poder. Mas a proteção de qualquer ramo particular do comércio é parte da proteção geral do comércio; parte, portanto, do dever daquele poder; e se as nações sempre agiram consistentemente, as taxas especiais cobradas para os propósitos de tal proteção especial sempre deveriam ter sido deixadas igualmente à sua disposição. Mas neste aspecto, bem como sob muitos outros, as nações nem sempre agiram consistentemente; e na maior parte dos Estados mercantis da Europa, companhias particulares de mercadores tiveram o expediente de persuadir a legislatura a confiar-lhes o desempenho desta parte do dever do soberano, junto com todos os poderes que são necessariamente ligados a ele.

Estas companhias, se bem que talvez possam ter sido úteis para a introdução inicial de alguns ramos do comércio, fazendo à própria custas uma experiência que o Estado poderia pensar não ser prudente fazer, a longo termo se provariam universalmente onerosas ou inúteis, eventualmente desgovernando ou confinando o comércio.

Quando estas companhias não comerciam com um capital conjunto, mas são obrigadas a admitir qualquer pessoa, devidamente qualificada, que pague uma certa quantia e concorde a se submeter aos regulamentos da companhia, cada membro negociando com o próprio capital, e ao próprio risco, são chamadas companhias regulamentadas. Quando negociam com um capital conjunto, cada membro dividindo o lucro ou a perda comuns em proporção à sua parte no capital, por vezes têm, e por vezes não têm, privilégios exclusivos.

As companhias regulamentadas assemelham-se, sob todos os aspectos, às corporações de ofício tão comuns nas cidades e vilas de todos os vários países da Europa e são uma espécie de monopólios ampliados do mesmo tipo. Como nenhum habitante de uma cidade pode exercer um ofício sem primeiro obter sua liberdade na corporação, na maioria dos casos nenhum súdito do Estado pode exercer legalmente qualquer ramo do comércio exterior, para o qual está estabelecida uma companhia regulamentada, sem primeiro tornar-se membro daquela companhia. O monopólio é mais ou menos estrito de acordo com a dificuldade dos termos de admissão, e conforme os diretores da companhia tiverem mais ou menos autoridade, ou tiverem mais ou menos em seu poder administrar de tal maneira a confinar a maior parte do comércio para si mesmos e seus amigos particulares. Nas companhias regulamentadas mais antigas, os privilégios de aprendizado eram os mesmos de outras corporações e capacitavam a pessoa que tivesse trabalhado durante certo tempo para um membro da companhia a tornar-se ela mesma membro, quer sem pagar qualquer soma, ou pagando uma muito menor que fora cobrada de outros. O espírito de corporação usual, sempre que a lei não o restrinja, prevalece em todas as companhias regulamentadas. Quando lhes foi permitido agir de acordo com seu gênio natural, sempre, para confinar a competição ao menor número possível de pessoas, procuraram submeter o comércio a muitos regulamentos onerosos. Quando a lei as impediu de fazer isto, tornaram-se totalmente inúteis e insignificantes.

As companhias regulamentadas para comércio exterior que atualmente subsistem na Grã-Bretanha são a antiga companhia de aventuras comerciais, agora comumente chamada Companhia de Hamburgo, a Companhia da Rússia, a Companhia Oriental, a Companhia da Turquia e a Companhia Africana.

Os termos de admissão na Companhia de Hamburgo agora são tidos como fáceis, e os diretores não têm em seu poder submeter o comércio a quaisquer regulamentos restritivos ou onerosos, ou pelo menos ultimamente não têm exercido este poder. Nem sempre foi assim. Cerca de meados do século passado, a taxa de admissão foi de cinquenta, e, em certa época, cem libras, e a conduta da companhia era tida como extremamente opressiva. Em 1643, 1645 e 1661, os tecelões e comerciantes livres do oeste da Inglaterra queixaram-se dela ao parlamento, como um monopólio que confinava o comércio e oprimia as manufaturas do país. Apesar de estas queixas terem produzidos uma Lei do parlamento, provavelmente intimidaram a companhia até obrigá-la a reformar sua conduta. Desde aquele tempo, pelo menos não tem havido queixas contra ela. Pelos 10º e 11º de Guilherme III, cap. 6, a taxa de admissão na Companhia da Rússia foi reduzida a cinco libras, e pelo 25º de Carlos II, cap. 7, a admissão na Companhia Oriental, a quarenta *shillings*, ao passo que, ao mesmo tempo, a Suécia, a Dinamarca e a Noruega, todos os países do norte do Báltico, foram isentados de sua carteira exclusiva. A conduta dessas companhias provavelmente deu ocasião a duas companhias leis do parlamento. Antes daquela época, *sir* Josiah Child apresentara estas duas e a Companhia de Hamburgo como extremamente opressivas e imputou à sua má administração o baixo estado do comércio que naqueles tempos exercíamos com os países compreendidos em suas carteiras respectivas. Mas apesar de que tais companhias não podem, nos tempos atuais, ser muito opressivas, são por certo totalmente inúteis. Ser meramente inútil é quiçá o elogio mais alto que possa ser justamente atribuído a uma companhia regulamentada; e todas as três companhias acima mencionadas parecem, em seu estado atual, merecer este elogio.

A taxa de admissão na Companhia da Turquia era antigamente de £25 para todas as pessoas abaixo de 26 anos, e £50 para todos acima daquela idade. Ninguém, senão simples mercadores, podia ser admitido; uma restrição que excluía todos os lojistas e varejistas. Por uma lei auxiliar, nenhuma manufatura britânica podia ser exportada para a Turquia senão nos navios gerais da companhia; e como estes navios sempre velejavam do porto de Londres, esta restrição confinava esse comércio a este porto dispendioso, e os comerciantes àqueles que viviam em Londres e suas vizinhanças. Por um outro decreto, nenhuma pessoa vivendo a 20 milhas de Londres sem ser livre para a cidade poderia ser admitida como membro: outra restrição que, unida à anterior, necessariamente excluía a todos, menos os cidadãos livres de Londres. Como o tempo para carregar e velejar com aqueles navios gerais dependia inteiramente dos diretores, podiam facilmente enchê-los com suas próprias mercadorias e as de seus amigos, excluindo outros que, poderiam alegar, fizeram suas propostas muito tarde. Neste estado de coisas, portanto, esta companhia teve sob todos os aspectos um monopólio restrito e opressivo. Esses abusos deram ocasião à lei do 26º de Jorge II, cap. 18, reduzindo a taxa de admissão a £20 para todas as pessoas, sem distinção de idade, ou qualquer restrição somente a mercadores, ou aos cidadãos livres de Londres; e garantindo a todas essas pessoas a liberdade de exportar, de todos os portos da Grã-Bretanha a qualquer porto na Turquia, todas as mercadorias britânicas cuja exportação não era proibida e importar de lá todos os artigos turcos cuja importação não fosse proibida, pagando as taxas aduaneiras gerais e as taxas particulares para custear as despesas da companhia; e submetendo ao mesmo tempo à autoridade do embaixador britânico e cônsules residentes na Turquia e às leis da companhia devidamente decretadas. Para prevenir qualquer opressão por estas leis complementares, foi pelo mesmo decreto ordenado que se quaisquer sete membros da companhia se considerassem agravados por qualquer lei que pudesse ser posteriormente decretada, poderiam apelar para a Câmara de Comércio e Plantações (sucedida agora pela autoridade de uma comissão do Conselho Privado), desde que tal apelação fosse apresentada 12 meses após a dita lei; e se quaisquer sete membros se considerassem agravados por qualquer lei complementar decretada antes da aprovação deste decreto, poderiam fazer uma semelhante apelação, desde que em 12 meses depois do dia em que esta lei passasse a vigorar. A experiência de um ano, entretanto, nem sempre é suficiente para descobrir a todos os membros de uma grande companhia a tendência perniciosa de uma certa lei complementar; e se vários deles depois a descobrirem, nem a Câmara de Comércio nem o comitê do conselho poderão dar-lhes qualquer retratação. Além do mais, o objetivo da maioria das leis complementares de todas as companhias regulamentadas, bem como de todas as outras corporações, não é tanto oprimir aqueles que já são membros, mas desencorajar a outros que se associem; o que pode ser feito não só por uma alta taxa, mas por muitos outros dispositivos. O alvo constante dessas companhias é sempre elevar seu próprio lucro ao máximo e manter o mercado, tanto para as mercadorias que exportam quanto para as que importam, na maior carestia que puderem; o que só pode ser feito restringindo a competição ou desencorajando novos aventureiros de entrar no comércio. Além do que, uma taxa de £20, se bem que não seja suficiente para desencorajar qualquer homem de entrar no comércio turco com a intenção de continuar nele, pode ser suficiente para desencorajar um comerciante especulador de se arriscar nele numa só aventura. Em todos os negócios, os comerciantes que estão regularmente estabelecidos, mesmo que não pertencentes a corporações, naturalmente combinam-se para elevar os lucros, que nunca deverão ser mantidos em seu nível próprio, quanto pela competição ocasional de especuladores. O comércio da Turquia, apesar de em certa medida aberto por esta lei do parlamento, é ainda considerado por muitos como muito longe de ser totalmente aberto. A Companhia da Turquia contribui para manter um embaixador e dois ou três cônsules, que, como outros ministros públicos, deveriam ser mantidos totalmente pelo Estado, e o comércio aberto a todos os súditos de Sua Majestade. As diferentes taxas levantadas pela companhia, para este e outros propósitos da corporação, poderiam permitir uma renda muito mais do que suficiente para que o Estado mantivesse tais ministros.

As companhias regulamentadas, foi observado por *sir* Josiah Child, apesar de frequentemente terem sustentado ministros públicos, nunca mantiveram fortes ou guarnições nos países com que comerciaram; ao passo que companhias de capital conjunto frequentemente o fizeram. E na realidade, os primeiros parecem ter sido muito mais inadequados para este tipo de serviço que os últimos. Primeiro, os diretores de uma companhia regulamentada não têm nenhum interesse particular na prosperidade do comércio geral da companhia em benefício da qual tais fortes e guarnições são mantidos. O decaimento daquele comércio geral pode mesmo frequentemente contribuir para a vantagem de seu próprio comércio particular; ao diminuir o número de seus competidores, pode permitir-lhes comprar mais barato e vender mais caro. Os diretores de uma companhia de capital conjunto, ao contrário, tendo apenas sua fração nos lucros que são feitos sobre o capital comum sob sua administração, não têm comércio particular cujo interesse possa ser separado daquele do comércio geral da companhia. Seu interesse privado está associado à prosperidade do comércio geral da companhia e à manutenção dos fortes e guarnições necessários para sua defesa. São mais passíveis, portanto, de ter aquela contínua e cuidadosa atenção que aquela manutenção necessariamente requer. Segundo, os diretores de uma companhia de capital conjunto sempre administram um grande capital, o total da companhia, parte do qual frequentemente podem empregar, com propriedade, em construir, reparar e manter esses fortes e guarnições necessários. Mas os diretores de uma companhia regulamentada, não tendo a gerência de um capital comum, não têm outro fundo a empregar assim senão a renda ocasional das taxas de admissão e das taxas da corporação impostas sobre o comércio da companhia. Apesar de terem o mesmo interesse, portanto, de atender à manutenção de tais fortes e guarnições, raramente têm a capacidade de efetivar este cuidado. A manutenção de um ministro público, mal requerendo alguma atenção, mas apenas uma despesa moderada e limitada, é negócio muito mais adequado ao temperamento e capacidade de uma companhia regulamentada.

Muito depois do tempo de *sir* Josiah Child, porém, em 1750, uma companhia regulamentada foi estabelecida, a atual companhia de comerciantes da África, expressamente encarregada, de início, da manutenção dos fortes e guarnições britânicos entre o cabo Blanc e cabo da Boa Esperança, e depois apenas daqueles entre o cabo Rouge e o da Boa Esperança. A lei que estabelece a companhia (o 23º de Jorge II, cap. 31) parece ter tido dois objetivos: primeiro, restringir eficazmente o espírito monopolista e opressivo natural aos diretores de uma companhia regulamentada; e segundo, forçá-los, tanto quanto possível, a dar atenção, que não lhes é natural, para a manutenção de fortes e guarnições.

Para o primeiro destes propósitos, a taxa de admissão é limitada a 40 *shillings*. A companhia é proibida de negociar em sua forma de corporação, ou com capital conjunto; de emprestar dinheiro com um selo comum, ou restringir de qualquer maneira o comércio que pode ser exercido livremente em todos os lugares e por todas as pessoas que sejam súditos britânicos e que paguem a taxa. O governo é uma comissão de nove pessoas que se reúne em Londres, mas que são escolhidos anualmente pelos homens livres da companhia em Londres, Bristol e

Liverpool; três de cada lugar. Nenhum homem da comissão pode continuar em seu cargo por mais de três anos seguidos. Qualquer membro da comissão pode ser removido pela Câmara de Comércio e Plantações, e agora por um conselho da comissão, depois de ser ouvido em sua própria defesa. A comissão é proibida de exportar negros da África ou de importar quaisquer artigos africanos para a Grã-Bretanha. Mas como estão encarregados da manutenção de fortes e guarnições, podem, para este fim, exportar da Grã-Bretanha para a África mercadorias e equipamentos de várias espécies. Além do que recebem da companhia, é-lhes concedida uma soma que não excede £800 para os salários de seus funcionários e agentes em Londres, Bristol e Liverpool, para o aluguel da sua casa em Londres e todas as despesas administrativas, de comissão e agenciamento na Inglaterra. O remanescente desta soma, depois de custear estas diversas despesas, podem ratear entre eles, como compensação por seu trabalho, da maneira que acharem apropriada. Por esta constituição, poder-se-ia esperar que o espírito monopolista fosse eficazmente tolhido, e o primeiro destes propósitos fosse suficientemente atendido. Parece, porém, que não. Apesar de que pelo 4º de Jorge III, cap. 20, o forte do Senegal, com todas as suas dependências, ficou para a companhia de mercadores da África, mas no ano seguinte (pelo 5º de Jorge III, cap. 44), não só o Senegal como todo o litoral a partir do porto de Sli, na Barbária meridional, ao cabo Rouge, foi isento da jurisdição daquela companhia, ficando sob a Coroa, e o comércio para lá declarado livre para todos os súditos de Sua Majestade. A companhia era suspeita de restringir o comércio e de estabelecer alguma espécie de monopólio impróprio. Porém, não é muito fácil de conceber como, sob o regulamento do 23º de Jorge II, poderiam fazê-lo. Nos debates impressos da Casa dos Comuns —, nem sempre os registros mais autênticos da verdade, observo —, no entanto, que foram acusados disto. Os membros da comissão dos nove, sendo todos comerciantes, e os governadores e feitores, em seus diferentes fortes e estabelecimentos, sendo todos dependentes deles, não é improvável que estes poderiam ter dado particular atenção às consignações e comissões dos primeiros, o que estabeleceria um monopólio de fato.

Para o segundo desses propósitos, a manutenção de fortes e guarnições, uma soma anual foi destinada a eles pelo parlamento, geralmente cerca de £13 000. Para a aplicação adequada desta soma, a comissão é obrigada a dar contas anualmente ao *Cursitor Baron of Exchequer*[4], contas estas que depois devem ser apresentadas ao parlamento. Mas o parlamento, que dá tão pouca atenção à aplicação de milhões, dificilmente dará atenção à aplicação de £13000 por ano; e o *Cursitor Baron of Exchequer*, por sua profissão e educação, dificilmente terá habilidade quanto às despesas adequadas de fortes e guarnições. Os capitães da marinha de Sua Majestade, de fato, ou quaisquer outros oficiais comissionados apontados pelo almirantado podem investigar a condição dos fortes e guarnições e relatar suas observações ao almirantado. Mas este parece não ter jurisdição direta sobre a comissão, nem qualquer autoridade para corrigir aqueles cuja conduta possa assim investigar; e os capitães da marinha de Sua Majestade também não precisam sempre ser profundos conhecedores da ciência da fortificação. A remoção de um cargo que pode ser desfrutado apenas por três anos, e cujos emolumentos legais, mesmo durante este prazo, são tão pequenos, parece ser a punição máxima a que qualquer homem da comissão pode ser submetido por qualquer falta, exceto a malversação direta ou escamoteação do dinheiro público ou do da companhia; e o temor dessa punição nunca pode ser motivo de peso suficiente para forçar uma atenção contínua e cuidadosa para um assunto que ele não tem interesse em cuidar. O comitê é acusado de ter enviado tijolos e pedras da Inglaterra para a reparação do castelo do cabo Coast, no litoral da Guiné, negócio para o qual o parlamento várias vezes concedeu uma extraordinária soma em dinheiro. Os tijolos e as pedras também, que assim foram enviados numa viagem tão longa, foram ditos serem de qualidade tão má que foi necessário reconstruir das fundações as paredes que com eles foram reparadas. Os fortes e as guarnições que estão ao norte do cabo Rouge não só são mantidos a expensas do Estado, mas estão sob o governo imediato do poder executivo; e o porquê daqueles que estão ao sul daquele cabo e que também, pelo menos em parte, são mantidos a expensas do Estado, deveriam estar sob um governo diferente, não parece ser fácil sequer imaginar uma boa razão. A proteção do comércio mediterrâneo foi o propósito original da pretensão às guarnições de Gibraltar e Minorca, e a manutenção e o governo daquelas guarnições sempre foram muito propriamente destinados não à Companhia da Turquia, mas ao poder executivo. Na

---

[4] No governo inglês, equivalente ao ministro da fazenda. (N.T.)

extensão deste domínio consiste, em grande medida, o orgulho e a dignidade daquele poder; e não é provável que falhe na atenção do que é necessário para a defesa daquele domínio. As guarnições em Gibraltar e em Minorca, correspondentemente, nunca foram negligenciadas; apesar de que Minorca foi tomada duas vezes e, provavelmente agora está perdida definitivamente, aquele desastre nunca foi imputado a qualquer negligência do poder executivo. Eu não desejaria insinuar, porém, que qualquer daquelas dispendiosas guarnições, mesmo no menor grau, fosse necessária para o propósito para o qual foram originalmente desmembradas da monarquia espanhola. Aquele desmembramento, talvez, nunca tenha servido a nenhum outro propósito que não alienar da Inglaterra o seu aliado natural, o rei da Espanha, e unir os dois principais ramos da casa de Bourbon numa aliança muito mais estreita e permanente do que as ligações de sangue jamais poderiam fazê-lo.

As companhias de capital conjunto, estabelecidas quer por concessão real, quer por uma lei do parlamento, diferem em vários aspectos, não só das companhias regulamentadas, mas das sociedades privadas.

Primeiro, numa sociedade privada, nenhum sócio, sem o consentimento da companhia, pode transferir sua parte para outrem ou introduzir um novo membro na companhia. Cada membro, porém, com um aviso adequado, pode se retirar da sociedade e exigir pagamento de sua parte do capital comum. Numa companhia de capital conjunto, ao contrário, nenhum membro pode exigir pagamento por sua parte da companhia, mas cada membro pode, sem o consentimento dos outros, transferir sua parte para outra pessoa, assim introduzindo um novo membro. O valor de uma parte num capital conjunto é sempre o preço que trará ao mercado; e isto poderá ser maior ou menor, em qualquer proporção, do que a soma que seu proprietário tem creditada no capital da companhia.

Segundo, numa sociedade privada, cada sócio é comprometido pelos débitos contraídos pela companhia com toda a extensão de sua fortuna. Numa companhia de capital conjunto, ao contrário, cada sócio responde apenas pela extensão de sua parte.

O comércio de uma companhia de capital conjunto é sempre administrado por uma corte de diretores. Esta corte, de fato, é frequentemente sujeita, sob muitos aspectos, ao controle de uma corte geral de proprietários. Mas a maior parte desses proprietários raramente pretende entender algo dos negócios da companhia, e quando o espírito faccioso não prevalece entre eles, não causam problemas e recebem contentes o dividendo semestral ou anual que os diretores acham apropriado conceder-lhes. Esta isenção total de trabalho e risco, além de uma soma limitada, encoraja muita gente a se tornar aventureira de companhias de capital conjunto, que de modo algum arriscaria sua fortuna em qualquer sociedade privada. Tais companhias, portanto, comumente retiram para elas capitais muito maiores do que qualquer sociedade privada pode se gabar. O capital comercial da Companhia dos Mares do Sul, uma vez, totalizou mais de £33 800 000. O capital dividido do Banco da Inglaterra totaliza atualmente £10 780 000. Os diretores de tais companhias, porém, sendo os administradores do dinheiro alheio, mais do que do próprio, não se pode esperar que o vigiem tão ansiosamente quanto os sócios particulares frequentemente fazem com o dinheiro deles. Como os servos de um homem rico, estão aptos a considerar coisas pequenas não tanto para honrarem seus senhores, e muito facilmente concedem a si mesmos uma recompensa por isto. A negligência e a profusão, portanto, sempre devem prevalecer, mais ou menos, na administração dos negócios de uma tal companhia. É por causa disto que as companhias de capital conjunto para comércio exterior dificilmente conseguiram manter a competição contra aventureiros privados. E de acordo com isto, raramente tiveram sucesso sem um privilégio exclusivo, e frequentemente fracassaram com um. Sem um privilégio exclusivo, frequentemente administram mal o negócio. Com um privilégio exclusivo, o administram mal e o confinam.

A Real Companhia Africana, predecessora da atual Companhia Africana, tinha um privilégio exclusivo por carta; mas como esta carta não tinha sido confirmada por lei do parlamento, o comércio, em consequência da Declaração de Direitos, logo depois da revolução foi aberto a todos os súditos de Sua Majestade. A Companhia da Baía de Hudson, quanto a seus direitos legais, está na mesma situação que a Real Companhia Africana. Sua carta exclusiva não foi confirmada por lei do parlamento. A Companhia dos Mares do Sul, enquanto continuou sendo uma companhia comercial, tinha um privilégio exclusivo confirmado por lei do parlamento; como tem analogamente a atual Companhia Unida dos Comerciantes das Índias Orientais.

A Real Companhia Africana logo descobriu que não podia manter a competição contra aventureiros particulares, que, apesar da Declaração de Direitos, continuaram por algum tempo a chamar de atravessadores e processá-los como tais. Em 1689, porém, os negociantes privados foram sujeitos a uma taxa de 10% sobre quase todos os vários ramos de seu negócio, a qual seria empregada pela companhia na manutenção de seus fortes e guarnições. Mas, apesar desta pesada taxa, a companhia ainda era incapaz de enfrentar a competição. Seu capital e crédito gradualmente declinou. Em 1712, seus débitos tornaram-se tão grandes que uma lei particular do parlamento foi considerada necessária para segurança dela e para a de seus credores. Foi decretado que a resolução de dois terços daqueles credores, em número e valor, deveria determinar a do restante, tanto em relação ao tempo que deveria ser dado à companhia para o pagamento de seus débitos como quanto a qualquer outro acordo que poderia achar adequado fazer com ela concernente a esses débitos. Em 1730, seus negócios estavam em tamanha desordem que eram totalmente incapazes de manter seus fortes e guarnições, o único propósito e pretexto de sua instituição. A partir daquele ano, o parlamento julgou necessário destinar a soma anual de £10 000 para aquele fim. Em 1732, depois de terem perdido por muitos anos o comércio do transporte de negros para as Índias Ocidentais, finalmente resolveram desistir totalmente; vender aos comerciantes particulares da América os negros que compraram no litoral e empregar seus servos no comércio com o interior da África, para obter ouro em pó, dentes de elefante, drogas para tinturaria etc. Mas seu sucesso neste comércio mais confinado não foi maior do que no extenso que tinham antes. Seus negócios continuaram a declinar gradualmente até que por fim, sendo sob todos os aspectos uma companhia falida, foi dissolvida por lei do parlamento, e seus fortes e guarnições encampados às atuais companhias regulamentadas de comércio na África. Antes da ereção da Real Companhia Africana, houve outras três companhias de capital conjunto sucessivamente estabelecidas, uma depois da outra, no comércio africano. Todas igualmente malsucedidas. Todas, porém, tinham cartas de exclusividade, que mesmo não confirmadas por lei parlamentar, naqueles dias presumiam um real privilégio exclusivo.

A Companhia da Baía de Hudson, antes de seus infortúnios da última guerra, foi muito mais feliz do que a Real Companhia Africana. Sua despesa necessária é muito menor. O número total de pessoas que mantém em seus diversos estabelecimentos e residências, que honraram com o nome de fortes, diz-se não exceder cento e vinte. Este número, porém, é suficiente para preparar antecipadamente a carga de peles necessária para carregar seus navios, que, por causa do gelo, podem ficar por seis a oito semanas naqueles mares. Essa vantagem de ter a carga já preparada por muitos anos não pode ser adquirida por negociantes particulares, e sem isso, parece não haver possibilidade de comerciar com a baía de Hudson. O capital moderado da companhia, que ao que se diz não excede £110 000, pode também ser suficiente para permitir-lhes aumentar todo ou quase todo o comércio e produção excedente do país miserável, se bem que extenso, compreendido por sua carta. Correspondentemente, nenhum aventureiro particular já tentou comerciar com aquela região em competição com eles. Essa companhia, portanto, sempre desfrutou de fato de um comércio exclusivo, apesar de legalmente não ter direito a ele. Além disso, o moderado capital desta companhia é dividido entre um número muito pequeno de proprietários. Mas uma companhia de capital conjunto, consistindo de um número pequeno de proprietários, com um capital moderado, aproxima-se muito da natureza de uma sociedade particular e pode ser capaz de quase o mesmo grau de vigilância e atenção. Não é de admirar, portanto, que em consequência destas diferentes vantagens, a Companhia da baía de Hudson antes da guerra pudesse exercer seu comércio com um grau considerável de sucesso. Não parece provável, porém, que seus lucros jamais se aproximassem do que o falecido sr. Dobbs os imaginou. Um escritor muito mais sóbrio e judicioso, o sr. Anderson, autor de *The Historical and Chronological Deduction of Commerce*, muito justamente observa que, ao examinar as contas examinadas pelo mesmo Dobbs, de vários anos de suas importações e exportações, e dando margens consideráveis por riscos e despesas extraordinários, não parece que seus lucros mereçam ser invejados, ou que possam exceder sequer os lucros comerciais ordinários.

A Companhia dos Mares do Sul nunca teve fortes ou guarnições para manter, sendo totalmente isenta de uma grande despesa a que outras companhias de capital conjunto de comércio exterior estão sujeitas. Mas tinham um capital imenso dividido por um número imenso de proprietários. Era de se esperar, naturalmente, que a insensatez, a negligência e a prodigalidade prevalecessem em todo o governo de seus negócios. A extravagância de suas aplicações de capital são suficientemente conhecidas, e sua explicação seria estranha ao assunto presente. Seus projetos mercantis não foram mais bem conduzidos. O primeiro negócio em que se engajaram foi o de suprir as Índias Ocidentais Espanholas com negros, do que (em consequência do que foi chamado de "Assiento" que lhes foi concedido pelo Tratado de Utrecht) eles tinham o privilégio exclusivo. Mas como não era esperado que se poderia fazer muito lucro com este comércio, as companhias francesa e portuguesa, que desfrutaram dele nos mesmos termos anteriormente, tendo sido aruinadas por ele, tiveram permissão, como compensação, para enviar anualmente um navio de uma certa capacidade para negociar diretamente com as Índias Ocidentais Espanholas. Das dez viagens que este navio anual podia fazer, diz-se que ganharam consideravelmente em uma, a do *Royal Caroline*, em 1731, e perderam quase em todo o resto. Seu insucesso foi imputado,, por seus feitores e agentes, à extorsão e opressão do governo espanhol, mas deveu-se principalmente à prodigalidade e depredações daqueles mesmos feitores e agentes, de alguns dos quais se diz que adquiriram grandes fortunas mesmo em um ano. Em 1734 a companhia apresentou petição ao rei para poder dispor do comércio e tonelagem de seu navio anual, por conta do pequeno lucro que faziam com ele, e aceitar o equivalente que podiam obter do rei da Espanha.

Em 1724, esta companhia empreendera a pesca da baleia. Desta, é claro, não tinham o monopólio, mas, enquanto a exerceram, nenhum outro súdito britânico parece ter-se engajado nela. Das oito viagens que seus navios fizeram à Groenlândia, ganharam em uma e perderam nas outras. Depois de sua oitava e última viagem, quando venderam seus navios, armazéns e utensílios, descobriram que sua perda total, neste ramo, incluídos capital e juros, totalizava mais de £237 000.

Em 1722, esta companhia apresentou petição ao parlamento para poder dividir seu imenso capital de mais de £33 800 000, o total do qual havia sido emprestado ao governo, em duas partes iguais: metade, ou mais de £16 900 000, para serem colocados no mesmo pé com outras anuidades do governo, sem estarem sujeitas aos débitos contraídos, ou perdas incorridas, pelos diretores da companhia na continuação de seus projetos mercantis; a outra metade permanecendo, como antes, capital de giro, sujeita àqueles débitos e perdas. A petição era razoável demais para não ser atendida. Em 1733, de novo apresentaram petição perante o parlamento, para que três quartos de seu capital de giro pudessem ser transformados em capital anual, e apenas um quarto restando como capital comercial, ou exposto aos azares oriundos da má administração de seus diretores. Tanto seu capital anual como comercial, a esta altura, tinham sido reduzidos em mais de dois milhões cada por vários pagamentos diferentes do governo, de modo que este quarto totalizava apenas £3 662 748 8s. 6d. Em 1748 todas as demandas da companhia sobre o rei da Espanha, em consequência do "Assiento", pelo Tratado de Aix-la-Chapelle, foram denunciadas pelo que foi suposto equivalente. Foi posto um fim a seu comércio com as Índias Ocidentais Espanholas, o remanescente de seu capital comercial foi transformado em capital anual, e a companhia sob todos os aspectos cessou de ser uma companhia comercial.

Dever-se-ia observar que no comércio que a Companhia dos Mares do Sul exercia por meio de seu navio anual, o único comércio pelo qual se esperou que fizesse qualquer lucro considerável, havia competidores, quer no mercado externo, quer no interno. Em Cartagena, Porto Belo e Vera Cruz, tinham de se defrontar com a competição dos mercadores espanhóis, que traziam de Cádiz àqueles mercados artigos europeus da mesma espécie, com a carga principal de seus navios; e na Inglaterra, defrontavam-se com a dos comerciantes ingleses, que importavam de Cádiz artigos das Índias Ocidentais Espanholas da mesma espécie com a carga importada. Os artigos tanto dos comerciantes espanhóis quanto ingleses talvez estivessem sujeitos a taxas mais altas. A perda ocasionada pela negligência, prodigalização e malversação dos funcionários da companhia provavelmente foi uma taxa ainda muito mais alta. Que uma companhia de capital conjunto seja capaz de exercer com sucesso qualquer ramo do comércio exterior, quando aventureiros particulares entram em qualquer espécie de competição aberta e justa com eles, é contrário a qualquer experiência.

A antiga Companhia Inglesa das Índias Orientais foi estabelecida em 1600 por uma carta da rainha Elizabeth. Nas primeiras 12 viagens que fizeram à Índia, parece ter comerciado com uma companhia regular, com capitais separados, apesar de que apenas nos navios regulares da companhia. Em 1612, uniram-se num capital conjunto. Sua carta era exclusiva e, se bem que não confirmada por lei do parlamento, naqueles dias supostamente concedia um real privilégio exclusivo. Por muitos anos, portanto, não foram muito perturbados por atravessadores. Seu capital, que nunca excedeu £744 000, e do qual £50 era uma fração, não era tão exorbitante, nem seus negócios tão extensos de modo a permitir um pretexto para negligência e profusão grosseiras, ou uma cobertura para grandes malversações. Não obstante algumas perdas extraordinárias, ocasionadas parcialmente pela malícia da Companhia Holandesa das Índias Orientais, e parcialmente por outros acidentes, exerceram por muitos anos um comércio bem-sucedido. Mas com o tempo, quando os princípios de liberdade foram melhor compreendidos, tornou-se a cada dia mais duvidoso o quanto uma Carta Real, não confirmada por lei do parlamento, poderia garantir um privilégio exclusivo. Com esta questão, as decisões das cortes de justiça não eram uniformes, mas variadas, com a autoridade do governo e o humor da época. Os intermediários se multiplicaram, e pelo fim do reinado de Carlos II, através de todo o de Jaime II e durante parte do de Guilherme III, reduziram-na grandemente. Em 1689, foi feita uma proposta ao parlamento para adiantar dois milhões ao governo a 8%, desde que os subscritores fossem constituídos numa Companhia das Índias Orientais, com privilégios exclusivos. A antiga companhia ofereceu £700 000, quase o total de seu capital, a 4%, nas mesmas condições. Mas tal era naquela época o estado do crédito público que foi mais conveniente para o governo emprestar dois milhões a 8% do que setecentas mil a 4%. A proposta dos novos subscritores foi aceita, e uma nova Companhia das Índias Ocidentais estabelecida. A antiga companhia, porém, tinha direito de continuar em atividade até 1701. Ao mesmo tempo, mui artificiosamente, subscreveram, em nome de seu tesoureiro, £315 000 do capital da nova. Por uma negligência na expressão da lei do parlamento que investiu o comércio das Índias Orientais aos subscritores deste empréstimo de dois milhões, não pareceu evidente que todos estavam obrigados a unirem-se num capital conjunto. Uns poucos comerciantes particulares, cujas subscrições totalizavam apenas £7 200, insistiram no privilégio de comerciar separadamente com seus próprios capitais e a seu próprio risco. A antiga Companhia das Índias Orientais tinha o direito a um comércio separado com seu antigo capital até 1701; e igualmente, antes e depois daquele período, tinha o direito, como o de outros comerciantes privados, a um comércio separado sobre as 315 mil libras que subscreveram no capital da nova companhia. A competição das duas companhias com os comerciantes particulares e uns com os outros, diz-se, quase arruinou a todas as partes. Numa ocasião subsequente, em 1730, quando uma proposta foi feita ao parlamento para colocar o comércio sob a administração de uma companhia regulamentada, e assim deixando-o em certa medida aberto, a Companhia das Índias Orientais, em oposição a esta proposta, representou em termos muito fortes o que eram, a esta altura, os efeitos miseráveis, como os encaravam, desta competição. Na Índia, diziam, elevava o preço das mercadorias a ponto de não valer a pena comprá-los; e na Inglaterra, saturando o mercado, baixava tanto seus preços que não se podia fazer lucro com elas. Que por um abastecimento mais abundante, para grande vantagem e conveniência do povo, deve ter reduzido em muito o preço dos artigos hindus no mercado inglês, não se pode duvidar; mas que elevasse em muito seu preço no mercado hindu, não parece muito provável, pois toda a demanda extraordinária que aquela competição poderia ocasionar deve ter sido apenas uma gota d'água no imenso oceano do comércio hindu. O aumento da demanda, aliás, se bem que no começo possa elevar o preço das mercadorias, nunca deixa de baixá-lo a longo prazo. Encoraja a produção e assim aumenta a competição dos produtores que, para vender mais barato uns do que os outros, recorrem a novas divisões do trabalho e novos aperfeiçoamentos da arte que de outro modo jamais seriam imaginados. Os efeitos miseráveis de que a companhia se queixava eram os baixos preços do consumo e o encorajamento dado à produção; precisamente os dois efeitos cuja promoção pela política econômica constituem um grande negócio. A competição, porém, da qual deram esta versão tendenciosa não foi permitida que continuasse muito. Em 1702 as duas companhias foram unidas, em certa medida, por um acordo tripartite, onde a rainha era a terceira parte; e em 1708, por uma lei do parlamento, foram consolidadas em uma companhia por seu atual nome de *The United Company of Merchants trading to the East Indies*. Nesta lei, achou-se conveniente inserir uma cláusula permitindo que os comerciantes isolados continuassem seus negócios até o dia de São Miguel, de 1711, mas ao mesmo tempo dando poderes aos diretores, com aviso prévio de três anos, para levantar seu pequeno capital de £7 200 e assim converter todo o capital da companhia num capital conjunto. Pela mesma lei, o capital da companhia, em consequência de um novo empréstimo ao governo, foi aumentado de dois para três milhões e duzentas mil libras. Em 1743, a companhia adiantou mais um milhão ao governo. Mas este milhão, sendo levantado não entre os proprietários, mas vendendo anuidades e contraindo débitos, não aumentou o capital sobre o qual os proprietários poderiam reclamar um dividendo. Aumentou, porém, seu capital comercial, sendo igualmente sujeito com os outros £3 200 000 às perdas sustentadas e débitos contraídos pela companhia ao prosseguir seus projetos mercantis. A partir de 1708, ou pelo menos a partir de 1711, esta companhia, sendo liberada de todos os competidores, e totalmente estabelecida no monopólio do comércio inglês com as Índias Orientais, exerceu um comércio bem-sucedido, e com seus lucros fez um dividendo anual moderado para seus proprietários. Durante a guerra francesa, que começou em 1741, a ambição do sr. Dupleix, governador francês de Pondicherry, envolveu-os nas guerras do Carnatic e na política dos príncipes hindus. Depois de sucessos e derrotas, finalmente perderam Madras, naquela época seu principal estabelecimento na Índia. Foi-lhes restituída pelo Tratado de Aix-la-Chapelle; e, perto desta época, o espírito de guerra e conquista parece ter se apossado de seus servos na Índia e nunca mais os abandonou. Durante a guerra francesa, que começou em 1755, suas armas compartilharam da boa fortuna geral das da Grã-Bretanha. Defenderam Madras, tomaram Pondicherry, recuperaram Calcutá e adquiriram as rendas de um rico e extenso território equalizando, dizia-se então, a mais de três milhões por ano. Permaneceram por vários anos em tranquilo usufruto desta renda, mas, em 1767, a administração reclamou suas aquisições territoriais e a renda originária delas, como por direito pertencendo à Coroa e a companhia; em compensação por esta reclamação, concordou em pagar ao governo £400 000 por ano. Anteriormente aumentaram gradualmente seu dividendo de cerca de seis para 10%, isto é, sobre seu capital de £3 200 000, aumentaram-no de £128 000, ou elevaram-no de £192 000 para £320 000 por ano. Estavam tentando nesta época elevá-lo ainda mais, a 12,5%, o que faria seus pagamentos anuais a seus proprietários iguais ao que concordaram pagar anualmente ao governo, ou £400 000 por ano. Mas durante os dois anos em que seu acordo com o governo deveria ter lugar, foram restringidos de qualquer outro aumento nos dividendos por suas sucessivas leis do parlamento, cujo objetivo era permitir-lhes fazer um progresso mais rápido no pagamento de seus débitos que a esta altura eram estimados em mais de cinco ou seis milhões de esterlinas. Em 1769, renovaram seu acordo por mais cinco anos e estipularam que no decurso daquele período ser-lhes-ia permitido aumentar gradativamente seus dividendos a 12,5%; nunca aumentando-o, porém, mais que 1% ao ano. Este aumento nos dividendos, portanto, quando atingisse sua máxima altura, poderia aumentar seus pagamentos anuais, tanto a seus proprietários quanto ao governo, mas de 1.608 000 além do que eram antes de suas últimas aquisições territoriais. Quanto totalizaria a renda bruta dessas aquisições territoriais já foi mencionado; e por um relato trazido pelo navio "Cruttenden", das Índias Orientais, em 1768, a renda líquida, sem todas as deduções e encargos militares, chegava a £2 048 747. Ao mesmo tempo, dizia-se que possuíam um outro rendimento, originário parcialmente de terras, mas principalmente das alfândegas estabelecidas em seus vários entrepostos, totalizando £439 000. Os lucros de seu comércio também, de acordo com a evidência do presidente perante a Casa dos Comuns, totalizavam naquela época pelo menos £400 000 por ano, e de acordo com a de seu contador, pelo menos £500 000; de acordo com a informação mais baixa, pelo menos igual ao dividendo mais alto que era pago a seus proprietários. Uma renda tão grande poderia certamente ter permitido um aumento de £608 000 em seus pagamentos anuais, e ao mesmo tempo deixado um fundo suficiente para a rápida redução de seus débitos. Em 1733, porém, seus débitos, ao invés de serem reduzidos, foram aumentados por atrasados do tesouro no pagamento das £400 000, por outro da alfândega por taxas não pagas, por um grande débito ao banco por dinheiro emprestado, e por um quarto por letras contra ela na Índia, e aceitas impensadamente, totalizando mais de £120 000. O distúrbio que estes atrasados lhes trouxeram, obrigou-os não só a reduzir imediatamente seus dividendos a 6%, mas a lançarem-se à mercê do governo e suplicar, primeiro, uma liberação de pagamento das £400 000 anuais, segundo, um empréstimo de £140 000, para salvá-los da ruína imediata. O grande aumento de sua fortuna, ao que parece, apenas serviu para dotar seus funcionários de uma profusão ainda maior e dar uma cobertura para maior malversação, mesmo em proporção àquele aumento de fortuna. A conduta de seus funcionários na Índia e o estado geral de seus negócios tanto na Índia como na Europa tornaram-se assunto de uma investigação parlamentar, em consequência da qual várias alterações importantes foram feitas na constituição de seu governo, no país e no estrangeiro. Na Índia, seus principais estabelecimentos de Madras, Bombaim e Calcutá, que anteriormente foram totalmente independentes uns dos outros, foram sujeitos a um governador geral, assistido por um conselho de quatro assessores, o parlamento assumindo para si a primeira nomeação desse governador e conselho, que deveriam residir em Calcutá, cidade que se tornou agora o que Madras era antes, o mais importante dos estabelecimentos ingleses na Índia. A corte do prefeito de Calcutá, originalmente instituída para o julgamento de causas mercantis oriundas da cidade e vizinhanças, gradualmente estendeu sua jurisdição com a extensão do império. Foi então reduzida e confinada ao propósito original de sua instituição. Em vez disso, uma nova corte suprema de jurisdição foi estabelecida, consistindo de um chefe de justiça e três juízes a serem apontados pela Coroa. Na Europa, a qualificação necessária para que um proprietário votasse em suas cortes gerais foi elevada de £500, o preço original de uma ação do capital da companhia, para £1 000. Para votar com esta qualificação, também foi declarado necessário que a tivesse possuído, comprada por ele mesmo, e não por herança, por pelo menos um ano, em vez de seis meses, o termo exigido antes. A corte de 24 diretores antes era escolhida anualmente, mas agora foi decretado que cada diretor para o futuro fosse escolhido por quatro anos; seis deles, porém, devem sair do cargo, por rotação, todo ano, não podendo ser reeleitos pela eleição dos seis novos diretores do ano seguinte. Em consequência destas alterações, as cortes, tanto dos proprietários quanto dos diretores, esperava-se, poderiam agir com mais dignidade e constância do que faziam usualmente. Mas parece impossível, por quaisquer alterações, tornar aquelas cortes, em qualquer aspecto, aptas a governar, ou mesmo compartilhar do governo de um grande império; porque a maioria de seus membros deve sempre ter pouco interesse na prosperidade daquele império para dar qualquer atenção séria ao que possa promovê-lo. Frequentemente um homem de grande fortuna, e por vezes um homem de pequena fortuna, está desejoso de comprar parte de mil libras no capital da Índia meramente pela influência que espera adquirir por um voto na corte dos proprietários. Dá-lhe uma parte, não no saque, mas para apontar os saqueadores da Índia; a corte dos diretores, mesmo que faça esta nomeação, está mais ou menos necessariamente sob a influência dos proprietários, que não só elegem aqueles diretores, mas por vezes sobrepujam as nomeações de seus funcionários na Índia. Desde que possa desfrutar desta influência por alguns anos, e assim favorecer um certo número de seus amigos, ele frequentemente pouco se importa com o dividendo, ou mesmo sobre o valor do capital com o qual se fundamenta seu voto. Sobre a prosperidade do grande império no governo do qual aquele voto lhe dá uma parte, ele raramente se importa. Nenhum soberano jamais foi, ou pela natureza das coisas jamais poderia ser, tão perfeitamente indiferente sobre a felicidade ou miséria de seus súditos, o aperfeiçoamento ou desperdício de seus domínios, a glória ou a desgraça de sua administração quanto, por irresistíveis causas morais, a maioria dos proprietários de tal companhia mercantil, e como necessariamente devem ser. Esta indiferença também provavelmente foi mais aumentada do que diminuída por algumas das novas regulamentações que foram feitas em consequência do inquérito parlamentar. Por uma resolução da Casa dos Comuns, por exemplo, foi declarado que quando as £140 000 emprestadas à companhia pelo governo fossem pagas, e seus débitos assumidos fossem reduzidos a £150 000, poderiam só então dividir 8% sobre seu capital; e o que quer que restasse de suas rendas e lucros líquidos no país deveria ser dividido em quatro partes; três delas deveriam ser pagas para uso do povo, e a quarta a ser reservada como fundo para a redução de seus débitos ou para o desencargo de outras exigências contingentes sob as quais a companhia poderia estar funcionando. Mas se a companhia é má preposta e má soberana, quando o total de sua renda líquida e lucro pertencia a ela e estava à sua disposição, certamente não melhoraria quando três quartos dela pertencessem a outros, e o outro quarto, se bem que em benefício da companhia, a ficar sob a inspeção e aprovação de outrem.

Poderia ser mais agradável para a companhia que seus próprios funcionários e dependentes tivessem o prazer de gastar ou o lucro de desviar qualquer excedente que poderia restar após pagar o dividendo proposto de 8%, do que cair nas mãos de pessoas que dificilmente seriam afetadas por estas resoluções. O interesse daqueles funcionários e dependentes poderia predominar na corte dos proprietários para que de vez em quando apoiasse os autores de depredações que foram cometidas numa violação direta de sua própria autoridade. Com a maioria dos proprietários, o apoio mesmo da autoridade de sua própria corte pode por vezes ser questão de somenos do que o apoio daqueles que desafiaram a autoridade.

Os regulamentos de 1773, concomitantemente, não puseram fim às desordens do governo da companhia na Índia. Apesar disto, durante um momentâneo ataque de boa conduta, uma vez coletaram no tesouro de Calcutá mais de três milhões de esterlinas; mesmo que depois estendessem seu domínio, ou suas depredações sobre uma vasta extensão das terras mais ricas e férteis da Índia, tudo foi perdido e destruído. Acharam-se totalmente despreparados para impedir ou resistir à incursão de Haider Ali e, em consequência destas desordens, a companhia agora (1784) está em maiores dificuldades do que nunca; e para prevenir a falência imediata, mais uma vez foi reduzida a suplicar pela assistência do governo. Diferentes planos foram propostos pelos diferentes partidos no parlamento para a melhor administração de seus negócios. E todos estes planos parecem concordar em supor, o que de fato foi sempre abundantemente evidente, que ela é totalmente inapta a governar suas posses territoriais. Mesmo a própria companhia parece estar convencida desta sua incapacidade, por isso parece estar disposta a passá-las ao governo.

Com o direito de possuir fortes e guarnições em países bárbaros e distantes, está necessariamente conexo o direito de fazer a guerra e a paz naqueles países. As companhias de capital conjunto que tiveram um direito constantemente exerceram o outro, e frequentemente o tiveram expressamente conferido. Quão injusta, quão caprichosa, quão cruelmente elas comumente o exerceram, isso é demasiado conhecido pela experiência recente.

Quando uma companhia de comerciantes procura, a seu próprio risco e despesa, estabelecer um novo comércio com alguma nação bárbara e remota, pode não ser irrazoável incorporá-la numa companhia de capital conjunto e garantir-lhe, em caso de sucesso, um monopólio do comércio por um certo número de anos. É a maneira mais fácil e natural pela qual o Estado pode recompensá-la por arriscar-se a uma experiência perigosa e dispendiosa, da qual o povo depois colherá o benefício. Um monopólio temporário desta espécie pode ser reclamado pelos mesmos princípios pelos quais um monopólio análogo sobre uma nova máquina é concedido a seu inventor, e o de um novo livro a seu autor. Mas, com a expiração do prazo, o monopólio certamente deveria terminar; os fortes e guarnições, se fosse necessário estabelecer algum, a serem tomados nas mãos do governo, seu valor sendo pago pela companhia e o comércio aberto a todos os súditos do Estado. Com um monopólio perpétuo, todos os outros súditos do Estado são taxados mui absurdamente de duas maneiras: primeira, pelo alto preço das mercadorias, que, no caso de um comércio livre, poderiam comprar muito mais barato; e segunda, por sua total exclusão de um ramo dos negócios que poderia ser tanto conveniente como lucrativo para que muitos o explorassem. É para o mais inútil dos propósitos, também, que são taxados deste modo. É meramente para permitir que a companhia sustente a negligência, prodigalidade e malversação de seus próprios funcionários, cuja conduta desregrada raramente permite que o dividendo da companhia exceda a taxa ordinária do lucro em comércios que são totalmente livres, e muito frequentemente faz com que caia bem aquém daquela taxa. Sem um monopólio, entretanto, uma companhia de capital conjunto, pela experiência, não poderia exercer qualquer ramo de negócios por muito tempo. Comprar num mercado para vender com lucro em outro, quando há muitos competidores em ambos; vigiar não só as ocasionais variações na demanda, mas as variações muito maiores e frequentes na competição, ou no suprimento que aquela demanda poderá obter de outros, e adequar com destreza e discernimento a quantidade e a qualidade de cada fornecimento de mercadorias a todas estas circunstâncias, é uma espécie de combate cujas táticas estão sempre mudando, e que dificilmente pode ser enfrentado com sucesso sem exercer incessantemente a vigilância e a atenção, como não se poderia esperar dos diretores de uma companhia de capital conjunto. A Companhia das Índias Orientais, com a remissão de seus fundos e a expiração de seu privilégio exclusivo, tem o direito, por lei do parlamento, a continuar uma corporação de capital conjunto e comerciar em sua qualidade de corporação com as Índias Orientais em comum com os restantes súditos. Mas, nesta situação, a vigilância superior e a atenção dos aventureiros particulares, com toda a probabilidade, a tornariam cansada de comerciar.

Um eminente autor francês, de grande saber em matéria de economia política, o abade Morellet, dá uma lista de 55 companhias de capital conjunto de comércio exterior que foram estabelecidas em diferentes regiões da Europa desde 1600 e que, de acordo com ele, todas falharam por má administração, apesar de terem privilégios exclusivos. Foi mal informado sobre a história de duas ou três delas, que não eram companhias de capital conjunto e não faliram. Mas, em compensação, houve várias companhias de capital conjunto que faliram, e que ele omitiu.

Os únicos negócios que parecem possíveis para uma companhia de capital conjunto sem nenhum privilégio exclusivo são aqueles em que todas as operações são capazes de ser reduzidas ao que é chamado de rotina, ou a uma tal uniformidade de método que admite pouca ou nenhuma variação. Desta espécie é, primeiro, o negócio bancário; segundo, o negócio de seguros contra fogo, contra riscos marítimos e captura em tempo de guerra; terceiro, o negócio de construir e manter um canal navegável; e quarto, o negócio análogo de trazer água para suprir uma grande cidade.

Apesar de que os princípios do negócio bancário possam parecer um tanto obtusos, a prática é capaz de ser reduzida a regras estritas. Afastar-se em qualquer ocasião destas regras, em consequência de alguma especulação extraordinária, é quase sempre extremamente perigoso e frequentemente fatal para a companhia bancária que o tentar. Mas a constituição de companhias de capital conjunto torna-as em geral mais tenazes quanto a regras estabelecidas do que qualquer sociedade privada. Tais companhias, portanto, parecem extremamente bem-dotadas para este negócio. As principais companhias bancárias da Europa, assim, são companhias de capital conjunto, muitas das quais administram seus negócios com sucesso, sem nenhum privilégio exclusivo. O Banco da Inglaterra não tem nenhum outro privilégio exclusivo senão que nenhuma outra companhia bancária na Inglaterra consista de mais de seis pessoas. Os dois bancos de Edimburgo são companhias de capital conjunto sem nenhum privilégio exclusivo.

O valor do risco — do fogo, ou de perda no mar, ou por captura —, mesmo que não possa talvez ser calculado muito exatamente, admite, porém, uma estimação grosseira que o torna, em certo grau, redutível a regra e método estritos. O negócio dos seguros, portanto, pode ser bem exercido por uma companhia de capital conjunto sem qualquer privilégio exclusivo. Nem a *London Assurance* nem a *Royal Exchange Assurance* têm quaisquer privilégios.

Quando um canal navegável foi feito, sua administração torna-se simples e fácil, sendo redutível a regra e método estritos. Mesmo sua construção pode ser contratada de empreiteiros a uma quantia certa por milha e por eclusa. O mesmo pode ser dito de um canal, aqueduto ou canalização para trazer água para o fornecimento de uma grande cidade. Tais empresas, portanto, podem ser, e frequentemente são, bem-sucedidas, administradas por companhias de capital conjunto, sem nenhum privilégio exclusivo.

Estabelecer uma companhia de capital conjunto, porém, para qualquer empresa meramente porque uma tal companhia poderia ser capaz de levá-la a bom termo, ou isentar um conjunto particular de negociantes de algumas das leis gerais que têm lugar em relação a todos os seus vizinhos, meramente porque poderiam ser capazes de prosperar se tivessem uma tal isenção, certamente que não seria razoável. Para tornar tal estabelecimento perfeitamente razoável, com a circunstância de ser redutível a regra e método estritos, duas outras circunstâncias deveriam ocorrer: primeira, deveria aparecer com a mais clara evidência que a empresa é da maior e mais geral utilidade do que a maioria dos negócios comuns; e segunda, que requer um capital maior do que pode ser facilmente coletado numa sociedade particular. Se um capital moderado fosse suficiente, a grande utilidade da empresa não seria uma razão suficiente para estabelecer uma companhia de capital conjunto, porque, neste caso, a demanda pelo que deveria produzir pronta e facilmente seria suprida por negociantes particulares. Nos quatro negócios acima mencionados, ambas estas circunstâncias ocorrem.

A grande e geral utilidade do negócio bancário, quando prudentemente administrada, foi totalmente explicada no segundo livro desta investigação. Mas um banco público que deva apoiar o crédito público e, em emergências particulares, adiantar ao governo todo o produto de uma taxa até talvez o total de vários milhões, um ano ou dois antes de ser recolhida, requer um maior capital do que pode ser facilmente coletado em qualquer sociedade privada.

O negócio dos seguros dá maior segurança às fortunas dos particulares, e dividindo entre muitos aquela perda que arruinaria um indivíduo, faz com que ela recaia leve e facilmente sobre toda a sociedade. Para dar esta segurança, porém, é necessário que os seguradores tenham um capital muito grande. Antes do estabelecimento das duas companhias de capital conjunto de seguros em Londres, diz-se que uma lista foi apresentada ao procurador-geral, de 150 seguradores privados que tinham falido no decurso de alguns anos.

Que aqueles canais e obras que por vezes tornam-se necessárias para suprir uma grande cidade com água são de grande e geral utilidade, ao passo que ao mesmo tempo requerem uma despesa maior do que se ajusta às fortunas de particulares, é suficientemente óbvio.

Exceto pelos quatro negócios acima mencionados, não consegui lembrar de qualquer outro em que todas as três circunstâncias necessárias para tornar razoável o estabelecimento de uma companhia de capital conjunto concorrem. A companhia inglesa de cobre, de Londres, a companhia de fundição de chumbo, a companhia de trabalhos de vidro nem mesmo têm o pretexto de qualquer grande ou singular utilidade no objetivo que perseguem; nem a busca daquele objetivo parece requerer qualquer despesa inadequada às fortunas de muitos particulares. Se o negócio que aquelas companhias exercem é redutível a uma regra e método tão estritos que o torne próprio para a administração de uma companhia de capital conjunto, ou se têm qualquer razão para se jactarem de seus lucros extraordinários, não pretendo saber. A companhia de mineração há muito fechou. Uma ação do capital da *British Linen Cornpany* de Edimburgo é vendida, atualmente, muito abaixo da paridade, se bem que não tanto quanto há alguns anos. As companhias de capital conjunto que são estabelecidas para o propósito público de promover alguma manufatura em particular, muito além de gerir mal seus próprios negócios, para diminuição do capital geral da sociedade, em outros aspectos farão mais mal que bem. Não obstante as melhores das intenções, a parcialidade inevitável de seus diretores para com ramos particulares da manufatura mal dirigida pelos empreiteiros, e que lhes são impostas, é um real desencorajamento para o resto, e necessariamente quebra, mais ou menos, aquela proporção natural que de outro modo se estabeleceria entre a indústria judiciosa e o lucro, e que, para a indústria geral do país, é de todos os encorajamentos o maior e o mais efetivo.

PARTE 4
DA DESPESA DE SUSTENTAR A DIGNIDADE DO SOBERANO

Muito acima das despesas essenciais para que o soberano desempenhe seus deveres, é necessária uma certa despesa para sustentar sua dignidade. Esta despesa varia com os diversos períodos de progresso e com as diferentes formas de governo.

Numa sociedade opulenta e progressista, em que todas as várias classes do povo estão se tornando a cada dia mais pródigas em suas casas, em sua mobília, em suas mesas, em suas vestimentas e em seus utensílios, não se pode esperar que só o soberano fique fora de moda. Naturalmente ou necessariamente prodigará mais quanto a todos esses artigos também. Sua dignidade mesmo parece requerer que assim o faça.

Como em questão de dignidade um monarca está mais elevado em relação a seus súditos que o magistrado-chefe de qualquer república acima de seus concidadãos, uma maior despesa é necessária para sustentar a dignidade mais elevada. Naturalmente esperamos mais esplendor de um rei do que na mansão de um doge ou burgomestre.

CONCLUSÃO

A despesa de defender a sociedade e a de sustentar a dignidade do magistrado-chefe são ambas separadas para o benefício geral de toda a sociedade. É portanto razoável que sejam custeadas pela contribuição geral de toda a sociedade, todos os diversos membros contribuindo, tanto quanto possível, em proporção a suas respectivas capacidades.

A despesa da administração da justiça também, sem dúvida, pode ser considerada como disposta para o benefício de toda a sociedade. Não há impropriedade, portanto, que seja custeada pela contribuição geral de toda a sociedade. As pessoas, porém, que dão ocasião a esta despesa são as que por sua injustiça, de um ou de outro modo, tornam necessário procurar um acerto ou proteção das cortes de justiça. As pessoas, de novo, mais imediatamente beneficiadas por esta despesa são aquelas a quem as cortes de justiça restauram seus direitos ou as mantêm em seus direitos. A despesa da administração da justiça, portanto, pode mui propriamente ser custeada pela contribuição particular de um ou outro, ou de ambos os tipos de pessoas, de acordo com as diferentes ocasiões, isto é, pelas taxas da corte. Não pode ser necessário recorrer à contribuição geral de toda a sociedade, exceto para a condenação daqueles criminosos que não têm qualquer propriedade ou fundo para pagar aquelas taxas.

Aquelas despesas locais ou provinciais cujo benefício é local ou provincial (o que é separado, por exemplo, para a polícia de uma cidade ou distrito em particular) deveriam ser custeadas por uma renda local ou provincial, e não deveriam ser um ônus sobre a renda geral da sociedade. É injusto que toda a sociedade contribua para uma despesa cujo benefício está confinado a uma parte da sociedade.

A despesa de manter boas estradas e comunicações, sem dúvida, é benéfica a toda a sociedade, e pode assim, sem nenhuma injustiça, ser custeada pela contribuição geral de toda a sociedade. Esta despesa, porém, é mais imediata e diretamente benéfica àqueles que viajam ou carregam mercadorias de um lugar para outro, e àqueles que consomem tais mercadorias. As taxas de pedágio na Inglaterra dirigem-se totalmente a essas pessoas e, assim, aliviam a renda geral da sociedade de um ônus considerável.

A despesa das instituições para a educação e instrução religiosa é analogamente, sem dúvida, benéfica a toda a sociedade, e assim, sem injustiça, pode ser custeada pela contribuição geral de toda a sociedade. Esta despesa, porém, poderia, com igual propriedade, e mesmo com alguma vantagem, ser totalmente custeada por aqueles que recebem o benefício imediato de tal educação e instrução, ou pela contribuição voluntária daqueles que acham que terão uso para uma ou outra.

Quando as instituições ou obras públicas que são benéficas a toda sociedade não puderem ser mantidas, ou não são mantidas pela contribuição daqueles membros da sociedade que são mais imediatamente beneficiados por elas, a deficiência, na maioria dos casos, deve ser suprida pela contribuição geral de toda a sociedade. A renda geral da sociedade, muito além de custear a despesa da defesa da sociedade, e de sustentar a dignidade do magistrado-chefe, deve suprir a deficiência de muitos ramos de renda em particular. As fontes desta renda pública, ou geral, procurarei explicar no capítulo seguinte.

CAPÍTULO 2
Das fontes da renda geral ou pública da sociedade

A renda que deve custear não só a despesa de defender a sociedade e sustentar a dignidade do magistrado-chefe, mas também todas as outras despesas necessárias do governo para as quais a constituição do Estado não proporcionou qualquer renda em particular, pode ser tirada, primeiro, de algum fundo que pertença particularmente ao soberano ou à comunidade, e que é independente da renda do povo, ou segundo, da renda do povo.

PARTE 1
Dos fundos ou fontes de renda que podem pertencer particularmente ao soberano ou à comunidade

Os fundos ou fontes de renda que podem pertencer particularmente ao soberano ou à comunidade devem consistir de capital ou terra.

O soberano, como qualquer outro proprietário de capital, pode derivar uma renda dele, quer empregando-o ele mesmo, ou emprestando-o. Sua renda num caso é o lucro; no outro, o juro.

A renda de um chefe tártaro ou árabe consiste do lucro. Surge principalmente do leite e do aumento de seus próprios rebanhos cuja administração é feita por ele mesmo, e é o principal pastor de sua horda, ou tribo. Porém, apenas neste primitivo e rude estado do governo civil que o lucro constituiu a principal parte da renda pública de um Estado monárquico.

As pequenas repúblicas por vezes derivaram uma renda considerável do lucro de projetos mercantis. A república de Hamburgo o fez com os lucros de uma adega pública de vinhos e de uma botica[1]. O Estado

---

[1] V. *Mémoires Concernant les Droits et Impositions en Europe*, vol. I, p. 73. Esta obra foi compilada por ordem da corte para uso de uma comissão empregada há alguns anos para considerar os meios adequados para reformar as finanças da França. O relato das contas francesas, que toma três volumes in-quarto, pode ser visto como perfeitamente autêntico. O de uso de outras nações europeias foi compilado com base em tais informações como as que os ministros franceses nas diferentes cortes podiam oferecer. É muito mais breve, e provavelmente não tão exato quanto o das taxas francesas.

não pode ser muito grande, onde o soberano tem tempo para exercer o comércio de um vinhateiro ou boticário. O lucro de um banco público tem sido fonte de renda para Estados mais consideráveis. Foi assim não só em Hamburgo, mas em Veneza e Amsterdam. Uma renda desta espécie foi considerada por alguns como não estando abaixo da atenção de um império tão grande quanto o britânico. Avaliando o dividendo ordinário do Banco da Inglaterra como 5,5% e seu capital em £10 780 000, o lucro anual líquido, após pagas as despesas de administração, deve totalizar, diz-se, £592 900. O governo, pretende-se, poderia emprestar seu capital a um juro de 3% e, tornando a administração dos bancos em suas próprias mãos, poderia fazer um lucro líquido de £269 500 por ano. A administração ordenada, vigilante e parcimoniosa de tais aristocracias como as de Veneza e Amsterdam é extremamente adequada, parece pela experiência, para a administração de um projeto mercantil desta espécie. Mas se um governo como o da Inglaterra — que, quaisquer que sejam as suas virtudes, nunca foi famoso pela boa economia, que em tempo de paz geralmente se conduziu com a negligente profusão que talvez seja natural às monarquias, e em tempo de guerra agiu constantemente com a impensada extravagância em que as democracias estão aptas a recair — poderia ser seguramente confiado na administração de um tal projeto, deve pelo menos ser bastante duvidoso.

Os correios são propriamente um projeto mercantil. O governo adianta a despesa de estabelecer os diferentes escritórios e de comprar ou alugar os cavalos ou carruagens necessários, e é repago com um grande lucro pelas taxas sobre o que é transportado. Talvez seja o único projeto mercantil que tem sido administrado com sucesso por, creio eu, toda espécie de governo. O capital a ser adiantado não é muito considerável. Não há mistério no negócio. Os retornos não só são certos, mas imediatos.

Os príncipes, porém, frequentemente engajaram-se em muitos outros projetos mercantis e têm desejado, como os particulares, melhorar a fortuna tornando-se aventureiros nos ramos comuns do comércio. Raramente tiveram sucesso. A profusão com que os negócios dos príncipes são sempre geridos tornam-nos quase inviáveis. Os agentes de um príncipe veem a riqueza de seu amo como inexaurível; são descuidados do preço por que compram; são descuidados do preço por que vendem; são descuidados da despesa do transporte de suas mercadorias de um lugar para outro. Esses agentes geralmente vivem com a profusão dos príncipes e, por vezes também, a despeito daquela profusão, e por um método próprio de fazer as suas contas, adquirem as fortunas de príncipes. Foi assim, nos é contado por Maquiavel, que os agentes de Lorenzo de Medicis, príncipe de não poucas habilidades, exerceram seu comércio. A república de Florença foi várias vezes obrigada a pagar o débito em que sua extravagância estava envolvida. Ele achou conveniente, pois, desistir do negócio mercantil, negócio a que sua família originalmente devia sua fortuna, e na parte final de sua vida empregar o que restava daquela fortuna, e a renda das propriedades de que dispunha, em projetos e despesas mais adequados à sua posição.

Não há dois caracteres que pareçam mais incompatíveis do que os do comerciante e o do soberano. Se o espírito comercial da Companhia Inglesa das Índias Orientais torna-os maus soberanos, o espírito do soberano parece tê-los tornado igualmente maus comerciantes. Enquanto eram apenas comerciantes, administravam bem seu negócio e podiam pagar com seus lucros um dividendo moderado aos proprietários de seu capital. Desde que se tornaram soberanos com uma renda que, ao que se diz, originalmente era de mais de três milhões de esterlinas, foram obrigados a pedir assistência extraordinária do governo para evitar a falência imediata. Em sua situação original, seus funcionários na Índia consideravam-se os empregados de comerciantes; em sua situação presente, esses empregados se consideram ministros de soberanos.

Um Estado pode, por vezes, derivar uma parte de sua renda pública dos juros do dinheiro, bem como dos juros de capital. Se acumulou um tesouro, pode emprestar parte daquele tesouro a Estados estrangeiros ou a seus próprios súditos.

O cantão de Berna deriva uma renda considerável do empréstimo de parte de seu tesouro a Estados estrangeiros, isto é, colocando nos fundos públicos das diversas nações devedoras da Europa, principalmente nos da França e Inglaterra. A segurança desta renda deve depender primeiro da segurança dos fundos onde é depositada, ou na boa-fé do governo que tem a administração deles; e segundo, na certeza ou na probabilidade da continuação da paz com a nação devedora. No caso de guerra, a primeira ação de hostilidade, de parte da nação devedora, poderia ser a apreensão dos fundos de seu credor. Esta política de emprestar dinheiro a Estados estrangeiros é, tanto quanto sei, peculiar ao cantão de Berna.

A cidade de Hamburgo[2] estabeleceu uma espécie de loja de penhores pública, que empresta dinheiro aos súditos a 6% de juros. Esta loja de penhores, ou Lombarda, como é chamada, dá uma renda, pelo que se diz, ao Estado, de 150 mil coroas, que a quatro e seis pence a coroa, dá £33 750.

O governo da Pensilvânia, sem acumular qualquer tesouro, inventou um método de emprestar não dinheiro de fato, mas o equivalente a dinheiro, a seus súditos. Adiantando aos particulares a juros, e com garantia de terras no dobro do valor, letras de crédito a serem amortizadas 15 anos após sua data e entrementes tornadas transferíveis de mão em mão como notas de banco, e declaradas por um ato da assembleia que são legais em todos os pagamentos de um habitante da província a outro, levantou uma renda moderada, que custeou consideravelmente uma despesa anual de cerca de £4 500, toda a despesa ordinária daquele governo frugal e ordenado. O sucesso de um expediente desta espécie deve depender de três circunstâncias diversas: primeira, da demanda por algum outro instrumento de comércio além do dinheiro em ouro e prata, ou com a demanda por uma tal quantidade de capital de consumo que não se poderia ter sem enviar para o estrangeiro a maior parte de seu ouro e prata para comprá-lo; segunda, do bom crédito do governo que fez uso deste expediente; e terceira, da moderação com que foi usado, todo o valor das notas de crédito nunca excedendo o do dinheiro em ouro e prata que seria necessário para circular se não houvesse notas de papel. O mesmo expediente, em diversas ocasiões, foi adotado por várias outras colônias americanas; mas, por falta desta moderação, produziu, na maior parte delas, muito mais desordem que conveniência.

A natureza instável e perecível do capital e do crédito, entretanto, torna-os impossíveis de serem confiáveis como os fundos principais daquela renda segura, constante e permanente que sozinha pode dar segurança e dignidade a um governo. O governo de nenhuma grande nação que avançou além do estado pastoril jamais parece ter derivado a maior parte de sua renda pública de tais fontes.

A terra é um fundo de uma natureza mais permanente e estável; e a renda das terras públicas igualmente tem sido a principal fonte da renda pública de muitas grandes nações que avançaram muito além do

---

[2] V. *Mémoires Concernant les Droits...*, vol. I, p. 73.

estado pastoril. Com o produto ou renda das terras públicas, as antigas repúblicas da Grécia e Itália derivaram por muito tempo a maior parte daquela renda que custeava as despesas necessárias da comunidade. A renda das terras da Coroa constituiu por muito tempo a maior parte da renda dos antigos soberanos da Europa.

A guerra e a preparação para a guerra são as duas circunstâncias que nos tempos modernos ocasionam a maior parte da despesa necessária de todos os grandes Estados. Mas, nas antigas repúblicas da Grécia e Itália, todo cidadão era soldado, que servia e preparava a si mesmo para o serviço, às suas próprias expensas. Nenhuma destas duas circunstâncias, portanto, poderia ocasionar qualquer grande despesa ao Estado. A renda de uma propriedade moderada poderia ser totalmente suficiente para custear todas as outras despesas do governo.

Nas antigas monarquias da Europa, os usos e costumes do tempo preparavam suficientemente o povo para a guerra; e quando saíam em campo, pela condição de seu vínculo feudal, eram mantidos às suas próprias expensas ou por seus senhores imediatos, sem trazer qualquer novo encargo ao soberano. As outras despesas do governo eram, em sua maioria, muito moderadas. A administração da justiça, foi demonstrado, em vez de ser causa de despesa, era fonte de renda. O trabalho dos camponeses, por três dias antes e três dias depois da colheita, era considerado um fundo suficiente para construir e manter todas as pontes, estradas e outras obras públicas que o comércio do país supostamente requeria. Naqueles dias, a principal despesa do soberano parece ter consistido na manutenção de sua própria família e casa. Os empregados desta casa passavam a ser os principais funcionários do Estado. O lord tesoureiro recebia suas rendas. O lord camerlengo cuidava das despesas da família. O cuidado de seus estábulos era atribuição do lord condestável e do lord marechal. Suas casas eram todas construídas na forma de castelos e parecem ter sido as principais fortalezas que eles possuíam. Os mantenedores dessas casas ou castelos poderiam ser considerados como uma espécie de governadores militares, parece terem sido os únicos oficiais militares que era necessário manter em tempo de paz. Nestas circunstâncias, a renda de uma grande propriedade poderia, em ocasiões ordinárias, custear muito bem todas as despesas necessárias do governo.

Na atual condição de quase todas as monarquias civilizadas da Europa, a renda de todas as terras no país, administradas como se todas pertencessem a um só proprietário, dificilmente totalizaria a renda ordinária que levantam com o povo mesmo em tempos de paz. A renda ordinária da Grã-Bretanha, por exemplo, incluindo não só o que é necessário para custear as despesas correntes do ano, mas para pagar os juros das dívidas públicas, e para amortizar uma parte do capital daqueles débitos, totaliza mais de dez milhões por ano. Mas a taxa sobre a terra, a quatro *shillings* por libra, dá pouco menos de dois milhões por ano. Esta taxa sobre a terra, como é chamada, é suposta um quinto não só da renda de toda a terra, mas de todas as casas e dos juros de todo o capital da Grã-Bretanha, excetuando-se apenas aquela parte emprestada ao público, ou empregada como capital agrícola no cultivo da terra. Uma parte mui considerável do produto desta taxa origina-se da renda das casas e dos juros do capital. A taxa sobre a terra da cidade de Londres, por exemplo, a quatro *shillings* a libra, totaliza £123 339 6s. 7d. A da cidade de Westminster, £63 092 1s. 5d. A dos palácios de Whitehall e St. James, £30 754 6s. 3d. Uma certa proporção da taxa da terra da mesma maneira é determinada sobre todas as outras cidades e vilas incorporadas ao reino, e origina-se quase totalmente da renda das casas ou do que é suposto o interesse do comércio e capital. De acordo com a estimativa, portanto, pela qual a Grã-Bretanha determina a taxa da terra, toda a massa da renda originária da renda de todas as terras, de todas as casas, e dos juros de todo o capital, aquela sua parte, excetuada a que é emprestada ao público ou empregada no cultivo da terra, não excede dez milhões de esterlinas por ano, a renda ordinária que o governo levanta com o povo mesmo em tempos de paz. A estimativa pela qual a Grã-Bretanha fixa a taxa da terra, sem dúvida, leva todo o reino, em média, muito abaixo do seu real valor, apesar de que em vários condados e distritos diz-se ser igual àquele valor. A renda das terras apenas, excluindo a das casas e dos juros de capital, foi estimada por muitas pessoas em vinte milhões, estimativa feita em grande medida ao acaso, e que, pelo que percebo, tanto pode estar acima como abaixo da verdade. Mas se as terras da Grã-Bretanha, em seu atual estado de cultivo, não permitem uma renda de mais de vinte milhões por ano, também não poderiam dar a metade e muito provavelmente nem um quarto daquela renda se todas pertencessem a um só proprietário e se fossem colocadas sob a negligente, dispendiosa e opressiva administração de seus feitores e agentes. As terras da Coroa da Grã-Bretanha não dão atualmente um quarto da renda que provavelmente poderia ser tirada delas se fossem propriedade de particulares. Se as terras da Coroa fossem mais extensas, provavelmente seriam ainda pior administradas.

A renda que o grande povo deriva da terra está em proporção não à renda, mas ao produto da terra. Todo o produto anual da terra de todo país, se excetuamos o que é reservado para as sementes, é consumido anualmente pelo povo, ou trocado por algo que é consumido por ele. O que quer que mantenha o produto da terra abaixo do que deveria, mantém baixa a renda do povo, mais do que a dos proprietários da terra. A renda da terra, aquela porção do produto que pertence aos proprietários, dificilmente em algum lugar da Inglaterra seria suposta superior a um terço do produto total. Se a terra que num estado de cultivo dá uma renda de vinte milhões, a renda sendo, em ambos os casos, suposta uma terça parte do produto, a renda dos proprietários seria inferior ao que poderia, por dez milhões apenas; mas a renda do povo seria inferior ao que poderia ser por trinta milhões por ano, deduzindo sempre apenas o que seria necessário para a semente. A população do país seria inferior pelo número de pessoas que trinta milhões por ano, deduzindo sempre a semente, poderiam manter de acordo com o modo particular de vida e despesa que poderiam ter lugar nas diferentes classes de homens entre os quais o restante fosse distribuído.

Apesar de não haver, atualmente na Europa, nenhum Estado civilizado de qualquer espécie que derive a maior parte de sua renda pública da renda das terras que são propriedade do Estado, nas grandes monarquias da Europa ainda há grandes tratos de terra que pertencem à Coroa. Geralmente, são florestas; e por vezes florestas onde, após viajar várias milhas, não se encontra uma só árvore; um mero deserto e desperdício de terra em relação tanto a produção quanto a população. Em toda grande monarquia da Europa a venda das terras da Coroa produziria uma grande soma em dinheiro que, se aplicada ao pagamento dos débitos públicos, amortizaria um capital muito maior do que qualquer daquelas terras já deu à Coroa. Nos países onde as terras, altamente aperfeiçoadas e cultivadas, e produzindo no tempo da venda a maior renda que pode ser obtida delas, comumente vendem em trinta anos o que as terras incultas e de baixa renda da Coroa poderiam vender em quarenta, cinquenta ou sessenta anos. A Coroa poderia imediatamente desfrutar da renda que este grande preço amortizaria. No decurso de uns poucos anos, provavelmente teria mais uma renda. Quando as terras da Coroa se tornassem propriedade privada, no decurso de alguns anos, se tornariam bem-cultivadas e progrediriam. O aumento de sua produção aumentaria a população do país, aumentando a renda e o consumo do povo. Mas a renda que a Coroa deriva das taxas alfandegárias necessariamente aumentaria com a renda e o consumo do povo.

A renda que, em qualquer monarquia civilizada, a Coroa deriva das suas terras, se bem que pareça nada custar aos indivíduos, na realidade nada custa mais à sociedade do que talvez qualquer outra renda igual desfrutada pela Coroa. Em todo caso, seria do interesse da sociedade substituir esta renda da Coroa por alguma outra renda igual e dividir as terras pelo povo, o que talvez só poderia ser bem feito expondo-as à venda pública.

As terras para fins de prazer e magnificência — parques, jardins, passeios públicos etc., posses que em todos os lugares são consideradas causas de despesa e não como fontes de renda — parecem ser as únicas que, numa grande monarquia civilizada, deveriam pertencer à Coroa. O capital e as terras públicas, portanto, as duas fontes de renda que podem particularmente pertencer ao soberano ou à comunidade, sendo ambos fundos impróprios e insuficientes para custear a despesa necessária de qualquer Estado grande e civilizado, permanece o fato de que esta despesa deve, em sua maior parte, ser custeada por taxas de um tipo ou outro, o povo contribuindo com uma parte de sua renda privada para constituir uma renda pública para o soberano ou comunidade.

PARTE 2
DAS TAXAS

A renda privada dos indivíduos, foi mostrado no primeiro livro desta investigação, origina-se em última instância de três diferentes fontes: renda, lucro e salários. Toda taxa deve afinal ser paga por uma ou outra destas diferentes espécies de renda, ou de todas elas indiferentemente. Procurarei dar a melhor conta que puder, primeiro, daquelas taxas que recairiam sobre a renda; segundo, daquelas que recairiam sobre o lucro; terceiro, daquelas que recairiam sobre os salários; e quarto, daquelas que recairiam indiferentemente sobre todas estas três diferentes fontes de renda privada. A consideração particular de cada uma destas quatro diferentes espécies de taxa dividirá a segunda parte do presente capítulo em quatro artigos, três dos quais requererão várias outras subdivisões. Muitas destas taxas, parecerá da seguinte revista, não são finalmente pagas pelo fundo, ou fonte de renda, sobre o qual se queria que recaíssem.

Antes de entrar no exame de taxas particulares, é necessária a premissa das quatro seguintes máximas em relação a taxas em geral.

I. Os súditos de todo Estado deveriam contribuir para sustentar o governo, tanto quanto possível em proporção às suas respectivas capacidades, isto é, em proporção à renda que respectivamente gozam sob a proteção do Estado. A despesa do governo para com os indivíduos de uma grande nação é como a despesa de administração para com todos os rendeiros de uma grande propriedade, que são todos obrigados a contribuir em proporção a seus respectivos interesses naquela propriedade. Na observação ou na negligência desta máxima consiste o que é chamado de igualdade ou desigualdade da taxação. Toda taxa, deve ser observado de uma vez por todas, que recai finalmente sobre apenas uma das três espécies de renda acima mencionadas é necessariamente desigual enquanto não afeta as outras duas. No seguinte exame das diferentes taxas, pouca atenção darei a esta espécie de desigualdade, mas, na maioria dos casos, confinarei minhas observações àquela desigualdade que é ocasionada por uma taxa particular recaindo desigualmente sobre aquela espécie particular de renda privada que é por ela afetada.

II. A taxa que cada indivíduo é obrigado a pagar deveria ser certa e não arbitrária. O tempo de pagamento, a maneira, a quantidade a ser paga, tudo deveria ser claro e simples para o contribuinte e para qualquer pessoa. Sendo de outra maneira, toda pessoa sujeita à taxa fica mais ou menos no poder do coletor de taxas, que pode agravar a taxa sobre qualquer contribuinte recalcitrante ou extorquir, pelo terror de tal gravame, algum presente ou gratificação para si mesmo. A incerteza da taxação encoraja a insolência e favorece a corrupção de uma ordem de homens que são naturalmente impopulares, mesmo quando não são insolentes ou corruptos. A certeza do que cada indivíduo deveria pagar é, na taxação, uma questão de tamanha importância que um grau bem considerável de desigualdade, parece-me, pela experiência de todas as nações, não é um mal tão grande como um pequeno grau de incerteza.

III. Toda taxa deveria ser levantada no tempo ou da maneira que será mais conveniente para o contribuinte pagar. Uma taxa sobre a renda da terra ou das casas, pagável no mesmo termo em que tais rendas são pagas, é levantada no tempo em que será mais conveniente para o contribuinte pagar, ou quando mais provavelmente terá com que pagar. As taxas sobre bens de consumo, assim como artigos de luxo, são todas afinal pagas pelo consumidor, e geralmente de maneira que lhe é muito conveniente. Ele as paga aos poucos, à medida que compra as mercadorias. Como ele também tem a liberdade de comprar ou não, como quiser, é sua culpa se vier a sofrer qualquer inconveniência considerável de tais taxas.

IV. Toda taxa deveria ser elaborada de maneira a tirar e manter fora do bolso do povo o mínimo possível além do que traz ao tesouro público do Estado. Uma taxa pode tirar ou manter fora dos bolsos do povo muito mais do que leva ao tesouro público, nas seguintes quatro maneiras. Primeira, a sua coleta pode requerer um grande número de funcionários, cujos salários podem devorar a maior parte do produto da taxa, e cujos privilégios podem impor uma taxa adicional ao povo. Segunda, pode obstruir a indústria do povo, e desencorajá-lo de aplicá-la a certos ramos dos negócios que poderiam dar manutenção e emprego a grandes multidões. Ao passo que obriga o povo a pagar, pode assim diminuir ou quiçá destruir alguns dos fundos que poderia capacitá-lo a fazê-lo. Terceira, nas apreensões e outras penalidades que aqueles indivíduos infelizes incorrem quando tentam, sem sucesso, evadir-se da taxa, o que pode frequentemente arruiná-los, e assim pôr fim ao benefício que a comunidade poderia ter recebido do emprego de seu capital. Uma taxa injudiciosa oferece uma grande tentação ao contrabando, mas as penalidades do contrabando devem elevar-se em proporção à tentação. A lei, contrariamente a todos os princípios da justiça, primeiro cria a tentação e então pune aqueles que a ela cedem; e comumente agrava a punição também, em proporção à própria circunstância que certamente deveria aliviá-la, a tentação cometer o crime.[3] Quarta, submetendo o povo a frequentes visitas e ao odioso exame dos coletores de taxas, pode expô-lo a muito trabalho desnecessário, vexame e opressão, e se o vexame não é, estritamente falando, despesa, certamente equivale à

---

[3] V. *Sketches of the History of Man*, p. 474 e seguintes.

despesa da qual todo homem gostaria de se isentar. De uma ou outra destas quatro maneiras, as taxas são tanto mais onerosas ao povo, quanto são benéficas ao soberano.

A evidente justiça e utilidade das máximas acima recomendaram mais ou menos à atenção de todas as nações. Todas as nações procuraram, pelo melhor de seu julgamento, tornar suas taxas tão iguais quanto puderam conceber; tão certas quão convenientes ao contribuinte, no tempo e modo de pagamento, e em proporção à renda que trazem ao príncipe, e o menos onerosa para o povo. A seguinte curta revista de algumas das principais taxas que tiveram lugar em diferentes eras e países mostrará que os esforços de todas as nações não foram, sob este aspecto, igualmente bem-sucedidos.

Artigo I
Taxas sobre a renda. Taxas sobre a renda da terra

Uma taxa sobre a renda da terra pode ser imposta de acordo com um certo cânone, cada distrito sendo avaliado a uma certa renda, avaliação esta que depois não deverá ser alterada, ou pode ser imposta de tal maneira que varie com a renda real da terra e se eleve ou caia com o aperfeiçoamento ou decaimento de seu cultivo.

Uma taxa sobre a terra que, como a da Grã-Bretanha, está determinada em cada distrito de acordo com um certo cânone invariável, se bem que devesse ser igual no tempo de seu primeiro estabelecimento, necessariamente torna-se desigual com o desenrolar do tempo, de acordo com os graus desiguais de aperfeiçoamento ou negligência no cultivo das diferentes partes do país. Na Inglaterra, a avaliação de acordo com a qual os diversos condados e paróquias tiveram atribuídas as taxas sobre a terra pelo 4º de Guilherme e Mary foi muito desigual mesmo no seu primeiro estabelecimento. Esta taxa, portanto, até agora, ofende a primeira das quatro máximas supramencionadas. É perfeitamente agradável às outras três. É perfeitamente certa. O tempo de pagamento para a taxa, sendo o mesmo que para a renda, é tão conveniente quanto possível para o contribuinte. Apesar de que em todos os casos o contribuinte real seja o proprietário, a taxa é comumente adiantada pelo rendeiro, por meio do pagamento da renda ao proprietário. Esta taxa é levantada por um número muito menor de funcionários do que qualquer outra que fornece quase a mesma renda. Como a taxa sobre cada distrito não se eleva junto com a renda, o soberano não compartilha dos lucros das melhorias introduzidas pelo proprietário. Estas melhorias por vezes contribuem, de fato, para o desencargo dos outros proprietários do distrito. Mas a agravação da taxa que por vezes pode ser ocasionada a uma propriedade em particular é sempre tão pequena que nunca pode desencorajar estas melhorias, nem manter o produto da terra abaixo do que poderia de outro modo atingir. Como não tem tendência a diminuir a quantidade, não pode ter nenhuma a elevar o preço daquele produto. Não obstrui a indústria do povo. Sujeita o proprietário a nenhuma outra inconveniência além daquela inevitável de pagar a taxa.

A vantagem, porém, que o proprietário derivou da invariável constância da avaliação pela qual todas as terras da Grã-Bretanha são cotadas para a taxa da terra deveu-se principalmente a algumas circunstâncias totalmente estranhas à natureza da taxa.

Foi em parte devido à grande prosperidade de quase todas as regiões do país, às rendas de quase todas as propriedades da Grã-Bretanha desde o tempo em que esta avaliação foi primeiro estabelecida, e poucas delas tendo caído. Os proprietários, portanto, quase todos ganharam a diferença entre a taxa que eles teriam pago de acordo com a renda atual de suas propriedades e aquela que de fato pagam de acordo com a antiga avaliação. Se o estado do país fosse diferente, se as rendas estivessem gradualmente caindo em consequência da queda no cultivo, os proprietários quase todos teriam perdido esta diferença. No estado de coisas que teve lugar desde a revolução, a constância da avaliação tem sido vantajosa ao proprietário e danosa ao soberano. Num diferente estado de coisas, poderia ter sido vantajosa ao soberano e danosa ao proprietário.

Como a taxa é pagável em dinheiro, a avaliação da terra é expressa em dinheiro. Desde o estabelecimento desta avaliação, o valor da prata tem sido bem uniforme, e não tem havido alteração no padrão da cunhagem, quer quanto ao peso, quer quanto à pureza. Se a prata tivesse elevado seu valor consideravelmente, como parece ter sucedido nos dois séculos que precederam a descoberta das minas da América, a constância da avaliação poderia ter-se demonstrado muito opressiva para o proprietário. Se a prata tivesse seu valor decaído consideravelmente, como certamente o fez durante pelo menos um século depois da descoberta daquelas minas, a mesma constância de avaliação teria reduzido em muito este ramo da renda do soberano. Se qualquer alteração considerável fosse feita no padrão do dinheiro, quer por reduzir a mesma quantidade de prata a um título menor, ou elevando-a a um mais alto; se uma onça de prata, por exemplo, em vez de ser cunhada em cinco *shillings* e dois pence. fosse cunhada em moedas de título tão baixo quanto dois *shillings* e sete pence, ou em moedas até dez *shillings* e quatro pence, num caso teria ferido a renda do proprietário, no outro, a do soberano.

Em circunstâncias, portanto, um pouco diferentes daquelas que de fato ocorreram, esta constância de avaliação poderia ter sido uma grande inconveniência, quer para os contribuintes, quer para a comunidade. No curso das eras, tais circunstâncias, porém, numa altura ou outra, devem acontecer. Mas se bem que os impérios, como todas as outras obras humanas, até agora se mostraram mortais, todo império visa à imortalidade. Toda constituição, portanto, deveria ser tão permanente quanto o império e deveria ser conveniente não só em certas circunstâncias, mas em todas, ou deveria adequar-se não àquelas circunstâncias que são transitórias, ocasionais, ou acidentais, mas àquelas que são necessárias e, portanto, sempre as mesmas.

Uma taxa sobre a renda da terra, que varia com toda a variação da renda, ou que se eleva e cai de acordo com o aperfeiçoamento ou a negligência do cultivo, é recomendada por aquela seita de homens de letras na França que chamam a si mesmos de economistas, como a mais equitativa das taxas. Todas as taxas, pretendem eles, caem finalmente sobre a renda da terra e, portanto, deveriam ser impostas igualmente sobre o fundo que em última instância deverá pagá-las. Que todas as taxas deveriam recair tão igualmente quanto possível sobre o fundo que ao fim deve pagá-las é certamente verdade. Mas sem entrar na desagradável discussão dos argumentos metafísicos pelos quais eles sustentam sua mui engenhosa teoria, parecerá suficientemente, da seguinte revista, quais são as taxas que ao fim recaem sobre a renda da terra e quais são aquelas que por fim recaem sobre algum outro fundo.

No território vêneto, todas as terras aráveis que são arrendadas a lavradores são taxadas a um décimo da renda[4]. Os arrendamentos são registrados publicamente, pelos funcionários das rendas em cada província

---

[4] *Mémoires concernant les droits...*, p. 240 e 241.

ou distrito. Quando o proprietário cultiva suas próprias terras, são avaliadas de acordo com uma estimativa equitativa, e lhe é permitida uma dedução de um quinto da taxa, de modo que para tais terras ele paga só oito em vez de 10% da suposta renda. Uma taxa desta espécie sobre a terra por certo que é mais equitativa que a da Inglaterra. Talvez no todo não seria tão certa, e a determinação da taxa poderia frequentemente ocasionar muito mais problemas ao proprietário. Também poderia ser muito mais dispendiosa a sua cobrança.

Tal sistema de administração, porém, talvez pudesse ser arquitetado de modo a prevenir grandemente esta incerteza e moderar sua despesa.

O proprietário e o rendeiro, por exemplo, poderiam ser conjuntamente obrigados a registrar seu arrendamento publicamente. Penalidades adequadas poderiam ser decretadas contra ocultar ou representar erroneamente quaisquer das condições; e se parte daquelas penalidades devesse ser paga a qualquer das duas partes que informasse e acusasse a outra disto, isto os impediria eficazmente de se combinarem para fraudar a renda pública. Todas as condições do arrendamento poderiam ser conhecidas suficientemente a partir de um tal registro.

Alguns proprietários, em vez de elevar a renda, tornam uma taxa pela renovação do arrendamento. Esta prática, na maioria dos casos, é o expediente dos avaros, que, por uma soma de dinheiro à vista, abrem mão de uma futura renda de muito maior valor. Na maioria dos casos, portanto, é danosa aos proprietários. Frequentemente é danosa ao rendeiro, e é sempre danosa à comunidade. Frequentemente tira do rendeiro uma grande parte de seu capital, e assim diminui em muito sua capacidade de cultivar a terra, que ele acha mais difícil pagar uma pequena renda do que de outro modo seria pagar uma grande. O que quer que reduza sua capacidade de cultivar, necessariamente, mantém baixa, além do que seria de outro modo, a parte mais importante da renda da comunidade. Tornando o imposto sobre tais taxas muito mais pesado que sobre a renda ordinária, esta prática danosa poderia ser desencorajada, para vantagem não pequena de todas as partes envolvidas, do proprietário, do rendeiro, do soberano e de toda a comunidade.

Alguns arrendamentos prescrevem ao rendeiro um certo modo de cultivo e uma certa sucessão de colheitas durante toda a validade do arrendamento. Esta condição, que geralmente é o efeito da pretensão do proprietário sobre seu próprio conhecimento (pretensão, na maioria dos cases, infundada), sempre deveria ser considerada uma renda adicional; como uma renda em serviços, em vez de em dinheiro. Para desencorajar a prática, geralmente insensata, esta espécie de renda poderia ser avaliada bem alta e consequentemente taxada acima das rendas comuns em dinheiro.

Alguns proprietários, em vez de uma renda em dinheiro, exigem uma renda em espécie, em trigo, gado, aves, vinho, óleo etc.; outros requerem uma renda em serviços. Tais rendas são sempre mais danosas ao rendeiro do que benéficas ao proprietário. Tiram ou deixam fora do bolso do primeiro mais do que põem no bolso do segundo. Em todo país onde têm lugar, os rendeiros são pobres, no grau em que têm lugar. Avaliando essas rendas bem alto e consequentemente taxando-as acima das rendas comuns em dinheiro, uma prática que é danosa a toda a comunidade talvez pudesse ser suficientemente desencorajada.

Quando o proprietário escolheu ele mesmo ocupar parte de suas terras, a renda poderia ser avaliada de acordo com uma arbitragem equitativa dos lavradores e proprietários das vizinhanças, e um abatimento moderado da taxa poderia ser-lhe garantido, da mesma maneira que no território vêneto, desde que a renda das terras ocupadas não excedesse uma certa soma. É de importância que o proprietário fosse encorajado a cultivar parte de sua própria terra. Seu capital é geralmente maior que o do rendeiro, e com menos habilidade ele pode frequentemente obter produção maior. O proprietário pode fazer experiências e está geralmente disposto a fazê-lo. Suas experiências malsucedidas ocasionam apenas uma perda moderada para ele. As bem-sucedidas contribuem para o aperfeiçoamento e melhor cultivo de todo o país. Poderia ser de importância, entretanto, que o abatimento da taxa o encorajasse a cultivar só até um certo ponto. Se os proprietários, em sua maioria, fossem tentados a cultivar integralmente as suas terras, o país (em vez de sóbrios e industriosos rendeiros, ligados por seu próprio interesse ao cultivo tanto quanto sua capacidade e capital os permita) seria cheio de ociosos, cuja administração abusiva logo degradaria o cultivo e reduziria o produto anual da terra, com a diminuição não só da renda de seus senhores, mas da parte mais importante da renda da sociedade.

Tal sistema de administração poderia talvez liberar uma taxa desta espécie de qualquer incerteza que poderia ocasionar opressão ou inconveniência ao contribuinte, e ao mesmo tempo serviria para introduzir na administração comum da terra um plano ou política tal que poderia contribuir em muito para a melhoria e bom cultivo da terra.

A despesa de levantar uma taxa da terra que variasse com a renda sem dúvida seria maior que levantar uma que já estivesse cotada de acordo com uma avaliação fixa. Alguma despesa adicional surgiria necessariamente tanto pelos diferentes escritórios de registro que seria apropriado estabelecer nos diferentes distritos do país, quanto pelas diferentes avaliações que ocasionalmente seriam feitas das terras que o proprietário escolhesse ocupar ele mesmo. A despesa de tudo isto, porém, poderia ser muito moderada, e muito abaixo da que incorre no levantamento de muitas outras taxas que proporcionam uma renda desprezível em comparação com o que poderia ser facilmente tirado de uma taxa desta espécie.

O desencorajamento que uma taxa variável sobre a terra desta espécie poderia dar ao aperfeiçoamento da terra parece ser a objeção mais importante que se pode fazer a ela. O proprietário certamente estaria menos disposto a aperfeiçoar-se quando o soberano, que nada contribuiu para a despesa, devesse compartilhar do lucro daquele aperfeiçoamento. Mesmo esta objeção poderia quiçá ser obviada permitindo ao proprietário, antes de começar suas melhorias, a determinar, com os funcionários das rendas, o valor real de suas terras de acordo com a arbitragem equitativa de um certo número de proprietários e lavradores das vizinhanças, igualmente escolhidos por ambas as partes, e cotando-o de acordo com esta avaliação por um tal número de anos que fossem totalmente suficientes para sua completa indenização. Dirigir a atenção do soberano para a melhoria da terra, em vez do aumento de sua própria renda, é uma das principais vantagens propostas por esta espécie de taxa da terra. O prazo, portanto, dado para a indenização do proprietário não deveria ser muito mais longo do que o necessário para este fim, a menos que a distância do interesse desencoraje demasiado sua atenção. Entretanto, deveria ser um pouco mais longo, sob todos os aspectos, do que curto. Nenhuma incitação à atenção do soberano poderá contrabalançar o menor desencorajamento à do proprietário. A atenção do soberano pode ser no máximo uma consideração muito geral e vaga do que poderá contribuir para o melhor cultivo da maior parte de seus domínios. A atenção do proprietário é particular e minuciosa, do que poderá ser a aplicação mais vantajosa de cada polegada de terra de sua propriedade. A principal atenção do soberano deveria ser encorajar, por todos os meios em seu poder, a atenção tanto do proprietário quanto a do lavrador, permitindo que ambos sigam seu próprio interesse à sua própria maneira e de acordo com seu próprio julgamento, dando a ambos a mais perfeita segurança de que desfrutarão toda a recompensa de sua indústria, e proporcionando a ambos o mercado mais extenso para cada parte de seu produto, em consequência de estabelecer as comunicações mais fáceis e seguras tanto por terra quanto por água, em todas as partes de seus domínios, bem como a mais ampla liberdade de exportação aos domínios de todos os outros príncipes.

Se, por um tal sistema de administração, uma taxa desta espécie poderia ser administrada de maneira a dar não só nenhum desencorajamento, mas ainda algum encorajamento à melhoria da terra, não parece provável que ocasione qualquer inconveniência a alguém que seja obrigado a pagar a taxa.

Em todas as variações do estado da sociedade, no aperfeiçoamento e decadência da agricultura, em todas as variações no valor da prata e em todas as do padrão da moeda, uma taxa desta espécie, por si só, e sem qualquer atenção do governo, logo se adaptaria à situação real e seria igualmente justa e equitativa em todas essas variações. Portanto, seria muito mais apropriado ser estabelecida como regulação perpétua e inalterável, ou como o que é chamado uma lei fundamental da comunidade, do que qualquer taxa que sempre tivesse de ser levantada de acordo com uma certa avaliação.

Alguns Estados, em vez do expediente simples e óbvio de um registro dos arrendamentos, recorreram àquele laborioso e dispendioso de uma pesquisa e avaliação de todas as terras do país. Suspeitaram, provavelmente, que o arrendador e o rendeiro, para fraudar a renda pública, poderiam combinar-se para ocultar os termos reais do arrendamento. O Domesday-Book parece ter sido o resultado de uma investigação muito acurada desta espécie.

Nos antigos domínios do rei da Prússia, a taxa sobre a terra era determinada de acordo com uma pesquisa e avaliação, revistas e alteradas de tempos em tempos.[5] De acordo com essa avaliação, os proprietários

---

[5] *Mémoires concernant les droits...*, vol. I, p. 114 e seguintes.

leigos pagam de 20% a 25% de sua renda. Os eclesiásticos, de 40% a 45%. A pesquisa e a avaliação da Silésia foi feita por ordem do atual rei, e diz-se que com grande precisão. De acordo com esta avaliação, as terras pertencentes ao bispo de Breslau são taxadas a 25% de sua renda. As outras rendas de eclesiásticos de ambas as regiões, a 50%. Os comandatários da Ordem Teutônica e da de Malta, a 40%. As terras dos nobres, a 38 e um terço por cento. As terras da plebe, a 35 e um terço por cento.

A prospecção e a avaliação da Boêmia diz-se que foi o trabalho de mais de cem anos. Não foi aperfeiçoado senão após a paz de 1748, pelas ordens da atual imperatriz e rainha.[6] A pesquisa do ducado de Milão, que começou no tempo de Carlos VI, não foi aperfeiçoada senão após 1760. Estima-se que foi uma das mais acuradas já feitas. A prospecção da Savoia e do Piemonte foi executada sob as ordens do falecido rei da Sardenha.[7]

Nos domínios do rei da Prússia, a renda da igreja é taxada muito acima do que a de qualquer proprietário leigo. A renda da igreja é, em sua maior parte, um ônus sobre a renda da terra. Raramente acontece que qualquer parte dela seja aplicada para a melhoria da terra, ou seja, empregada de modo a contribuir em qualquer aspecto para aumentar a renda do grande povo. Sua Majestade prussiana, provavelmente por causa disto, pensou ser razoável que a igreja deveria contribuir muito mais para aliviar as exigências do Estado. Em alguns países, as terras da igreja estão isentas de todas as taxas. Em outros, são taxadas mais levemente que outras propriedades. No ducado de Milão, as terras que a igreja possuía antes de 1575 estão cotadas com a taxa a apenas um terço de seu valor.

Na Silésia, as terras da nobreza são taxadas 3% acima das da plebe. As honras e privilégios de diferentes espécies anexados às primeiras, Sua Majestade prussiana provavelmente imaginou, compensariam suficientemente ao proprietário um pequeno gravame sobre a taxa; ao passo que ao mesmo tempo a inferioridade humilhante das outras terras seria em certa medida aliviada sendo taxadas um tanto mais levemente. Em outros países, o sistema de taxação, em vez de

---

[6] *Ibid.*, p. 83 e 84.

[7] *Ibid.*, p. 280 e seguintes; também p. 287 até 317.

aliviar, agrava esta desigualdade. Nos domínios do rei da Sardenha, e naquelas províncias da França que estão sujeitas ao que é chamado *taille* real ou predial, a taxa recai totalmente sobre as terras da plebe. As dos nobres estão isentas.

Uma taxa sobre a terra determinada de acordo com uma prospecção e avaliação gerais, por mais igual que possa ser de início, no decurso de um período muito moderado, deve tornar-se desigual. Para prevenir isto, seria preciso a contínua e trabalhosa atenção do governo a todas as variações no Estado e produção de cada fazenda do país. Os governos da Prússia, da Boêmia, da Sardenha e do ducado de Milão efetivamente exercem uma atenção desta espécie; uma atenção tão inadequada à natureza do governo que não deverá continuar por muito tempo, e que, se durar, provavelmente a longo prazo ocasionará muito mais trabalho e vexação do que pode possivelmente trazer alívio aos contribuintes.

Em 1666, a assembleia de Montauban determinou a *taille* real ou predial de acordo com uma pesquisa e avaliação mui exatas.[8] Por volta de 1727, esta determinação tornara-se por completo desigual. Para remediar esta inconveniência, o governo não achou melhor expediente se não impor a toda comunidade uma taxa adicional de 120 mil libras francesas. Esta taxa adicional é cotada para todos os distritos sujeitos à *taille* de acordo com a determinação velha. Mas é levantada junto a pessoas que no atual estado de coisas são subtaxadas, e é aplicada para o alívio daqueles que, pela mesma determinação, ficaram sobretaxados. Dois distritos, por exemplo, um dos quais, no atual estado, deveria ser taxado a novecentas e o outro a 1.100 libras francesas; pela velha determinação; são ambos taxados a mil libras francesas. Ambos estes distritos são, pela taxa adicional, cotados a 1.100 libras cada. Mas esta taxa adicional é levantada só no distrito subtaxado, e aplicada totalmente ao alívio daquele sobrecarregado, que consequentemente paga apenas novecentas libras francesas. O governo nem ganha nem perde pela taxa adicional, que é totalmente aplicada para remediar as desigualdades oriundas da velha determinação. A aplicação é bem regulada à discrição do intendente da assembleia e deve, portanto, ser em grande medida arbitrária.

---

[8] *Mémoires concernant les droits...*, vol. II, p. 139 e seguintes.

Taxas que são proporcionadas não à renda, mas ao produto da terra

Taxas sobre o produto da terra são na verdade taxas sobre a renda; e se bem que possam originalmente ser adiantadas pelo lavrador, são finalmente pagas pelo proprietário. Quando uma certa porção do produto é paga para uma taxa, o lavrador computa, tão bem quanto pode, qual é o valor desta porção, que poderia totalizar anualmente, e faz um abatimento proporcional na renda que aceita pagar ao proprietário. Não há lavrador que não compute antecipadamente o que o dízimo da igreja, que é uma taxa sobre a terra desta espécie, vai totalizar anualmente.

O dízimo e toda taxa sobre a terra desta espécie, sob o aspecto de perfeita igualdade, são taxadas desiguais; uma certa porção do produto sendo, em diferentes situações, equivalente a uma porção muito diferente da renda. Em algumas terras muito ricas, o produto é tão grande que metade dele é totalmente suficiente para repor o capital empregado pelo lavrador no cultivo, junto com os lucros ordinários do capital agrícola nas vizinhanças. A outra metade, ou o que dá no mesmo, o valor da outra metade, poderia pagar como renda ao proprietário, se não houvesse dízimo. Mas se um décimo do produto é tomado dele à guisa de dízimo, ele deve exigir um abatimento da quinta parte de sua renda, ou senão não conseguirá de volta o capital com o lucro ordinário. Neste caso, a renda do proprietário, em vez de totalizar metade ou cinco décimos do produto total, totalizará apenas quatro décimos dele. Em terras mais pobres, ao contrário, o produto por vezes é tão pequeno, e a despesa de cultivo tão grande, que requer quatro quintos de toda a produção para repor o capital do lavrador, com o lucro ordinário. Neste caso, mesmo não havendo dízimo, a renda do proprietário poderia totalizar não mais do que um quinto ou dois décimos de toda a produção. Mas se o lavrador paga um décimo da produção na forma de dízimo, deve requerer um igual abatimento da renda do proprietário, que assim será reduzida a um décimo apenas da produção total. Sobre a renda de terras ricas, o dízimo por vezes pode ser uma taxa de não mais que uma quinta parte, ou quatro *shillings* por libra; ao passo que sobre terras mais pobres, pode por vezes ser de metade, ou dez *shillings* por libra.

O dízimo, como é frequentemente uma taxa muito desigual sobre a renda, é sempre um grande desencorajamento às melhorias do proprietário e ao cultivo do lavrador. Um não pode se aventurar a fazer as mais importantes, que geralmente são as mais dispendiosas, nem o outro a fazer as culturas mais valiosas, que geralmente são muito caras, quando a igreja, que não participa da despesa, compartilhará tanto do lucro. O cultivo da garança por muito tempo foi confinado pelo dízimo às Províncias Unidas, que, sendo regiões presbiterianas, e por isso isentas desta taxa destrutiva, gozaram uma espécie de monopólio daquele útil produto de tinturaria contra o resto da Europa. As últimas tentativas de introduzir o cultivo desta planta na Inglaterra foram feitas só em consequência do estatuto que decretou que cinco *shillings* por acre deveriam ser recebidos em vez de todo dízimo sobre a garança.

Como pela maior parte da Europa, a igreja, como em diversos países da Ásia, o Estado, é principalmente sustentada por uma taxa sobre a terra, proporcional não à renda, mas ao produto da terra. Na China, a principal renda do soberano consiste numa décima parte do produto de todas as terras do império. Esta décima parte, porém, é estimada tão moderadamente que em muitas províncias diz-se não exceder uma trigésima parte do produto ordinário. A taxa da terra ou renda da terra que costumava ser paga ao governo maometano de Bengala, antes daquele país cair nas mãos da Companhia Inglesa das Índias Orientais, diz-se ter chegado a uma quinta parte do produto. A taxa da terra do antigo Egito parece ter também chegado a uma quinta parte.

Na Ásia, esta espécie de taxa sobre a terra diz-se que interessa ao soberano no aperfeiçoamento e cultivo da terra. Os soberanos da China, os de Bengala sob os maometanos e os do antigo Egito, concomitantemente, diz-se que foram extremamente atentos à construção e manutenção de boas estradas e canais navegáveis, para aumentar, tanto quanto possível, a quantidade e o valor de cada parte do produto da terra, proporcionando a toda parte dela o mercado mais extenso que seus próprios domínios poderiam sustentar. O dízimo da igreja é dividido em porções tão pequenas que nenhum de seus proprietários pode ter qualquer interesse desta espécie. Um pároco nunca acharia dessa conta fazer uma estrada ou canal para uma parte distante do país, para estender o mercado do produto de sua própria paróquia. Tais taxas, quando destinadas à manutenção do Estado, têm algumas vantagens que em certa medida podem servir para contrabalançar esta inconveniência. Quando destinadas para a manutenção da igreja, são esperadas apenas com inconveniências.

As taxas sobre o produto da terra podem ser levantadas em espécie ou, de acordo com uma certa avaliação, em dinheiro.

Um pároco ou um gentil-homem de pequena fortuna que viva de sua propriedade pode por vezes achar alguma vantagem em receber, um o seu dízimo, e o outro sua renda, em espécie. A quantidade a ser coletada e o distrito no qual deve ser coletado são tão pequenos que eles podem supervisionar com seus próprios olhos a coleta e destinação de cada parte que lhes é devida. Um cavalheiro de grande fortuna, que vivesse na capital, estaria em perigo de sofrer muito pela negligência e mais pela fraude de seus feitores e agentes, se as rendas de uma propriedade numa província distante lhe fossem pagas desta maneira. A perda do soberano pelo abuso e depredação de seus coletores de taxas seria necessariamente muito maior. Os servos da pessoa mais descuidada são quiçá mais vigiados pelo olho de seu patrão do que pelo do mais cuidadoso príncipe; e uma renda pública que fosse paga em espécie sofreria tanto pela má administração de seus coletores que apenas parte muito pequena do que fosse levantado com o povo chegaria ao tesouro do príncipe. Parte da renda pública da China, porém, diz-se ser paga destarte. Os mandarins e outros coletores de impostos, sem dúvida, acharão vantajoso continuar a prática de um pagamento tão mais passível de abuso que qualquer pagamento em dinheiro.

Uma taxa sobre o produto da terra levantada em dinheiro pode ser cobrada de acordo com uma avaliação que varia com todas as variações do preço de mercado, ou de acordo com uma avaliação fixa, um alqueire de cevada, por exemplo, sendo sempre avaliado a um mesmo preço, qualquer que seja o estado do mercado. O produto de uma taxa levantada da primeira maneira variará só de acordo com as variações da produção real da terra, conforme o aperfeiçoamento ou negligência do cultivo. O produto de uma taxa levantada variará não só de acordo com as variações no produto da terra, mas de acordo com as variações no valor dos metais preciosos e na quantidade daqueles metais que em cada tempo está contida na moeda de mesma denominação. O produto da primeira sempre terá a mesma proporção para com o valor do produto real da terra. O produto da outra poderá, em épocas diferentes, ter proporções muito diferentes para com aquele valor.

Quando, em vez de uma certa porção do produto da terra, ou do preço de uma certa porção, uma certa soma em dinheiro deve ser paga em compensação total por toda a taxa ou dízimo, a taxa torna-se, neste caso, exatamente da mesma natureza da taxa da terra da Inglaterra. Não se eleva nem cai com a renda da terra. Não encoraja nem desencoraja o aperfeiçoamento. O dízimo, na maior parte daquelas paróquias que pagam o que é chamado *modus* em lugar de outro dízimo, é uma taxa desta espécie. Durante o governo muçulmano de Bengala, em vez de o pagamento em espécie de uma quinta parte do produto, um *modus*, e diz-se que um muito moderado, foi estabelecido na maior parte dos distritos ou zemindares do país. Alguns dos funcionários da Companhia das Índias Orientais, sob a pretensão de restaurar a renda pública a seu valor adequado, trocou o *modus* por um pagamento em espécie. Sob sua administração, essa alteração poderá desencorajar o cultivo e dar novas oportunidades de abuso na coleta da renda pública, que caiu muito abaixo do que era quando caiu sob a administração da companhia. Os funcionários da companhia talvez tenham lucrado com essa mudança, é provável, às expensas de seus patrões e do país.

Taxas sobre a renda das casas

A renda de uma casa pode ser distinta em duas partes, das quais uma pode ser muito propriamente chamada de renda do edifício, a outra, de renda do terreno.

A renda do edifício é o interesse ou lucro do capital despendido na construção da casa. Para pôr o ofício do construtor no nível dos outros ofícios, é necessário que esta renda seja suficiente, primeiro, para pagar-lhe os mesmos juros que teria por seu capital se o emprestasse com boa garantia; segundo, para manter a casa em constante reparo, ou, o que vem a ser o mesmo, substituir, no prazo de alguns anos, o capital que fora empregado em sua construção. A renda de edificação, ou o lucro ordinário da construção, é, portanto, em todo lugar regulada pelos juros ordinários do dinheiro. Onde a taxa de juros de mercado é 4%, a renda de uma casa que, além de pagar a renda do terreno dá 6%

ou 6,5% sobre toda a despesa do edifício, poderá talvez dar um lucro suficiente ao construtor. Onde a taxa de juros é de 5%, pode talvez requerer 7% ou 7,5%. Se, em proporção aos juros do dinheiro, o ofício do construtor permite a qualquer tempo um lucro muito maior que este, logo atrairá tanto capital de outros ofícios que reduzirá o lucro a seu nível adequado. Se a qualquer tempo der muito menos que isto, outros ofícios logo atrairão tanto capital que elevará aquele lucro.

Qualquer parte de toda a renda de uma casa que esteja muito acima do que é suficiente para dar este lucro razoável naturalmente vai para a renda do terreno; e enquanto o proprietário do terreno e o proprietário do edifício são duas pessoas diferentes, é, na maioria dos casos, paga completamente ao primeiro. Esta renda em excesso é o preço que o habitante da casa paga por alguma vantagem real ou suposta da situação. Nas casas do campo a uma certa distância de qualquer grande cidade, onde há muito terreno para escolher, a renda do terreno mal representa o que renderia o terreno se fosse empregado na agricultura. Nas vilas campestres nas vizinhanças de alguma grande cidade, por vezes é bem mais alta, e a conveniência peculiar ou a beleza da situação ali é frequentemente bem paga. As rendas do terreno são geralmente mais altas na capital, e naquelas partes particulares, onde pode haver a maior demanda pelas casas, qualquer que seja a razão por aquela demanda, quer por comércio e negócios, por prazer e sociedade, ou por mera vaidade e moda.

Uma taxa sobre a renda da casa, pagável pelo rendeiro e proporcionada a toda a renda de cada casa, não poderia, pelo menos por qualquer tempo considerável, afetar a renda do edifício. Se o construtor não obtivesse seu lucro razoável, seria obrigado a deixar o ofício, o que, elevando a demanda de construção, em pouco tempo traria seu lucro a seu nível adequado junto com o dos outros ofícios. Tampouco tal taxa recairia totalmente sobre a taxa do terreno, mas se dividiria de tal modo que recairia parcialmente sobre o habitante da casa, parcialmente sobre o proprietário do terreno.

Suponhamos, por exemplo, que uma determinada pessoa julgue que possa pagar o aluguel de uma casa a sessenta libras por ano; e suponhamos também que uma taxa de quatro *shillings* a libra, ou de um quinto, pagável pelo morador, seja imposta sobre o aluguel da casa. Uma casa com um aluguel de sessenta libras, neste caso, lhe custará

72 libras por ano, o que é 12 libras mais do que ele pensa que pode pagar. Assim, ele se contentará com uma casa pior, ou uma casa de aluguel de cinquenta libras, que, com as dez libras adicionadas que deve pagar como imposto, totalizará sessenta libras por ano, despesa que ele julga poder tolerar; e para pagar o imposto ele desistirá de parte da conveniência adicional que poderia ter tido com uma casa de dez libras por ano, mais o aluguel. Ele desistirá, digo, de uma parte desta conveniência adicional, pois ele raramente será obrigado a desistir de toda, mas em consequência da taxa, obterá uma casa melhor por cinquenta libras por ano do que poderia, se não houvesse imposto. Pois como uma taxa desta espécie, afastando este competidor em particular, deve diminuir a competição por causa de sessenta libras de aluguel, devendo diminuir analogamente a daquelas de cinquenta libras e, da mesma maneira, de todos os outros aluguéis, exceto o mais baixo, pelo qual aumentaria temporariamente a competição. Mas os aluguéis de todas as classes de casas pelas quais a competição tivesse diminuído, necessariamente seriam mais ou menos reduzidos. Como nenhuma parte desta redução, porém, poderia, pelo menos por qualquer período considerável, afetar a renda do edifício, toda ela a longo prazo necessariamente deve recair sobre o aluguel do terreno. O pagamento final desta taxa, portanto, recairia parcialmente sobre o morador da casa, que para pagar sua parte seria obrigado a desistir de parte de sua comodidade, e parcialmente sobre o proprietário do terreno, que para pagar a sua parte seria obrigado a desistir de parte de sua renda. Em que proporção este pagamento ficaria dividido entre eles, talvez não seja fácil determinar. A divisão provavelmente seria muito diferente em diferentes circunstâncias, e uma taxa desta espécie poderia, de acordo com estas diferentes circunstâncias, afetar muito desigualmente tanto o morador da casa quanto o proprietário do terreno.

A desigualdade com que uma taxa desta espécie poderia recair sobre os proprietários de diferentes rendas de terrenos originar-se-ia inteiramente da desigualdade acidental desta divisão. Mas a desigualdade com que recairia sobre os moradores de casas diferentes teria origem não nesta, mas em outra causa. A proporção da despesa do aluguel da casa para com toda a despesa de viver é diferente com os diferentes graus da fortuna. Talvez seja mais alta no grau mais alto, e diminui gradualmente pelas classes inferiores, de modo a ser mais baixa no grau mais baixo.

As necessidades da vida ocasionam a maior despesa dos pobres. Acham difícil obter comida, e a maior parte de sua pequena renda é gasta em sua obtenção. Os luxos e vaidades da vida ocasionam a principal despesa dos ricos, e uma casa magnificente embeleza e destaca todos os outros luxos e vaidades que possuem. Uma taxa sobre os aluguéis em geral recairia mais pesadamente sobre os ricos; e nesta espécie de desigualdade não haveria nada de irrazoável. Não é muito irrazoável que os ricos devam contribuir para as despesas públicas, não só em proporção à sua renda, mas com algo mais que naquela proporção.

O aluguel de casas, se bem que em alguns aspectos assemelhe-se à renda da terra, é num aspecto essencialmente diferente. A renda da terra é paga pelo uso de um artigo produtivo. A terra que paga produz. A renda das casas é paga pelo uso de um artigo improdutivo. Nem a casa nem o terreno sobre o qual está produz qualquer coisa. A pessoa que paga o aluguel, portanto, precisa tirá-lo de alguma outra fonte de renda distinta e independente deste artigo. Uma taxa sobre o aluguel das casas, enquanto recai sobre os moradores, deve ser tirada da mesma fonte que o próprio aluguel e deve ser paga de sua renda, quer derivada dos salários, lucros de capital, ou arrendamento da terra. Enquanto recai sobre os moradores, é uma daquelas taxas que recaem não só sobre uma, mas sobre todas as três diferentes fontes de renda indiferentemente, e em todos os aspectos da mesma natureza que uma taxa sobre qualquer outra espécie de mercadorias de consumo. Em geral, talvez não haja outro artigo de despesa ou consumo pelo qual a liberalidade ou estreiteza de toda a despesa de um homem possa ser julgada, do que pelo aluguel de sua casa. Uma taxa proporcional sobre este particular item da despesa poderia produzir uma renda mais considerável do que qualquer uma que até agora fosse derivada dela em qualquer parte da Europa. Se de fato a taxa fosse muito alta, a maior parte das pessoas procuraria se evadir dela, tanto quanto pudessem, contentando-se com casas menores e dirigindo a maior parte de suas despesas para outro canal.

O aluguel das casas poderia ser facilmente determinado com precisão por uma política da mesma espécie que a necessária para determinar a renda ordinária da terra. As casas inabitadas não pagariam taxas. Uma taxa sobre elas recairia totalmente sobre o proprietário, que assim seria taxado por um artigo que não lhe dá comodidade nem renda. As casas habitadas pelo proprietário deveriam ser cotadas não de acordo com a despesa com a construção delas, mas de acordo com a renda que um arbítrio equitativo poderia julgar que daria se alugada. Se cotada de acordo com uma despesa que poderia ter custado, na construção, uma taxa de três ou quatro *shillings* a libra, acrescida a outras taxas, arruinaria quase todas as grandes e ricas famílias deste e, creio, de todo país civilizado. Quem quer que examine com atenção as diferentes casas da cidade e do campo de algumas das maiores e mais ricas famílias neste país descobrirá que, à taxa de apenas 6,5% ou 7% sobre a despesa original da construção, a renda de suas casas é quase igual à renda líquida total de suas propriedades. É a despesa acumulada de várias gerações sucessivas, depositada nos objetos de grande beleza e magnificência, de fato, mas em proporção ao que custam, de muito pequeno valor de troca.[9]

As rendas sobre os terrenos são um item mais propriamente passível de taxação do que a renda das casas. Uma taxa sobre o aluguel do terreno não elevaria o aluguel das casas. Recairia totalmente sobre o proprietário da renda do terreno, que age sempre como um monopolista e retira a maior renda que pode ser obtida pelo uso de seu terreno. Mais ou menos poderá ser obtido de acordo com os competidores, mais ricos ou mais pobres, ou que podem gratificar seus caprichos com um determinado local a uma despesa maior ou menor. Em todo país, o maior número de competidores ricos está na capital, e é lá que os maiores aluguéis de terrenos sempre serão encontrados. Como a riqueza destes competidores em nenhum aspecto seria aumentada por uma taxa sobre o aluguel dos terrenos, provavelmente não estariam dispostos a pagar mais pelo uso do terreno. Se a taxa devesse ser adiantada pelo morador, ou pelo proprietário do terreno, isso seria de pouca importância. Quanto mais o morador fosse obrigado a pagar pela taxa, menos ele estaria inclinado a pagar pelo terreno; de modo que o pagamento final da taxa recairia totalmente sobre o proprietário da renda do terreno. As rendas dos terrenos de casas desabitadas não deveriam pagar nenhuma taxa.

Ambas as rendas, as dos terrenos e das terras, são uma espécie de renda que o proprietário, em muitos casos, goza sem qualquer

---

[9] Desde a primeira publicação deste livro, uma taxa quase nos princípios acima foi imposta.

cuidado ou atenção dele mesmo. Se bem que parte de sua renda deveria ser tomada dele para custear as despesas do Estado, nenhum desencorajamento assim será dado a nenhuma espécie de indústria. O produto anual da terra e do trabalho da sociedade, a riqueza real e a renda da maioria do povo poderiam ser os mesmos depois de uma tal taxa, do que antes. As rendas dos terrenos e a renda ordinária da terra são assim a espécie de renda que melhor podem ter uma taxa peculiar imposta.

Os aluguéis de terrenos, neste aspecto, são um artigo mais adequado à taxação do que a renda ordinária da terra. A renda ordinária da terra, em muitos casos, é devida parcialmente à atenção e boa administração do proprietário. Uma taxa muito pesada poderia desencorajar demasiado sua atenção e boa administração. As rendas dos terrenos, enquanto excedem a renda ordinária da terra, devem-se totalmente ao bom governo do soberano, que, protegendo a indústria de todo o povo, ou dos habitantes de um lugar em particular, permite-lhes pagar um tanto mais que seu valor real pelo terreno onde constroem suas casas; ou dar mais que uma compensação ao proprietário, pela perda que poderia sustentar pelo seu uso. Nada pode ser mais razoável do que um fundo que deve sua existência ao bom governo do Estado seja taxado especialmente, ou deveria contribuir com algo mais que a maior parte dos outros fundos, para o sustento daquele governo.

Apesar de que em muitos países da Europa foram impostas taxas sobre o aluguel das casas, não sei de nenhum em que o aluguel dos terrenos tenha sido considerado como item separado de taxação. Os que elaboraram as taxas provavelmente encontraram alguma dificuldade em determinar que parte da renda deveria ser considerada do terreno e que parte deveria ser considerada do edifício. Porém, não parece muito difícil distinguir estas duas partes.

Na Grã-Bretanha, a renda das casas é suposta taxada na mesma proporção que a renda da terra, pelo que é chamado taxa anual da terra. A avaliação, de acordo com a qual cada paróquia e distrito deve pagar esta taxa, é sempre a mesma. Foi originalmente de extrema desigualdade, e ainda continua assim. Pela maior parte do reino, esta taxa cai ainda mais levemente sobre o aluguel das casas do que sobre o arrendamento da terra. Apenas nuns poucos distritos de taxação original elevada, e onde os aluguéis das casas caíram consideravelmente, a taxa da terra de três ou quatro *shillings* por libra é dita em igual proporção ao aluguel real das casas. Casas desocupadas, mesmo que por lei sujeitas à taxa, na maioria dos distritos, são isentas dela pelo favor dos cobradores, e esta isenção por vezes ocasiona uma pequena variação na cotação de algumas casas, se bem que a do distrito seja sempre a mesma. As melhoras na renda, por novas construções, reparos etc., são desencargo do distrito, o que ocasiona ainda mais variações na cotação de certas casas.

Na província da Holanda, toda casa é taxada a 2,5% de seu valor, sem qualquer consideração pelo aluguel que realmente paga ou pelas circunstâncias de estar ocupada ou não. Parece haver alguma dificuldade em obrigar o proprietário a pagar uma taxa por uma casa desocupada, de onde ele não pode derivar nenhuma renda, especialmente uma taxa tão pesada. Na Holanda, onde a taxa de juros de mercado não excede 3%, 2,5% sobre todo o valor da casa deve, na maioria dos casos, totalizar mais de um terço do aluguel do edifício, e talvez todo o aluguel. A avaliação, de fato, de acordo com a qual as casas são cotadas, se bem que muito desigual, diz-se que está muito abaixo do valor real. Quando uma casa é reconstruída, melhorada ou ampliada, há uma nova avaliação, e a taxa é cotada de acordo.

Os elaboradores das várias taxas que na Inglaterra, em diferentes épocas, foram impostas sobre casas, parecem ter imaginado que havia grande dificuldade em determinar, com exatidão tolerável, qual seria a renda real de cada casa. Regularam suas taxas, portanto, de acordo com algumas circunstâncias mais óbvias, que imaginaram que na maioria dos casos manteria alguma proporção para com a renda.

A primeira taxa desta espécie foi a taxa da lareira, ou uma taxa de dois *shillings* sobre cada lareira. Para determinar quantas soleiras havia na casa, era necessário que o coletor de impostos entrasse em cada um de seus quartos. Esta visita odiosa tornava a taxa odiosa. Logo depois da revolução, portanto, foi abolida como sinal de escravidão.

A seguinte taxa desta espécie foi uma taxa de dois *shillings* sobre cada casa habitada. Uma casa de dez janelas deveria pagar mais quatro *shillings*. Uma casa com vinte janelas ou mais pagaria oito *shillings*. Esta taxa depois foi tão alterada que casas com vinte janelas e menos de trinta deveriam pagar dez *shillings*, e aquelas com trinta janelas ou mais pagariam vinte *shillings*. O número de janelas pode, na maioria dos casos, ser contado do exterior e, em todos os casos, sem entrar em todos os aposentos da casa. A visita do cobrador, portanto, era menos ofensiva nesta taxa. do que na da lareira.

Esta taxa foi depois repelida e em seu lugar foi estabelecida a taxa das janelas, que também sofreu várias alterações e ampliações. A taxa das janelas, como está atualmente (janeiro de 1775), além de três *shillings* sobre cada casa da Inglaterra, e um *shilling* sobre cada casa da Escócia, impõe uma taxa sobre cada janela, que na Inglaterra aumenta gradualmente de dois pence, a mais baixa, sobre as casas com não mais que sete janelas, a dois *shillings*, a taxa mais alta, sobre casas com 25 janelas ou mais.

A principal objeção a todas essas taxas é sua desigualdade, e da pior espécie, pois frequentemente recaem muito mais pesadamente sobre os pobres do que sobre os ricos. Uma casa de dez libras de aluguel numa cidade do interior pode ter mais janelas que uma casa de quinhentas libras de aluguel em Londres; e se bem que o morador da primeira poderá ser um homem muito mais pobre do que o da segunda, como sua contribuição é regulada pela taxa das janelas, deve contribuir mais para o sustento do Estado. Tais taxas são, portanto, diretamente contrárias à primeira das quatro máximas acima mencionadas. Não parecem ofender muito qualquer das outras três.

A tendência natural da taxa das janelas e de todas as outras taxas sobre as casas é baixar as rendas. Quanto mais um homem paga pela taxa, evidentemente menos poderá pagar pelo aluguel. Desde a imposição da taxa das janelas, porém, os aluguéis das casas no todo subiram, mais ou menos, em quase toda cidade ou vila da Grã-Bretanha de que tenho notícia. Tal tem sido em todo lugar o aumento da demanda por casas, que elevou os aluguéis mais que a taxa das janelas poderia baixá-los — uma das muitas provas da grande prosperidade do país e da crescente renda de seus habitantes. Se não fosse pela taxa, os aluguéis provavelmente subiriam ainda mais.

Artigo II
Taxas sobre o lucro, ou sobre a renda oriunda do capital

A renda, ou lucro, oriunda do capital naturalmente se divide em duas partes: a que paga os juros, e que pertence ao dono do capital, e aquela parte em excesso que está além do necessário para pagar os juros.

Esta última parte do lucro é evidentemente um item não taxável diretamente. É a compensação, e na maioria dos casos, não mais do que uma mui moderada compensação, pelo risco e trabalho de aplicar o capital. O empregador precisa ter esta compensação, ou de outro modo não pode, consistentemente com seu interesse, continuar a aplicação. Se fosse, pois, taxado diretamente em proporção a todo o lucro, ele seria obrigado a elevar sua taxa de lucro ou onerar a taxa de juros, isto é, pagar menos juros. Se elevasse a taxa de seu lucro em proporção à taxa, toda a taxa, mesmo que pudesse ser adiantada por ele, afinal seria paga por um ou outro dos dois conjuntos de pessoas, de acordo com as diferentes maneiras que poderia empregar o capital que administra. Se o empregasse como capital agrícola no cultivo da terra, poderia elevar a taxa de seu lucro apenas retendo uma porção maior, ou, o que dá no mesmo, o preço de uma maior porção do produto da terra; e como isto só poderia ser feito por uma redução da renda, o pagamento final da taxa recairia sobre o proprietário. Se o empregasse como capital mercantil ou de manufatura, poderia elevar a taxa de seu lucro somente elevando o preço de suas mercadorias; caso em que o pagamento final da taxa cairia inteiramente sobre os consumidores daquelas mercadorias. Se não elevasse a taxa de seu lucro, seria obrigado a colocar toda a taxa sobre aquela parte destinada aos juros. Poderia pagar menos juros, qualquer que fosse o capital que ele emprestasse, e todo o peso da taxa, neste caso, acabaria caindo sobre os juros do dinheiro. Se ele não conseguisse aliviar-se da taxa de um modo, seria obrigado a fazê-lo de outro.

Os juros do dinheiro à primeira vista parecem igualmente capazes de ser taxados diretamente como a renda da terra. Como a renda da terra, é um produto líquido que permanece depois de compensar completamente todo o risco e o trabalho de empregar o capital. Assim como uma taxa sobre a renda da terra não pode levantar rendas, porque o produto líquido que resta depois de substituir o capital do lavrador, junto com seu lucro razoável, não pode ser maior depois da taxa do que antes, pela mesma razão uma taxa sobre os juros do dinheiro não poderia levantar a taxa de juros; a quantidade de capital ou dinheiro no país, como a quantidade de terra, é suposta ser a mesma depois da taxa do que antes. A taxa ordinária de juros, mostrou-se no primeiro livro, em todo lugar é regulada pela quantidade de capital a ser empregada em proporção à quantidade de emprego, ou dos negócios que devem ser feitos por ele. Mas a quantidade de emprego, ou do negócio a ser feito pelo capital, não poderia ser aumentada nem diminuída por qualquer taxa sobre os juros do dinheiro. Se a quantidade de capital a ser empregada, portanto, não fosse aumentada nem diminuída por ele, a taxa ordinária de lucro necessariamente permaneceria a mesma. Mas a porção deste lucro necessária para compensar o risco e trabalho do empregador, analogamente, permaneceria a mesma, aquele risco e trabalho não sendo em nenhum aspecto alterados. O resíduo, portanto, aquela porção que pertence ao proprietário do capital, e que paga os juros do dinheiro, necessariamente permaneceria o mesmo também. À primeira vista, portanto, os juros do dinheiro parece ser um item tão passível de ser taxado diretamente quanto a renda da terra.

Há, porém, duas circunstâncias diferentes que tornam os juros do dinheiro muito menos adequados para taxação direta do que a renda da terra.

Primeiro, a quantidade e o valor da terra que qualquer homem possui nunca podem ser um segredo e sempre podem ser determinados com grande exatidão. Mas a quantidade total do capital que ele possui é quase sempre um segredo e dificilmente consegue ser determinada com exatidão tolerável. É passível, também, a variações quase contínuas. Raramente passa um ano, nem mesmo um mês, por vezes um só dia, em que não suba ou caia um pouco. Uma investigação nas circunstâncias privadas de todo homem e uma inquisição que, para acomodar a taxa a eles, vigiasse todas as flutuações de suas fortunas seriam uma fonte de vexação contínua e interminável, que ninguém suportaria.

Segundo, a terra é um artigo que não pode ser removido; ao passo que o capital pode sê-lo facilmente. O proprietário da terra é necessariamente cidadão daquele país onde sua propriedade está. O proprietário do capital é propriamente um cidadão do mundo e não está necessariamente ligado a qualquer país em particular. Estaria apto a abandonar o país em que estivesse exposto a uma inquisição vexatória, para ser sujeito a uma taxa onerosa, e removeria seu capital a algum outro país onde poderia exercer seus negócios ou gozar sua fortuna mais à vontade. Removendo seu capital, poria um fim a toda indústria que mantivera no país que deixou. O capital cultiva a terra; o capital emprega o trabalho. Uma taxa que tendesse a expulsar o capital de qualquer país logo tenderia a secar toda fonte de renda para o soberano e para a sociedade. Não só os lucros do capital, mas a renda da terra e os salários do trabalho necessariamente seriam mais ou menos diminuídos com sua remoção.

As nações, assim sendo, que tentaram taxar a renda oriunda do capital, em vez de qualquer inquisição severa desta espécie, foram obrigadas a se contentarem com uma estimativa grosseira e, portanto, mais ou menos arbitrária. A extrema desigualdade e incerteza de uma taxa desta maneira determinada pode ser compensada apenas por sua extrema moderação, em consequência do que qualquer homem acha-se cotado tão abaixo de sua renda real que pouco se importa, mesmo que seu vizinho seja cotado um pouco mais baixo.

Pelo que é chamado de taxa da terra na Inglaterra, pretendeu-se que o capital fosse taxado na mesma proporção que a terra. Quando a taxa sobre a terra estava a quatro *shillings* por libra, ou a um quinto da suposta renda, pretendia-se que aquele capital fosse taxado em um quinto dos supostos juros. Quando a atual taxa sobre a terra foi primeiro imposta, a taxa legal de juros era de 6%. Cada cem libras de capital, consequentemente, era suposta taxada a 24 *shillings*, a quinta parte de seis libras. Como a taxa legal de juros foi reduzida a 5%, cada cem libras de capital supõe-se ser taxada apenas a vinte *shillings*. A soma a ser levantada pelo que é chamado taxa da terra era dividida entre o campo e as cidades principais. A sua maior parte recaía sobre o campo; e do que recaía sobre as cidades, a maior parte era sobre as casas. O que restava ser determinado sobre o capital ou comércio das cidades (pois não se queria taxar o capital sobre a terra) estava muito abaixo do real valor daquele capital, ou negócio. Quaisquer desigualdades, portanto, que poderiam haver na determinação original causaram pouco distúrbio. Cada paróquia e distrito ainda continuam a ser taxados por sua terra, casas e capital, de acordo com a determinação original; e a prosperidade quase universal do campo, que na maioria dos lugares elevou em muito o preço das terras, tornou aquelas desigualdades de muito menos importância agora. A taxa, também, sobre cada distrito, continuando sempre a mesma, fez com que a incerteza desta taxa, enquanto pode ser determinada sobre o capital de qualquer indivíduo, fosse muitíssimo diminuída, bem como tornada de muito menos consequência. Se a maior parte das terras da Inglaterra não paga a taxa da terra à metade de seu valor real, a maior parte do capital inglês quiçá mal seja taxado à quinta parte de seu valor real. Em algumas cidades, toda a taxa da terra é fixada sobre casas, como em Westminster, onde o capital e o comércio são livres. É diferente em Londres.

Em todos os países, uma severa inquisição nas circunstâncias dos particulares foi cuidadosamente evitada.

Em Hamburgo,[10] todo habitante é obrigado a pagar ao Estado 1/4% de tudo o que possui, e como a riqueza do povo de Hamburgo consiste principalmente de capital, esta taxa pode ser considerada como taxa sobre o capital. Cada homem fixa para si e, na presença do magistrado, põe anualmente no cofre público uma certa soma em dinheiro que ele declara sob juramento ser um quarto de tudo o que ele possui, mas sem declarar quanto totaliza, nem sendo sujeito a qualquer exame quanto a este assunto. Esta taxa, em geral, é suposta paga com grande fidelidade. Numa pequena república, onde o povo tem inteira confiança em seus magistrados, é convencido da necessidade da taxa para o sustento do Estado e acredita que será fielmente aplicada para aquele fim, tal pagamento consciencioso e voluntário pode por vezes ser esperado. Não é só peculiar ao povo de Hamburgo.

O cantão de Unterwald, na Suíça, é frequentemente assolado por tempestades e inundações, assim sendo exposto a despesas extraordinárias. Em tais ocasiões, o povo se reúne, e cada um declara com a maior franqueza quanto tem para ser taxado de acordo. Em Zurique a lei ordena que, em casos de necessidade, cada um deve ser taxado em proporção à sua renda — cuja quantidade ele é obrigado a declarar sob juramento. Não têm suspeita, diz-se, de que qualquer de seus concidadãos os iludirá. Em Basileia, a principal renda do Estado origina-se de uma alfândega sobre os bens exportados. Todos os cidadãos fazem juramento de que pagarão a cada três meses todas as taxas impostas pela lei. Todos os comerciantes e mesmo hospedeiros são confiados para manter a conta das mercadorias que vendem dentro ou fora do território. Ao fim de cada três meses, enviam estas contas ao tesoureiro, com a quantia da taxa computada ao fim. Não se suspeita que a renda sofra por esta confiança.[11]

---

[10] *"Memoires concernant les droits"*..., vol. I, p. 74.
[11] *"Mémoires oncernant les droits"*..., vol. I, p. 163, 166 e 171.

Obrigar cada cidadão a declarar publicamente sob juramento a quantidade de sua fortuna não parece ser tido como dificuldade naqueles cantões suíços. Em Hamburgo, seria da maior dificuldade. Os comerciantes engajados nos projetos arriscados de comércio tremem ao pensamento de sempre serem obrigados a expor o real estado de suas circunstâncias. A ruína de seu crédito e o desencaminhamento de seus projetos, anteveem, viria a ser a consequência comum. Um povo sóbrio e parcimonioso, estranho a todos esses projetos, não acha que teria ocasião para qualquer ocultação.

Na Holanda, logo após a exaltação do falecido príncipe de Orange a chefe de Estado, uma taxa de 2%, ou o quinquagésimo *penny*, como foi chamada, foi imposta sobre o total de tudo que possuía cada cidadão. Cada cidadão determinava para si mesmo e pagava esta taxa da mesma maneira que em Hamburgo, e em geral se supunha paga com grande fidelidade. O povo naquela época tinha a maior afeição por seu novo governo, que havia pouco estabeleceram por uma insurreição geral. A taxa deveria ser paga apenas uma vez, para aliviar o Estado numa exigência particular. De fato, era muito pesada para ser permanente. Num país onde a taxa de mercado dos juros raramente excede 3%, uma taxa de 2% totaliza 13 *shillings* e quatro pence por libra sobre a renda líquida mais alta comumente tirada do capital. É uma taxa que pouquíssimas pessoas poderiam pagar sem afetar um tanto os seus capitais. Numa exigência particular, o povo pode, pelo grande zelo público, fazer um grande esforço e desistir mesmo de uma parte de seu capital para aliviar o Estado. Mas é impossível que pudessem continuar a fazê-lo por qualquer período considerável; e se o fizessem, a taxa logo os arruinaria tão completamente a ponto de torná-los totalmente incapazes de sustentar o Estado.

A taxa sobre o capital imposta pela lei da taxa sobre a terra, na Inglaterra, se bem que proporcional ao capital, não pretende diminuir ou retirar qualquer parte daquele capital. Visa apenas ser uma taxa sobre os juros do dinheiro proporcional àquela sobre a renda da terra, de modo que, quando está a quatro *shillings* a libra, a primeira possa estar a quatro *shillings* a libra também. A taxa em Hamburgo e as taxas ainda mais moderadas de Unterwald e Zurique também visam ser taxas não sobre o capital, mas sobre os juros, ou renda líquida do capital. A da Holanda visava ser uma taxa sobre o capital.

Taxas sobre o lucro de empregos particulares

Em alguns países, taxas extraordinárias são impostas sobre os lucros de capital, por vezes quando empregado em ramos particulares do comércio, e por vezes quando empregado na agricultura.

Da primeira espécie, temos na Inglaterra as taxas sobre vendedores ambulantes e carroças de aluguel, e aquela que os donos de cervejarias pagam pela licença de vender cerveja e licores espirituosos a varejo. Durante a última guerra, outra taxa da mesma espécie foi proposta sobre as lojas. A guerra sendo empreendida, dizia-se, em defesa do comércio do país, os comerciantes, que teriam lucro com ela, deveriam contribuir para sustentá-la.

Uma taxa, porém, sobre os lucros de capital empregado em qualquer ramo particular do comércio nunca pode finalmente recair sobre os negociantes (que em todos os casos ordinários têm seu lucro razoável e, onde a competição é livre, dificilmente podem ter mais do que aquele lucro), mas sempre sobre os consumidores, que devem ser obrigados a pagar no preço das mercadorias a taxa adiantada pelo negociante e geralmente com algum ônus.

Uma taxa desta espécie, quando é proporcional ao ofício do negociante, é finalmente paga pelo consumidor e não ocasiona opressão ao negociante. Quando não é proporcional, mas é a mesma para todos os negociantes, também neste caso é paga pelo consumidor, apesar de favorecer o negociante grande e ocasionar alguma opressão ao pequeno. A taxa de cinco *shillings* por semana sobre cada coche de aluguel, e de dez *shillings* por ano por cada cadeirinha, enquanto é adiantada pelos donos, é exatamente proporcional à extensão de seus respectivos negócios. Nem favorece o negociante grande, nem oprime o menor. A taxa de vinte *shillings* por ano por uma licença para vender cerveja; de quarenta *shillings* para vender licores; e mais quarenta *shillings* para vender vinho, sendo a mesma para todos os varejistas, deve necessariamente dar alguma vantagem aos grandes negociantes e causar alguma opressão aos pequenos. Os primeiros devem achar mais fácil obter de volta a taxa no preço de seus bens do que os segundos. A moderação da taxa, porém, torna esta desigualdade de somenos importância, e pode a muitas pessoas não parecer impróprio dar algum encorajamento à multiplicação de pequenas casas de cerveja. A taxa sobre as lojas, pretendia-se, seria a mesma sobre todas as lojas. Não poderia ter sido de outra maneira. Teria sido impossível proporcionar com tolerável exatidão a taxa sobre uma loja à extensão do comércio exercido nela sem uma inquisição tal a ser totalmente insuportável num país livre. Se a taxa fosse considerável, teria oprimido os pequenos e forçado quase todo o comércio a varejo nas mãos dos grandes comerciantes. A competição dos primeiros sendo afastada, estes teriam um monopólio e, como todos os monopolistas, logo teriam se combinado para elevar seus lucros muito além do necessário ao pagamento da taxa. O pagamento final, em vez de recair sobre o lojista, teria recaído sobre o consumidor, com uma considerável sobrecarga ao lucro do lojista. Por estas razões, o projeto de uma taxa sobre as lojas foi deixado de lado, e em seu lugar foi instituído o subsídio em 1759.

O que na França é chamado *taille* pessoal é talvez a taxa mais importante sobre os lucros de capital empregado na agricultura levantada em qualquer parte da Europa.

No estado desordenado da Europa durante a prevalência do governo feudal, o soberano era obrigado a contentar-se em taxar aqueles que eram fracos demais para se recusar a pagar taxas. Os grão-senhores, apesar de ajudá-lo voluntariamente em emergências particulares, recusavam-se a se submeter a qualquer taxa constante, e ele não era forte o bastante para obrigá-los. Os ocupantes da terra em toda a Europa eram, em sua maioria, originalmente servos. Pela maior parte da Europa, foram gradualmente emancipados. Alguns deles adquiriram propriedades que mantinham enquanto plebeus, por vezes sob o rei, por vezes sob algum grão-senhor, como os antigos lavradores ingleses. Outros, sem adquirir a propriedade, obtinham arrendamentos por alguns anos das terras que ocupavam sob seus senhores e assim tornavam-se menos dependentes deles. Os grão-senhores parecem ter contemplado com uma indignação maligna e desdenhosa o grau de prosperidade e independência que esta ordem inferior de homens veio a gozar e, conscientemente, permitiram que o soberano os taxasse. Em alguns países, esta taxa era confinada às terras mantidas por plebeus; neste caso, dizia-se que a *taille* era dita real. A taxa sobre a terra estabelecida pelo falecido rei da Sardenha, e a *taille* nas províncias do Languedoc, Provença, Dauphiné e Bretanha, na generalidade de Montauban e nos eleitorados de Agen e Comdom, bem como em outros distritos de França, são taxas sobre propriedades mantidas por plebeus. Em outros países, a taxa era imposta sobre os supostos lucros de todos aqueles que cultivavam ou arrendavam terras pertencentes a outras pessoas, qualquer que fosse a sua categoria; e neste caso, a *taille* era dita pessoal. Na maioria daquelas províncias da França chamadas eleitorados, a *taille* é deste tipo. A *taille* real, imposta apenas sobre parte das terras do país, é necessariamente desigual, mas nem sempre arbitrária, se bem que o seja, em algumas ocasiões. A *taille* pessoal, como se destina a ser proporcional aos lucros de uma certa classe de pessoas sobre a qual se pode apenas conjecturar, é necessariamente tanto arbitrária como desigual.

Na França, a *taille* pessoal atualmente (1775) imposta por ano sobre as vinte generalidades chamadas eleitorados totaliza 40 107 239 libras e 16 sous.[12] A proporção na qual esta soma é fixada para as diversas províncias varia de ano para ano, de acordo com os informes que são feitos ao conselho do rei concernentes à boa ou má qualidade das colheitas, como outras circunstâncias que podem aumentar ou diminuir bem sua capacidade de pagar. Cada generalidade é dividida num certo número de eleitorados, e a proporção com que a soma é imposta sobre toda a generalidade é dividida entre os diversos eleitorados varia igualmente de ano para ano, de acordo com os informes feitos ao conselho, concernentes às suas respectivas capacidades. Parece impossível que o conselho com as melhores intenções, jamais poderá proporcionar com tolerável exatidão qualquer destas duas determinações segundo as reais capacidades da província ou distrito sobre os quais são impostas. A ignorância e desinformação sempre devem desorientar mais ou menos o conselho mais correto. A proporção que cada paróquia deveria sustentar do eleitorado todo e o que cada indivíduo deveria sustentar do de sua paróquia, da mesma maneira variam, de ano para ano, conforme as circunstâncias requeiram. Estas circunstâncias são julgadas num caso, pelos funcionários do eleitorado, no outro, pelos da paróquia, e um e outro estão mais ou menos sob a direção e a influência do intendente. Não só a ignorância e desinformação, mas a amizade, animosidade partidária e ressentimento privados são o que frequentemente orienta mal tais assessores. Nenhum homem sujeito a uma taxa, é evidente, pode estar certo, antes de avaliado, do que deve

---

[12] *Mémoires concernant les droits...*, vol. I, pág. 17.

pagar. Não pode mesmo estar certo depois da avaliação. Se qualquer pessoa foi taxada que deveria ficar isenta, ou se qualquer pessoa foi taxada além de sua proporção, se bem que entrementes ambas devam pagar, se se queixarem, e tiverem razão, toda a paróquia é reavaliada no ano seguinte, para que as reembolse. Se qualquer dos contribuintes vai à falência ou torna-se insolvente, o coletor é obrigado a adiantar a sua taxa, e toda a paróquia é reavaliada no ano seguinte, para reembolsar o coletor. Se o próprio coletor vai à falência, a paróquia que o elege deve responder por sua conduta ao coletor-geral do eleitorado. Mas como pode ser trabalhoso para o coletor processar toda a paróquia, ele escolhe cinco ou seis dos contribuintes mais ricos e os obriga a pagar o que fora perdido pela insolvência do coletor. A paróquia depois deve reembolsar por aqueles cinco ou seis. Tais reembolsos são sempre acima da *taille* do ano particular sobre que incidem.

Quando uma taxa é imposta sobre os lucros de capital num particular ramo do comércio, os negociantes todos tomam cuidado para não trazer mais mercadorias ao mercado do que podem vender a um preço suficiente para reembolsá-los por adiantar a taxa. Alguns deles escamoteiam parte de seus estoques do comércio, e o mercado fica mais esparsamente suprido do que antes. O preço das mercadorias se eleva, e o pagamento final da taxa recai sobre o consumidor. Mas quando uma taxa é imposta sobre os lucros do capital empregado na agricultura, não é do interesse dos lavradores retirar qualquer parte de seu capital daquela aplicação. Cada lavrador ocupa uma certa quantidade de terra, pela qual paga renda. Pelo cultivo adequado desta terra, é necessária uma certa quantidade de capital, e retirando qualquer parte desta quantidade necessária, o lavrador não ficará mais capacitado a pagar o arrendamento ou o imposto. Para pagar o imposto, nunca poderá ser de seu interesse diminuir a quantidade de seu produto, nem consequentemente suprir o mercado mais escassamente que antes. O imposto, portanto, nunca lhe permitirá elevar o preço de seu produto de modo a reembolsar-se, lançando o pagamento final sobre o consumidor. O lavrador, porém, deve ter seu lucro razoável, assim como qualquer outro negociante, senão deve desistir de seu negócio. Depois da imposição de uma taxa desta espécie, ele pode obter seu lucro razoável somente pagando menos pelo arrendamento ao proprietário. Quanto mais ele é obrigado a pagar pelo imposto, menos ele pode pagar pelo arrendamento. Uma taxa desta espécie imposta durante a validade de um arrendamento sem dúvida pode perturbar ou arruinar o lavrador. Com a renovação do arrendamento, ela deverá sempre recair sobre o proprietário.

Num país em que a *taille* pessoal ocorre, o lavrador é comumente taxado em proporção ao capital que parece empregar no cultivo. Por isso, frequentemente teme ter bons cavalos ou bois, mas procura cultivar com os instrumentos de sua profissão no pior estado. Tal é sua desconfiança da justiça de seus taxadores que ele finge pobreza e deseja parecer incapaz de pagar qualquer coisa por temor de ser obrigado a pagar demasiado. Por esta política miserável, ele talvez nem sempre consulte seu próprio interesse da maneira mais eficaz e provavelmente perde mais pela diminuição de sua produção do que economiza pela de sua taxa. Apesar de que, em consequência deste mau cultivo, o mercado fique um pouco pior suprido, a pequena elevação de preços que pode ocasionar, como não deverá indenizar o lavrador pela diminuição de sua produção, é ainda menos provável que lhe permitirá pagar mais arrendamento ao proprietário. O povo, o lavrador e o proprietário, todos sofrem mais ou menos por este cultivo degradado. Que a *taille* pessoal tende, de muitas maneiras, a desencorajar o cultivo, e consequentemente secar a principal fonte de riqueza de todo grande país, já tive ocasião de observar no terceiro livro desta investigação.

As chamadas "taxas por cabeça" (*poll taxes*) nas províncias meridionais da América do Norte, e nas Índias Ocidentais, taxas anuais de um tanto por cabeça de escravo, são propriamente taxas sobre os lucros de uma certa espécie de capital empregado na agricultura. Como os plantadores são em sua maioria lavradores e proprietários, o pagamento final da taxa recai sobre eles em sua qualidade de proprietários sem nenhuma retribuição.

Taxas por cabeça dos servos empregados no cultivo parecem ter sido comuns em toda a Europa. Subsiste uma taxa desta espécie atualmente no Império da Rússia. Provavelmente por causa disto que taxas por cabeça de qualquer espécie frequentemente foram tidas como marca de escravidão. Toda taxa, porém, é, para a pessoa que a paga, não um grilhão, mas liberdade. Denota que está sujeita a um governo, de fato, mas, como possui alguma propriedade, ela mesma não pode ser propriedade de um senhor. Uma taxa por cabeça sobre os escravos é totalmente diferente de uma taxa por cabeça de homens livres. Esta é paga por pessoas sobre as quais é imposta; a primeira, por um conjunto diferente de pessoas. Esta última é totalmente arbitrária, ou totalmente desigual, e na maioria dos casos é uma e outra; a primeira, se bem que desigual sob certos aspectos, diferentes escravos sendo de diferentes valores, de modo algum é arbitrária. Todo senhor que sabe o número de seus próprios escravos sabe exatamente o que tem de pagar. Essas diferentes taxas, porém, sendo chamadas pelo mesmo nome, têm sido consideradas da mesma natureza.

As taxas na Holanda são impostas sobre servos domésticos não são sobre o capital, mas sobre as despesas, e assim assemelham-se às taxas sobre mercadorias de consumo. A taxa de um guinéu por cabeça de cada criado homem que ultimamente tem sido imposta na Grã-Bretanha é da mesma espécie. Recai mais pesadamente sobre a classe média. Um homem que ganha duzentas libras por ano pode manter um só criado. Um que ganhe dez mil por ano não manterá cinquenta. Não afeta o pobre.

As taxas sobre os lucros de capital em aplicações particulares nunca podem afetar os juros do dinheiro. Ninguém emprestará o seu dinheiro a juros àqueles que exercem as aplicações taxadas nem àquelas que exercem as não taxadas. As taxas sobre a renda oriunda do capital em todos os empregos em que o governo tenta qualquer exação, em muitos casos, recairão sobre os juros. O *vingtième*, ou vigésimo *penny* na França, é uma taxa da mesma espécie daquela que é chamada taxa sobre a terra na Inglaterra e é fixada da mesma maneira, sobre a renda originada das terras, casas e capital. Enquanto afeta o capital, é determinada, mesmo que com pouco rigor, com muito mais exatidão que aquela parte da taxa sobre a terra da Inglaterra, que é imposta sobre o mesmo fundo. Em muitos casos, recai totalmente sobre os juros. Frequentemente se enterra dinheiro na França sobre os chamados contratos para a constituição de uma renda, isto é, anuidades perpétuas redimíveis a qualquer momento pelo devedor contra o pagamento da soma originalmente adiantada, mas cuja amortização não é exigível pelo credor, exceto em casos particulares. O *vingtième* não parece ter elevado a taxa daquelas anuidades, se bem que seja mui exatamente cobrada de todos.

Artigo III
Taxas sobre os salários

Os salários das classes inferiores de trabalhadores, procurei mostrar no primeiro livro, em todo lugar são necessariamente regulados por duas circunstâncias diferentes: a demanda por trabalho e o preço ordinário ou médio das provisões. A demanda por trabalho, conforme esteja aumentando, estacionária ou declinando, ou requeira uma população crescente, estacionária ou declinante, regula a subsistência do trabalhador e determina em que grau deverá ser: liberal, moderada ou escassa. O preço ordinário ou médio das provisões determina a quantidade de dinheiro que deve ser paga ao trabalhador para permitir-lhe, de ano para ano, comprar sua subsistência: liberal, moderada ou escassa. Enquanto a demanda por trabalho e o preço das provisões permanecerem os mesmos, uma taxa direta sobre os salários não pode ter outro efeito senão elevá-los um pouco acima da taxa. Suponhamos, por exemplo, que num certo lugar a demanda por trabalho e o preço das provisões sejam tais que façam dez *shillings* por semana o salário ordinário do trabalho, e que uma taxa de um quinto, ou quatro *shillings* por libra, fosse imposta sobre os salários. Se a demanda por trabalho e o preço das provisões permanecessem os mesmos, ainda seria necessário que o operário naquele lugar ganhasse uma subsistência tal que só poderia ser comprada por dez *shillings* por semana, de salário livre. Mas para deixar-lhe tal salário livre após pagar a taxa, o preço do trabalho logo deverá elevar-se naquele lugar, não a 12 *shillings*, mas a vinte *shillings* e seis pence, isto é, para permitir-lhe pagar uma taxa de um quinto, seu salário logo deve elevar-se não só a um quinto, mas um quarto. Qualquer que fosse a proporção da taxa, os salários do trabalho em todos os casos devem elevar-se, não só naquela proporção, mas numa proporção mais alta. Se a taxa, por exemplo, fosse de um décimo, os salários logo deveriam elevar-se, não só de uma décima parte, mas de um oitavo.

Uma taxa direta sobre os salários, portanto, mesmo que o trabalhador pudesse pagar por si mesmo, não se poderia dizer sequer que seria adiantada por ele, pelo menos se a demanda por trabalho e o preço médio das provisões permanecessem os mesmos depois da taxa. Em todos estes casos, não só a taxa, mas algo mais que ela na realidade ser-lhe-ia adiantado pela pessoa que fosse seu empregador imediato. O pagamento final em diferentes casos cairia sobre diferentes pessoas. A elevação que uma tal taxa poderia ocasionar nos salários do trabalho de manufatura seria adiantada pelo patrão, que seria obrigado a onerar o preço de suas mercadorias, junto com o lucro. O pagamento final desta elevação de salários, portanto, junto com o lucro adicional do patrão, cairia sobre o consumidor. A elevação que uma tal taxa poderia ocasionar nos salários do trabalho do campo seria adiantada pelo fazendeiro que, para manter o mesmo número de trabalhadores que antes, seria obrigado a empregar um maior capital. Para conseguir de volta este capital maior, mais os lucros ordinários, seria necessário que retivesse uma porção maior ou o preço de uma porção maior do produto da terra e, consequentemente, pagaria menos ao proprietário. O pagamento final desta elevação de salários, portanto, recairia sobre o proprietário, junto com o lucro adicional do fazendeiro que a adiantou. Em todos os casos, uma taxa direta sobre os salários deve, a longo prazo, ocasionar uma grande redução na renda da terra e uma grande elevação no preço dos bens manufaturados, do que se seguiria da determinação adequada de uma soma igual ao produto da taxa parcialmente sobre a renda da terra, e parcialmente sobre mercadorias de consumo.

Se as taxas diretas sobre os salários nem sempre ocasionaram uma elevação proporcionada nos salários, é porque geralmente ocasionaram uma queda considerável na demanda de trabalho. O declínio da indústria, a diminuição do emprego para os pobres, a diminuição do produto anual da terra geralmente foram os efeitos de tais taxas. Em consequência delas, o preço do trabalho deve sempre ser mais alto do que seria no estado atual da demanda: e esta elevação de preço, junto com o lucro daqueles que a adiantaram, sempre deverá ser finalmente paga pelos proprietários e consumidores.

Uma taxa sobre os salários do trabalho no campo não eleva o preço do produto bruto da terra em proporção ao imposto, pela mesma razão que uma taxa sobre o lucro do fazendeiro não eleva aquele preço na mesma proporção.

Absurdas e destrutivas como são essas taxas, ainda aparecem em muitos países. Na França, aquela parte da *taille* que onera a indústria de operários e diaristas nas aldeias é exatamente uma taxa desta espécie.

Seus salários são computados de acordo com a cotação normal do distrito onde residem, e para que sejam o mínimo possível sujeitos a qualquer sobrecarga, seus ganhos anuais são estimados a não mais que duzentos dias de trabalho anuais.[13] A taxa de cada indivíduo é variada de ano para ano, de acordo com diferentes circunstâncias, das quais o coletor ou o comissário que o intendente aponta como seu assistente são juízes. Na Boêmia, em consequência da alteração no sistema de finanças que foi iniciado em 1748, uma taxa muito pesada é imposta sobre a indústria dos artífices. São divididos em quatro classes. A classe mais alta paga cem florins por ano, que a 22,5 pence o florim, totaliza £9 7s. 6d. A segunda classe é taxada a setenta; a terceira, a cinquenta; e a quarta, compreendendo os artífices nas aldeias, e a sua classe mais baixa nas cidades, a 25 florins.[14]

A recompensa dos artistas engenhosos e homens de profissões liberais, procurei mostrar no primeiro livro, necessariamente mantém uma certa proporção com os emolumentos dos ofícios inferiores. Uma taxa sobre esta recompensa não poderia ter outro efeito senão elevá-la um tanto em proporção à taxa. Se não a elevasse assim, as artes engenhosas e as profissões liberais, não estando mais no nível de outros ofícios, seriam tão desertadas que logo retornariam àquele nível.

Os emolumentos dos funcionários públicos não são como os dos ofícios e profissões, regulados pela livre competição do mercado, e não têm justa proporção com o que a natureza do emprego requer. Na maioria dos países, são mais altos do que o necessário; as pessoas que detêm a administração do governo são geralmente dispostas a recompensar-se e a seus dependentes imediatos mais do que o suficiente. Os emolumentos dos funcionários públicos, portanto, na maioria dos casos, podem muito bem ser taxados. Além do que, as pessoas que gozam de cargos públicos, especialmente os mais lucrativos, em todos os países são objeto de inveja geral, e uma taxa sobre seus emolumentos, mesmo que fosse um pouco mais alta que qualquer outra espécie de renda, seria sempre uma taxa popular. Na Inglaterra, por exemplo, quando pela taxa da terra toda outra espécie de renda era suposta a quatro *shillings* por libra, era muito popular impor uma taxa real de

---

[13] *Mémoires concernant les droits...*, vol. 11, p. 108.
[14] *Ibid.*, vol. III, p. 87.

cinco *shillings* e seis pence por libra sobre os salários dos funcionários que ganhavam mais de cem libras por ano, excetuando-se as pensões dos ramos mais jovens da família real, o pagamento dos oficiais do exército e da marinha e algumas outras, menos invejáveis. Na Inglaterra, não há outras taxas diretas sobre os salários.

Artigo IV
Taxas que se pretende que recaiam indiferentemente sobre cada tipo de rendimento

As taxas que se pretende que recaiam indiferentemente sobre cada tipo de rendimento são taxas por captação e taxas sobre mercadorias de consumo. Estas devem ser pagas indiferentemente por qualquer rendimento que os contribuintes possuam: da renda de sua terra, dos lucros de seu capital ou dos salários.

Taxas por capitação

As taxas por capitação, se se tenta proporcioná-las à fortuna ou renda de cada contribuinte, tornam-se totalmente arbitrárias. O estado da fortuna de um homem varia de dia para dia e, sem uma inquisição mais intolerável do que qualquer imposto, e renovada pelo menos anualmente, só pode ser adivinhado. Sua cotação deve, em qualquer caso, depender do bom ou mau humor de seus avaliadores, sendo assim totalmente arbitrárias e incertas.

As taxas por cabeça, se são proporcionadas não à suposta fortuna, mas à classe de cada contribuinte, tornam-se totalmente desiguais, pois os graus de fortuna são frequentemente desiguais dentro de uma mesma classe social.

Tais taxas, portanto, se se tenta torná-las iguais, tornam-se totalmente arbitrárias e incertas, e se se tenta torná-las certas, e não arbitrárias, tornam-se totalmente desiguais. Seja a taxa leve ou pesada, a incerteza é sempre daninha. Numa taxa leve, um considerável grau de desigualdade pode ser suportado; numa taxa pesada, é totalmente intolerável.

Nas diferentes taxas por cabeça que ocorreram na Inglaterra durante o reinado de Guilherme III, os contribuintes eram em sua maioria avaliados de acordo com sua classe, como duques, marqueses, condes, viscondes, barões, comendadores, cavalheiros, os filhos mais velhos e mais jovens dos pares etc. Todos os lojistas e comerciantes que ganhavam mais de trezentas libras, isto é, os melhores dentre eles, estavam sujeitos à mesma cotação, por maior que fosse a diferença em suas fortunas. Sua classe era mais considerada do que sua fortuna. Vários deles que na primeira cobrança foram cotados de acordo com sua suposta fortuna foram depois cotados de acordo com sua classe. Sargentos, promotores e advogados, que na primeira cobrança foram avaliados a três *shillings* por libra de sua suposta renda, depois foram cotados como cavalheiros. Na determinação de uma taxa que não era muito pesada, um considerável grau de desigualdade foi menos insuportável do que qualquer grau de incerteza.

Na capitação levantada na França sem interrupção desde o começo deste século, as classes superiores do povo são taxadas de acordo com sua classe, por uma tarifa invariável; as classes inferiores, de acordo com o que se supõe seja sua fortuna, por uma cotação que varia de ano para ano. Os funcionários da corte do rei, os juízes e outros funcionários nas cortes superiores de justiça, os oficiais das tropas etc. são cotados da primeira maneira. As classes inferiores do povo, nas províncias, são cotadas da segunda. Na França, os grandes facilmente se submetem a um considerável grau de desigualdade numa taxa que, enquanto os afeta, não é muito pesada, mas não poderia tolerar a cotação arbitrária de um intendente. As classes inferiores do povo, naquele país, devem aguentar pacientemente o tratamento que seus superiores acham adequado dar-lhes.

Na Inglaterra, as diferentes taxas *per capita* nunca produziram a soma esperada delas, ou que se supunha que poderiam ter produzido, se fossem levantadas com precisão. Na França, a capitação sempre produz a soma esperada dela. O brando governo da Inglaterra, quando cotou as diversas classes do povo para a capitação, contentou-se com o que a cotação conseguiu produzir e não exigiu compensação pela perda que o Estado poderia sustentar por aqueles que não poderiam pagar, ou por aqueles que não desejassem pagar (pois os houve muitos) e que, pela indulgente execução da lei, não foram forçados a pagar.

O governo da França, mais severo, determina para cada generalidade uma soma que o intendente deve obter como puder. Em qualquer província, queixas de cotações muito altas, na cotação do ano seguinte, podem obter um abatimento proporcional à sobrecarga do ano anterior. Mas a pessoa, entrementes, deverá pagar. O intendente, para estar certo de achar a soma fixada para sua generalidade, tem poderes para avaliá-la numa soma maior, tal que o fracasso ou inabilidade de alguns dos contribuintes pode ser compensada pela sobrecarga do resto, e até 1765 a fixação deste excesso era deixada totalmente à sua discrição. Naquele ano, de fato, o conselho assumiu este poder para si mesmo. Na capitação das províncias, é observado pelo perfeitamente bem-informado autor das *Mémoires* sobre os impostos na França, a proporção que recai sobre a nobreza e sobre aqueles cujos privilégios os isentam da *taille*, é a menos considerável. A maior recai sobre aqueles sujeitos à *taille*, que são cotados para a capitação até a uma libra dos que pagam pela outra taxa.

As taxas por capitação, enquanto são levantadas nas classes inferiores do povo, são taxas diretas sobre os salários, e são esperadas com todas as inconveniências dessas taxas.

As taxas por capitação são levantadas com pouca despesa, e onde são cobradas exatamente, permitem uma renda certa ao Estado. É por isso que em países onde pouco se atenta para a tranquilidade, o conforto e a segurança das classes inferiores do povo, as taxas por capitação são muito comuns. E, em geral, apenas pequena parte da renda pública que, num grande império, já se conseguiu tirar de tais taxas, e a maior soma que já deram sempre poderia ser descoberta de alguma outra maneira muito mais conveniente para o povo.

Taxas sobre mercadorias de consumo

A impossibilidade de taxar o povo, em proporção à sua renda, por qualquer imposto sobre cabeça parece ter dado ocasião à invenção de taxas sobre as mercadorias de consumo. O Estado, não sabendo como taxar direta e proporcionalmente a renda de seus súditos, procura taxá-la indiretamente sobre suas despesas, que se supõe que na maioria dos casos esteja em proporção com sua renda. Sua despesa é taxada taxando-se as mercadorias de consumo sobre as quais é imposta.

As mercadorias de consumo são necessidades ou luxos.

Por necessidades entendo não só aquelas que são indispensavelmente necessárias para sustentar a vida, mas o que quer que o costume do país torne indecente não ter, para pessoas de bem, mesmo da classe mais inferior. Uma camisa de linho, por exemplo, falando estritamente, não é uma necessidade. Os gregos e os romanos viviam, suponho, muito confortavelmente, mesmo não tendo linho. Mas nos tempos atuais, pela maior parte da Europa, uma diarista honesta teria vergonha de aparecer em público sem uma camisa de linho, a falta da qual denotaria aquela desgraçada estado de pobreza em que, se presume, ninguém poderia cair senão por conduta extremamente má. O costume, da mesma maneira, tornou sapatos de couro uma necessidade na Inglaterra. A pessoa de bem mais pobre, de qualquer sexo, teria vergonha de aparecer em público sem eles. Na Escócia, o costume tornou-os uma necessidade para as classes mais baixas dos homens, mas não da mesma classe de mulheres, que podem, sem qualquer descrédito, andar descalças. Na França, os sapatos de couro não são necessidades, nem para os homens, nem para as mulheres, a classe mais baixa de ambos os sexos aparecem lá publicamente, sem nenhum descrédito, por vezes de tamancos, por vezes descalça. Como necessidades entendo não só aquelas coisas que a natureza, mas aquelas que as regras estabelecidas de decência tornaram necessárias à classe mais baixa do povo. A todas as outras coisas chamo luxos, sem querer por este título lançar o menor grau de reproche sobre elas. A cerveja, por exemplo, na Grã-Bretanha, e o vinho, mesmo nas regiões vinhateiras, chamo luxos. Um homem de qualquer classe pode, sem qualquer desdouro, abster-se totalmente de provar tais licores. A natureza não os torna necessários ao sustento da vida, e o costume em nenhum lugar torna indecente viver sem eles.

Como os salários em todo lugar são regulados em parte pela demanda, e em parte pelo preço médio dos artigos necessários à subsistência, o que quer que eleve este preço médio deve necessariamente elevar aqueles salários de modo que o trabalhador ainda esteja capacitado a comprar aquela quantidade de artigos necessários que o estado da demanda de trabalho, crescente, estacionária ou declinante, requer que tenha.[15] Uma taxa sobre aqueles artigos necessariamente eleva seu preço um pouco mais que a quantidade da taxa, porque o negociante, que adianta a taxa, precisa geralmente obtê-la de volta com lucro. Tal taxa deve, portanto, ocasionar uma elevação nos salários do trabalho proporcional a esta elevação no preço.

É assim que uma taxa sobre as necessidades da vida opera exatamente da mesma maneira que uma taxa direta sobre os salários. O trabalhador, muito embora não a pague com suas mãos, não se pode sequer dizer que por qualquer período a adiante. A longo prazo, deve sempre ser-lhe adiantada por seu empregador imediato no rateio adiantado de seu ganho. Seu empregador, se é manufatureiro, onerará o preço de seus artigos para esta elevação de salários, junto com um lucro; de modo que o pagamento final da taxa, junto com esta sobrecarga, recairá sobre o consumidor. Se o empregador é um fazendeiro, o pagamento final, junto com uma sobrecarga análoga, recairá sobre a renda do proprietário.

É diferente com as taxas sobre o que chamo luxos, mesmo sobre as do pobre. A elevação no preço das mercadorias taxadas não ocasionará necessariamente qualquer elevação nos salários. Uma taxa sobre o tabaco, por exemplo, se bem que um luxo do pobre bem como do rico, não elevará os salários. Mesmo que taxado na Inglaterra em três vezes, e na França, em 15 vezes o seu preço original, estas altas taxas parecem não ter efeito sobre os salários. A mesma coisa pode ser dita das taxas sobre o chá e o açúcar, que na Inglaterra e na Holanda tornaram-se luxos das classes inferiores, e daquelas sobre o chocolate, que se diz que assim se tornou na Espanha. As diferentes taxas que na Grã-Bretanha, no decurso do presente século, foram impostas sobre licores espirituosos não são supostas como tendo tido qualquer efeito sobre os salários. A elevação no preço do malte, ocasionada por uma taxa adicional de três *shillings* no barril de cerveja forte, não elevou os salários do trabalhador comum em Londres. Estes eram de 18 a vinte pence por dia antes da taxa, e não são maiores agora.

O alto preço de mercadorias tais não diminui necessariamente a capacidade das classes inferiores de manter famílias. Sobre os pobres sóbrios e industriosos, as taxas sobre tais mercadorias que agem como

---

[15] V. livro I, cap. 8.

leis suntuárias e os dispõem a moderar ou refrear totalmente o uso de superfluidades que não podem sustentar facilmente. Sua capacidade de sustentar a família em consequência desta frugalidade forçada, ao invés de ser diminuída, é frequentemente até aumentada pela taxa. É o pobre sóbrio e industrioso que geralmente sustenta as famílias mais numerosas e que mais supre a demanda de trabalho útil. Todos os pobres, de fato, não são sóbrios e industriosos, e os dissolutos e desordeiros poderiam continuar a permitir-se o uso de tais comodidades após a elevação no preço da mesma maneira que antes, sem olhar para a necessidade que esta indulgência poderia causar a suas famílias. Tais pessoas desordeiras, porém, raramente sustentam famílias numerosas, seus filhos geralmente perecem pela negligência, má administração e escassez ou insalubridade de sua comida. Se pela fortaleza de sua constituição, sobrevivem às durezas a que a má conduta de seus pais os expõem, o exemplo daquela má conduta comumente corrompe sua moral, de modo que, em vez de serem úteis à sociedade por sua indústria, tornam-se um peso para o público, por seus vícios e desordens. Se bem que o preço adiantado dos luxos dos pobres, portanto, possa aumentar um pouco as necessidades de tais famílias desordenadas, e assim diminuir um tanto sua capacidade de sustentar crianças, provavelmente não diminuiria muito a população útil do país.

Qualquer elevação no preço médio das necessidades, a menos que compensada por uma elevação proporcional nos salários, deve necessariamente diminuir a capacidade do pobre de sustentar famílias numerosas e, consequentemente, suprir a demanda de trabalho útil, qualquer que possa ser o estado daquela demanda.

As taxas sobre os luxos não têm tendência a elevar o preço de quaisquer outras mercadorias, exceto o das taxadas. As taxas sobre as necessidades, elevando os salários, necessariamente tendem a elevar o preço de todas as manufaturas e, consequentemente, a diminuir a extensão de sua venda e consumo. As taxas sobre os luxos são finalmente pagas pelos consumidores das mercadorias taxadas sem nenhuma retribuição. Recaem indiferentemente sobre toda espécie de renda, salários, lucros e renda da terra. As taxas sobre as necessidades, enquanto afetam o pobre trabalhador, são finalmente pagas em parte pelos proprietários com a renda diminuída de suas terras, e em parte pelos consumidores ricos, proprietários ou outros, no preço adiantado das manufaturas, e sempre com uma sobrecarga considerável. O preço adiantado de tais manufaturas, como são as reais necessidades da vida, e destinadas ao consumo dos pobres, de lãs grosseiras, por exemplo, deve ser compensado aos pobres por um adiantamento de seus salários. As classes intermediária e superior do povo, se sabem qual é seu verdadeiro interesse, sempre deveriam opor-se a todas as taxas sobre as necessidades da vida, bem como a todas as taxas diretas sobre os salários. O pagamento final de uma e outra cai totalmente sobre eles, e sempre com uma considerável sobrecarga. Caem mais pesadamente sobre os proprietários, que sempre pagam em dobro: como proprietários, pela redução de suas rendas; na dos consumidores ricos, pela elevação de sua despesa. A observação de *sir* Matthew Decker de que certas taxas são, no preço de certas mercadorias, por vezes repetidas e acumuladas quatro ou cinco vezes é perfeitamente justa em relação às taxas sobre as necessidades da vida. No preço do couro, por exemplo, não se paga somente a taxa sobre o couro de nossos próprios sapatos, mas por uma parte daquela sobre os do sapateiro e do tanoeiro. É preciso pagar, também, pela taxa sobre o sal, sabão e velas que esses trabalhadores consomem enquanto empregados a nosso serviço, e pela taxa sobre o couro que o refinador de sal, o fabricante de sabão e o de velas consomem enquanto empregados nesse serviço.

Na Grã-Bretanha, as principais taxas sobre as necessidades da vida são aquelas sobre as quatro mercadorias acima mencionadas: sal, sabão, couro e velas.

O sal é um artigo de taxação muito antigo e universal. Era taxado entre os romanos e o é atualmente, creio, em toda parte da Europa. A quantidade anualmente consumida por qualquer indivíduo é tão pequena, e pode ser comprada tão gradualmente, que ninguém, pensou-se, poderia sentir mesmo uma taxa pesada sobre ele. É taxado na Inglaterra a três *shillings* e quatro pence o alqueire — cerca de três vezes o preço original da mercadoria. Em alguns outros países, a taxa é ainda maior. O couro é uma real necessidade. O uso de linho torna o sabão também uma necessidade. Em países onde as noites de inverno são longas, as velas são um necessário instrumento de comércio. O couro e o sabão são, na Grã-Bretanha, taxados a três e meio pence por libra, as velas, a um *penny*; taxas que, sobre o preço original do couro, podem totalizar 8% ou 10%; sobre o sabão, 20% ou 25%; e sobre as velas, 14% ou 15%; taxas que, mesmo que mais leves que a do sal, ainda são demasiadas. Como todas estas quatro mercadorias são necessidades vitais, devem aumentar um tanto a despesa do pobre sóbrio e industrioso, e, consequentemente, elevar mais ou menos os seus salários.

Num país onde os invernos são tão frios como na Grã-Bretanha, o combustível, naquela estação, é, no senso mais estrito do termo, uma necessidade vital, não só para o propósito de preparar vitualhas, mas para a subsistência confortável de muitas espécies diferentes de trabalhadores que trabalham a portas fechadas, e o carvão é o combustível mais barato. O preço do combustível tem tamanha influência sobre o do trabalho que todas as manufaturas da Grã-Bretanha se confinaram principalmente às regiões produtoras de carvão; outras partes do país, por causa do alto preço desta mercadoria vital, não podem oferecer trabalho tão barato. Em algumas manufaturas, além do mais, o carvão é um instrumento necessário do ofício, como no do vidro, ferro e todos os outros metais. Se um incentivo pudesse ser razoável, talvez fosse sobre o transporte de carvão daquelas partes do país onde abunda àquelas onde escasseia. Mas a legislatura, em vez de um incentivo, impôs uma taxa de três *shillings* e três pence sobre a tonelada de carvão carregada para o litoral, que sobre a maior parte das espécies de carvão é 60% do preço original na mina. O carvão transportado por terra ou por navegação interna não paga imposto. Onde é naturalmente barato, é consumido sem taxas; onde é naturalmente caro, é onerado com uma taxa pesada.

Tais taxas, se bem que elevam o preço da subsistência, e consequentemente os salários, permitem uma considerável renda ao governo, que talvez não poderia ser achada de outra maneira. Portanto, pode haver boas razões para sua continuidade. O incentivo sobre a exportação do trigo, enquanto tende, no atual estado do cultivo, a elevar o preço desse artigo necessário, produz todos os seus maus efeitos, e, em vez de dar qualquer renda, frequentemente ocasiona uma grande despesa ao governo. As altas taxas sobre a importação de trigo estrangeiro, que em anos de abundância moderada é igual a uma proibição, e a absoluta proibição da importação de gado vivo ou de provisões de sal, que tem lugar no estado ordinário da lei, e que, por conta da escassez, atualmente está suspensa por um tempo limitado em relação à Irlanda e às colônias britânicas, têm todos os maus efeitos das taxas das necessidades vitais, não produzindo renda para o governo. Nada parece necessário para repelir tais regulamentações senão convencer o governo da futilidade daquele sistema em consequência do qual foram estabelecidas.

As taxas sobre as necessidades da vida são muito mais altas em muitos outros países que não na Grã-Bretanha. As taxas sobre o trigo e o grão, quando moídos no moinho, e sobre o pão, quando assado no forno, ocorrem em muitos países. Na Holanda, o preço em dinheiro do pão consumido nas cidades supõe-se que seja dobrado por tais taxas. Em lugar de uma parte delas, o povo que vive no campo paga todo ano um tanto por cabeça, de acordo com o tipo de pão que consomem. Os que consomem pão de centeio pagam três *guilders* e 15 *stivers* — cerca de seis *shillings* e nove e meio pence. Estas, e algumas outras taxas da mesma espécie, elevando-se o preço do trabalho, arruinaram as manufaturas da Holanda.[16] Taxas similares, se bem que não tão pesadas, ocorrem em Milão, nos estados de Gênova, no ducado de Módena, nos ducados de Parma, Piacenza e Guastalla, e nos estados eclesiásticos. Certo autor francês[17] de alguma importância propôs reformar as finanças de seu país substituindo, no lugar da maioria das taxas, esta mais ruinosa de todas as taxas. Não existe nada absurdo demais, diz Cícero, que não tenham dito os filósofos.

As taxas sobre a carne do açougueiro são ainda mais comuns que aquelas sobre o pão. De fato, pode-se duvidar se essa carne é uma necessidade vital. O grão e outros vegetais, com a ajuda do leite, queijo e manteiga, ou óleo, onde não há manteiga, sabe-se pela experiência, podem, sem a carne, permitir a mais abundante, saudável e nutritiva dieta. Em nenhum lugar a decência exige que alguém coma carne, como na maioria dos lugares requer que vista uma camisa de linho ou um par de sapatos de couro.

As mercadorias de consumo, necessárias ou luxos, podem ser taxadas de duas maneiras diferentes. O consumidor pode pagar uma soma anual por usar ou consumir artigos de uma certa espécie, ou os artigos

---

[16] *Mémoires concernant les droits...*, p. 210 e 211.
[17] *Le Réformateur.*

podem ser taxados enquanto permanecem nas mãos do comerciante e antes de serem entregues ao consumidor. Os artigos de consumo que duram um tempo considerável antes de serem totalmente consumidos são mais adequadamente taxados desta maneira; aqueles cujo consumo é imediato, ou mais veloz, da outra. A taxa sobre os coches e sobre a baixela são exemplos do primeiro método de imposto; a maioria das outras taxas alfandegárias, do segundo.

Um coche pode, bem-cuidado, durar dez ou 12 anos. Pode ser taxado, de uma vez por todas, antes de sair das mãos do artífice. Mas certamente é mais conveniente para o comprador pagar quatro libras por ano pelo privilégio de manter um coche do que pagar imediatamente quarenta ou 48 libras adicionais sobre o preço ao artífice, ou uma soma equivalente ao que a taxa lhe custará durante o tempo em que utilizar o mesmo coche. Um serviço de baixela, da mesma maneira, pode durar mais de um século. Certamente que é mais fácil para o consumidor pagar cinco *shillings* por ano por cem onças de prata, quase 1% de seu valor, do que redimir esta longa anuidade com uma compra para 25 ou trinta anos, o que elevaria seu preço pelo menos 25% ou 30%. As diferentes taxas que afetam as casas certamente são mais convenientemente pagas por pagamentos anuais moderados do que por uma taxa pesada de igual valor sobre a construção ou primeira venda da casa.

Foi conhecida proposta de *sir* Matthew Decker que todas as mercadorias, mesmo aquelas cujo consumo é imediato ou rápido, fossem taxadas desta maneira, o comerciante nada adiantando, mas o consumidor pagando uma certa soma anual pela licença de consumir certas coisas. O objetivo deste esquema era promover todos os ramos do comércio exterior, particularmente o dos transportes, removendo todas as taxas sobre a importação e a exportação, assim permitindo ao comerciante empregar todo o seu capital e crédito na compra de mercadorias e frete de navios, nenhuma parte sendo desviada para adiantar taxas. O projeto, porém, de taxar destarte bens de consumo imediato ou rápido parece estar sujeito às seguintes quatro importantes objeções: primeira, a taxa seria muito desigual, ou não muito proporcional à despesa e consumo dos diferentes contribuintes tal como é comumente imposta. As taxas sobre a cerveja, vinho e licores espirituosos, que são adiantadas pelos comerciantes, são afinal pagas pelos consumidores exatamente em proporção a seus respectivos consumos. Mas se a taxa devesse ser paga para comprar uma licença para beber esses licores, o sóbrio, em proporção a este consumo, seria muito mais taxado do que o bebedor. Uma família que exercesse grande hospitalidade seria taxada muito mais levemente que uma que entretivesse menos convidados. Segunda, este modo de taxação, pagando uma licença anual, semestral ou quadrimestral para consumir certos artigos, diminuiria muito uma das principais conveniências das taxas sobre bens de consumo rápido — o pagamento parcelado. No preço de 3,5 pence, que atualmente é pago por uma caneca de malte, as diferentes taxas sobre o malte, lúpulo e cerveja, junto com o lucro extraordinário do cervejeiro por tê-las adiantado, talvez totalize 3,5 pence. Se um operário puder economizar isto, compra uma caneca de malte. Se não puder, contenta-se com menos e, como tostão poupado é tostão ganho, ganha um pouco com sua temperança. Paga a taxa parceladamente, à medida que pode, e quando pode pagá-la, todo ato de pagamento será perfeitamente voluntário, ou pode evitá-lo, se assim o quiser. Terceira, tais taxas funcionariam menos como leis suntuárias. Uma vez a licença comprada, se o comprador bebesse muito ou pouco, sua taxa seria a mesma. Quarta, se um trabalhador devesse pagar tudo de uma vez, por pagamentos anuais, semestrais ou quadrimestrais, uma taxa igual à que ele atualmente paga, com pouca ou nenhuma inconveniência, sobre todas a doses de malte que ele bebe a qualquer tempo, a soma poderia afetá-lo muito. Este modo de taxação, portanto, parece evidente, nunca poderia, sem a maior opressão, produzir uma renda igual à que é derivada do modo atual, sem qualquer opressão. Em vários países, porém, as mercadorias de consumo imediato, ou rápido, são assim taxadas. Na Holanda, o povo paga uma licença por cabeça para beber chá. Já mencionei uma taxa sobre o pão, que, enquanto é consumido em casas de fazendas e aldeias do campo, é levantada da mesma maneira.

As taxas sobre as mercadorias são impostas sobre aquelas para consumo interno. Incidem somente sobre alguns artigos de uso mais geral. Nunca pode haver qualquer dúvida quanto aos artigos sujeitos a estas taxas, ou à taxa particular a que cada espécie de artigo está sujeita. Recaem quase totalmente sobre o que chamo de luxos, excetuando-se sempre as quatro acima mencionadas, o sal, sabão, couro, velas e, quiçá, o vidro verde.

As taxas alfandegárias são muito mais antigas que aquelas sobre mercadorias. Parecem ter sido chamadas *customs* por denotarem pagamentos costumeiros em uso desde tempos imemoriais. Parecem ter sido consideradas originalmente como taxas sobre os lucros dos comerciantes. Durante os tempos bárbaros do feudalismo, os comerciantes, como todos os habitantes dos burgos, eram considerados como pouco mais que servos emancipados, cujas pessoas eram desprezíveis e cujos ganhos eram cobiçados. A grande nobreza, que consentira que o rei dividisse os lucros de seus dependentes, não queria que também o fizesse com uma ordem de pessoas que era muito menos de seu interesse proteger. Naqueles tempos não se conseguia entender que os lucros dos comerciantes são artigo não taxável diretamente, ou que o pagamento final de todas essas taxas deveria recair com um ônus considerável sobre os consumidores.

Os ganhos de mercadores estrangeiros eram vistos mais desfavoravelmente que os dos mercadores ingleses. Era natural, portanto, que os dos primeiros fossem taxados mais pesadamente que os segundos. Esta distinção entre os impostos dos mercadores estrangeiros e os ingleses, que começou pela ignorância, foi continuada pelo espírito do monopólio, ou seja, dar a nossos comerciantes uma vantagem no mercado interno e externo.

Com esta distinção, as antigas taxas alfandegárias eram impostas igualmente sobre todos os artigos necessários, bem como de luxo, artigos exportados, bem como importados. Por que os negociantes de uma espécie de artigos, pensou-se, deveriam ser mais favorecidos que os de outra? Ou por que o comerciante exportador seria mais favorecido que o comerciante importador?

A antiga alfândega era dividida em três ramos. O primeiro, e talvez o mais antigo, foi sobre a lã e couro. Parece ter sido principalmente, ou totalmente, uma taxa de exportação. Quando a manufatura de lã veio a ser estabelecida na Inglaterra, para que o rei não perdesse qualquer parte de sua alfândega sobre a lã pela exportação de tecidos de lã, uma taxa igual foi imposta sobre estes. Os outros dois ramos eram: primeiro, uma taxa sobre vinho, a um tanto por tonelada, era chamada de tonelagem, e segundo, uma taxa sobre todos os outros artigos, que, sendo imposta a um tanto por libra de seu suposto valor, era chamada libragem. No 47º ano de Eduardo III uma taxa de seis pence a libra foi imposta sobre todos os artigos exportados e importados, exceto lãs, pelegos, couro e vinhos, que estavam sujeitos a taxas especiais. No 14º de Richard II, esta taxa foi elevada a um *shilling* por libra, mas três anos depois era de novo reduzida a seis pence. Foi elevada a oito pence no segundo ano do reinado de Henrique IV, e no quarto, a um *shilling*. Deste tempo até o nono ano de Guilherme III esta taxa continuou a um *shilling* por libra. As taxas de tonelagem e libragem eram geralmente garantidas ao rei por um mesmo Ato do parlamento e foram chamadas de Subsídio da Tonelagem e da Libragem. O Subsídio da Tonelagem tendo continuado por tanto tempo a um *shilling* por libra, ou a 5%, veio um subsídio, na linguagem da alfândega, a denotar uma taxa geral desta espécie de 5%. Este subsídio, que agora é chamado o Velho Subsídio, ainda continua a ser levantado de acordo com o livro de cotações estabelecido pelo 12º de Carlos II. O método de determinar, por um livro de cotações, o valor dos artigos sujeitos a esta taxa diz-se ser mais antigo que o tempo de James I. O Novo Subsídio imposto pelo 9º e o 10º de Guilherme III foi um adicional de 5% sobre a maioria dos artigos. O subsídio do um terço e dos dois terços totalizaram mais 5% sobre a maioria dos artigos; e o de 1759, um quinto sobre algumas espécies de artigos. Além desses cinco subsídios, uma grande variedade de outras taxas ocasionalmente foi imposta sobre alguns artigos, por vezes para aliviar as exigências do Estado, e por vezes para regular o comércio do país de acordo com os princípios do sistema mercantil.

Esse sistema foi ficando cada vez mais em voga. O Velho Subsídio foi imposto indiferentemente sobre a exportação, bem como sobre a importação. Os quatro subsídios subsequentes, bem como as outras taxas que ocasionalmente foram impostas sobre artigos particulares, com poucas exceções recaíram totalmente sobre a exportação. A maior parte das antigas taxas que foram impostas sobre a exportação dos artigos de produção e manufatura internas foram aliviadas ou removidas inteiramente. Na maioria dos casos, foram removidas. Foram dados incentivos para a exportação de alguns deles. Reembolsos também, por vezes, de todas, e na maioria dos casos, de parte das taxas que são pagas pela importação de artigos estrangeiros, foram concedidos para sua exportação. Só metade das taxas impostas pelo Velho Subsídio pela importação é devolvida para a exportação, mas o total das impostas por subsídios posteriores e outros impostos são na maioria reembolsadas da mesma maneira. Este crescente favor à exportação e o desencorajamento da importação sofreram apenas algumas exceções, que principalmente concernem aos materiais de algumas manufaturas. Estas, nossos comerciantes e manufatureiros desejam que lhes venham o mais barato possível, e o mais caro possível a seus rivais e competidores em outros países. Os materiais estrangeiros, por causa disto, podem ser importados livres de taxas; a lã espanhola, por exemplo, linho e fio de linho. A exportação dos materiais de produto doméstico, e daqueles que são produto particular de nossas colônias, por vezes foi proibida, e por vezes sujeita a taxas mais altas. A exportação de lã inglesa foi proibida. A de peles de castor, lã de castor e goma arábica foi sujeita a taxas mais altas. A Grã-Bretanha, pela conquista do Canadá e Senegal, obteve quase que o monopólio destas mercadorias.

Que o sistema mercantil não foi muito favorável à renda da maioria do povo, ao produto anual da terra e lavra do campo, procurei mostrar no quarto livro desta investigação. Não parece ter sido mais favorável à renda do soberano, enquanto aquela renda depende pelo menos da alfândega.

Em consequência daquele sistema, a importação de várias espécies de artigos foi totalmente proibida. Esta proibição, em alguns casos, foi totalmente evitada, e em outros, diminuiu em muito a importação daquelas mercadorias, reduzindo os importadores à necessidade de contrabandear. Evitou totalmente a importação de lãs estrangeiras, e diminuiu muito a de sedas e veludos estrangeiros. Em ambos os casos, aniquilou inteiramente a renda alfandegária que poderia ter sido levantada por tal importação.

As altas taxas que foram impostas sobre a importação de muitas espécies de artigos estrangeiros, para desencorajar seu consumo na Grã--Bretanha, em muitos casos só serviram para encorajar o contrabando e, em todos os casos, reduziram a renda alfandegária abaixo do que taxas mais moderadas teriam permitido. No dizer do dr. Swift, que na aritmética da alfândega dois e dois, em vez de serem quatro, por vezes fazem um, vale perfeitamente em vista de tais taxas pesadas, que nunca poderiam ser instituídas se o sistema mercantil não nos ensinasse, em muitos casos, a empregar a taxação não como instrumento de renda, mas de monopólio.

Os incentivos que às vezes são dados para a exportação do produto interno e manufaturas, e isenções que são pagas sobre a reexportação da maior parte dos bens estrangeiros, deram ocasião a muitas fraudes e a uma espécie de contrabando mais destrutivo da renda pública que qualquer outra. Para obter o incentivo ou o reembolso, os artigos, bem se sabe, por vezes são expedidos e enviados ao mar, mas logo depois clandestinamente desembarcados em alguma outra parte do país. O desfalque das rendas alfandegárias ocasionado pelos incentivos e reembolsos, dos quais uma boa parte é obtida fraudulentamente, é muito grande. O produto bruto da alfândega no ano que terminou a 5 de janeiro de 1755 totalizou £5 068 000. Os incentivos que foram pagos com esta renda, mesmo não havendo incentivo para o trigo naquele ano, totalizaram £167 800. Os reembolsos pagos sobre debêntures e certificados, a £2 156 800. Os incentivos e reembolsos juntos totalizaram £2 324 600. Em consequência destas deduções, a renda alfandegária totalizou apenas £2 743 400, dos quais, deduzindo £287 900 para a despesa administrativa em salários e outros incidentes, a renda líquida da alfândega naquele ano resultou em £2 455 500. A despesa de administração chegou, destarte, a algo entre 5% e 6% da renda bruta da alfândega e a algo pouco mais de 10% sobre o que resta daquela renda após deduzir o que é pago em incentivos e reembolsos.

As taxas pesadas sendo impostas sobre quase todos os artigos importados, nossos importadores contrabandeiam o máximo e registram o mínimo que podem. Nossos exportadores, ao contrário, dão entrada a mais do que exportam; por vezes, por vaidade, e para passarem por grandes negociantes em artigos isentos de impostos, e, por vezes, para ganhar um incentivo ou reembolsos. Nossas exportações, em consequência destas fraudes diversas, aparecem nos livros da alfândega contrabalançando grandemente nossas importações, para indizível desconforto daqueles políticos que medem a prosperidade nacional pelo que eles chamam de balança comercial.

Todos os artigos importados, a menos que especialmente isentos, e tais isenções não são muito numerosas, estão sujeitos a algumas taxas alfandegárias. Se são importados artigos não mencionados no livro das cotações, são taxados a 4s. 9 9/20 d. para cada 20 *shillings* de valor, de acordo com a declaração do importador, isto é, quase a cinco subsídios, ou cinco taxas de libragem. O livro das cotações é extremamente abrangente e enumera uma grande variedade de artigos, muitos deles pouco usados e, portanto, pouco conhecidos. É por isso frequentemente incerto sob que artigo uma espécie de bem deveria ser classificada e, consequentemente, que taxa deveria pagar. Enganos em relação a isto por vezes arruínam o funcionário alfandegário e frequentemente ocasionam problemas, despesa e vexação ao importador. Em matéria de perspicácia, precisão e distinção, portanto, as taxas alfandegárias são muito inferiores àquelas sobre mercadorias.

Para fazer a maioria dos membros de qualquer sociedade contribuir para a renda pública em proporção às suas respectivas despesas, não parece necessário que cada artigo daquela despesa seja taxado. A renda levantada pelas taxas internas são supostas como caindo tão igualmente sobre os contribuintes quanto as levantadas pela alfândega, e as taxas internas são impostas sobre uns poucos artigos, apenas do uso e consumo mais geral. Tem sido opinião de muitas pessoas que, por uma administração adequada, as taxas alfandegárias poderiam igualmente, sem qualquer perda para a renda pública, e com grande vantagem para o comércio exterior, ser confinadas a apenas uns poucos artigos.

Os artigos estrangeiros de uso e consumo mais geral na Grã-Bretanha atualmente parecem consistir principalmente em brandies e vinhos estrangeiros; em alguns dos produtos da América e Índias Ocidentais — açúcar, rum, tabaco, cocos etc. — e alguns das Índias Orientais — chá, café, porcelana, especiarias de toda espécie, várias espécies de móveis etc. Estes diferentes artigos talvez proporcionem atualmente a maior parte da renda originária das taxas alfandegárias. As taxas que atualmente subsistem sobre manufaturas estrangeiras, excetuando-se as poucas na enumeração acima, têm sua maioria imposta pelo propósito não de renda, mas de monopólio, ou para dar a nossos próprios comerciantes uma vantagem no mercado interno. Removendo todas as proibições e submetendo todas as manufaturas estrangeiras a taxas moderadas que, pela experiência, poderiam dar a maior renda ao governo por artigo, nossos próprios trabalhadores ainda poderiam ter uma considerável vantagem no mercado interno, e muitos artigos que atualmente não dão renda ao governo e outros, uma pouco considerável, poderiam dar uma renda muito grande.

As altas taxas, por vezes diminuindo o consumo das mercadorias taxadas, e por vezes encorajando o contrabando, frequentemente proporcionam uma renda menor ao governo do que a que poderia ser derivada de taxas mais moderadas.

Quando a diminuição da renda é efeito da diminuição do consumo, só pode haver um remédio, que é o abaixamento da taxa.

Quando a diminuição da renda é o efeito do encorajamento dado ao contrabando, talvez se possa remediar de dois modos: diminuindo a tentação ao contrabando ou aumentando a dificuldade para tal. A tentação de contrabandear pode ser diminuída só pelo abaixamento da taxa, e a dificuldade do contrabando pode ser aumentada só estabelecendo aquele sistema de administração que é mais adequado para preveni-lo.

As leis de exação, parece pela experiência que obstruem e embaraçam as operações do contrabandista muito mais eficazmente que as alfandegárias. Introduzindo na alfândega um sistema de administração similar à exação tanto quanto admite a natureza das diferentes taxas, a dificuldade de contrabandear pode ser muito aumentada. Esta alteração, supôs-se, facilmente poderia ser realizada.

O importador de mercadorias passíveis de quaisquer taxas alfandegárias poderia ter a opção de carregá-las até seu depósito ou alojá-las num armazém às suas próprias expensas ou às do governo, mas sob a chave do oficial alfandegário, e só podendo ser aberto na sua presença. Se o comerciante as levar a seu próprio armazém, as taxas deveriam ser imediatamente pagas e nunca ser depois reembolsadas, e aquele armazém deveria estar sempre sujeito à visita e exame do funcionário da alfândega, para determinar se a quantidade armazenada nele corresponde àquela pela qual o imposto foi pago. Se as levou ao armazém público, não deveria pagar nenhuma taxa até que fossem retiradas para consumo interno. Se retiradas para exportação, para ser isentas de taxas, sempre se deveria dar segurança de que deveriam ser exportadas. Os negociantes dessas mercadorias em particular, por atacado ou varejo, seriam do sempre sujeitos à visita e exame do funcionário alfandegário e obrigados a justificar por certificados adequados o pagamento da taxa sobre a quantidade total contida em suas lojas ou armazéns. As chamadas taxas de exação sobre o rum importado são atualmente levantadas desta maneira, e o mesmo sistema de administração poderia ser estendido a todas as taxas sobre os bens importados, desde que estas taxas, assim como as de exação, confinadas a alguns artigos do uso e consumo mais geral. Se fossem estendidas a toda espécie de mercadorias, como atualmente, armazéns públicos de extensão suficiente não poderiam ser oferecidos facilmente, e artigos de natureza muito delicada, ou cuja preservação exigisse muito cuidado e atenção, não poderiam ser confiados seguramente pelo comerciante a nenhum armazém que não o seu.

Se por um tal sistema de administração o contrabando, em qualquer extensão considerável, pudesse ser prevenido mesmo sob taxas bem altas, e se toda taxa fosse ocasionalmente elevada ou abaixada conforme pudesse dar a maior renda ao Estado, a taxação sendo sempre empregada como instrumento de renda, e nunca de monopólio, não parece improvável que uma renda pelo menos igual à atual renda líquida da alfândega poderia ser derivada das taxas sobre a importação de apenas algumas espécies de artigos de uso e consumo geral, e assim as taxas alfandegárias seriam trazidas ao mesmo grau de simplicidade, certeza e precisão que as de exação. O que a renda atualmente perde por reembolsos sobre a reexportação de artigos estrangeiros que são depois desembarcados e consumidos internamente sob este sistema seria economizado inteiramente. Se a esta economia, que por si só seria mui considerável, acrescentássemos a abolição de todos os incentivos sobre a exportação de produtos domésticos em todos os casos em que estes incentivos de fato não fossem reembolsos de algumas exações já adiantadas, não se pode duvidar que a renda líquida da alfândega poderia, após uma alteração desta espécie, ser totalmente igual ao que já fora antes.

Se por uma tal mudança de sistema a renda pública não sofresse perda, o comércio e as manufaturas do país certamente ganhariam uma considerável vantagem. O comércio das mercadorias não taxadas, de longe o mais numeroso, seria perfeitamente livre e poderia ser exercido de e para todas as partes do mundo, com toda vantagem possível. Dentre estas mercadorias estariam compreendidas todas as necessidades vitais e todos os materiais de manufatura. Enquanto a importação livre das necessidades reduzisse seu preço médio no mercado doméstico, reduziria o preço do trabalho, mas sem reduzir sob qualquer aspecto sua recompensa real. O valor do dinheiro fica em proporção à quantidade de artigos necessários que compra. O valor dos artigos necessários é totalmente independente da quantidade de dinheiro que se pode ganhar com eles. A redução no preço em dinheiro do trabalho necessariamente seria acompanhada de uma proporcional no preço de todas as manufaturas domésticas, o que assim ganharia alguma vantagem em todos os mercados externos. O preço de algumas manufaturas seria reduzido numa proporção ainda maior pela importação livre de matérias brutas. Se a seda bruta pudesse ser importada da China e Indostão sem taxas, os manufatureiros de seda na Inglaterra poderiam vender a preço inferior aos da França e Itália. Não haveria ocasião para proibir a importação de sedas estrangeiras e veludos. O baixo preço de seus artigos garantiria a nossos operários não só a posse do mercado interno, mas uma grande demanda do mercado externo. Mesmo o comércio das mercadorias taxadas seria exercido com muito mais vantagem que atualmente. Se essas mercadorias saíssem do armazém público para exportação, neste caso isentas de toda taxa, seu comércio seria perfeitamente livre. O comércio do transporte de todos os bens sob este sistema gozaria de todas as vantagens. Se aquelas mercadorias fossem dirigidas para o consumo interno, o importador não sendo obrigado a adiantar a taxa até que tivesse a oportunidade de vender seus artigos a algum negociante ou a algum consumidor, sempre poderia vendê-los mais barato do que se tivesse sido obrigado a adiantá-la no momento da importação. Sob as mesmas taxas, o comércio exterior de consumo mesmo das mercadorias taxadas poderia, desta maneira, ser exercido com muito mais vantagem do que atualmente.

Era objetivo do famoso esquema de exação de *sir* Robert Walpole estabelecer, em relação ao vinho e ao tabaco, um sistema não muito diverso do que aqui é proposto. Mas apesar de que a lei então apresentada ao parlamento compreendesse aquelas duas mercadorias, era geralmente suposto como a introdução de um esquema muito mais extenso da mesma espécie, facção, combinado com o interesse dos contrabandistas, que levantou um clamor tão violento, mesmo que injusto, contra aquela lei, que o ministro houve por bem derrubá-la, e temendo excitar um clamor da mesma natureza, nenhum de seus sucessores se atreveu a retomar tal projeto.

As taxas sobre luxos estrangeiros importados. para consumo interno, mesmo que por vezes recaiam sobre os pobres, recaem principalmente sobre as pessoas de média fortuna, ou um pouco mais. Tais são, por exemplo, as taxas sobre vinhos estrangeiros, café, chocolate, chá, açúcar etc.

As taxas sobre os luxos mais baratos de produto doméstico destinados ao consumo doméstico recaem de modo razoavelmente igual sobre pessoas de todas as classes, em proporção à sua respectiva despesa. Os pobres pagam taxas sobre o malte, cervejas e pelo seu próprio consumo; os ricos, por seu próprio consumo e pelo de seus servos.

Todo o consumo das classes inferiores do povo, ou daquelas logo abaixo da média, deve-se observar, é em todo país muito maior, não só em quantidade, mas em valor, do que o da classe mediana e daquelas acima. Toda a despesa da classe inferior é muito maior que a da classe superior. Em primeiro lugar, quase todo o capital de todo país é anualmente distribuído entre as classes inferiores do povo como salário do trabalho produtivo. Segundo, uma grande parte dos rendimentos oriundos da renda da terra e dos lucros de capital é anualmente distribuída entre a mesma classe nos salários e manutenção de servos domésticos e outros trabalhadores improdutivos. Terceiro, uma parte dos lucros de capital pertence à mesma classe como renda originada do emprego de seus pequenos capitais. A quantidade dos lucros anualmente ganhos por pequenos lojistas, comerciantes e varejistas de todo tipo é em toda parte mui considerável e faz uma parte considerável do produto anual. Quarto, e por último, uma parte mesmo da renda da terra pertence à mesma classe, parte considerável daqueles que estão um pouco abaixo da classe média e uma pequena parte mesmo para a classe mais baixa, os lavradores comuns possuindo um ou dois acres. Mesmo que a despesa daquelas classes inferiores do povo, tomada individualmente, seja muito pequena, toda a sua massa, tomada coletivamente, totaliza sempre a maior porção da despesa total da sociedade; o que resta do produto anual da terra e trabalho do campo para o consumo das classes superiores é sempre muito menos, não só em quantidade, mas em valor. As taxas sobre a despesa, portanto, que recaem principalmente sobre as classes superiores do povo, sobre a menor porção do produto anual, deverão ser muito menos produtivas do que aquelas que recaem indiferentemente sobre a despesa de todas as classes ou mesmo daquelas que recaem principalmente sobre a das classes inferiores, do que as que recaem indiferentemente sobre todo o produto anual ou daquelas que recaem principalmente sobre sua maior porção. A exação sobre os materiais e manufatura de licores espirituosos ou fermentados feitos no país é, de todas as taxas sobre as despesas, a mais produtiva, e este ramo dos tributos recai muito, quiçá principalmente, sobre a despesa do povo comum. No ano que terminou a 5 de julho de 1775, o produto bruto deste ramo da tributação totalizou £3 341 837 9s. 9d.

Deve sempre ser lembrado, porém, que é a despesa do luxo, e não a necessária das classes inferiores do povo, que deveria ser taxada. O pagamento final de qualquer taxa sobre a despesa necessária recairia totalmente sobre as classes superiores do povo, sobre a menor porção do produto anual, e não sobre a maior. Tal imposto deve em todos os casos elevar os salários ou diminuir a demanda por eles. Não poderia elevar os salários sem lançar o pagamento final da taxa sobre as classes superiores do povo. Não poderia reduzir a demanda do trabalho sem reduzir o produto anual da terra e trabalho do campo, o fundo de onde todas as taxas finalmente são tiradas. Qualquer que seja o estado ao qual uma taxa deste tipo reduz a demanda do trabalho, deve sempre elevar os salários acima do que ficariam naquele estado, e o pagamento final desta elevação de salários em todo caso deve recair sobre as classes superiores do povo.

Os licores fermentados e os espirituosos não para vender, mas para consumo particular, na Grã-Bretanha, não estão sujeitos a qualquer tributação. Esta isenção, cujo objetivo é poupar as famílias da odiosa visita e exame do coletor de impostos, ocasiona que o ônus daquelas taxas frequentemente caia muito mais leve sobre os ricos do que sobre os pobres. De fato, não é muito comum destilar para uso particular, se bem que seja feito por vezes. Mas, no campo, muitas famílias de classe média e quase todas as famílias ricas e grandes fazem sua própria cerveja. Sua cerveja forte, portanto, custa-lhes oito *shillings* por barril a menos do que para o cervejeiro comum, que precisa ter seu lucro acima do imposto, bem como sobre todas as despesas que ele adianta. Tais famílias, portanto, devem beber sua cerveja pelo menos nove ou dez *shillings* mais barata por barril do que qualquer licor da mesma qualidade que é bebido pelo povo comum, para quem é sempre mais conveniente comprar sua cerveja, aos poucos, da cervejaria ou do varejista. O malte, do mesmo modo, que é feito para uso de uma família, não está sujeito à visita ou exame do coletor de impostos; mas, neste caso, a família deve reunir sete *shillings* e seis pence para a taxa. Sete *shillings* e seis pence igualam o tributo sobre dez alqueires de malte — uma quantidade igual a que todos os membros de qualquer família sóbria, homens, mulheres e crianças, podem em média consumir. Mas nas famílias ricas e grandes, onde a hospitalidade do campo é muito praticada, os licores maltados consumidos pelos membros da família totalizam apenas parte do consumo da casa. Por causa desta composição, ou por outras razões, não é tão comum o malte quanto a cerveja para o consumo particular. É difícil imaginar qualquer razão equitativa para que aqueles que fermentam ou destilam para uso particular não estejam sujeitos a uma composição da mesma espécie.

Um rendimento maior do que o que atualmente se deriva de todas as taxas pesadas sobre o malte e cervejas poderia ser levantado, já se disse muitas vezes, por uma taxa mais leve sobre o malte, pois as oportunidades de lesar o fisco são muito maiores numa cervejaria que no tratamento do malte, e aqueles que fermentam para uso particular estão isentos de toda taxa ou composição de impostos, o que não é o caso daqueles que tratam o malte para uso particular.

Na cervejaria de Londres, um quartilho de malte é comumente fermentado em mais de dois barris e meio, às vezes en três barris de cerveja preta. As diferentes taxas sobre o malte totalizam seis *shillings* e um quarto, e aquelas sobre as cervejas fortes, oito *shillings* por barril. Na cerveja preta, portanto, as diversas taxas sobre o malte, cervejas, chegam a 26 ou 30 *shillings* sobre o produto de um quartilho de malte. Na cervejaria do campo, para a venda comum no campo, um quartilho de malte raramente é fermentado em menos de dois barris de cerveja forte e um barril de fraca, frequentemente em dois barris e meio de cerveja forte. As diferentes taxas sobre a cerveja fraca totalizam um *shilling* e quatro pence por barril. Na cervejaria do campo, portanto, as diferentes taxas sobre o malte e cervejas raramente totalizam menos de 23 *shillings* e quatro pence, frequentemente 26 *shillings* sobre o produto de um quartilho de malte. Tomando a média de todo o reino, o total dos impostos sobre o malte e cervejas não pode ser estimado a menos que 24 ou 25 *shillings* sobre o produto de um quartilho de malte. Mas removendo todas as taxas sobre as cervejas e triplicando a taxa do malte, ou elevando-a de seis para oito *shillings* o quartilho de

As fontes de renda

	£	s.	d.
Em 1772, a velha taxa do malte produziu	722.023	11	11
O adicional	356.776	7	9 ¾
Em 1773, a velha taxa produziu	561.627	3	7 ½
O adicional	278.650	15	3 ¾
Em 1774, a velha taxa produziu	624.614	17	5 ¾
O adicional	310.745	2	8 ½
Em 1775, a velha taxa produziu	657.857	0	8 ¼
O adicional	323.785	12	6 ¼
	4)3.835.580	12	0 ¾
Média desses quatro anos	958.895	3	0
Em 1772, o tributo do campo produziu	1.243.128	5	3
A cervejaria de Londres	408.260	7	2 ¾
Em 1773, o tributo do campo	1.245.808	3	3
A cervejaria de Londres	405.406	17	10 ½
Em 1774, o tributo do campo	1.246.373	14	5 ½
A cervejaria de Londres	320.601	18	0 ¼
Em 1775, o tributo do campo	1.214.583	6	1
A cervejaria de Londres	463.670	7	0 ¼
	4)6.547.832	19	2 ¼
Média desses quatro anos	1.636.958	4	9 ½
Ao que, adicionando a média da taxa do malte, ou	958.895	3	0 ³/₁₆
O total dessas diferentes taxas vem a ser	2.595.853	7	9 ¹¹/₁₆
Mas, triplicando a taxa do malte, ou elevando-a de 6 para 18s o quarto do malte, aquela taxa única produziria	2.876.685	9	0 ⁹/₁₆
Soma que excede a anterior de	280,832	1	2 ¹⁴/₁₆

malte, diz-se que se poderia derivar uma maior renda por esta única taxa do que atualmente de todas as outras taxas mais pesadas.

Sob a velha taxa do malte, de fato, compreende-se uma taxa de 4 *shillings* o tonel de sidra, e outra de 10 *shillings* o barril de cerveja preta Mumme. Em 1774, a taxa sobre a sidra produziu apenas £3 083 6s. 8d. Provavelmente ficou um pouco aquém de sua quantia usual, todas as taxas sobre a sidra tendo naquele ano produzido menos que o ordinário. A taxa sobre a Mumme, se bem que muito mais pesada, ainda é menos produtiva, por conta do menor consumo daquela bebida. Mas para compensar qualquer que seja a quantia ordinária dessas duas taxas, compreende-se sob o chamado tributo do campo, primeiro, o velho tributo de 6s. 8d. sobre o tonel de vinho de frutas; segundo, um outro de 8s. 9d. sobre o tonel de vinagre; e finalmente, uma terceira taxa de 11d. sobre o galão de hidromel; o produto destas diferentes taxas provavelmente mais que contrabalançará o das taxas impostas pela chamada taxa anual do malte sobre a sidra e a Mumme.

O malte não só é consumido nas cervejarias, mas na manufatura de vinhos e espíritos fracos. Se a taxa do malte fosse elevada a 18s. o quartrilho, poderia ser necessário fazer algum abatimento nos diferentes impostos sobre estas espécies particulares de vinhos e espíritos fracos de que o malte é componente. Nos chamados espíritos maltados, comumente o malte é uma terça parte dos materiais, os outros dois terços de cevada, ou um terço de cevada e um de trigo. Na destilaria de espíritos maltados, a oportunidade e a tentação de contrabandear são muito maiores que numa cervejaria: a oportunidade, pelo menor volume e maior valor da mercadoria, e a tentação, pelas taxas mais altas, que totalizam 3s. 10 2/3d.[18] sobre o galão de espíritos. Elevando os impostos sobre o malte e reduzindo aqueles sobre a destilaria, a oportunidade e a tentação de contrabandear seriam diminuídas, o que poderia ocasionar um aumento ainda maior da renda.

Já há algum tempo, tem sido a política britânica desencorajar o consumo de licores espirituosos, por causa de sua suposta tendência a arruinar a saúde e corromper a moral do povo. De acordo com esta política, o abatimento das taxas sobre a destilaria não deveria ser grande a ponto de reduzir, sob qualquer aspecto, o preço destes licores. Os licores espirituosos poderiam permanecer tão caros quanto sempre, enquanto os licores saudáveis e revigorantes das cervejas poderiam ter seus preços consideravelmente reduzidos. O povo assim poderia ser em parte aliviado de uma das cargas de que atualmente

---

[18] Apesar de que as taxas impostas diretamente sobre espíritos de qualidade totalizam apenas 2s. 6d. por galão, acrescidas às taxas sobre os vinhos fracos, dos quais são destilados, totalizam 3s. 10 2/3d. Os vinhos fracos e espíritos de qualidade são, para prevenir fraudes, cotados de acordo com o que medem na solução.

mais se queixam, ao passo que ao mesmo tempo a renda poderia ser consideravelmente aumentada.

As objeções do dr. Davenant a esta alteração no atual sistema dos tributos pareceria sem fundamento. Essas objeções são que a taxa, em vez de se dividir como atualmente, equitativamente sobre lucro do malte, sobre o da cerveja e, sobre o do varejo, enquanto afetasse o lucro, recairia totalmente sobre o malte; e este não reporia facilmente a parte da taxa adiantada, como o cervejeiro e o varejista, no preço adiantado de seu licor; e que uma taxa tão pesada sobre o malte poderia reduzir a renda e o lucro do cultivo de cevada.

Nenhuma taxa pode reduzir, por qualquer período considerável, a taxa de lucro em qualquer ofício particular que sempre tenha de manter o nível com outros negócios da região. As atuais taxas sobre malte e cervejas não afetam os lucros dos negociantes naquelas mercadorias, porque todos recuperam a taxa com lucro adicional no preço elevado de suas mercadorias. De fato, uma taxa pode tornar os artigos sobre os quais é imposta tão caros a ponto de diminuir o seu consumo. Mas o consumo de malte é em licores de malte, e uma taxa de 18s. o quartrilho de malte não poderia tornar estes licores mais caros que as várias taxas, totalizando 24 ou 25s. atualmente. Esses licores, ao contrário, provavelmente se tornariam mais baratos, e seu consumo provavelmente mais aumentaria do que diminuiria.

Não é muito fácil entender por que seria mais difícil para o comércio do malte recuperar 18s. no preço adiantado do que atualmente para a cerveja recuperar 24 ou 25s., por vezes 30, no do licor. O malte, de fato, em vez de uma taxa de 6s., seria obrigado a adiantar uma de 18s. sobre cada quarto de malte. Mas o cervejeiro atualmente é obrigado a adiantar uma taxa de 24, 25 ou mesmo 30s. sobre cada quarto de malte que fermenta. Não poderia ser mais inconveniente para o preparador de malte adiantar uma taxa mais leve do que atualmente é para o cervejeiro adiantar uma mais pesada. O malte nem sempre apresenta um estoque que exija mais tempo para ser negociado do que o estoque de cervejas. O primeiro, portanto, pode frequentemente ter o retorno de seu dinheiro tão cedo quanto o segundo. Mas qualquer inconveniente que possa originar-se para o preparador de malte por ser obrigado a adiantar uma taxa mais pesada poderia ser facilmente remediado concedendo-lhe um crédito de alguns meses mais longo que atualmente se dá ao cervejeiro.

Nada poderia reduzir a renda e o lucro da terra de cevada que não reduza a demanda pela cevada. Mas uma alteração de sistema que reduzisse as taxas sobre um quarto de malte fermentado em cervejas de 24 e 25s. para 18s. poderia mais aumentar que diminuir aquela demanda. A renda e o lucro da terra de cevada, além do mais, sempre devem ser quase iguais aos de outras terras igualmente férteis e igualmente cultivadas. Se fossem menores, parte da terra de cevada logo seria destinada a algum outro fim; e se fossem maiores, mais terra logo seria destinada ao cultivo da cevada. Quando o preço ordinário de qualquer produto particular da terra esteja ao que pode ser chamado preço de monopólio, uma taxa sobre ele necessariamente reduz a renda e lucro da terra de seu cultivo. Uma taxa sobre produto de valiosos vinhedos cujo vinho fica tão aquém da demanda efetiva que seu preço está sempre acima da proporção natural com o produto de outras terras igualmente férteis e cultivadas necessariamente reduz a renda e o lucro daqueles vinhedos. O preço dos vinhos já sendo o mais alto que se pode obter pela quantidade comumente enviada ao mercado, não poderia se elevar mais sem diminuir aquela quantidade, e a quantidade não poderia diminuir sem perda ainda maior, porque as terras não poderiam ser dirigidas para qualquer outro produto igualmente valioso. Todo o peso da taxa, portanto, recairia sobre a renda e o lucro, propriamente, sobre o preço do vinhedo. Quando se propôs um novo imposto sobre o açúcar, nossos plantadores de açúcar frequentemente se queixaram que todo o peso de tais taxas recaía não sobre o consumidor, mas sobre o produtor, nunca lhes dando a oportunidade de elevar o preço de seu açúcar depois da taxa, acima do que era antes. O preço, ao que parece, antes da taxa, era de monopólio, e o argumento apresentado para mostrar que o açúcar era um artigo impróprio para taxação demonstrou talvez que era próprio; os ganhos dos monopolistas, sendo certamente, de todos os itens, o mais próprio para taxação. Mas o preço ordinário da cevada nunca foi um preço de monopólio, e a renda e o lucro da cevada nunca estiveram acima de sua proporção natural em relação ao de outras terras igualmente férteis e cultivadas. As diferentes taxas que sempre foram impostas sobre o malte e cervejas nunca baixaram o preço da cevada, nem reduziram a renda e o lucro da terra de cevada. O preço do malte para o cervejeiro tem se elevado constantemente em proporção às taxas impostas sobre ele, e aquelas taxas, junto com as outras sobre as cervejas, constantemente elevaram o preço ou, o que dá no mesmo, reduziram a qualidade daquelas mercadorias ao consumidor. O pagamento final dessas taxas caiu constantemente sobre o consumidor e não sobre o produtor.

As únicas pessoas que poderão sofrer pela alteração do sistema aqui proposto são as que fermentam para uso próprio. Mas a isenção que esta classe superior do povo atualmente goza das taxas pesadas que são pagas pelo trabalhador pobre e pelo artífice é certamente injusta e desigual, e deveria ser removida, mesmo que esta alteração nunca ocorresse. Provavelmente foi do interesse desta ordem superior prevenir uma mudança no sistema que não deixaria de aumentar a renda e aliviar o povo.

Além dos tributos e alfândegas acima mencionados, há vários outros que afetam o preço das mercadorias mais desigualmente e mais indiretamente. Desta espécie são as taxas que na França são chamadas *péages*, que nos velhos tempos saxões eram chamadas taxas de passagem e que parecem ter sido originalmente estabelecidas com a mesma finalidade que nossas taxas de pedágio em estradas, canais e rios navegáveis, para a manutenção da estrada ou da navegação. Essas taxas, quando aplicadas para tais fins, são mais adequadamente impostas de acordo com o volume ou peso das mercadorias. Como eram originalmente taxas locais e provinciais, aplicáveis para fins locais e provinciais, sua administração, na maioria dos casos, era confiada à cidade, paróquia ou senhorio onde eram levantadas, tais comunidades, de um ou outro modo, supostas responsáveis por sua aplicação. O soberano, irresponsável por elas, em muitos países assumiu a administração dessas taxas, e se bem que em muitos casos elevou a taxa, em muitos negligenciou totalmente a sua aplicação. Se as taxas de pedágio da Grã-Bretanha eventualmente se tornassem um dos recursos do governo, podemos depreender, pelo exemplo de muitas outras nações, o que poderia ser a consequência. Tais taxas, sem dúvida, são afinal pagas pelo consumidor, mas o consumidor nem sempre é taxado em proporção à sua despesa quando paga, não de acordo com o valor, mas de acordo com o volume ou peso daquilo que consome. Quando tais taxas são impostas, não de acordo com o volume ou peso, mas de acordo com o suposto valor dos artigos, tornam-se propriamente uma espécie de alfândega interna, ou exação, que obstrui em muito os mais importantes de todos os ramos do comércio, o comércio interior do país.

Em alguns Estados pequenos, taxas análogas àquelas taxas de passagem são impostas sobre artigos transportados através do território, por terra ou por água, de um país estrangeiro a outro. Em alguns países, são chamadas taxas de trânsito. Alguns dos pequenos Estados italianos situados sobre o Pó e seus afluentes derivam alguma renda das taxas desta espécie que são pagas totalmente por estrangeiros e que talvez sejam as únicas taxas que um Estado pode impor sobre os súditos de outro sem obstruir em nenhum aspecto a indústria ou o comércio próprios. A mais importante taxa de trânsito no mundo é aquela levantada pelo rei da Dinamarca sobre todas as naus mercantes que passam pelo estreito de Sonda.

Taxas sobre luxos e a maior parte das taxas e alfândegas, mesmo recaindo indiferentemente sobre toda espécie de renda, são pagas finalmente ou sem retribuição por quem quer que consuma as mercadorias sobre as quais são impostas, mas nem sempre recaem igual ou proporcionalmente sobre a renda de cada indivíduo. Como o humor de cada um regula o grau de seu consumo, todo homem contribui mais de acordo com seu humor do que em proporção à sua renda; o pródigo contribui mais; o parcimonioso, menos, do que sua porção própria. Durante a minoridade de um homem de grande fortuna, comumente contribui pouquíssimo, por seu consumo, para o sustento daquele Estado de cuja proteção ele deriva uma grande renda. Aqueles que vivem em outro país não contribuem com nada, por seu consumo, para o sustento do governo daquele país onde está situada sua fonte de renda. Se neste país não houvesse taxa sobre a terra, nem nenhuma taxa considerável sobre a transferência de propriedade móvel ou imóvel, como no caso da Irlanda, tais ausentes poderiam derivar uma grande renda da proteção de um governo para o sustento do qual não contribuem com um só *shilling*. Esta desigualdade deverá ser maior num país cujo governo sob alguns aspectos seja subordinado e dependente do de algum outro. O povo que possui a propriedade mais extensa no país dependente, neste caso, geralmente escolherá viver no país que governa. A Irlanda está precisamente nesta situação, e assim não é de admirar que a proposição de uma taxa sobre os ausentes fosse tão popular naquele país. Talvez fosse um pouco difícil determinar que espécie ou que grau de ausência sujeitaria um homem a ser taxado como ausente, ou a que época precisa a taxa deveria começar ou terminar. Excetuando, porém, esta situação muito peculiar, qualquer desigualdade da contribuição individual que pode originar-se de tais impostos é muito mais que compensada pela própria circunstância que ocasiona aquela desigualdade — a circunstância que a contribuição de cada homem é totalmente voluntária, estando totalmente em seu poder consumir ou não a mercadoria taxada. Onde tais taxas, portanto, são apropriadamente determinadas, e sobre as mercadorias adequadas, são pagas com menos murmuração que qualquer outra. Quando são adiantadas pelo comerciante ou manufatureiro, o consumidor, que é quem afinal as paga, logo vem a confundi-las com o preço das mercadorias e quase esquece que paga qualquer taxa.

Tais impostos são ou podem ser perfeitamente certos, ou podem ser determinados de modo a não deixar qualquer dúvida sobre o que deveria ser pago ou quando deveria ser pago, ou seja, concernente quer à quantidade ou ao tempo do pagamento. Qualquer incerteza que porventura haja, quer nos impostos, quer nas alfândegas britânicas, ou em outras taxas da mesma espécie em outros países, não pode originar-se da natureza daquelas taxas, mas da maneira imprecisa ou inábil que a lei que as impõe é expressa.

As taxas sobre os luxos geralmente são, e sempre podem ser, pagas parceladamente, ou proporcionalmente, conforme os contribuintes têm oportunidade de comprar os artigos sobre os quais são impostas. Quanto ao tempo e modo de pagamento, são, ou podem ser, de todas as taxas as mais convenientes. No todo, tais taxas são talvez concordantes com as três primeiras das quatro máximas gerais concernentes à taxação como qualquer outra. Ofendem a quarta, sob todos os aspectos.

Estas taxas, em proporção ao que trazem ao tesouro público do Estado, sempre retiram ou deixam longe dos bolsos do povo mais do que quaisquer outras taxas. Parecem fazer isto de todas as quatro diferentes maneiras em que é possível fazê-lo.

Primeiro, o levantamento de tais taxas, mesmo quando impostas da maneira mais judiciosa, requer um grande número de funcionários, cujos salários são uma real taxa sobre o povo, o que nada traz ao tesouro do Estado. Esta despesa, porém, deve-se reconhecer, é mais moderada na Grã-Bretanha do que em muitos outros países. No ano que terminou a 5 de julho de 1755, o produto bruto das diversas taxas, sob a administração dos comissários tributários na Inglaterra, totalizou £5 507 308 18s. 8 1/4d., que foram levantadas com uma despesa de pouco mais de 5,5%. Deste produto bruto, porém, deve ser deduzido o que foi pago em incentivos e restituições sobre a exportação de bens taxáveis, o que reduzirá o produto líquido abaixo de cinco milhões[19] — a cobrança da taxa sobre o sal, uma exação sob uma administração diferente, é muito mais dispendiosa. A renda líquida da alfândega não totaliza dois milhões e meio, levantados a uma despesa de mais de 10% nos salários dos funcionários e outros incisos. Mas os ganhos dos funcionários alfandegários são sempre muito maiores que seus salários; em alguns portos, mais que o dobro ou o triplo de seus salários. Se os salários dos funcionários e outros incisos totalizam mais de 10% sobre a renda líquida da alfândega, toda a despesa, a despesa total de levantar aquela renda, pode totalizar em salários e ganhos mais de 20% ou 30%. Os funcionários exatores recebem pouco ou nenhum honorário, e a administração daquele ramo da renda, sendo estabelecida mais recentemente, em geral é menos corrompida que a da alfândega, na qual com o tempo se introduziram e autorizaram muitos abusos. Carregando sobre o malte toda a renda que atualmente é levantada pelas diferentes taxas sobre o malte e seus licores, uma economia, supõe-se de mais de cinquenta mil libras, poderia ser feita na despesa anual da exação. Confinando as taxas da alfândega a umas poucas espécies de bens, e levantando estas taxas de acordo com as leis tributárias, uma economia muito maior poderia provavelmente ser feita na despesa anual da alfândega.

Segundo, tais taxas necessariamente ocasionam alguma obstrução ou desencorajamento a certos ramos da indústria. Como sempre elevam o preço da mercadoria taxada, desencorajam assim seu consumo e consequentemente sua produção. Se for uma mercadoria de cultivo ou manufatura doméstica, menos trabalho vem a ser empregado em seu cultivo e produção. Se for uma mercadoria estrangeira, que a taxa destarte eleva o preço, as mercadorias da mesma espécie que são feitas no país podem assim, de fato, ganhar alguma vantagem no mercado

---

[19] O produto líquido daquele ano, depois de se deduzirem todas as despesas e os pagamentos, totalizou £4 975 652 19s. 6d.

interno, e uma maior quantidade de indústria doméstica poderá assim ser dirigida à sua preparação. Mas se bem que a elevação de preço numa mercadoria estrangeira possa encorajar a indústria doméstica num ramo em particular, necessariamente desencoraja aquela indústria em quase todos os outros. Quanto mais caro o manufatureiro de Birmingham compra o vinho estrangeiro, mais barato ele necessariamente vende aquela parte de seus artefatos com as quais, ou o que dá no mesmo, com o preço dos quais o compra. Aquela parte de seus artefatos, portanto, torna-se de menor valor para ele, e ele tem menos encorajamento para trabalhar neles. Quanto mais caro os consumidores num país pagam pelo produto em excesso de outro, mais barato necessariamente vendem aquela parte de seu próprio produto em excesso com o que, ou o que vem a ser o mesmo, com o preço do que o compram. Aquela parte de seu próprio produto em excesso torna-se de menor valor para eles, e têm menos encorajamento para aumentar sua quantidade. Todas as taxas sobre mercadorias de consumo, portanto, tendem a reduzir a quantidade de trabalho produtivo abaixo do que poderia ser de outra maneira, quer na preparação das mercadorias taxadas, se forem domésticas, quer na preparação daquelas com que são compradas, se forem estrangeiras. Tais taxas também sempre alteram mais ou menos a direção natural da indústria nacional e dirigem-na a um canal sempre diferente e sempre menos vantajoso daquele para onde correria por si só.

Terceiro, a esperança de se evadir de tais taxas pelo contrabando dá frequentemente ocasião a apreensões e outras penalidades que arruínam inteiramente o contrabandista; pessoa que, sem dúvida altamente culpada por violar as leis de seu país, frequentemente é incapaz de violar aquelas da justiça natural, e sob todos os aspectos seria um excelente cidadão se as leis de seu país não fizessem crime aquilo que a natureza não o fez. Naqueles governos corruptos, onde há pelo menos uma suspeita geral de muita despesa desnecessária, e grande malversação da renda pública, as leis que a guardam são muito pouco respeitadas. Não há muitas pessoas com escrúpulos em contrabandear quando, sem perjúrio, podem achar oportunidade fácil e segura de fazê-lo. Pretender ter qualquer escrúpulo em comprar mercadoria contrabandeada, mesmo que um manifesto encorajamento à violação das leis tributárias, e o perjúrio que quase sempre o espera, na maioria dos países seria visto como uma daquelas pedantes hipocrisias que, em vez de adquirir crédito com alguém, servem apenas para expor a pessoa que a afeta praticar de ser pior que seus semelhantes. Mas com esta indulgência do público, o contrabandista frequentemente é encorajado a continuar um negócio que assim aprende a considerar até certo ponto inocente, e quando a severidade das leis tributárias está prestes a cair sobre ele, frequentemente está disposto a defender com violência o que se acostumou a ver como sua justa propriedade. Sendo inicialmente, talvez, mais imprudente que criminoso, finalmente acaba tornando-se dos mais ousados e determinados violadores das leis da sociedade. Pela ruína do contrabandista, seu capital, que antes estava empregado em manter o trabalho produtivo, é absorvido quer diretamente na renda do Estado, quer naquela do funcionário da fazenda, e é empregado na manutenção de um improdutivo, para diminuição do capital geral da sociedade e da indústria útil que de outro modo poderia ter mantido.

Quarto, tais taxas, submetendo pelo menos os negociantes das mercadorias taxadas às visitas frequentes e exame odioso dos coletores de impostos, expõem-nos por vezes, sem dúvida, a um certo grau de opressão e sempre a muito trabalho e vexação; e muito embora a vexação, como já foi dito, não é estritamente despesa, é certamente equivalente à despesa de que todo homem voluntariamente gostaria de se isentar. As leis de exação, se bem que mais eficazes para o propósito para o qual foram instituídas, sob este aspecto são mais vexatórias do que as alfandegárias. Quando um comerciante importou artigos sujeitos à certas taxas alfandegárias, quando as pagou e alojou as mercadorias em seu armazém, na maioria dos casos não está sujeito a mais nenhum trabalho ou vexação pelo funcionário da alfândega. É diferente com artigos sujeitos a tributo. Os negociantes não têm respeito pelas contínuas visitas e exame dos funcionários da fazenda. As taxas de exação, por isto, são mais impopulares que as da alfândega, e também os funcionários que as levantam. Estes funcionários, pretende-se, mesmo que em geral cumprissem seu dever tão bem quanto os da alfândega, como aquela taxa frequentemente os obriga a perturbarem muito seus semelhantes, comumente contraem uma certa dureza de caráter que os outros frequentemente não têm. Esta observação, porém, pode muito provavelmente ser a mera sugestão de negociantes fraudulentos cujo contrabando é prevenido ou detectado por sua diligência.

As inconveniências, porém, que em certo grau são inseparáveis das taxas sobre mercadorias de consumo, caem tão levemente sobre o povo da Grã-Bretanha quanto sobre o de qualquer outro país cujo governo seja quase igualmente dispendioso. Nosso Estado não é perfeito e poderia ser emendado, mas é tão bom ou melhor que a maioria de nossos vizinhos.

Em consequência da noção de que as taxas sobre bens de consumo eram taxas sobre os lucros dos mercadores, aqueles impostos, em alguns países, foram repetidos sobre cada venda sucessiva dos artigos. Se os lucros do comerciante importador ou manufatureiro fossem taxados, a equanimidade pareceria requerer que os lucros de todos os compradores intermediários entre cada um deles e o consumidor fossem igualmente taxados. A famosa alcavala da Espanha parece ter sido estabelecida sobre este princípio. Primeiro foi uma taxa de 10%, depois de 14%, e atualmente é de apenas 6% sobre a venda de toda espécie de propriedade, móvel ou imóvel, e é repetida cada vez que a propriedade é vendida.[20] O levantamento desta taxa requer uma multidão de funcionários fazendários suficientes para guardar o transporte de bens, não só de uma província para outra, mas de uma loja para outra. Sujeita, não só os negociantes em algumas espécies de artigos, mas aqueles de todas as espécies, todo lavrador, todo manufatureiro, todo comerciante e lojista, às visitas contínuas e exame dos coletores de taxas. Pela maior parte de um país onde uma taxa desta espécie é estabelecida, nada pode ser produzido para a venda a distância. O produto de cada parte do país deve ser proporcionado ao consumo das vizinhanças. É à alcavala, por conseguinte, que Ustaritz imputa a ruína das manufaturas de Espanha. Poderia ter-lhe imputado analogamente o declínio da agricultura, sendo o imposto não só sobre as manufaturas, mas sobre o produto bruto da terra.

No reino de Nápoles, há uma taxa similar de 10% sobre o valor de todos os contratos, e consequentemente sobre todos os contratos de venda. Ela é mais leve que a taxa espanhola, e a maior parte das cidades e paróquias podem pagar um acordo em seu lugar. Levantam

---

[20] *Mémoires concernant les droits...*, vol. I, p. 455.

esta composição da maneira que lhes aprouver, geralmente de um modo que não dá interrupção ao comércio interior do lugar. A taxa napolitana, portanto, não é tão ruinosa quanto a espanhola.

O sistema uniforme de taxação que, com umas poucas exceções de pequena consequência, ocorre em todos os locais do Reino Unido da Grã-Bretanha deixa o comércio interior do país, bem como os transportes internos e costeiros, quase inteiramente livres. O comércio interior é quase perfeitamente livre, e a maior parte dos artigos pode ser transportada de um extremo do reino ao outro sem requerer qualquer permissão ou salvo-conduto, sem estar sujeito a questão, visita ou exame dos funcionários fazendários. Há umas poucas exceções, mas são tais que não podem interromper qualquer ramo importante do comércio interno do país. Os artigos carregados pela costa, de fato, requerem certificados ou *coastcockets*. Excetuando o carvão, porém, o resto é quase inteiramente livre de taxas. Esta liberdade de comércio interior, o efeito da uniformidade do sistema de taxação, é talvez uma das principais causas da prosperidade da Grã-Bretanha, todo grande país sendo necessariamente o melhor e mais extenso mercado para a maior parte da produção de sua própria indústria. Se a mesma liberdade, em consequência da mesma uniformidade, pudesse ser estendida à Irlanda e às plantações, a grandeza do Estado e a prosperidade de toda parte do império seria provavelmente ainda maior que na atualidade.

Na França, as diferentes leis fazendárias que ocorrem nas diferentes províncias requerem uma multidão de funcionários para cercar não só as fronteiras do reino, mas as de quase toda província em particular, para prevenir a importação de certos artigos ou sujeitá-la ao pagamento de certos impostos, com uma interrupção não pequena do comércio interior do país. Algumas províncias têm permissão de fazer um acordo para a *gabelle*, ou taxa do sal. Outras são isentas dela inteiramente. Algumas províncias são isentas da venda exclusiva do tabaco, que os *farmers-general* gozam pela maior parte do reino. As *aides*, que correspondem à exação na Inglaterra, são muito diferentes em diferentes províncias. Algumas províncias são isentas delas e pagam uma composição ou equivalente. Naquelas onde ocorrem, e há fazendas, há muitas taxas locais que não se estendem além de uma cidade ou distrito particular. Os *traites*, que correspondem às nossas alfândegas, dividem o reino em três grandes partes: primeira, as províncias sujeitas à tarifa de 1664, que são chamadas as províncias das cinco grandes fazendas, sob as quais se compreende a Picardia, Normandia e a maior parte das províncias interiores do reino; segunda, as províncias sujeitas à tarifa de 1667, que são chamadas províncias reconhecidas estrangeiras, sob as quais está compreendida a maioria das províncias da fronteira; e terceira, aquelas províncias que dizem ser tratadas como estrangeiras, ou que, porque lhes é permitido um comércio livre com países estrangeiros, estão, em seu comércio com outras províncias da França, sujeitas às mesmas taxas que os países estrangeiros. São a Alsácia, os três bispados de Metz, Toul e Verdun, e as três cidades de Dunquerque, Bayonne e Marselha. Nas províncias das cinco grandes fazendas (assim chamadas por causa de uma antiga divisão das taxas alfandegárias em cinco grandes ramos, cada um originalmente sujeito a uma fazenda em particular, apesar de agora estarem todos unidos em um), e naquelas ditas reconhecidas estrangeiras, há muitas taxas locais que não se estendem além de uma cidade em particular ou distrito. Há algumas assim mesmo nas províncias ditas tratadas como estrangeiras, particularmente na cidade de Marselha. Desnecessário observar quanto as restrições ao comércio interior de um país e o número de funcionários fazendários devem ser multiplicados para guardar as fronteiras das diferentes províncias e distritos que estejam sujeitos a sistemas de taxação tão diferentes.

 Muito além das restrições gerais oriundas deste complicado sistema de leis fazendárias, o comércio de vinho, depois do trigo, quiçá o produto mais importante da França, na maioria das províncias está sujeito a restrições particulares, oriundas do favor que foi demonstrado às vinhas de certas províncias e distritos, acima das de outros. As províncias mais famosas por seus vinhos, achar-se-ão ser aquelas onde o comércio do artigo está sujeito ao mínimo de restrições desta espécie. O mercado extenso que tais províncias desfrutam encoraja a boa administração tanto no cultivo de suas vinhas como na subsequente preparação de seus vinhos.

 Tais leis fazendárias várias e complicadas não são peculiares da França. O pequeno ducado de Milão é dividido em seis províncias, em cada uma das quais há um sistema diferente de taxação em relação a várias espécies de bens de consumo. Os territórios ainda menores do Duque de Parma são divididos em três ou quatro, cada um, da mesma maneira, com um sistema próprio. Sob tal administração absurda, nada senão a grande fertilidade do solo e felicidade do clima poderia preservar tais regiões de logo recaírem no mais baixo estado de pobreza e barbárie.

Taxas sobre mercadorias de consumo podem ser levantadas por uma administração cujos funcionários são designados pelo governo e são diretamente responsáveis perante o governo, cuja renda neste caso deve variar de ano para ano de acordo com as variações ocasionais no produto da taxa, ou podem ser deixados na fazenda para uma certa renda, o fazendeiro podendo apontar seus próprios funcionários, que, obrigados a levantar a taxa da maneira prescrita por lei, estão sob sua imediata inspeção e são-lhe diretamente responsáveis. A maneira melhor e mais frugal de levantar uma taxa nunca pode ser por fazenda. Muito além do que é necessário para pagar a renda estipulada, os salários dos funcionários e toda a despesa administrativa, o lavrador sempre precisa retirar do produto da taxa um certo lucro proporcionado pelo menos ao adiantamento que ele faz, pelo risco que corre, pelo trabalho que tem e pelo conhecimento e habilidade que exige a administração de um negócio tão complicado. O governo, estabelecendo uma administração sob sua inspeção imediata da mesma espécie que o fazendeiro estabelece, poderia ao menos economizar este lucro, que é quase sempre exorbitante. A fazenda de qualquer ramo da renda pública requer um grande capital ou um grande crédito, circunstâncias que por si sós restringiriam a competição por um tal empreendimento a um bem pequeno número de pessoas. Dos poucos que têm este capital ou crédito, um número ainda menor tem o conhecimento ou a experiência necessários; outra circunstância que restringe a competição ainda mais. Os muito poucos que estão em condições de se tornarem competidores acham mais de seu interesse se combinarem e tornarem-se parceiros em vez de competidores, e quando a fazenda for leiloada, não oferecerá renda senão muito abaixo de seu valor. Nos países onde as rendas públicas estão em fazendas, os lavradores são em geral as pessoas mais opulentas. Sua riqueza apenas excitaria a indignação pública, e a vaidade que quase sempre acompanha tais fortunas súbitas e a tola ostentação que comumente fazem de sua riqueza excitam aquela indignação ainda mais.

Os fazendeiros da renda pública nunca acham demasiado severas as leis que punem qualquer tentativa de evadir-se do pagamento de uma taxa. Não têm compaixão pelos contribuintes, que não são seus súditos, e cuja bancarrota universal, se ocorresse um dia depois da expiração da fazenda, não afetaria seu interesse. Nas maiores exigências do Estado, quando a ansiedade do soberano pelo pagamento exato de sua renda é necessariamente a maior, raramente deixam de queixar-se que, sem leis mais rigorosas que aquelas que atualmente existem, ser-lhes-á impossível pagar mesmo a renda usual. Naqueles momentos de desgraça pública, suas demandas não podem ser disputadas. As leis tributárias, portanto, tornam-se gradualmente mais e mais severas. As mais sanguinárias são sempre encontradas em países onde a maior parte da renda pública está na fazenda; as mais brandas, nos países onde é levantada sob a inspeção imediata do soberano. Mesmo um mau soberano sente mais compaixão pelo seu povo do que pode ser esperada dos fazendeiros tributários. Ele sabe que a grandeza permanente de sua família depende da prosperidade de seu povo, portanto nunca arruinará aquela prosperidade conscientemente em prol de qualquer interesse pessoal momentâneo. É diversamente com os fazendeiros do tributo, cuja grandeza pode frequentemente ser o efeito da ruína, e não da prosperidade de seu povo.

Uma taxa por vezes não só dá uma certa renda pela sua fazenda, mas o fazendeiro também tem o monopólio da mercadoria taxada. Na França, as taxas sobre o tabaco e o sal são levantadas destarte. Em tais casos, o fazendeiro, em vez de um, levanta dois lucros exorbitantes sobre o povo: o lucro do fazendeiro e o lucro ainda mais exorbitante do monopolista. O tabaco, sendo um luxo, a todo homem é permitido comprar ou não, à sua discrição. Mas o sal, sendo necessário, todo homem é obrigado a comprar do fazendeiro uma certa quantidade; porque se não comprasse esta quantidade do fazendeiro, presume-se que compraria de algum contrabandista. As taxas sobre ambas as mercadorias são exorbitantes. A tentação ao contrabando, consequentemente, para muitos é irresistível, ao passo que ao mesmo tempo o rigor da lei e a vigilância dos funcionários do fazendeiro tornam ruinoso quase certamente, quem ceder àquela tentação. O contrabando de sal e tabaco envia a cada ano várias centenas de pessoas às galés, além de um número muito considerável que manda ao pelourinho. As taxas levantadas desta maneira dão uma renda muito considerável ao governo. Em 1767, a fazenda do tabaco era arrendada por £22 541 278 por ano. A do sal, por £36 494 404. A fazenda em ambos os casos deveria começar em 1768 e duraria seis anos. Os que consideram o sangue do povo como nada em comparação com a renda do príncipe podem talvez aprovar este método de levantar taxas. Taxas e monopólios similares do sal e tabaco foram estabelecidos em muitos outros países, particularmente nos domínios austríacos e prussianos, e na maioria dos Estados da Itália.

Na França, a maioria da atual renda da Coroa é derivada de oito fontes diferentes: a *taille*, a *capitation*, os dois *vingtièmes*, as *gabelles*, as *aides*, os *traites*, o *domaine* e, na maioria das províncias, sob fazenda. As três primeiras são coletadas em todos os lugares por uma administração sob inspeção imediata e direção do governo, e reconhece-se que, em proporção ao que tiram dos bolsos do povo, trazem mais ao tesouro do príncipe do que as outras cinco, cuja administração é muito mais cara e dispendiosa.

As finanças da França parecem, em seu estado atual, admitir três reformas muito óbvias. Primeiro, abolindo a *taille* e a capitação e elevando o número de *vingtièmes* de modo a produzir uma renda adicional igual ao total daquelas outras taxas, a renda da Coroa seria preservada; a despesa da coleta seria em muito diminuída; a vexação das classes inferiores do povo, ocasionadas pela *taille* e pela capitação, poderiam ser inteiramente prevenidas, e as classes superiores não mais precisariam ser oneradas do que sua maior parte já é atualmente. O *vingtième*, já observei, é uma taxa bem da mesma espécie da chamada taxa da terra, da Inglaterra. O ônus da *taille*, reconhece-se, cai afinal sobre os proprietários da terra; e como a maior parte da capitação é determinada sobre aqueles que estão sujeitos à *taille* a um tanto por libra daquela outra taxa, o pagamento final de sua maior parte deve igualmente recair sobre a mesma classe do povo. Apesar de que o número dos *vingtièmes* fosse aumentado até produzir uma renda adicional igual à quantia de ambas aquelas taxas, as classes superiores do povo não seriam mais oneradas do que são atualmente. Muitos indivíduos, sem dúvida, o seriam, por causa das grandes desigualdades com que a *taille* é fixada comumente sobre as propriedades e rendeiros de pessoas diferentes. O interesse e a oposição de tais súditos favorecidos são os obstáculos mais prováveis para prevenir esta ou qualquer outra reforma da mesma espécie. Segundo, tornando a *gabelle*, as *aides*, os *traites*, as taxas sobre o tabaco, todas as alfândegas e exações uniformes em todas as partes do reino, aquelas taxas poderiam ser coletadas a uma despesa muito menor, e o comércio interior do reino poderia ser tornado tão livre quanto o da Inglaterra. Terceiro, e finalmente, submetendo todas aquelas taxas a uma administração sob a inspeção imediata e direção do governo, os lucros exorbitantes do fazendeiro geral poderiam ser acrescentados à renda do Estado. A oposição que surgiria do interesse privado seria tão eficaz para evitar as duas últimas quanto o primeiro esquema de reforma mencionado.

O sistema francês de taxação parece, sob todo aspecto, inferior ao britânico. Na Grã-Bretanha, dez milhões de esterlinas são anualmente coletados de menos de oito milhões de pessoas sem que seja possível dizer que qualquer classe em particular seja oprimida. Das coletâneas do Abade Expilly e das observações do autor do *Ensaio sobre a legislação e comércio do trigo*, parece provável que a França, incluindo as províncias da Lorraine e Bar, contém cerca de 23 ou 24 milhões de habitantes — talvez três vezes o número da Grã-Bretanha. O solo e o clima da França são melhores que os da Grã-Bretanha. O país tem estado muito mais tempo num estado de melhoramento e cultivo, e por isso está melhor provido de todas aquelas coisas que requerem muito tempo para cultivar e acumular, assim como grandes cidades e casas cômodas e bem-construídas, tanto na cidade como no campo. Com estas vantagens, pode-se esperar que, na França, uma renda de trinta milhões possa ser coletada para o sustento do Estado com tão pouca inconveniência como uma renda de dez milhões na Grã-Bretanha. Em 1765 e 1766, toda a renda paga ao tesouro da França, de acordo com as melhores contas, creio, se bem que imperfeitas que obtive, usualmente varia entre 308 e 325 milhões de libras francesas, isto é, não totalizou 15 milhões de esterlinas, nem a metade do que se esperaria se o povo tivesse contribuído na mesma proporção a seu número que o povo da Grã-Bretanha. O povo da França, porém, reconhece-se geralmente, é muito mais oprimido por taxas do que o povo da Grã-Bretanha.

A França, porém, é certamente o grande império da Europa que, depois do da Grã-Bretanha, desfruta do governo mais brando e indulgente.

Na Holanda, as taxas pesadas sobre as necessidades da vida arruinaram, pelo que se diz, suas principais manufaturas e provavelmente desencorajarão gradualmente mesmo sua pesca e estaleiros. As taxas sobre as necessidades da vida são pouco consideráveis na Grã-Bretanha e nenhuma manufatura até agora foi arruinada por elas. As taxas britânicas que mais oneram as manufaturas são algumas taxas sobre a importação de matérias-primas, particularmente sobre a seda bruta. A renda dos Estados gerais e das diferentes cidades, porém, diz-se totalizar mais de £5 250 000; e como os habitantes das Províncias Unidas por certo que não totalizam mais de um terço dos da Grã-Bretanha, em proporção a seu número, devem ser muito mais pesadamente taxados.

Depois de todos os itens próprios para taxação terem sido exauridos, se as exigências do Estado continuam a requerer novas taxas, estas devem ser impostas sobre itens impróprios. As taxas sobre as necessidades da vida, portanto, podem não ser impedimento da sabedoria daquela república que, para adquirir e manter sua independência, a despeito de sua grande frugalidade, estivera envolvida em guerras dispendiosas que a obrigaram a contrair grandes débitos. Os singulares países da Holanda e Zelândia, além do mais, requerem uma considerável despesa mesmo para preservar sua existência, ou seja, para evitar que sejam engolidos pelo mar, o que deve ter contribuído para aumentar consideravelmente a carga tributária naquelas duas províncias. A forma republicana de governo parece ser o principal sustentáculo da atual grandeza da Holanda. Os donos de grandes capitais, as grandes famílias mercantis, geralmente têm alguma fração direta ou alguma influência indireta na administração daquele governo. A bem do respeito e da autoridade que derivam desta situação, desejam viver num país onde seu capital, se o empregarem eles mesmos, lhes trará menos lucro, e se o emprestarem a outrem, menos juros; e onde a renda muito moderada que podem derivar dele comprará menos das necessidades e conveniências da vida do que em qualquer outra parte da Europa. A residência de pessoas tão ricas necessariamente mantém vivo, a despeito de todas as desvantagens, um certo grau de indústria no país. Qualquer calamidade pública que destruísse a forma republicana de governo, que lançasse toda a administração nas mãos de nobres e soldados, que aniquilasse totalmente a importância daqueles mercadores ricos, logo tornaria desagradável para eles viver onde não mais deveriam ser muito respeitados. Removeriam suas residências e seus capitais para algum outro país, e a indústria e o comércio da Holanda logo seguiriam os capitais que os sustentavam.

CAPÍTULO 3
Dos débitos públicos

Naquele estado rude da sociedade que precede a extensão do comércio e o melhoramento das manufaturas, quando aqueles luxos dispendiosos que só o comércio e a manufatura podem introduzir são totalmente desconhecidos, a pessoa que possui uma grande renda, procurei mostrar no terceiro livro desta investigação, pode gastar ou desfrutar daquela renda de nenhum outro modo senão mantendo tantas pessoas quantas puder. Uma grande renda em qualquer época pode-se dizer que consiste no comando de uma grande quantidade das necessidades da vida. Naquele estado rude de coisas, comumente paga-se numa grande quantidade daquelas necessidades, em materiais de comida simples e tecidos grosseiros, em trigo e gado, em lã e couro cru. Quando nem o comércio nem as manufaturas fornecem qualquer coisa que o proprietário pode trocar pela maior parte daqueles materiais que estão bem acima de seu próprio consumo, ele nada pode fazer com o excesso senão alimentar e vestir tantas pessoas quantas puder. Uma hospitalidade sem luxo e uma liberalidade sem ostentação ocasionam, nesta situação de coisas, as despesas principais dos ricos e grandes. Mas estas, procurei mostrar no mesmo livro, são despesas com que as pessoas não são capazes de se arruinarem. Não há talvez, qualquer prazer egoísta tão frívolo cuja busca não tenha eventualmente arruinado mesmo homens sensatos. Mas as circunstâncias, creio, não são muito numerosas em que as pessoas foram arruinadas por uma hospitalidade ou liberalidade desta espécie, apesar de que a hospitalidade luxuosa e a liberalidade da ostentação arruinaram muitas. Dentre nossos ancestrais feudais, o longo tempo durante o qual as propriedades costumavam permanecer na mesma família demonstra suficientemente a disposição geral do povo de viver dentro de suas rendas. Apesar de que a hospitalidade rústica constantemente exercida pelos grandes proprietários, nos tempos atuais, não nos pareça consistente com aquela ordem que estamos acostumados a considerar como inseparavelmente associada com a boa economia, certamente devemos conceder que foram pelo menos tão frugais a ponto de não gastarem comumente toda sua renda. Uma parte de sua lã e couros crus geralmente tinham oportunidade de vender por dinheiro. Uma parte deste dinheiro, talvez, gastavam para comprar os poucos objetos de vaidade e luxo que as circunstâncias da época podiam lhes proporcionar; mas uma parte eles comumente parecem ter acumulado. Nada além podiam fazer, de fato, senão acumular qualquer dinheiro poupado. Comerciar era indigno de um cavalheiro, e emprestar dinheiro a juros, que naquele tempo era considerado usura e proibido por lei, seria pior ainda. Naqueles tempos de violência e desordem, também era conveniente ter bastante dinheiro à mão para que, em caso de serem expulsos de suas casas, pudessem ter algo de valor certo para carregar com eles a algum lugar seguro. A mesma violência que tornou conveniente acumular tornou igualmente conveniente esconder o acumulado. A frequência de achados de tesouros, sem proprietário conhecido, suficientemente demonstra a frequência, naqueles tempos, de acumular e esconder tesouros. O achado de tesouros era na época considerado um ramo importante da renda do soberano. Todo achado de tesouros no reino raramente nos tempos atuais comporia um ramo importante da renda de um simples cavalheiro de boa fortuna.

A mesma disposição de economizar e acumular prevalecia no soberano como nos súditos. Entre as nações nas quais o comércio e as manufaturas são pouco conhecidas, o soberano, já foi observado no quarto livro, está numa situação que naturalmente o dispõe à parcimônia necessária para a acumulação. Naquela situação, a despesa mesmo de um soberano não pode ser dirigida por aquela vaidade que delicia a pompa e o refinamento de uma corte. A ignorância do tempo permite comprar algumas das bagatelas em que aquele refinamento consiste. Os exércitos regulares nem mesmo são necessários, de modo que a despesa mesmo de um soberano, como a de qualquer outro grão-senhor, pode ser empregada em pouca outra coisa senão dádivas a seus rendeiros e hospitalidade a seus convivas. Mas bondade e hospitalidade raramente levam à extravagância, se bem que a vaidade sempre o faça. Portanto, todos os antigos soberanos da Europa, já foi observado, tinham tesouros. Todo chefe tártaro, nos tempos atuais, pelo que se diz, tem um.

Num país comercial onde abunda toda espécie de luxo dispendioso, o soberano, da mesma maneira que todos os grandes proprietários de seus domínios, naturalmente gasta grande parte de sua renda na aquisição desses luxos. O seu país e os vizinhos o suprem abundantemente com todas as bagatelas caras que compõem o esplêndido mas insignificante exibicionismo de uma corte. Em prol de um exibicionismo inferior da mesma espécie, seus nobres dispensam seus dependentes, tornam seus rendeiros independentes e, gradualmente, tornam-se eles mesmos tão insignificantes quanto a maioria dos burgueses ricos em seus domínios. As mesmas paixões frívolas que influenciam a conduta dos nobres influenciam a do soberano. Como pode se supor que ele seria o único homem rico em seus domínios insensível a prazeres desta espécie? Se não gastar, o que provavelmente o fará, naqueles prazeres uma parte tão grande de sua renda de modo a debilitar em muito o poder defensivo do Estado, não se pode esperar que não gaste neles toda aquela parte que esteja bem acima do que é necessário ao sustento da força defensiva. Sua despesa ordinária torna-se igual à sua renda ordinária, e está muito bom se frequentemente não a exceder. A acumulação de um tesouro não mais pode ser esperada, e quando exigências extraordinárias exigem despesas extraordinárias, ele necessariamente deve convocar seus súditos para um auxílio extraordinário. O atual e o último rei da Prússia[1] são os únicos grandes príncipes europeus que, desde a morte de Henrique IV da França, em 1610, supõe-se terem acumulado qualquer tesouro considerável. A parcimônia que leva à acumulação tornou-se quase tão rara nos governos republicanos quanto nos monárquicos. As repúblicas italianas, as Províncias Unidas Neerlandesas, todas estão em débito. O cantão de Berna é a única república da Europa que acumulou qualquer tesouro considerável. As outras repúblicas suíças, não. O gosto por alguma espécie de vaidade, por edifícios esplêndidos, pelo menos, e por outros ornamentos públicos frequentemente prevalece tanto no aparentemente sóbrio senado de uma pequena república quanto na corte dissipada do maior rei.

A falta de parcimônia em tempo de paz impõe a necessidade de contrair débito em tempo de guerra. Quando vem a guerra, não há dinheiro no tesouro senão o que é necessário para as despesas ordinárias dos negócios de paz. Na guerra, uma despesa três ou quatro vezes maior torna-se necessária para a defesa do Estado, e consequentemente uma renda três ou quatro vezes maior que a renda da

---

[1] Frederico Guilherme I e seu filho, Frederico I, o Grande. (N.T.)

paz. Supondo que o soberano tivesse, o que raramente teve, meios imediatos de aumentar sua renda em proporção ao aumento de sua despesa, ainda assim o produto das taxas, de onde deve ser retirado este aumento de renda, só começará a entrar no tesouro talvez dez ou 12 meses depois de serem impostas. Mas, no momento em que a guerra começa, ou melhor, no momento em que parece que vai começar, o exército precisa ser aumentado, a frota precisa ser equipada, as cidades com guarnições devem ser colocadas em estado de prontidão; aquele exército, aquela marinha, aquelas cidades-fortes devem ser equipadas com armas, munições e provisões. Uma despesa grande e imediata deve ocorrer naquele momento de imediato perigo, que não esperará pelo retorno lento e gradual das novas taxas. Nesta contingência, o governo não tem outro recurso senão emprestar.

O mesmo estado comercial da sociedade que, pela operação das causas morais, traz destarte o governo à necessidade de tomar emprestado produz nos súditos tanto uma capacidade quanto uma inclinação a emprestar. Se comumente acarreta a necessidade de tomar emprestado, igualmente acarreta a facilidade de obter empréstimos.

Um país abundante em comerciantes e manufatureiros, necessariamente, abunda com um conjunto de pessoas em cujas mãos não só seus próprios capitais, mas os capitais de todos aqueles que emprestam dinheiro ou lhes confiam bens, passam tão frequentemente, ou mais, que a renda de um particular que, sem ofício ou negócio, vive de sua renda, passa por suas mãos. A renda de um tal homem pode regularmente passar por suas mãos apenas uma vez por ano. Mas toda a quantidade do capital e crédito de um comerciante, que trata com um negócio cujo retorno seja muito rápido, pode por vezes passar por suas mãos duas, três ou quatro vezes por ano. Um país abundante em comerciantes e manufatureiros, portanto, necessariamente é abundante de um conjunto de pessoas que a qualquer momento tem o poder de adiantar, se assim o escolherem, uma enorme soma de dinheiro ao governo. Daí a capacidade dos súditos de um Estado comercial para conceder empréstimos.

O comércio e as manufaturas raramente poderiam florescer em qualquer Estado que não desfrute de uma administração regular da justiça, onde o povo não se sinta seguro na posse de sua propriedade, onde a fé dos contratos não é apoiada pela lei, e onde a autoridade do Estado não é suposta regularmente empregada em apoiar o pagamento dos débitos de todos aqueles que podem pagar. O comércio e as manufaturas, em suma, dificilmente podem florescer em qualquer Estado onde não haja um certo grau de confiança na justiça do governo. A mesma confiança que dispõe grandes comerciantes e manufatureiros, em ocasiões ordinárias, a confiar sua propriedade à proteção de um governo em particular e que os dispõe, em ocasiões extraordinárias, a confiar àquele governo o uso de sua propriedade. Emprestando dinheiro ao governo, nem por um momento diminuem sua capacidade de continuar exercendo seu negócio e manufaturas. Ao contrário, comumente a aumentam. As necessidades do Estado tornam o governo, na maioria das ocasiões, desejoso de tomar emprestado em termos extremamente vantajosos a quem lhe emprestará. A segurança que garante ao credor original é feita transferível a qualquer outro credor, e, pela confiança universal na justiça do Estado, geralmente é vendida no mercado por mais do que foi originalmente pago por ela. O comerciante, ou homem endinheirado, faz dinheiro emprestando dinheiro ao governo e, em vez de diminuir, aumenta seu capital comercial. Ele geralmente considera um favor quando a administração aceita sua parte na primeira subscrição para um novo empréstimo. Daí a inclinação ou vontade dos súditos de um Estado comercial para emprestar.

O governo de um tal Estado está totalmente apto a repousar nesta capacidade e desejo de seus súditos de emprestar-lhe dinheiro em ocasiões extraordinárias. Prevê a facilidade de tomar emprestado e, portanto, dispensa-se do dever de economizar.

Num estado rude da sociedade, não há grandes capitais mercantis ou manufatureiros. Os indivíduos que acumulam o dinheiro que podem economizar e que escondem seu tesouro fazem-no por desconfiar da justiça do governo, por medo que, se fosse conhecida sua fortuna e se seu tesouro fosse descoberto, logo seriam saqueados. Em tal estado de coisas, poucos poderiam, e ninguém desejaria emprestar seu dinheiro ao governo em contingências extraordinárias. O soberano sente que deve prover a tais exigências economizando, porque prevê a absoluta impossibilidade de tomar emprestado. Esta previsão aumenta ainda mais sua natural disposição a economizar.

O progresso das enormes dívidas que presentemente oprimem, e a longo prazo arruinarão todas as grandes nações da Europa, tem sido bem uniforme. Nações, como homens, geralmente começaram a tomar emprestado com o que se pode chamar crédito pessoal, sem designar ou hipotecar qualquer fundo em particular para o pagamento do débito; e quando este recurso lhes faltou, passaram a pedir emprestado pela designação ou hipotecas de fundos particulares.

O chamado débito sem fundo da Grã-Bretanha é contraído da primeira daquelas duas maneiras. Consiste em parte numa dívida que não tem, ou supõe-se que não tenha, juros e que se assemelha às dívidas que um particular contrai por conta, e em parte numa dívida a juros e que se assemelha às que um particular contrai com sua letra ou nota promissória. Os débitos devidos por serviços extraordinários, ou por serviços imprevistos, ou não pagos na data em que são executados, parte dos extraordinários do exército, marinha e intendência, os subsídios a príncipes estrangeiros, salários dos marujos etc. usualmente constituem uma dívida da primeira espécie, por vezes em pagamento de uma parte de tais letras da marinha e do tesouro, que por vezes são emitidas em pagamento de parte de tais débitos e por vezes para outros fins, constituem uma dívida da segunda espécie — as letras do Tesouro pagando juros a partir do dia em que são emitidas, e as da marinha, seis meses depois. O Banco da Inglaterra, descontando voluntariamente estas letras a seu valor corrente, ou concordando com o governo em relação a certas considerações quanto à circulação de letras do tesouro, isto é, recebê-las em paridade, pagando os juros que lhes sejam devidos, mantém seu valor e facilita sua circulação, assim permitindo que o governo contraia uma grande dívida desta espécie. Na França, onde não há banco, as letras do Estado (*billets d'état*)[2] por vezes foram vendidas a 60% e 70% de desconto. Durante a grande recunhagem no tempo do rei Guilherme, quando o Banco da Inglaterra achou adequado interromper suas transações usuais, as letras e papéis diz-se terem sido vendidos com 25% a 60% de desconto; devido em parte, sem dúvida, à suposta instabilidade do novo governo estabelecido pela Revolução, mas também parcialmente devido à falta de apoio do Banco da Inglaterra.

Exaurido este recurso, e tornando-se necessário, para levantar dinheiro, designar ou hipotecar algum ramo em particular da renda pública para o pagamento da dívida, o governo, em diferentes ocasiões,

---

[2] V. *Examen des réflexions politiques sur les finances.*

fez isto de duas maneiras diferentes. Por vezes, fez esta hipoteca por um curto período de tempo, um ano, ou poucos anos, por exemplo; e por vezes, perpetuamente. Num caso, o fundo era suposto suficiente para pagar, dentro do período limitado, o principal e os juros do dinheiro emprestado. No outro, era suposto suficiente para pagar os juros apenas, ou uma anuidade perpétua equivalente aos juros, o governo estando livre para amortizar a qualquer momento esta anuidade, pagando a soma principal emprestada. Quando o dinheiro era levantado de um modo, dizia-se levantado por antecipação; quando de outro, por fundos perpétuos ou, abreviadamente, por fundos.

Na Grã-Bretanha, as taxas anuais sobre a terra e o malte são regularmente antecipadas a cada ano, em virtude de uma cláusula de empréstimo constantemente inserida nas leis que as impõem. O Banco da Inglaterra geralmente adianta a quaisquer juros, o que desde a Revolução variou entre 8% e 3%, somas para as quais aquelas taxas são concedidas, e recebe pagamento à medida que seu produto gradualmente entra. Se há uma deficiência, o que sempre há, é prevista para o ano seguinte. O único ramo considerável da renda pública que ainda permanece não hipotecado é assim regularmente gasto antes de dar entrada. Como um perdulário imprevidente, cujas prementes ocasiões não lhe permitirão esperar pelo pagamento regular de suas rendas, o Estado está na prática constante de emprestar de seus próprios feitores e agentes, e pagando juros pelo uso de seu próprio dinheiro.

No reinado do rei Guilherme, e durante grande parte do da rainha Ana, antes de nos tornarmos tão familiares quanto agora com a prática dos fundos perpétuos, a maior parte das novas taxas era imposta só por um breve período (por quatro, cinco, seis ou sete anos, apenas), e uma grande parte das concessões de cada ano consistia de empréstimos sobre antecipações do produto daquelas taxas. O produto frequentemente sendo insuficiente para pagar dentro do termo limitado o principal e os juros do dinheiro emprestado, surgiram deficiências, o que justificou o prolongamento do prazo.

Em 1697, pelo 8º de Guilherme III, cap. 20, as deficiências de várias taxas foram carregadas sobre o que então foi chamado o primeiro fundo ou hipoteca geral, consistindo de uma prolongação até 1º de agosto de 1706 de várias taxas diferentes que expirariam num prazo mais curto, e cujo produto foi acumulado num fundo geral.

As deficiências carregadas sobre este prazo prolongado totalizaram £5 160 459 14s. 9 1/4d.

Em 1701, aquelas taxas, junto com algumas outras, foram ainda mais prolongadas para propósitos semelhantes, até o 1º de agosto de 1710, e foram chamadas de segunda hipoteca geral ou fundo. As deficiências nela depositadas totalizaram £2 055 999 7s. 11 1/2d.

Em 1707, aquelas taxas foram ainda mais prolongadas, como fundo para novos empréstimos, até 1º de agosto de 1712, e foram chamadas de terceira hipoteca geral ou fundo. A soma emprestada foi de £983 254 11s. 9 1/4d.

Em 1708, aquelas taxas todas (exceto o velho subsídio de tonelagem e libragem, da qual apenas uma metade era tornada parte deste fundo, e uma taxa sobre a importação do linho escocês, que fora retirada pelos *Articles of Union*) continuaram ainda, como fundo para novos empréstimos, até 1º de agosto de 1714, e foram chamadas de quarta hipoteca geral ou fundo. A soma emprestada era de £925 176 9s. 2 1/4d.

Em 1709, aquelas taxas todas (exceto o Velho Subsídio de Tonelagem e Libragem, que agora foi totalmente deixado fora deste fundo) continuaram ainda pelo mesmo propósito até 1º de agosto de 1716, e foram chamadas de quinta hipoteca geral ou fundo. A soma emprestada foi de £922 029 6s.

Em 1710, aquelas taxas foram de novo prolongadas até 1º de agosto de 1720 e foram chamadas de sexta hipoteca geral ou fundo. A soma emprestada foi de £1 296 552 9s. 11 3/4d.

Em 1711, as mesmas taxas (que nesta época estavam assim sujeitas a quatro antecipações diferentes) com várias outras foram continuadas para sempre e transformadas em fundo para pagar os juros do capital da Companhia dos Mares do Sul, que naquele ano adiantou ao governo, para pagar as dívidas e deficiências, a soma de £9 177 967 15s. 4d.; o maior empréstimo jamais feito até aquela data.

Antes deste período, o principal, tanto quanto pude observar, as únicas taxas que, para pagar os juros de uma dívida, foram impostas perpetuamente eram as que pagavam os juros do dinheiro que fora adiantado ao governo pelo Banco e Companhia das Índias Orientais, e do esperado seria adiantado, o que nunca aconteceu, por um projetado banco. O fundo do banco nesta época totalizava £3 375 027 17s. 10 1/2d., pelo que se pagava uma anuidade ou juros de £206 501 13s. 5d. O fundo das Índias Orientais totalizava £3 200 000, pelo que se pagava uma anuidade ou juros de £160 000 — o fundo do banco estando a 6%, e o fundo das Índias Orientais a 5%.

Em 1715, pelo 1º de Jorge I, cap. 12, as diferentes taxas que foram hipotecadas para pagar a anuidade do banco, junto com várias outras que por esta lei foram igualmente tornadas perpétuas, foram acumuladas num fundo comum chamado Fundo Agregado, que foi onerado não só com os pagamentos da anuidade do banco, mas também com várias outras anuidades e encargos de diferentes espécies. Este fundo foi depois aumentado pelo 3º de Jorge I, cap. 8, e pelo 5º de Jorge I, cap. 3, e as diferentes taxas que foram então acrescidas foram igualmente tornadas perpétuas.

Em 1717, pelo 3º de Jorge I, cap. 7, várias outras taxas foram tornadas perpétuas e acumuladas num outro fundo comum, chamado Fundo Geral, para o pagamento de certas anuidades, totalizando £7 248 496 S. 10 1/2d.

Em consequência daquelas várias leis, a maior parte das taxas que antes eram antecipadas apenas por um curto prazo em anos foram tornadas perpétuas como fundo para pagar não o capital, mas apenas os juros do dinheiro que fora emprestado por várias antecipações sucessivas.

Se o dinheiro nunca tivesse sido levantado senão por antecipação, o decurso de uns poucos anos teria liberado a renda pública sem qualquer outra atenção do governo além daquelas de não sobrecarregar o fundo, onerando-o com mais débito do que poderia pagar dentro do prazo limitado, e de não antecipar uma segunda vez antes de expirar a primeira antecipação. Mas a maioria dos governos europeus tem sido incapaz daquelas atenções. Frequentemente sobrecarregaram o fundo mesmo com a primeira antecipação, e quando não foi este o caso, geralmente cuidaram para sobrecarregá-lo antecipando uma segunda e terceira vez antes de expirar a primeira antecipação. O fundo tornando-se desta maneira totalmente insuficiente para pagar o principal e os juros do dinheiro emprestado para ele, tornou-se necessário carregá-lo com os juros apenas, ou uma anuidade perpétua igual aos juros, e tais antecipações imprevidentes necessariamente deram origem à ruinosíssima prática dos fundos perpétuos. Mas apesar de que esta prática necessariamente retarda a liberação da renda pública de um período fixo para um tão indefinido, que provavelmente nunca chegará, mesmo que uma soma maior, em todo caso, possa ser levantada por esta nova prática do que pela antiga, das antecipações, uma vez os homens familiarizando-se com ela, nas grandes exigências do Estado, tornou-se universalmente preferida à outra. Aliviar uma exigência de momento é sempre o objetivo que principalmente interessa àqueles imediatamente preocupados com a administração dos negócios públicos. A futura liberação da renda pública, deixam aos cuidados da posteridade.

Durante o reinado da rainha Ana, a taxa de juros do mercado tinha caído de 6% para 5%, e no 12º ano de seu reinado, 5% foi declarada a taxa mais alta que legalmente poderia ser cobrada por dinheiro emprestado particularmente. Logo depois que a maior parte das taxas temporárias da Grã-Bretanha foi tornada perpétua, e distribuída nos fundos Agregado, dos Mares do Sul e Gerais, os credores do povo, como os de particulares, foram induzidos a aceitar 5% como os juros de seu dinheiro, o que ocasionou uma economia de 1% sobre o capital da maior parte das dívidas que foram assim financiadas perpetuamente, ou de um sexto da maior parte das anuidades que foram pagas com os três grandes fundos supramencionados. Esta economia deixou um considerável excesso no produto das diferentes taxas que foram acumuladas naqueles fundos, acima do que era necessário para pagar as anuidades que agora eram carregadas sobre eles, e alicerçou o que desde então tem sido chamado de fundo imergente. Em 1717, totalizava £323 434 7s. 7 1/2d. Em 1727, os juros da maioria das dívidas públicas foram ainda mais reduzidos, a 4%, e em 1753 e 1757, a 3,5% e 3%; reduções que aumentaram ainda mais o fundo imergente.

Um fundo imergente, apesar de que instituído para o pagamento dos débitos antigos, facilita muito a contração de novos. É um fundo subsidiário sempre à mão para ser hipotecado em auxílio de qualquer outro fundo duvidoso sobre o qual se propõe levantar dinheiro, numa contingência do Estado. Se o fundo imergente da Grã-Bretanha foi mais frequentemente aplicado a um ou outro destes propósitos, evidenciar-se-á gradualmente.

Além destes dois métodos de emprestar, por antecipações e fundos perpétuos, há dois outros métodos que têm uma espécie de lugar mediano entre eles. São emprestar sobre anuidades por prazo de anos, e emprestar por anuidades vitalícias.

Durante os reinados do rei Guilherme e da rainha Ana, grandes somas foram frequentemente emprestadas por anuidades com prazos de anos, que por vezes eram mais longos, por vezes, mais curtos. Em 1693, foi aprovada uma lei pelo empréstimo de um milhão com uma anuidade de 14%, ou de £140 000 por ano, por 16 anos. Em 1691, uma lei foi aprovada para emprestar um milhão com anuidades vitalícias, em termos que na atualidade pareceriam muito vantajosos. Mas a subscrição não foi preenchida. No ano seguinte, a deficiência foi compensada emprestando com anuidades vitalícias a 14%, ou a pouco mais de sete anos. Em 1695, as pessoas que tinham comprado aquelas anuidades tiveram permissão para trocá-las por outras de 96 anos, pagando ao tesouro 63 libras por cem; isto é, a diferença entre 14% vitalícios e 14% em 96 anos era vendida por £63, ou numa compra a quatro anos e meio. Tal era a suposta instabilidade do governo, que mesmo estes termos não tiveram muitos compradores. No reinado da rainha Ana, em várias ocasiões o dinheiro era emprestado em anuidades vitalícias e em anuidades por prazos de 32, 89, 98 e 99 anos. Em 1719, os proprietários de anuidades de 32 anos foram induzidos a aceitar, em lugar delas, capital da Mares do Sul no total de compra de 11 anos e meio das anuidades, junto com uma quantidade adicional de capital igual aos atrasados que então fossem devidos. Em 1720, a maior parte das outras anuidades pelo prazo de anos, a longo e curto prazos, foram subscritas no mesmo fundo. As anuidades longas naquela época totalizavam £666 821 8s. 3 1/2d. por ano. A 5 de janeiro de 1775, seu remanescente, ou o que não fora subscrito até então, totalizava apenas £136 453 11s. 8d.

Durante as duas guerras que começaram em 1739 e 1755, pouco dinheiro foi emprestado, quer em anuidades pelo prazo de anos, quer naquelas vitalícias. Uma anuidade de 98 ou 99 anos, porém, vale quase o mesmo em dinheiro perpetuamente, e portanto, poder-se-ia pensar ser um fundo para emprestar outro tanto. Mas aqueles que, para cuidar da família e prover para o futuro, compram do capital público não se importariam em comprar daquele cujo valor estivesse continuamente diminuindo; e tais pessoas compõem uma bem considerável proporção tanto dos proprietários quanto dos compradores de capital. Uma anuidade por um longo prazo de anos, portanto, apesar de que seu valor intrínseco possa ser quase o mesmo que o de uma anuidade perpétua, não encontrará o mesmo número de compradores. Os subscritores para um novo empréstimo, que geralmente desejam vender suas subscrições tão depressa quanto possível, preferem muito mais uma anuidade perpétua amortizável pelo parlamento a uma anuidade inamortizável por um longo prazo de anos, da mesma quantidade. O valor da primeira pode ser suposto sempre o mesmo, ou quase, constituindo, portanto, um capital transferível mais conveniente que a segunda.

Durante as duas últimas guerras mencionadas, as anuidades, pelo prazo de anos ou vitalícias, eram raramente concedidas, senão como prêmios aos subscritores de um novo empréstimo, muito acima da anuidade amortizável ou juros sobre o crédito com o qual se supunha feito o empréstimo. Eram concedidas não como o fundo próprio sobre o qual o dinheiro era emprestado, mas como um encorajamento adicional a quem emprestava.

As anuidades vitalícias ocasionalmente foram concedidas de duas diferentes maneiras: com vitalícias separadas ou lotes delas, que em francês são chamadas *tontines*, do nome de seu inventor. Quando as anuidades são concedidas sobre vitalícias separadas, a morte de cada detentor alivia a renda pública naquilo que era afetada por esta anuidade. Quando as anuidades são concedidas sobre "tontines", a liberação da renda pública não começa senão com a morte de todos os componentes de um lote, que por vezes pode consistir de vinte ou trinta pessoas, cujos sobreviventes sucedem às anuidades de todos os que morreram antes deles; o último sobrevivente sucede às anuidades de todo o lote. Sobre uma mesma renda, pode-se levantar mais dinheiro por *tontines* que por anuidades para vitalícias individuais. Uma anuidade com direito de sobrevivência de fato vale mais que uma anuidade igual para uma vitalícia separada, e pela confiança que cada homem tem em sua própria boa fortuna, o princípio sobre o qual se funda o sucesso de toda loteria, tal anuidade geralmente é vendida por algo além do que vale. Em países onde é usual para o governo levantar dinheiro concedendo anuidades, as *tontines*, por isso são geralmente preferidas às anuidades para vitalícias separadas. O expediente que levantará mais dinheiro é quase sempre preferido àquele que acarretará mais rapidamente a liberação da renda pública.

Na França, uma proporção muito maior do débito público consiste de anuidades vitalícias, do que na Inglaterra. De acordo com uma memória apresentada pelo parlamento de Bordeaux ao rei em 1764, toda a dívida pública da França é estimada em dois bilhões e quatrocentos milhões de libras, cujo capital para a concessão de vitalícias deve totalizar trezentos milhões, a oitava parte de toda a dívida pública. As anuidades propriamente ditas são computadas como trinta milhões por ano, a quarta parte de 120 milhões, os supostos juros de toda aquela dívida. Estas estimativas, sei muito bem, não são exatas, mas tendo sido apresentadas por uma corporação tão respeitável como aproximação da verdade, creio que pode ser considerada como tal. Não são os diferentes graus de ansiedade nos dois governos de França e Inglaterra pela liberação da renda pública que ocasionam esta diferença em seus respectivos modos de tomar emprestado. Origina-se totalmente das diferentes opiniões e interesses de quem dá emprestado.

Na Inglaterra, a sede do governo estando na maior cidade mercantil do mundo, os mercadores são geralmente as pessoas que adiantam dinheiro ao governo. Adiantando-o, não visam diminuir, mas, ao contrário, aumentar seus capitais mercantis, e a menos que esperem vender com algum lucro sua fração na subscrição de um novo empréstimo, nunca subscreveriam. Mas se, adiantando seu dinheiro, tivessem de comprar, em vez de anuidades perpétuas, anuidades vitalícias apenas, deles mesmos, ou de outras pessoas, nem sempre poderiam vendê-las com lucro. As anuidades sobre suas próprias vidas, eles sempre venderiam com prejuízo, porque ninguém dará por uma anuidade sobre a vida de outrem, cuja idade e condição de saúde sejam quase as mesmas que as próprias, o mesmo preço que daria por uma sobre si mesmo. Uma anuidade sobre a vida de uma terceira pessoa, de fato, é de igual valor para o comprador e vendedor; mas seu valor real começa a diminuir a partir do momento em que é concedida, e continua a fazê-lo mais e mais, enquanto subsiste. Portanto, nunca pode constituir um capital transferível tão conveniente como uma anuidade perpétua, cujo real valor pode ser suposto sempre o mesmo, ou quase o mesmo.

Na França, a sede do governo não estando numa grande cidade mercantil, os comerciantes não constituem uma grande proporção do povo que adianta o dinheiro ao governo. O povo ocupado com as finanças, os fazendeiros, os coletores de taxas não ligados à fazenda, os banqueiros da corte etc. constituem a maior parte daqueles que adiantam seu dinheiro em todas as contingências públicas. Tais pessoas comumente são de baixa extração, mas de grande riqueza, e, frequentemente, orgulhosas. São demasiado orgulhosas para casar-se com suas iguais, e as mulheres de qualidade desdenham casar-se com eles. Frequentemente resolvem-se, portanto, viver solteiros, não tendo suas famílias, nem muita atenção por seus conhecidos, desejando apenas viver no esplendor durante suas vidas, não se importando que suas fortunas terminem com eles mesmos. O número de pessoas ricas, aliás, adversas ao casamento, ou cuja condição de vida torna impróprio ou inconveniente para elas fazê-lo, é muito maior na França que na Inglaterra. Para tais pessoas, que têm pouco ou nenhum cuidado pela posteridade, nada pode ser mais conveniente que trocar seu capital por uma renda que deverá durar tanto quanto queiram, e não mais.

A despesa ordinária da maioria dos governos modernos em tempo de paz é igual ou quase igual à sua renda ordinária; quando vem a guerra, não desejam nem são capazes de aumentar sua renda em proporção ao aumento de sua despesa. Não querem, por temer ofender o povo, o qual com um tão grande e súbito aumento nas taxas, logo se desagradaria da guerra, e são incapazes por não saber que taxas seriam suficientes para produzir a renda desejada. A facilidade de pedir emprestado libera-os do embaraço que este temor e incapacidade de outro modo ocasionaria. Emprestando, podem, com um moderado aumento nos impostos, levantar, de ano para ano, dinheiro suficiente para sustentar a guerra, e pela prática dos fundos perpétuos, com um aumento mínimo das taxas, podem levantar anualmente a maior soma possível. Nos grandes impérios, as pessoas que vivem na capital e nas províncias remotas da cena da ação sentem pouquíssima inconveniência com a guerra, mas desfrutam a diversão de ler os jornais com os feitos de suas frotas e exércitos. Para elas, esta diversão compensa a pequena diferença entre as taxas que pagam por causa da guerra e aquelas com que estavam acostumadas em tempo de paz. Comumente estão insatisfeitas com o retorno da paz, que põe fim à sua diversão e a mil esperanças visionárias de conquista e glória nacional com a continuidade da guerra.

O retorno da paz, de fato, raramente alivia as pessoas da maior parte das taxas impostas durante a guerra. São hipotecadas pelos juros do débito contraído para levá-la a cabo. Se além de pagar os juros desta dívida e custear a despesa ordinária do governo, a velha renda, junto com as novas taxas, produzir alguma renda em excesso, pode talvez ser convertida num fundo imergente para pagar a dívida. Mas, em primeiro lugar, este fundo imergente, mesmo que fosse aplicado a nenhum outro fim, é geralmente totalmente inadequado para pagar, no decurso de qualquer período no qual se possa esperar razoavelmente que a paz continue, todo o débito contraído durante a guerra; e em segundo lugar, este fundo é quase sempre aplicado a outros fins.

As novas taxas foram impostas para o único fim de pagar os juros do dinheiro emprestado com elas. Se produzirem mais, é geralmente algo que não se pretendia ou esperava e, portanto, raramente é algo considerável. Os fundos imergentes geralmente originaram-se não tanto de quaisquer excessos das taxas além do necessário para pagar os juros ou anuidades originalmente carregadas sobre eles, mas de uma subsequente redução daqueles juros. O da Holanda em 1655, e dos Estados Eclesiásticos em 1685, foram ambos formados desta maneira. Daí a usual insuficiência destes fundos.

Durante a mais profunda paz, vários eventos ocorrem que requerem uma despesa extraordinária, e o governo acha sempre mais conveniente custear esta despesa pela má aplicação do fundo imergente do que impondo nova taxa. Toda nova taxa é imediatamente ressentida pelo povo. Ocasiona sempre alguma murmuração e encontra alguma oposição. Quanto mais se multiplicassem as taxas, mais altas estariam sobre cada item taxado; mais alto o povo se queixaria de cada nova taxa, mais difícil se tornando também achar novos itens de taxação, ou elevar mais as taxas já impostas sobre os antigos. Uma suspensão momentânea do pagamento da dívida não é imediatamente sentida pelo povo e não ocasiona murmuração nem queixas. Emprestar do fundo imergente é sempre um expediente óbvio e fácil para sair de uma dificuldade momentânea. Quanto mais os débitos públicos estivessem acumulados, mais necessário pode se tornar o estudo para reduzi-los, mais perigoso e ruinoso pode ser a má aplicação de qualquer parte do fundo imergente; menos provável que a dívida pública seja reduzida em qualquer grau considerável, e mais certamente o fundo imergente será malversado em custear todas as despesas extraordinárias que ocorrem em tempo de paz. Quando uma nação já está sobrecarregada de taxas, nada senão as necessidades de uma nova guerra, nada senão a animosidade da vingança nacional ou a ansiedade pela segurança nacional pode induzir o povo a submeter-se com paciência tolerável a uma nova taxa. Daí a usual malversação do fundo imergente.

Na Grã-Bretanha, dos tempos em que primeiro recorremos ao ruinoso expediente dos fundos perpétuos, a redução da dívida pública em tempo de paz nunca teve qualquer proporção com seu acúmulo em tempo de guerra. Foi na guerra que começou em 1688, e concluída pelo Tratado de Ryswick em 1697, que se iniciou o atual enorme débito da Grã-Bretanha.

A 31 de dezembro de 1697, as dívidas públicas da Grã-Bretanha, com e sem fundos, totalizavam £21 515 742 13s. 8 1/2d. Uma grande parte desta dívida foi contraída com curtas antecipações, e uma parte com anuidades vitalícias, de modo que antes de 31 de dezembro de 1701, em menos de quatro anos, foi parcialmente paga e parcialmente reverteu ao público a soma de £5 121 041 12s. 3/4d.; a maior redução da dívida pública que já foi feita em período tão curto. O débito remanescente, portanto, totalizou apenas £16 394 701 1s. 7 1/4d.

Na guerra que começou em 1702, e que foi concluída pelo Tratado de Utrecht, a dívida pública foi ainda mais acumulada. A 31 de dezembro de 1714, totalizou £53 681 076 5s. 6 1/12d. A subscrição para o fundo da Companhia dos Mares do Sul das anuidades curtas e longas aumentou o capital da dívida pública, de modo que a 31 de dezembro de 1722 totalizou £55 282 978 1s. 3 5/6d. A redução da dívida começou em 1723 e continuou lentamente, de modo que a 31 de dezembro de 1739, durante 17 anos de profunda paz, toda a soma paga era de não mais que £8 328 354 17s. 11 3/12d., o capital da dívida pública naquela época totalizando £46 954 623 3s. 4 7/12d.

A guerra espanhola, que começou em 1739, e a guerra francesa que logo se seguiu ocasionaram mais um aumento da dívida que, a 31 de dezembro de 1748, após a conclusão da guerra pelo Tratado de Aix-la-Chapelle, totalizava £78 293 313 1s. 10 3/4d. A paz continuada de 17 anos reduzira nada mais que £8 328 354 17s. 11 3/12d. dela. Uma guerra continuada por menos de nove anos acrescentou £31 338 689 18s. 6 1/6d. a ela.[3]

---

[3] V. *History of the public revenue*, de James Postlewhaite.

Durante a administração do sr. Pelham, os juros da dívida pública foram reduzidos, ou pelo menos foram tomadas medidas para reduzi-los de 4% para 3%; o fundo imergente foi aumentado, e uma parte da dívida pública foi paga. Em 1755, antes da irrupção da última guerra, o fundo da dívida britânica totalizava £72 289 673. A 5 de janeiro de 1763, pela conclusão da paz, o débito com fundo totalizou £122 603 336 8s. 2 1/4d. O débito sem fundo estava a £13 927 589 2s. 2d. Mas a despesa ocasionada pela guerra não terminou com a conclusão da paz, de modo que, muito embora, a 5 de janeiro de 1764, o débito com fundos fosse aumentado (em parte por um novo empréstimo e em parte trazendo fundos a uma parte da dívida sem fundos) para £129 586 789 10 s. 1 3/4d., ainda restou, de acordo com o bem-informado autor de *Considerations on the trade and finances of Great Britain*, um débito sem fundo, que foi levado em conta naquele e no ano seguinte, de £9 975 017 12s. 2 15/44d. Em 1764, portanto, a dívida pública da Grã-Bretanha, com e sem fundos, totalizava, de acordo com este autor, £139 516 807 2s. 4d. As anuidades vitalícias também, que foram concedidas como prêmio aos subscritores dos novos empréstimos de 1757, estimados a uma compra de 14 anos, foram avaliadas em £472 500; e as anuidades por longos prazos de anos, concedidas igualmente como prêmios em 1761 e 1762, estimadas em uma compra de 27,5, estavam avaliadas em £6 826 875. Durante uma paz continuada de sete anos, a administração prudente e verdadeiramente patriota do sr. Pelham não conseguiu pagar um débito antigo de seis milhões. Durante uma guerra quase da mesma duração, um novo débito de mais de 75 milhões foi contraído.

A 5 de janeiro de 1775, o débito com fundos da Grã-Bretanha, totalizava £124 996 086 1s. 6 1/4d. O sem fundo, exclusivo de uma grande lista de débitos civis, £4 150 263 3s. 11 7/8d. Ambos £129 146 322 5s. 6d.

De acordo com esta conta, todo o débito pago durante 11 anos de paz totalizou apenas £10 415 474 16s. 9 7/8d. Mesmo esta pequena redução do débito não foi toda feita pela economia da renda ordinária do Estado. Várias somas estranhas, totalmente independentes daquela renda ordinária, contribuíram para isto. Entre estas, podemos reconhecer um *shilling* adicional por libra na taxa sobre a terra, por três anos; os dois milhões recebidos da Companhia das Índias Orientais, como indenização por suas aquisições territoriais; e as cento e dez mil libras recebidas do banco pela renovação de sua carteira. A estas devem ser acrescidas várias outras somas que, ao se originarem da última guerra, talvez devessem ser consideradas como deduções de suas despesas. As principais são:

	£	s.	d.
Produto do saque francês	690 449	18	9
Acordo sobre os prisioneiros franceses	670 000	0	0
Recebido da venda das ilhas cedidas	95 500	0	0
Total	1 455 949	18	9

Se somarmos ainda o balanço do conde de Chatham e do sr. Calcraft, e outras economias do exército da mesma espécie, junto com o que foi recebido do banco, da Companhia das Índias Orientais e do *shilling* adicional por libra da taxa sobre a terra, o todo deve estar bem acima de cinco milhões. O débito, portanto, que desde a paz foi pago das economias da renda ordinária do Estado, de ano para ano, não totalizou meio milhão ao ano. O fundo imergente sem dúvida foi consideravelmente aumentado desde a paz, pelo débito que foi pago, pela redução dos 4% redimíveis a 3% e pelas anuidades vitalícias que caducaram, e, continuando a paz, um milhão poderia ser poupado agora anualmente para o desencargo do débito. Outro milhão também foi pago no decurso do ano passado; mas, ao mesmo tempo, um grande débito de uma lista civil foi deixado sem pagar, e agora estamos envolvidos numa nova guerra que, em seu progresso, pode mostrar-se tão dispendiosa quanto qualquer das outras anteriores.[4] O novo débito que provavelmente será contraído antes do fim da nova campanha talvez iguale toda a antiga dívida que foi paga das economias da renda ordinária do Estado. Seria, portanto, totalmente quimérico esperar que a dívida pública seja totalmente paga por quaisquer economias que possam ser feitas daquela renda ordinária tal como está atualmente.

---

[4] Mostrou-se tão dispendiosa quanto qualquer das guerras anteriores e nos envolveu numa dívida adicional de mais de cem milhões. Durante uma paz de 11 anos, pouco mais de dez milhões em dívidas foram pagos; durante uma guerra de sete anos, mais de cem milhões foram contraídos.

Os fundos públicos das diversas nações devedoras da Europa, particularmente os da Inglaterra, foram representados por um autor como o acúmulo de um grande capital sobreposto ao outro capital do país por meio do qual seu comércio é estendido, suas manufaturas multiplicadas, e suas terras cultivadas e aperfeiçoadas muito além do que poderiam por meio apenas daquele outro capital. Ele não considera que o capital que os primeiros credores do público adiantaram ao governo era, a partir do momento em que o adiantaram, uma certa porção do produto anual desviado de servir como capital para servir como renda; de manter trabalhadores produtivos para manter os improdutivos, e ser gasto e desperdiçado, geralmente no decurso do ano, sem mesmo a esperança de qualquer reprodução futura. No retorno do capital que adiantaram, obtiveram, de fato, uma anuidade nos fundos públicos, na maioria dos casos, de mais de valor igual. Esta anuidade, sem dúvida, substituía-lhes seu capital e permitia-lhes continuar o ofício e os negócios na mesma ou maior extensão do que antes, isto é, podiam emprestar de outras pessoas um novo capital com o crédito da anuidade, ou vendendo-o, para obter de outras pessoas um novo capital delas igual ou superior àquele que adiantaram ao governo. Este novo capital, porém, que eles desta maneira compraram ou emprestaram de outras pessoas, deve ter existido antes no país e deve ter sido empregado, como o são todos os capitais, em manter trabalho produtivo. Quando chegou às mãos daqueles que adiantaram seu dinheiro ao governo, mesmo que sob alguns aspectos sendo para eles um novo capital, não o era para o país, mas era apenas um capital retirado de certos empregos para ser desviado para outros. Apesar de lhes repor o que adiantaram ao governo, não o substituía para o país. Se não adiantassem este capital ao governo, haveria no país dois capitais, duas porções do produto anual, em vez de um, empregado em manter trabalho produtivo.

Quando, para custear a despesa do governo, levanta-se uma renda ao longo do ano do produto de taxas livres ou não hipotecadas, uma certa porção da renda dos particulares é apenas desviada de manter uma parte de trabalho improdutivo para manter outra. Uma parte do que pagam em tais taxas sem dúvida poderia ter sido acumulada como capital e, consequentemente, empregada em manter trabalho produtivo, mas a maior parte provavelmente seria gasta e, consequentemente, empregada em manter trabalho improdutivo. A despesa pública, porém, quando custeada desta maneira, sem dúvida obstacula mais ou menos uma ulterior acumulação de novo capital, mas não ocasiona necessariamente a destruição de qualquer capital atualmente existente.

Quando a despesa pública é custeada por meio de fundos, é custeada pela destruição anual de algum capital que antes existira no país; pela perversão de alguma porção da produção anual que antes se destinara à manutenção de trabalho produtivo, para a manutenção de trabalho improdutivo. Como neste caso, porém, as taxas são mais leves do que seriam se se tivesse levantado uma renda suficiente para custear a mesma despesa ao longo do ano, a renda particular dos indivíduos é necessariamente menos onerada, e consequentemente sua capacidade de economizar e acumular uma parte daquela renda em capital é muito menos prejudicada. Se o método dos fundos destrói mais do antigo capital, ao mesmo tempo impede menos a acumulação ou aquisição de novo capital do que o de custear a despesa pública por uma renda levantada ao longo do ano. Sob o sistema dos fundos, a frugalidade e a indústria dos particulares podem mais facilmente reparar as brechas que o desperdício e a extravagância do governo podem ocasionalmente abrir no capital geral da sociedade.

É apenas durante a continuidade da guerra, porém, que o sistema dos fundos tem esta vantagem sobre o outro sistema. Se a despesa da guerra tivesse de ser custeada sempre por uma renda levantada ao longo do ano, as taxas de onde aquela renda extraordinária fosse retirada não durariam mais que a guerra. A capacidade dos particulares de acumular, mesmo que menor durante a guerra, teria sido maior durante a paz do que com o sistema dos fundos. A guerra não ocasionaria necessariamente a destruição de quaisquer capitais antigos, e a paz teria ocasionado a acumulação de muitos novos outros. As guerras em geral seriam terminadas muito mais rapidamente, e menos empreendidas cegamente. O povo sentindo, com a continuidade da guerra, sua carga total, logo se cansaria dela, e o governo, para aplacá-lo, não estaria na necessidade de levá-la além do necessário. A previsão das cargas pesadas e inevitáveis da guerra impediria que o povo impulsivamente pedisse por ela, quando não houvesse interesse sólido ou real para lutar. Os períodos durante os quais a capacidade dos particulares para acumular fosse um tanto prejudicada ocorreriam mais raramente e durariam menos. Aqueles, ao contrário, em que a capacidade estivesse em seu mais alto vigor seriam de duração mais longa do que podem sob o sistema dos fundos.

Quando os fundos, aliás, fizeram um certo progresso, a multiplicação das taxas que acarreta por vezes prejudica tanto a capacidade dos particulares de acumular mesmo em tempo de paz quanto o faria o outro sistema em tempo de guerra. A renda de paz da Grã-Bretanha totaliza atualmente mais de dez milhões por ano. Se fosse livre e não hipotecada, poderia ser suficiente, com administração adequada e sem contrair um *shilling* de novas dívidas, para levar a cabo a mais vigorosa das guerras. A renda privada dos habitantes da Grã-Bretanha é atualmente tão obstaculada em tempo de paz, sua capacidade de acumular tão impedida quanto no tempo da guerra mais dispendiosa, se o sistema pernicioso dos fundos fosse adotado.

No pagamento dos juros da dívida pública, foi dito, é a mão direita que paga a esquerda. O dinheiro não sai do país. É apenas parte da renda de um conjunto dos habitantes que é transferida para outro, e a nação não fica um cêntimo mais pobre. Esta apologia é fundada totalmente na sofística do sistema mercantil, e depois do longo exame que fiz daquele sistema, talvez seja desnecessário dizer algo mais sobre ele. Supõe, além do mais, que toda a dívida pública deve-se aos habitantes do país, o que não é verdade; a Holanda, como várias outras nações, tem uma fração considerável de nossos fundos públicos. Mas mesmo que todo o débito fosse devido aos habitantes do país, não seria por isto menos pernicioso.

A terra e o capital são as duas fontes originais de toda renda, tanto particular quanto pública. O capital paga os salários do trabalho produtivo, quer empregado na agricultura, manufaturas ou comércio. A administração daquelas duas fontes originais de renda pertencem a dois conjuntos de pessoas: os proprietários da terra e os proprietários ou empregadores do capital.

O proprietário da terra está interessado, a bem de sua própria renda, em manter sua propriedade na melhor condição que puder, construindo e reparando as casas de seus dependentes, construindo e mantendo os esgotos e currais, e todos aqueles melhoramentos dispendiosos que cabe ao proprietário fazer e manter. Mas, por diferentes taxas sobre a terra, a renda do proprietário pode ser diminuída, e, por taxas diferentes sobre as necessidades e comodidades da vida, aquela renda pode ser tornada de tão pouco valor que ele pode achar-se totalmente incapaz de fazer ou manter aqueles aperfeiçoamentos dispendiosos. Quando o proprietário, porém, cessa de fazer a sua parte, é totalmente impossível que o rendeiro continue a fazer a sua. Com o aumento das dificuldades do proprietário, a agricultura do país deve necessariamente decair.

Quando, por diferentes taxas sobre as necessidades e conveniências da vida, os proprietários e empregadores do capital acham que qualquer que seja a renda que dele derivarem num dado país não comprará a mesma quantidade daquelas necessidades e conveniências que uma renda igual o faria em outro, estarão dispostos a removê-lo para algum outro. E quando, para levantar aquelas taxas, todos ou a maioria dos comerciantes e manufatureiros, isto é, todos ou a maioria dos aplicadores de grandes capitais vierem a ser continuamente expostos às visitas mortificantes e vexatórias dos coletores de impostos, a disposição para mudar logo será mudada para o fato. A indústria do país necessariamente cairá com a remoção do capital que a sustentava, e a ruína do comércio e manufaturas acompanhará o declínio da agricultura.

Transferir dos proprietários daquelas duas grandes fontes de renda, a terra e o capital, das pessoas imediatamente interessadas na boa condição de cada porção da terra e na boa administração do capital, a um outro conjunto de pessoas (os credores do público, que não têm tal interesse particular), a maior parte da renda oriunda de ambos, a longo prazo deve ocasionar a negligência da terra e o desperdício ou remoção do capital. Um credor do público sem dúvida tem um interesse geral na prosperidade da agricultura, manufaturas e comércio do país, e consequentemente na boa condição de suas terras e na boa administração de seu capital. Se houvesse qualquer fracasso geral ou declínio em qualquer destas coisas, o produto das diferentes taxas não mais deveria ser suficiente para pagar-lhe a anuidade ou juros que lhe são devidos. Mas como credor do público, considerado meramente como tal, não tem interesse algum na boa condição de qualquer porção de terra ou na boa administração de qualquer porção em particular de capital. Como credor do público, ele não tem conhecimento de qualquer destas partes em especial. Ele não as inspeciona. Ele não pode cuidar disto. Sua ruína, em alguns casos, pode ser-lhe desconhecida e não pode afetá-lo diretamente.

A prática dos fundos gradualmente enfraqueceu todo Estado que a adotou. As repúblicas italianas parecem tê-la começado. Gênova e Veneza, as únicas duas remanescentes que podem pretender uma existência independente, ambas foram enfraquecidas por ela. A Espanha parece ter aprendido pela prática das repúblicas italianas, e (suas taxas sendo provavelmente menos judiciosas que as delas), em proporção à sua força natural, foi ainda mais enfraquecida. As dívidas da Espanha são muito antigas. Estava profundamente endividada antes do fim do século XVI, cerca de cem anos antes que a Inglaterra devesse um *shilling*. A França, não obstante todos os seus recursos naturais, enlanguesce sob uma carga opressiva da mesma espécie. A república das Províncias Unidas é igualmente enfraquecida por seus débitos como também Gênova ou Veneza. Será possível que apenas na Grã-Bretanha uma prática que trouxe fraqueza ou desolação para todos os outros países mostre-se totalmente inocente?

O sistema de taxação estabelecido naqueles vários países, pode-se dizer, é inferior ao da Inglaterra. Creio que sim. Mas deve ser lembrado que, quando o mais sábio governo exauriu todos os itens próprios para taxação, em casos de necessidade urgente, recorreu aos impróprios. A sábia república holandesa, em algumas ocasiões, viu-se obrigada a recorrer a taxas tão inconvenientes como a maioria das da Espanha. Outra guerra começou antes que qualquer liberação considerável da renda pública ocorresse e, com seu progresso, tornando-se tão dispendiosa como a última guerra, pôde por uma necessidade irresistível, tornar o sistema britânico de taxação tão opressivo quanto o da Holanda, ou mesmo como o da Espanha. Para honra de nosso atual sistema tributário, de fato, até agora deu tão pouco embaraço à indústria que, no decurso das guerras mais dispendiosas, a frugalidade e a boa conduta dos indivíduos parecem ter conseguido, pela economia e acumulação, ter reparado todas as brechas que o desperdício e a extravagância do governo causaram no capital geral da sociedade. Pela conclusão da última guerra, a mais dispendiosa já levada pela Grã-Bretanha, sua agricultura florescia, suas manufaturas numerosas e com pleno emprego, e seu comércio tão extenso quanto jamais fora antes. O capital, portanto, que sustentou todos estes diferentes ramos da indústria deve ter sido igual ao que fora antes. Desde a paz, a agricultura foi ainda mais aperfeiçoada, os aluguéis das casas subiram em toda cidade e aldeia do país — prova da crescente riqueza e renda do povo — e a quantidade anual da maior parte das antigas taxas, dos principais ramos da tributação e das alfândegas, tem crescido continuamente — prova igualmente clara de um consumo crescente e, consequentemente, de uma produção crescente que só ela poderia sustentar esse consumo. A Grã-Bretanha parece sustentar com facilidade uma carga que, meio século atrás, ninguém acreditaria que fosse capaz. Porém, por causa disto, não concluamos apressadamente que seja capaz de sustentar qualquer carga nem sejamos demasiado confiantes que possa suportar sem dificuldades uma carga pouco maior que a que já sustenta.

Quando as dívidas nacionais se acumularam até um certo grau, dificilmente há pelo menos um de seus itens que foi completamente pago. A liberação da renda pública, se é que ocorreu, foi pela bancarrota; por vezes, proposital, mas sempre real, mesmo que frequentemente por um pagamento falso.

A elevação da denominação da moeda tem sido o expediente mais usual pelo qual uma bancarrota pública real foi disfarçada sob a aparência de um pretenso pagamento. Se seis pence, por exemplo, por uma lei do parlamento ou Proclamação Real fossem elevados à denominação de um *shilling*, e 26 pence à de uma libra esterlina, a pessoa que, sob a antiga denominação, tivesse emprestado vinte *shillings*, ou quase quatro onças de prata, sob a nova, pagaria a dívida com 26 pence, ou algo menos que duas onças. Uma dívida nacional de cerca de 128 milhões, quase o capital da dívida com e sem fundos da Grã-Bretanha, desta maneira poderia ser paga com cerca de 64 milhões do atual dinheiro. De fato, seria um falso pagamento, e os credores do público de fato seriam fraudados em dez *shillings* por libra do que lhes fosse devido. A calamidade também se estenderia muito mais do que aos credores do povo, e os de todo particular sofreriam uma perda proporcional; e isto sem nenhuma vantagem, mas, na maioria dos casos, com uma grande perda adicional para os credores do público. Se os credores do público de fato, geralmente, estivessem em grande débito com outras pessoas, em certa medida poderiam compensar sua perda pagando a seus credores na mesma moeda com que o público lhes pagara. Mas, na maioria dos países, os credores do público são, em sua maioria, ricos, que ficam mais na relação de credores do que devedores para com o resto de seus concidadãos. Um pretenso pagamento desta espécie, portanto, em vez de aliviar, geralmente agrava a perda dos credores públicos e, sem qualquer vantagem para o povo, estende a calamidade a um maior número de outras pessoas inocentes. Ocasiona uma perversão geral e muito perniciosa das fortunas dos particulares, enriquecendo na maioria dos casos o devedor ocioso e pródigo às expensas do credor industrioso e frugal, e transportando uma grande parte do capital nacional das mãos que poderiam melhorá-lo e aumentá-lo para aquelas que deverão dissipá-lo e destruí-lo. Quando se torna necessário para um Estado declarar-se falido, do mesmo modo que quando se torna necessário para um indivíduo fazê-lo, uma falência justa, aberta e reconhecida é sempre a medida que é tanto menos desonrosa para o devedor quanto danosa ao credor. A honra de um Estado é certamente pouco sustentada quando, para cobrir a desgraça de uma falência real, recorre a uma prestidigitação desta espécie, tão facilmente penetrável e, ao mesmo tempo, tão extremamente perniciosa.

Quase todos os Estados, entretanto, antigos como modernos, quando reduzidos a esta necessidade, em algumas ocasiões, recorreram a este mesmo truque. Os romanos, ao fim da primeira guerra púnica, reduziram o asse, a moeda ou denominação pela qual computavam o valor de todas as outras moedas, isto é, elevaram duas onças de cobre à denominação que antes sempre expressara o valor de 12 onças. A república, deste modo, ficou capacitada a pagar as grandes dívidas contraídas com a sexta parte do que realmente devia. Uma falência tão súbita e tamanha, atualmente podemos imaginar, deve ter ocasionado um clamor popular bem violento. Não parece ter ocasionado nenhum. A lei que a decretou foi, como todas as outras leis relativas à moeda, introduzida e executada na assembleia popular por um tribuno, e foi provavelmente uma lei muito popular. Em Roma, como em todas as outras antigas repúblicas, o povo pobre estava em constante débito para com os ricos e grandes, que, para assegurar seus votos nas eleições anuais, costumavam emprestar-lhe dinheiro a juros exorbitantes, que, nunca sendo pago, logo acumulava-se numa soma grande demais para que o devedor pagasse ou para que qualquer outra pessoa pudesse pagar por ele. O devedor, por temer uma execução muito severa, era obrigado, sem qualquer outra gratuidade, a votar no candidato que o credor recomendasse. A despeito de todas as leis contra suborno e corrupção, o incentivo dos candidatos com ocasionais distribuições de trigo, que eram ordenadas pelo senado, eram os principais fundos dos quais, durante os últimos tempos da república romana, os cidadãos mais pobres derivavam sua subsistência. Para se livrarem desta sujeição aos credores, os cidadãos mais pobres estavam continuamente clamando por uma total abolição das dívidas, ou do que chamavam Novas Tábuas, isto é, por uma lei que lhes concedesse quitação total ao pagar apenas uma certa proporção de seus débitos acumulados. A lei que reduziu a moeda de todas as denominações a um sexto de seu valor primitivo, como lhes permitiu pagar suas dívidas com uma sexta parte do que realmente deviam, era equivalente às mais vantajosas Novas Tábuas. Para satisfazer o povo, os ricos e grandes, em várias ocasiões diferentes, foram obrigados a consentir em leis tanto para abolir dívidas quanto para introduzir Novas Tábuas e provavelmente foram induzidos a consentir nesta lei, parcialmente pela mesma razão, e em parte porque, liberando a renda pública, poderiam restaurar o vigor àquele governo do qual eles mesmos tinham a principal direção. Uma operação desta natureza imediatamente reduziria um débito de £128 000 000 a £21 333 333 6s. 8d. No decurso da segunda guerra púnica, o asse foi ainda mais reduzido, primeiro de duas onças de cobre a uma onça, e depois de uma onça para meia onça, isto é, à vigésima quarta parte de seu valor original. Combinando as três operações romanas numa só, uma dívida de £128 000 000 de nosso dinheiro atual poderia, desta maneira, ser reduzida imediatamente a uma de £5 333 333 6s. 8d. Mesmo as enormes dívidas da Grã-Bretanha deste modo logo poderiam ser pagas.

Por meio de tais expedientes, a moeda de todas as nações, eu creio, foi gradualmente reduzida mais e mais abaixo de seu valor original, e a mesma soma nominal foi gradualmente levada a conter uma quantidade cada vez menor de prata.

As nações, por vezes, pelo mesmo propósito, adulteraram o padrão de sua moeda, isto é, misturaram nela uma maior quantidade de liga. Se no peso de uma libra de nossa moeda de prata, por exemplo, em vez de um peso de 18 pence, de acordo com o atual padrão, estivessem misturadas oito onças de liga, uma libra esterlina, ou vinte *shillings* desta moeda valeria pouco mais de seis *shillings* e oito pence de nosso dinheiro atual. A quantidade de prata contida em seis *shillings* e oito pence de nosso dinheiro atual assim se elevaria quase à denominação de uma libra esterlina. A adulteração do padrão tem exatamente o mesmo efeito do que os franceses chamam aumento (*augmentation*), ou elevação direta da denominação da moeda.

Um aumento, ou elevação direta da moeda sempre é, e o deve ser por sua natureza, uma operação aberta e declarada. Por meio dela, as peças de menor peso e tamanho são chamadas pelo mesmo nome que antes fora dado a peças de maior peso e tamanho. A adulteração do padrão, ao contrário, geralmente foi uma operação oculta. Por meio dela, foram cunhadas peças de mesma denominação e, tanto quanto se poderia falsificar, do mesmo peso, tamanho e aparência das peças que antes foram correntes, de muito maior valor. Quando o rei João da França,[5] para pagar suas dívidas, adulterou sua moeda, todos os funcionários da cunhagem tiveram de jurar silêncio. Ambas as operações são injustas. Mas um simples aumento é uma injustiça de violência aberta, ao passo que a adulteração é uma injustiça de fraude traiçoeira. Esta última operação, portanto, assim que foi descoberta, e não poderia ficar oculta por muito tempo, sempre excitou muito mais indignação que a primeira. A moeda, depois de qualquer aumento considerável, raramente foi levada de volta a seu peso primitivo; mas depois das grandes adulterações quase sempre foi devolvida à sua qualidade anterior. Raramente aconteceu que a fúria e indignação do povo pudesse ser de outro modo apaziguada.

Ao fim do reinado de Henrique VIII e no começo do de Eduardo VI, a moeda inglesa não só foi elevada em sua denominação, mas adulterada em seu padrão. Fraudes semelhantes foram praticadas na Escócia, durante a menoridade de Jaime VI. Ocasionalmente foram praticadas na maioria dos outros países.

Que a renda pública da Grã-Bretanha nunca poderá ser liberada completamente, ou mesmo que qualquer progresso considerável possa jamais ser feito rumo àquela liberação, ao passo que o excedente daquela renda, ou o que está além de custear a despesa anual da administração da paz, é tão pequeno, que parece ser totalmente em vão esperar. Aquela liberação, é evidente, nunca pode ser feita sem um considerável aumento da renda pública ou alguma redução igualmente considerável da despesa pública.

---

[5] V. Du Cange, *Glossary*, s. v. "moneta", edição Beneditina.

Uma taxa sobre a terra mais igual, uma taxa mais igual sobre o aluguel das casas e tais alterações no atual sistema de alfândegas e tributos como as que foram mencionadas no capítulo anterior poderiam, talvez, sem elevar o ônus da maioria do povo, mas apenas distribuindo o seu peso mais equitativamente sobre o povo, produzir um aumento considerável da renda. O mais sanguíneo planejador, porém, dificilmente poderia se gabar que qualquer aumento desta espécie seria tal que pudesse dar quaisquer esperanças razoáveis, quer de liberar totalmente a renda pública, quer mesmo de fazer tais progressos rumo àquela liberação em tempo de paz, a ponto de prevenir ou compensar a ulterior acumulação da dívida pública na guerra seguinte.

Estendendo o sistema britânico de taxação a todas as províncias do império habitadas por pessoas de extração britânica ou europeia, um aumento muito maior da renda poderia ser esperado. Isto, porém, dificilmente poderia ser feito, consistentemente com os princípios da constituição britânica, sem admitir ao parlamento britânico, ou se se quiser, aos Estados gerais do império britânico, uma representação justa e igual de todas aquelas diferentes províncias, a de cada província tendo a mesma proporção com o produto de suas taxas quanto a representação da Grã-Bretanha poderia ter para com o produto das taxas levantadas na Grã-Bretanha. O interesse privado de muitos indivíduos poderosos, os preconceitos confessos de grandes parcelas do povo parecem, atualmente, opor a uma tão grande alteração obstáculos tais que pode ser muito difícil, talvez totalmente impossível, sobrepujar. Sem no entanto pretender determinar se tal união é praticável ou impraticável, talvez não seja impróprio, num trabalho especulativo desta espécie, considerar quanto o sistema britânico de taxação poderia ser aplicável a todas as diferentes províncias do império, que renda poderia ser esperada se assim aplicado, e de que maneira uma grande união desta espécie poderia afetar a felicidade e a prosperidade das diversas províncias compreendidas nele. Tal especulação, na pior das hipóteses, pode ser vista como uma nova Utopia, menos divertida, por certo, mas não menos inútil e quimérica que a antiga.

A taxa sobre a terra, as taxas sobre selos e as diferentes exações e alfândegas constituem os quatro principais ramos das taxas britânicas.

A Irlanda é certamente capaz, e nossas plantações da América e Índias Ocidentais são mais capazes de pagar a taxa sobre a terra do que a Grã-Bretanha. Onde o proprietário não está sujeito nem ao dízimo nem à cotação pobre, certamente deve estar mais capacitado a pagar tal taxa do que onde está sujeito a ambos aqueles outros ônus. O dízimo, onde não há *modus*, e onde é levantado em espécie, diminui mais do que o faria de outra maneira a renda do proprietário, do que uma taxa sobre a terra que realmente totalizasse cinco *shillings* por libra. Tal dízimo seria achado, na maioria dos casos, como mais de uma quarta parte da renda real da terra, ou do que resta após substituir completamente o capital do lavrador, junto com seu lucro razoável. Se todos os *modii* e desapropriações fossem removidos, todo o dízimo da igreja da Grã-Bretanha e Irlanda não poderia ser estimado em menos que seis ou sete milhões. Se não houvesse dízimo na Grã-Bretanha ou Irlanda, os proprietários poderiam pagar seis ou sete milhões a mais de taxa sobre a terra sem ficarem mais onerados do que a maioria já está atualmente. A América não paga dízimo, assim poderia muito bem pagar uma taxa sobre a terra. As terras da América e Índias Ocidentais, de fato, não são arrendadas. Assim, não poderiam ser cotadas de acordo com qualquer rol de rendas. Também não o eram as terras da Grã-Bretanha cotadas segundo qualquer rol de renda, no 4º de Guilherme e Mary, mas de acordo com uma estimativa frouxa e imprecisa. As terras da América poderiam ser cotadas da mesma maneira, ou de acordo com uma avaliação equitativa em consequência de um levantamento acurado, como o que foi recentemente feito nos domínios de Milão, e nos da Áustria, Prússia e Sardenha.

As taxas sobre selos, é evidente, poderiam ser levantadas sem qualquer variação em todos os países onde a forma do processo legal e os atos pelos quais a propriedade real e pessoal é transferida são os mesmos, ou quase os mesmos.

A extensão das leis alfandegárias da Grã-Bretanha à Irlanda e às plantações, desde que fosse acompanhada, como por justiça deveria ser, com uma extensão da liberdade de comércio, seria no mais alto grau vantajosa a ambas. Todas as restrições invejosas que atualmente oprimem o comércio da Irlanda, a distinção entre as mercadorias enumeradas e não enumeradas da América, teriam um fim. Os países ao norte do cabo Finisterra estariam tão abertos a toda parte do produto da América quanto aqueles ao sul do cabo estão atualmente a algumas partes daquela produção. O comércio entre todas as diferentes partes do império britânico, em consequência desta uniformidade nas leis alfandegárias, seria tão livre quanto o comércio da Grã-Bretanha na atualidade. O império britânico assim permitir-se-ia um imenso mercado interno para toda parte do produto de todas as suas diversas províncias. Tamanha extensão de mercado logo compensaria à Irlanda e às colônias tudo o que poderiam sofrer pelo aumento das taxas alfandegárias.

A exação é a única parte do sistema tributário britânico que exigiria ser variada em qualquer aspecto, de acordo com sua aplicação às diferentes províncias do império. Poderia ser aplicada à Irlanda sem qualquer variação, o produto e o consumo daquele reino sendo exatamente da mesma natureza que os da Grã-Bretanha. Em sua aplicação à América e Índias Ocidentais, cujo produto e consumo são tão diferentes dos da Grã-Bretanha, alguma modificação poderia ser necessária da mesma maneira que em sua aplicação aos condados da sidra e cerveja, na Inglaterra.

Um licor fermentado, por exemplo, chamado cerveja, mas que, ao ser feito de melado, tem muito pouca semelhança com a nossa cerveja, faz parte considerável da bebida comum do povo na América. Este licor, como só pode ser conservado por alguns dias, não pode, como a nossa cerveja, ser armazenado e preparado para venda em grandes cervejarias, mas toda família deve fermentá-lo para seu próprio uso, da mesma maneira que cozinham suas vitualhas. Mas sujeitar toda família às odiosas visitas e exames dos coletores de impostos, da mesma maneira que sujeitamos os mantenedores de tabernas e os cervejeiros que vendem ao público, seria totalmente inconsistente com a liberdade. Se, pelo bem da igualdade, fosse considerado necessário impor uma taxa sobre este licor, poderia ser taxado de acordo com o material de que é feito, quer no local de manufatura, quer se as circunstâncias do comércio tornassem tal exação imprópria, impondo uma taxa sobre sua importação para a colônia onde seria consumido. Além da taxa de um *penny* por galão imposto pelo parlamento britânico sobre a importação de melado para a América, há uma taxa provincial desta espécie, sobre sua importação para a baía de Massachussets em navios pertencentes a qualquer outra colônia, de oito pence o tonel; e outra sobre sua importação, das colônias setentrionais para a Carolina do Sul, de cinco pence o galão. Se nenhum destes métodos fosse considerado conveniente, cada família poderia se combinar para seu consumo deste licor, quer de acordo com o número de pessoas de que consistisse, da mesma maneira que as famílias se combinam para a taxa sobre o malte, na Inglaterra, quer de acordo com as diferentes idades e sexo destas pessoas, da mesma maneira que várias taxas são coletadas na Holanda, quer como *sir* Matthew Decker propõe, que todas as taxas sobre mercadorias de consumo fossem levantadas na Inglaterra. Este modo de taxação, já foi observado, quando aplicado a objetos de rápido consumo, não é muito conveniente. Poderia ser adotado, porém, em casos em que não se pudesse fazer melhor.

O açúcar, o rum e o tabaco são mercadorias que em nenhum lugar são necessidades, e que se tornaram objeto de consumo quase universal, portanto são extremamente adequados como itens de taxação. Se ocorresse uma união com as colônias, aquelas mercadorias poderiam ser taxadas antes de saírem das mãos do manufatureiro ou plantador, ou se este modo de taxação não se adequasse às circunstâncias destas pessoas, poderiam ser depositadas em armazéns públicos no local da manufatura, e em todos os portos do império para onde depois poderiam ser transportadas, para lá ficar, sob a custódia conjunta do proprietário e funcionário das contas, até que fossem entregues ao consumidor, ao varejista, para consumo interno, ou ao exportador, a taxa não precisando ser adiantada senão quando da entrega. Quando para exportação, sairiam livres de taxas com a devida certeza de que realmente seriam exportadas para fora do império. Estas são quiçá as principais mercadorias em relação às quais uma união com as colônias poderia exigir alguma alteração considerável no atual sistema de taxação britânico.

Qual poderia ser a quantidade de renda que este sistema de taxação estendido a todas as províncias do império poderia produzir, sem dúvida deve ser totalmente impossível determinar com exatidão tolerável. Por meio deste sistema, levanta-se anualmente na Grã-Bretanha, sobre menos de oito milhões de pessoas, mais de dez milhões de renda. A Irlanda contém mais de dois milhões de pessoas, e de acordo com as contas apresentadas perante o congresso, as 12 províncias associadas da América contêm mais de três. Aquelas contas, porém, podem ter sido exageradas para encorajar seu próprio povo ou intimidar o deste país, e suporemos, portanto, que nossas colônias norte-americanas e das Índias Ocidentais juntas não contêm mais de três milhões ou que todo o império britânico, na Europa e na América, contém não mais de 13 milhões de habitantes. Se sobre menos de oito milhões de habitantes este sistema de taxação levanta uma renda de mais de dez milhões de esterlinas, deve levantar uma renda de mais de 16 milhões e 250 mil libras sobre 13 milhões de habitantes. Desta renda, supondo que este sistema pudesse produzi-la, deve ser deduzida a renda usualmente levantada na Irlanda e nas plantações para custear a despesa de seus respectivos governos civis. A despesa do sistema militar e civil da Irlanda e os juros da dívida pública totalizam, a uma média dos dois anos que terminaram em março de 1775, algo menos que £750 000 por ano. Por uma conta bastante exata da renda das principais colônias da América e Índias Ocidentais, totalizou, antes do começo dos atuais distúrbios, £149 800. Nesta conta, porém, a renda de Maryland, Carolina do Norte e todas as nossas últimas aquisições no continente e nas ilhas é omitida, o que poderia fazer uma diferença de trinta ou quarenta mil libras. A bem de arredondar os números, suponhamos que a renda necessária para sustentar o governo civil da Irlanda e plantações totalizaria um milhão. Restaria consequentemente uma renda de £15 250 000 a ser aplicada no custeio das despesas gerais do império e para pagar a dívida pública. Mas se da atual renda da Grã-Bretanha em tempo de paz poderia ser poupado para o pagamento daquela dívida um milhão, desta renda ampliada poderiam ser separados £6 250 000. Este grande fundo imergente também poderia ser aumentado todo ano pelos juros da dívida paga no ano anterior, e desta maneira poderia aumentar tão rapidamente que em poucos anos seria suficiente para pagar toda a dívida e, assim, restaurar completamente o atualmente debilitado e languescente vigor do império. Entrementes, o povo poderia ser aliviado de algumas das taxas mais onerosas, daquelas que são impostas sobre as necessidades da vida ou sobre os materiais de manufatura. O pobre trabalhador assim poderia viver melhor, trabalhar mais barato, e enviar seus bens mais baratos ao mercado. O baixo preço de suas mercadorias aumentaria a demanda por elas e, consequentemente, pelo trabalho daqueles que as produziriam. Este aumento na demanda por trabalho tanto aumentaria o número quanto melhoraria as circunstâncias do pobre que trabalha. Seu consumo aumentaria e, junto com ele, a renda oriunda de todos aqueles artigos de seu consumo sobre os quais se conservassem os impostos.

A renda oriunda deste sistema de taxação, porém, poderia não aumentar imediatamente em proporção ao número de pessoas sujeitas a ele. Deveria ser dada grande indulgência por algum tempo àquelas províncias do império que estivessem assim sujeitas a cargas às quais não estavam antes acostumadas, e mesmo quando estas taxas viessem a ser levantadas em todos os lugares tão exatamente quanto possível, não produziriam em todo lugar uma renda proporcional ao número de pessoas. Num país pobre, o consumo das principais mercadorias sujeitas às taxas de alfândega e exação é muito pequeno, e num país fracamente habitado, as oportunidades de contrabando são grandes. O consumo de licores de malte entre as classes inferiores do povo na Escócia é muito pequeno, e a exação sobre o malte e cervejas produz menos lá que na Inglaterra, em proporção ao número de pessoas e cotas de impostos, que sobre o malte são diferentes por causa de uma suposta diferença de qualidade. Naqueles ramos particulares da tributação, não há, pelo que sei, muito contrabando a mais num país que no outro. As taxas sobre a destilaria, e a maior parte das taxas alfandegárias, em proporção ao número de pessoas nos respectivos países, produzem menos na Escócia que na Inglaterra, não só por conta do menor consumo das mercadorias taxadas, mas pela muito maior facilidade de contrabandear. Na Irlanda, as classes inferiores do povo são ainda mais pobres que na Escócia, e muitas partes do país são igualmente pouco habitadas. Na Irlanda, portanto, o consumo das mercadorias taxadas poderia, em proporção ao número de pessoas, ser ainda menor que na Escócia, e a facilidade de contrabandear, quase a mesma. Na América e Índias Ocidentais, as pessoas brancas da classe mais baixa estão em circunstâncias muito melhores que as da mesma classe na Inglaterra, e seu consumo de todos os luxos a que usualmente se permitem é provavelmente muito maior. Os negros, de fato, que constituem a maior parte dos habitantes tanto das colônias meridionais no continente e nas ilhas das Índias Ocidentais, como estão num estado de escravidão, sem dúvida estão em pior condição que o povo mais pobre, quer da Escócia, quer da Irlanda. Porém, por isso não devemos imaginar que são mais mal alimentados ou que seu consumo de artigos que poderiam ser sujeitos a taxas moderadas seja inferior às classes mais baixas da Inglaterra. Para que possam trabalhar bem, é de interesse de seu mestre que sejam bem-alimentados e mantidos em boas condições, da mesma maneira que é de seu interesse que assim estejam suas bestas de carga. Assim, os negros têm, em quase todo lugar, sua ração de rum e melado ou cerveja *spruce* da mesma maneira que os servos brancos, e esta ração provavelmente não seria removida, muito embora aqueles artigos devessem estar sujeitos a taxas moderadas. O consumo das mercadorias taxadas, portanto, em proporção ao número de habitantes, provavelmente seria tão grande na América e Índias Ocidentais quanto em qualquer parte do império britânico. As oportunidades de contrabandear, de fato, seriam muito maiores; a América, em proporção à extensão do país, sendo muito mais escassamente povoada que a Escócia ou Irlanda. Se a renda, não obstante, que atualmente é levantada pelas diferentes taxas sobre malte e seus licores tivesse de ser levantada por uma só taxa sobre o malte, a oportunidade de contrabandear no ramo mais importante das exações seria quase que inteiramente removida; e se as taxas alfandegárias, em vez de serem impostas sobre quase todos os itens de importação, ficassem confinadas a uns poucos de uso mais geral e consumo, e se a cobrança de tais taxas fosse sujeita à lei tributária, a oportunidade de contrabandear, se bem que não totalmente removida, seria em muito diminuída. Em consequência destas duas aparentemente muito simples e fáceis alterações, as taxas de alfândega e exação poderiam provavelmente produzir uma renda tão grande em proporção ao consumo da província mais fracamente habitada quanto atualmente em proporção ao da mais populosa.

Os americanos, diz-se, de fato não têm dinheiro em ouro ou prata; o comércio interior do país sendo exercido por papel-moeda, e o ouro e a prata que ocasionalmente chega a eles sendo totalmente enviado à Grã-Bretanha em troca das mercadorias que recebem de nós. Mas sem ouro e prata, acrescenta-se, não há possibilidade de pagar taxas. Já temos todo o ouro e prata que eles têm. Como é possível tirar deles o que não têm?

A atual escassez de ouro e prata na América não é efeito da pobreza daquele país ou da incapacidade do povo de lá de comprar estes metais. Num país onde os salários são tão mais altos, e o preço das provisões tão mais baixo que na Inglaterra, a maior parte do povo certamente deve ter com que comprar destas uma grande quantidade, se fosse necessário ou conveniente para eles fazê-lo. A escassez daqueles metais, portanto, deve ser efeito de escolha, e não de necessidade.

É para a transação de negócios internos ou externos que o ouro e a prata são necessários ou convenientes.

Os negócios internos de todo país, foi mostrado no segundo livro desta investigação, podem ao menos em tempos de paz ser transacionados por meio de uma moeda em papel com quase o mesmo grau de comodidade quanto com o dinheiro em ouro e prata. É conveniente para os americanos, que sempre poderiam empregar com lucro na melhoria de suas terras um capital maior do que podem obter facilmente, economizando ao máximo a despesa de um instrumento de comércio tão custoso quanto o ouro e a prata, e empregar aquela parte do excesso de produção, que poderia ser necessária para comprar aqueles metais na compra dos instrumentos do ofício, materiais para a vestimenta, várias peças da mobília doméstica e as ferragens para construir e estender suas habitações e plantações; na compra não de capital morto, mas de capital ativo e produtivo. Os governos coloniais acham de seu interesse suprir o povo com uma tal quantidade de papel-moeda que seja totalmente suficiente e geralmente mais que suficiente para transacionar seus negócios domésticos. Alguns destes governos, o da Pensilvânia particularmente, derivam uma renda por emprestar papel-moeda a seus súditos a juros de uns tantos por cento.

Outros, como o da baía de Massachussets, adiantam, em emergências extraordinárias, um papel-moeda desta espécie para custear as despesas públicas e depois, quando supre a conveniência da colônia, resgata-o ao valor depreciado a que geralmente cai. Em 1747[6] aquela colônia pagou desta maneira a maior parte de suas dívidas públicas com a décima parte do dinheiro pelo qual suas letras foram concedidas. Serve à conveniência dos plantadores economizar a despesa de empregar dinheiro de ouro e prata em suas transações e serve à conveniência dos governos coloniais supri-los com um meio que, muito embora acompanhado de algumas desvantagens bem consideráveis, lhes permite poupar aquela despesa. A redundância do papel-moeda necessariamente expulsa o ouro e a prata das transações domésticas das colônias, pela mesma razão que baniu estes metais da maioria das

---

[6] V. Hutchinson, *History of Massachussets Bay*, vol. II, p. 436 e seguintes.

transações domésticas na Escócia; e em ambos os países, não é a pobreza, mas o espírito empreendedor e especulativo do povo, seu desejo de empregar todo o capital que podem obter como ativo e produtivo, que ocasionou esta redundância do papel-moeda.

No comércio exterior que as diferentes colônias exercem com a Grã-Bretanha, o ouro e a prata são mais ou menos empregados exatamente em proporção à sua maior ou menor necessidade. Onde aqueles metais não são necessários, raramente aparecem. Onde são necessários, são geralmente achados.

No comércio entre a Grã-Bretanha e as colônias de tabaco, os artigos britânicos são geralmente adiantados aos colonos a um crédito relativamente longo e são depois pagos com tabaco, cotado a um certo preço. É mais do que conveniente para os colonos pagar em tabaco do que em ouro ou prata. Seria mais conveniente para qualquer comerciante pagar pelos artigos que seus representantes lhe venderam com alguma outra espécie de artigos com que possa negociar, do que com dinheiro. Tal comerciante não teria ocasião de manter qualquer parte de seu capital não aplicado, em dinheiro à vista, para atender a demandas ocasionais. Poderia ter, a qualquer momento, uma quantidade maior de artigos na oficina ou no armazém e poderia negociar numa maior extensão. Raramente acontece que seja conveniente para todos os representantes de um negociante receber pagamento pelos artigos que vendem em artigos de alguma outra espécie com a qual ele negocie. Os comerciantes britânicos que operam na Virgínia e Maryland são uma classe especial, para quem é mais conveniente receber pagamento pelos artigos que vendem para todas aquelas colônias em tabaco do que em ouro e prata. Esperam fazer lucro com a venda do tabaco. Poderiam fazer nenhum com a do ouro e prata. O ouro e a prata, portanto, raramente aparecem no comércio entre a Grã-Bretanha e as colônias de tabaco. Maryland e Virgínia têm tão pouca necessidade daqueles metais em seu comércio interno quanto externo. Assim é que se diz terem menos dinheiro em ouro e prata do que qualquer outra colônia na América. São reconhecidas, porém, como tão prósperas e, consequentemente, tão ricas quanto quaisquer de suas vizinhas.

Nas colônias setentrionais, Pensilvânia, Nova York, Nova Jersey, os quatro governos da Inglaterra etc., o valor de sua produção, que exportam para a Grã-Bretanha, não é igual ao das manufaturas que importam para seu uso e pelo de algumas outras colônias para as quais são os transportadores. Um balanço, portanto, deve ser pago à terra-mãe em ouro e prata, e geralmente atingem este balanço.

Nas colônias açucareiras, o valor do produto anualmente exportado à Grã-Bretanha é muito maior que aquele de todos os artigos de lá importados. Se o açúcar e o rum anualmente enviados à metrópole fossem pagos naquelas colônias, a Grã-Bretanha seria obrigada a enviar todo ano um grande balanço em dinheiro, e o comércio para as Índias Ocidentais seria considerado extremamente desvantajoso por uma certa espécie de políticos. Mas acontece que muitos dos principais proprietários das plantações de açúcar residem na Grã-Bretanha. Suas rendas são remetidas em açúcar e rum, o produto de suas propriedades. O açúcar e o rum que os comerciantes das Índias Ocidentais compram naquelas colônias por sua própria conta não são iguais em valor aos artigos que anualmente vendem lá. Um balanço, portanto, deve necessariamente ser pago a eles em ouro e prata, e este balanço também é cumprido.

A dificuldade e a irregularidade do pagamento das diferentes colônias à Grã-Bretanha não têm tido proporção com a grandeza ou a pequenez dos balanços que respectivamente eram devidos delas. Os pagamentos em geral têm sido mais regulares das colônias do norte que das de tabaco, se bem que as primeiras geralmente pagaram um considerável balanço em dinheiro, ao passo que as outras não pagaram balanço, ou um muito menor. A dificuldade de obter pagamento de nossas diferentes colônias açucareiras tem sido maior ou menor em proporção não tanto à extensão dos balanços respectivamente devidos por elas, mas quanto à quantidade de terra não cultivada que continham, isto é, à maior ou menor tentação que os plantadores tiveram com o *superavit* comercial ou começar a colonizar e plantar quantidades maiores de terra do que se adequassem à extensão de seus capitais. Os retornos da grande ilha da Jamaica, onde há ainda muita terra não cultivada, por causa disto têm sido muito mais irregulares e incertos que os das ilhas menores de Barbados, Antígua e São Cristóvão, que há muitos anos estão completamente cultivadas e oferecem menos campo para as especulações do plantador. As novas aquisições de Granada, Tobago, São Vicente e Dominica abriram novo campo para especulações desta espécie, e os retornos daquelas ilhas têm sido ultimamente tão irregulares e incertos quanto os da grande ilha da Jamaica.

Portanto, não é a pobreza das colônias que ocasiona, na sua maioria, a atual escassez em dinheiro de ouro e prata. Sua grande demanda por capitais ativos e produtivos torna conveniente para eles ter o mínimo possível de capital morto, e os dispõe por isto a se contentarem com um instrumento mais barato, se bem que menos cômodo de comércio, do que o ouro e a prata. São assim capacitados a converter o valor daquele ouro e prata nos instrumentos de comércio, no vestuário, na mobília da casa e nas ferragens necessárias à construção e extensão de seus povoados e plantações. Naqueles ramos do comércio que não podem ser transacionados sem dinheiro em ouro e prata, parece que podem sempre achar a quantidade necessária daqueles metais; e se, frequentemente, não a encontram, seu fracasso é geralmente o efeito não de sua necessária pobreza, mas de seus empreendimentos desnecessários e dispendiosos. Não é porque são pobres que seus pagamentos são irregulares e incertos, mas porque estão muito ansiosos para se tornarem excessivamente ricos. Apesar de que toda a parte das taxas coloniais além do necessário para o custeio de seus estabelecimentos civis e militares devesse ser remetida à Grã-Bretanha em ouro e prata, as colônias têm abundantemente com que comprar a quantidade necessária daqueles metais. Neste caso, seriam obrigadas de fato a trocar parte de seu produto em excesso, com o que agora compram capital ativo e produtivo, por capital morto. Transacionando seus negócios domésticos, seriam obrigadas a empregar um instrumento caro, ao invés de barato, para o comércio, e a despesa de comprar este instrumento dispendioso poderia amortecer um tanto a vivacidade e ardor de suas empresas excessivas no aperfeiçoamento da terra. Não seria, porém, necessário remeter qualquer parte da renda americana em ouro e prata. Poderia ser remetida em letras contra, e aceitas, por certos comerciantes ou companhias na Grã-Bretanha, a quem parte do excesso de produção da América tenha sido consignada, e que pagariam ao Tesouro a renda americana em dinheiro, depois de eles mesmos terem recebido seu valor em mercadorias; e todo o negócio poderia ser frequentemente transacionado sem exportar uma só onça de ouro ou prata da América.

Não é contrário à justiça que tanto a Irlanda quanto a América contribuíssem para o desencargo da dívida pública da Grã-Bretanha. Esta dívida foi contraída para sustentar o governo estabelecido pela Revolução, governo ao qual os protestantes da Irlanda devem não só toda a autoridade de que desfrutam atualmente em seu país, mas toda a segurança que possuem por sua liberdade, sua propriedade e sua religião; governo ao qual várias das colônias da América devem suas atuais cartas e, consequentemente, sua atual constituição, e ao qual todas as colônias da América devem a liberdade, segurança e propriedade que desde então têm desfrutado. Aquela dívida pública foi contraída na defesa não só da Grã-Bretanha, mas de todas as várias províncias do império; a imensa dívida contraída na última guerra, em particular, e uma grande parte daquela contraída na guerra anterior foram ambas propriamente contraídas na defesa da América.

Por uma união com a Grã-Bretanha, a Irlanda ganharia, além da liberdade comercial, outras vantagens muito mais importantes e que mais que compensariam qualquer elevação nos impostos que poderiam acompanhar aquela união. Pela união com a Inglaterra, as classes média e inferior do povo na Escócia ganharam uma liberdade completa do poder de uma aristocracia que antes sempre as oprimira. Por uma união com a Grã-Bretanha, a maioria do povo de todas as classes na Irlanda ganharia uma libertação igualmente completa de uma aristocracia muito mais opressiva; uma aristocracia não fundada, como a da Escócia, nas distinções naturais e respeitáveis de nascimento e fortuna, mas na mais odiosa de todas as distinções, a dos preconceitos religiosos e políticos; distinções que, mais que quaisquer outras, animam tanto a insolência dos opressores quanto o ódio e indignação dos oprimidos, e que comumente tornam os habitantes do mesmo país mais hostis uns aos outros do que os habitantes de países diferentes jamais são. Sem uma união com a Grã-Bretanha, os habitantes da Irlanda por muitas eras não poderão considerar-se como um só povo.

Nenhuma aristocracia opressiva jamais prevaleceu nas colônias. Mesmo elas, quanto à felicidade e tranquilidade, ganhariam consideravelmente com uma união com a Grã-Bretanha. Pelo menos as libertaria daquelas facções rancorosas e virulentas que são inseparáveis de pequenas democracias e que tão frequentemente dividiram as afeições de seus povos e perturbaram a tranquilidade de seus governos, em sua forma quase tão democráticos. No caso de uma total separação da Grã-Bretanha, que a menos que prevenida por uma união desta espécie, parece que mui provavelmente terá lugar, aquelas facções seriam dez vezes mais virulentas que nunca. Antes do começo dos atuais distúrbios, o poder coercitivo da terra-mãe sempre conseguiu restringir aquelas facções de irromper em algo pior que a brutalidade grosseira e o insulto. Se aquele poder coercitivo fosse totalmente retirado, provavelmente logo cairiam na violência aberta e derramamento de sangue. Em todos os grandes países que estão unidos sob um governo uniforme, o espírito partidário comumente prevalece menos nas províncias remotas que no centro do império. A distância daquelas províncias à metrópole, a sede principal da grande confusão da facção e ambição, faz com que caiam menos sob o olhar de qualquer dos partidos contendores e torna-as espectadores ais indiferentes e imparciais da conduta de todos. O espírito partidário prevalece menos na Escócia do que na Inglaterra. No caso de uma união, provavelmente prevaleceria menos na Irlanda que na Escócia, e as colônias provavelmente logo desfrutariam de um grau de concórdia e unanimidade atualmente desconhecidos em qualquer parte do império britânico. A Irlanda e as colônias, de fato, estariam sujeitas a taxas mais pesadas do que qualquer que atualmente pagam. Em consequência, porém, de uma diligente e fiel aplicação da renda pública para o desencargo da dívida nacional, a maior parte daquelas taxas poderia não durar muito, e a renda pública da Grã-Bretanha poderia logo ser reduzida ao que fosse necessário para manter um moderado estabelecimento de paz.

As aquisições territoriais da Companhia das Índias Orientais, o direito indubitável da Coroa, isto é, do Estado e povo da Grã-Bretanha, poderiam ser tornadas outra fonte de renda mais abundante, talvez, que todas as mencionadas. Aqueles países são representados como mais férteis, mais extensos e, em proporção à sua extensão, muito mais ricos e populosos que a Grã-Bretanha. Para retirar deles uma grande renda, provavelmente não seria necessário introduzir qualquer novo sistema de taxação em países que já são mais que suficientemente taxados. Talvez fosse mais apropriado aliviar do que agravar o encargo daqueles países desafortunados e procurar tirar deles uma renda, não impondo novas taxas, mas prevenindo o desvio e malversação da maioria das que já pagam.

Se se achasse impraticável para a Grã-Bretanha tirar qualquer aumento considerável da renda de qualquer das fontes acima mencionadas, o único recurso que pode lhe restar é uma diminuição de suas despesas. No modo de coletar e gastar a renda pública, se bem que em ambos possa haver espaço para aperfeiçoamento, a Grã-Bretanha parece ser no mínimo tão econômica quanto qualquer de seus vizinhos. O estabelecimento militar que mantém para sua própria defesa em tempo de paz é mais moderado que qualquer Estado europeu que pretenda rivalizar com ela em riqueza ou poder. Nenhum destes artigos, portanto, parece admitir qualquer redução considerável da despesa. A despesa do estabelecimento de paz das colônias, antes do começo dos atuais distúrbios, era muito considerável, e é uma despesa que pode e, se nenhuma renda pode ser tirada delas, deveria ser poupada inteiramente. Esta despesa constante em tempo de paz, apesar de muito grande, é insignificante em comparação com o que a defesa das colônias nos custou em tempo de guerra. A última guerra, que foi empreendida totalmente por causa das colônias, custou à Grã-Bretanha, já foi observado, mais de noventa milhões. A guerra espanhola de 1739 foi principalmente empreendida por conta deles, na qual e na guerra francesa, que foi sua consequência, a Grã-Bretanha gastou mais de quarenta milhões, grande parte dos quais justamente deveria recair sobre as colônias. Naquelas duas guerras, as colônias custaram à Grã-Bretanha muito mais que o dobro da soma que totalizava a dívida nacional antes do começo da primeira delas. Se não fosse por aquelas guerras, aquela dívida poderia estar, e provavelmente estaria a esta altura, totalmente paga; e se não fosse pelas colônias, a primeira daquelas guerras não poderia, e a última certamente não seria empreendida. Foi porque as colônias foram supostas serem províncias do império britânico que esta despesa foi feita com elas. Mas os países que não contribuem nem com renda nem com força militar para sustentar o império não podem ser considerados como províncias. Poderiam talvez ser considerados como apêndices, uma espécie de esplêndida e vistosa equipagem do império. Mas se o império não mais pode suportar a despesa de manter esta equipagem, certamente deveria abrir mão dela; e se não pode levantar sua renda em proporção à sua despesa, pelo menos deveria acomodar sua despesa à sua renda. Se as colônias, não obstante sua recusa a se submeterem às taxas britânicas, ainda devem ser consideradas como províncias do império britânico, sua defesa em alguma guerra futura pode custar à Grã-Bretanha uma despesa tão grande quanto jamais foi feita em qualquer guerra anterior. Os governantes da Grã-Bretanha, já há mais de um século, têm divertido o povo com a suposição de que possuíam um grande império no lado ocidental do Atlântico. Este império, porém, até agora tem existido na imaginação apenas. Até agora tem sido não um império, mas o projeto de um império; não uma mina de ouro, mas o projeto de uma mina de ouro; um projeto que tem custado, que continua a custar e que, prosseguido da mesma maneira como tem sido até agora, deverá custar uma imensa despesa, sem que pareça dar qualquer lucro, pois os efeitos do monopólio no comércio colonial, foi mostrado, são, para a grande maioria do povo, mais perda do que lucro. Certamente já é hora que nossos governantes percebam este sonho dourado, a que têm se permitido, talvez tanto quanto o povo, ou que acordem dele eles mesmos e procurem acordar o povo. Se o projeto não pode ser completado, deve-se desistir dele. Se qualquer das províncias do império britânico não puder contribuir para o sustento do império todo, certamente é tempo que a Grã-Bretanha livre-se da despesa de defender aquelas províncias em tempo de guerra e, de sustentar qualquer parte de seus estabelecimentos civil ou militar em tempo de paz e procure acomodar suas vistas futuras e desígnios à real mediocridade de suas circunstâncias.

Conheça os títulos da Coleção Clássicos de Ouro

132 crônicas: cascos & carícias e outros escritos — Hilda Hilst
24 horas da vida de uma mulher e outras novelas — Stefan Zweig
50 sonetos de Shakespeare — William Shakespeare
A câmara clara: nota sobre a fotografia — Roland Barthes
A conquista da felicidade — Bertrand Russell
A consciência de Zeno — Italo Svevo
A força da idade — Simone de Beauvoir
A força das coisas — Simone de Beauvoir
A guerra dos mundos — H.G. Wells
A idade da razão — Jean-Paul Sartre
A ingênua libertina — Colette
A linguagem secreta do cinema — Jean-Claude Carrière
A mãe — Máximo Gorki
A mulher desiludida — Simone de Beauvoir
A náusea — Jean-Paul Sartre
A obra em negro — Marguerite Yourcenar
As belas imagens — Simone de Beauvoir
As palavras — Jean-Paul Sartre
Como vejo o mundo — Albert Einstein
Contos — Anton Tchekhov
Contos de terror, de mistério e de morte — Edgar Allan Poe
Crepúsculo dos ídolos — Friedrich Nietzsche
Dez dias que abalaram o mundo — John Reed
Física em 12 lições — Richard P. Feynman
Grandes homens do meu tempo — Winston S. Churchill
História do pensamento ocidental — Bertrand Russell
Memórias de Adriano — Marguerite Yourcenar
Memórias de um negro americano — Booker T. Washington
Memórias de uma moça bem-comportada — Simone de Beauvoir
Memórias, sonhos, reflexões — Carl Gustav Jung
Meus últimos anos: os escritos da maturidade de um dos maiores gênios de todos os tempos — Albert Einstein
Moby Dick — Herman Melville
Mrs. Dalloway — Virginia Woolf
Novelas inacabadas — Jane Austen
O amante da China do Norte — Marguerite Duras

O banqueiro anarquista e outros contos escolhidos — Fernando Pessoa
O deserto dos tártaros — Dino Buzzati
O eterno marido — Fiódor Dostoiévski
O Exército de Cavalaria — Isaac Bábel
O fantasma de Canterville e outros contos — Oscar Wilde
O filho do homem — François Mauriac
O imoralista — André Gide
O muro — Jean-Paul Sartre
O príncipe — Nicolau Maquiavel
O que é arte? — Leon Tolstói
O tambor — Günter Grass
Orgulho e preconceito — Jane Austen
Orlando — Virginia Woolf
Os 100 melhores sonetos clássicos da língua portuguesa — Miguel Sanches Neto (org.)
Os mandarins — Simone de Beauvoir
Poemas de amor — Walmir Ayala (org.)
Retrato do artista quando jovem — James Joyce
Um homem bom é difícil de encontrar e outras histórias — Flannery O'Connor
Uma fábula — William Faulkner
Uma morte muito suave (e-book) — Simone de Beauvoir

Direção editorial
Daniele Cajueiro

Editora responsável
Ana Carla Sousa

Produção editorial
Adriana Torres
Laiane Flores
Mariana Oliveira
Zaira Mahmud

Revisão
Eduardo Carneiro
Eni Torres
Mariana Hamdar
Perla Serafim

Capa
Victor Burton

Diagramação
Futura

Este livro foi impresso em 2025, pela Vozes, para a Nova Fronteira.
O papel do miolo é Ivory Slim 65g/m² e o da capa é cartão 250g/m².